U0576545

十三經清人注疏

論語正義 上

〔清〕劉寶楠 撰

高流水 點校

圖書在版編目（CIP）數據

論語正義：全二册／（清）劉寶楠撰；高流水點校. —北京：中華書局，1990.3（2025.4 重印）
（十三經清人注疏）
ISBN 978-7-101-00223-2

Ⅰ.論… Ⅱ.①劉…②高… Ⅲ.①儒家②論語-注釋 Ⅳ.B222.22

中國版本圖書館 CIP 數據核字（2007）第 064311 號

責任編輯：徐真真
封面設計：周 玉
責任印製：管 斌

十三經清人注疏

論 語 正 義

（全二册）

〔清〕劉寶楠 撰
高流水 點校

*

中 華 書 局 出 版 發 行
（北京市豐臺區太平橋西里 38 號 100073）
http://www.zhbc.com.cn
E-mail:zhbc@zhbc.com.cn
三河市鑫金馬印裝有限公司印刷
*
850×1168 毫米 1/32 · 25⅝印張 · 4插頁 · 486 千字
1990 年 3 月第 1 版 2025 年 4 月第 17 次印刷
印數:36001-37000 册 定價:108.00 元

ISBN 978-7-101-00223-2

十三經清人注疏出版說明

自漢至清，經學在各門學術中占有統治的地位。經學的發展經歷了幾個不同的階段，而清代則是很重要的也是最後的一個階段。清代經學家在經書文字的解釋和名物制度等的考證上，超越了以前各代，取得了重要成果，這對我們利用經書所提供的材料研究古代的經濟、政治、文化、思想以至科技等，有重要的參考意義。

清代的經學著作，數量極多，體裁各異，研究的方面也不同。其中用疏體寫作的書，一般是吸收、總結了前人多方面研究的成果，又是現在文史哲研究者較普遍地需要參考的書，因此我們在十三經清人注疏這個名稱下，選擇這方面有代表性的著作，陸續整理出版。

所選的并非全是疏體，這是因爲有的書未曾有人作疏，或雖然有人作疏，但不够完善，因此選用其它注本來代替或補充。禮書通故既非疏體又非注體，但它與禮記訓纂等配合，可起疏的作用，故也入選。大戴禮記不在十三經之內，但它與禮記（小戴禮記）是同類型的書，因此也收進去。對收入的書，均按統一的體例加以點校。

清代的經學著作還有不少有重要參考價值，這有待於今後條件許可時，按新的學科分類，選擇整理出版。

十三經清人注疏的擬目如下：

周易集解纂疏　　　　　李道平撰

尚書今古文注疏　　　　孫星衍撰

今文尚書考證　　　　　皮錫瑞撰

尚書孔傳參證　　　　　王先謙撰

詩毛氏傳疏　　　　　　陳　奐撰

毛詩傳箋通釋　　　　　馬瑞辰撰

詩三家義集疏　　　　　王先謙撰

周禮正義　　　　　　　孫詒讓撰

儀禮正義　　　　　　　胡培翬撰

禮記正義　　　　　　　朱　彬撰

禮記訓纂　　　　　　　孫希旦撰

禮記集解　　　　　　　黃以周撰

禮書通故　　　　　　　孔廣森撰

大戴禮記補注

（附王樹枏校正、孫詒讓斠補）

中華書局編輯部

一九八二年五月

本書點校説明

孔子是我國古代偉大的思想家和教育家。記述孔子言行的主要材料是論語。有關論語的成書情況，歷來説法不一。漢書藝文志認爲是孔子「門人相與輯而論纂」，有的學者考證認爲是孔子弟子仲弓、子游、子夏所撰，也有的學者認爲是曾參、有若、閔子騫的弟子所撰。總之，論語是依據孔子弟子及再傳弟子的記録，加以整理編纂而成，大約成書於戰國初期。

在漢初，流傳的論語有三個本子：一是古論語，二是齊論語，三是魯論語。漢書藝文志説「古論語二十一篇」，班固注：「出孔子壁中，兩子張。」「齊論語二十二篇」，班固注：「多問王、知道。」「魯論語二十篇，傳十九篇。」傳播齊論語的，據漢書藝文志載有王吉、宋畸、貢禹、五鹿充宗、膠東庸生等人；傳播魯論語的，有龔奮、夏侯勝、韋賢、魯扶卿、蕭望之、張禹等人。古論語是漢景帝時，由魯恭王劉餘在孔子舊宅壁中發現，世所不傳。

何晏論語集解序認爲孔安國曾爲古論語訓解，後來多數學者對此有懷疑。

古論語屬於古文，齊論語和魯論語屬於今文。當時張禹依據魯論語的篇目，兼采齊説，善者從之，號稱張侯論，在當時影響頗大，這是論語的第一次改訂本。東漢末年，鄭玄又依據張侯論，並參照古論和齊論，爲論語作注，這可説是論語的第二次改訂本，也就是現在通行各本的祖本。

漢代已經把論語和孝經作爲學者的必讀書，認爲只有讀了這兩部書，才能進而學習易、書、詩、禮、春秋五經。而後來論語也被列爲經書之一。歷代學者莫不研讀論語，注釋、考證論語的書，真可謂汗牛充棟，舉不勝舉。其中影響較大的，有三國時何晏的論語集解、南北朝時皇侃的論語義疏、宋代邢昺的論語疏、南宋朱熹的論語集注和清代劉寶楠的論語正義。

何晏的論語集解，實際是孫邕、鄭衝、曹羲、荀顗、何晏五人共同完成的。匯集了兩漢至三國時孔安國、包咸、周氏、馬融、鄭玄、陳羣、王肅、周生烈諸家之説，保留了論語幾個古本的原貌，是論語最早的集注本。

皇侃的論語義疏，是對何晏論語集解所作的注解。由於當時玄學比較盛行，再加皇侃本人就是個玄學家，所以他的義疏，摻雜了不少玄學內容，但它「博極羣言，補諸書之未至，爲後學所宗」，仍有可貴的參考價值。

邢昺的論語疏，也是對何晏論語集解所作的疏證。它「剪皇氏之枝蔓，而稍傅以義理」，側重於章句訓詁，又帶有義理之學的特色。它是漢學向宋學轉變的標志，影響超過了皇疏。

朱熹的論語集注，是朱熹用畢生精力爲四書所作的章句、集注之一。因爲朱熹是宋代理學的集大成者，所以他借注四書，着重闡發他的理學思想，並多采用二程及其弟子的説法，後來隨着理學上升爲官學，它又成爲封建科舉考試的教科書。但朱熹也注意文字訓詁和史實考訂，並吸取了一些前人注釋

的積極成果，對研究論語也具有一定的參考作用。

劉寶楠的論語正義，也是對何晏論語集解所作的注釋。它充分吸收了前人的注釋成果，同時對其謬誤也多所匡正。它還采集了不少清人注釋、考證論語的新材料，並注重文字訓詁、史實考訂和闡述經義。經學家周予同先生認爲「其詳博超於舊疏」，可說是論語舊注中水平最高的。

劉寶楠，字楚楨，號念樓，江蘇寶應人。生於公元一七九一年，卒於公元一八五五年，曾任直隸文安（今屬河北）知縣。劉寶楠初治毛詩、鄭禮，後與同鄉劉文淇、梅植之、包慎言、柳興恩、陳立相約各治一經，劉寶楠專治論語。清史稿劉寶楠傳稱其「病皇、邢疏蕪陋，蒐輯漢儒舊說，益以宋人長義及近世諸家」，仿照焦循孟子正義的體例，「先爲長編，次乃薈萃而折衷之」，撰著論語正義。後因官事繁忙，未能完成，交由其子劉恭冕編成書。本書的刻本從卷一至卷十七，卷題下都署「寶應劉寶楠學」，卷十八至卷二十四，則署「恭冕述」，這表明前十七卷是劉寶楠自己撰寫的，後七卷則是他的兒子劉恭冕在長編的基礎上續撰的。

劉寶楠的論語正義有幾個顯著特點：

一、充分地吸收了前人的研究成果，尤其是清人的注釋考證。皇疏、邢疏和朱熹的集注雖然在注釋論語中影響較大，各有千秋，但也有不少謬誤，尤其明顯地受到各個時代哲學思潮的影響。劉寶楠對他們的注解，在做了充分辨證的基礎上，指正謬誤，兼采善說。對其他諸家好的注解，也時有甄采。

特別是對清人的注解考證，更是博采衆長，詳加采錄。其所采用的主要有劉台拱的論語駢枝，劉寶樹的經義説略，方觀旭的論語偶記，錢坫的論語後録，包慎言的論語溫故録，焦循的論語補疏，劉逢禄的論語述何，宋翔鳳的論語發微，戴望的論語注，毛奇齡的論語稽求篇和四書賸言，凌曙的四書典故覈，周炳中的四書典故辯正，陳鱣的論語古訓，劉培翬的四書拾義，翟灝的四書考異，江永的鄉黨圖改，黄式三的論語後案等。應該説這是論語正義的主要特點，也是它超過前人注解的主要標誌。

二、發揚了乾嘉學風，在注釋中注重文字訓詁、史實考訂和闡發經義。尤其對古代的典章名物制度、風俗禮節、歷史事件以及人名地名的注釋考證，更爲詳備。對前人的注解，作者多所評判；對拿不定主意的地方，作者又往往兼收並蓄，留待讀者自己鑒別。

書中如爲政篇「舉直錯諸枉」的「錯」字，作者先引唐陸德明經典釋文：「錯，鄭本作措。」又引説文：「措，置也。」再引漢費鳳碑「舉直措枉」爲證，據此肯定「措」爲正字，「錯」爲假借字。這樣的訓解是較爲確切的。又如公冶長篇「願車馬衣輕裘」的「輕」字，劉寶楠認爲唐以前的本子没有「輕」字，是宋人依雍也篇「衣輕裘」誤加，並引阮元的校勘記，列舉四條證據加以證明，這樣的考證也是比較有説服力的。再如學而篇「千乘之國」的解釋，馬融依據周禮，認爲「千乘之國」地方三百一十六里有畸，包咸依據王制和孟子，認爲「千乘之國」就是百里之國，何晏並存兩説。劉寶楠徵引了大量的先秦古籍和前人的考證，證明包咸的説法較爲可靠，從而解決了何晏遺留下來的疑難問題。還有對子罕篇「子畏於匡」匡地

的考證，雍也篇汶水、武城的考證，作者都詳列了前人的幾種不同說法，進行比較分析，然後采納了較爲合理的解釋。這也是論語正義的注解比其他舊注較爲精當的地方。

三、論語正義不但保留了漢魏古注，而且還對這些古注作了詳細疏解，從而豐富了論語一書的注釋內容。對宋翔鳳輯的鄭玄論語序逸文和何晏的論語序也作了詳細疏證，從中可以看出論語一書的歷史演變過程。

當然，論語正義也有它不可避免的缺點。如它承襲了乾嘉學風，言必有據，論必有證，這固然有好的一面，但弄得十分繁瑣，使人讀起來望而生畏。同時在注釋中，有些地方比較牽強，如對雍也篇「子見南子，子路不說」的解釋等等。

論語正義最早的刻本是清同治五年的初刻本，後來據此而翻刻或排印的還有皇清經解續編本、四部備要本、萬有文庫本、諸子集成本和國學基本叢書本。這次點校，以清同治五年原刻本爲底本，參考了其它幾種本子。點校中發現，後來的翻刻本和排印本，與原刻本相比，除改正了個別明顯的錯別字外，基本沒有校勘，有些錯字也照原照排。針對這種情況，這次點校重點核校了引文的出處，糾正了不少錯誤。如學而篇正義引「民者，君之本也」，本應在穀梁傳桓公十四年，而誤作「四年」。引呂氏春秋慎人篇，誤作「慎大覽」。又如爲政篇正義引左傳襄公七年「正曲爲直」，誤作「哀公七年」。八佾篇正義引春秋繁露郊語篇「天者，百神之大君也。事天不備，雖百神猶無益也」，誤作「郊祭篇」。類似這樣的錯誤很

多，這次點校中都依照原書作了更正，並作了校勘記。對引文文字出入不大的，都用了引號；不違背原意的，不作校記。對引文文字出入較大的或意引的，一般不用引號；對重要字詞有出入或與原意出入較大的，一般都作了校記。此外還改正了不少異體字和避諱字。原書篇下分章，但鄉黨篇全篇僅一章，故在章下又分節。整理時在每章、每節之首加了一個阿拉伯數字以表示章次或節次，爲的是便於翻檢。先進、衛靈公、陽貨、微子四篇，原書在篇題下標明的章數與正文實際劃分的章數不符，其原因劉寶楠在疏中已予説明，今一律不改。原書無目録，爲便於查檢，新編了一個本書檢目放在書前。爲了幫助讀者了解劉寶楠的生平，還在書後附録了清史稿劉寶楠傳一篇，供參考。

在點校過程中，陳金生同志曾給與了具體的指導幫助；嚴健羽同志審讀了部份點校稿，改正了一些錯誤；沈嘯寰同志細讀了全稿，並提出了寶貴的修改意見，在此一併表示深切的謝意。儘管自己爲此盡了一些努力，但由於經驗不足，知識貧乏，點校中的缺點錯誤還會不少，祈望讀者批評教正。

高流水

本書檢目

本書檢目

1

凡例

恭冕述

一、經文注文，從邢疏本，惟泰伯篇「予有亂臣十人」，以子臣母，有干名義，因據唐石經刪「臣」字。其他文字異同，如漢、唐、宋石經及皇侃疏、陸德明釋文所載各本，咸列於疏。至山井鼎考文所引古本，與皇本多同。高麗、足利本與古本亦相出入，語涉謷加，殊爲非類，既詳見於考文及阮氏元論語校勘記、馮氏登府論語異文疏證，故此疏所引甚少。

至注文訛錯處，多從皇本及後人校改。其皇本所載注文，視邢本甚繁，非關典要，悉從略焉。古本、高麗、足利本有與皇本、釋文本、唐石經證合者，始備引之，否則不引。

一、注用集解者，所以存魏、晉人箸錄之舊，而鄭君遺注，悉載疏內。至引申經文，實事求是，不專一家。

一、注義之備者，則據注以釋經；畧者，則依經以補疏；其有違失未可從者，則先疏經文，次及注義。若說義二三，於義得合，悉爲錄之，以正向來注家墨守之失。

一、鄭注久佚，近時惠氏棟、陳氏鱣、臧氏鏞、宋氏翔鳳咸有輯本，於集解外，徵引頗多，雖拾殘補闕，聯綴之迹，非其本真，而舍是則無可依據。今悉詳載，而原引某書某卷及字句小異，均難備列，閱者諒諸。

一、古人引書，多有增減，蓋未檢及原文故也。翟氏灝四書考異、馮氏登府論語異文疏證，於諸史

及漢、唐、宋人傳注，各經説、文集，凡引論語有不同者，悉爲列入，博稽同異，辨證得失。既有專書，此宜從略。

一、漢、唐以來，引孔子説，多爲諸賢語、諸賢説。或爲孔子語者，皆由以意徵引，未檢原文。翟氏考異既詳載之，故此疏不之及。

一、漢人解義，存者無幾，必當詳載，至皇氏疏、陸氏音義所載魏、晉人以後各説，精駁互見，不敢備引。

一、唐、宋人箋述益多，尤宜擇取。

一、諸儒經説，有一義之中是非錯見，但采其善而不箋其名，則嫌於掠美；若備引其説而並加駁難，又嫌於葛藤，故今所輯，舍短從長，同於節取，或祇撮大要，爲某某説。

一、引諸儒説，皆舉所箋書之名，若習聞其語，未知所出何書，則但記其姓名而已。又先祖考國子監典簿諱履恂箸秋槎雜記，先叔祖丹徒縣學訓導諱台拱箸論語駢枝、經傳小記，先伯父五河縣學訓導諱寶樹箸經義説略，疏中皆稱爵。

論語正義卷一

學而第一

正義曰：釋文及皇、邢疏本皆有此題。邢疏云：「自此至堯曰是魯論語二十篇之名及第次也。當弟子論撰之時，以論語爲此書之大名，學而以下，爲當篇之小目。第，順次也。一，數之始也。言此篇於次當一也。」案：古人以漆書竹簡約當一篇，即爲編列，以韋束之。故孔子讀易，韋編三絕。當孔子時，諸弟子撰記言行，各自成篇，不出一人之手，故有一語而前後篇再出也。毛詩序疏引說文：「第，次也，從竹弟。」今本說文脫「弟」字下云「韋束之次弟也。從古字之象。」疑「弟」指韋束之次言「第」則指竹簡言。釋名釋書契云：「稱題亦有第，因其第次也。」後漢安帝紀李賢注：「第謂有甲乙之次第。」自注：「一本作何晏集解。」一本必六朝時人改題，誤以集解爲何晏一人作也。然釋文雖舊題，而云「何晏集孔安國」云云，其文兩見，則亦爲後世之誤説所惑也。

集解

正義曰：陸德明經典釋文載論語舊題，止「集解」二字，在學而第一之下。

凡十六章

正義曰：釋文舊有此題，其所據卽集解本。今皇、邢疏無凡幾章之題者，當由所見本已刪之也。漢石經則每卷後有此題，蓋昔章句家所記之數。統計釋文各篇四百九十二章，趙岐孟子篇敍曰「論四百八十六章」，較釋文少六章。然釋文先進篇二十三章，衞靈篇四十題，而云「何晏集孔安國」云云，依集解宜爲二十四章。

十九章，依集解實爲四十三章。又陽貨篇二十四章，漢石經作廿六章。凡皆所據本異，故多寡迥殊。

今但依集解以存集解之舊，其有離合錯誤，各記當篇之下。至後世分析移併之故，言人人殊，既由臆

造，則皆略焉。又趙岐言章次大小各當其事，無所法也，明謂論語章次依事類敘，無所取法，與孟子篇

章迥殊。而皇疏妄有聯貫，翟氏灝考異已言其誤。後之學者，亦有茲失，既非理所可取，則皆刪佚，不

敢更箸其說焉。

1 子曰：「學而時習之，不亦說乎？【注】馬曰：「子者，男子之通稱，謂孔子也。」王曰：「時者，學者以時誦

習之。誦習以時，學無廢業，所以爲說懌。」 正義曰：「曰」者，皇疏引說文云：「開口吐舌謂之爲曰。」邢疏引說文云：「從

曰，㗊也。從口，乙聲，亦象口氣出也。」所引說文各異。段氏玉裁校定作「從口乙，象口氣出也」。又引孝經釋文云：「從

乙在口上，乙象氣，人將發語，口上有氣，故曰字缺上也。」「學」者，說文云：「斅，覺悟也。從教從冂。冂，尚矇也，臼聲。

學，篆文斅省。」白虎通辟雍篇：「學之爲言覺也，以覺悟所未知也。」與說文訓同。荀子勸學篇：「君子博學而日參省乎己，

則知明而行無過矣。故不登高山，不知天之高也；不臨深谿，不知地之厚也；不聞先王之遺言，不知學問之大也。」又

云：「學惡乎始？惡乎終？曰：其數則始乎誦經，終乎讀禮；其義則始乎爲士，終乎爲聖人。真積力久則入，學至乎沒而

後止也。」案：王制言「樂正崇四術，立四教，順先王詩書禮樂以造士，春秋教以禮樂，冬夏教以詩書，王太子、王子、羣后之

太子、卿大夫元士之適子，國之俊選，皆造焉。」是詩書禮樂，乃貴賤通習之學，學已大成，始得出仕，所謂先進於禮樂者

也。春秋時，廢選舉之務，故學校多廢，禮樂崩壞，職此之由。夫子十五志學，及後不仕，乃更刪定諸經。史記孔子世家

二

言孔子當定公五年已修詩書禮樂，卽謂此也。刪定之後，學業復存。凡篇中所言爲學之事，皆指夫子所刪定言之矣。「時

習」者，《說文》：「時，四時也。」此謂春、夏、秋、冬。而日中晷刻亦得名「時」。引申之義也。皇疏云：「凡學有三時：一是就人

身中爲時。內則云：『六年教之數目，十年學書計，十三年學樂、誦詩、舞勺，十五年成童舞象。』並是就身中爲時也。二就

年中爲時。王制云：『春夏學詩樂，秋冬學書禮。』三就日中爲時。前身中、年中二時，而所學並日日修習，不暫廢也。今

云『學而時習之』者，『之』者，詩蓼莪鄭箋云：『之，猶是也。』此常訓。「不亦說乎」者，孟子滕文公上

「不亦善乎」！趙岐注：「不亦者，亦也。」爾雅釋詁：「說，樂也。」皇本凡「說」皆作「悅」。說文有「說」無「悅」，「悅」是俗體。

夫子自言「發憤忘食，樂以忘憂」，又稱顏回好學，雖貧不改其樂，皆是學有然也。「乎」者，說文云：「平，語之餘也。」廣

雅釋詁：「平，詞也。」此用爲語助。○注「子者」至「說懌」。○正義曰：白虎通號篇：「子者，丈夫之通稱也。」與此注義同。

言尊卑皆得稱「子」，故此孔子門人稱師亦曰「子」也。邢疏云：「書傳直言『子曰』者，皆指孔子。以其聖德著聞，師範來

世，不須言其氏，人盡知之故也。」「誦習」者，說文：「誦，諷也。諷，誦也。」周官大司樂注：「倍文曰『諷』，以聲節之曰『誦』。」

「諷」「誦」皆是口習，故此注言「誦習」也。但古人爲學，有操縵、博依、雜服、與藝諸事，此注專以「誦習」言者，亦舉一端以

見之也。說文：「習，鳥數飛也。」引申爲凡重習、學習之義。呂覽審己注：「習，學也。」下章「傳不習乎」，訓義亦同。「學不

廢業」者，廢者，棄也。說文：「業，大版也。所以飾縣鐘鼓、捷業如鋸齒。」簡冊亦用竹爲版，故亦名「業」。曲禮云：「請業

則起。」注「業謂篇卷也」是也。「說懌」者，說文新附：「懌，說也。」注重言以曉人。　有朋自遠方來，不亦樂乎？

【注】包曰「同門曰朋。」　正義曰：宋氏翔鳳樸學齋札記：「史記世家……『定公五年，魯自大夫以下，皆僭離於正道，故孔

子不仕，退而修詩書禮樂，弟子彌衆，至自遠方，莫不受業焉。』弟子至自遠方，即『有朋自遠方來』也。『朋』即指弟子，故白虎通辟雍篇云：『師弟子之道有三，論語曰「朋友自遠方來」，朋友之道也。』又孟子滕擢子曰『其取友必端矣』，亦指『友』爲弟子。』按：宋說是也。釋文云：『有或作友，非。』考白虎通引『有朋』作『朋友』，疑白虎通本作『友朋』，即釋文所載或本，後人乃改作『朋友』耳。隸釋載漢婁壽碑「有朋自遠」，亦作「有朋」。盧氏文弨釋文考證云：『呂氏春秋貴直篇「有人自南方來」，句法極相似。陸氏謂『作友非是』也。」「自遠方來」者，廣雅釋詁：「自，從也。」爾雅釋詁：「遠，遐也。」淮南兵略訓：「方者，地也。」禮表記注：「方，四方也。」爾雅釋詁：「來，至也。」並常訓。學記言：「學至大成，足以化民易俗，近者說服，而遠者懷之，此大學之道。」然則朋來，正是學成之驗。〇注：「同門曰朋。」〇正義曰：文選古詩十九首注引鄭注此文，與包同。「同門」者，謂同處一師門也。禮學記云：「古之教者，家有塾。」注：「古者仕焉而已者，歸教於閭里，朝夕坐於門，門側之堂謂之塾。」孔疏：「周禮，百里之內，二十五家爲閭，同共一巷，巷首有門，門邊有塾。」當夫子時，學校已廢，仕焉而已者多不任爲師，夫子乃始設教於魯，以師道自任，開門授業，洙泗之間，必別有講肆之所，而非爲舊時家塾矣。

「不亦樂乎」者，蒼頡篇：「樂，喜也。」與「說」義同。易象傳：「麗澤，兌。君子以朋友講習。」「兌」者，説也。禮中庸云：「誠者，非自誠己而已也，所以成物也。」此文「時習」是「成己」，「朋來」是『成物』。但『成物』亦由『成己』，既以驗己之功修，又以得教學相長之益，人才造就之多，所以樂也。孟子以『得天下英才而教育之』爲樂，亦此意。

人不知而不慍，不亦君子乎？

【注】慍，怒也。凡人有所不知，君子不怒。

正義曰：「人不知」者，謂當時君卿大夫不知己學有成事用之也。「不慍」者，鄭注云：「慍，怒也。」詩緜正義引說文同。「君子」者，白虎通號篇：「或稱君子者，道德之稱也。」君之爲言羣也。子

者，丈夫之通稱也。」禮哀公問：「君子也者，人之成名也。」禮中庸記：「子曰：『正己而不求於人，則無怨。上不怨天，下不

尤人。」又論語下篇：「子曰：『莫我知也夫！不怨天，不尤人，下學而上達。知我者其天乎！』」正謂己之爲學，上達於天，

爲天所知，則非人所能知，故無所怨尤也。夫子一生進德脩業，咸括於此章。是故學而不厭，時習也，知也；誨人不

倦，朋來也，仁也。遯世不見，知而不悔，不知不慍也，惟聖者能之也。夫子生衰周之世，知天未欲平治天下，故惟守先王之

道，以待後之學者。記者因以其言，列諸篇首。○注「慍怒」至「不怒」。○正義曰：詩緜傳「慍，患也」。患、怒義同。皇疏後

略云：『樂詳字文載，黃初中，徵拜博士。時有博士十餘人，〔一〕學多褊，又不熟悉，惟詳五業並授。後漢儒林傳注引魏

循論語補疏：『注言「人有所不知」，則是人自不知，非不知己也。我所知而人不知，因而慍之，矜也。其或難質不解，詳無

一解云：『君子易事，不求備於一人，故爲教誨之道，若人有鈍根不能知解者，君子怒之而不慍怒之也。』此卽注義。焦氏

慍色，以杖畫地，牽譬引類，至忘寢食。』實則教學之法，語之而不知，雖舍之亦可，無容以不慍卽

稱君子。此注所云「不與經旨應」也。

2 有子曰：【注】孔子弟子，有若。「其爲人也孝弟，而好犯上者，鮮矣。【注】鮮，少也。上，謂凡在己上

者。言孝弟之人必恭順，好欲犯其上者少也。不好犯上，而好作亂者，未之有也。　正義曰：阮氏元論語解

「弟子以有子之言似夫子，而欲師之，惟曾子不可彊，其餘皆服之矣。故論語次章，卽列有子之語在曾子之前。」案：曾子

〔一〕「時有博士」四字原脱，據後漢書何焯校本補。

不可彊，非不服有子也，特以尊異孔子，不敢以事師之禮用之他人。觀曾子但言孔子德不可尚，而於有子無微辭，則非不服有子可知。當時弟子惟有子、曾子稱子，此必孔子弟子於二子仍稱字，故通稱子也。至閔子騫、冉有各一稱子，此亦二子之門人所記，而孔子弟子之於二子沒後，尊事二子如師，稱子錯出也。「其爲人」者，尚書大傳注：「其，發聲也。」周官典同注：「其，作也。」並常訓。禮運曰：「人者，其天地之德，陰陽之交，鬼神之會，五行之秀氣也。」又曰：「人者，天地之心也，五行之端也，食味別聲被色而生者也。」「孝弟」者，爾雅釋訓：「善父母爲孝，善兄弟爲友。」此文不言友言弟者，友是兄弟相愛好，此則專指爲人弟者，不兼言也。賈子道術云：「子愛利親謂之孝，反孝爲孽；弟敬愛兄謂之悌，反悌爲敖。」「悌」即「弟」俗體。論語釋文云：「弟本作悌。」皇本、高麗本亦作「悌」，並從俗作也。「好犯上」者，皇疏云：「好，謂心欲之也。」爾雅釋詁：「犯，勝也。」說文：「犯，侵也。」「鮮」者，鄭注云：「鮮，寡也。」此本爾雅釋詁。說文：「尠，是少也。」「尠」正字，「鮮」，魚名，出貉國。段借字。時世教衰，民知德者鮮，故孝弟之人容有犯上，故云「鮮」也。「作亂」者，爾雅釋言：「作，爲也。」左宣十二年傳：「人反物爲亂。」十五年傳：「民反德爲亂。」作亂之人，由於好犯上；好犯上，由於不孝不弟。故古者教弟子就外舍，學小藝焉，履小節焉；束髮就大學，學大藝焉，履大節焉，皆令知有孝弟之道。而父之齒隨行，兄之齒鴈行，朋友不相踰，又令知有事長上處朋友之禮，故孝弟之人鮮有犯上。若不好犯上，而好作亂，知爲之無之事，故曰「未之有也」。曾子立孝云：「是故未有君而忠臣可知者，孝子之謂也；未有長而順下可知者，弟弟之謂也。故曰孝子善事君，弟弟善事長。君子一孝一弟，可謂知終矣。」是言孝弟之人必無之事，故曰「未之有也」。曾子立孝云：「是故未有君而忠臣可知者，孝子之謂也；未有長而順下可知者，弟弟之謂也。故曰孝子善事君，弟弟善事長。君子一孝一弟，可謂知終矣。」是言孝弟之人必無治而能仕可知者，先脩之謂也。故曰孝子善事君，弟弟善事長。君子一孝一弟，可謂知終矣。是言孝弟之人必爲忠臣順下，而不好犯上、不好作亂可無疑矣。春秋之時，學校已廢，卿大夫多世官，不復知有孝弟之道。故事君事長，

鮮克由禮，而亂臣賊子，遂至接踵以起也。○注：「孔子弟子，有若。」史記仲尼弟子列傳：「有

若，少孔子三十三歲。」論語邢疏及禮檀弓疏引作「四十三歲」。裴駰史記集解引鄭玄云「魯人」。此出鄭氏孔子弟子目錄，

今佚不傳。○注「鮮少」至「少也」。○正義曰：「鮮少者，説文：『少，不多也。』」「上」者，謂凡在己上者。蔡邕獨斷：「上者，

尊位所存也。」亦謂位在己上。「凡」者，總舉之辭。「恭順」者，説文：「恭，肅也。」釋名釋言語「順，循也，循其理也。」注以犯

上則非恭順，故人能孝弟，必恭順於上也。丘光庭兼明書以犯上為干犯君上之法令，亦此注義所括。　君子務本，本立

而道生。　孝弟也者，其爲仁之本與！【注】本，基也。基立而後可大成。先能事父兄，然後仁道可大成。　正

義曰：「務本」者，〈説文：「務，趣也。」〉高誘呂氏春秋孝行覽注「務，猶求也。」「本立而道生」者，〈立，

猶定也。〉「道」者，人所由行之路。事物之理，皆人所由行，故亦曰「道」。漢書董仲舒傳「道者，所繇通於治之路也」是也。

廣雅釋詁：「生，出也。」大戴禮保傳云「易曰：『正其本，萬事理。』本立而道生。」説苑建本篇「孔子曰：『君子務本，本立而道生。』夫本

不正者未必倚，始不盛者終必衰。　詩云『原隰既平，泉流既清。』本立而道生。」阮氏元論仁篇以「本立而道生」為古逸詩，

愚謂「務本」二句是古成語，而有子引之。　説苑及後漢延篤傳皆作孔子語者，七十子所述皆祖聖論，又當時引述各經未撿

原文，或有錯誤故也。〈中庸言達道五：君臣，父子，夫婦，昆弟，朋友。而父子、昆弟尤爲本根之所在。若人能孝弟，則於

君臣、夫婦、朋友之倫，處之必得其宜，而可名之爲道」也。「爲仁」猶言行仁，所謂利仁彊仁者也。下篇

「其爲仁矣，不使不仁者加乎其身」「克己復禮爲仁」「爲仁由己」「子貢問爲仁」「堂堂乎張也，難與並爲仁矣」，皆是言

「爲仁」。又志於仁「求仁欲仁」「用力於仁」，亦是言「爲仁」也。「仁」者何？下篇「樊遲問仁。子曰『愛人。』」此「仁」字本

訓。

說文「仁」字從二人，會意，言己與人相親愛也。善於父母，善於兄弟，亦由愛敬之心。故禮言「孝子有深愛」，又言

「立愛自親始，立敬自長始」，敬亦本乎愛也。孝弟所以為為仁之本者，孝經云「夫孝，德之本也，教之所由生也」。德兼

仁、義、禮、智。此不言德，言仁者，仁統四德，故為仁尤亟也。孟子離婁篇「仁之實，事親是也」；義之實，從兄是也」。又

云「親親而仁民，仁民而愛物。」是為仁必自孝弟始也。孝經云「故不愛其親而愛他人者，謂之悖德；不敬其親而敬

他人者，謂之悖禮。以順則逆，民無則焉。不在於善，而皆在於凶德。雖得之，君子不貴也。」觀此，則不孝不弟，雖有他

善，終是不仁。何者？為其大本已失，其末自不足貴也。宋氏翔鳳鄭注輯本「為仁」作「為人」，云「言人有其本性，則成

功立行也。」又云「務本莫貴于孝。夫孝三皇五帝之本務，而萬事之紀也。夫執一術而百善至，百邪去，天下從者，其惟孝

也。故論人必先以所親。」〔一〕而後及所疏，必先所重，而後及所輕。」是知孝弟為為人之本也。「孝弟也者」

云云，是釋「務本」二句之義。「與」者，語助辭。〇注「本基」至「大成」。〇正義曰：說文「本，木下曰本。從木，一在下。」

「二在下」，象其根。注訓「基」者，說文「基，牆始也。」始亦本也。「大成」者，大猶廣也。訓「生」為「成」，此引申之義。表

記云：「仁之難成久矣，人人失其所好，故仁者之過易辭也。」又云：「仁之為器重，其為道遠，舉者莫能勝也，行者莫能致

也。取數多者，仁也。夫勉於仁者，不亦難乎？」是仁道大成，最為難能。故惟能先事父兄，復擴充其本性之善，兼有眾

〔一〕「故」原誤作「夫」，據呂氏春秋改。

德,然後仁道可冀大成也。 皇本以「先能事父兄」二句爲包注。

3 子曰:「巧言令色,鮮矣仁!」【注】包曰:「巧言,好其言語;令色,善其顏色。皆欲令人說之,少能有仁也。」

正義曰:禮表記:「子曰:『情欲信,辭欲巧。』」詩雨無正:「巧言如流,俾躬處休。」左傳載師曠善諫,叔向引「巧言如流」以美之。 又烝民詩:「令儀令色。」彼文言「巧」、「令」,皆是美辭。此云「鮮矣仁」者,以巧令多由僞作,故下篇言「巧言、令色,足恭」,左丘明恥之,丘亦恥之。又書皋陶謨云:「何畏乎巧言令色孔壬。」孔,甚也;壬,佞也。以巧言令色爲甚佞,則不仁可知。 然夫子猶云「鮮仁」者,不忍重斥之,猶若有未絶於仁也。曾子立事云:「巧言令色,能小行而篤,難於仁矣。」與此文義同。 皇本「仁」上有「有」字。 ○注「巧言」至「仁也」。 ○正義曰:「巧」、「好」音義相近。詩雨無正箋:「巧,猶善也。」禮表記注:「巧,謂順而說也。」皆謂好其言語,即詩云「好言自口」也。爾雅釋詁:「令,善也。」書皋陶謨「令色」,史記夏本紀作「善色」,是「令」有「善」義。說文:「色,顏气也。」齊語韋昭解「顏,眉目之間。」引申之,凡氣之達於面者,皆謂之顏。 故注以「顏色」連文。 云「少能有仁」,似注所見本亦作「有仁」。

4 曾子曰:【注】馬曰:「弟子曾參。」「吾日三省吾身:爲人謀而不忠乎?與朋友交而不信乎?傳不習乎?」【注】言凡所傳之事,得無素不講習而傳之。

正義曰:「吾日三省吾身」者,爾雅釋詁:「吾,我也。」說文:「吾,我自稱也。」日行一周天爲一晝夜,故一晝夜即名日。 周髀算經注:「從旦至旦,爲一日也。」是也。 說文:「三,數

名。」阮氏元數說:「古人簡策繁重,以口耳相傳者多,以目相傳者少,且以數記言,使百官萬民易誦易記。洪範、周官,尤

其最箸者也。論語以數記文者,如:一言,三省,三友,三樂,三戒,三畏,三愆,三疾,三變,四教,絕四,四惡,五美,六言,

六蔽,九思之類。則亦皆口授耳,受心記之古法也。」鄭注云:「思察己之所行也。」此以「省」訓「察」,本爾雅釋詁

「省,視也。」義亦近。爾雅釋詁:「身,我也。」說文:「身,躬也。象人之身。」「咨事之難易爲

而不忠」者,國策魏策注:「爲,助也。」左襄四年傳「咨難爲謀。」魯語「咨事爲謀。」毛詩皇皇者華傳:〔一〕「咨事之難易爲

謀。」用内,外傳義近也。周語「忠者,文之實也。」楊倞荀子禮論注:「忠,誠也。」「誠」、「實」義同。說文:「誠,心以爲人謀謂之忠,故

臣之於君,有誠心事之,亦謂之忠。」與朋友交而不信乎」者,禮檀弓注:「與,及也。」此常訓。鄭注云:「同門曰朋,同志曰

友。」同門義見前疏。同志者,謂兩人不共學而所志同也。鄭箋詩關雎,注禮坊記並有此訓。說文:「爻,同志爲友,从二又,

相交友也。」義與鄭同。說文:「交,交脛也。」〔二〕从大,象交形。」朋友與己兩人相會合,亦得稱交,引申之義也。皇本「交」

下有「言」字。說文:「信,誠也。從人從言。」會意。釋名釋言語:「信,申也。言以相申束,使不相違也。」五倫之義,朋友

主信,故曾子以不信自省也。「傳不習乎」者,「傳」謂師有所傳於己也。夫子言「十室之邑,必有忠信,而不如丘之好學」,

可見好學最難。其於及門中,惟稱顏子好學。今曾子三省,既以忠信自勗,又以師之所傳,恐有不習,則其好學可知。曾

子立事篇:「日旦就業,夕而自省思,以没其身,亦可謂守業矣。」又云:「君子既學之,患其不博也;既博之,患其不習也;

既習之,患其不知也;既知之,患其不行也。」此正曾子以「傳不習」自省之證。「習」兼知行,故論語祇言習也。鄭注云:

〔一〕「皇皇者華」原誤作「四牡」,據詩傳改。

〔二〕下「交」字原脱,據說文補。

一〇

「魯讀傳爲專。今從古。」臧氏庸輯鄭注釋云：「此傳字，從專得聲，魯論故省用作專，鄭以古論作傳，于義益明，故從之。」

如減此言，是「專」與「傳」同謂師之所「傳」，而字作「專」者，所謂叚借爲之也。宋氏翔鳳論語發微『孔子爲曾子傳孝道而

有孝經。孝經説曰『春秋屬商，孝經屬參。』則曾子以孝經專門名其家，故魯論讀傳爲專。所業既專，而習之又久，師資

之法無絶，先王之道不湮，曾氏之言，即孔子傳習之旨也。』包氏慎言論語溫故錄：「專謂所專之業也。呂氏春秋曰『古之

學者，説義必稱師，説義不稱師命之曰『叛』。』所專之業不習，則墮棄師説，與叛同科。故曾子以此自省。後漢書儒林傳：

『其耆名高義開門受徒者，編牒不下萬人，皆專相傳祖，莫或訛雜。揚雄所謂『讀説之學，各習其師』，此即魯論義也。

案：宋、包二君義同。廣雅釋詁：「專，業也。」亦謂所專之業。此魯論文既不箸，義亦難曉，故既取臧説，兼資宋、包，非敢

定於一是也。○注「弟子曾」。○正義曰：元和姓纂：「夏少康封少子曲烈于鄫，春秋時，爲莒所滅。鄫太子巫仕魯，去

邑爲曾氏，見世本。巫生阜，阜生晳，晳即曾點，曾子父也。」史記弟子傳：「曾子，名參，字子輿，南武城人，少孔子四十六

歲。」○注：「言凡所傳之事，得無素不講習而傳之。」○正義曰：「得無」者，疑辭。郭氏翼雪履齋筆記：「曾子三省，皆指施

於人者言。傳亦我傳乎人。傳而不習，則是以未嘗躬試之事而誤後學，其害尤甚於不忠不信也。」焦氏循論語補疏「己

所素習，用以傳人，方不妄傳，致誤學者，所謂『溫故而知新，可以爲師』也。」二説皆從集解，亦通。

5 子曰：「道千乘之國，【注】馬曰：「道謂爲之政教。司馬法：『六尺爲步，步百爲畝，畝百爲夫，夫三爲屋，屋

三爲井，井十爲通，通十爲成，成出革車一乘。』然則千乘之賦，其地千成，居地方三百一十六里有畸。唯公侯之封，乃能

容之。雖大國之賦，亦不是過焉。」包曰：「道，治也。千乘之國者，百里之國也。古者井田，方里爲井，十井爲乘，百里之國，適千乘也。」融依周禮，包依王制、孟子，義疑，故兩存焉。

正義曰：「道」，皇本作「導」。「千」者，數名。說文：「千，十百也。」「乘」本作「椉」。說文云：「椉，覆也。從入桀。」「覆」者，加乎其上之名。故人所登車亦謂之乘。三蒼云：「椉，載也。」左隱元年傳杜注：「車曰乘，車駕馬，多用四。」故儀禮聘禮注云：「乘，四馬也。」趙岐孟子梁惠王篇注：「千乘，兵車千乘，謂諸侯也。」「國」者，說文云：「國，邦也。」周官太宰鄭注：「大曰邦，小曰國。」此對文有異，若散文亦通稱。○注「馬曰」至「存焉」。○正義曰：說文云：「政，正也。」从攴从正。正亦聲。教，上所施，下所效也。」「政教」，即「敬」「信」諸端。言此者，明「敬事」云云，即所以道國也。「道」本道路之名，人所循行。此政教，亦是示人以必行，故得曰「道」。○注「包云『治』者，謂治之以政。義與馬不異也。鄭此注云：「司馬法云：『步百爲畝，畝百爲夫，夫三爲屋，屋三爲井，井十爲通，通十爲成，成方十里，出革車一乘，甲士三人，步卒七十二人。』公侯之封，乃能容之。雖大國之賦，亦不是過焉。」鄭此注與馬同。又公羊哀十年傳疏引云：「公侯方百里井十，則賦出革車一乘。」亦此注文，「井十」當作「井百」。邢疏云：「史記齊景公時，有司馬田穰苴善用兵。周禮司馬掌征伐。六國時，齊威王使大夫追論古者兵法，附穰苴於其中，凡一百五十篇，號曰司馬法。此『六尺曰步』，至『成出革車一乘』，皆彼文也。引之者，以證千乘之國爲公侯之大國也。」皇疏云：「凡人一舉足爲跬。跬，三尺也。兩舉足曰步。步，六尺也。廣一步，長百步，爲一畝。畝百爲夫，是方百步也。謂爲夫者，古者賦田，以百畝地給一農夫也。夫三爲屋，則是方百步者三也。〔一〕並而言之，則廣一里。一里，三百步也，而猶長百步也。

〔一〕「步」原誤作「里」，據皇疏改。

謂爲屋者，一家有夫、婦、子，三者具，則屋道乃成，故合三夫目爲屋也。屋三爲井，三屋並方之，則方一里也。名爲井者，因夫間有遂水縱橫相通成井字也。井十爲通，十井之地並之，則廣十里、長一里也。謂爲通者，其地有三十屋相通，共出甲士一人，徒卒二十人也。通十爲成，則方十里也。謂爲成者，兵賦法一乘成也。[1]其地有三百屋，出革車一乘，甲士十人，徒卒七十二人也。方十里者千，卽是千成，則容千乘也。方百里者，有方十里者百。若方三百里，三三爲九，則有方百里者九。合成方十里者九百也。是方三百里，唯容千乘也。方百里者，猶少百乘，是方百里者一也。今取方百里者一，而六分破之，每分得廣十六里，長百里，引而接之，則長六百里，其廣十六里也。今半斷各長三百里，設法特坤前三百里，南西二邊，是方三百十六里也。然西南角猶缺方十六里者一，方十六里者一，有方十里者二，又方一里者五十六，是少方一里者二百五十六也。然則向割方百里者爲六分，坤方三百十六里兩邊，兩邊猶餘方一里者四百。今以方一里者二百五十六，坤西南角猶餘方一里一百四十四，又設法破而坤三百十六里，則每邊不復得半里，故云『方三百十六里有奇』也。」邢疏申馬說云：「案周禮大司徒云：『諸公之地，封疆方五百里；；諸侯之地，封疆方四百里；諸伯之地，封疆方三百里；諸子之地，封疆方二百里；；諸男之地，封疆方百里。』此千乘之國，居地方三百十六里有畸，伯、子、男自方三百而下，則莫能容之。故云『唯公侯之封，乃能容之』。坊記云：『……制國不過千乘。』然則地雖廣大，以千乘爲限。故云『雖大國之賦，亦不是過焉』。」又申包說云：『云『千乘之國，百里之國也』者，謂夏之公侯，殷，周上公之國也。』云『古者井田，方里爲井』者，孟子云：『……『方里而井，井九百畝』是也。云『十井爲乘，百里之國，適千乘也』者，此包以古之大國不過百里，以百里賦千乘，故計之

〔一〕「兵」原誤作「共」，據皇侃論語義疏改。

每十井爲一乘。是方一里者十爲一乘,則方一里者百爲十乘。開方之法,方百里者一,爲方十里者百。每方十里者一,

爲方一里者百,其賦十乘;;方十里者百,則其賦千乘也。與乘數適相當,故云『適千乘也』。云『融依周禮』,包依王制、孟

子』者,馬融依周禮大司徒文,以爲諸公之地方五百里,侯四百里以下也。包氏依王制云『凡四海之內九州,州方千里,

州建百里之國三十,七十里之國六十,五十里之國百有二十。凡二百一十國也』。又孟子云:『天子之制,地方千里;公侯

之制,皆方百里;伯七十里,子男五十里。』包氏據此以爲大國不過百里,不信周禮有方五百里,四百里之封也。』案:注

包、馬異說,皇、邢疏如文釋之,無所折衷,後人解此,乃多牴牾。從馬氏,則以千乘非百里所容;從包氏,則以周禮爲不

可信。紛紛詰難,未定一是。近人金氏鶚求古錄說此最明最詳,故備錄之。其說云:『孟子言『天子千里,大國百里,次國

七十里,小國五十里』。又言『萬乘之國,千乘之家;千乘之國,百乘之家。萬取千焉,千取百焉』。是千里出車萬乘,百里

出車千乘,十里出車百乘也。子產言『天子一圻,列國一同,圻方千里,同方百里』亦如孟子之說。以開方之法計之,方

里而井,百里之國計有萬井,萬井而出車千乘,則十井出一乘矣。若馬氏說,百井出一乘,則百里之國止有百乘,必三百

一十六里有奇乃有千乘,與孟子不合。包氏合於孟子,是包氏爲可據矣。哀十二年公羊傳注言『軍賦十井,不過一乘。』

此一證也。馬氏之說,則據司馬法。鄭注小司徒亦引司馬法云:『井十爲通,通三十家,爲匹馬,士一人,徒二人。通十爲

成,成百井,三百家,出革車一乘,士十人,徒二十人。十成爲終,終千井,三千家,革車十乘,士百人,徒二百人。十終爲

同,同方百里,萬井,三萬家,革車百乘,士千人,徒二千人。』賈疏:『通,九十夫之地,宮室塗巷,三分去一,又不易、一易、

再易通率三夫,受六夫之地,是三十家也。』案:司馬法一書,未必眞周公之制,所言與孟子、子產皆不合。信司馬法,何如

信孟子耶？坊記云：『制國不過千乘，家富不過百乘。』今謂大夫百乘，地方百里，等于大國諸侯，必不然矣。或謂司馬法

車乘有兩法：一云兵車一乘，士十人，徒二十人。一云兵車一乘，甲士三人，步卒七十二人。

天子畿內采地法，以甲士三人，步卒七十二人爲畿外邦國法。此言千乘之國，是畿外邦國也。一乘車，士卒共七十五人，賈公彥以士十人徒二十人爲

又有炊家子十人，固守衣裝五人，廄養五人，樵汲五人，共一百人，馬牛芻茭具備，此豈八十家所能給哉？不知天子六軍，

出于六鄉，大國三軍，出于三鄉，蓋家出一人爲兵也。又三遂亦有三軍，三鄉爲正卒，三遂爲副卒，鄉遂出軍而不出車，都

鄙出車而不出兵。孔仲達成元年『丘甲』疏云：『古者天子用兵，先用六鄉，六鄉不足，取六遂，六遂不足，取都鄙及諸侯。

若諸侯出兵，先盡三鄉三遂，鄉遂不足，然後徧徵境內。』賈公彥小司徒疏亦云：『大國三軍，次國二軍，小國一軍，皆出于

鄉遂，猶不止，徧境出之，是爲千乘之賦。』然則都鄙固不出兵也。江慎修云『七十五人者，丘乘之本法；三十人者，調發

之通制。魯頌「公車千乘，公徒三萬」正與司馬法合。』此說得之。然則都鄙即至出兵，而調發之數，惟用三十人，豈八十

家所不能給哉？至於丘乘之法，八十家而具七十五人，無過家一人耳。此但備而不用，惟蒐田講武乃行，又何不給之

有？農隙講武，正當人人訓練，家出一人，不爲厲民也。若夫車馬之費，亦自不多。古者材木取之公家山林而無禁，則造

車不難。馬牛畜之民間，可給民用，不過暫出以供蒐田之用耳。芻茭則尤野人所易得者也。且以八十家而出一車四馬，

又何患其不給乎？或又謂百里之國，山川林麓，城郭宮室，涂巷園圃，三分去一。三鄉三遂，又不出車，又不易，一易、再

易通率三夫，受六夫之地，則三百乘且不足，安得有千乘乎？不知百里之國，以出稅之田言，非以封域言也。孟子言頒祿，

正是言田，其曰『地方百里』者，地與田通稱，故井地即井田也。百里以田言，則山川林麓，以及涂巷園圃等，固已除去矣。

頒祿必均，若不去山川，山川天下不同，則祿不均矣。苟境內山川甚多，而封域止百里，田稅所出，安足以給用乎？故知

大國百里，其封疆必不止此。周禮所以有五百里、四百里之說，蓋兼山川附庸而言也。孟子則專言穀土耳。城郭、宮室、

涂巷等，雖有定數，然亦非穀土，則亦不在百里之內也。先儒三分去一之說，亦未必然。孟子言方里而井，百里、七十里、五

十里，皆以井計數。方里不必其形正方，以方田之法算之，有九百畝則曰方里。地方百里等方字，皆如是也。然則百里

之國，不謂封疆，其里亦非廣長之里矣。孟子言一夫百畝，而周禮有不易百畝，一易二百畝，再易三百畝之說，蓋孟子言

其略，周禮則詳言之也。分田必均，周禮以三等均之，其說至當。左傳：『井衍沃，牧隰皋。』鄭氏謂『隰皋，九夫為牧』，二牧

而當一井』是也。是則一井不必九百畝，百畝之國亦不必九百萬畝，以通率二井當一井，當有一千八百畝矣。孟子但

舉不易之田，故曰『一夫百畝』，大國百里也。鄉遂之民皆受田，則亦有車乘，但其作之之財受于官府，故曰『不出車』，非

無車也。夫以『百里之國』，豈不足於千乘哉？包氏之說，可無疑矣。敬事而信，【注】包曰：『為國者舉事必敬慎，與

民必誠信。』節用而愛人，【注】包曰：『節用不奢侈，國以民為本，故愛養之。』使民以時。【注】包曰：『作使民必以

其時，不妨奪農務。』正義曰：『事』謂政事，『用』謂財用也。『愛』，說文作『㤅』，行貌。別一義。本字作『㤅』，『惠』也。

從心，旡聲。今經典皆叚『愛』為『㤅』。『使』者，令也，教也。『民』者，說文：『民，眾萌也。從古之象。』書多士序鄭注：

『民，無知之稱。』呂刑注及詩靈臺序注並云：『民者，冥也。』冥亦無知之義。宋石經避諱『敬』作『欽』，後放此。〇注：『為

國者舉事必敬慎，與民必誠信。』〇正義曰：說文：『敬，肅也。從攴苟。』釋名釋言語：『敬，警也，恆自肅警也。』此注言『敬

慎』者，『慎』亦肅警意也。下篇『執事』、『敬事』、『思敬』訓並同。荀子議兵篇：『慮必先事，而申之以敬，慎終如始，終始如

一，夫是之謂大吉。凡百事之成也，必在敬之；其敗也，必在慢之。」「與民必誠信」者，誠者，實也，言舉事必誠信也。事是政令，政令所以教民，故注以「與民」言之。晉語箕鄭曰：「信於君心，則美惡不踰；信於民，則上下不干；信於令，則時無廢功；信於事，則民從事有業。」○注「節用」至「養之」。○正義曰：說文云：「節，竹約也。」引申爲節儉之義。賈子道術云：「費弗適謂之節。」易象傳：「節以制度，不傷財，不害民。」是人君不知節用，必致傷財，且害民也。「奢侈」者，奢，張也。侈，汰也。大戴禮子張問入官云：「奢侈者，財之所以不足也。」管子八觀篇：「國侈則費，用費則民貧，民貧則姦智生，姦智生則邪巧作。故姦邪之所生，生於置不足；置不足之所生，生於侈；侈之所以生，生於無度。故曰審度量，節衣服，儉財用，禁侈泰，爲國之急也。」「國以民爲本」者，注以「愛人」「人指民言」耳。穀梁桓十[一]四年傳：「民者，君之本也。」君主乎國，故國以民爲本。「愛養」者，養謂制民之產，有以養民，乃爲愛也。說苑政理篇：「武王問於太公曰：『治國之道若何？』太公對曰：『治國之道，愛民而已。』曰：『愛民若何？』曰：『利之而勿害，成之勿敗，生之勿殺，與之勿奪，樂之勿苦，喜之勿怒。此治國之道，使民之誼也。民失其所務，則害之也。農失其時，則敗之也。有罪者重其罰，則殺之也。重賦斂者，則奪之也。多徭役以罷民力，則苦之也。勞而擾之，則怒之也。』」是皆言治國者當愛民也。劉氏逢祿論語述何篇解此文云：「人謂大臣、羣臣。易訟二爻『邑人三百戶』，羣大數，謂天子上大夫受地視侯也。」此以下文言民，則人非民，故解爲大臣、羣臣。於義亦通。○注「作使」至「農務」。○正義曰：「作」，如「動作」之作。邢疏云：「『作使民必以其時』者，謂築都邑城郭也。春秋莊二十九年左氏傳曰：『凡土功，龍見而畢務，戒事也。』注

〔一〕「十」字原脫，據穀梁傳補。

云：「謂今九月，周十一月。龍星角、亢，晨見東方，三務始畢，戒民以土功事。」『火見而致用』，注云：『大火，心星，次角、亢

見者，致築作之物。』『水昏正而栽』，注云：『謂今十月，定星昏而中，於是樹板幹而興作。』『日至而畢』，注云：『日南至，微

若其門戶道橋城郭牆塹，有所損壞，則特隨壞時修之。故僖二十年左傳曰『凡啟塞，從時』，是也。」

案：邢疏謂「損壞隨時修之」，是動小工，不必須農隙也。『左隱五年傳言治兵振旅，蒐苗獮狩，皆于農隙以講事，謂講武事。』

此使民之大者，春秋時，兵爭之禍亟，日事徵調，多違農時，尤治國所宜戒也。

6　子曰：「弟子，入則孝，出則弟，謹而信，汎愛衆，而親仁。行有餘力，則以學文。」【注】馬

曰：「文者，古之遺文。」

正義曰：「弟子」者，對兄父之稱，謂人幼少爲弟爲子時也。『儀禮特牲饋食禮』注：「弟子，後生

也。」『大射儀』注：「弟子，其少者也。」「入則孝出則弟」者，禮『內則』云：「異爲孺子室於宮中。」是父子異宮，則入謂由所居宮至

父母所也。『內則』又云：「十年出就外傅，居宿於外。」『大戴禮保傅』云：「古者年八歲而出就外舍，學小藝焉，履小節焉。束髮

而就大學，學大藝焉，履大節焉。」是出謂就傅，居小學、大學時也。「弟」者，言事諸兄，師長皆弟順也。教弟子先以孝弟

者，『孟子』言「孩提之童，無不知愛其親」，及其長也，無不知敬其兄」，是孝弟本人所自具，因子天性未漓而教導之。曲

禮、內則、少儀、弟子職所述，皆其法也。諸言「則」者，急辭也。「謹而信」者，詩『民勞箋』：「謹，猶慎也。」謹於事見，信於言

見也。「汎愛衆而親仁」者，說文：「汎，浮皃。」引申爲普遍之義。『廣雅釋言』：「汎，博也。」『左襄二十八年傳引此文作「氾

愛」，說文「氾，濫也。」義亦通。『爾雅釋詁』：「衆，多也。」『周語』：「人三爲衆。」引申之，人在衆中，無以表異於人，亦得稱衆。

仁則衆中之賢者也。廣雅釋詁:「親,近也。」君子尊賢而容衆,故於衆人使弟子汎愛之,所以養治其血氣,而導以善厚之

教,又使之親近仁者,令有所觀感也。大戴禮保傅云:「故孩提三公三少固明孝仁禮義,以導習之也。逐去邪人,不使見

惡行。 於是比選天下端士,閑博有道術者,以輔翼之,使之與太子居處出入,故太子乃目見正事,聞正言,行正道,左視右

視,前後皆正人。夫習與正人居,不能不正也,猶生長於楚,不能不楚言也。」亦言教太子當孩提時宜近正人,即此教弟子

親仁之意也。「行有餘力,則以學文」者,皇疏云:「行者,所以行事已畢之迹也。」説文:「餘,饒也。」凌氏鳴喈論語解義:

「有餘力,謂僮子精力有餘也。」曲禮云:「人生十年曰幼學。」内則云:「十年學書計,朝夕學幼儀,請肄簡諒,十有三年,學

樂、誦詩、舞勺、成童舞象。」是古教幼學之法。此言「行有餘力,則以學文」,亦是學幼儀既畢,仍令學文也。言有餘力學

文,則無餘力不得學文可知。先之以孝弟諸行,而學文後之者,文有理誼,非童子所知。若教成人,則百行皆所當蘆,非

教術所能徧及,故惟冀其博文,以求自得之而已。此夫子四教,先文後行,與此言教弟子法異也。○注:「文者,古之遺

文。」○正義曰:凡文皆古人所遺,故言「遺文」。馬以弟子所學,別有一書,如弟子職之類,後或失傳,故祇言古之遺文而

已。鄭注云:「文,道藝也。」周官保氏:「養國子以道,乃教之六藝:一曰五禮,二曰六樂,三曰五射,四曰五馭,五曰六書,

六曰九數。」是「藝」爲「六藝」也。「藝」所以載道,故注「道藝」連文,其義與馬氏並通也。

7 子夏曰:「賢賢易色,【注】孔曰:「子夏,弟子卜商也。言以好色之心好賢則善。」事父母,能竭其力,

事君,能致其身,【注】孔曰:「盡忠節不愛其身。」與朋友交,言而有信。雖曰未學,吾必謂之學矣。」

正義曰：周官太宰鄭注云：「賢，有善行也。」「賢賢」者，謂於人之賢者賢之，猶言親親、長長也。宋氏翔鳳樸學齋札記：

「三代之學，皆明人倫。賢賢易色，明夫婦之倫也。毛詩序云：『周南、召南，正始之道，王化之基，是以關雎樂得淑女以配

君子，憂在進賢，不淫其色，哀窈窕，思賢才，而無傷善之心焉。是關雎之義也。』此賢賢易色，指夫婦之切證。」陳氏祖范經

咫，[一]管氏同四書紀聞略同。今案：夫婦為人倫之始，故此文敘於事父母、事君之前。漢書李尋傳引此文，顏師古注：

「易色，輕略於色『不貴之也。』公羊文十二年傳『俾君子易怠』何休注：『易怠，猶輕惰也。』是易有輕略之義。又廣雅釋

言『易，如也。』王氏念孫疏證引之云『論語『賢賢易色』『易』者，如也。猶言好德如好色也。』此訓亦通。「事父母能竭

其力」者，曲禮記：「生日父日母。」說文：「父，矩也。家長率教者。從又舉杖。母，牧也。從女，象裹子形。一日象乳子

也。」說文又云：「竭，負舉也。」負舉者必盡力，故竭有訓盡。此文義得兼之。曾子本孝云：「庶人之孝也，以力惡食。」盧辯

注：「分地任力致甘美。」又曾子大孝云：「小孝用力，慈愛忘勞，可謂用力矣。」孔氏廣森補注：「庶人之孝，孟子萬章篇言舜

事云：『我竭力耕田，供為子職而已矣。』是竭力為庶人孝養之事也。」「事君能致其身」者，儀禮喪服傳：『君，至尊也。』鄭

注：「天子諸侯及卿大夫有地者皆日君。」說文：「致，送詣也。」詩四牡云：「四牡騑騑，周道倭遲；豈不懷歸；王事靡盬，我

心傷悲。」毛傳云：「思歸者，私恩也。靡盬者，公義也。傷悲者，情思也。無私恩，非孝子也。無公義，非忠臣也。君子不

以私害公，不以家事辭王事。」是言事君不得私愛其身，稽留君事也。「雖日未學」者，廣雅釋詁：「雖，詞也。」「謂說也。」子夏以此人所行，於人倫大

廢選舉之務，雖不學亦得出仕，故有未學已事君也。「吾必謂之學」者，廣雅釋詁：「謂，說也。」當時多世卿，

〔一〕「經咫」原誤作「經說」，據中國叢書綜錄改。

端無所違失，與己學無異，故云「必謂之學」。「必謂」者，深信之辭。春秋繁露玉杯篇：「禮之所重者，在其志。志敬而節

具，則君子予之知禮；志和而音雅，則君子予之知樂；志哀而居約，則君子予之知喪。」董子所言正與此文義同。○注

「子夏」至「則善」。○正義曰：史記弟子列傳：「卜商，字子夏，少孔子四十四歲。」集解引鄭說「溫國卜商」，溫是衛邑。稱國

者，或本爲國，從其初名之也。家語弟子解以爲衛人，與鄭目錄合。孔穎達檀弓疏則云魏人，又唐贈魏侯，宋封魏公。據

史記及呂氏春秋舉難、察賢篇，並言子夏爲魏文侯師，是子夏固嘗居魏，魏、衛同音，故誤以爲魏人耳。「言以好色之心好

賢」者，此以易爲更易，義涉迂曲，今所不從。

8　子曰：「君子不重，則不威；學則不固。【注】孔曰「固，蔽也。」一曰言人不能敦重，既無威嚴，又不能堅

固識其義理。」

　　正義曰：稱「君子」者，言凡已仕未仕有君師之責者也。「不重」者，法言修身篇：「或問何如斯謂之人？

曰：取四重，去四輕。曰：何謂四重？曰：重言，重行，重貌，重好。言重則有法，行重則有德，貌重則有威，好重則有觀。」

是言君子貴重也。禮玉藻云：「足容重，手容恭，目容端，口容止，聲容靜，頭容直，氣容肅，立容德，色容莊。」並言人當重

慎之事。則不威者，言無威儀也。左傳劉康公曰：「民受天地之中以生，所謂命也。是以有動作禮義威儀之則，以定命也。

是故君子勤禮，勤禮莫如致敬。」衛北宮文子曰：「有威而可畏謂之威，有儀而可象謂之儀。君有君之威儀，其臣畏而愛

之，則而象之，故能有其國家，令聞長世。臣有臣之威儀，其下畏而愛之，故能守其官職，保族宜家。順是以下皆如是，是

以上下能相固也。」又云：「故君子在位可畏，施舍可愛，進退可度，周旋可則，容止可觀，作事可法，德行可象，聲氣可樂；

動作有文，言語有章，以臨其下，謂之有威儀也。」又下篇夫子語子張曰：「君子正其衣冠，尊其瞻視，儼然人望而畏之，斯

不亦威而不猛乎？」並言君子有威儀之事。不威由於不重，故言行輕薄之士，必不能遠暴慢鄙倍，雖厲聲色，蒹刑辟，

人莫畏之矣。○注「孔曰」至「義理」。○正義曰：鄭注曲禮云：「固，謂不達於理也。」注祭義云：「固，猶質陋也。」皆蔽

塞之義。下篇夫子告子路曰：「好仁不好學，其蔽也愚；好知不好學，其蔽也蕩；好信不好學，其蔽也賊；好直不好學，

其蔽也絞；好勇不好學，其蔽也亂；好剛不好學，其蔽也狂。」是言不學之蔽，而可知人之成德達材必皆由學矣。中論治

學篇：「民之初載，其朦未知。嘗如寶在於玄室，有所求而不見，白日照焉，則群物斯辨矣。學者，心之白日也。」是其義

也。「一曰」以下，此集解別存一義，非仍前所注之人，下皆放此。説文：「固，重、厚也。」「敦」亦訓「厚」，故注以「敦重」連文。

詩天保傳：「固，堅也。」亦常訓。此以不重不威之人，雖知所學，不能堅固，無由深造之以道而識其義理也。所以然者，以

此人學若堅固，必能篤行，其容貌、顏色、辭氣必不至輕惰若此矣。今不能敦重，無威嚴，故知其學不能堅固也。義與前

異，亦略通。　**主忠信。　無友不如己者。　過，則勿憚改。**　【注】鄭曰：「主，親也。憚，難也。」正義曰：釋文

云：「毋音無，本亦作無。」宋刊九經本亦作「毋」。「毋」亦今古文異。説文：「毋，止之詞也。」「無」即「譕」，隸省。儀禮士昏禮、公食

大夫禮注並云古文「毋」爲「無」。然則「毋」「無」亦今古文異。廣雅釋言：「如，均也。」「己」，即我之別稱。説文：「己承戊，

象人腹。」是己本象人形，故人得自稱「己」。曾子制言中：「吾不仁其人，雖獨也，吾弗親也。」故周公曰：「不如我者，吾不與

處，損我者也。與吾等者，吾不與處，無益我者也。吾所與處者，必賢于我。」由曾子及周公言觀之，則不如己者即不仁之

人，夫子不欲深斥，故祇言不如己而已。呂氏春秋驕恣篇引仲虺曰：「能自爲取師者王，能自取友者存，其所擇而莫如己

者亡。」羣書治要引中論曰:「君子不友不如己者,非羞彼而大我也。不如己者,須己慎者也。然則扶人不暇,將誰相我哉? 吾之儳也,亦無日矣。」又韓詩外傳南假子曰:「夫高比,所以廣德也;下比,所以狹行也。比於善者,自進之階;比於惡者,自退之原也。」諸文並足發明此言之旨。「過則勿憚改」者,周官調人注:「過,無本意也。」詩東山箋「勿,無也。」說文:「改,更也。」並常訓。言人行事,有非意之過,即當改之,不可畏難,復依前行之也。

次而能凤絶之,其下篇子曰「過而不改,是謂過矣。」皆言人有過當速改也。皇疏載一說云:「若結友過誤,不得善人,則改易之,莫難之也。」故李充云:「『若友失其人,改之爲貴。』」案:高誘注呂氏春秋驕恣篇引『無友不如己者,過則勿憚改』,以證『所擇而莫如己者亡』之義,亦以過爲結友過誤,或漢人有此義,故李充云然。然既知誤交,何難卽改? 似不足爲君子慮也。○注:「主,親也。憚,難也。」○正義曰:「主」訓「親」者,引申之義。說文:「憚,忌難也。從心,單聲。一曰難也。」「難」就事言,「忌難」謂人忌畏之。 詩雲漢箋「憚,猶畏也」是也。 此注同許後義,亦通。

謂勝己者也。 然下文復言「無友不如己」,於意似重,或未必然。 皇疏云:「以忠信爲百行所主」是言忠信在己不在人,其義較長。 周語云:「是以不主寬惠,亦不主猛毅。」韋昭注:「主,猶名也。」義可互證。 注意謂人當親近有德,所

9 曾子曰:「慎終,追遠,民德歸厚矣。」【注】孔曰:「慎終者,喪盡其哀;追遠者,祭盡其敬。君能行此二者,民化其德,皆歸於厚也。」 正義曰:爾雅釋詁:「慎,誠也。」說文:「慎,謹也。」「誠」「謹」義同。周官疾醫:「死終則各書其所以。」鄭注:「老死曰終。」禮記檀弓云:「君子曰終,小人曰死。」此對文異稱。 檀弓又云:「曾子曰:『喪三日而殯,

凡附於身者，必誠必信，勿之有悔焉耳矣。三月而葬，凡附於棺者，必誠必信，勿之有悔焉耳矣。」皆是言「慎終」之事。「追

遠」者，〔說文：「追，逐也。」詩鴛鴦箋：「遠，猶久也。」當時追祭之也。荀子禮論云：「故有

天下者事十世，有一國者事五世，有五乘之地者事三世，有三乘之地者事二世。」又周官司尊彝言「四時閒祀」有「追享」，故有

鄭康成注以爲「祭遷廟之主」。則此文「追遠」，不止以父母言矣。「民德歸厚」者，樂記云：「德者，性之端也。」淮南子齊俗

訓：「得其天性謂之德。」穀梁僖二十八年傳：「歸者，歸其所也。」墨子經上：「厚，有所大也。」當春秋時，禮教衰微，民多薄於

其親，故曾子諷在位者，但能慎終追遠，民自知感屬，亦歸於厚也。禮坊記云：「修宗廟，敬祭祀，教民追孝也。」又祭統云：

【夫祭之爲物大矣，其興物備矣，順以備者也，其教之本與？ 是故明君在上，則諸臣服從，崇事宗廟社稷，則子孫順孝。盡其道，端其義，而教生焉。是故君子之教也，外則教之以尊其君長，內則教之以孝於其

親。是故明君在上，則諸臣服從，崇事宗廟社稷，則子孫順孝。盡其道，端其義，而教生焉。是故君子之教也，必由其本，順

之至也，祭其是與？ 故曰祭者，教之本也已。」〇注「慎終」至「厚也」。〇正義曰： 祭統云：「是故孝子之事親也，有三道焉：

生則養，沒則喪，喪畢則祭。 養則觀其順也，喪則觀其哀也，祭則觀其敬而時也。 盡此三道者，孝子之行也。」是喪當盡

哀，祭當盡敬。 然此文「慎終」，不止以盡哀言。 禮雜記云：「子貢問喪。 子曰：『敬爲上，哀次之，瘠爲下。』」「敬」與「謹」

同，即此文所云「慎」也。 言君者，以曾子言民德，民是對君之稱，蓋化民成俗，必由在上者有以導之也。

10

子禽問於子貢曰：「夫子至於是邦也，必聞其政，求之與？ 抑與之與？」【注】鄭曰：「子禽，

弟子陳亢也。 子貢，弟子，姓端木，名賜。 亢怪孔子所至之邦，必與聞其國政，求而得之耶，抑人君自願與之爲治。」子貢

曰：「夫子溫、良、恭、儉、讓以得之。夫子之求之也，其諸異乎人之求之與？」【注】鄭曰：「言夫子行此五德而得之，與人求之異，明人君自與之。」正義曰：「問於子貢」者，說文「問，訊也。」釋文「子貢本亦作贛。音同。」隸釋載漢石經論語殘碑，凡子貢皆作子贛。說文「貢，獻功也。」「贛，賜也。」子貢名賜，字當作贛。凡作「貢」，皆是省借，作「贛」則譌體也。「夫子至於是邦」者，夫子即孔子。夫者，人所指名也。子者，摯也，人之別稱也。皇疏云：「禮，身經爲大夫者，得稱爲夫子。孔子、魯大夫，故弟子呼爲夫子也。」字林「至，到也。」廣雅釋言「是，此也。」說文「邦，國也。從邑，丰聲。」周官太宰注「大曰邦，小曰國。」此對文。若散言，亦通稱也。「必聞其政」者，說文「聞，知聞也。」下篇云「政者，正也。」時人君有大政事，皆就夫子諮度之，故言「必聞其政」也。「求之與、抑與之與」者，穀梁定元年傳「求者，請也。」抑者，更端之辭。漢石經「抑與」作「意予」。案：周語「抑人故也」，賈子禮容語下作「意人」。又詩十月之交「抑此皇父。」鄭箋「抑之言噫。」釋文引韓詩云「抑，意也。」則「抑」「意」音近義同，故二文互用。「與」，猶言告也。石經作「予」，亦通用字。下篇「君孰與足」，漢書谷永傳作「予足」，可證也。「溫良恭儉讓以得之」者，說文「昷，仁也。」溫，水名，義別。經典悉叚「昷」爲「溫」。爾雅釋訓「溫溫，柔也。」詩燕燕箋「溫謂顏色和也。」下篇「子溫而厲」，是「溫」指貌言。說文云「良，善也。」今隸變爲「良」。賈子道術篇「安柔不苟謂之良。」良謂心之善也。爾雅釋詁「恭，敬也。」說文「恭，肅也。」又「儉，約也。」易象傳「君子以儉德辟難。」左襄十三年傳「讓者，禮之主也。」說文「攘，推也。讓，相責讓也。」凡謙讓、揖讓字當作「攘」。今經典亦假「讓」爲「攘」。又說文彳部「得，行有所得也。」論衡知實篇引此文解之云「溫、良、恭、儉、讓，尊行也。有尊行於人，人親附之，則人告語之矣。」但其迹有似於求而得之，故子貢就其求之之言，以明其得聞之故。

明夫子得聞政，是人君與之，非夫子求之矣。〔吳氏嘉賓論語說：「君所自擅者謂之政，常不欲使人與聞之，況遠臣乎？溫、

良、恭、儉、讓，是誠於不干人之政也。誠於不干人之政，則入人人之國，無有疑且忌焉者，其視聖人如己之素所師保，安忍

不以告焉？今之人求以聞人之政，不知其身且將不之保，韓非說難是已。」「夫子之求之也，其諸異乎人之求之與」者，公

羊桓六年傳：「其諸以病桓與？」何休注：「其諸，辭也。」說文：「異，分也。」夫子原不是求此，假言即以夫子得之爲求，亦與

人異也。宋石經避諱，凡「讓」字作「遜」。皇本作「其諸異乎人之求之與也」。○注「子禽」至「名賜」。○正義曰：臧氏庸拜經

日記：「史記弟子列傳有原亢籍，無陳亢。蓋原亢即陳亢也。鄭注論語、檀弓俱以陳亢爲孔子弟子，當是名亢，字籍，一字

子禽。籍，禽也。故諱籍字禽。否則亢言三見論語，弟子書必無不載，太史公亦斷無不錄。家語既有原抗，字禽籍，不當

復有陳亢子禽矣。明係王肅竄入。原、陳之所以不同，何也？蓋原氏出於陳，原、陳同氏也。詩陳風『東方之原』，毛傳：

『原，大夫氏。』春秋莊二十七年：『公子友如陳，葬原仲。』則原亢之爲陳亢信矣。漢書古今人表中中分陳亢、陳子禽二人，

與魯太師、公明賈，子服景伯、林放、陳司敗、陽膚、尾生高、申棖、師冕同列，又以陳亢隸下，上與陳弃疾、工尹商陽、齊

禽敖、餓者同列，分爲三人，與申棖皆不以爲弟子。此不足據。」案：臧說是也。檀弓：「陳子車死於衛，其妻與其家大夫謀

以殉葬。定，而后陳子亢至。」鄭注：「子車，齊大夫。子亢，子車弟。」則亢亦齊人也。弟子傳：「原亢籍，少孔子四十歲。」

又云：『端木賜，衞人，少孔子三十一歲。』皇疏本「陳亢也」句下有「字子禽也」四字，「名賜」句下有「字子貢也」四字，於

文爲複，當是皇所增。

11

子曰：「父在，觀其志；父沒，觀其行。【注】孔曰：「父在，子不得自專，故觀其志而已。父沒，乃觀其

行。」三年無改於父之道，可謂孝矣。」【注】孔曰：「孝子在喪，哀慕猶若父存，無所改於父之道。」　正義曰：爾

雅釋詁：「在，存也。」說文同。又：「觀，諦視也。」穀梁隱五年傳：「常視曰視，非常曰觀。」毛詩序：「在心爲志。」廣雅釋

「志，意也。」說文：「劾，終也。」「叞」「劾」或從叟，今字作歾。隸體小變。「叞」「沈也。」別一義，蓋假借也。禮坊記注：「行，

猶事也。」爾雅釋天：「夏曰歲，商曰祀，周曰年，唐、虞曰載。」郭注解「周曰年」云：「取禾一熟。」義本説文。「昔者鯀湮洪

水，汩陳其五行，彝倫攸斁，天乃不畀洪範九疇，鯀則殛死。禹乃嗣興，彝倫攸敘，天乃畀禹洪範九疇。』蔡叔啓商，惎閒王

室，其子蔡仲，改行帥德。周公以爲卿士，見諸王而命之以蔡，此改乎其父者也。不寧惟是，『虞舜側微，父頑、母嚚，象

傲，克諧以孝，烝烝乂，不格姦，祗載見瞽瞍，夔夔齊栗，瞽瞍亦允若。』曾子曰『君子之所謂孝者，先意承志，諭父母於

道。』此父在而改於其子者也，是非以不改爲孝也。然則何以不改也？爲其爲道也。『三年』云者，雖終其身可也。自斯

九曰：「三年者，言其久也。何以不改也？爲其爲道也。若其非道，雖朝死而夕改可也。何以知其然也？『虞舜側微，父頑、母嚚，象

義不明，而後章惇、高拱之邪説出矣。」案：汪説是也。漢書五行志：「京房易傳曰『幹父之蠱，有子，考亡咎』子三年不改

父道，思慕不皇，亦重見先人之非。」南史蔡廓子興宗傳：「先是大明世，奢侈無度，多所造立，賦調繁嚴，徵役過苦，至是發

詔，悉皆削除。自孝建以來，至大明末，凡諸制度，無或存者。興宗慨然曰『先帝雖非盛德，要以道始終。三年無改古典

所貴。』二史所言，皆以無改爲孝，不復計及非道。則自漢以來，多不知此義矣。　禮坊記：『子云「君子弛其親之過，而敬

其美。』論語曰『三年無改於其父之道，可謂孝矣。』弛過敬美，正是『擇善而從』。郎夫子論孟莊子之孝，不改父臣與政爲

難能，亦是因獻子之臣與政，本不須改，而莊子能繼父業，所以為孝。若父之道有所未善，而相承不變，世濟其惡，又安足貴乎？「可」者，深許之辭。說文：「可，肯也。」○注「父在」至「其行」。○正義曰：鄭注云：「孝子，父在無所自專，庶幾於其善道而已。」此偁孔所襲。韓詩外傳：「孔子曰：『昔者周公事文王，行無專制，事無由己，』可謂子矣。』」是「父在子不得自專」也。「庶幾於其善道」，謂但觀其志，有善道，無行事可見也。朱子或問引范祖禹說：「以人子於父在時，觀父之志而承順之，父没，則觀父之行而繼述之。」與鄭，孔注義異。錢氏大昕潛研堂文集極取范說曰：「孔子之言，論孝乎？論觀人乎？以經文『可謂孝矣』證之。其為論孝不論觀人，夫人而知之也。既曰論孝，則以為觀父之志行是也。不論觀人，則以為觀人子之志行非也。子之不孝者，好貨財，私妻子，父母之養且不顧，安能觀其志？朝死而夕忘之，安能觀其行？禮曰：『視於無形，聽於無聲。』觀其志之謂也。又曰：『善繼人之志，善述人之事。』觀其行之謂也。孟子論事親為大，以曾元之賢，僅得謂之養口體。則孔子之所謂養其志者，惟曾子之養志足以當之。鄭，孔義本不誤，故仍主鄭，孔而以范說附之。

○注「但論孝即是觀人。既觀其行，而知三年無改於父之道，故以孝許之。」「孝子」至「之道」。○正義曰：注以三年是居喪之期，故云「在喪」也。宋氏翔鳳發微說：「按七略，春秋經十一卷，出今文家。繁閔公篇於莊公下，博士傳其說曰：『子未三年，無改於父之道。』傳：『則易為於其封內三年稱子？緣孝子之心，則三年不忍當也。』」又漢書師丹傳丹上書言：「古者諒闇不言，聽於冢宰，三年無改於父之道。」皆以三年就居喪言，與此注同。「哀慕猶若父存，無所改於父之道」者，謂人子居喪，猶若父存時，己仍為子。若曲禮言居喪之禮：「升降不由阼階，出入不當門隧。」皆若父存，不敢遽當室也。此說於義似通。然居喪不敢改父之道，喪終自仍宜改。改與不改，皆是恒禮，

奚足以見人子之孝？故知此注尚未然也。

12 有子曰：「禮之用，和爲貴。先王之道，斯爲美；小大由之。有所不行，知和而和，不以禮節之，亦不可行也。」【注】馬曰：「人知禮貴和，而每事從和；不以禮爲節，亦不可行。」 正義曰：禮祭義云：「禮者，履此者也。」管子心術篇：「登降揖讓，貴賤有等，親疏有體，謂之禮。」方言：「用，行也。」說文：「用，可施行也。」禮主於讓，故以和爲用，燕義云「和寧，禮之用也」是也。說文：「龢，調也。讀與咊同。咊，味也。和，相應也。」三義略近，今經傳通作「和」。賈子道術篇：「剛柔得道謂之和，反和爲乖。」韋昭晉語注：「貴，重也。」高誘呂氏春秋尊師注：「貴，尚也。」和是禮中所有，故行禮以和爲貴。皇、邢疏以「和」爲「樂」，非也。樂記云：「禮勝則離。」鄭注：「離謂析居不和也。」又易繫辭傳：「履以和行。」虞翻注：「禮之用，和爲貴，故以和行。」和是言禮，非謂樂，審矣。論衡四諱篇：「死亡謂之先。」爾雅釋詁：「王，君也。」戴氏望論語注云：「先王，謂聖人爲天子制禮者也。」詩殷其靁傳：「斯，此也。」周官大司徒注：「美，善也。」並常訓。禮有威儀文物，故以美言之。「小大」指人言。下篇「君子無小大」，詩泮水「無小無大，從公于邁」，皆以「小大」指人之證。爾雅釋詁：「由，自也。」自與從同。史記禮書云：「君臣、朝廷、尊卑、貴賤之序，下及黎庶、車輿、衣服、宮室、飲食、嫁娶、喪祭之分，事有宜適，物有節文。」是言人小大皆有禮也。「有所不行」者，謂人但循禮，不知用和，故不可行，所謂「禮勝則離」者也。檀弓云：「品節斯之謂禮。」皇疏云：「人若知禮用和，而每事從和，不復用禮爲節者，則於事亦不得行也。所以言亦者，沈居士云：『上純用禮不行，今皆用和，亦不可行也。』」案：有子此章之旨，所以發明夫子中庸

之義也。説文「庸，用也。」凡事所可常用，故「庸」又訓「常」。鄭君中庸目錄云「名曰中庸者，以其記中和之爲用也。」注「君子中庸」云「庸，常也。用中爲常道也。」兩義自爲引申。堯咨舜、舜咨禹云「允執其中。」孟子言「湯執中」、「執中」卽用中也。「舜執兩端，用其中於民」，「用中」卽「中庸」之倒文。周官大司樂言六德「中、和、祇、庸、孝、友。」言「中和」又言「庸」，夫子本之，故言中庸之德。子思本之，乃作中庸。而有子於此章已明言之。其謂「以禮節之」者，禮貴得中，知所節，則知所中。中庸云「和而不流，強哉矯！中立而不倚，強哉矯！」「和而不流」，則禮以節之也，則禮之中也。中庸皆所以行禮，故禮篇載之。逸周書度訓云「和非中不立，中非禮不愼，禮非樂不履。」樂謂和樂，卽此義也。漢石經「亦不行也。」「不」下無「可」字。

13 有子曰：「信近於義，言可復也。【注】復，猶覆也。義不必信，信非義也。以其言可反覆，故曰近義。恭近於禮，遠恥辱也。【注】恭不合禮，非禮也。以其能遠恥辱，故曰近禮。因不失其親，亦可宗也。【注】孔曰：「因，親也。言所親不失其親，亦可宗敬。」

【正義曰：「信近於義言可復」者，説文「近，附也。」「義，己之威儀也。」「誼，人所宜也。」二字義別，今經傳通作「義」。禮中庸記云：「義者，宜也。」表記云：「義者，天下之制也。」言制之以合宜也。孟子離婁篇云：「大人者，言不必信，唯義所在。」是信須視義而行之，故此言近於義也。鄭注云：「復，覆也。」往來，卽反覆之義。説文：「復，往來也。」往來，卽反覆之義。爾雅釋言「復，返也。」返與反同。案「復」「覆」古今語。信可反覆。曾子立事篇云：「久而復之，可以知其信矣。」又云：「言之必思復之，思復之必之，其信能近於義，故其後可反覆言之也。

思無悔言，亦可謂慎矣。「思無悔言」，亦謂以義裁之。否則，但守硜硜之信，而未合於義，人將不直吾言，吾雖欲復之，不

得也。「恭近於禮遠恥辱」者，廣雅釋詁：「遠，離也。」說文：「恥，辱也。辱，恥也。」表記云：「恭以遠恥。」亦謂恭近於禮，以

行之也。否則，雖恭敬於人，不能中禮，或為人所輕侮，而不免恥辱。下篇云「恭而無禮則勞」，亦此意也。皇本「宗」下有

「敬」字。○注「義不」至「近義」。○正義曰：邢疏云「義不必信者，若春秋『晉士匄帥師侵齊，聞齊侯卒，乃還』，春秋善之，

是合宜不必守信也。云『信非義也』，○正義曰：史記尾生與女子期於梁下，女子不來，水至不去，抱柱而死。是雖守信而非義

也。」案：注以近義是由復言後觀之，蓋知其人言可反覆，曉其近於義也。下注「以其能遠恥辱，故曰近禮」，義同。○注

「因親」至「宗敬」。○正義曰：詩皇矣「因心則友。」傳：「因，親也。」此文上言「因」，下言「親」，變文成義。說文「宗，尊祖

廟也。」宗有尊訓。此言「宗敬」者，引申之義。曾子立事云：「觀其所愛親，可以知其人矣。」謂觀其所親愛之是非，則知其

人之賢不肖。若所親不失其親，則此人之賢可知，故亦可宗也。桂氏馥羣經義證解此注云：「詩皇矣正義曰『周禮六

行，其四曰姻。注：『姻，親於外親。』是姻得為親。」據此，則「因」即「姻」省文。野客叢書引南史王元規曰：『姻不失親，

人所重，豈得輕昏非類？』張說之碑亦云：『姻不失親，官復其舊。』又徐鍇說文通論『禮曰「姻不失其親」』故古文肖女為

妻。』邢、皇二疏，俱失孔恉。」今案：孔注「因親」是通說人交接之事。其作「姻」者，自由後世所見本不同。然婚姻之義，於

注本得兼之，皇、邢疏依注為訓，未為失恉。

14
子曰：「君子食無求飽，居無求安，【注】鄭曰：「學者之志，有所不暇。」敏於事而慎於言，就有道

而正焉，可謂好學也已。」【注】孔曰：「敏，疾也。有道，有德者。正謂問其是非。」

正義曰：此章言君子當安貧力學也。「食無求飽」者，禮記曲禮注「食，飯屬也」。說文：「飽，猒也。」「猒」者，足也。禮記禮器云「有以少為貴者，天子一食，諸侯再，大夫士三，庶人食力無數。」注：「一食，再食，三食，謂告飽也。食力，謂工商農也。」又公食大夫禮：「賓三飯以湆醬。」注：「三飯而止，君子食不求飽。」彼言禮食之事，君子不當求飽。故此言家貧者，食無求飽為君子也。「居無求安」者，說文：「凥，處也。從尸几。尸得几而安也。」「居，蹲也。」二字義別，今經傳皆叚「居」為「凥」。爾雅釋詁：「安，定也。」無求飽，無求安，若顏子一簞食，一瓢飲，在陋巷不改其樂者也。「就有道而正焉」者，學記「就賢體遠」。注：「就謂躬下之。」荀子性惡篇：「夫人雖有性質美而心辯知，必將求賢師而事之，擇良友而友之。」禹、湯之道也；得良友而友之，則所見者，忠信敬讓之行也。身日進於仁義，而不自知也者，靡使然也。」「焉」「也已」助語之辭。漢石經「也已」作「已矣」。皇本作「也已矣」。○注「敏疾」至「是非」。○正義曰：說文「正，是也。」周官「家司馬各使其臣，以正於公司馬。」注：「正，猶聽也。」邢疏「言學業有所未覺，當就有道德之人，正定其是之與非。易文言曰：『問以辨之也。』」下篇「訥於言而敏於行」，訓同。焦氏循論語補疏：「敏，審也。謂審當於事也。聖人教人，固不專以疾速為重。」案：焦說與孔注正義相輔。閒斯行之，夫子以教冉有，是亦貴疾速可知。說文：「正，是也。」又：「敏，疾也。」「敏於事謂疾勤於事，不懈倦也。」

15

子貢曰：「貧而無諂，富而無驕，何如？」子曰：「可也。【注】孔曰：「未足多。」未若貧而樂，富而好禮者也。」【注】鄭曰：「樂謂志於道，不以貧為憂苦。」

正義曰：皇本「子貢」下有「問」字。說文「貧，財分少

也。」又：「諂，諛也」。諂，諳或從臽。皇疏引范寧曰：「不以正道求人爲諂也。」說文：「富，備也，一日厚也。」人財多，當無不

備也。「驕」者，馬高六尺之名。人自高大，故亦稱「驕」。皇疏：「富厚者既得人所求，好生陵慢，是爲驕也。」「何如」者，何

似也。「未若」，猶言未如。儀禮有司徹注「今文若爲如是」二字，義同。皇本、高麗本、足利本並作「樂道」。唐石經「道」字

旁注。陳氏鱣論語古訓云：「鄭注本無『道』字，集解兼采古論。下引孔曰『能貧而樂道。』是孔注古論本有『道』字。史記

所載語亦是古論，仲尼弟子傳引『不如貧而樂道』，正與孔合。文選幽憤詩『樂道閒居。』注引論語：『子曰「貧而樂道」。』

是集解本有『道』字，今各本脫去。鄭據本蓋魯論，故無『道』字，與孔合。文案：作「樂道」，自是古論。漢書王莽傳、後漢書東平王

蒼傳注引並無『道』字，與鄭本同。下篇「回也不改其樂」「樂亦在其中矣」皆不言樂道，而義自可通，故鄭不從古以校魯

也。至孔注是後人偽撰，陳君援孔注以證史記，稍誤。坊記：「子云『貧而好樂，富而好禮，衆而以寧者，天下其幾矣。』」

是樂道好禮爲人所難能，故無諂無驕者不能及之也。○注：「樂謂志於道，不以貧爲憂苦。」○正義曰：鄭以「樂」卽「樂

道」，與古論同。呂氏春秋慎人篇：[一]「古之得道者，窮亦樂，達亦樂，所樂非窮達也。道得於此，則窮達一也。如寒暑風

雨之節矣。」[二]子貢曰：「詩云：『如切如磋，如琢如磨。』其斯之謂與？」【注】孔曰：「能貧而樂道，富而好

禮者，能自切磋琢磨。」子曰：「賜也，始可與言詩已矣，告諸往而知來者。」【注】孔曰：「諸，之也。子貢知

引詩以成孔子義，善取類，故然之。往，告之以貧而樂道。來，答以切磋琢磨。」

○正義曰：「諸」，之也。

正義曰：「詩云」者，毛詩序云：「詩者，

〔一〕「慎人篇」原誤作「慎大覽」，據呂氏春秋改。 按：慎人篇屬孝行覽。

〔二〕呂氏春秋「如」作「爲」。「節」作「序」。

志之所之也。在心爲志，發言爲詩。」書微子馬注：「云，言也。」「如切如磋，如琢如磨」者，衞詩淇澳篇文。說文：「切，刌

也。琢，治玉也。」「磋」謂治象差次之，使其平滑也。「磨」，說文：「礲、䃺也」，「礪也」。意「摩」、

「磨」即「䃺」之異體。鄭此注云：「切磋琢磨，以成寶器。」寶者，貴也。「爾雅釋器」：「骨謂之切，象謂之磋，玉謂之琢，石謂之

磨。」郭注：「皆治器之名，謂治骨象玉石以成器也。」又「釋訓」云：「如切如磋，道學也；如琢如磨，自修也。」此本禮記大學篇

文。先從叔丹徒君論語駢枝據爾雅釋此文云：「蓋無諂無驕者，生質之美；樂道好禮者，學問之功。夫子言『十室之邑，

必有忠信，不如丘之好學』。而七十子之徒，獨稱顏淵爲好學，顏淵而下，穎悟莫若子貢，故夫子進之以此。然語意渾融，

引而不發。子貢能識此意，而引詩以證明之，所以爲告往知來。」謹案：毛詩傳云：「道其學而成也，聽其規諫以自修，如玉

石之見琢磨也。」又荀子大略云：「人之於文學也，猶玉之於琢磨也。詩曰『如切如磋，如琢如磨』謂學問也。」並同爾雅

之義。「告」者，廣雅釋詁：「告，教也。」「往來」猶言前後也。子貢聞一知二，故能「告往知來」。皇本謂下「來者」下均有

「也」字。○注「往告之以貧而樂道。」○正義曰：此句下當有「富而好禮」句。

16　子曰：「不患人之不己知，患不知人也。」　正義曰：說文：「患，憂也。」人不己知，己無所失，無可

患也。己不知人，則於人之賢者不能親之用之，人之不賢者不能遠之退之，所失甚巨，故當患。呂氏春秋論人篇：「人同類

而智殊，賢不肖異，皆巧言辯辭[一]以自防禦，此不肖主之所以亂也。」是言不知人之當患也。皇本作「不患人之不己

〔一〕「辭」原誤作「亂」，據呂氏春秋改。

知也，患己不知人也」。高麗、足利本亦作「患己不知人也」。釋文云：「患不知也」，本或作『患己不知人也』。俗本妄加字，今本『患不知人也』。」臧氏琳經義雜記：「古本作『患不知也』，與里仁『不患莫己知，求爲可知也』語意同。『人』字，淺人所加。」案：皇本有王注云：「但患己之無能知也。」己無能知，卽未有知之義，則皇本「人」字爲俗妄加無疑。

論語正義卷二

爲政第二　集解

凡二十四章

1　子曰：「爲政以德，譬如北辰，居其所而衆星共之。」【注】包曰：「德者無爲，猶北辰之不移，而衆星共之。」

正義曰：說文：「譬，諭也。」李巡曰：「譬，諭也。」墨子小取篇：「辟也者，舉他物而以明之也。」「辟」與「譬」同。鄭注云：「北極謂之北辰。」此本爾雅釋天文。郭璞曰：「北極，天之中，以正四時。天中即天心。天體圜，此爲最高處，名赤道極。」稱北極者，對南極言之。成周洛陽之地，北極出地三十六度，南極入地亦三十六度。中國在赤道北，祇見北極，故舉爲言也。楚辭天問：「斡維焉繫？天極焉加？」稱「天極」。周髀算經稱「北極樞」，呂氏春秋有始覽稱「天樞」。與「北極」、「北辰」俱一體而異名也。周官考工記匠人：「夜考諸極星，以正朝夕。」呂氏春秋亦言「極星」。「極」即「北極」，「北極」非星名。而考工、呂覽稱「極星」者，此就人所視近北極之星，舉以爲識別也。周髀經立八尺表，以繩繫表顛，希望北極中大星，明大星在北極中，非北極即爲星也。史記天官書：「中宮天極星，其一明者，太一常居也。」此即考工等所言「極星」。陳氏懋齡經書算學天文考引許慶宗說爲句陳大星。案：說苑辨物篇：「璇璣謂北辰。

句陳，樞星也。」則以句陳爲「極星」，漢人已有此說。繁露奉本篇：「星莫大於北辰。」何休公羊傳注：「迷惑不知東西者，須視北辰，以別心、伐」，皆以「北辰」爲星名也。陳氏懋齡云：「古人指星所在處爲天所在處，其實北辰是無星處。」又云：「凡天之無處曰辰。天有十二辰，自子畢亥，爲日月所聚會之次舍。如十一月冬至，日月畢會於丑，必有所當之星宿。漢初不知歲差，以牽牛爲冬至常星。若以歲差之理言之，今時在箕一度。冬至子中，未嘗板定星度，北辰如何認定極星？但以之爲標準耳。」案：陳說甚是。然北辰是無星處，朱子語類已言之。夏氏炘學禮管釋據考工、呂覽諸言極星之文，遂以「北辰」爲「天樞」、「北極」爲星名，且疑爾雅爲漢人附益，過矣。「北極」爲赤道極，左旋西行，其日月五星各居一極，日日黃道極，與月五星同爲右旋東行，而二十八宿亦東行。二十八宿，統名恒星。句陳等星，與恒星同度。恒星歲差五十一秒，故梁祖暅之以儀準候不動處，在紐星之末，猶一度有餘，宋沈括測天中不動處，遠極星三度有餘，元郭守敬測極星離不動處三度，則星度常差，不能執定一星以求北辰之所在矣。「居其所」者，三蒼云：「所，處也。」廣雅釋詁：「所，尻也。」北辰居其所，即陳氏所圖距等圈之削成一點也。「衆星共之」者，說文云：「晶，萬物之精，上爲列星。」或省作「星」。釋名釋天云：「星，散也。列位布散也。」漢書天文志：「經星常宿中外官凡百二十八名，積數七百八十三星。」自後諸史志及推測家言數各異，今亦未能詳之也。陳氏懋齡云：「赤道宗北極，恒星宗黃極。赤道西行，恒星東行。右旋之度，因左旋而成。只爲動天左旋西行，帶定七政恒星，畫夜運轉，故七政恒星得以差次自行。是東行之度，以西行而生黃極，以赤極爲樞，衆星所以共北辰也。」鄭注云：「拱，拱手也。」「共」是「拱」省。鄭與包所見本異。說文：「拱，斂手也。」何休公羊僖三十二年注：「拱，可以手對抱。」衆星列峙錯居，

還繞北辰，若拱向之也。蔡邕明堂月令論：「以北辰居其所，爲人君居明堂之象。謂明堂爲政教所由生，變化所由來，是明一統。」其說是也。宋氏翔鳳發微云：「明堂之治，王中無爲，以守至正；上法璇璣，以齊七政。故曰政者，正也。王者，上承天之所爲，下以正其所爲，未有不以德爲本。德者，不言之化，自然之治，以無爲爲之者也。雖有四時，天地人之政，而皆本於一德。雖有五官、二十八星之名，而皆綮於北辰。爲政不出於明堂，而禮樂刑政四達不悖，德之符也。北辰不離於紫宮，而衆星循環，終古不忒，樞之莞也。政皆本於德，有爲如無爲也。」〇注「德者無爲，猶北辰之不移，而衆星共之。」〇正義曰：李氏允升四書證疑：「既曰爲政，非無爲也。政皆本於德，有爲如無爲也。」又曰：「爲政以德，則本仁以育萬物，本義以正萬民，本中和以制禮樂，亦實有宰制，非漠然無爲也。」案：李說足以發明此注之意。禮中庸云：「詩云：『不顯惟德，百辟其刑之』。是故君子篤恭而治也。「篤恭」者，德也，所謂共己正南面也。共己以作之則，則百工盡職，庶務孔修，若上無所爲者然，故稱舜無爲而治也。「北辰之不移」者，呂覽云：「極星與天俱游，而天樞不移。」此注所本。周髀云：「欲知北極樞旋周四極，常以夏至夜半時，北極南游所極；冬至夜半時，北極北游所極；冬至日加酉之時，西游所極；日加卯之時，東游所極。」北極即北辰。周髀言有四游，則非不移可知。後漢天文志注引星經曰：「璇璣謂之北極。」此舜作璇、璣，以象北極。伏生書傳曰：「璇者，還也。璣者，幾也，微也。其變幾微而所動者大，謂之璇璣。」是故璇、璣謂之北極。據大傳言其變幾微，故天文家咸以爲不動。辭雖異，意實同也。皇本此注作「鄭曰」。

2 子曰：「詩三百，【注】孔曰：「篇之大數。」一言以蔽之，【注】包曰：「蔽，猶當也。」曰：『思無邪。』」

【注】包曰：「歸於正。」

正義曰：史記孔子世家：「古者詩三千餘篇，及至孔子，去其重，取可施於禮義，上采契、后稷，中述殷、周之盛，至「幽」、「厲」之缺。」又云：「三百五篇，孔子皆弦歌之，以求合韶、武、雅、頌之音，禮樂自此可得而述，以備王道，成六藝。」據此，則三百五篇，夫子所刪定也。「禮義」即「禮儀」，亦即謂禮樂也。詩皆入樂，故可弦歌。夫子屢言「詩三百」，一見禮運，兩見論語，皆綜大數以爲教也。漢書藝文志云：「古有采詩之官，王者所以觀風俗，知得失，自考正也。孔子純取周詩，上采殷，下取魯，凡三百五篇，遭秦而全者，以其諷誦不獨在竹帛故也。」班志此文以三百五篇爲孔子所取，與世家合。其三百五篇之外，單章零句，有可述者，儒者肄業，雖不妨及之，要無與於弦歌之用，故不數之也。「一言」者，詩關雎疏云：「一句則古者謂之爲言。」引此文謂以「思無邪」一句爲一言也。案：春秋繁露楚莊王篇「介以一言曰：王者必改制。」亦一證。引左傳「臣之業在揚之水卒章之四言」，趙簡子稱子大叔遺我以九言，皆以一句爲一言也。「思無邪」者，魯頌駉篇文。說文：「思，容也。」言心有所念，能容之也。顧氏鎮虞東學詩云：「詩者，思也。發慮在心，而形之於言，以攄其懷抱。繫於作詩之人，不繫於讀詩之人。」又曰：「論語之言，詩獨詳，曰誦、曰學、曰爲，皆主於誦詩者也。」今直曰「詩三百」，是論詩，非論讀詩也。蓋當巡狩采詩，兼陳美刺，而時俗之貞淫見焉。及其比音入樂，誦自瞽矇，而後王之法戒昭焉。故俗有淳漓，詞有正變，而原夫作者之初，則發於感發懲創之苦心，故曰「思無邪」也。○注「篇之大數。」○正義曰：今詩存三百五篇，合笙詩六爲三百十一篇。此言三百，是舉大數。○注「蔽，猶當也。」○正義曰：鄭注云：「蔽，塞也。」「塞」、「當」義同。廣雅釋詁：「蔽，障也。」○注「歸於正。」○正義曰：賈子道術「方直不曲謂之正，反正爲邪」毛詩序云：「詩者，志之所之也。在心爲志，發言爲詩。」又云：「故正得失，動天地，感鬼神，莫近於詩。」又云：「故變風發乎情，止乎禮

義。發乎情，民之性也；止乎禮義，先王之澤也。」禮樂記：「師乙曰：『寬而靜，柔而正者，宜歌頌；廣大而靜，疏達而信者，宜歌大雅；恭儉而好禮者，宜歌小雅；正直清廉而謙者，宜歌風；肆直而慈愛者，宜歌商；溫良而能斷者，宜歌齊。』荀子大略篇：「國風之好色也」傳曰『盈其欲而不愆其止，其誠可比於金石，其聲可內於宗廟』小雅不以於汙上，自引而居下，疾令之政，以思往者。其言有文焉，其聲有哀焉。」史記屈賈列傳：「國風好色而不淫，小雅怨誹而不亂。」皆言詩歸於正也。

3 子曰：「道之以政，【注】孔曰：「政謂法教。」齊之以刑，【注】馬曰：「齊整之以刑罰。」民免而無恥；【注】孔曰：「免，苟免。」道之以德，【注】包曰：「德謂道德。」齊之以禮，有恥且格。」【注】格，正也。 正義曰：「道」如「道國」之道，謂教之也。禮緇衣云：「教之以德，齊之以政。」文與此同。漢祝睦碑：「導濟以禮。」皇本兩「道」字並作「導」。釋文：「道，音導。下同。」說文：「導，導引也。」祝睦碑「導」作「濟」。又云「有恥且格」，諸異文當出齊、古。爾雅釋言：「濟，益也。」釋詁：「恪，敬也。」此義亦通。說文：「恪，敬也。」於義並合。漢書貨殖傳：「於是在民上者，道之以德，齊之以禮，故民有恥而且敬。」卽本此文。言民知所尊敬，而莫敢不從令也。鄭注此云：「格，來也。」本爾雅釋言。又釋詁：「格，至也。」「來」、「至」義同，謂來歸於善也。漢費汎碑「有恥且徦」。方言：「徦，至也。」說文：「徦，至也。」「徦」、「假」字通。說文：「假」與「徦」同，則「格」、「假」一字。「格」字或作「徦」。書「格於上下」，說文引作「假」。「假」與「徦」同，則「格」、「假」一字。說文：「格，木長貌。」於訓「敬」、爾雅釋文「格」訓「來」之義，皆不相應，蓋叚借也。緇衣云：「夫民教之以德，齊之以禮，則民有格心；教之以政，齊之以刑，則民有遯心。」

注云：「格，來也。」「遯，逃也。」彼言「遯」，此言「免」，義同。廣雅釋詁：「免，脫也。」謂民思脫避於罪也。大戴禮禮察篇：「為

人主計者，莫如安審取舍。取舍之極定於內，安危之萌應於外也。以禮義治之者積禮義，以刑罰治之者積刑罰，刑罰積

而民怨倍，禮義積而民和親。故世主欲民之善同，而所使民之善者異也。或導之以德教，或毆之以法令。導之以德教

者，德教行而民康樂；毆之以法令者，法令極而民哀戚。哀樂之感，禍福之應也。」家語刑政篇：「仲弓問於孔子曰：『雍聞

至刑無所用政，桀、紂之世是也。」至政無所用刑，成、康之世是也。信乎？』孔子曰：『聖人治化，必刑政相參焉。太上以

德教民，而以禮齊之」，其次以政導民，而以刑禁之。化之弗變，導之弗從，傷義以敗俗，於是乎用刑矣。』」孔叢子刑論篇：

「仲弓問古之刑教與今之刑教。孔子曰：『古之刑省，今之刑繁。其為教，古有禮然後有刑，是以刑省；今無禮以教，而齊之

以刑，刑是以繁。』書曰：『伯夷降典，折民惟刑。』謂先禮以教之，然後繼以刑折之也。夫無禮則民無恥，而正之以刑，故苟

免。』」又：「孔子答衞將軍文子曰：『今齊之以刑，刑猶弗勝，何禮之

有？』孔子曰：『以禮齊民，譬之于御則轡也；以刑齊民，譬之于御則鞭也。執轡于此而動於彼，御之良也；無轡而用策，

則馬失道矣。』文子曰：『以御言之，左手執轡，右手運策，不亦速乎？若徒轡無策，馬何懼哉？』孔子曰：『吾聞古之善御

者，執轡如組，兩驂如舞，非策之助也。是以先王盛于禮而薄于刑，故民從也。今也廢禮而尚刑，故民彌暴。』諸文並足

發明此章之義。○注：「齊整之以刑罰。」○正義曰：廣雅釋言「齊，整也。」此常訓。說文：「刑，剄也。劃，罰辠也。」二字

義別，今經典多混用。「罰」者，說文云「辠之小也。」制之以法，故亦曰「罰」。周官司救云「凡民之有衺惡者，

三讓而罰。」注：「罰，謂撻擊之也。」是也。白虎通五刑篇：「聖人治天下，必有刑罰何？所以佐德助治，順天之度也。故懸

爵賞者，示有所勸也；設刑罰者，明有所懼也。」○注：「德謂道德。」○正義曰：注意德屬人君，即上章「爲政以德」之意。

鄭注云：「德謂智、仁、聖、義、中、和。」此本周官大司徒所謂「以鄉三物教萬民，而賓興之」者也。鄭彼注云：「知，明于事；

仁，愛人以及物；聖，通而先識；義，能斷時宜；忠，言以中心；和，不剛不柔。」此六德也。鄭義與此注均通。○注：「格，

正也。」○正義曰：漢書刑法志顏師古注同。 孟子離婁云：「惟大人爲能格君心之非。」

4 子曰：「吾十有五而志于學，三十而立，【注】有所成也。 四十而不惑，【注】孔曰：「不疑惑。」

五十而知天命，【注】孔曰：「知天命之始終。」六十而耳順，【注】鄭曰：「耳聞其言，而知其微旨。」七十而從心

所欲，不踰矩。」【注】馬曰：「矩，法也。從心所欲，無非法。」 正義曰：「十五」、「三十」云者，夫子七十時追紋所

歷年數也。「有」之言「又」也。「志于學」，漢石經及高麗本「于」作「乎」。翟氏灝考異以論語自引詩、書、例作「於」，此

變體爲「于」，必「乎」之誤。 尚書大傳：「古之帝王者，必立大學小學，使王太子、王子、羣后之子，以至公、卿、大夫、元士之

適子，十有三年始入小學，見小節焉，踐小義焉。年二十入大學，見大節焉，踐大義焉」。大戴禮保傅云：「古者年八歲而

出就外傳，束髮而就大學。」盧注：「束髮謂成童。」古以年十六爲成人，則成童是十五。戴禮與大傳傳聞各異。白虎通辟雍

篇：「古者所以年十五入大學何？以爲八歲毀齒，始有識知，入學學書計。七八十五陰陽備，故十五成童志明，入大學，學

經術。故曲禮曰：『十年曰幼學』。論語曰：『吾十有五而志于學，三十而立。』」則十五者，入大學之年。尚書大傳言「入大

學，知君臣之儀，上下之位」。禮小戴有大學篇，始「致知格物」，終「治國平天下」，皆所謂大節大義也。 夫子生知之聖，而

以學知自居，故云「志于學」。「志」如「志於道」之「志」，毛詩序云「志者，心之所之也。」先兄五河君經義說略謂「志」、「識」同，即默而識之也，亦通。「三十」，漢石經作「卅」，白虎通引「三十而立」，連上句則「立」謂學也。漢書藝文志：「古之學者，且耕且養，三年而通一經，用日少而畜德多，三十而五經立。」又吳志吳主與孫皎書：「孔子言『三十而立』，非但謂五經也。」足知立謂學立，乃漢人舊義，故皇疏同之。周時成均之教，春秋禮樂，冬夏詩書，無「五經」之目。班氏假「五經」以說所學之業，其謂「三年通一經」，亦是大略言之，不得過拘年數也。諸解「立」為立于道，立于禮，皆統於學，學不外道與禮也。至三十後，則學立而德成之事。張栻論語解：「聖人之所以為聖人者，以其有始有卒，常久日新，必積十年而一進者，成章而後達也。」「四十不惑」者，子曰：「知者不惑。」禮中庸云：「子曰『素隱行怪，後世有述焉，吾弗為之矣。』」此即不惑之事。若孟子言「四十不動心」，則勇者之事，能養氣也。「天命」者，說文云：「命，使也。」言天使已如此也。書召誥云：「今天其命哲，命吉凶，命歷年。」哲與愚對，是生質之異，而皆可以為善，則德命也。吉凶、歷年，則祿命也。君子脩其德命，自能安處祿命。韓詩外傳：「子曰『不知命，無以為君子。』言天之所生，皆有仁、義、禮、智順善之心，不知天之所以命生，則無仁、義、禮、智順善之心，謂之小人。」明於天性，知自貴於物，然後知仁、義、禮、智，安處善，樂循理，謂之君子。故孔子曰「不知命，無以為君子。」此之謂也。故曰：「天地之性，人為貴。」二文皆主德命。漢書董仲舒傳：「對策曰：『天令之謂命。人受命於天，固超然異於羣生，貴於物也。故孔子曰：「不知命，無以為君子。」此之謂也。中庸云：『仲尼上律天時，下襲水土。辟如天地之無不持載，無不覆幬。辟如四時之錯行，如日月之代明。』言聖人之德能合天也。能合天，斯為不負天命；不負天命，斯可以云知天命。知天命者，知己為天所命，非虛是故君子知命之原於天，必能知祿命矣。

生也。

蓋夫子當衰周之時，賢聖不作久矣。及年至五十，得易學之，知其有得，而自謙言「無大過」則知天之所以生己，所以命己，與己之不負乎天，故以天知命自任。「命」者，立之於己而受之於天，聖人所不敢辭也。他曰桓魋之難，夫子言「天生德於予」，天之所生，是爲天命矣。惟知天命，故又言「知我者其天」，明天心與己心得相通也。孟子言「天欲平治天下，舍我其誰？」亦孟子知天命生德當在我也。是故知有仁、義、禮、智之道，奉而行之，此君子之知天命也。知己有得於仁、義、禮、智之道，而因推而行之，此聖人之知天命也。「從心所欲不踰矩」者，說文云：「從，相聽也。」「從」與「從」同。禮樂記注云：「從，順也。」中庸云：「誠者，天之道也」；誠之者，人之道也。誠者，不勉而中，不思而得，從容中道，聖人也。誠之者，擇善而固執之者也。」夫子至誠，合乎天道，而言「不踰矩」，若爲思誠者之事。皇疏引李充曰：「自『志學』迄於『從心」，善始令終，貴不踰法，示之易行，而約之以禮，爲教之例，其在茲矣。」○注：「不疑惑。」○正義曰：說文『疑』作『𠤩』，「惑也」。「惑，亂也。」○注：「知天命之始終。」○正義曰：注意難曉。皇疏引王弼云：『天命廢興有期，知道終不行也。』孫綽云：『大易之數五十，天地萬物之理究矣。以知命之年，通致命之道，窮學盡數，可以得之，不必皆生而知之也。此勉學之至言也。』」案：疏列二說，不知與注意合否？○注：「耳聞其言，而知其微旨。」○正義曰：說文「恉，意也。」「旨」、「恉」同。聞人之言，而知其微意，則知言之學，可知人也。皇疏引李充云：「耳順者，聽先王之法言，則知先王之德行，從帝之則，莫逆於心。心與耳相從，故曰耳順也。」李以「耳順」爲聞先王之言，亦鄭義所包也。焦氏循補疏：「耳順即舜之察邇言。所謂善與人同，樂取於人以爲善也。順者，不違也。舍己從人，故言入於耳，隱其惡，揚其善，無所違也。學者自是其學，聞他人之言，多違於耳。聖人之道，一以貫之，故耳順也。」案：焦此義與鄭異，亦通。○注：「矩，法也。」○正義曰：荀子不

苟篇：「五寸之矩，盡天下之方也。」楊倞注：「矩，正方之器也。」說文作「巨」，云：「規巨也。從工，象手持之。矩或從木矢。」

爾雅釋詁：「矩，常也，法也。」皆引申之義。

5　孟懿子問孝。子曰：「無違。」【注】孔曰：「魯大夫仲孫何忌，懿，謚也。」樊遲御，子告之曰：「孟孫問孝於我，我對曰：『無違。』」【注】鄭曰：「恐孟孫不曉無違之意，將問於樊遲，故告之。樊遲，弟子樊須。」樊遲曰：「何謂也？」子曰：「生，事之以禮；死，葬之以禮，祭之以禮。」

　　正義曰：漢石經作「毋違」。論衡問孔篇亦作「毋違」。　士昏禮注：「古文毋作無。」意此亦古、今之異。說文：「違，離也。」引申爲背棄之義。又：「敎，戾也。」義亦近。　毛詩車攻傳：「御，御馬也。」說文：「御，使馬也。」御者居車中，惟兵車居左。　武氏億羣經義證：『呂氏春秋尊師篇：「視輿馬，慎駕馭。」弟子事師，古禮如是。』孟孫者，白虎通姓名篇：「諸侯之子稱公子，公子之子稱公孫，公孫之子，各以其王父字爲氏。」此孟孫本出公子慶父之後，當稱孟公孫，不言公孫者，省詞。說文云：「我，施身自謂也。對，䛐無方也。對，對或從士。」夫子述所告孟孫之言，故言「我對」也。　說文：「死，澌也，人所離也。葬，臧也。從死在𦱌中。一，其中所以薦之。」〔一〕今隸變作「死」作「葬」。夫子告樊遲言事親當以禮，則告懿子以「無違」者，是據禮言。故論衡引此文，說之云：「毋違者，禮也。」考懿子爲僖子之子，嘗學禮於孔子，故孔子卽以禮訓之。「無違」者，無違乎禮以事親也。　凌氏鳴喈論語解義：「大夫以上能備禮，生事葬祭不違乎禮，卽順乎親矣。」案：禮記禮運云：「大順者，所以養生送

〔一〕「薦」原誤作「藉」，據說文改。

死，事鬼神之常也。」孔疏：「順，即順禮。」

逆者，逆禮也，即違禮也。

反。

順於道，不逆於倫，是之謂畜。」順道即順禮，順禮故無違禮也。

死者也。生，人之始也；死，人之終也，終始俱善，人道畢矣。故君子敬始而慎終，終始如一，是君子之道，禮義之文也。臣

之所以致重其君，子之所以致重其親，於是盡矣。」皇疏引衞瓘曰：「三家僭侈，皆不以禮，故以禮答之也。」方氏觀旭論

語偶記：「檀弓云：『三家視桓楹。』葬僭禮也。〈八佾篇〉：『三家者以雍徹。』祭僭禮也。惟是懿子之父仲孫貜，春秋書其卒，

在昭二十四年。」樊遲少孔子三十六歲，是貜卒時，樊遲尚未生。今懿子問孝時，有樊遲御，而夫子備告以生事葬祭者，懿

子或尚有母在與？○注：「魯大夫仲孫何忌，懿子也。」○正義曰：禮〈檀弓〉云：「幼名，冠字，五十乃稱伯仲。」《白虎通》姓名

篇：「稱號所以有四何？」法四時用事先後，長幼兄弟之象也。故以時長幼，號曰伯、仲、叔、季也。適長稱伯，伯禽是也。庶

長稱孟，魯大夫孟氏是也。」案：〈說文〉：「孟，長也。」魯孟氏為桓公子。公子慶父之後又稱仲孫者，慶父本居孟，其仲無人，

得兼之也。懿子受學聖門，及夫子仕魯，墮三都，懿子梗命，致聖人之政化不行，是實魯之賊臣，弟子傳不列其名，及此注

但云「魯大夫」，亦不云「弟子」，當為此也。周書〈諡法解〉：「柔克為懿，溫和聖善曰懿。」是「懿」為諡也。〈說文〉云：「諡，行之迹

也。」〈諡法解〉：「終葬乃制諡。」敘法：大行受大名，細行受細名。」若人有惡行，則亦為之惡諡，幽、厲之屬是也。天子崩，稱

天以諡，諸侯諡於天子，大夫諡於諸侯。春秋時，諡不如法，咸用美諡，故此孟孫得諡「懿」。○注：「恐孟」至「樊遲」。○正

義曰：樊遲與懿子同門，故恐懿子復問樊遲也。史記〈仲尼弟子列傳〉：「樊須，字子遲。少孔子三十六歲。」「須」與「頟」同。

左文二年傳：「禮無不順。祀，國之大事也。而逆之，可謂禮乎？」「逆」與「順」相

祭統云：「是故賢者之祭也，致其誠信，與其忠敬，奉之以時，明薦之而已矣。不求其為，此

孝子之心也。」孝者，畜也。

荀子〈禮論〉云：「禮者，謹於治生

頸，待也，與「遲」義合。白水碑謂須字子達，遲字子緩，析一人爲二，不足據。鄭目錄云「齊人」，家語弟子解及左傳杜注

並云「魯人」。

6 孟武伯問孝。 子曰：「父母唯其疾之憂。」【注】馬曰：「武伯，懿子之子仲孫彘。武，諡也。言孝子不

妄爲非，唯疾病然後使父母憂。」 正義曰：爾雅釋詁：「伯，長也。」武伯於兄弟次爲長，故稱伯也。

獨也。」「唯」與「惟」同。 說文：「愙，愁也。憂，和之行也。」二字義別。經典多叚「憂」爲「愙」，又隸變作「憂」。咸氏琳經義

雜記：「論衡問孔云：『武伯善憂父母，故曰「惟其疾之憂」。』又淮南子說林：『憂父之疾者子，治之者醫。』高注云：『論語曰

「父母唯其疾之憂」，故曰憂之者子。』」則王充、高誘皆以人子憂父母之疾爲孝。「父母」字當略讀。案：孝經紀孝行章：「子

曰：『孝子之事親也，病則致其憂。』」禮記曲禮云：「父母有疾，冠者不櫛，行不翔，言不惰，琴瑟不御，食肉不至變味，飲酒

不至變貌，笑不至矧，怒不至詈，疾止復故。」皆以人子憂父母疾爲孝。〇注「武伯」至「母憂」。〇正義曰：左哀十一年傳：

「孟孺子洩。」杜注：「孺子，孟懿子之子武伯彘。」疑彘是名，洩是字也。周書謚法解「剛彊直理」「威彊睿德」「克定禍亂」

「刑民克服」「大志多窮」，皆曰「武」，是武爲諡也。注謂父母憂子之疾，此馬用古論義也。孟子云：「守孰爲大？守身爲

大。」「守身」所以事親，故人子當知父母之所憂，自能謹疾，不妄爲非，而不失其身矣。

7 子游問孝。 【注】孔曰：「子游，弟子，姓言，名偃。」子曰：「今之孝者，是謂能養。 至於犬馬，皆

不失其身，斯爲孝也。

能有養。不敬，何以別乎？【注】包曰：「犬以守禦，馬以代勞，皆養人者。一曰人之所養，乃至於犬馬，不敬，則無以別。」孟子曰：「食而不愛，豕畜之；愛而不敬，獸畜之。」

正義曰：王氏引之經傳釋詞「是謂能養，是與衹同義。故薛綜注東京賦曰：『衹，是也。』」說文：「養，供養也。」孝經云：「用天之道，分地之利，謹身節用，以養父母，此庶人之孝也。」大戴禮曾子本孝云：「庶人之孝也，以力惡食。」盧辯注：「分地任力致甘美。」蓋庶人能養不能敬，若語於士，則養未足爲孝。故坊記言：「小人皆能養其親，君子不敬，何以辨？」「小人」即庶人，「君子」則士以上通稱。又曾子立孝云：「君子之孝也，忠愛以敬。」又云：「盡力無禮，則小人也。」盡力，即以力致養之事；無禮，即不敬也。孝經又云：「故母取其愛，而君取其敬，兼之者父也。」蓋士之孝也。與曾子立孝所言「君子之孝」同，明能敬爲士之孝。夫子告子游，正以爲士之道責之矣。孝經又云：「孝子之事親也，居則致其敬，養則致其樂。」禮內則「曾子云：『孝子之養老也，樂其心，不違其志，樂其耳目，安其寢處；以其飲食忠養之。』」二文所言「養」，皆養志之道，其不廢敬可知。祭義云：「衆之本教曰孝，其行曰養。養可能也，敬爲難；敬可能也，安爲難；安可能也，卒爲難。」是敬猶非至孝，特視衹能養者爲難耳。「犬馬」，皆獸名。「別」者，分也。見廣雅釋詁，此常訓。漢石經無「乎」字。○注「子游，弟子，姓言，名偃。」與史違異，非也。○正義曰：仲尼弟子列傳「言偃，吳人，字子游，少孔子四十五歲。」家語弟子解作「魯人，少孔子三十五歲」。漢石經於子張篇作「子斿」，「斿」即「游」省。下篇子夏稱「言游」，又子游答夫子「稱偃之室」，是姓名偃也。說文：「游，旌旗之流。從㫃，汓聲。讀若偃。」是「斿」、「偃」聲同。古人名斿字「游」，若晉籍偃、荀偃、鄭駟偃及此言偃，皆字游，本皆作「斿」。「游」從「斿」。說文：「斿，旌旗之游也。從㫃，汙聲。從屮，曲而垂下，斿相出入也。」叚「偃」字爲之。○注「犬以」至「畜之」。○正義曰：注前後

兩說，前說以犬馬皆能養人。養則服事之義，若人子事親，但能養而不敬，則無以異於犬馬之服養人也。毛氏奇齡論語稽求篇引『唐李嶠表云：「犬馬含識，烏鳥有情，寧懷反哺，豈曰能養？」馬周疏云：「臣少失父母，犬馬之養，已無所施。」宋王豐甫表云：『犬馬之養未伸，風木之悲累至。』皆用包義。以「犬馬」喻父母，於義難通，自昔儒者多譏之。引孟子者，盡心篇文。注二說外，又有三說。包氏慎言論語溫故錄：「犬馬二句，蓋極言養之事。雖父母之犬馬，今亦能養之也。內則：『父母之所愛亦愛之，父母之所敬亦敬之，至於犬馬盡然，而況於人乎？』此敬養兼至，故爲貴也。若今之孝者，不過能養，雖至於父母所愛敬之犬馬，亦能養之，然衹能養父母，不能敬也。何以別，謂何以別乎今也。鹽鐵論孝養篇：『善養者，不必芻豢也。以己之所有，盡事其親，孝之至也。』故上孝養志，其次養體，其次養色。貴其禮〔一〕不貪其養，禮順〔三〕以致敬。孔子曰：「今之孝者，是謂能養，不敬，何以別乎？」故與坊記言通，此又一說也。先兄五河君經義說略謂坊記「小人」，即此章「犬馬」。心和〔二〕養雖不備，可也。』此引論語以「不敬」句與「能養」句聯文，則「別」謂別乎今之孝者，此一說也。翟氏灝考異引坊記之文，謂坊記唯變犬馬爲小人，餘悉合此章義。荀子云：「乳彘觸虎，乳狗不遠游，雖獸畜，知愛護其所生也。」束晳補亡詩：『養隆敬薄，惟禽之似爲人子者，毋但似禽鳥知反哺已也。』皆與坊記言通，此又一說也。諸說當與注前義並存。公羊何休注：「言大夫有疾稱犬馬，士稱負薪。」犬馬負薪，皆賤者之稱，而大夫士謙言之。孟子：「子思曰：『今而後知君之犬馬畜伋也。』」然則犬馬謂卑賤之人，若臧獲之類，此又一說也。

〔一〕〔三〕兩「禮」字原並誤作「體」，據鹽鐵論改。

〔二〕「後」字原脫，「之」下原衍「以」字，據孟子萬章下分別增刪。

8

子夏問孝。子曰：「色難。【注】包曰：「色難者，謂承順父母色乃為難。」有事，弟子服其勞；有酒食，先生饌，【注】馬曰：「先生，謂父兄。饌，飲食也。」曾是以為孝乎？」【注】馬曰：「孔子喻子夏服勞先食，汝謂此為孝乎？未孝也。承順父母顏色，乃為孝也。」

正義曰：爾雅釋詁：「服，事也。」說文作「𠬝」，云「用也」。釋詁又云：「勞，勤也。」說文：「勞，劇也。從力熒省。」劇者，甚也，言甚勤也。先從叔丹徒君駢枝曰：「年幼者為弟子，年長者為先生，皆謂人子也。饌，具也。有事，幼者服其勞；有酒食，長者共具之。長者，即先生也。具，即饌也。是皆子職之常，何足為孝？内則曰：『男女未冠笄者，昧爽而朝，問何食飲矣。若已食，則退；若未食，則佐長者視具。』論語中言弟子者七，其二皆年幼者，其五謂門人。言先生者二，皆謂年長者。憲問篇：『見其與先生並行也。』包氏曰：『先生，成人也。』皇疏云。『先生者，謂先己之生也。』謹案：駢枝說是也。說文：「饌，具食也。從食，算聲。籑，饌或從巽。」禮經凡言「饌」，注皆曰「陳也」，陳卽具食之義，竊謂服勞視饌，並言庶人之孝，視饌卽能養。服勞者，尚書大傳言：「入小學，知有父子之道，長幼之敘。」又言：「歲事既畢，餘子入學，所謂小學之教，則輕任并，重任分，班白不提挈。」皆是服勞之道。曾子大孝云：「小孝用力，慈愛忘勞，可謂用力矣。」孔氏廣森補注：「庶人之孝，夫子以士之孝告子夏，故示以色難，明非士之達於學術者未能幾此也。」釋文：「饌，鄭作餕。」初學記孝部引鄭此注云：「食餘曰餕。」與馬注本作「饌」不同。陳氏鱣論語古訓、段氏玉裁說文注並以馬作「饌」為古論，鄭作「餕」為魯論，是也。特牲饋食禮及有司徹注並云：「古文饌，皆作餕。」又謂「禮記之字，於禮經皆從今文，而皆饌、籑當是各字，「饌」皆訓陳，不言作「餕」。食餘之字皆訓「籑」，未有作「饌」者。段氏玉裁謂禮經作「餕」，疑儀禮注當云『今文籑作餕。』其說並是。陳氏古訓解論語云：「内則曰：『父母在，朝夕恒食子婦佐餕，既食恒

餕。』注:『每食餕而盡之,末有原也。』正義:『每食無所有餘而再設也。』是餕有食餘勿復進之意,故或者亦以爲孝。」段氏

説文注與陳略同。又云:「『論語魯』餕、『古』饌,此則古文叚『饌』爲『餕』。」孔氏廣森經學卮言:「讀當以『食先生饌』爲句,

言有燕飲酒,則食長者之餘也。有酒,有事文相偶。有事,弟子服其勞,勤也。有酒食,先生饌,恭也。勤且恭,可以爲弟

矣。孝則未備也。」二義皆從鄭爲説,於義甚曲。説文:『曾,詈之舒也。』段氏注云:『曾之言乃也。』詩『曾是不意』、『曾是

在位』、『曾是莫聽』,論語『曾是以爲孝乎』、『曾謂泰山』,孟子『爾何曾比予於管仲』,皆訓爲乃。趙注孟子曰

『何曾,猶何乃也』是也。」○注:「色難者,謂承順父母顏色乃爲難。」○正義曰:司馬光家範説此文云:「色難者,觀父母之

志趣,不待發言而後順之者也。」即此注意。曲禮云:「視於無形,聽於無聲」此惟承順顏色者能之,故鹽鐵論以養色爲次

孝也。鄭注此云:「言和顏説色爲難也。」以色異義,亦通。内則云:「柔色以溫之。」祭法云:「孝子之有深

愛者,必有和氣;有和氣者,必有愉色;有愉色者,必有婉容。」又云:「嚴恭儼恪,非事親之道。」呂氏春秋孝行覽:「痊顏

色、養志之道也。」是以色事親,爲人子所難。皇疏引顏延之曰:「夫氣色和,則情志通。善養親之志者,必先和其色,故曰

難也。」即鄭義也。○注:「饌,飲食也。」○正義曰:廣雅釋詁:「饔,食也。」「饌」與「饔」同,此又一義。○注「孔子」至「孝

也」。○正義曰:「先食」謂先生食,不言生者,省文。釋文引注云:「曾,則也。」蓋集解所刪脱。

9 子曰:「吾與回言終日,不違,如愚。退而省其私,亦足以發,回也不愚。」【注】孔曰:「回,

弟子,姓顏,名回,字子淵,魯人也。不違者,無所怪問,於孔子之言,默而識之,如愚。察其退還,與二三子説繹道義,發

明大體，知其不愚。

正義曰「終日」者，竟日也。「終日」屬上爲句。「違」者，有所違難也。「不違」，則似不解夫子之言，故曰「如愚」。〔説文「愚，戇也。」顏子於夫子之言，鑽仰既久，欲罷不能，而自竭其才以學之。又且聞一知十，故能亦足以發也。〕皇疏引熊埋云：「既以美顏，又曉衆人未達者也。」皇本「不愚」下有「也」字。〇注「回弟」至「不愚」。〇正義曰：仲尼弟子列傳：「顏回者，魯人也，字子淵。」説文「𣊵」下云：「回，古文回。回，淵水也。」「淵」下云：「回水也。從水，象形，左右岸也，中象水貌。」此顏子名字所取義。「退還」者，禮檀弓注「退，去也。」説文作「㥀，卻也。」〔「淵」下云：「回水也。」注謂「退與二三子説繹道義」，則私謂燕私，與羣弟子同居學中時也。禮學記言：「大學之教，退息必有居學。」「居學」非受業之所，故言私也。朱子集注以「私」爲燕居獨處，亦通。〕周書官人解：「省其居處，觀其義方。」則省私亦觀人之法。「説繹」猶「説釋」。下篇云：「回也非助我者也，於吾言無所不説。」孔彼注云：「發明達文。」解説義同。荀子大略所云「善學者盡其理」是也。釋名釋言語：「發，撥也。撥，使開也。」開有明義，故此注云「發明」達文。「大體」猶言大義，凡所發明，於所言所行見之。荀子勸學篇：「君子之學也，入乎耳，箸乎心，布乎四體，形乎動靜；端而言，蝡而動，一可以爲法則。」

10 子曰：「視其所以，觀其所由，察其所安。【注】以，用也。言視其所行用。由，經也。言觀其所經從。人焉廋哉？人焉廋哉？」【注】孔曰：「廋，匿也。言觀人終始，安所匿其情？」正義曰：説文「視，瞻也。」梁隱五年傳：「常視曰視，非常曰觀。」爾雅釋詁「察，審也。」説文「察，覆審也。」視、觀、察，以淺深次第爲義。「安」者，意之所止也。高誘吕氏春秋樂成注「安，習也。」大戴禮文王官人云：「内觀民務，察度情僞，變官民能，歷其才藝。」又曰：

「用有六徵：一曰觀誠，二曰考志，三曰視中，四曰觀色，五曰觀隱，六曰揆德。」又云：「考其所爲，觀其所由，察其所安，此之謂視中也。視中者，誠在其中，此見於外，以其前占其後，以其小占其大。」則此「所以」、「所由」、「所安」，皆是視中，夫子取爲知人之法。蓋此三語，實該六徵之用，故人無所匿情也。漢石經「人焉廋哉」下句無「哉」字，當是連上爲句，與「禮乎禮」「微乎微」同一句法。○注「以用」至「經從」。○正義曰：「以用」、「由經」，並常訓。皇疏申注謂「卽日所行用之事」，故大戴此文以作爲也。「經從」，據皇疏以爲「從來所經歷之事」，則大戴所云「以其前占其後」者也。○注「廋匿」至「其情」。○正義曰：云「廋、匿」者，趙岐孟子離婁注同。方言：「廋，隱也。」「隱」卽「匿」。爾雅釋詁：「匿，微也。」微亦有隱義。「終始」者，所以，是卽日所行事，終也。所由，是前日所行事，所安，是意之所處，亦在平時，皆爲始也。云「安所匿其情」者，孔以爲爲安也。爲，安一聲之轉，安，猶何也。

11　子曰：「溫故而知新，可以爲師矣。」【注】溫，尋也。尋繹故者，又知新者，可以爲人師矣。　正義曰：禮中庸云：「溫故而知新。」鄭注：「溫讀如『燖溫』之溫。謂故學之孰矣，後時習之，謂之溫。」「燖」或省作「尋」。案：「尋」正字當作「燅」。說文：「燅，於湯中淪肉也。」儀禮有司徹「乃燅尸俎。」鄭注：「燅，溫也。古文『燅』皆作『尋』，記或作『燖』。」春秋傳曰：『若可尋也，亦可寒也。』」賈疏云：「論語及左傳與此古文皆作尋。論語不破，至此疊古文不從彼尋者，論語古文通用，至此見有人作『燅』，有火義，故從今文也。郊特牲云：『血、腥、爛祭。』注云：『閣或爲燖。』今此義指彼記或讀之，故云『記或作燖』也。」哀十二年左傳：『若可尋也。』服注云：『尋之言重也，溫也。』鄭引之者，證燅尸俎是重溫之義。」

案：據賈疏是古論「溫故」作「尋」，故鄭不破從「敎」，則亦依「尋」釋之，其義當與服虔解誼同。臧氏庸拜經日記以論語作

「溫故」，古文作「尋」，乃鄭注文與賈疏不合，非也。廣雅釋詁：「溫，燠也。」山海經大荒東經「有谷曰溫源谷。」郭注：「卽

湯谷也。」鄭注中庸「讀溫如燖溫」者，「燖」有重義，言重用火燖之，卽爲溫也。人於所學能時習之，故曰「溫故」。鄭君此

章注文已佚，故就中庸注爲引申之。「故」之爲言古也，謂舊所學也。廣雅釋言：「新，初也。」穀梁莊廿九年傳：「其言新，有

故也。」皇疏：「所學已得者，則溫燖之，不使忘失，是月無忘其所能也。知新，則日知其所亡也。」皇疏此言，亦同鄭義。禮王

制云：「師者，敎人以事而喻諸德者也。」文王世子云：「師也者，敎之以事而喻諸德者也。」古者家塾黨庠，師無定立。

謂大夫、士年七十致事，大夫爲父師，士爲少師，以其爵爲之差，卽是以其德爲之差也。孔子時，大夫、士不必有德，故致事

後，有不爲師，或有不學而妄居師位者。今此言「溫故」者，謂舊時所學，致事時猶能溫尋，不使忘失。且能日知所亡，足見

其進德修業，耄而好學，故可以爲人師也。劉氏逢禄論語述何篇：「故，古也。六經皆述古昔，稱先王者也。知新，謂通其

大義，以斟酌後世之制作，漢初經師皆是也。」案：劉說亦是。黃氏式三論語後案引漢書成帝紀詔云：「儒林之官，宜皆明

於古今，溫故知新，通達國體。」百官表以「通古今」備「溫故知新」之義。論衡謝短篇：「知古不知今，謂之陸沈；知今不知

古，謂之盲瞽。古今不知，稱師如何？」孔穎達禮記敘：「博物通人，知今溫古，攷前代之憲章，參當

時之得失。」是漢、唐人解「知新」多如劉說。○注「溫尋」至「師矣」。○正義曰：說文：「尋，繹理也。」謂紬繹理治之也。此

「尋」讀本字，故注以「尋繹」連文，然溫無繹理之訓。「溫」爲「尋」者，「尋」與「燖」同，卽與「敎」同，不謂繹理也。此注

蓋誤。

12　子曰：「君子不器。」【注】包曰：「器者，各周其用。至於君子，無所不施。」　　注「器者」至「不施」。○正義

曰：說文：「器，皿也。」周書寶典：「物周爲器。」孔晁注「周用之爲器，言器能周人之用也。」「施」，猶行也。君子道無所不

行，故禮學記言「大道不器」。鄭注：「謂聖人之道，不如器施於一物。」如者，似也。孔疏以孔子「博學而無所成名」解之，

即包此注義也。學記又云：「察於此者，可以有志於本矣。」注云：「言以學爲本，則其德於民無不化，於俗無不成。」案：此

則學爲修德之本。君子德成而上，藝成而下，行成而先，事成而後。故知所本，則由明明德以及親民，由誠意、正心，脩身

以及治國、平天下，措則正，施則行，復奚役役於一才一藝爲哉？

13　子貢問君子。子曰：「先行其言而後從之。」【注】孔曰：「疾小人多言而行之不周。」　　正義曰：漢

石經「貢」作「贛」。下篇云：「古者言之不出，恥躬之不逮也。」君子欲訥於言。」禮緇衣：「子曰：『言從而行之，則言不可飾

也。行從而言之，則行不可飾也。故君子寡言而行，以成其信。』」大戴禮曾子制言篇：「君子先行後言」。又立事篇：「君子

微言而篤行之。行必先人，言必後人。」均與此章義相發。○注「疾小人多言而行之不周。」○正義曰：「疾」，惡也。「周」，

合也，備也。小人言不顧行，行不顧言，故易致多言。韓詩外傳：「學而慢其身，雖學不尊矣。不以誠立，雖立不久矣。誠

未著而好言，雖言不信矣。」然則小人雖多言，奚貴乎？

14　子曰：「君子周而不比，小人比而不周。」【注】孔曰：「忠信爲周，阿黨爲比。」

正義曰：經傳言「小

人有二義：一謂微賤之人，一謂無德之人。此文「小人」，則無德者也。夫子惡似是而非，故於周比、和同、泰驕，及巧言、令色、足恭、鄉原，皆必辨之，所以正人心。而凡知人之術，官人之方，皆必辨乎此矣。○注「忠信為周，阿黨為比」。○正義曰：鄭亦有此注，孔所襲也。案：魯語「忠信為周」，毛詩皇華、都人士傳：「用之忠信，則能親愛人。」故「周」又訓為親，為密，為合。左哀十六年傳「周仁之謂信」，杜注「周，親也。」文十八年「是與比周」，杜注「周，密也。」離騷「雖不周於今之人兮」，王逸章句「周，合也」是也。「阿黨為比」者，爾雅釋詁：「比，俌也。」注：「阿曲媚也。」「阿黨」與「忠信」相反，正君子、小人性情之異。齊語「謂之下比」，韋注「比，阿黨也。」呂覽達鬱也。』籍偃曰：『君子有比乎？』叔向曰：『君子比而不別。比德以贊事，比也。引黨以封己，別也，舉以其私黨也。』」彼文之「比」，即此所謂「周」，彼文之「黨」，即此所謂「比」，文各相因耳。晉語「叔向曰：『吾聞事君者，比而不黨。夫周以舉義比也，舉以其私黨也。』」君子敬而無失，與人恭而有禮，四海之內，皆如兄弟，故能周也。周則忠信之謂，若非忠信，而但引黨以封己，是即阿黨為比矣。王氏引之經義述聞謂「周比皆訓親，為密，為合是也」，而譏此注為失。案：王氏云：「以義合者，周也；以利合者，比也。」既以義合，得非忠信耶？此注未失，無所可譏也。

15　子曰：「學而不思則罔，【注】包曰：「學不尋思其義，則罔然無所得。」思而不學則殆。」【注】不學而思，終卒不得，徒使人精神疲殆。

　　正義曰：子夏言「博學近思」，中庸言「博學慎思」，是學、思不可偏廢，故此章兩言其失。　釋文：「罔，本又作固。」○注「學不尋思其義，則罔然無所得。」○正義曰：賈子道德說「義者，德之理也。」為學之道，

明於古人所言之義，而因以驗之身心，故思足貴也。」孟子曰：「心之官則思，思則得之，不思則不得也。」「不得」即此注「無

所得」之義。荀子勸學篇：「小人之學也，入乎耳，出乎口。口耳之間，則四寸耳，易足以美七尺之軀哉？」「入耳」「出口」，

即謂學而不思也。　注言「罔然」者，凡稱「然」，皆形容之辭。　少儀云：「衣服在躬而不知其名為罔。」鄭注：「罔猶罔罔，無知

貌。」列子周穆王篇：「秦人逢氏有子，壯而有迷罔之疾。」文選東京賦：「罔然若醒。」注云：「罔然，猶惘惘然也。」義皆可證。

○注「不學而思，終卒不得，徒使人精神疲殆。」○正義曰：夫子言「吾嘗終日不食，終夜不寢，以思，無益，不如學也。」又

韓詩外傳引「子曰：『不學而好思，雖知不廣矣。』是言徒思無益。趙注孟子「心之官」云：「官，精神所在，是思屬心。

心之能思，即精神也。然思過則損脾，故精神易致疲殆。「殆」與「怠」同。釋文云：「依義當作怠。」即本此注。王氏引之

經義述聞謂此經「殆」字，及「多見闕殆」「殆」皆訓疑，引何休公羊襄四年注「殆，疑也」為據。「思而不學，則事無徵驗，疑

而不能定也。」其說亦通。

16　子曰：「攻乎異端，斯害也已。」【注】攻，治也。善道有統，故殊塗而同歸，異端不同歸也。　　正義曰：

說文云：「耑，物初生之題也。端，直也。」二字義別，今經傳多叚「端」為「耑」。禮記禮器注「端，本也。」孟子公孫丑注：

「端者，首也。」說文：「害，傷也。」皇本「已」下有「矣」字。○注「攻治」至「歸也」。○正義曰：考工記：「凡攻木之工七，攻金

之工六，攻皮之工五。」說文：「攻，猶治也。」「善道」謂正道。「統」者，統於一也。說文：「統，紀也。」太宰注：「統，猶合也。」易

繫辭傳：「同歸而殊塗。」此注本之，而倒其辭曰「殊塗同歸」，謂善道雖殊塗，而皆歸於善，是為有統。孟子言：「君子之行

不同，或遠或近，或去或不去，歸潔其身而已。潔身，即是善道。歸，即謂同歸也。後漢范升傳：「天下之事所以異者，以

不一本也。易曰『天下之動，貞夫一也。』又曰『正其本，萬事理。』「一本」，則善道之有統者也。「異端」者，其始既異，

其終又異，不能同歸於善道也。下篇「子夏曰『雖小道，必有可觀者焉。致遠恐泥，是以君子不爲也。』」集解以小道爲異

端。泥者，不通也。不通，則非善道，故言「君子不爲」，則不攻治之也。皇疏申此注云：「善道，即五經正典也。」殊塗，謂

詩、書、禮、樂，爲教之途不一也。」又云：「異端，謂雜書也。」言人若不學六籍正典，而雜學於諸子百家，此則爲害之深。邢

疏云：「異端之書，則或秕糠堯、舜、戕毁仁義，是不同歸也。」

孔子曰「攻乎異端，斯害也已」 案：范升傳「時尚書令韓歆上疏，欲爲費氏易、左氏春秋立博

士，升曰『今費、洼二學，無有本師，而多反異。孔子曰「攻乎異端，斯害也已」。』」是以「異端」爲雜書，乃漢人舊義。故鄭

注：「子夏之言小道，亦以爲如今諸子書也。」中庸記云：「子曰『素隱行怪，後世有述焉，吾弗爲之矣。』」「素隱行怪」，正是

小道異端者之所爲，至後世有述，而其害何可勝言？夫子故弗爲以絶之也。此注「善道」云言其理，皇、邢疏則以諸子

百家實之，蓋異端非僅空言也。宋氏翔鳳發微云：「公羊文十二年傳：『惟一介斷斷焉無他技。』何休注：『斷斷，猶專一也。

他技，奇巧異端也。』鄭注大學云：『斷斷，誠一之貌也』，他技，異端之技也。」是與

此合。』」按：斷斷、專一，即中庸之用中，大學之誠意。誠意而能天下平，用中而能經綸天下之大經，立天下之大本，知天地

之化育，夫焉有所倚？無所倚，則平也。此釋兩端而用中之謂也。中庸記云：『執其兩端，用其中於民。』鄭注云：『兩端，過

與不及，異端即兩端。用其中於民，賢與不肖皆能行之。』按：所謂執者，度之也。執其兩端而度之，斯無過不及而能用中。中則一，兩

則異，異端即兩端。民受天地之中以生，所謂命也。是以有動作禮義威儀之則，以定命也。有所治而或過或不及，即謂

之異端。攻乎異端，卽不能用中於民，而有害於定命。如後世楊、墨之言治國，皆有過與不及，有害於用中之道。然其為

過、不及之說，其奇足以動人之聽聞，其巧則有一時之近效，自聖人之道不明不行，則一世君臣上下易惑其說，是以異端之

技至戰國而益熾。」又云：「孟子言『子莫執中，執中無權，猶執一也。』權者，能用之之謂也。過與不及，則有輕重必有兩

端，而後立其中。權兩端之輕重，而後中可用。不知有兩端而權之，則執中者無可用，而異端之說轉勝。故異端之說，由

執中無權者致之，是以可與立者，尤貴乎可與權也。」案：宋說權兩端當用其中，用中是專一，與此注「善道有統，殊塗同

歸」之旨略合。「殊塗」，猶言兩端也，「專一」，猶言有統也。自此注及宋氏外，又有二說：孫奕示兒編：「攻，如攻人惡之

攻。已，止也。」謂攻其異端，使吾道明，則異端之害人者自止。孟子距楊、墨，則欲楊、墨之害止；韓子闢佛、老，則欲佛、

老之害止。」此解異端與集解不殊，惟「攻」字、「已」字訓釋有異。焦氏循補疏：「韓詩外傳云：『別殊類，使不相害，序異

端，使不相悖。』蓋異端者，各為一端，彼此互異，惟執持不能通則悖，悖則害矣。攻之訓治，見考工記注。小雅：『可以攻玉。』傳云：『攻，錯也。』繫辭傳：『愛惡相攻。』虞翻云：『攻，

摩也。』彼此切磋攻錯，使紊亂而害於道者悉歸於義，故為序。韓詩『序』字，足以發明『攻』字之意。已，止也。不相悖，

故害止也。楊氏若不執於為我，墨子若不執於兼愛，互相切磋，自不至無父無君，是

故害止也。楊氏為我，墨氏兼愛，端之異者也。楊氏若不執於為我，

為攻而害止也。大學：『斷斷兮無他技。』鄭注云：『他技，異端之技也。』經文自發明之云：『其心休休焉，其如有容焉。人

之有技，若己有之；人之彥聖，其心好之，不啻若自其口出。』有容而若己有，則善與人同，故能保我子孫黎民而為利。媢

疾不通，則執己之一端，不能容人，故不能保我子孫黎民而至於殆。殆卽害也，害止則利也。有兩端則異，執其兩端，用

其中於民，則有以摩之而不異。剛柔，兩端之異者也。剛柔相摩，則相觀而善。孟子言楊子爲我，墨子兼愛，又特舉一子莫執中，然則凡執一，皆爲賊道，不必楊、墨也。」又曰「道衷於時而已，故曰『我則異於是，無可無不可。』各執一見，此以異己者爲非，彼亦以異己者爲非，而害成矣。」焦氏此說，謂攻治異端，而不爲舉一廢百之道，則善與人同，而害自止。二說與集解不同，而焦說尤有至理，故並箸之。

17 子曰：「由！誨女知之乎！知之爲知之，不知爲不知，是知也。」【注】孔曰：「弟子，姓仲，名由，字子路。」

正義曰：說文云「誨，曉教也。」「女」者，平等之稱。皇本「女」皆作「汝」。「誨女知之」者，言我誨女之言，女知之否耶。俞氏樾平議據荀子子道篇及韓詩外傳所述此文並言「志之」，謂知與志通，亦是也。案：荀子云「子路盛服見孔子，孔子曰云云。子路趨而出，改服而入，蓋猶若也。孔子曰：『志之！吾語汝。奮於言者華，奮於行者伐，色知而有能者，小人也。故君子知之曰知之，不知曰不知，言之要也。能之曰能之，不能曰不能，行之至也。言要則知，行至則仁。既知且仁，夫惡有不足矣哉！』據荀子，是此章所言在子路初見夫子時。其云「言要則知」「知」即「智」字。此文「是知也」，釋文云「知也，如字，又音智。」音智當卽本荀子。又非十二子篇「言而當，知也；默而當，亦知也。」以上文言「知」當讀「智」。楊倞注引論語此文，可見楊讀「是知」之知亦爲智矣。又儒效篇：「知之曰知之，不知曰不知，內不自以誣，外不自以欺，以是尊賢畏法而不敢怠傲，是雅儒者也。」此卽夫子誨子路之義。皇本「不知之爲不知」，多一「之」字。○注：「弟子，姓仲，名由，字子路。」○正義曰：仲尼弟子列傳「仲由，字子路，卞人也，少孔子

「九歲。」

18　子張學干祿。【注】鄭曰:「弟子,姓顓孫,名師,字子張。干,求也。祿,祿位也。」子曰:「多聞闕疑,

慎言其餘,則寡尤;多見闕殆,慎行其餘,則寡悔。【注】包曰:「尤,過也。疑則闕之,其餘不疑,猶慎言

之,則少過。殆,危也。所見危者,闕而不行,則少悔。」言寡尤、行寡悔,祿在其中矣。【注】鄭曰:「言行如此,

雖不得祿,亦同得祿之道。」

正義曰:仲尼弟子列傳作「問干祿」,此出古論。大戴記有「子張問入官」,即問干祿之意。

魯論作「學」,謂學效其法也。於義並通。倪氏思寬讀書記:「詩曰『干祿豈弟。』又曰『干祿百福。』自古有『干祿』之語。

子張是以請學之,猶樊遲請學爲稼、爲圃之事也。」「多聞」、「多見」,謂所學有聞有見也。易象傳:「君子多識前言往行以

畜其德。」畜者,積也,厚也。以所識言行,爲己言行之則,故凡學者,所以爲己也。言屬聞,行屬見者,錯綜之辭。「闕疑」

者,左昭二十年傳注:「闕,空也。」其義有未明、未安於心者,闕空之也。「餘」者,足也,心足乎是也。「寡尤」、「寡悔」,亦互文。

餘」者,謂於無所疑者,猶慎言之;無所殆者,猶慎行之。中庸記所云「有餘,不敢盡」也。「慎言其餘,慎行其

云:「悔,恨也。」此常訓。荀子王霸篇:「故孔子曰『知者之知,固以多矣,有以守少,能無察乎?』即此『慎言』、『慎行』之

義。」劉氏逢祿論語述何篇:「『多聞』,如春秋采百二十國之寶書。『闕疑』,史闕文也。信以傳信,疑以傳疑,慎之至也。

『多見闕殆』,謂所見世也。春秋定、哀多微辭,上以諱尊隆恩,下以避害容身,慎之至也。」劉君以春秋釋此文,其義亦善。

「祿在其中」,謂在寡尤、寡悔之中,明祿不待外求也。○注「弟子」至「位也」。○正義曰:仲尼弟子列傳:「顓孫師,陳人,

字子張，少孔子四十八歲。」梁氏玉繩古今人表考：「鄭目錄謂陽城人，縣固屬陳也。而呂氏春秋尊師云：『子張，魯之鄙

家。』考通志氏族略，顓孫氏出陳公子顓孫。左莊二十二年。〔一〕『顓孫來奔。』張蓋其後，故又爲魯人。」爾雅釋

言云：「迁，進也。」說文：「迁，進也。」段氏玉裁說此「干求」正字。「干，犯也」義別。爾雅釋詁：「干，福也。」說文同。福之

爲言備也。周官太宰注：「禄，若今月俸也。」位，爵次也。位定然後受禄。○注「禄位」連文。○注「尤過」至「少悔」。○

正義曰：「說，懌也。」引周書「報以庶訛」，今呂刑作「尤」。詩載馳：「許人尤之。」傳：「尤，過也。」「說」「尤」義同。○注「闕

而不行」句下，當有「其餘不危，猶慎行之」二句，疑爲集解誤刪。○注「言行如此，雖不得禄，亦同得禄之道。」○正義曰：

王制云：「司馬辨論官材，論進士之賢者，以告於王，而定其論。論定然後官之，任官然後爵之，位定然後禄之。」蓋古者鄉

舉里選之法，皆擇士之有實行學業，而以舉而用之，故寡尤、寡悔即是得禄。當春秋時，廢選舉之務，世卿持禄，賢

者隱處，多不在位，故鄭以寡尤、寡悔有不得禄，而與古者得禄之道相同，明學者干禄，當不失其道，其得之不得，則有命

矣。孟子云：「古之人脩其天爵，而人爵從之。」亦言古選舉正法。

19　哀公問曰：「何爲則民服？」孔子對曰：「舉直錯諸枉，則民服；舉枉錯諸直，則民不

服。」【注】包曰：「哀公，魯君謚。錯，置也。舉正直之人用之，廢置邪枉之人，則民服其上。」　正義曰：夫子魯人，故哀

公不稱魯公者，五等之爵，魯爵是侯。得稱公者，白虎通號篇謂「侯、伯、子、男」臣子於其國中襄其君爲公，心俱欲尊其君

〔一〕『左莊二十二年』原誤作『左昭二十五年』，據左傳及古今人表考改。

父，是也。「何爲」者，言何所爲之也。吕覽先己注：「服，從也。」淮南說林注：「服，畏也。」荀子王制注：「服，謂爲之任使。」

三訓皆相近。稱孔子者，凡卑者與尊者言，當備書也。釋文：「錯，鄭本作措。」漢費鳳碑「舉直措枉」，與鄭本合。説文云：「措，置也。」「措」正字，「錯」叚借字。廣雅釋器「鋁謂之錯」，義别。鄭注云：「措，猶投也。」諸，之也。言投於下位也。

案：春秋時，世卿持禄，多不稱職，賢者隱處，雖有仕者，亦在下位，故此告哀公以舉措之道，直者居於上，而枉者置之下位，使賢者得盡其才，而不肖者有所受治，亦且畀之以位，未甚决絶，俾知所感奮而猶可以大用。故下篇告樊遲以「舉直錯諸枉，能使枉者直」，即此義也。○注「哀公」至「其上」。○正義曰：哀公，名將，見魯世家。公出孫越，故謚哀。説文：「舉，對舉也。」今省作「舉」。禮記儒行注：「舉，舉用也。」謂舉而用之，故此注亦言用也。説文：「桎，邪曲也。」「枉」即「桎」省。投壺「某有枉矢哨壺。」注「枉哨，不正貌。」是枉爲邪也。包以邪枉之人不當復用，故以錯爲廢置，與上句言舉言用之相反見義。此亦用人之一術，自非人君剛明有才，不克爲此。荀子王制篇：「賢能不待次而舉，罷不能不待須而廢。」即包義也。且哀公與三桓釁隙已深，夫子必不爲此激論也。

20 季康子問：「使民敬、忠以勸，如之何？」【注】孔曰：「魯卿季孫肥，康謚。」子曰：「臨之以莊，則敬；孝慈，則忠；舉善而教不能，則勸。」【注】包曰：「莊，嚴也。君臨民以嚴，則民敬其上。君能上孝於親，下

容衆之德，似不甚合。

[一]「襄」原誤作「哀」，據左傳改。

慈於民，則民忠矣。舉用善人而教不能者，則民勸勉。

正義曰：閻氏若璩四書釋地說：「以勸者，以，與也。」王氏引之經傳釋詞云：「以，勸者，而勸也。」二訓並通。爾雅釋詁云：「臨，視也。」此常訓。「孝慈」者，荀子大略篇：「禮也者，老者孝焉，幼者慈焉。」祭義云：「先王之所以治天下者五。貴老爲其近於親也，慈幼爲其近於子也。」貴老是孝，故又云：「至孝近乎王，雖天子必有父。」又表記曰：「威莊而安，孝慈而敬，使民有父之尊，有母之親。」「孝慈」與此同義。魏書甄琛傳：「慈惠愛民曰孝。」彼是泛言愛民。

王氏引之經義述聞引以說此文，義未盡也。說文：「教，上所施，下所效也。」顏師古漢書高紀注：「能，謂材也。」「舉善而教不能」爲一句。漢、魏人引「舉善而教」，皆是趂辭。皇本「臨」下多「民」字，「敬」上、「勸」上亦有「民」字。

○注「魯卿季孫肥」，康謚。○正義曰：魯季氏，莊公母弟公子季友之後，世爲司徒，故曰魯卿。「肥」者，康子名。諡法解「豐年好樂」「安樂撫民」「令民安樂」皆曰「康」。是「康」爲謚也。

○注「莊嚴」至「勸勉」。○正義曰：莊嚴，見聲類。「君臨民以嚴，則民敬其上」者，包以君臨民亦如此，故廣言之。左傳：衛北宮文子曰：「君有君之威儀，其臣畏而愛之，則而象之。」又曰：「故君子在位可畏，施舍可愛，進退可度，周旋可則，容止可觀，作事可法，德行可象，聲氣可樂，動作有文，言語有章，以臨其下。」是言臨民當以嚴也。說文：「慈，愛也。」釋名釋言語：「慈，字也。字，愛物也。」晉語：「其寬惠而慈於民。」是言下慈於民也。「勸勉」義見說文。案：此欲康子復選舉之舊也。春秋時，大夫多世爵，其所辟僚佐，又皆奔走使令之私，善者不見任用，故夫子令其舉之。下篇言「子游爲武城宰」，夫子詢以「得人」，「仲弓爲季氏宰，問政」，夫子告以「舉賢才」，皆此舉善之意也。又案：漢、魏人解此文，稱字又爲「稱舉」。包氏慎言溫故錄據後漢書卓茂傳、魏志徐邈傳，皆有此義，亦通。尚書大傳：「古之帝王，必有命民，民能敬長、憐

孤、取舍、好讓、舉事力者，命於其君，然後得乘飾車駢馬，衣文駢錦。」此即是稱舉、旌異之也。

21 或謂孔子曰：「子奚不爲政？」【注】包曰：「或人以爲居位乃是爲政。」子曰：「書云：『孝乎惟孝，友于兄弟，施於有政。』是亦爲政，奚其爲爲政？」【注】包曰：「孝乎惟孝，美大孝之辭。友于兄弟，善於兄弟。施，行也。所行有政道，與爲政同。」

正義曰：鄭注云：「或之言有人也。」案：詩天保箋云「或之言有也。」廣雅釋詁：「或，有也。」人無所顯名，則從略稱之，言有此人也。「奚」者，蒼頡篇云「何也。」「孝于惟孝，友于兄弟」，皆逸書文。東晉古文采入君陳篇。漢石經及白虎通五經篇所引皆作「孝于」。皇本亦作「于」。釋文云：「孝，一本作孝乎。」唐、宋石經及他傳注所引，皆作「孝乎」。惠氏棟九經古義謂：「後儒據君陳篇改『于』爲『乎』。」其說良然。案：「孝于」與下句「友于」相次，字宜作「于」。呂氏春秋審應覽「然則先生聖于」，高誘注：「于，平也。」釋文云：「于，本又作乎。」莊子人間世：「不爲社，且幾有翦乎。」釋文：「乎，崔本作于。」列子黃帝篇：「今女之鄙至此乎？」「乎」，與呂覽同。竊謂此文「孝」「友于」字雖是「于」，義則「乎」也。「孝于惟孝」，與記云「禮乎禮」、公羊「賤乎賤」、爾雅「微乎微」、素問「形乎形，神乎神」、漢語「肆乎其肆」、韓文「醇乎其醇」相同。法言尤多有此句法。「施於有政」以下，乃夫子語。宋氏翔鳳四書釋地辨澄以上文引書作「于」，下「施於有政」作「於」，是夫子語顯有「于」「於」字爲區別。包氏慎言論語溫故錄「後漢書郅惲傳鄭敬曰：『雖不從政，施之有政，是亦爲政。』玩鄭敬所言，則『施於有政』，皆夫子語。」其說並是。東晉古文誤連「施於有政」爲書語，而云「克施有政」，非也。包氏又云：「白虎通云：『孔子所以定五經

何？孔子居周末世，王道陵遟，禮義廢壞，彊淩弱，衆暴寡，天子不敢誅，方伯不敢問，閫道德之不行，故周流冀行其道，自衞反魯，知道之不行，故定五經以行其道。故孔子曰：「書云『孝于惟孝，友于兄弟，施於有政』是亦爲政也。」依白虎通說，則孔子之對或人，蓋在哀公十一年後也。五經有五常之道，教人使成其德行，故曰『施於有政，是亦爲政』。」案：包說是也。夫子以司寇去魯，故反魯猶從大夫之後，且亦與聞國政，但不出居位而爲之，故或人有不爲政之問。弟子記此章，在哀公，季康子問孔子兩章之後，當亦以時相次。夫子定五經以張治本，而首重孝、友。孝友者，齊家之要，政之所莫先焉者也。有子言「孝弟」爲「爲仁之本」，「其爲人也孝弟」，「不好犯上」，必不好作亂，故孝弟之道明，而天下後世之亂臣賊子胥受治矣。夫子表章五經，又述其義爲羣經。孝經者，夫子所已施之教也，故曰「行在孝經」。「奚其爲爲政」者，言何其居位乃爲政也。皇本「是亦爲政」下有「也」字。釋文云：『奚其爲爲政」，一本無一「爲」字。」○注「友于」至「政同」。○正義曰：「爾雅釋訓：『善事兄弟爲友。』詩六月：『張仲孝友。』毛傳本爾雅，此注亦本之。說文：『施，旗皃。』皃，皃也。讀與施同。」「皃」者，布也，行也。經傳皆叚「施」爲「皃」。淮南脩務訓注：「施，行也。」與此注同。文選閒居賦注引包注：「政所施行也。」此逸文當在「施行也」句下。爲政之道，不外明倫，故但能明孝弟之義，即有政道，與居位爲政無異。故曰：「天下之無道也久矣，天將以夫子爲木鐸。」

22　子曰：「人而無信，不知其可也。【注】孔曰：「言人而無信，其餘終無可。」大車無輗，小車無軏，其何以行之哉？」【注】包曰：「大車，牛車。輗者，轅端橫木以縛軛。小車，駟馬車。軏者，轅端上曲鉤衡。」正義

曰：「臣軌下引鄭注云：『不知其可者，言不可行也。大車，柏車；小車，羊車。』案：下篇子張問行，夫子告以忠信、篤敬，鑑

貊可行，忠信屬言。呂氏春秋貴信篇：『故周書曰：「允哉允哉，以言非信，則百事不滿也。」』又云：『君臣不信，則百姓誹

謗，社稷不寧；處官不信，則少不畏長，貴賤相輕；賞罰不信，則民易犯法，不可使令；交友不信，則離散鬱怨，不能相

親；百工不信，則器械苦偽，丹漆染色不貞。』皆言不信則不可行之失也。『大車』『小車』者，言人所乘車有大小也。釋

名釋車云：『車，古者曰車，聲如居。言行所以居人也。』考工記車人云：『柏車轂長一柯，其圍二柯，其輻一柯，其渠二柯者

三，五分其輪崇，以其一爲之牙圍。羊車二柯，有參分柯之一。柏車二柯。』是言柏車、羊車之制。柯者，斧柄，長三尺，工

人用以爲度。鄭注：『柏車，山車，輪高六尺，牙圍尺二寸。』鄭司農云：『羊車，謂車羊門也。』玄謂羊，善也。善車若今定張

車，較長七尺。』賈疏：『羊車「較長七尺」，下柏車「較長六尺」，則羊車大矣。而論語謂「大車爲柏

車，小車爲羊車」者，以柏車皆說轂、輻、牙，惟羊車不言，惟言較而已。是知柏車較雖短，轂、輻、牙則長。羊車較雖長，

轂、輻、牙則小，故得小車之名也。』案：釋名云：『柏車，柏，伯也，大也。丁夫服任之車也。』是柏有大義。又云：『羊車較

象人立也。祥，善也。善飾之車，今犢車是也。』用犢者，以其爲小車也。此訓「羊」爲「善」，與後鄭義當同。釋名又云：『立人，

祥也。或曰「陽門在前」，曰陽兩旁似門也。』[一]此與前鄭「車羊門」之說合。「羊」、「陽」古通用。毛氏奇齡四書改

錯：『以鹿車輛較外向而鉤以駕馬，有似鹿角，故稱鹿車，意車羊門。』亦是其制，其說得之。釋名又云：『羊車，羊，各以

所駕名之也。』此謂以羊駕車，惟晉武淫昏之君一用之，不謂釋名已先有此謬說也。又案：車人職別有「大車」，鄭注以爲

［一］「陽兩旁似門」原誤作「陽陽兩旁似人」，據釋名釋車改。

「平地載任之車」。又小車有兵車，故詩稱小戎。此注皆不及之者，亦是舉柏車、羊車以該衆車矣。○注「言人而無信，其餘終無可」。○正義曰：人有五常：仁、義、禮、智，皆須信以成之。若人而無信，其餘四德，終無可行。○注「大車」至「鉤衡」。○正義曰：攷工轉人云：「是故大車登阤，不伏其轅，必縊其牛。及其下阤也，不援其邸，必縊其牛。」是大車駕牛也。「大車」者，轅之前端也。釋名云：「小車駕馬，輕小之車也。駕馬宜輕，使之局小也。」駟者四馬，所謂兩服兩驂也，則小車駕馬矣。「輗端」者，轅之前端也。釋名云：「轅，援也。車之大援也。」又謂之輈，輈人注「輈，車轅也。」今謂之車杠。「輗」，說文作「𪌉」，云「大車挖」。釋名云：「𪌉，援也。所以扼牛頸也。」轅端橫木謂之衡。衡者，橫也。大車謂之鬲，轅端橫木以縛輗，用以解輗之制，則包以「輗」即「𪌉」也。說文：「𪌉，轅前也。」「鉤衡」，皇本作「拘衡」。周禮「金路鉤」，故書「鉤」爲「拘」，杜子春讀爲「鉤」，是「鉤」「拘」同也。說文：「軥，軶下曲。」「軥」「鉤」同。此注「上曲」，當是下曲之誤。包以「軥」即說文之「軶」，亦即謂車轅也。皇疏云：「古時作牛車，先取一橫木，縛著兩轅頭，又別取曲木爲枙，縛著橫木以駕牛脰。四馬之車，中央一轅，先橫一木於轅頭，而縛枙著此橫木。」疏申此注，至爲明憭。鄭注云：「輗穿轅端著之，軏因轅端著之，車待輗軏而行，猶人之行不可無信也。」鄭解「輗軏」，與包異義，鄭氏是也。說文：「軏，大車轅端持衡者。」或體作「輨」，「軏」作「梡」。「軏，車轅端持衡者。」今論語作「軏」。張參五經文字以爲隸省，是也。許與鄭合，與包異。近世儒者，若戴氏震、阮氏元皆能言包之非，而莫詳於凌氏煥所箸古今車制圖考。其略云：「據許、鄭說，則輗非轅端橫木，軏非轅端上曲木，自明顯。戴氏震曰：『韓非子外儲說：「吾不如爲車輗者巧也。用咫尺之木，不爲一朝之事，而引三十石之任。」』」案：大車鬲以駕牛，小車衡以駕馬，其關鍵則名輗軏。轅所以引「輗端橫木，即衡也。輗乃持衡者。」不爲包咸說所誤，亦是卓見。戴氏震曰：

車，必施輗軏而後行。信之在人，亦交接相持之關鍵，故以輗軏喻信。』包氏以輗爲轅端之輗，六尺之軥，而當咫尺之輗軏，疏矣。阮氏又引太玄經云：『閑次三，關無鍵，盜入門也。』『拔我輗軏，貴以伸也。』此卽子雲用論語之義。其曰拔，則爲衡上之鍵可知。且與上關鍵同一義。焕案：衡咠橫縛轅端，則非兩材相合釘殺可知。若釘殺則加槷焉，卽可無事輗軏之持，又不必加縛矣。且轅端圍僅九寸餘，衡咠圍亦必如之。若兩材牝牡相穿鑿，損當三、四寸，加輗軏之橫穿鑿，損又二、三寸，轅端之恃以能引重者，所存幾何？兩服馬稍有左右，則轅頸與衡咠必挽折矣。然則其制奈何？曰：今之昇棺，用獨龍杠，杠端鑿孔，橫木爲小杠，鑿孔相對，以長釘貫而縛之，其橫木可隨昇夫左右轉折，竊意衡咠亦當如此。説文又云：『輈，大車縛軏軥。』輈，柔革也。』釋名：『輈，懸也。所以懸縛軏也。』〔一〕徐鍇曰：『乘車曲轅木爲衡，別鑽孔縛之。』説文又云：『轖，車衡三束也。』〔一〕徐氏此説，實合古制。今定轅端與橫木之中，俱鑿圍孔相對，以軏直貫而縛之，是爲一束。橫木下左右縛軏，是爲衡三束。是説文之轖，統指衡之束轅、束軏言之。衡軏既活，服馬卽有轉折，無傷轅端，車亦弗左右搖，輈人所謂『和則安』也。』又云：『軏之用與輨同，輨爲鍵，軏亦爲鍵，鍵從金，則輗軏當以金爲之〔二〕事在金工，故車人不箸矣。』案：凌君博通説文及戴，阮之説，甚確。其謂輗軏用金，與韓非子用木之説異，而於情事卻合。竊疑當是木質用金爲裏，如車輪之制。宋氏翔鳳過庭録云：『尸子云：『文軒六駃，是無四寸之鍵，則車不行，小者亡則大者不成也。』此四寸謂小車之軏，鄭論語注：『軏因轅端箸之。』因，就也。謂就輈衡之大小以箸軏，衡圍一尺二寸八分，其直徑三分之一，則中穿以受軏者，不過四寸，知軏之脩亦四寸也。韓子言『咫尺』，爲大車之軏。鄭注：『軏穿轅端箸之。』云『穿』，當是兩頭穿出。考工不詳

〔一〕『車』字原脱，據説文補。

〔二〕『之』字原脱，據古今車制圖考補。

離圍之數，意大車任重，其圍圍當倍於衡圍，軏又穿出著之，故得有咫尺之度。戴東原謂『輗軏同是咫尺』者誤。」鄭氏珍

輪輿私箋亦據鄭義解之云：「因者，蓋軏植定在轅上，駕時但以衡中孔就而著之，若牛車兩轅兩輗，駕時乃旋以輗穿鬲貫

轅。太玄經『拔我輗軏』，足明著時是自上而下也。」宋、鄭二說畧同。其分別輗軏之制，亦得鄭意。

23 子張問：「十世可知也？」【注】孔曰：「文質禮變。」子曰：「殷因於夏禮，所損益，可知也；周因

於殷禮，所損益，可知也。【注】馬曰：「所因，謂三綱五常；所損益，謂文質三統。」其或繼周者，雖百世，

可知也。」【注】物類相召，世數相生，其變有常，故可預知。

正義曰：太平御覽五百廿三引鄭注云〔一〕「世謂易姓之世也」，問其制度變易如何。」案：說文「世」作「丗」云「三十年爲一世」。此云「易姓稱世」者，引申之義。「制度」者，制，猶作也」，度，法也，卽禮也。注言此者，明子張是問後世禮也。釋文云「可知也，一本作可知乎。」鄭本作可知。」無「也」字。

夏、殷、周者，三代有天下之號。論衡正說篇：「唐、虞、夏、殷、周，猶秦之爲秦，漢之爲漢。」則以夏、殷、周皆地名。呂氏春秋本味篇：「和之美者，大夏之鹽。」水經淶水注：「淶水西南過安邑縣西。安邑，禹所都也。」又引地理志：「鹽池在安邑西南，許慎謂之鹽。」此卽「大夏之鹽」。殷本稱商，在今商州，及盤庚遷殷，遂亦稱殷，或殷、商並稱。如詩言「殷、商之旅」是也。書序以盤庚治亳，殷，是殷亦地名。詩江漢「于周受命」，鄭箋：「周、岐周也。」釋名釋州國「周地在岐山之陽，其山四周也。」三代皆以所都地爲國號，如唐、虞之比。白虎通號篇謂「夏爲大，殷爲中，周爲至」，皆望文爲義，非

〔一〕「三」原誤作「二」，據太平御覽改。

也。宋石經避諱「殷」作「商」。下放此。漢書杜周傳「欽對策曰：「殷因於夏，尚質；周因於殷，尚文。」此讀以夏、殷絕

句。漢書董仲舒傳有「夏因於虞」之文，史記集解引樂記鄭注「殷因於夏，周因於殷」與杜讀同。則知今人以「禮」字斷

句者，誤也。說文：「損，減也。益，饒也。」並常訓。漢石經「損」作「損」，隸體小變。「其或繼周者」「或」之言有也。說文：

「繼，續也。從糸𢇏。一曰反𢇏爲𢇑。」「𢇑」卽「斷」字。御覽引鄭注曰：「所損益可知也者，據時篇目可校數。自周以後，以

爲變易，損益之極，極於三王，亦不是過也。」案：夫子言夏禮、殷禮皆能言之。又中庸言君子「考諸三王而不繆」，是夏、殷

禮時尚存，當有篇目可校數也。「以爲變易」句有訛字。禮所以有損益者，如夏尚忠，而其敝則愚，喬而野，樸而不

文；殷承夏，而其敝則蕩而不靜，勝而無恥；周承殷，而其敝則利而巧，文而不慚，賊而蔽。則承周者，又當救之以質。

故凡有所損益，皆是變易之道。三王爲損益之極，極則思反。白虎通三教篇：「三者如順連環，周則復始，窮則反本。」此則

天地之理，陰陽往來之義也。春秋繁露楚莊王篇：「謂新王必改制，欲以順天志而明自顯。」此據天道以言人事，明所變易

亦爲道貫矣。不及以夏以前者，漢書董仲舒對策說此文云：「夏因於虞，而獨不言所損益者，

云：「是以禹繼舜，舜繼堯，三聖相受而守一道，亡救敝之政也，故不言其所損益也。」是也。荀子天論篇：「百王之無變，足

以爲道貫。一廢一起，應之以貫。」楊倞注：「無變，不易也。百王不易，謂禮也。言百王相承，雖一廢一

起，時有不同，然其要歸以禮爲條貫。」下引此文云云，是言百世其禮可知之義也。法言五百篇：「或問其有繼周者，雖百

世可知也。秦已繼周矣，不待夏禮而治者，其不驗乎？曰：聖人之言，天也。天妄乎？繼周者，未欲泰平也。如欲泰平也，

捨之而用他道，亦無由至矣。」據法言此文，則百世可知，爲欲知後世有明徵矣。陳氏澧東塾類稿：「邢疏曰：『國家文質禮

變，設若相承，至於十世，世數既遠，可得知其禮乎？』此以爲子張問後十世欲知前十世之禮，最爲得解。蓋十世者，言其

極遠也。後世欲知前世，近則易知，遠則難知，故極之十世之遠。觀孔子言夏、殷禮、杞、宋不足徵，一二世已如此，至十

世則恐不可知，故問之。』又曰：『雖百世可知，謂此後百世尚可知夏、殷以來之禮也。至今周禮尚存，夏、殷禮亦有可考

者，百世可知信矣。』案：如陳説「百世可知」，即損益可知，兩「可知」緊相承注。史記孔子世家言：『孔子追迹三代之禮，編

次其事，觀殷、夏所損益，曰：『後雖百世可知也。』則可知即謂編次之事。此當是安國舊義，與法言所解不同。而陳君之

説，適與世家閤合者也。故並箸之。皇本「雖百世」下有「亦」字。○注：「文質禮變。」○正義曰：禮器云「禮有以文爲貴

者，有以素爲貴者。」素即質也。白虎通三正篇：「尚書大傳曰：『王者一質一文，據天地之道。』禮三正記曰：『質法天，文法

地也。』文質並是禮，所以有變易者，時異勢殊，非有變易，則無所救其敝也。」禮樂記云：「五帝殊時，不相沿樂；三王異

世，不相襲禮。」○注「所因」至「三統」。○正義曰：「所因」謂禮之無所損益者，即荀子所謂「百王之無變」也。所因，所損

益是三事，故董仲舒對策引此文説之云「此言百王之用，以此三者矣」是也。白虎通三綱六紀云「三綱者何謂也？謂君

臣、父子、夫婦也。故含文嘉曰：『君爲臣綱，父爲子綱，夫爲妻綱。』綱者，張也。」又云「君、臣、父、子、夫、婦，六人也。所

以稱三綱何？一陰一陽謂之道，陽得陰而成，陰得陽而序，剛柔相配，故六人爲三綱。」又情性云「五性者何？謂仁、義、

禮、智、信也。仁者，不忍也，施生愛人也。義者，宜也，斷決得中也。禮者，履也，履道成文也。智者，知也，獨見前聞，不

惑於事，見微知著也。信者，誠也，專一不移也。故人生得五氣以爲常，仁、義、禮、智、信是也。」此三綱五常之義也。董

仲舒對策解此文，以所因爲道。「道之大原出於天，天不變，道亦不變。」董所云「道」，即三綱五常之道。禮大傳謂「親親、

尊尊、長長、男女有別，此其不可得與民變革者也」。並此馬注義也。皇疏云：「『所損益謂文質、三統』者，案：大傳云：『王

者始起，改正朔，易服色』。夫正朔有三本，亦有三統。明王者，受命各統一正也。又禮三正記云：『正朔三而改，文質再而

復』。尚書大傳云：『夏以孟春爲正，殷以季冬爲正，周以仲冬爲正。』又曰：『夏以十三月爲正，色尚黑，以平旦爲朔，殷以

十二月爲正，色尚白，以雞鳴爲朔；周以十一月爲正，色尚赤，以夜半爲朔也。』三統之義如此。」案：禮大傳云「聖人南面

而治天下，必自人道始矣。立權度量，考文章，改正朔，易服色，殊徽號，異器械，別衣服，此其所得與民變革者也」。「變

革」即是損益，非祇言一事，此注但言三統者，以服色等皆隨三統而改，舉三統，則餘可知。○注「物類」至「預知」。○正義

曰：「皇疏本此注作『馬曰』又『召』作『招』。云「物類相招」者，謂三綱五常，各以類相招，因而不變者也。又「世數」作「勢

數」。云「勢數相生」者，謂文質、三統及五行相次，各有勢數也。如太昊木德，神農火德，黃帝土德，少昊金德，顓頊水德，

周而復始，其勢運相變生也。

24　子曰：「非其鬼而祭之，諂也。【注】鄭曰：「人神曰鬼，非其祖考而祭之者，是諂求福。」見義不爲，

無勇也」。【注】孔曰：「義所宜爲而不能爲，是無勇。」正義曰：墨子經上：「勇，志之所以敢也。」禮樂記云：「臨事而

屢斷，勇也」。此章所斥，似皆有所指。邢疏言魯哀不能討陳恒，以爲無勇。亦舉似之言。或謂季氏旅泰山，是祭非其鬼，

凡鬼神，得通稱也。　冉有仕季氏，弗能救，是見義不爲也。　說亦近理。○注「人神」至「求福」。○正義曰：祭法云：「人死

曰鬼。」又祭義云：「衆生必死，死必歸土，此之謂鬼。」爾雅釋訓「鬼之爲言歸也。」說文訓同。「鬼」本謂人死，故鄭以祖考

當之。周官：「大宗伯之職，掌建邦之天神、人鬼、地示之禮。」是鬼神義別。此注云「人神」者，散文得通稱也。釋名釋

屬：「祖，祚也，祚物先也。」又謂之王父。」父死曰考，考，成也。亦言槁也。此祖考本訓。其曾祖、高祖、遠祖、王考、皇考、

顯考，俱得通稱祖考。此注所言，亦其義也。祖考爲其鬼，則非其鬼爲非祖考。凌氏曙四書典覈：「祖考之祭，命于天

子。如任、宿、須句、顓臾司少皞之祀，蓼、六守皋陶之祀。若鄭伯以璧叚許田，請祀周公，衞成夢康叔曰『相奪予享』，乃

命祀相，皆非其鬼也。又尊卑有等，如王制、祭法所云：『廟數有定。』若魯之不毁桓、僖，季氏之以禱而立煬宮，皆非其鬼

也。」案：公羊成六年：「立武宮。」傳曰：「立者何？不宜立也。」何休注：「時衰，廢人事而求福於鬼神，故重而言之。」是祭非

其鬼，皆因求福。然既非禮，亦必不能獲福。故左傳云：「神不歆非類。」曲禮云：「非其所祭而祭之，名曰淫祀。淫祀

無福。」

論語正義卷三

八佾第三　集解

正義曰：漢石經同。惟「二十」作「廿」。

凡二十六章

1　孔子謂季氏，「八佾舞於庭，是可忍也，孰不可忍也？」【注】馬曰：「孰，誰也。佾，列也。天子八佾，諸侯六，卿大夫四，士二。八人爲列，八八六十四人。魯以周公故受王者禮樂，有八佾之舞，季桓子僭於其家廟舞之，故孔子譏之。」

正義曰：《廣雅釋詁》：「謂，說也。」言說季氏此事也。下篇「子謂《公冶長》」、「子謂《南容》」並同。「氏」者，《五經異義》云：「所以別子孫之所出，凡氏或以官，或以邑，或以王父字。」魯季孫得氏，自文子始，以文子爲季友孫也。此文「季氏」及下篇「季氏旅於泰山」、「季氏富於周公」、「季氏將伐顓臾」，俱不名者，內大夫且尊者宜諱之也。《說文》：「舞，樂也。兩足相背。」今隸變作「舞」。兩足相背，則舞者所立象。舊說舞有文武，文舞用羽籥，謂之羽舞，亦名籥舞；武舞用干戚，謂之干舞，又名萬舞。宗廟之祭，樂成告備，然後興舞。周以武功得天下，故武先於文。《春秋書》「有事于太廟，萬入去籥」。言萬入在先，籥未入，故去之。《左昭二十五年傳》載此事云：「禘于襄公，萬者二人，其衆萬于季氏。」「二人」，吳仁傑《兩漢刊誤補遺》謂當作「二八」。舉萬以該羽籥，正以武先文也。《白虎通禮樂篇》：「歌者在堂上，舞在堂下何？歌者象德，舞者

象功，君子上德而下功。案：「堂下」卽庭。王逸楚辭「思古」注「堂下謂之庭」是也。淮南繆稱訓：「禹執干戚，舞於兩階之間。」言兩階之間，則舊說謂武舞在西階，文舞在東階，非矣。云「是可忍」者，是，此也。説文「忍，能也。」廣雅釋言：「忍，耐也。」「能」與「耐」同。當時君臣不能以禮禁止，而遂安然忍之，所謂魯以相忍爲國者也。管氏同四書紀聞：「當其萬也，臧孫曰：『是之謂不能庸先君之廟。』大夫遂怨平子，君臣謀之，而乾侯之難作矣。夫昭公欲逐意如，誠可謂輕舉而得禍，而其臣臧郈等之勸以逐者，皆爲私也。然而季氏之惡，豈復可忍乎？謂昭公制之不得，其道則可，謂季氏之惡可忍而不誅，則亂臣賊子無一而非可忍之人矣。而觀左氏及公羊，則當時之人，率以意如爲可忍，故孔子特發此言，寬弱主，罪逆臣，而深警當時之瞶瞶者。」案：管説是也。後漢荀爽對策及魏高貴鄉公、文欽、晉元帝、盧諶、庾亮等，凡聲罪致討，皆用此文說之，其意皆與紀聞合。○注「執誰」至「譏之」。○正義曰：「執誰」釋詁文。「佾列」者，佾，從人從骨，骨當是排列之象。春秋繁露三代改制篇：「主天法商制僁溢員，主天法夏僁溢方，主天法質僁溢榗，主天法文僁溢衡。」漢書禮樂志郊祀歌亦作「溢」，則「溢」「佾」通也。左隱五年傳：「考仲子之宮，將萬焉。公問羽數於衆仲，衆仲對曰：『天子用八，諸侯用六，大夫四，士二。』夫舞所以節八音而行八風也，故自八以下。』公從之。」公羊、穀梁傳並謂天子八佾，諸公六佾，諸侯四佾，魯侯國，用六佾爲僭。穀梁又引尸子說：「天子諸侯皆八佾，魯用六羽爲厲樂。」屬者，減也。此禮家異說。服虔左傳解誼云：「天子八佾，諸侯六八，大夫四八，士二八。」與馬此注同。八八爲六十四人，六八爲四十八人，四八爲三十二人，二八爲十六人。白虎通禮樂、高誘淮南齊俗訓注並云六六爲行列，杜預注左傳又謂六佾三十六人，四佾十六人，二佾四人。宋書樂志載傅隆議，譏杜氏謂舞所以節八音，八音克諧，然後成樂，故必以八人爲列。自天子至士，降殺以兩，兩

者減其二列，預以爲一列又減二人，至士止有四人，豈復成樂？而深以服義爲允。又引左氏傳鄭伯悼晉公女樂二八，

晉以一八賜魏絳，是樂以八人爲列。服氏之義，實爲當矣。魯本六佾，季氏大夫得有四佾，至平子時，取公四佾以往合爲

八佾，而公止有二佾，故左氏言「禘于襄公，萬者二八」「二八」則二佾也。祭統云「昔者周公旦有勳勞於天下，成王、康

王故賜之以重祭，朱干玉戚以舞大武，八佾以舞大夏，此天子之樂也。康周公，故以賜魯也。」又明堂位曰「成王以周公

爲有勳勞於天下，命魯公世世祀周公以天子之禮樂，朱干玉戚，冕而舞大武，皮弁素積，裼而舞大夏。」是魯祭周公得有八

佾，其羣公之廟自是六佾。而公羊昭二十五年傳子家駒謂魯僭八佾，此或昭公時所僭用於羣廟矣。大夫家廟，據王制是

三廟，一昭一穆，與太祖爲三。祭法則考廟、王考廟、皇考廟爲三，說稍不同。鄭君以王制爲夏、殷禮，則祭法爲周禮矣。

郊特牲云「諸侯不敢祖天子，大夫不敢祖諸侯，而公廟之設於私家，非禮也。由三桓始也。」公廟謂桓公廟，三家皆桓出，

故因立其廟，而以周公廟得用天子禮樂，遂亦於桓公廟用之。此注所云「家廟」當即指桓廟，以公廟設於私家，故亦稱家

廟也。漢書劉向傳「季氏八佾舞于庭云云，卒逐昭公」，是季氏指平子。吳仁傑、管同說並合。此注以爲桓子，意以平子

既僭，桓子當亦用之。然此言於孔子未仕時可也，若孔子既仕，行乎季孫，此等僭制，必且革之。韓詩外傳「季氏爲無

道，僭天子，舞八佾，旅泰山，以雍徹。孔子曰：『是可忍也，孰不可忍也？』然不亡者，以冉有、季路爲宰臣也。」此以季氏

爲康子，與此馬注以爲桓子，皆是大略言之，不爲據也。

2
三家者以雍徹。 【注】三家，謂仲孫、叔孫、季孫。雍，周頌臣工篇名。天子祭於宗廟，歌之以徹祭，今三家

亦作此樂。

子曰：『相維辟公，天子穆穆』，奚取於三家之堂？」【注】包曰：「辟公謂諸侯及二王之後。穆

穆，天子之容貌。雍篇歌此者，有諸侯及二王之後來助祭故也。今三家但家臣而已，何取此義而作之於堂邪？」　正義

曰：說文：「家，居也。」易師：「開國承家。」荀注：「承家，立大夫也。」左桓二年傳：「諸侯立家。」杜注：「卿大夫稱家。」三家皆

桓族，季氏假別子爲宗之義，立桓廟於家，而令孟孫、叔孫宗之，故以氏族言，則稱三家。以三家分三氏而統爲桓族故也。

上章稱「季氏」，此章稱「三家」，文互見。○釋文云：「撤，本或作徹。」案：「撤」是俗體。說文「徹」去字作「𢾃」，云「發也」。與

「徹」訓通異。今經典皆叚「徹」爲「𢾃」。「維」者，語助辭。「天子」者，白虎通曆篇云：「蔣所以稱天子者何？王者父天母

地，爲天之子也。」皇本「穆穆」下衍「矣」字。「堂」者，檀弓注「堂形四方而高。」玉篇「堂，土爲屋基也。」聘禮疏云：「後楣

以南曰堂。堂凡四架，前楣與棟之間，爲南北堂之中。蓋古者廟寢同制，皆五架梁，以後一架爲室，前四架爲堂。凡祭在室

中，惟樂歌在堂，舞在堂下也。」「雍徹」是樂歌，故以堂言之。郊特牲曰：「歌者在上，貴人聲也。」白虎通曰：「歌者在堂上，

歌者象德。」○注「三家」至「此樂」。○正義曰：仲孫，即孟孫慶父之後，叔孫，叔牙之後。稱孟孫者，公子之子爲公孫也。

「臣工」是周頌第二卷之首篇。雍詩在臣工，故爲臣工篇名。毛詩序：「雍，禘太祖也。」鄭注：「太祖謂文王。」此成王文

王徹饌時所歌詩。周官樂師：「及徹，率學士而歌徹。」注云：「徹者歌雍，是天子祭宗廟歌之以徹祭也。」又小師言：「王饗

諸侯，徹歌此詩。」荀子正論、淮南主術又言「天子食徹，歌此詩」。則凡徹饌皆得歌之矣。若仲尼燕居言諸侯饗禮，歌徹以

送賓，振鷺以徹俎，是諸侯相見亦得歌此詩也。凌氏曙典故纂云：『有司徹注云：「徹室中之饌及祝、佐食之俎。」徹葇組與

豆邊。俎，有司徹之；豆邊，婦人徹之。天子之禮，則周禮大祝『既祭令徹』，小祝『贊徹』，内宗、外宗『佐王后，徹豆邊』。

其徹組，則薦組之有司也。」○注「辟公」至「堂邪」。○正義曰：爾雅釋詁：「后、辟、公、侯，君也。」邵氏晉涵正義下文云：

「辟，法也。」言爲人所取法也。穀梁傳云「士造辟而言」是也。皇疏申包義云：「辟訓君，君故是諸侯也。」二王後稱公，公

故是二王後也。」二王後謂夏後杞、殷後宋。天子大祭，同姓異姓諸侯皆來助祭，故統言辟公也。烈文詩「烈文辟公」，鄭

箋以「辟」爲百辟卿士，「公」爲天下諸侯。離詩無箋，則與烈文訓同。百辟卿士，指仕王朝者，與天下諸侯容貌之舉，說

與包異，均得通矣。爾雅釋詁：「穆穆，美也。」釋訓：「穆穆肅肅，敬也。」曲禮云：「天子穆穆。」是穆穆爲天子容貌也。「助

祭」者，訓相爲助也。義見毛傳。「家臣」者，大夫稱家，故大夫之臣曰家臣，又曰僕。禮運「仕於家曰僕」是也。

3　子曰：「人而不仁，如禮何？人而不仁，如樂何？」【注】包曰：「言人而不仁，必不能行禮

樂。」　正義曰：皇疏云：「此章亦爲季氏出也。季氏僭濫王者禮樂，其既不仁，則奈此禮樂何乎？」○注「言人而不仁，

必不能行禮樂。」○正義曰：儒行云：「禮節者，仁之貌也。歌樂者，仁之和也。」禮樂所以飾仁，故惟仁者能行禮樂。仲尼

燕居云：「子曰『制度在禮，文爲在禮，行之其在人乎？』」又對子張問曰：「師，爾以爲必鋪几筵，升降酌獻酬酢，然後謂之

禮乎？爾以爲必行綴兆，興羽籥，作鍾鼓，然後謂之樂乎？言而履之，禮也；行而樂之，樂也。君子力此二者，以南面而

立，夫是以天下太平也。」案：「言而履之」「行而樂之」，此仁者所爲。孟子論禮樂而推本於事親從兄，爲仁義之實，仁統

四德，故此言不仁之人不能行禮樂也。漢書翟方進傳引此文，說之云：「言不仁之人，亡所施用；不仁而多材，國之患

也。」亡所施用，則不能行禮樂，雖多材，祇爲不善而已。當夫子時，禮樂征伐自大夫出，而僭竊相仍，習非勝是，欲不崩

壞，不可得矣。

4 林放問禮之本。【注】鄭曰：「林放，魯人。」子曰：「大哉問！禮，與其奢也，寧儉；喪，與其易也，寧戚。」【注】包曰：「易，和易也。言禮之本意失於奢，不如儉；喪失於和易，不如戚。」

正義曰：「本」者，萬物之始。先王制禮，緣人情世事而爲之，節文以範圍之。荀子天論言文質「一廢一起」，應之以貫」。貫者，言以禮爲條貫也。禮運云：「故禮之不同也，不豐也，不殺也，所以持情而合危也。」禮器云：「孔子曰：『禮不同，不豐，不殺，蓋言稱也。』」又曰：「先王之制禮也，不可多也，不可寡也，唯其稱也。」不同者，禮之差等。禮貴得中，凡豐殺，即爲過中不及中也。過中不及中，俱是失禮。然過中失大，不及中失小，是故文家多失在過中，質家多失在不及中。表記言：「周之敝，利而巧，文而不慚，賊而蔽；」殷之敝，蕩而不靜，勝而無恥；」夏之敝，惷而愚，喬而野，朴而不文。」則以周尚文，殷質不能勝文。夏尚忠，忠者，質之至也。文質均有所敝，然二者相較，則寧從其失小者取之，所謂權時爲進退也。質有其禮，儉戚不足以當之，而要皆與禮之本相近，蓋禮先由質起，故質爲禮之本也。禮三正記曰：「帝王始起，先質後文者，順天地之道，本末之義、先後之序也。事莫不先有質性，乃後有文章也。」大戴記禮三本云：「凡禮始於脫，成於文，終於隆。」故至備，情文俱盡；其次，情文迭興；其下，復情以歸太一。」「太一」者，至質無文，然爲禮之本。當夫子時，奢僭失禮，大非文、周制作之舊，故夫子屢言「從周」。從周者，從乎文、周之所制以修明之而已。然世變已亟，或猶慮從周不足以勝之，則惟欲以質救文。春秋今文家以夫子作春秋，欲變周從殷，即此義也。林放意亦欲以質救文，故夫子聞其所問，深美大之。大之者，大

其有維世之意，撥亂反正，不失仁術也。云「與其」、又云「寧」者，「與」，猶許也。說文「寧，所願也。」先爲與之，後復有所顧，抑揚之詞，不得已之思也。「禮」對「喪」言之，則「禮」謂凡賓嘉諸禮也。「奢」者，爾雅釋詁「奢，勝也。」說文「奢，張也。」「勝」、「張」皆夸大之意也。「喪」者，白虎通崩薨篇「喪者，亡也。人死謂之喪何？言其喪亡不可復見也。天子下至庶人，俱言喪何？欲言身體髮膚，俱受之父母，其痛一也。」「易」者，先兄五河君經義説略「爾雅『弛，易也。』展轉相訓，則易亦訓弛。言喪禮徒守儀文之節，而哀戚之心浸以怠弛，則禮之本失矣。雜記『孔子曰：「少連、大連善居喪，三日不怠，三月不懈。」』不怠不懈，即不弛之義。故下文云『期悲哀，三年憂。』言其戚也。蓋易者哀不足，戚者哀有餘。檀弓『子路曰：「吾聞諸夫子，喪禮與其哀不足而禮有餘也，不若禮不足而哀有餘也。」』義與此同。」謹案：淮南本經訓『處喪有禮矣，而哀爲主。」高誘注引此文。」

隋書高祖紀下「喪與其易也，寧在於戚，則禮之本也。禮有其餘，未若於哀，則情〔二〕之實也。」並以易爲禮有餘也。鄭此注但云「易簡」，未明其義。陳氏鱣古訓曰：「檀弓『子思曰：「喪三日而殯。凡附於身者，必誠必信，勿之有悔焉耳矣。」時人治喪，以薄爲其道，失之簡略，故夫子以爲寧戚，言必盡哀盡禮也。」陳氏之言，或得鄭義，然少迂曲，未爲當也。○注：「林放，魯人。」○正義曰：罰禮殿圖以林放爲孔子弟子，鄭以弟子傳無林放，故不云弟子。此亦可備一說。元和姓纂謂「比干之後，逃難長林之下，遂姓林氏」，鄭樵通志謂「周平王世子林開之後，故不云」，皆出附會，不足據。其以爲魯人，亦當別有據。○注：「易，和易也。」○正義曰：詩何人斯傳「易，説也。」郊特牲注「易，和説也。」陳氏鱣曰：「包以爲和易，意與戚相

〔二〕「情」原誤作「實」，據隋書改。

反，然世情當不至此。」

5 子曰：「夷狄之有君，不如諸夏之亡也。」【注】包曰：「諸夏，中國。亡，無也。」 正義曰：爾雅釋

地：「九夷、八狄、七戎、六蠻謂之四海。」郭注：「九夷在東，八狄在北，七戎在西，六蠻在南。」白虎通禮樂篇：「何以名爲夷

蠻？曰聖人本不治外國，非爲制名也，因其國名而言之耳。一說曰：名其短而爲之制名也。夷者，僔夷無禮義。東方者

少陽易化，故取名也。北方太陰鄙郡，故少難化。狄者，易也，辟易無別也。」白虎通所稱二說，以後說爲是。後漢東夷

傳：「王制云：『東方曰夷。』夷者，柢也，言仁而爲生，萬物柢地而出，故天性柔順，易以道御。」此言「夷」爲善性，而白虎通

謂「僔夷無禮義」者。「僔」與「蹲」同，「夷」與「跠」同。廣雅訓「跠」爲「踞」，即踞肆之義。禮義即禮儀，言其俗但無禮

儀，故名之。包氏慎言溫故錄：「夷狄謂楚與吳。春秋『内諸夏，外夷狄』。成、襄以後，楚與晉爭衡，南方小國，皆役屬焉。

宋、魯亦奔走其庭。定、哀時，楚衰而吳橫，黃池之會，諸侯畢至，故言此以抑之。襄七年〔一〕鄫之會，『陳侯逃歸』，何氏

云：『加逃者，抑陳侯也。』孔子曰：『夷狄之有君，不如諸夏之亡。』言不當背也。』又哀十三年『公會晉侯及吳子于黃池』，何氏

傳〔二〕：『吳何以稱子？主會也。吳主會，易爲先言晉侯？不與夷狄之主中國也。』何氏云：『明其慁以夷狄之彊會諸侯

爾，不行禮義，故序晉於上。』主書者，惡諸侯之君夷狄。」此篇專言禮樂之事，楚、吳雖迭主盟中夏，然暴彊

踰制，未能一秉周禮，故不如諸夏之亡君，其政俗猶爲近古也。○注：「諸夏，中國。亡，無也。」○正義曰：「諸」者，非一之

〔一〕「七」原誤作「八」，據公羊傳改。

〔二〕「三」字原脱，據公羊傳補。

辭。◎說文:「夐，中國之人也。從夂從頁從白。白兩手，夂兩足也。」此象形之字。公羊成十五年傳注:「諸夏，外土諸侯

也。謂之夏者，大總下土言之辭也。」稱「中國」者，自我言之。王者政教之所及也，夷狄在四遠爲外國，故謂諸夏爲中國

矣。◎說文:「亡，逃也。從人從亡。毉，亡也。從亡，無聲。」「亡」本謂人逃匿，引申爲亡有之義。

6 季氏旅於泰山。子謂冉有曰:「女弗能救與?」

【注】馬曰:「旅，祭名也。禮，諸侯祭山川在其封內

者，今陪臣祭泰山，非禮也。」冉有，弟子冉求。時仕於季氏。救，猶止也。對曰:「不能。」子曰:「嗚呼! 曾謂

泰山不如林放乎?」【注】包曰:「神不享非禮，林放尚知問禮，泰山之神，反不如林放耶! 欲誣而祭之。」正義曰:

玉篇示部:「袗，力煮切。祭名。論語作『旅』。」廣韻同。此後人所增字。漢書班固敘傳:「大夫臚岱，侯伯僭時。」鄭氏曰:

「臚岱，季氏旅於太山是也。」師古曰:「旅，陳也。臚亦陳也。臚，旅聲相近，其義一耳。」案「旅」作「臚」，當出古論。史記

六國表:「位在藩臣，而臚於郊祀。」亦作「臚」。儀禮士冠禮注:「古文旅作臚。」周官司儀「旅擯」，後鄭云「旅讀爲『鴻臚』

之臚」。是臚、旅音近，得通用也。說文:「岱，大山也。」大山即泰山。泰者，大之極也。俗或爲「太」字。「弗」，皇本作「不」。

說文:「弗，撟也。」撟之爲言意有所不順也。公羊桓十年傳何注:「弗者，不之深也。」釋文:「嗚呼，本或作烏乎，音同。」說

文烏部:「孔子曰『烏，肟呼也。』取其助气，故以爲嗚呼。」古文作「於嗚」字，口部所無，當由俗作「咢息」也。嗚呼者，歎

辭。◎注「旅祭」至「止也」。◎正義曰:周官掌次:「王大旅上帝。」大宗伯:「國有大故，則旅上帝及四望。」是「旅」爲祭名。

鄭注大宗伯云:「旅，陳也。陳其祭祀以祈焉，禮不如祀之備也。」爾雅釋天:「祭山曰庪縣。」李巡云:「祭山以黃玉、以璧、

以庪置几上，遙遙而眠之若縣，故曰庪縣。」孫炎云：「埋於山足曰庪，埋於山上曰縣。」辭不同者，周官大宗伯「以貍沈祭

山林川澤。」鄭注：「祭山林曰貍。」似孫說所本。儀禮覲禮：「祭山川陵升。」似李說所本。故賈疏「以升」即「庪縣」也。胡

氏培翬研六室雜箸答馬水部云：「承詢謂庪縣不當訓爲埋庪，當與禮經『閟庪食』義同。按『庪』同

『庪』，引『祭山曰庪縣』可證。但爾雅、儀禮、周禮三經，文各有當，而義無妨。爾雅云：『祭地曰瘞埋，祭山曰庪縣。』瘞埋，

是以牲玉埋藏於地中；庪縣，則有陳列之義。李巡云：『祭山以黃玉及璧庪置几上。』邢疏云：『縣謂縣其牲幣於山林中。』

其說良近。蓋古者祭山之法，先庪縣而後埋之，故祭山又名埋。旅、臚陳之也。山海經凡祠山多言『肆瘞』，郭注云：『肆，

陳之也。陳玉而後埋藏之。』此先陳後埋之證。後埋故亦得名埋。今案：胡說是也。大宗伯言「旅四望」，彼謂國有大

故，天子陳其祭祀而祈之，則旅爲天子祭祀之名。惟旅祭是因大故，先陳後埋，其他禮則皆從略，故鄭君以爲不如祀之備

也。季氏旅泰山，或亦值大故，而用天子禮行之，故書曰「旅」，與八佾歌雍，同是僭天子，非僭魯侯也。夫子謂冉求之言，

其迫切當亦因此。王制云：「天子祭天下名山大川，諸侯祭名山大川之在其地者。」注：「魯人祭泰山，晉人祭河是也。」祭法

云：「諸侯在其地則祭之，亡其地則不祭。」公羊傳：「諸侯山川有不在其封內者，則不祭也。」是言諸侯之祭山川，皆在封內

也。禮器云：「齊人將有事於泰山。」泰山在齊、魯界，兩國通得祭之。禮言大夫祭五祀，不及山川，故祭山爲非禮。季氏

稱「陪臣」者，說文：「畱，重土也。」引申之，凡重皆曰陪。諸侯是天子之臣，諸侯之大夫亦是天子之臣，故爲重。曲禮

「列國之大夫，入天子之國，自稱曰陪臣某」是也。下篇「陪臣執國命」，鄭目錄云「魯人」。云「時仕季氏」者，以夫子責之，知爲

弟子冉求」者，史記弟子列傳：「冉求，字子有，少孔子二十九歲。」云「冉有，

季氏家臣也。云「救猶止」者，説文「救，止也。」此常訓。○注「神不享非禮」○正義曰「神」者，祭法云「山林、川谷、丘

陵，能出雲，爲風雨，見怪物，皆曰神」是也。「享」者，説文作「亯」，云。「獻也。」從高省。曰象進孰物形。凡受人之獻亦

曰享。孝經云「祭則鬼享之」是也。曲禮云「非其所祭而祭之，名曰淫祀。淫祀無福。」明神不降福，知不享之也。

7 子曰：「君子無所爭。必也射乎！【注】孔曰「言於射而後有爭。」揖讓而升，下而飲。【注】王

曰「射於堂，升及下皆揖讓而相飲。」其爭也君子。」【注】馬曰「多算飲少算，君子之所爭。」　正義曰「爭」者，競

勝之意。民有血氣，皆有爭心。「君子」者，將以禮治人，而恭敬、撙節、退讓以明之，故無所爭也。説文「躲，弓弩發於身而

中於遠也。從矢從身。篆文躲從寸。寸，法度也，亦手也。」禮經言射有四：一曰大射，天子、諸侯、卿、大夫將祭而擇士，

天子於射宮，諸侯於大學，卿大夫於郊。三曰燕射，天子、諸侯在路寢，卿、大夫、士亦在郊。四曰鄉射，州長春秋屬民射於州

竟，卿、大夫、士皆有之，亦射於郊。二曰賓射，天子在治朝，諸侯則或在朝，或會盟在

序。天子、諸侯皆無此禮。論語此文指大射。鄭氏射義目録云「名曰大射者，諸侯將有祭祀之事，與其羣臣射以觀其

禮，數中者，得與於祭，不得數中者，不得與於祭。」鄭説大射止稱諸侯，不及天子及卿大夫者，文不備耳。

句。鄭讀以「必也」絕句。　然射義注引此文以「必也射乎」四字連讀。論語中如「必也聖乎」「必也使無訟乎」「必也正名

乎」「必也狂狷乎」「必也親喪乎」，皆不以「必也」絕句，則釋文所稱「鄭讀」恐誤記也。「揖讓」者，説文云「揖，讓也。從

手，咠聲。一曰手箸胸曰揖。攘，推也。從手，襄聲。」許君解「揖」存二義，前義則「揖」「讓」禮同。「攘」古「讓」字，見曲

禮鄭注。「讓」卽「攘」，謂推手也。後義則「揖」是手箸匈，與「攘」是推手異。段氏玉裁說文注以手箸匈爲卽禮經之「厭」。

「厭」者，引手是也。鄭注鄉飲酒禮云「推手曰揖」。鄭以凡「揖」皆是推手，故解周官司儀以「土揖」、「天揖」、「時揖」並爲推

手，則鄭與許前義同也。聘記注云：「讓謂舉手曰揖。」舉手與引手相似，但不箸匈耳。此鄭說揖，讓禮之異也。白虎通禮

樂篇：「禮所以有揖讓者，所以尊人自損也。」凡賓主行禮，至門至階，皆有讓者，門則讓入，階則讓升也。此揖讓在升階時。

凌氏廷堪禮經釋例歷引聘禮、士冠、士昏、鄉飲酒、鄉射、公食大夫諸文，皆有三讓之儀，知凡升階，皆是三讓。 春秋繁露

官制象天篇謂「禮三讓而成一節也」是也。「升」者，「登」之借字。說文：「登，上車也。」引申爲凡進上之義。升是由階至

堂，「下是降堂。「飲」者，說文作「歓」云「歠也」。釋名釋飲食：「飲，奄也。以口奄而引咽之也。」 射義「孔子曰：『君子無

所爭』云云，文與此同。鄭注：「必也射乎，言君子至於射，則有爭。下。 降也。 飲射爵者，亦揖讓而升降，勝者袒決遂，

執張弓，不勝者襲，說決拾，卻左手，右加弛弓於其上而升飲。君子恥之，是以射則爭中。」鄭氏此注全據大射儀之文，在

三耦第二番射後，所以決勝負也。其文云：「司射命設豐，司宮士奉豐，坐設于西楹西，勝者之弟子，洗觶升酌散，南面坐

奠于豐上，司射命三耦及衆射者，勝者皆袒決遂，執張弓，不勝者皆襲，說決拾，卻左手，右加弛弓于其上，遂以執弣。一

耦出揖如升射，及階，勝者先升，升堂少右。不勝者進北面坐取豐上之觶興，少退，立卒觶，進，坐奠于豐下，興揖。不勝

者先降，與升飲者相左，交於階前，相揖。適次釋弓，襲，反位，僕人師繼酌射爵，取觶實之，反奠于豐上。司射請以樂于公，公許，司

耦卒飲。」此三耦二番射後揖讓之事。 禮又云：「司射猶挾一個，以作射如初，一耦揖升如初。司射命設豐，實觶如初，遂命勝者執張弓，不勝者執弛弓，升飲如初。」此三耦第三

射命曰：『不鼓不釋。』三耦卒射如初。

番射揖讓之事，並所謂「君子之爭」也。惟飲君則用致爵之禮，若飲賓，諸公卿大夫耦不升，立飲西階上，無揖讓事，所以

尊尊也。若以士為公卿大夫之耦，不勝則亦執弛弓，特升飲，亦無揖讓事，以士賤不敢匹尊者也。釋文云：「鄭讀『揖讓而

升下』絕句。」然箋詩賓筵又云「下而飲」，此鄭兩讀義皆通。○注：「言於射而後有爭。」○正義曰：射義云：「故射者進退周

還必中禮，內志正，外體直，然後持弓矢審固。持弓矢審固，然後可以言中。此可以觀德行矣。」又云：「孔子曰：『射者何

以射？何以聽？循聲而發，發而不失正鵠者，其惟賢者乎！』若夫不肖之人，則彼將安能以中。』」案：此則射中乃君子所

尚，必於平時講肄，至射時以不勝為恥，蓋不勝嫌於不肖，故君子必求中焉。求中即是爭，即是爭為賢者，故曰「其爭也君

子」。惟爭為君子，故言於射而後有爭也。皇疏引李充、欒肇說，謂於射尤必君子之無爭，非經旨。○注：「多算飲少算。」

○正義曰：鄉射記：「箭籌八十，長尺，有握。」注：「籌，算也。籌八十者，略以十耦為正。凡人四算，一耦八算。」皇疏：「射

者各有算數，每中則以算表之。若中多則算多，中少則算少。」案：算多為勝，算少為不勝，於每耦射畢，各就算之多少

計之。

8　子夏問曰：『巧笑倩兮，美目盼兮，素以為絢兮。』何謂也？」【注】馬曰：「倩，笑貌。盼，動目

貌。絢，文貌。此上三句，在衛風碩人之二章，其下一句逸也。」　正義曰：倩、盼、絢皆韻。「兮」者，語助。說文：「兮，

語所稽也。從丂八，象氣越丂也。」「素」者，說文：「𣮈，白致繒也。」引申為凡物白飾之稱。釋名釋采帛云「又物不加飾，皆

目謂之素，此色然也」是也。「素以為絢」，當是白采用為膏沐之飾，如後世所用素粉矣。絢有采飾，而素則後加，故曰「素

以爲絢」。戴氏震孟子字義疏證:「素,以喻其人之嫺於儀容。上云『巧笑倩,美目盼』者,其美乃益彰,是之謂『絢』。喻

意深遠,故子夏疑之。」○注「倩笑」至「逸也」。○正義曰:詩毛傳:「倩,好口輔。」輔者,頰也。人笑則口頰必張動也。倩

以言巧,巧即好也。此注謂「笑貌」者,情是形容之辭,意亦與毛同矣。詩傳又云:「盼,白黑分也。」說文同。字林:「盼,美

目也。」與毛不異。若韓詩章句但云「黑色」,及此注以爲動目,皆屬異義。聘禮「絢組」注:「采成文曰絢。」是絢爲文貌。

鄭注此文亦云:「文成章謂之絢。」蓋婦人容貌,先加他飾,後加以素,至加素,則已成章,故得稱絢。鄭君此注,亦馬義也。

「碩人」者,衞詩篇名,所以美莊姜也。注以碩人詩有脫句,故謂「下一句逸」。朱子說「此皆逸詩」,非碩人詩。其義爲長。

子曰:「繪事後素。」【注】鄭曰:「繪,畫文也。凡繪畫,先布衆色,然後以素分布其閒,以成其文。喻美女雖有情,盼

美質,亦須禮以成之。」曰:「禮後乎?」【注】孔曰:「孔子言『繪事後素』,子夏聞而解知以素喻禮,故曰『禮後乎』?」子

曰:「起予者商也!始可與言詩已矣。」【注】包曰:「予,我也。孔子言子夏能發明我意,可與共言詩。」案:今鄭注字作「繪」,義作「繢」。說

見下惠氏士奇禮說。子夏疑「素以爲絢」,夫子以後素惟繪事爲然,故舉以示之,子夏遂因素而悟禮。釋文:「繪,胡對反。本又作繢,同。」考工記注、文選夏侯常侍誄注並引作「繢」。正

義曰:釋文:「繪,胡對反。本又作繢,同。」考工記注、文選夏侯常侍誄注並引作「繢」。

蒼、赤,必以素爲之介,猶五德之仁、義、智、信,必以禮爲之閑。且禮者,五德之一德,猶素者五色之一色。蓋五色之黑、黃、

禮爲仁,禮失而采,禮云禮云。太素者,質之始也。後素者,繪之功也,則素爲文。然則忠信之人,可以學禮,何謂也?忠而

萬物之所成終而所成始也。故履初素,貴上白。素者,履之始;白者,貴之終。故曰「素以爲絢」。以禮制心,復

無禮,則愿也;信而無禮,則諒也。愿則愚,諒則賊,不學禮,而忠信喪其美也。是故畫繢以素成,忠信以禮成。素者,無

九〇

色之文；禮者，無名之樸。老子不知，以爲忠信之薄，宮立而五音清，甘立而五味平，白立而五色明，禮立而五德純，故曰大文彌縟，孚似不足，非不足也，質有餘也。「起予」者，晉語「世相起」，韋注：「起，扶持也。」漢石經「起予」下無「者」字。

○注「繪畫」至「成之」。○正義曰：説文「繢，織餘也。一曰畫也。」此卽畫繢之義。考工記「設色之工，畫、繢、鍾、筐、㡛。」而又曰：「畫繢之事雜五色。」是繢爲畫文。至説文「繪」訓「五采繡」，與畫繢爲設色不同。然許君「繪」下引論語作「繪」，而「繢」下無文。益稷〔一〕「日月、星、辰、山、龍、華蟲作繪。」鄭注「繪讀曰繢」，與鄭異矣。洪氏頤煊讀書叢錄謂許從古論，鄭從魯論。鄭注「繪讀曰繢」，鄭以裳用繡，則衣用繢，故破讀從繢。此注訓畫文，亦當有「繪讀曰繢」四字，作集解時删之耳。惠氏士奇禮説：「畫繢之事，代有師傳，秦廢之，而漢明復古，所謂『班閒賦白，疎密有章』，康成蓋目觀之。」必非臆説。按考工記言「畫繢雜五色」，五色者五采，卽青、赤、黃、白、黑。此注所云『衆采』也，考工記云「青與白相次也，赤與黑相次也，玄與黃相次也。」是言布衆色之次。又云：「凡畫繢之事後素功。」鄭注：「素，白采也。後布之，爲其易漬汙也。」惟不爲衆采漬汙，乃可成文。禮注與此注義相足矣。素加而衆采以明。采者，禮之文也。鄭以美女雖有美質，須加禮以成之。詩所云「素」猶之繪事亦後加素也。美質須禮以成，則子夏言「禮後」，重禮而非輕禮矣。○注「予我」至「言詩」。○正義曰：「予我」，爾雅釋詁文。言「發明」者，訓起爲發也。顏子「亦足以發」，亦發明之意。

9　子曰：「夏禮，吾能言之，杞不足徵也；殷禮，吾能言之，宋不足徵也。【注】包曰：「徵，成

〔一〕「益稷」原誤作「咎繇謨」，據尚書改。

也。杞、宋二國名，夏、殷之後。夏、殷之禮，吾能說之。杞、宋之君，不足以成也。」文獻不足故也。足，則吾

能徵之矣。」【注】鄭曰：「獻，猶賢也。我不以禮成之者，以此二國之君，文獻賢才不足故也。」 正義曰：「文」謂典

策，「獻」謂秉禮之賢士大夫。 子貢所謂賢者識大，不賢者識小，皆謂獻也。 禮中庸云：「子曰：『吾學夏禮，杞不足徵也』；

吾學殷禮，有宋存焉。」言秖有宋存，而文獻皆不足徵也。 又禮運云：「孔子曰：『我欲觀夏道，是故之杞，而不足徵也，吾

得夏時焉；我欲觀殷道，是故之宋，而不足徵也，吾得坤乾焉。』」夏時，坤乾，皆文之僅存者。夫子學二代禮樂，欲斟酌

損益，以爲世制，而文獻不足，雖能言之，究無徵驗。故不得以其說箸之於篇，而秖就周禮之用於今者，爲之考定而存之。

中庸云：「考諸三王而不謬。」以周監二代，周禮存，則夏、殷之禮可推而知，故通言考也。 又云：「上焉者雖善無徵，無徵不

信，不信民弗從。」注云：「徵或爲證，所謂徵驗也。」此鄭存異本，視徵成之義爲長。 民之所徵，皆在文獻，故與左丘明觀其

不能徵之。 漢書藝文志：「古之王者，世有史官，左史記言，右史記事，事爲春秋，言爲尚書，帝王靡不同之。 周室既微，載

籍殘缺，仲尼思存前聖之業，乃稱曰『夏禮吾能言之』云云。以魯周公之國，禮文備物，史官有法，故與左丘明觀其史記，

據行事，仍人道，因興以立功，就敗以成罰，假日月以定曆數，藉朝聘以定禮樂。」據漢志，是夫子此言，因修春秋而發，春

秋亦本周禮也。 戴氏望論語注云：「王者存二王之後，杞、宋於周，皆得郊天，以天子禮樂祭其始祖，受命之王，自行其正

朔服色，備其典章文物。 周衰，杞爲徐，莒所脅，而變於夷。 宋三世內娶，皆非其國之故。 孔子傷其不用賢，以致去禮，故

言俱不足徵以欺之。」○注「徵成」至「之後」。○正義曰：鄭注中庸云：「徵，猶明也。 吾能說夏禮，顧杞之君不足與明之

也。」注禮運云：「徵，成也。 無賢君，不足與成也。」成，明同義。 亦包此注意也。 史記陳杞世家：「杞東樓公者，夏后禹之

苗裔也。周武王封之於杞，以奉夏后氏祀。」宋世家：「微子開者，殷帝乙之首子，而紂之庶兄也。代殷後，奉其先祀，國于宋。」是杞、宋爲二國名，夏、殷之後也。杞初封即今開封府杞縣，後遷東國，與齊、魯地近。宋都商丘，即今歸德府治商丘縣。〇注「獻猶」至「故也」。〇正義曰：爾雅釋言「獻，聖也。」郭注「謚法曰：『聰明睿智曰獻。』書益稷〔一〕『萬邦黎獻。」某氏傳「獻，賢也。」此注云「猶賢」者，據說文，「獻」本「宗廟犬名羹獻」，與「賢」義絕遠，注以「獻」爲「儀」之叚借，故曰「猶賢」。爾雅釋詁「儀，善也。」詩文王「宣昭義問」，毛傳「義，善也。」「義」、「儀」字同。書大誥「民獻有十夫」，伏生傳作「民儀」。周官司尊彝注「獻」讀爲「犧」，又讀爲「儀」，皆「獻」、「儀」通用之證。此段氏玉裁說，見尚書撰異。鄭以「獻」指杞、宋之君。禮運注云：「謂無賢君也。」又中庸注云：「君雖善，善無明徵，則其善不信也。」言君雖善無明徵，即是文獻不足，禮注與此注相發。

10 子曰：「禘自既灌而往者，吾不欲觀之矣。」【注】孔曰：「禘祫之禮，爲序昭穆，故毀廟之主，皆合食於太祖廟。灌者，酌鬱鬯灌於太祖以降神也。既灌之後，列尊卑，序昭穆。而魯逆祀，躋僖公，亂昭穆，故不欲觀之矣。」

正義曰：禘禮之說，千古聚訟，今求之禮經，參以諸儒之論，爲之說曰：爾雅釋天云：「禘，大祭也。」言大祭者，殷人夏祭曰禘，至周以夏祭爲論，而以禘爲殷祭之名，故言大也。禘行於夏，與祫行於秋，在四時之閒，故司尊彝謂之「閒祀」。

〔一〕「益稷」原誤作「咎繇謨」，據尚書改。

自出,以其祖配之」,而立四廟。」注「高祖以下與始祖而五。」大傳:「禮,不王不禘,王者禘其祖之所自出,以其祖配之。」始

祖者,始封之祖。周始后稷,則以稷爲始祖也。

嚴父莫大於配天,則周公其人也。昔者周公郊祀后稷以配天,宗祀文王於明堂以配上帝。」郊是祭天,而以稷配;宗是祭

上帝,而以文王配。此周公嚴父之義,禮三本所謂「王者天太祖」也。此與宗廟之祀后稷、文王異,禮,宗廟不得配天配上

帝也。中庸言武,周之達孝云:「郊社之禮,所以事上帝也;宗廟之禮,所以祀乎其先也。」又言:「明乎郊社之禮,禘嘗之

義。」「宗廟」、「禘嘗」,互文見義,此與郊社無與,而解者多混爲一,誤矣。周官大宗伯「以肆、獻、祼享先王,以饋食享先

王,以祠春享先王,以禴夏享先王,以嘗秋享先王,以烝冬享先王。」鄭注以肆、獻、祼爲一祭二名,禮無差降,誤也。大傳曰:「大夫

於上,卽司尊彝所謂「追享、朝享」也。天子三年喪畢,新主將入廟,有禘祭,謂之吉禘,春秋所書「吉禘」是也。有吉禘則

亦有吉祫。何休公羊解詁謂「禮,禘祫從先君,數遭祫則祫,遭禘則禘」是也。其常祭,則三歲一祫,五歲一禘,所謂「五年

再殷祭」也。何休公羊解詁謂「爾雅所載,俱有禘無祫。劉歆遂以禘、祫爲一祭,禮無差降,誤也。大傳曰:「大夫

士有大事,省於其君,干祫及其高祖」祫下不及大夫士,而禘則不王不禘,祫是合已遷未遷廟之主祭於大廟,然止及始祖,

不及始祖之所自出。又何休公羊解詁謂「禘,功臣皆祭」是禘大於祫。惟漢宗廟之祭,有祫無禘,故漢儒多以祫大於禘

也。禘是天子宗廟之祭,魯得用之者。祭統曰:「昔者周公旦有勳勞於天下,周公既没,成王、康王追念周公之所以勳

勞者,而欲尊魯,故賜之重祭。外祭則郊社是也,内祭則大嘗禘是也。夫大嘗禘,升歌清廟,下而管象,朱干玉戚,以舞大

武,八佾以舞大夏。此天子之樂也,康周公,故以賜魯也。」明堂位曰:「季夏六月,以禘禮祀周公於太廟,牲用白牡,尊用

犧、象、山罍，鬱尊用黃目，灌用玉瓚大圭，薦用玉豆雕篹，爵用玉琖仍雕，加以璧散璧角，升歌清廟，下管象，朱干玉戚，冕而舞大武，皮弁素積，裼而舞大夏。昧，東夷之樂也；任，南蠻之樂也。納四夷之樂於大廟，言廣魯於天下也。」此周公廟得有禘禮，出自成、康所賜也。詩閟宮云：「秋而載嘗，夏而楅衡。」此謂魯當禘祫之年，則廢一時祭。言諸侯者，據魯稱「嘗禘」也。毛彼傳云：「諸侯夏禘則不礿，秋祫則不嘗，惟天子兼之。」載嘗即嘗祭，楅衡即禘祭，祭統所云「大嘗禘」是也。他國諸侯，雖有特祀，不得名禘，且用其禮也。若然，魯大祭皆成、康所賜，而禮運載孔子言以魯郊禘非禮，又歎周公其衰者，此夫子譏伯禽之失，不當受賜也。僖公賢君，復魯舊制，終僖公世祗八年書「禘于太廟」，若羣廟未有書其僭者，則意始僭用禘禮於羣廟，故春秋書而譏之。春秋閔公二年二月「吉禘于莊公」，時閔公年幼，政在大夫，自文、宣以後，禮樂征伐出自大夫，始踵前失而復僭之。春秋左氏昭十五年：「禘于武宮。」廿五年：「禘于襄公。」是羣廟有禘矣。襄十六年傳：「晉人曰：『寡君之未禘祀。』」是晉亦有禘矣。魯禘本在六月，而僖八年以七月，昭十五年以三月，定八年以十月。又雜記言：「七月而禘，孟獻子為之。」則僭竊之失，不能有定制矣。

史記禮書「是以君臣朝廷尊卑貴賤之序，下及黎庶車輿衣服宮室飲食嫁娶喪祭之分，事有宜適，物有節文。仲尼曰：『禘自既灌而往者，吾不欲觀之矣。』周衰，禮廢樂壞，大小相踰，管仲之家，兼備三歸。」如史公說，則不欲觀為魯僭禘，此禘明在羣廟矣。莊氏述祖別記：「宗廟有灌，天子諸侯之禮同也。明堂位：『季夏六月，以禘禮祀周公於太廟，鬱尊用黃目，灌用玉瓚大圭。』郊特牲曰：『黃目，鬱氣之上尊也。』鄭注：『黃目，黃彝也。周所造，於諸侯為上也。』」正義云：「明堂位『灌尊，夏后氏以雞彝，殷以斝，周以黃目』。天子則黃彝之上，有雞彝斝彝，備前代之器，諸侯但有黃彝，故曰於諸侯為上也。」又周禮司尊彝職曰：『春祠夏禴，祼用雞彝

鳥彝；秋嘗冬烝，祼用斝彝黃彝；追享朝享，祼用虎彝蜼彝。』今魯禘祼用黃彝，不備前代之器，從諸侯禮也。至迎牲以後，朝踐再獻之時，則白牡山罍，兼用四代之禮，其餘可以類推，故夫子曰『吾不欲觀之矣。』案：凌氏曙典故覈『天子宗廟禮有九獻，魯亦如之。君祼爲一獻，夫人祼爲再獻。既祼之後，君出迎牲視殺，而薦血、腥于堂爲朝獻，是三獻四獻。薦執于室爲饋食，是五獻六獻。獻尸食畢，而君與夫人咸酳尸，是七獻八獻。賓長酳尸是九獻。九獻之後，又有加爵其閒，則血、腥前尚非禘禮。

有獻祝宗、獻賓、獻卿大夫士，及餕而禮畢。』然則祼者，祭禮之始，故祭統言『獻之屬，莫重於祼也』。鄭此注云：『禘祭之禮，自血、腥始。』鄭以灌後卽迎牲視殺，而薦血薦腥爲三獻四獻之禮，言此者，明既灌而往有此禮也。禘禮自血、腥始，故孔子曰『禘自既灌而往者，吾不欲觀之矣。』此是祭祀盛時，及神降薦牲，其禮簡略，不足觀也。祭祀之盛，莫過初盥降神，故孔子曰『禘自既灌而往者，吾不欲觀也。』此義非也。○注『禘祫』至『之矣』。

氏云：『凡大祭並有三始：祭宗廟以樂爲致神始，以灌爲歆神始，以腥爲陳饌始。是血、腥前當有二始，鄭以致神、歆神與他祭同，未用禘禮，故不數之也。』易觀：『盥而不薦。』馬融注：『盥者，進爵灌地以降神也。』虞翻、王弼略同。案：灌之言明，穆之言敬。

○正義曰：『序』者，順也。『昭穆』者，父、子之次也。周官小宗伯：『掌建國之神位，辨廟祧之昭穆。』注言此者，欲見禘祫之禮，毀廟及羣廟主皆合食於太祖廟，故有昭穆，當序之也。禘者，諦也，第也。是其義也。

周自后稷之子爲昭，孫爲穆，傳至文王爲穆，武王爲昭，成王又爲穆也。說文：『祫，大合祭先祖親疏遠近也。禘，諦也。』以序昭穆，當審諦之也，故崔靈恩說：『禘以審諦昭穆，序列尊卑，當序之也。』禘者，諦也，第也。是其義也。公羊文二年傳：『大祫者何？合祭也。其合祭奈何？毀廟之

主陳于太祖,未毀廟之主皆升,合食于太祖。」此僞[孔]所本。袷既合食,知禘亦合食,故袷禘並當審諦昭穆也。郊特牲:

「周人尚臭,灌用鬯臭,鬱合鬯,臭陰達於淵泉,灌以圭璋,用玉氣也。」注云:「灌謂以圭瓚酌鬯,始獻神也。」又祭統:「君執

圭瓚灌尸,大宗執璋瓚亞灌。」灌尸卽是灌神,故[皇]疏引鄭氏尚書傳注云:「灌是獻尸,尸乃得獻,乃祭酒以灌地也。」是也。

言「鬱鬯」者,郊特牲云「鬱合鬯」與下「蕭合黍稷」,皆謂二物。詩江漢:「秬鬯一卣。」毛傳:「秬,黑黍也;鬯,香草也。築

煮合而鬱之曰鬱。」春官鬱人注:「鄭司農云:『鬱,香草。』」王度記:「天子以鬯,諸侯以薰,大夫以蘭芝,士以蕭,庶人以

艾。」是鬱爲香草也。毛傳「合而鬱之」,此鬱爲鬱積,不以鬱爲草也。春官鬱人:「凡祭祀賓客之祼事,和鬱鬯以實彝而陳

之。」注:「築鬱金煮之,以和鬯酒。鄭司農云:『鬯,草名。十葉爲貫,百二十貫爲築,以煮之鐎中,停于祭前。鬱爲草若

蘭。』」二[鄭]並以鬱爲草,與[毛]異義。說文:「鬯,以秬釀鬱艸,芬芳攸服以降神也。」「鬱,芳艸也。十葉爲貫,百廿貫,築以煮

之爲鬱。一曰鬱[鬯],百草之華,遠方鬱人所貢芳草,合釀之以降神。」鬱與鬯同,當卽鬱金。其解鬱二說,前說與先鄭合,後說則兼備異聞。

草之義。鬱與鬯同。「鬯」與「鬱」同。又白虎通考黜篇:「鬯者,以百艸之香鬱金合而釀之,成爲鬯。」均與許後說畧同也。[魯]

暢爲百香之心。「暢」與「鬯」同。惟鬱爲百草之華,故[毛]、[鄭]以鬯爲香[鬯],今[鬱]林郡也。許以鬱爲芬芳,卽[毛]、[鄭]以鬱爲香

逆祀在文二年,兄弟異昭穆,今躋僖在閔上,故曰「亂昭穆」。注義不從,故亦略之,不具釋焉。

11 或問禘之說。子曰:「不知也。」【注】孔曰:「答以不知者,爲[魯]諱。」知其說者之於天下也,其如

示諸斯乎!」指其掌。 【注】包曰:「孔子謂或人言知禘禮之說者,於天下之事,如指示掌中之物,言其易了。」正

義曰：夫子譏魯僭禘，故答以不知。而復廣其說於天下，明爲王者之事，非魯所得知也。仲尼燕居「子曰『郊社之義，所以仁鬼神也；嘗禘之禮，所以仁昭穆也。』」又曰「明乎郊社之義，嘗禘之禮，治國其如指諸掌而已乎！」又祭統言四時之祭云：「禘者，陽之盛也。嘗者，陰之盛也。故曰莫重於禘嘗。古者於禘也，發爵賜服，順陽義也。於嘗也，出田邑，發秋政，順陰義也。故曰：禘嘗之義大矣，治國之本也，不可不知也。明其義者君也，能其事者臣也。不明其義，君人不全；不能其事，爲臣不全。」中庸云：「宗廟之禮，所以序昭穆也；序爵，所以辨貴賤也；序事，所以辨賢也；旅酬下爲上，所以逮賤也；燕毛，所以序齒也。」又曰「郊社之禮，所以祀乎上帝也；宗廟之禮，所以祀乎其先也。明乎郊社之禮，禘嘗之義，治國其如示諸掌乎！」諸文皆以禘說之之可知者。鄭注中庸云：「示，讀如『寘諸河干』之寘，置也。物而在掌中，易爲知力者也。」此文無注，意亦當同。宋書周朗傳「昔仲尼有言：治天下若寘諸掌。」此或出鄭本。古「寘」多作「示」，易坎上六「寘于叢棘」，劉表注作「示」。詩鹿鳴「示我周行」，鄭箋「示當作寘」是也。邢疏云：「指其掌者，弟子等恐人不知『示諸斯』謂指示何物，故著此一句，言是時夫子指其掌也。」爾雅釋詁：「指，示也。」謂人指有所向以告人也。說文「掌，掌中也。」釋名釋形體：「掌，言可以排掌也。」○注「答以不知者，爲魯諱。」○正義曰：孔以諱即逆祀之事。

12 祭如在，【注】孔安國曰：「言事死如事生。」祭神如神在。【注】孔曰：「謂祭百神。」子曰：「吾不與祭，如不祭。」【注】包曰：「孔子或出或病，而不自親祭，使攝者爲之，不致肅敬其心，與不祭同。」　正義曰：「祭如在」二句，朱子以爲此門人記孔子祭祀之誠意，是也。　祭法云：「大夫立三廟，曰考廟，曰王考廟，曰皇考廟。適士二廟：曰考

廟，曰王考廟。官師一廟，曰考廟。庶人無廟。此周制也。王制：「大夫三廟，一昭一穆，與太祖之廟而三，士一廟」云：「謂諸侯之中士、下士，名曰官師者，廟，庶人祭於寢。」大夫廟制與祭法異者，鄭志答趙商以「王制爲夏、殷雜，不合周制」是也。

曰族厲，曰門，曰行。適士立二祀：曰門，曰行。庶士、庶人立一祀，或立戶，或立竈。此祭謂大夫有地者，其無地，祭三耳。孔疏申鄭意，以此及祭法俱是周禮。若曲禮「大夫祭五祀，歲徧」，注以爲殷制，不言有地無地之分。又曲禮云：「士祭其先。」亦與周制士立二祀或立一祀異也。

五祀中，司命屬天神，中霤、門、行屬地祇，厲屬人鬼。此文祭神統言五祀，夫子是無地大夫，亦止有三祀也。春秋繁露祭義篇：祭之爲言際也與察也。祭然後能見不見。見不見之見者，然後知天命鬼神，然後明祭之意，乃能重祭事。

孔子曰：『吾不與祭。』祭神如神在。重祭事如事生，故聖人於鬼神也，畏之而不敢欺也，信之而不獨任事之而不專恃。特其公，報有德也，幸其不私與人福也。董釋祭神之義，而引文有脫誤。○注「言事死如事生」。○正義曰：中庸云：「事死如事生，事亡如事存。」事死者如事生，稱諱如見親，如見親之所愛。」又云：「祭之日，入室，僾然必有見乎其位。周還出戶，肅然必有聞乎其容聲。出戶而聽，愾然必有聞乎其嘆息之聲。」又云：「進退必敬，如親聽命，則或使之也。」注云：「如居父母前，將受命而使之。」○注「孔子」至「祭同」。○正義曰：「孔子或出」者，孔子仕時，如夾谷之會，隨君在外，是或出也。公羊桓八年傳：「春曰祠，夏曰礿，秋曰嘗，冬曰烝。士不及茲四者，則冬不裘，夏不葛。」何注：「士有公事在外，不得及此四時祭者，則不敢美其衣服，蓋思念親之至也。故孔子曰『吾不與祭，如不祭。』」

案：公羊以士職卑，有公事，不能使人攝祭，則廢祭也。注引論語者，謂孔子仕爲大夫，有事，故使人攝祭。己未致其思

念，如不祭然，則與士廢祭同也。特牲饋食禮云：「士賤職褻，時至事暇可以祭，則筮其日

矣。不如少牢大夫先與有司於庿門諏丁巳之日。」賈疏：「鄭云『時至事暇可以祭』者，若祭時至，有事不得暇，則不可以私

廢公故也。若大夫已上，時至，唯有喪，故不祭，自餘吉事，皆不廢祭，若有公事及病，使人攝祭。」又祭

統云：『是故君子之祭也，必身親涖之，有故則使人可也。雖使人也，君不失其義者，君明其義故也。』是君大夫有病，故皆

得使人攝祭。則賈以孔子爲大夫，得使人攝祭，與士異也。「不致肅敬其心」者，言己未與祭，肅敬之心，無由而致，故己

有所歉也。賈引論語注無姓名，今鄭注輯本皆據疏列入，但與包此注文同，或賈卽引包氏也。

13
王孫賈問曰：「與其媚於奧，寧媚於竈，何謂也？」【注】孔曰：「王孫賈，衞大夫。奧，內也」，以喻近

臣。竈，以喻執政。賈，執政者，欲使孔子求昵之，故微以世俗之言感動之也。」子曰：「不然。獲罪於天，無所禱

也。」【注】孔曰：「天以喻君，孔子拒之曰：『如獲罪於天，無所禱於衆神。』」正義曰：御覽五百十九引鄭此注云：「王孫

賈自周出仕於衞也。」案：白虎通姓名篇：「王者之子稱王子，王者之孫稱王孫，故春秋有王子瑕，論語有王孫賈。」是賈爲

周王者孫也。皇疏以賈爲靈王孫，廣韻引世本、通志氏族略並以爲頃王之後。梁氏玉繩古今人表考引春秋分記，又以

爲康叔子王孫年之後。則以王孫爲氏，本爲衞人，非自周出仕，與鄭氏異義，非也。下篇言衞靈之臣「王孫賈治軍旅」，是

賈仕衞也。「媚」者，說文：「媚，說也。」周語「若是乃能媚於神」韋注同。曲禮釋文「意向曰媚」。御覽引鄭此注又云：「宗

廟及五祀之神皆祭於奧，室西南隅謂之奧也。」又云：「明當媚其尊者，」老婦之祭。所見鄭注，非全文。釋文「奧，

鄭云西南隅」。亦節引也。爾雅釋宮云：「西南隅謂之奧。」說文：「奧，宛也。室之西南隅。」釋名釋宮室：「室中西南隅曰

奧。不見戶明，所在秘奧也。」凡室制以奧爲尊，故曲禮云：「爲人子者，居不主奧。」明奧爲尊者所居，故凡祭亦於奧矣。

少牢饋食禮：「司宮筵于奧，祝設几于筵上，右之。」注云：「布陳神位也，席東面近南爲右。」是宗廟之祭在於奧也。其五

祀，若祭戶，祭中霤，亦於此。若祭竈，祭門、祭行，皆在廟門外室之奧。故鄭注以爲宗廟及五祀皆祭於奧也。五祀者，

戶、中霤、竈、門、行也。月令注亦云：「凡祭五祀於廟，用特牲，有主有尸，皆先設席于奧。」孔疏以爲逸中霤禮文，則此注

所云亦逸中霤禮說也。周官亨人「職外內饔之爨亨煮，辨膳羞之物。」注：「爨，今之竈。主於其竈煮物。」周官、儀禮皆言

「爨」。論語或言「竈」「爨」古今語。釋名釋宮室：「竈，造也。造創物食也。」曰用飲食之竈，其地經無明文。若此言

祭竈，則在廟門外也。　少牢禮云：「雍爨在門東南，北上，廩爨在雍爨之北。」又特牲云：「牲爨在廟門外東南，魚腊爨在其

南，皆西面。　饎爨在西壁。」注：「西壁，堂之西牆下。」按：牲爨、魚腊爨即雍爨。　特牲記注：「舊說云：宗婦祭饎爨，褒爨

饔爨，用黍肉而已，無牲豆俎。」此謂宗廟之祭，戶尸食則設此祭以報功也。饎爨祭於西堂下，褒爨之祭在廟門外，不言廩

爨之祭，疑廩饔爨即饎爨之別設者也。禮器：「孔子曰『臧文仲安知禮？燔柴于奧。』夫奧者，老婦之祭也。盛于盆，尊于

瓶。」注云：「奧當爲爨，字之誤也，或作竈。時人以爲祭火神，乃燔柴。老婦，先炊者也。其於奧，

者，乃夏祭之禮，即此所云媚奧媚竈也。月令：「孟夏之月，其祭竈。」注：「祀竈之禮，先席於門之奧，東面設主於竈陘，乃

盆、瓶，炊器也。明此祭先炊，非祭火神，燔柴似失之。」如鄭所說，是因祀廟而祭爨，其祭即在爨室，不於奧也。老婦，先炊者也。

制肺及心肝爲俎，莫於主西。又設盛於俎南，亦祭黍三，祭肺心肝各一，祭醴三，亦既祭徹之，更陳鼎俎，設饌於筵前，迎

尸，如祀戶之禮。』孔疏：『『祀竈之禮』以下，皆逸中霤禮文。云『先席于門之奥』，謂廟門外西室之奥。云『東面設主于竈

陘』者，謂設主於東面也。竈陘謂竈邊，承祭之物，以土爲之。云『又設盛於俎南』者，盛謂黍稷盛之於奥。皇氏以爲此祭

老婦，盛於盆，非其義也。云『既祭徹之，更陳鼎俎，設饌於筵前』者，筵前謂初設廟門室奥之筵，准特牲，少牢鼎當陳於廟

門室之前，稍東，西向，執俎者以俎就鼎，或肉入設於筵前，在葅醢之東，其黍稷等設於俎南。此惟云『祭黍』〔一〕或無稷

也。』案：疏所云『西室』，即門外西堂之室，竈在廟門東南，故設主向西。論語祭奥、祭竈連文，指夏祭言，與盆瓶之祭不

同。鄭注禮器破奥爲竈，駁五經異義云：『臧文仲燔柴於竈。』此注亦云：『夫竈，老婦之祭。』皆自用所定之本。鄭駁異義

以竈神是老婦，老婦即先炊者，雖夏祭與盆瓶之祭不同，而竈神無異。故此注亦引禮器之文，其下必有辨別之語，今已脱

佚，無由詳其說矣。奥、竈本一神，時人以竈設主，主者，神之所棲，親媚之，易爲福也。奥則迎尸祭之，尸者，人所象似，

非神所憑，媚之或無益也。賈仕衡：有媚於衛君，故引人言以自解説，且疑夫子盡禮亦是媚，故問夫子當明媚道也。云

『不然』者，禮記大傳注：『然，如是也。』其言不是，則深斥之，故曰『不然』也。廣雅釋詁：『獲，得也。』此常訓。

『辠，犯禁也。』説文：『辠，犯法也。』從辛從自。言辠人蹙鼻苦辛之憂。秦以辠似皇字，改爲罪。』賈自周出仕衛，必有獲罪

周王者。臣以君爲天，故假天言之。『禱』者，説文云：『告事求福也。』周官大祝『五曰禱』，是禱亦祭名。○注『奥内』至『執政』。○正義曰：文選

文說之云：〔二〕『天者，百神之大君也。』事天不備，雖百神猶無益也。』是其義也。

〔一〕『云』原誤作『三』，據禮記月令孔疏改。　　〔二〕『郊語』原誤作『郊祭』，據春秋繁露改。

趙白馬賦注引鄭注尚書云:「奧,內也。」與此注合。奧在室西南隅,故爲內也。內喻近臣,當謂彌子瑕之類。妄謂孔子主

我,衛卿可得,故意孔子或媚之也。奧居內,則竈居外,指外臣。故云「竈喻執政」。○注「天以喻君」○正義曰:爾雅釋

詁:「天,君也。」左宣四年傳「君,天也。」孔以天喻君,言人有安求於君卽是得罪。

14 子曰:「周監於二代,郁郁乎文哉!吾從周。」【注】孔曰:「監,視也。言周文章備於二代,當從

之。」

正義曰:説文:「代,更也。」言世相更變也。「二代」謂夏、殷。「郁郁」,文章貌。説文:「彧,有文章也。」汗簡謂「古論

語「郁」作「彧」,卽「彧」省。漢書禮樂志:「王者必因前王之禮,順時施宜,有所損益,卽民之心,稍稍制作,至太平而大備。

周監於二代,禮文尤具,事爲之制,曲爲之防,故稱『禮經三百,威儀三千』。孔子美之曰『郁郁乎文哉!吾從周。』」案:禮

三本云:「凡禮成於文,終於隆,故至備情文俱盡。其次,情文迭興。周承二代,有至備之文,故夫子美其文盛也。」魯,周公

之後。周公成文、武之德,制禮作樂。祝饒言伯禽封魯,其分器有備物典册,典册卽周禮,是爲周所賜也。故韓宣子謂

「周禮盡在魯」。又孔子對哀公言「文、武之道,布在方策」。方策者,魯所藏也。中庸云「吾學周禮,今用之,吾從周。」「今」

亦指魯。夫子此言「吾從周」,是據魯所存之周禮言。禮運「孔子曰『吾觀周道,幽、厲傷之,吾舍魯何適矣!吾從周。』」是言魯能

存周禮也。○注「監,視也。」○正義曰:説文:「監,臨下也。」瞯,視也。」義微別,今通用「監」。

15 子入太廟,【注】包曰:「太廟,周公廟。孔子仕魯,魯祭周公而助祭也。」○正義曰:「監視」。爾雅釋

詁文。説文:「監,臨下也。」瞯,視也。」義微別,今通用「監」。

注「太廟」至「祭也」。○正義曰:

考工記:「左祖右社。」注:「祖,宗廟。」小宗伯:「掌建國之神位,右社稷,左宗廟。」注云:「庫門内,雉門外之左右。」劉向別録謂社稷宗廟在路寢西,與周官異。陳氏奐毛詩疏謂爲殷禮,是也。王制:「天子七廟,三昭三穆,與太祖之廟而七。諸侯五廟,二昭二穆,與太祖之廟而五。」鄭注以爲周制。漢書韋玄成傳:「禮,王者始受命,諸侯始封之君皆爲太祖。以下,五廟而迭毁。」周公是魯始封爲魯太祖,故廟曰太廟也。公羊文十三年傳:「周公稱太廟,魯公稱世室,羣公稱宫。周公何以稱太廟于魯?封魯公以爲周公也。」穀梁傳略同。明堂位:「太廟,天子明堂,山節藻梲,復廟重檐,刮楹達鄉,反坫出尊,崇坫康圭,疏屏,天子之廟飾也。」阮氏元明堂論:「魯之太廟,猶周明堂中之清廟也。故左氏傳『取郜大鼎于宋,納于太廟』,臧哀伯卽『以清廟茅屋』爲説,明堂以茅蓋屋是也。魯,侯國,不得别立明堂,其一切非常典禮,皆於太廟行之。」言「孔子仕魯者,明孔子得入太廟也。雜記云:「大夫冕而祭於公,士弁而祭於公。」是大夫、士皆助君祭也。朱子集注以此助祭在始仕時。

每事問。

閻氏若璩釋地謂:「鄹人之子,乃孔子少賤時之稱。孔子年二十爲委吏,二十一爲乘田吏。委吏若周官委人,共祭祀之薪蒸木材。乘田吏若牛人,凡祭祀共其牛牲之互,與其盆簝以待事。羊人,凡祭祀飾羔、割羊牲、登其首」皆有職於時。

或曰:「孰謂鄹人之子知禮乎?入太廟,每事問。」

時人多言孔子知禮,或人以爲知禮者不當復問。」子聞之,曰:「是禮也。」【注】孔曰:「雖知之,當復問,慎之至也。」

正義曰:三蒼云:「每,非一定之辭也。」事,謂犧牲服器及禮儀諸事也。魯祭太廟,用四代禮樂,多不經見,故夫子每事問之,以示審慎。論衡知實篇解此文云:「不知故問,爲人法也。」是也。莊氏述祖別記謂「魯祭非禮,夫子此問,卽簿正祭器之事」,不知魯僭禮在羣公廟,不在太廟,莊氏誤也。閻氏若璩釋地引顧瑞屏説:「每事問,當在宿齊時。若正

祭，雍雍肅肅，無容得每事問也。」○注「鄹，孔子父叔梁紇所治邑」。○正義曰：說文云「鄹，魯下邑，孔子鄉。」史記世家：「孔子生魯昌平鄉陬邑。」「陬」與「鄹」偏旁互易，「論語」作「鄹」，當是或體。杜注左傳云：「鄹邑在魯縣東南莝城。」莝城在今曲阜與鄒縣界。水經泗水注：「泗水又逕魯國鄒山而西南流，春秋傳所謂嶧山也。邾文公之所遷，叔梁紇之邑也，孔子生於此。」左昭九年疏引論語作鄹人，此由鄹、鄹聲近，地又相接，故以鄹為即叔梁紇邑。實則說文「鄹」是孔子鄉也。而「鄹」下但言「魯縣，古邾國」，不為孔子鄉，則鄹、鄹地異，文亦異矣。左襄十年傳：「偪陽人啟門，諸侯之士門焉。鄹人紇抉之，以出門者。」杜注：「紇，鄹邑大夫，仲尼父叔梁紇也。」與孔此注同。左傳孔疏云：「古稱邑大夫，多以邑冠人。」鄹人紇以邑冠人，邢疏引左傳「新築人仲叔于奚」證之，是也。段氏玉裁說文注：「謂鄹人，是舉所居之地，非為所治邑。鄹大夫之文，始見王肅私定家語。孔氏論語注，乃潛夫論志氏姓云：『伯夏生叔梁紇』，為鄹大夫，故曰鄹叔紇。是『鄹人』為鄹大夫，漢人相傳有此説也。肅輩偽託者，似不足信。」段氏此辨甚是。然其誤自潛夫已然，亦非始王肅也。○注「雖知之，當復問，慎之至也。」○正義曰：注以夫子不知故問，然云「每事」，容亦有所已知者，今猶復問於人，故為慎也。繁縟郊事對義正如此。

16 子曰：「射不主皮，【注】馬曰：「射有五善焉：一曰和，志體和；二曰和容，有容儀；三曰主皮，能中質；四曰和頌，合雅、頌；五曰興武，與舞同。天子三侯，以熊、虎、豹皮為之。言射者不但以中皮為善，亦兼取和容也。」正義曰：說文：「皮，剥取獸革者謂之皮。」舊說禮惟大射有皮，所謂皮侯，棲皮為鵠者也。賓射，則用采侯，畫布為五采以為正。燕射、鄉射，則畫布為獸形以為正，皆不用皮也。金氏榜禮箋辨之云：「梓人為侯，廣與崇方，三分其廣而鵠居一焉。凡侯，

未有不設鵠者。大射之侯，棲皮爲鵠，鵠外以采畫之謂之正。天子五重，諸侯三重，大夫、士再重。燕射之侯，天子、諸侯亦棲皮爲鵠，大夫、士則畫布爲鵠。大射、燕射異同如是。司裘『王大射，則共虎侯、熊侯、豹侯，設其鵠；諸侯則共熊侯、豹侯；卿大夫則共麋侯。皆設其鵠。』射人『王以六耦射三侯五正，諸侯以四耦射二侯三正，卿大夫以三耦射一侯二正，士以三耦射豻侯二正。』大射儀『公射大侯，大夫射參，士射干。』三經皆謂大射之侯也。司裘職主設鵠，故不言正，士卑，又不掌設其鵠，故鄭仲師射人注釋三侯爲虎、熊、豹，二侯爲熊、豹，與司裘職所設鵠之侯爲一，明設正鵠於一侯矣。賈景伯周禮注云：『四尺曰正，正五重，鵠居其內，而方二尺。蓋假『侯中六尺』明之，與梓人『三分其廣而鵠居一』數合。此禮家相傳古義也。據鵠言之爲皮侯，據正言之爲采侯。』又云：『燕射之侯，尊卑皆張一侯。熊、麋、虎、豹、鹿、豕之侯，咸取名於鵠。鄉射記『凡侯，天子熊白質，諸侯麋侯赤質，大夫布侯，畫以虎豹，士布侯，畫以鹿豕。』又云：『凡畫者丹質。』言大夫、士布侯用畫，則熊侯、麋侯棲皮爲鵠，對文見異矣。鄉射之禮，所以習射上功，當張麋侯二正，與大射同。賓射之禮，以親故奮朋友張獸侯，與燕射同歟？』案：金說甚核。齊猗嗟詩『終日射侯，不出正兮。』則正侯同爲一侯審矣。詩賓筵疏引周禮鄭衆、馬融注，皆謂正在鵠內。惟正在鵠內，故詩以射不出正，誇爲技藝。則金氏引賈景伯以正在鵠外，非也。天子諸侯無鄉射禮，鄉射記所言熊侯、麋侯云云，皆指燕禮。

革，故鄉射禮『不貫不釋』，鄭注：『貫，猶中也。』明中即是貫，非如賈疏以貫爲貫穿也。不貫不釋爲主皮，若不主皮者，則以人力或弱，不能及侯，則不中皮，而比於禮樂，亦必取之也。樂記言：『武王克殷，貫革之射息。』此軍射貫穿，不可以說禮射。○注『射有』至『容也』。○正義曰：馬此注據鄉射言。鄉射者，行射於鄉。所以賓興賢能，至射之明日，鄉大夫復以

鄉射之禮五物詢衆庶，詢其稍能習者，以備後次之賓興。此見周官鄉大夫之職。五物者，五事也。馬云「五善」，謂五物爲善也。凌氏廷堪鄉射五物攷：「一曰和，二曰容，三曰主皮，四曰和容，五曰興舞，此五物之序也。前既云『和』、『容』，後復曰『和容』，人多不得其解。昔之說一曰和、二曰容者，鄭司農曰：『和謂閨門之內行，容謂容貌。』鄭康成曰：『和載六德，容包六行說。』四曰和容者，杜子春讀和容爲和頌，謂能爲樂也。又馬融論語注：『一曰和，志體和；二曰容，有容儀；四曰和容，合雅、頌。』此皆因經文和容前後再見，故彊生異義。至主皮之射，說者尤爲聚訟，考周官明云『退而以鄉射之禮五物詢衆庶。』則五者固在鄉射禮之中，不在鄉射禮之外也。

蓋一曰和、二曰容者，即鄉射禮之三耦射也。獲但取其容體比於禮也，是爲第一次射。三曰主皮者，即鄉射禮之三耦，及賓主人大夫衆耦皆射也。司射命曰『不中不釋』，蓋取其中也。故謂之主皮。馬氏論語注以主皮爲能中質，是也，是爲第二次射。四曰和容、五曰興舞者，即鄉射禮之以樂節射也。司射命曰『不鼓不釋』，既取其容體比於禮，又取其節比於樂也。比於樂，故謂之興舞，取其應鼓節也。故前已言和、容，此復言和容也，是爲第三次射。

主皮者，貴其容體比於禮，其節比於樂，取其應鼓節。故前已言和、容，此復言和容也，是爲第三次射。蓋古經師相傳之解，指第三次射而言，深得經意。不主皮爲第三次射，不鼓不釋；則主皮爲第二次射，不貫不釋可知矣。時至春秋之末，鄉射但以不貫不釋爲重，而容體比於禮節，比於樂，不復措意，故孔子歎之，以爲古禮所云，即指第二次射也。凡經所未言，見於記者甚多，不獨主皮之射一節也。又禮經釋例云：『案鄉射記始射，獲而未釋，獲謂初射也。』又云復釋，獲謂再射也。又云復用樂行之，謂三射也。射皆三次，又射之外，更有此射者，此殊不然，鄉射記仍有不主皮之射。或者謂鄉射記云『主皮之射』者，勝者又射，不勝者降。則似鄉射記云『禮射不主皮』，鄭注：『不

不獨鄉射，即大射亦然，但節文小異耳。射必三次者，大射儀注云：『君子之於事，始取苟能，中課有功，終用成法，教化之漸也。』射用應節爲難，孔子曰：『射者何以聽？循聲而發，發而不失正鵠者，其唯賢者乎！』以樂節射者，即禮射也。所謂『其容體比於禮也，其節比於樂也』。然則射以應節爲上，中侯次之，故論語曰：『射不主皮，古之道也。』案：凌說是也。竊以射皆三次，則賓射、燕射亦當同，惜無文以明之。鄭注鄉射記，以禮射爲大射、賓射、燕射、不數鄉射，此其疏也。若然，論語「射不主皮」，當兼凡禮射，而凌氏專指鄉射者，正據馬氏此注五物之詢爲鄉大夫，且舉鄉射明諸禮射得通之也。云「一曰和，志體和」，二曰和容，有容儀」者，「和」字當衍，志體言其體，容儀言其容，所謂「容體比於禮也」。云「三曰主皮，能中質」也者，質謂侯中受矢之處，即鄉射記所云白質、赤質、丹質也。賓筵詩「發彼有的」，毛傳「的，質也」。云「四曰和頌，合雅、頌」者，此與杜子春讀同，以和爲合，容爲頌也。鄭衆、馬融注周禮，並以質四寸，居於正內是也。云「五曰興武，與舞同」也者，此馬自用其所據周禮之義，亦可通也。左氏春秋「以蔡侯獻舞歸」，穀梁作「獻武」。又禮器「韶佾武方」，注云：「武當爲舞，聲之誤也。」鄭彼注以武爲聲誤，馬此注以武與舞同，則以二字通用，與鄭異也。云「天子有三侯，以熊、虎、豹皮爲之」者，「天子無鄉射，此假天子大射之侯言之，明此主皮亦棲皮爲侯也。不及諸侯以下者，文見司裘，可推而知也。以熊、虎、豹皮爲侯，則鄭彼注謂以虎、熊、豹、麋之皮飾其側者，蓋未然也。若鄭注鄉大夫「五物」以主皮爲張皮射之無侯，益非是也。云「亦兼取和容」者，即一曰和、二曰容，不及和頌、興武，於義未備，當用凌說補之也。○正義曰：云「爲力，力役之事」者，爲猶效也，言效此力役之中、下，設三科焉，故曰不同科。

爲力不同科，古之道也。【注】馬曰：「爲力，力役之事。亦有上、

事，卽孟子所云「力役之征」也。云「亦有上、中、下，設三科焉」者，說文：「科，程也。」廣雅釋言：「科，條也。科，品也。」謂官小司徒：「上地家七人，可任也者家三人；中地家六人，可任也者二家五人；下地家五人，可任也者家二人。」注云：「可任，謂丁彊任力役之事也。」是上地、中地、下地有三科。又均人云：「凡均力政，以歲上下，豐年則公旬用三日焉，中年則公旬用二日焉，無年則公旬用一日焉。」亦以年分三科，皆此注義所具也。春秋時，徵發頻仍，興築無已，不復循三科之制，故孔子思古之道也。　劉敞七經小傳不從此注，謂「不主皮者，以力不同之故」，則主皮之射爲尚力，其說亦通。

八佾第三

一〇九

論語正義卷四

17　子貢欲去告朔之餼羊。【注】鄭曰：「牲生曰餼。禮，人君每月告朔於廟有祭，謂之朝享。魯自文公始不

視朔，子貢見其禮廢，故欲去其羊。」子曰：「賜也！爾愛其羊，我愛其禮。」【注】包曰：「羊存，猶以識其禮；羊

亡，禮遂廢。」

正義曰：白虎通三正篇「朔者，蘇也，革也。言萬物革更於是，故統焉。」四時篇「朔之言蘇也。明消更

生，故言朔。」說文「朔，月一日始蘇也。」書大傳「夏以平旦爲朔，殷以雞鳴爲朔，周以夜半爲朔。」謂夏用寅時，殷用丑

時，周用子時也。史記曆書「三王之正若循環，窮則反本。天下有道，則不失紀序；無道，則正朔不行於諸侯。幽、厲之

後，周室微，陪臣執政，史不記時，君不告朔。」君謂天子，正朔不行，則天子不復告也。史記言幽、厲之後，是統東遷言之。漢書五行志「周衰，天子不班朔。」

律曆志劉歆曰：「周道既衰，天子不能班朔。」「班朔」即告朔。「班朔」讀爲班。先叔丹徒君駢枝曰：「告

讀如字。周禮太史「正歲年以序事，頒之于官府及都鄙，頒告朔于邦國。」先鄭司農云：「頒讀爲班。班，布也。以十二月

朔告布天下諸侯。」孔子三朝記曰「天子告朔於諸侯，率天道而敬行之，以示威於天下也。」又數夏桀、商紂之惡曰『不告

朔於諸侯。』穀梁文六年傳曰「天子不以告朔。」又十六年傳曰「天子告朔于諸侯。」然則『告朔』云者，以上告下爲文，不

以下告上爲義。天子所以爲政於天下，而非諸侯所以禮於先君也。餼之爲言乞也，謂乞與也。凡供給賓客，或以牲牢，曰餼，

或以禾米，生致之皆曰餼。說文「氣，饋客芻米也。從米，气聲。」或作餼。其見於經傳者，曰饔餼，曰稍餼，曰餼牢，曰餼

獻，曰餼牽。天子之於諸侯，有行禮，有告事。行禮於諸侯，若頻問、賀慶、脤膰、賵襘之屬，大使卿，小使大夫。告事於諸侯，若家宰布治，司徒布教，司馬布政，司寇布刑之屬，皆常事也。以其爲歲終之常事，又所至非一國，故不使卿大夫，而使微者，行之以傳遽，達之以旌節，然後能周且速焉。諸侯以其命數禮之，或以少牢，或以特羊而已。幽王以後，不告朔於諸侯，而魯之有司循例供羊，至於定，哀之閒猶秩之。」謹案：此說最確。書堯典曰「敬授民時」，授時，卽頒官府，都鄙

之制。其下「分命」、「申命」，則所謂「頒告朔於邦國」也。宋氏翔鳳說：「月令『季秋合諸侯制，百縣爲來歲受朔日』，鄭注謂百縣與諸侯互文。四方諸侯，極於天下，必三月而後畢達，故以季秋行之，非如鄭說『秦以建亥爲歲首，於是歲終』也。」

其說良是。周官太史不言頒告朔在何時，先鄭謂「以十二月朔布告天下諸侯」，不知天下諸侯斷非一月所能畢達，於義非

也。許氏五經異義：「諸侯歲遣大臣之京師，受十二月之正。」此臆測，於經傳無徵。天子頒告諸侯，謂之告朔，又謂之告

月。春秋文公六年：「閏月不告月，猶朝于廟。」不告月，王朝之禮失也。猶朝于廟，魯之未失禮也。公羊傳：「不告月者，

不告朔，則曷爲不言朔也？閏月矣，何以謂之天無是月也？非常月也。」穀梁傳：「不告月者何也？不告朔也。不

告朔，則何爲不言朔也？閏月者，附月之餘日也，積分而成於月者也。天子不以告朔，而喪事不數也。」二傳意以天子閏

月本不告朔，左氏則以閏月不告朔爲非禮，左氏義長。蓋不告，則諸侯或不知有閏也。至以告朔爲天子告於諸侯，三傳

皆然，無異義也。諸侯視天子所頒者而行之，謂之視朔。左傳五年傳「春王正月辛亥朔，日南至。公既視朔，遂登觀臺

以望。」又文十六年傳「夏五月，公四不視朔。」是也。又謂之聽朔。玉藻：「天子玄端而朝日東門之外，聽朔於南門之外，

諸侯皮弁聽朔於太廟。」鄭注以南門爲明堂。天子稱天而治，亦有聽朔之禮，與諸侯同，特天子聽朔於明堂，諸侯則於廟

論語正義卷四

一一二

耳。於廟，故又謂之朝廟。春秋所云「猶朝於廟」是也。其歲首行之，謂之朝正。左襄二十九年傳「釋不朝正于廟」是也。

襄公以在楚不得朝正，則是公在國時必朝正矣。朝正即視朔。當時天子猶頒告朔，故魯視朔之禮尚未廢。至定、哀之時，天子益微弱，告朔不行，而魯之有司猶供餼羊，故子貢欲去之。駢枝謂「幽王以後，天子不告朔」，此稍未審。若然，則春秋所書「視朔」者，將安所視耶？春秋言文公六年「閏月不告月」，未言常月不告月也。十六年始書「四不視朔」，則明謂天子告月而文公不視之也。何休公羊注：「禮，諸侯受十二月朔政于天子，藏于太祖廟，每月朔朝廟，使大夫南面奉天子命，君北面而受之。比時使有司先告朔，謹之至也。」按：何君先引禮，至「比時」云云，似何君引申之義。所引禮當是逸禮，未嘗言「告朔」，何君直以己意補入。宋氏翔鳳發微本之，反以駢枝所言爲非。然君北面受朔，是受之天子，餼羊之禮，將安所施？宋君因謂「以羊祭是朝廟，論語統朝廟於告朔，以大告朔之禮」，則春秋言文公猶朝於廟，其後朝廟未廢，當即殺牲以祭，何以仍名爲餼，而子貢且欲去之耶？其亦未達於理矣。金氏鶚禮說亦引駢枝辨之，謂「左傳天子無頒朔事」，舍大戴記、穀梁傳之明文，而欲求之左傳所未言，過矣。「頒告朔于邦國」，載在太史，而以「頒告朔」非即「告朔」，義更不憭。又謂「諸侯皆自爲曆，故晉用夏正，宋用殷正。左氏言魯曆失閏，又言司曆過，是天子無頒朔事」。案：諸侯受所頒每月之朔，簡册繁重，容有錯亂，魯曆之過，正緣於此。舜典所以言天子巡守有協時月，正日之事，今以司曆過爲魯別爲曆，非也。至晉用周正，見蟋蟀之詩。宋爲殷後，當用殷正，以此致難，均未當矣。○唐石經「爾」作「女」，皇本作「汝」。○

注「禮人」至「其羊」。○正義曰：鄭此注非全文。臧、宋輯本云：「牲生曰餼。禮，人君每月告朔於廟有祭，謂之朝享也。諸侯用羊，天子用牛與？以其告朔禮略，故用特牛。魯自文公始不視朔，視朔之禮，已後遂廢。子貢見其禮廢，故欲去其羊

也。考鄭此注，其誤有四：云「牲生曰餼」者，聘禮主國「使卿歸饔餼五牢」。鄭注：「餼，生也。」春秋傳「餼臧石牛。」服虔亦

云「牲生」是牲生日餼也。然餼是供給賓客，若己國宗廟，牲生稱餼，於經無徵。且諸侯受朔政，行禮於天子，何得以一生

羊爲敬？其誤一也。云「禮，人君每月告朔於廟有祭，謂之朝享也」者，此鄭君以意説禮，非禮本文有如此也。廟者，太

廟。玉藻「諸侯聽朔於太廟。」鄭注周禮，何休注公羊，皆云「祖廟」，即謂太祖廟。穀梁傳注以爲祧廟，非也。鄭氏以視

朔爲告朔，即如其説，告朔亦是行禮於天子，無爲用祭。若告朔後有祭廟之禮，此直是祭廟。魯廢告朔，不必廢祭。至朝

享，見《周禮·司尊彝職》。鄭駁五經異義謂「天子諸侯告朔禮訖，然後祭於宗廟。」則祭法所言天子月祭，從祖廟下至考廟，

諸侯月祭，自皇考以下是也。此則月祭宗廟之禮，與朝廟不同。秦氏蕙田五禮通考「祠、禴、烝、嘗、追享、朝享，所謂六

享也。宗廟六享，乃去禘祫不數，而以請禱告朔足之，已自不倫，況月祭乃薦新之祭，與告朔朝廟何與？與朝享祫祭又何

與乎？聽朔在明堂，月祭則在五廟，朝廟行於每月，朝享間於四時，各有攸當，何可混三者而一之耶？」金氏鶚禮説補遺亦

謂「朝廟，禮之小者。而朝享祼用虎彝蜼彝，朝踐用兩大尊，再獻用兩山尊，其禮甚大，非朝廟可知。且朝享每月行之，又

不得謂四時之閒祀」是也。愚謂朝廟即視朔，歲首行之，則爲朝正于廟。若常月行之，亦

可云朝朔于廟。今言朝廟，不言朔者，省文。此專行之太祖廟，與朝享截然不同，不知鄭君何以牽合爲一，其誤二也。云

「諸侯用羊，天子用牛與？以其告朔禮略，故用特牛」者，此無文，亦以意説之。玉藻注「凡聽朔，必以特牲告其帝及神，

配以文王、武王。」此言天子明堂之禮。然其所云「天子用牛」者，止以論語「餼羊」是諸侯禮，故疑天子當用牛，非有他證。

究之論語「餼羊」，是供待賓客之用，非視朔所需，其誤三也。云「魯自文公始不視朔，視朔之禮已後遂廢」者，萬氏斯大學

春秋隨筆:「文公十六年:『夏五月,公四不視朔。』不視者,二月至五月耳。六月以後,復如初矣。公羊云:『自是公無疾不視朔也。』果爾,則經不應有『四』字。經有『四』字,必非遂不視朔也。」論語駢枝云:「夫謂文公始不視朔者,據十六年『夏五月,公四不視朔』之文言之也。夫四不視朔,而謂之始不視朔可乎?四不視朔,曠也,廢也。曠之與廢,則必有分矣。曠四月不視朔,猶必詳其月數而具書之,而況其始不視朔乎?變古易常,春秋之所謹也。初稅畝,作丘甲,用田賦,皆謹而書之。始不視朔,豈得不書?鄭君此言,出於公羊,彼欲遷就其大惡諱、小惡書之例,因虛造此言爾。如其說,自十六年二月公有疾,至十八年公薨,並閏月數之,其爲不視朔者二十有六,而春秋橫以己意爲之限斷,書於前而諱於後,存其少而没其多,何以爲信史乎?」謹案:二説皆足正公羊及鄭注之誤。以左襄二十九年「不朝正于廟」觀之,可知襄公時,天子告朔,諸侯視朔,其禮尚未廢。鄭氏誤依公羊,不知辨正,其誤四也。又案:鄭注「始」本作「四」,見公羊文十六年疏所引。 然云「視朔之禮已後遂廢」,則鄭固謂文公始不視朔也。

18 子曰:「事君盡禮,人以爲諂也。」【注】孔曰:「時事君者多無禮,故以有禮者爲諂。」 注「時事」至「爲諂」。○正義曰:當時君弱臣彊,事君者多簡傲無禮,或更僭用禮樂,皆是以臣干君。「盡禮」者,盡事君之禮,不敢有所違闕也。時人以爲諂,疑將有所求媚於君,故王孫賈有媚奧媚竈之喻,亦以夫子是諂君也。

19 定公問:「君使臣,臣事君,如之何?」【注】孔曰:「定公,魯君謚。時臣失禮,定公患之,故問之。」孔

子對曰:「君使臣以禮,臣事君以忠。」　注「定公」至「問之」。○正義曰:定公名宋,襄公之子,昭公弟也。周

書諡法解:「大慮慈民曰定,安民大慮曰定,安民法古曰定,純行不爽曰定。」是定爲諡也。定公承昭公之後,公室益微弱,

時臣多失禮於君,故公患之。言如何君使臣,將欲求其說以救正之。爲此言者,其在孔子將仕時乎?焦竑筆乘:

「晏子曰:『惟禮可以爲國。』是先王維名分,絕亂萌之具也。」定公爲太阿倒持之君,故欲坊之以禮;三家爲尾大不掉之臣,

故欲教之以忠。」俞氏正燮癸巳類稿:「君使臣以禮,禮非儀也。齊晏嬰爲其君言陳氏之事,亦曰『惟禮可以已』之。家施不及國,大夫不收公

君公室四分,民食於他,不圖其終,爲遠於禮。晉女叔齊曰『禮所以守其國,行其政令,無失其民。』譏魯

利。禮者,君令臣共,父慈子孝,兄愛弟敬,夫和妻順,姑慈婦聽。君令而不違,臣共而不貳,父慈而教,子孝而箴,兄愛而

友,弟敬而順,夫和而義,妻柔而正,姑慈而從,婦聽而婉,禮之善物也。晉女叔論昭公,齊晏嬰告景公,皆痛心疾首之言,

孔子事定公,隳三都,欲定其禮,禮非恭敬退讓之謂。孔子告景公,欲其君臣,若使定公承昭出之後,蘁謙退之儀,

是君不君矣。天地間容有迂議,然非孔子之言也。」

20　子曰:「關雎,樂而不淫,哀而不傷。」【注】孔曰:「樂不至淫,哀不至傷,言其和也。」　正義曰:鄭注

云:「關雎,國風之首篇。樂得淑女,以爲君子之好仇,不爲淫其色也。寤寐思之,哀世夫婦之道,不得此人,不爲減傷其

愛也。」按:關雎爲周南首篇,周南亦國風也。毛傳云:「關關,和聲也;雎鳩,王雎也。」義本爾雅。鄭君先學魯詩,魯義

今不傳。據毛說「淑女」,淑者,善也。后妃求此淑女,以事君子,謂三夫人以下也。「君子」謂文王。「仇」與「逑」同。

「仇」者，匹也。「好逑」言思與之匹也。「窈窕思之」，謂詩言「窈窕求之，求之不得，寤寐思服」也。后妃樂得淑女，有德有容，以共事君子，佐助宗廟之祭祀，非爲淫于色也。毛詩序云：「關雎樂得淑女以配君子，憂在進賢，不淫其色。哀窈窕，思賢才，而無傷善之心焉，是關雎之義也。」鄭彼注云：「哀，蓋字之誤也。當爲衷，衷謂中心念之。」彼注云破「哀」爲「衷」，則鄭以關雎無哀義也。此注云「哀世夫婦之道，不得此人」者，此人即淑女，求之不得，故爲可哀也。「不爲減傷其愛」者，減者，損也。愛者，心之所好也。言雖不得此淑女，而己愛好之心，未嘗有所減傷，則仍是哀思，與詩注義異。鄭志答劉琰問曰：「論語注，人閒行久，義或宜然，故不復定以遺後說。」是鄭注論語在前，其後注詩，已不用其舊義矣。先從叔丹徒君駢枝以鄭注及毛詩篇義皆同穴難通，別爲之說曰：「詩有關雎，樂亦有關雎，此章特據樂言之也。古之樂章，皆三篇爲一。傳曰：「肆夏之三，文王之三，鹿鳴之三。」記曰：「宵雅肆三。」鄉飲酒義〔一〕「工入升歌三終，笙入三終，閒歌三終，合樂三終。」蓋樂章之通例如此。國語曰：「文王、大明、縣，兩君相見之樂也。」左傳但曰「文王，兩君相見之樂」，不言大明、縣。義禮『合樂，周南關雎、葛覃、卷耳，召南鵲巢、采蘩、采蘋』，而孔子但言『關雎之亂』，亦不及葛覃以下，此其例也。樂亡而詩存，說者遂徒執關雎一詩以求之，豈可通哉？『樂而不淫』者，關雎、葛覃也。『哀而不傷』者，卷耳也。關雎，樂妃匹也。葛覃，樂得婦職也。卷耳，哀遠人也。哀樂者，性情之極致，王道之權輿也。能哀能樂，不失其節。詩之教，無以加於是矣。葛覃之賦女工，與七月之陳耕織一也。季札閱歌周而曰『美哉，樂而不淫』，即葛覃可知矣。謹案：駢枝以卷耳『維以不永傷』，證『哀而不傷』，其義甚精。燕禮記『升歌鹿鳴』，亦以鹿鳴統四牡、皇皇者華也。八佾此篇皆言禮樂之

〔一〕「義」原誤作「禮」，據禮記鄉飲酒義改。

事，而關雎諸詩列於鄉樂，夫子屢得聞之，於此贊美其義，他日又歎其聲之美盛「洋洋盈耳」也。

21　哀公問社於宰我。

正義曰：此有兩本，魯論作「問主」，古論作「問社」。莊氏述祖輯本白虎通云：「祭所以有主者何？言神無所依據，孝子以主繼心焉。論語云『魯哀公問主於宰我』云云。宗廟之主，所以用木爲之者，木有終始，又與人相似也。蓋題之以爲記，欲令後有知者。」公羊文二年傳：「主者曷用？虞主用桑，練主用栗。用栗者，藏主也。」何休注：「爲僖公廟作主也。用桑者，取其名與其觰𢤱，所以副孝子之心。埋虞主於兩階之間，易用栗也。夏后氏以松」云云。左文二年經：「作僖公主。」杜注：「主者，殷人以柏，周人以栗。」孔疏引此文作「問主」，又引張、包、周等並爲「廟主」。凡皆魯論義也。說文：「宝，宗廟宝祏也。從宀，主聲。宀音，交覆深屋。」廟之象也。今皆省寫作主。其他祭祀，所以依神者，皆得名主，叚借之義也。公羊注言宗廟之主「狀正方，穿中央，達四方，天子長尺二寸，諸侯長一尺。」白虎通則云：「方尺，或曰長尺二寸。」此其制也。鄭此注云：「主，田主，謂社主。」皇疏：「鄭論本云問主。」釋文：「社如字，鄭本作主。」左文二年疏「案：古論語及孔、鄭皆以爲社主。」禮器、祭法疏引五經異義云：「論語『哀公問社於宰我』云云，今春秋公羊說：『祭有主者，孝子之主繫心。夏后氏以松，殷人以柏，周人以栗。』周禮說：『虞主用桑，練主用栗，無夏后氏以松爲主之事。』許君謹案：『從周禮說。論語所云謂社主也。』鄭氏無駁，從許義也。是古論作「問社」，鄭君據魯論作「問主」，而義則從古論爲「社主」，亦是依周禮說定之矣。白虎通社稷篇：「王者所以有社稷何？爲天下求福報功。人非土不立，故封土立社，示有土也。」又言社壇之制：「天子廣五丈，諸侯半之。」祭法：「王爲羣姓立社曰大社，王自爲立社曰王社，諸侯爲

百姓立社曰國社，諸侯自爲立社曰侯社。」舊說大社、國社在庫門、雉門內之右，王社、侯社在籍田。據周官小宗伯：「掌建

國之神位，右社稷，左宗廟。」右在西。 劉向別錄謂在路寢之西，則大社也。 周頌載芟序云「春籍田而祈社稷也」，則王社

也。天子諸侯別有勝國之社，爲廟屛戒，與廟相近。 故左氏言「閒于兩社」，亦以勝國社在東，對在西之國社言也。 周受

殷社曰亳社，亳者，殷所都也。 春秋哀公四年「六月，亳社災」，李氏惇羣經識小以爲哀公問宰我，卽在此時，蓋因復立其

主，故問之。 其説頗近理。 鄭云「田主」者，周官大司徒之職：「邦國都鄙，設其社稷之壝，而樹之田主。」注：「田主，田神，

后土、田正之所依也。 詩人謂之田祖。」案：后土，社神；田正，稷神。 主以依神，故樹田神之主，而后土、田正憑焉。 説

文：「社，地主也。 從示土。 春秋傳曰：『共工之子句龍爲社神。』」據左傳則句龍爲后土，配食於社，故亦以爲社神矣。 史

記仲尼弟子列傳：「宰予，字子我。」與齊闞止字同，故史公誤以宰予死陳氏難也。 鄭目錄云：「宰予，魯人。」宰我對

曰：「夏后氏以松，殷人以柏，周人以栗，曰：使民戰栗。」【注】孔曰：「凡建邦立社，各以其土所宜之木。宰我

我不本其意，妄爲之説。 因周用栗，便云使民戰栗。」 正義曰：白虎通云：「夏稱后者，以揖讓受于君，故稱后。 殷稱人

者，以行仁義，人所歸往。」案：爾雅釋詁：「后，君也。」夏稱后，復言氏者，當以世遠別異之也。 松、柏、栗，皆木名，所在有

之，此謂社主所用之木也。 五經異義曰：「夏后氏都河東，宜松也；殷人都亳，宜柏也；周人都酆鎬，宜栗也。」大司徒

「設其社稷之壝而樹之田主，各以其野之所宜木，遂以名其社與其野。」注：「所宜木謂若松、柏、栗也。 若以松爲社者，則

名松社之野，以別方面。」如彼注所言，是夏后氏社樹、社主皆用松，殷人社樹、社主皆用柏，周人社樹、社主皆用栗也。 俞

氏正燮癸巳類稿：「侯國社主用木依京師，凡主皆然也。 大司徒云：『設其社稷之壝而樹之田主，各以其野之所宜木。』明

周社樹非栗。又云:「遂以名其社與其野。」若皆樹栗,則天下皆栗社栗野,何勞名之?」俞氏之意,以松、柏、栗爲社樹所用之木,其社樹則各以其土之所宜,不與社主同用一木,其義視鄭爲長。白虎通云:「社稷所以有樹何也?尊而識之,使民望卽見敬之,又所以表功也。」又引尚書逸篇曰:「大社唯松,東社唯柏,南社唯梓,西社唯栗,北社唯槐。」此皆社樹之制,不定是一木,亦當以其土所宜爾。鄭以社主用木,而小宗伯注又云「社之主,蓋用石爲之」。蓋者,疑辭。惠氏士奇禮說:「案宋史志社以石爲主,長五尺,方二尺,剡其上,培其半。先是州縣社主不以石,禮部以爲社稷不屋而壇,當受霜露風雨以達天地之氣,故社主用石。請令州縣社主用石,尺寸廣長,半大社之制,從之。」崔靈恩曰:『地產最實,故社主用石。』鄭注及孔疏亦云然,周改以栗與?淮南齊俗訓云:「有虞氏社用土,夏后氏社用松,殷人社用石,周人社用栗。」然則石主始於殷,周改以栗。韓非子云:「夫社,木而塗之。[一]鼠因自託也。」案:古樹木爲社主而加塗焉,所謂社用土者以此。小宗伯『大師立軍社』。肆師『師田祭社宗』。社宗者,社主與遷主皆載於齊軍者也。秦、漢以後,載主未聞,春秋鄭人陳,『陳侯擁社』。擁社者,抱主以示服。若後世五尺之石主,埋其半於地,卽不便於載,亦不可抱而持。然則社主,春秋以前皆用木,秦、漢以後或用石與?」案:惠氏謂「秦、漢後社主用石」,其說甚是。若淮南子『殷人以石』,與論語文異,此自傳聞之誤。惠氏謂石主始於殷,不免爲淮南所惑。社是有壇無屋,其木主平時藏於壇旁石室。癸巳類稿云:「社藏主石室,左傳莊十四年正義謂『慮有非常火災』,而郊特牲言『大社必受霜露風雨,以達天地之氣』,故藏主於壇中石匣。後世埋石不爲匣,號之爲主。」又云:「軍出,取社主以行」,小宗伯所謂『太師立軍

一一〇

〔一〕「木」原誤作「主」,據韓非子外儲說右上改。

社，奉主車』，大祝所謂『太師宜於社』立社主，定四年左傳云：『君以軍行，被社釁鼓，祝奉以從。』定知社主非樹矣。鄭

注小宗伯云：『社主蓋用石。』案鄭以軍社立主，不宜空社而行，當如守圭有瑑。許慎云：『今山陽俗祠有石主。』社故以土

爲壇，石是土類，或鄭以所見況之。又或鄭以禮行軍取遷廟主，則社取殷石主，非謂大社、王社、國社、侯社用石。賈疏

不曾明鄭意也。』案：俞氏謂『軍社用石主，是就鄭意揣之，與惠氏石主不便於載之說異，當以惠說爲然。其謂取殷石主，

則謂勝國之社主，軍不用命，則戮於社，爵之所施，豈能操於亡國之社？』於義非也。惠氏又云：『聖王建國營都，必擇木之

修茂者，立以爲敔位。敔位者，社稷也。戰國策『恒思有神叢』，蓋木之茂者神所憑，故古之社稷，恒依樹木。漢高祖禱豐

枌榆社，社在枌榆鄉。枌榆者，白榆也。社與鄉皆以樹名焉。慕容皝遷于龍城，植松爲社主。蔡邕所謂尊而表之，使人

望見，則加畏敬也。』俞氏亦謂王侯以木爲社主，民閒自以樹爲田主，引檀弓云：『古之侵伐者不斬祀。』注云：『祀，神位有

屋樹者。』左傳云：『陳侵鄭，取木於墠。』是近神皆有樹，不獨社然也。說苑奉使篇楚使問齊大樹，以立國久，朝社樹大，故

孟子譏時人徒以喬木爲故國。莊子人閒世云：『櫟無用則爲社。』淮南說林訓云：『侮人之鬼者，過社而搖其枝。』韓非外儲

說、說苑政理篇並云：『君亦見夫爲社者乎？樹木而塗之。』並謂社樹爲神，不別立主也。錢氏大昕潛研堂文集答或問曰：

『神樹如戰國策神叢，莊子櫟社見夢之類，皆虛誕不足信。漢高祖禱枌榆社，注家以枌榆爲鄉名，非卽立社以爲社神

也。社樹歲久，或能爲祟，愚民無知祠之，閩、粤閒此風尤甚，三代以前無此等淫祀也。』據錢此言，則惠氏兼存『社樹爲社

主』之說，於義難通。俞氏謂『民閒以樹爲田主，與王侯以木爲社主不同』，說亦岐誤，今所不從。

『戰慄，懼也。』戰本爭鬪之名，人所懼也。慄與栗同。黃鳥詩：『惴惴其栗。』說文囷部云：『㮚，木也。』從木。其實下垂，故

从卤。 徐巡說:「木至西方戰栗。」案:徐義即本此文。白虎通更云:「夏后氏以松,松者,所以自迫促;周人以栗,栗者,所以自戰栗。」何休公羊注又云:「松猶容也,想見其容貌而事之,主人正之意也。柏猶迫也,親而不遠,主地正之意也。栗猶戰栗,謹敬貌,主天正之意也。」皆本此文而附會之。復稱「曰」者,箸其爲引申詞也。皇本「戰栗」下有「也」字。方氏觀旭偶記:「宰我『戰栗』之對,胡安國作春秋傳引之。用韓非書之說曰『哀公問於仲尼曰:「春秋記隕霜不殺草,李梅實,何爲記之也?」曰:「此言可殺也。夫宜殺而不殺,則李梅冬實。天失其道,草木猶干犯之,而況君乎?」』是故以天道言四時,失其序,則其施必悖,無以統萬象矣。以君道言五刑,失其用,則其權必喪,無以服萬民矣。哀公欲去三桓,張公室,問社於宰我,宰我對以使民戰栗,蓋勸之斷也。仲尼則曰『成事不說,遂事不諫,既往不咎』其自與哀公言,乃以爲可殺,何也?在聖人,則能處變而不失其常;在賢者,必有小貞吉,大貞凶之戒矣。愚案:此時哀公與三桓有惡,觀左傳記公出孫之前,『遊於陵阪,遇武伯,呼余及死乎?』至于三問,是其机阱不安,欲去三桓之心,已非一日。則此社主之問與宰我之對,君臣密語,隱衷可想。又社陰氣主殺,甘誓云『不用命,戮于社。』○注:「凡建邦立社,各以其土所宜之木。』○大司寇云『大軍旅,蒞戮于社。』是宰我因社主之義,而起哀公威民之心,本非臆見附會,蓋集解刪節失之矣。」

正義曰:公羊疏謂古論語及孔、鄭皆以爲社主,今觀孔注無社主義,

子聞之,曰:「成事不說,遂事不諫,【注】包曰:「事已遂,不可復諫止。」既往不咎。【注】包曰:「事已往,不可復追咎。」孔子非宰我,故歷言此三者,欲使慎其後。」

正義曰:夫子時未反魯,聞宰我言,因論之也。方氏觀旭偶記:「成事、遂事,必指一事而言。左氏襄十年傳:『知伯曰:「女成二事而後告予。」』注:『二事:伐偪陽,封向戌。』可爲論語

『成事』之證。緣哀公與宰我俱作隱語，謀未發洩，故亦不顯言耳。其對立社之旨，本有依據，是以夫子置社主不論，但指其事以責之，蓋已知公將不沒於魯也。今案「成事」、「遂事」，當指見所行事。「既往」，當指從前所行事。竊疑既往指平子言。平子不臣，致使昭公出亡，哀公當時必援平子往事以爲禍本，而欲聲罪致討，所謂既往咎之者也。然而祿去公室，政在大夫，已非一朝一夕之故。哀公未知使臣當以禮，又未能用孔子，遽欲遏威洩忿，冀以收已去之權，勢必不能，故夫子言此以止之。蓋知哀公之無能爲，而不可輕於舉事，此雖責於人，亦曰咎。「咎，病也。」詩伐木傳：「咎，過也。」引申之，凡有所過責於人，亦曰咎。○注：「事已成，不可復解說」。○正義曰：言說以解之也。焦氏循補疏：「說讀若脫。『解脫』與『諫止』互明。」案：「解說」「說」字，即「成事不說」之「說」，經注似宜讀本字。○注：「事已遂，不可復諫止」。○正義曰：廣雅釋詁：「遂，竟也。」言其事雖將成勢，將遂竟，不可復諫止之也。說文：「諫，証也。」証者，正其失也。〈白虎通諫諍篇〉：「諫者，閒也，更也。是非相閒，革更其行也。」

22 子曰：「管仲之器小哉！」【注】言其器量小也。

正義曰：史記管晏列傳：「管仲夷吾者，潁上人也。」左閔元年疏：「管氏，仲字，諡敬，名夷吾。」史記太史公曰：「管仲世所謂賢臣，然孔子小之。豈以爲周道衰微，桓公既賢，而不勉之至王，乃稱霸哉？」〈新序雜事篇〉：「桓公用管仲則小也。故至于霸而不能以王。故孔子曰：『小哉！管仲之器。』」蓋善其遇桓公，惜其不能以王也。案：霸與伯同。王，伯之分，天子諸侯之異稱也。王季、文王當殷世爲西伯，伯豈不美之名哉！特桓公伯道未純，故當世多羞稱之。今謂管仲器小，由於桓公稱霸，非矣。〈春秋繁露精華篇〉：「齊桓仗賢臣之能，用

大國之資，於阿之盟，見其大信，一年而近國之君畢至。至於救邢、衞之事，見存亡繼絕之義，而明年遠國之君畢至。其後秒功，振而自足，而不脩德，故楚人滅弦而志弗憂，江、黃伐陳而不往救，損人之國而執其大夫，不救陳之患而責陳不納，不復安鄭，而必欲迫之以兵，功未良成而志已滿矣。故曰『管仲之器小哉』！自是日衰，九國叛矣。』法言先知篇：『或曰：齊得夷吾而伯，仲尼曰『小器』，請問大器。曰：大器猶規矩準繩乎？先自治而後治人，謂之大器。』此皆以管仲驕矜失禮爲器小，無與於桓公稱霸之是非也。程氏瑤田論學小記：『事功大者，必有容事功之量，堯則天而民無能名，蓋堯德如天，而卽以天爲其器。夫器小者，未有不有功而伐者也。其功大者，其伐益驕，塞門反坫，越禮犯分，以驕其功，蓋不能容其事功矣。吾於管仲之不知禮，而得器小之說矣。其富貴愈顯者，其淫益張，三歸具官，窮奢極侈，以張其富，蓋不能容其富貴矣。吾於管仲之不儉，而得器小之說矣。』惠氏棟九經古義：『管子小匡篇：『施伯謂魯侯曰「管仲者，天下之賢人也，大器也。」』蓋當時有以管仲爲大器者，故夫子辨之。』曰：『管氏有三歸，官事不攝，焉得儉？』【注】包曰：『三歸，娶三姓女。婦人謂嫁曰歸。攝猶兼也。禮，國君事大，官各有人，大夫兼并，今管仲家臣備職，非儉也。』曰：『管仲儉乎？』【注】包曰：『或人見孔子小之，以爲謂之大儉。』○正義曰：東周策：『齊桓公宮中七市，女間七百，國人非之。』列子楊朱篇：『管仲之相齊也，君淫亦淫，君奢亦奢。』並謂管仲取女之事，包所本也。先考典簿君秋槎雜記：『天子、諸侯娶妻班次有三：適也，姪也，娣也。天子娶后，三國媵之，國三人，並后本國爲十二女；諸侯娶夫人，二國媵之，並夫人本國爲九人，故管仲家臣備職，非儉也。』正義曰：皇本『焉得儉』下有『乎』字。○注『三歸』至『爲儉』。

人本國爲九女。本國之勝，從夫人歸於夫家者也。二國之勝，或與夫人同行。春秋成八年『冬，

月，『伯姬歸於宋』是也。或後夫人行，九年『夏，晉人來勝』；十年『夏，齊人來勝』是也。其本國歸女爲一次，二國各一次，

故曰『三歸』。左傳云『同姓勝之，異姓則否。』包云『三姓女』，非也。謹案：白虎通謂「卿、大夫一妻二妾，不備姪娣」，言

不兼備也。二妾同妻以嫁日偕行，無三歸禮。俞氏正燮癸巳類稿：「諸侯三宮」，祭義『卜三宮之夫人。』公羊傳：『以有西

宮，亦知諸侯之有三宮也。』卿、大夫、士一宮，禮云『命士以上，父子異宮』是也。左傳云：『衛太叔疾使人誘其初妻之娣，

實于犂，而爲之一宮，如二妻。』管子則三人者皆爲妻。列女傳：『衛君死，弟立，謂夫人曰：「衛，小國也。」不容二庖。』今

管子則有三庖。古者夫家餘子受田懸殊，立一妻，則多一室家禮節之費，管子家有三宮之費，故曰『焉得儉』？」俞氏此

言，與先考説相輔。而雜引鄭文公娶于芊、姜、江蘇、及魯文二妃、齊桓三夫人文説之，則皆列國驕淫之事，多娶異姓，與

諸侯不再娶之禮相違，故左氏備文譏之，不得援以説昏制也。解『三歸』者，言人人殊，自包注外，有可紀者。俞氏樾羣經

平議：「韓非子外儲説：『管仲父出，朱蓋青衣，置鼓而歸，庭有陳鼎，家有三歸。』先云『置鼓而歸』，後云『家有三歸』，是所

謂歸者，卽以管仲言，謂自朝而歸，其家有三處也。家有三處，則鐘鼓帷帳不移而具，故足見其奢。且美女之充下陳者亦

必三處如一，故足爲女閭七百分謗，而『娶三姓女』之説或從此出也。晏子春秋雜篇：『昔吾先君桓公有管仲，恤勞齊國，

身老，賞之以三歸』是又以三歸爲桓公所賜，蓋猶漢世賜甲第一區之比。故因晏子辭邑，而景公舉此事以止之也。其賞

之在身老之後，則『娶三姓女』之説可知其非矣。下云「官事不攝」，亦卽承此而言。管仲家有三處，一處有一處之官，不

相兼攝，是謂不攝。」包氏慎言温故録：「韓非子『管仲相齊』曰：『臣貴矣，然而臣貧。』桓公曰：『使子有三歸之家。』孔子聞

之曰：「秦侈逼上。」漢書公孫弘傳『管仲相桓公，有三歸，侈儗於君。』禮樂志：『陪臣管仲、季氏三歸，雍徹，八佾舞庭。』由此數文推之，三歸當爲僭侈之事。古『歸』與『饋』通。公羊注引逸禮云：『天子四祭四薦，諸侯三祭三薦，大夫、士再祭再薦。』又云：『天子、諸侯、卿、大夫、牛、羊、豕凡三牲曰大牢。天子元士，諸侯之卿、大夫，羊、豕凡二牲曰少牢。諸侯之士特豕。』然則『三歸』云者，其以三牲獻與？故班氏與季氏之舞佾、歌雍同稱。晏子春秋內篇：『公曰：「昔吾先君桓公以管子爲有功，邑狐與穀，以共宗廟之鮮，賜其忠臣。」』外篇又云：『晏子老，辭邑，公曰：「桓公與管仲狐與穀，以爲賞邑，昔吾先君桓公以管子爲有功，邑狐與穀，以共宗廟之鮮，終辭而不受。』其宗廟養鮮，賞之以三歸，澤及子孫。今夫子亦相寡人，欲爲夫子三歸，澤及子孫，則三歸以三牲獻無疑。晏子以三歸爲管仲之一惡，亦謂其侈擬於君。」案：評議、溫故錄二說，雖與此注異，亦頗近理，當並箸之。若翟氏灝考異、梁氏玉繩瞥記，據管子明言『五衢之民，樹下談語，專務淫游，終日不歸』。『歸』是民歸其居，豈得爲管仲所歸亦出於桓公所賜。內篇言『以共宗廟之鮮』，而外篇言『賞以三歸』，則三歸亦出於桓公所賜。

有管仲恤勞齊國，身老，賞之以三歸，澤及子孫。今觀內、外篇所云，則三歸亦出於桓公所賜。內篇言『以共宗廟之鮮』，而外篇言『賞以三歸』，則三

婴弗忍爲也。」其宗廟養鮮，終辭而不受。』外篇又云：『晏子老，辭邑，公曰：「桓公與管仲狐與穀，以爲賞邑」，昔吾先君桓公以管

子爲有功，邑狐與穀，以共宗廟之鮮，賜其忠臣。今子忠臣也，寡人請賜子州。」辭曰：「管子有一美，婴不如也；有一惡，

士特豕。』然則『三歸』云者，其以三牲獻與？故班氏與季氏之舞佾、歌雍同稱。晏子春秋內篇：『公曰：「昔吾先君桓公以管

再薦。』又云：『天子、諸侯、卿、大夫、牛、羊、豕凡三牲曰大牢。天子元士，諸侯之卿、大夫，羊、豕凡二牲曰少牢。諸侯之

由此數文推之，三歸當爲僭侈之事。古『歸』與『饋』通。公羊注引逸禮云：『天子四祭四薦，諸侯三祭三薦，大夫、士再祭

之曰：「秦侈逼上。」漢書公孫弘傳『管仲相桓公，有三歸，侈儗於君。』禮樂志：『陪臣管仲、季氏三歸，雍徹，八佾舞庭。』

惡，亦謂其侈擬於君。」案：評議、溫故錄二說，雖與此注異，亦頗近理，當並箸之。若翟氏灝考異、梁氏玉繩瞥記，據管子

歸亦出於桓公所賜。內篇言『以共宗廟之鮮』，而外篇言『賞以三歸』，則三

有，而遂附會爲地名耶？說苑善說篇：「桓公謂管仲『政卒歸子矣。政之所不及，唯子是匡』。」仲故築三歸之臺，以自傷於

巫重丁篇，以『三歸』爲地名，則管子明言『五衢之民，樹下談語，專務淫游，終日不歸』。『歸』是民歸其居，豈得爲管仲所

民，」此劉向誤解東周策之文。

扑築掩之。」齊洹之非在女市，女閭之多，故管仲以三娶掩之。若齊桓非在多女，而仲以築臺掩之，是遮甲而障乙。」其說

毛氏奇齡稽求篇謂：「國策有宋子罕、齊管仲掩蓋君非二事。宋君之非在築臺，故子罕以

極辨。解者不察，而舉魯莊公娶孟任，築臺臨黨氏，衛宣公納伋之妻，作新臺河上，以昏禮有築臺迎女事，雜舉亂制，人之

古典，殊爲不倫。若秦穆姬登臺而哭，則天子、諸侯本有觀臺在雉門上，故曰臺門。左傳所載崔杼、季平子、孔悝宮內之

臺，皆是僭禮。故郊特牲言「大夫僭臺門」，不及管仲。而禮記言「管仲旅樹反坫」，又不及臺門，則管仲未僭臺門，而三歸

之非臺明矣。《癸巳類稿》云：「《管子權脩》云：『地闢而國貧者，舟輿飾，臺榭廣，賦斂厚也。』《八觀》云：『臺榭相望，上下相怨

也。』《臣乘馬篇》：『諫立扶臺。』則管仲實不築臺以傷於民。」此辨致確，足以正《苑》之誤。云「攝猶兼也」者，左氏傳「羊舌鮒攝司馬。」杜注：

女嫁也。」婦人以夫爲家，故謂其嫁曰歸。《桃夭》詩「之子于歸」是也。云「婦人謂嫁曰歸」者，《說文》：「歸，

「攝，兼官也。」禮：「天子六卿，諸侯三卿，三卿下有小卿五人，所謂「下大夫五人」也。孟子告子下言齊桓葵丘之令曰「官事

無攝」，是諸侯之臣不得兼攝。故此注言「國君事大，官各有人」也。若大夫事少，家臣必當兼攝。《禮運》云：「大夫具官，非

禮也，是謂亂國。」鄭注：「臣之奢富，儗於國君，敗亂之國也。」孔疏：「大夫若有地者，則置官一人，用兼攝羣職，不得官官

各須具足如君也。」如疏所言，有地卿、大夫之家尚是兼官，則無地卿、大夫之家亦兼官可知。但置官多寡，宜量事之煩

簡，未必有定額。疏但謂「置官一人」，於情事似不合。包氏慎言溫故錄：「官事者，事謂祭祀，官謂助祭之官。大夫不能

備官，故祭祀之時，每以一官兼司數事。《少牢禮》云：『司宮概豆籩勺爵。』注云：『大夫攝官，司宮兼掌祭器也。』疏云：『下文

司宮筵神席于奧，此又掌籩豆之等，故鄭云攝官。』彼經又云：『司馬刲羊，司士擊豕。』疏云：『案周禮鄭注：「司空奉豕。」司

士乃司馬之屬也，今不使司空者，諸侯猶兼官，況士無官，僕隸爲司馬，司士兼其職可知，故司士擊豕也。』彼經又云：『雍

人陳鼎五。』疏云：『按公食大夫云「甸人陳鼎」。』鄭注云：『甸人，「家宰之屬」，兼亨人者。』此大夫雍人陳鼎者，周禮甸人掌供

薪蒸，與烹爨職聯相通，是以諸侯無亨人，故甸人陳鼎。此大夫無甸人，故使雍人與亨人聯職。」此大夫祭祀攝官，見於

經、傳可考者。管氏不攝，蓋自同於諸侯，與三歸同爲宗廟僭侈之事。」案：溫故錄說亦通。「然則管仲知禮乎？」

【注】包曰：「或人以儉問，故答以安得儉。聞不儉，便謂爲得禮。」

正義曰：皇本「然則」上有「曰」字。○注「或人」至「得禮」。○正義曰：左傳曰：「儉，德之共也。」儉是美德，而或人以不儉爲得禮者，山樞之詩，刺儉不中禮，而晏子一狐裘三十年，遣車一乘及墓而反，有子譏其不知禮。又晏子豚肩不掩豆，澣衣濯冠而朝，君子以爲隘，是過於儉者不中禮也。過儉爲不中禮，故不儉疑爲得禮。

曰：「邦君樹塞門，管氏亦樹塞門。邦君爲兩君之好，有反坫，管氏亦有反坫。管氏而知禮，孰不知禮？

【注】鄭曰：「人君別內外，於門樹屏以蔽之。反坫在兩楹之間，若與鄰國爲好會，其獻酢之禮更酌，酌畢則各反爵於坫上。今管仲皆僭爲之，如是，是不知禮也。」

○正義曰：漢石經「邦」作「國」。皇本「孰不知禮」下有「也」字。○注「人君」至「禮也」。○正義曰：皇、邢疏本「人君別內外」十二字誤在「兩楹之間」句下，今正。宋翔本有「樹，屏也」句在注首。爾雅釋宮：「屏謂之樹。」舍人注云：「以垣當門蔽爲樹。」郭璞注云：「小牆當門中。」説文：「屏，蔽也。」蒼頡篇：「屏，牆也。」明堂位注：「屏謂之樹。今桴思也，刻之爲雲氣蟲獸，如今闕上爲之矣。」廣雅釋宮：「罘罳謂之屏。」顏師古漢文紀注：「罘罳，謂連闕曲閣也，以覆重刻垣墉之處，其形罘罳然，一曰屏也。」古今注：「罘罳，屏之遺象也。」漢西京罘罳合版爲之，亦築土爲之，每門闕殿舍前皆有焉，於今郡國廳前亦樹之。案：周人屏制，當是用土，故亦稱蕭牆。其廟屏用木，故明堂位謂之疏屏。疏者刻也，今人家照壁，是其遺象。荀子大略篇：「天子外屏，諸侯內屏，禮也。外屏，不欲見外也；內屏，不欲見內也。」淮南主術訓：「天子外屏，所以自障。」是屏所以別內外也。注言「人君」，兼有天子、諸侯。郊特牲云：「臺門而旅樹，反坫，大夫之僭禮也。」注「言此皆諸侯之禮也。旅，道也。屏謂之樹，樹所以蔽行道。管氏『樹塞門』，室猶蔽也。禮：天子外屏，諸侯內屏，大夫以簾，士以帷。」雜記「管仲旅樹而反坫，

賢大夫也，而難爲上也」。曲禮疏謂「諸侯內屏，在路門內，天子外屏，在路門外而近應門」。江氏永鄉黨圖考：「屏設於正門，天子以應門爲正門，屏在應門外。諸侯以雉門爲正門，屏在雉門內。」以孔疏之說爲非。然吳語謂「越王入命夫人，王背屏」，此當在路門內，或春秋時不如制矣。云「反坫，反爵之坫，在兩楹之閒」者，説文曰：「坫，屏也。」爾雅：「坫謂之坫。」廣雅釋宮：「反坫謂之坫。」屏者短垣，塊者毀垣，坫與序同。東西牆爲序，皆以同類相稱也。皇疏云：「坫，築土爲之，形如土堆。」其説甚合禮圖。謂「以木爲之，高八寸，足高二寸，漆赤中，制殊庳小」且云「以木與古制乖，非也。」大射儀疏以承尊之豐與坫爲一物，亦非。禮經言坫甚多，明堂位「崇坫康圭」，此在堂下。全氏祖望經史問答謂「觀禮『侯氏奠圭』，以堂下，故稍崇之」是也。士冠禮：「爵弁皮弁緇布冠各一匴，執以待於西坫南。」注：「坫在堂角。」士喪禮：「牀第夷衾，饌於西坫南。」士虞禮：「苴茅之制，饌於西坫上。」此堂隅之坫在西者也。内則説閣之制云：「士於坫一。」注：「坫在堂角。」既夕記：「設枕於東堂下，南順，齊于坫。」此堂隅之坫在東者也。大射儀：「將射，上擯於下，東坫之東南。」此庋食之坫在房中也。周書作雒解：「乃位五宮：太廟、宗宮、考宮、路寢、明堂，咸有四阿反坫。」是反坫不止一處。反者，還也，致也。凡可以庋物皆爲反坫、反爵，其一事也。孔晁注周書以反坫爲外向室，不知所本。而黄氏日抄，全氏經史問答據之以釋論語、郊特牲諸文，可謂疏矣。　爵者，飲器。明堂位「〔一〕『反坫出尊，天子之廟飾也』」者，説文：「坫，反爵之坫也。」坫在尊南，言天子坫在尊南，則諸侯坫或在尊北與？尊以盛酒，爵以酌酒。此注云「在兩楹之閒」者，説文：「楹，柱也。」謂堂上東西兩柱，當前楣下也。坫在兩楹閒，此無文，鄭以意言之。金氏鶚禮説以「兩楹閒賓主行禮處，不得設坫於此」，歷引士昏

〔一〕「明堂位」原誤作「郊特牲」，據禮記改。

禮，聘禮說之。「鄉飲酒『尊于房戶閒』，燕禮『尊于東楹之西』。房戶閒正當東楹，東楹之西，去楹不遠。蓋尊酒者，主人所以敬客，主人位在東階上，故設尊必在東方。然則兩君燕飲設尊，亦必在東矣。兩君敵體，與鄉飲一類，是亦宜尊于房戶之閒，與東楹相當。由是言之，反坫不在兩楹之間明矣。或者以燕禮爲諸侯與臣下行禮事，兩君好會與燕禮同，尊于東楹之西，是又君臣無別。禮經或言『兩楹之閒』，或言『東楹之西』，正所以別其同異，豈可混而一之。」其說甚有依據，視鄭爲優矣。禮，諸侯來朝，禮畢，主君享賓於廟，燕賓於朝，故云「爲好會」也。會者，合也，遇也。主人酌酒進賓，謂之獻；賓飲畢，酌酒以進主人，謂之酢；主人飲畢，復自飲而後酌以勸賓，謂之酬。邢疏「熊氏云：『主君獻賓，賓筵前受爵，飲畢，反此虛爵於坫上，於西階上拜，主人於阼階上答拜。』是賓主飲畢反爵於坫上也。而云『酌畢各反爵於坫上』者，文不具耳。其實當飲畢。」案：熊說見郊特牲疏，疏引此注作「獻酬」，此釋文引「一本亦作酬」，疑以「酬」字爲是。大夫無坫，以鄉飲酒禮考之，凡莫爵皆于篚，卽君與臣燕，亦但設二篚以承爵，且皆在堂下，不在堂上。是大夫不得有反坫，今管仲僭爲之。賓於坫取爵，洗爵，酌以酢主人，主人受爵，飲畢，反此虛爵於坫上。

23　子語魯太師樂，曰：「樂其可知也：始作，翕如也；【注】太師，樂官名。五音始奏，翕如盛。從之，純如也，【注】從讀曰縱。言五音既發，放縱盡其音聲，純純和諧也。皦如也，【注】言其音節明也。繹如也，以成。」【注】縱之以純如、皦如、繹如，言樂始作翕如，而成於三。　正義曰：皇本「知也」下有「已」字，「成」下有「矣」字。
孔子世家述此文在哀十一年反魯後，卽「樂正雅、頌得所」之事，故云「樂其可知」，言樂正而後可知也。云「始

也。〇『釋訓』:『繹繹,生也。』繹、繹通,言美心之感發,如草木之有生意,暢茂條達也。樂記云:『志意得廣焉。』孟子云:『樂則

生矣,生則惡可已也?』惡可已,則不知足之蹈之,手之舞之。』言樂至此而每變,足以致物矣。宋氏翔鳳發微云:『始作,

是金奏頌也。儀禮大射儀納賓後乃奏肆夏,樂闋後有獻酢旅酬諸節,而後升歌,故曰『從之』。從同縱,謂縱緩之也。人

門而金作,其象翕如變動,緩之而後升歌。重人聲,其聲純一,故曰『純如』。即樂記所謂『審一以定和』也。繼以笙入,笙

者有聲無辭,然其聲清別,可辨其聲而知其義,故曰『皦如』。繼以閒歌,謂人聲笙奏閒代而作,相尋續而不斷絶,故曰『繹

如』。此三節皆用雅,所謂『雅、頌各得其所』也。有此四節而後合樂,則樂以成。合樂即鄉樂周南關雎、葛覃、卷耳,召南

鵲巢、采蘩、采蘋。』燕禮『大師告于樂正曰:「正歌備。」』鄭注:『正歌者,升歌及笙各三終,閒歌三終,合樂三終,爲一

備亦成也。』鄭鄉射禮注云:『不歌、不笙、不閒,志在射,畧於樂也。不畧合樂者,周南、召南之風,鄉樂也[一]。不可畧其正

也。』據此,知孔子所謂『樂其可知』及謂『然後樂正』者,並指鄉樂,儀禮謂之『正歌』。如鄉射不歌、不笙、不閒,而合鄉樂則

告『正歌備』,大射有歌有笙,而不閒不合,而不言『正歌備』,知正歌專指鄉樂也。必合鄉樂而後備一成,故知

『正歌備』是合樂也。後言『師摯之始,關雎之亂,洋洋乎盈耳哉』,亦暢言合樂之象。子謂伯魚曰:『人而不爲周南、召南,其猶正

一語先出之。論語於金奏至閒歌,以『翕如』諸言形容其象,而於合樂但言『以成』者,以合樂之象,已於『樂其可知』

牆面而立也與?』則子之重鄉樂也至矣。案:宋氏依禮爲説,視鄭氏爲確。李氏惇羣經識小不數金奏,以始作爲升歌,純

如爲笙奏,皦如爲閒歌,繹如爲合樂,不及宋説之備,故置彼錄此。詩樛木傳:『成,就也。』説文同。周官樂師:『凡樂成則

〔一〕『鄉樂』原誤作『鄉射』,據文義並參大射文改。

作」者，爾雅釋詁「作，爲也。」言始爲此樂也。鄭注云「始作，謂金奏時。聞金作，人皆翕如，變動之貌。從讀曰縱。縱之，謂八音皆作。純如，咸和之矣。皦如，使清濁別之貌。繹如，志意條達。」案云「始作，謂金奏時」者，周官「鍾師掌金奏。」注云「金奏，擊金以爲奏樂之節，金謂鍾及鎛。」是也。云「聞金作，人皆翕如，變動之貌」者，莊氏述祖別記申此注云「國語云『鍾不過以動聲。』韋注『動聲，謂合樂以金奏，而八音從之。』毛詩『鼓鍾欽欽。』傳云『欽欽，言使人樂進也』，欽聲相近。」言『變動』者，亦使人樂進之意。云『從讀曰縱。縱之謂八音皆從也。』大司樂『凡六樂者，文之以五聲，播之以八音。』注云『六者，言其均皆待五聲八音乃成也。』上始作，既單言『金奏』，此云『從之』，則言『八音』，可知金奏始作，律呂相應，使人皆變動，樂進由是從之，以均五聲八音，而堂上下之樂皆作也。」云『從之者，以調五聲使之相次，如錦繡之有文章。播猶揚也。揚之以八音，乃可得而觀之矣。』云「純如，咸和之矣」者，高誘淮南原道注「純，不雜糅也。」咸者，皆也。謂人聲樂聲相應而不雜，故爲和也。樂記「審一以定和。」注云「審一，審其人聲也。」審一即純如之義，謂人聲既一，而後與樂和也。云「皦如，使清濁別之貌」者，莊氏云「鄭注大司樂云『凡五聲，宮之所生。濁者爲角，清者爲徵羽。』清謂蕤賓至應鍾，濁謂黃鍾至大呂。」〔二〕是十二律、五聲、八音皆有清濁。又樂記『比物以飾節。』注云『比物，謂雜金革土匏之屬也。」言雜八音之器，而有以別其清濁，唯明者能之。」云「繹如志意條達」者，莊氏云「周頌『驛驛其達。』箋『達，出地

〔二〕「大呂」十三經注疏本作「中呂」。

告備。」注「成謂所奏一竟。」燕禮記注「三成,三終也。」〔一〕是樂之終爲成也。○注「太師」至「如盛」。○正義曰云「太

師,樂官名」者,周官「太師,下大夫二人。小師,上士四人。」注云「凡樂之歌,必使瞽矇爲焉,命其賢知者爲太師、小

師。」疏云:「以其無目,無所睹見,則心不移於音聲,故不使有目者爲之也。」案:諸侯樂官,太師當止一人。此所語「太師

樂」,應指師摯,是太師爲樂官名也。云「五音始奏」者,管子地員篇:「凡聽宮,如牛鳴窌中;;凡聽商,如離群羊;;凡聽角,

如雉登木以鳴,音疾以清;;凡聽徵,如負豬豕,覺而駭;;凡聽羽,如鳴馬在野」。是五音之別也。云

「翕,起也。」方言「翕,熾也。」文選甘泉賦注「翕,赫盛貌。」義皆相近,故此注以「翕」訓「盛」。○注「言其音節明也。」

○正義曰:「音」謂樂聲。「節」謂樂之節目也。樂記云「文采節奏,聲之飾也。」又云「比物以飾節,節奏合以成文。」言「明」

者,訓「皦」爲明也。義見坤蒼。

24
儀封人請見,【注】鄭曰:「儀蓋衞邑。封人,官名。」曰:「君子之至於斯也,吾未嘗不得見也。」

從者見之。【注】包曰:「從者,弟子隨孔子行者,通使得見。」出曰:「二三子何患於喪乎?天下之無道也

久矣,天將以夫子爲木鐸。」【注】孔曰:「語諸弟子言何患於夫子聖德之將喪亡耶?天下之無道已久矣,極衰必

盛。木鐸,施政教時所振也。言天將命孔子制作法度,以號令於天下。」　　　正義曰:皇本「斯」下「也」字作「者」,「無道」

下無「也」字。爾雅釋詁:「請,謁告也。」言告夫子求見也。「木鐸」者,周官小宰、小司徒、小司寇、士師、宫正、司烜氏、鄉

〔一〕〔注〕字原脱,「三成、三終」原誤作「三終、三成」,據燕禮記「笙入三成」注增改。

師皆有「木鐸」之徇。鄭注小宰云：「古者將有新令，必奮木鐸以警衆，使明聽也。木鐸，木舌也。文事奮木鐸，武事奮金鐸。」疏云：「以木爲舌，則曰木鐸；以金爲舌，則曰金鐸。」案：鼓人：「以金鐸通鼓。」注：「鐸，大鈴也。司馬職：曰『司馬振鐸。』是武用金鐸也。」說文：「鐸，大鈴也。」與鄭同。法言學行篇以木鐸爲金口木舌，其字從金，則木鐸亦是金口，惟舌用木，與金鐸全用金不同。李氏惇羣經識小「鐸如今之鈴，中有舌，以繩繫之，搖之而出聲。」○注：「儀蓋衞邑。」○正義曰：邢疏云：「鄭以左傳『入于夷儀』，疑與此爲一，故云衞邑。」案：今直隷順德府邢臺縣，山東東昌府聊城縣並有夷儀故城。司馬彪郡國志「浚儀」注引晉地道記曰「儀封人，此邑也。」水經注引西征記同。浚儀，今河南開封府祥符縣。焦氏循論語補疏謂「浚儀在開封，漢屬陳留，陳留郡之長垣、封丘，皆在其北。以漢縣計之，衞境止得長垣，多得封丘、南燕，自此而南，皆鄭、宋地。使儀封人在浚儀，當今祥符、蘭陽閒，雖爲由陳至衞之道，而邑非衞邑矣。」

案：明一統志儀城在蘭陽西北二十里，卽封人請見處。蘭陽、祥符地本相接通，以浚儀之名附會爲封人所官邑。又浚儀始見郡國志，不若夷儀爲尤古矣。又一統志以儀爲開封府儀封縣，其地在蘭陽之東，去浚儀更遠。考儀封，漢名東昏，後易東明，宋元始改今名，則謂儀卽儀封者，尤非也。夫子五至衞：第一去魯司寇，輒適衞；第二將適陳，過匡、過蒲，皆不出衞境，而反乎衞；第三過曹而宋、而鄭、而陳，仍適衞；第四將西見趙簡子，未渡河而反衞；第五如陳而蔡、而葉，復如蔡而楚，仍反乎衞。夫子之至儀邑，不知在何時。焦氏以爲由陳至衞之道，是指第三次至衞，此假設言之。閻氏若璩釋地以「喪」爲失位去國，是第一次適衞，並恐未然。云「封人，官名」者，周官封人職云：「掌設王之社壝，爲畿封而樹之。凡封國封其四疆，造都邑之封域者，亦如之。」注云：「畿上有封，若今時界矣。」又序官注云：「聚土曰封。」其職則中士四人，

下士八人。　若侯國封人,當祇以下士爲之。左傳潁谷封人,蔡封人,蕭封人,郳陽封人,呂封人,皆此官。○〔注〕「何患

見。」○正義曰:言弟子爲紹介,通之於夫子,使得見之也。左傳伍員見鱄設諸於公子光,齊豹見宗魯於公孟。○〔注〕「通使得

於夫子聖德之將喪亡耶!」○正義曰:錢氏坫後錄「喪讀『將喪斯文』之喪。」即孔此義。劉敞七經小傳以「喪」爲失位,閻

氏據説同,亦通。○〔注〕「木鐸」至「天下」。○正義曰:明堂位:「振木鐸於朝,天子之政也。」〔注〕「天子將發號令,必以木

鐸警衆。」是木鐸爲施政教時所設也。夫子不得位行政,退而删詩、書,正禮樂,脩春秋,是亦制作法度也。中庸言天子方

議禮、制度、考文,孟子亦以春秋爲天子之事,則知夫子所定之六藝,皆天子之政也。封人蓋知夫子之終無所遇,而將以

言垂教,故以「木鐸」爲喻。法言云:「天之道不在仲尼乎?仲尼駕説者也。不在兹儒乎?如將復駕其所説,則莫若使諸

儒金口而木舌。」李軌注:「莫如使諸儒宣揚之。」春秋緯:「聖人不空生,必有所制,以顯天心,丘爲木鐸制天下法。」皆以

「木鐸」爲制作法度也。

25　子謂韶,「盡美矣,又盡善也。」謂武,「盡美矣,未盡善也」。〔注〕孔曰:「韶,舜樂名。謂以聖德

受禪,故盡善。武,武王樂也。以征伐取天下,故未盡善。」　正義曰:樂記:「韶,繼也。」注:「韶之言紹。言舜能繼紹

堯之德」見周官大司樂。又作「招」,見墨子三辨、伏生書傳、史記舜紀、漢書禮樂志。鄭此注云:「韶,舜樂也。」

美舜自以德禪於堯,又盡善,謂太平也。武,周武王樂。美武王以此定功天下,未盡善,謂未致太平也。案:漢書董仲舒

傳:「對策曰:堯在位七十載,迺遜于位,以禪虞舜。舜因堯之輔佐,繼其統業,是以垂拱無爲而天下治。」孔子曰:『韶,盡

美矣,」又盡善矣。」此之謂也。」仲舒此言,即鄭君義。　左襄二十九年傳:「季札見舞象箾、南籥者,曰:『美哉!猶有憾。』見

舞大武者,曰:『美哉!周之盛也,其若此乎!』見舞韶箾者,曰:『德至矣哉,大矣!如天之無不幬也,如地之無不載也。

雖甚盛德,其蔑以加於此矣,觀止矣。若有他樂,吾弗敢請已。』」此正武樂不及韶之證。蓋舜德既盛,又躬致太平,非武

所及,故韶樂獨盡美盡善。若文王未洽於天下,則猶有憾,亦與武樂未盡善同也。樂記:「干戚之舞,非備樂也。」[一]注

云:「樂以文德爲備,若咸池者。」下引此文云云。疏云:「舞以文德爲備,故云『韶盡美矣』,謂樂音美矣。『未盡善』者,文德猶

文德具也。　虞舜之時,雜舞干羽於兩階,而文多於武也。　疏云:「『謂武盡美矣』者,大武之樂,其體美矣。『又盡善也』,謂

少,未致太平。」此疏申鄭義,得之。　史記封禪書言「武王天下未寧而崩」,其時殷之頑民迪屢不静,餘風未殄,則是未致太

平也。　焦氏循補疏:「武王未受命,未及制禮作樂,以致太平,不能不有待於後人,故云『未盡善』。善,德之建也。周公成

文、武之德,即成此未盡善之德也。　孔說較量於受禮征伐」,非是。」案:…春秋繁露楚莊王篇:「文王之時,民樂其興師征伐

也,故武。　武者,伐也。　是故舜作韶而禹作夏,湯作護而文王作武。　四樂殊名,則各順其民始樂於己也。」又云:「紂爲無

道,諸侯大亂,民樂文王之怒也。　周人德已洽天下,反本以爲樂,謂之大武,言民所始樂者武也云爾。」白虎通禮

樂篇:「周樂曰大武、象,周公之樂曰酌,合曰大武。　天下始樂周之征伐行武[二],故詩人歌之:『王赫斯怒,爰整其旅。』天

下樂文王之怒,以定天下,故樂其武也。」然則武兼文武。　左傳言『見象箾、南籥』,則文樂不名武也。　文樂名武當出周公

所稱,其實亦因武王樂得名,故樂以大武爲武王樂。　○注:「以征伐取天下,故未盡善。」○正義曰:顏師古董仲舒傳注…

〔一〕「樂」原誤作「德」,據禮記樂記改。

〔二〕「周」原誤作「用」,據白虎通改。

「以其用兵伐紂，故有慙德，未盡善也。」即此注義。

26 子曰：「居上不寬，爲禮不敬，臨喪不哀，吾何以觀之哉？」

正義曰：邢疏云：「此章總言禮意。」案：「居上」者，言有位者居民上；禮樂所自出也。「爲禮」「臨喪」，並指居上者言之。「寬」者，書皋陶謨「寬而栗」，鄭注謂「度量寬宏」。夫子言「寬則得衆」，其答子張問仁，告之以寬，是寬爲仁德。詩「昊天有成命」，箋：「寬仁所以止苛刻也。」春秋繁露仁義微篇：「君子攻其惡，不攻人之惡，非仁之寬與？自攻其惡，非義之全與？此之謂仁造人，義造我，是故以自治之節治人，是居上不寬也。以治人之度自治，是爲禮不敬也。爲禮不敬則傷行，而民弗尊；居上不寬則傷厚，而民弗親。」此先漢遺義，以「寬」爲仁德，「敬」爲義德也。「禮」謂凡賓祭、鄉射諸禮也。「臨喪」謂臨視他人之喪。曲禮云：「臨喪則必有哀色。」或謂「臨」者哭臨。「臨」讀去聲。周官閩人「凡王弗臨」，左傳云「臨於周廟」，亦「臨喪不哀。」又云：「臨喪不笑。」「觀」者，觀禮也。禮無足觀，斯懈於位，而民不可得而治也。

里仁第四　集解

凡二十六章

1　子曰：「里仁爲美。擇不處仁，焉得知？」【注】鄭曰：「里者，仁之所居。居於仁者之里，是爲美。求居而不處仁者之里，不得爲有知。」

正義曰：説文：「擇，柬選也。」後漢張衡傳：「衡作思玄賦曰：『匪仁里其焉宅兮！』」李賢注：「論語『里仁爲美，宅不處仁』，里、宅皆居也。」因學紀聞謂論語古文本作「宅」。惠氏棟九經古義：「釋名曰：『宅，擇也』，擇吉處而營之。」是宅有擇義。或古文作『宅』，訓爲『擇』，亦通。」馮氏登府異文攷證引劉瓛梁典「署宅歸仁里」亦作「宅」字。○注「里者」至「有知」。○正義曰：爾雅釋詁：「里，邑也。」説文：「里，居也。」「仁之所居」，「仁」當依皇本作「民」。文選潘岳閒居賦注「民」作「人」，此唐人避諱。「居於仁者之里，是爲美」者，大戴禮主言云：「昔者明主之治民有法，必别地以州之，分屬而治之，然後賢民無所隱，暴民無所伏。使有司曰省，如時考之，歲誘賢焉，則賢者親，不肖者懼。」是古有别地以居民之法，故居於仁里，卽己亦有榮名，是爲美也。「求居而不處仁者之里，不得爲有知」者，此訓「擇」爲「求」也。荀子勸學篇：「故君子居必擇鄉，遊必就士，所以防邪僻而近中正也。」今求居不處仁者之里，是無知人之明，不

得爲有知矣。鄭氏此訓與論語古文義合。皇疏引沈居士云：「言所居之里，尚以仁地爲美，況擇身所處，而不處仁道，安

得智乎？」案：孟子公孫丑上：「孟子曰：『矢人豈不仁於函人哉？矢人惟恐不傷人，函人惟恐傷人。巫匠亦然。故術不可

不慎也。」孔子曰『里仁爲美。擇不處仁，焉得智？』夫仁，天之尊爵也，人之安宅也。莫之禦而不仁，是不智也。」觀孟子

所言，是「擇」指行事。沈説蓋本此，於義亦通。

2 子曰：「不仁者不可以久處約，【注】孔曰：「久困則爲非。」不可以長處樂。【注】孔曰：「必驕佚。」

仁者安仁，知者利仁。」【注】包曰：「惟性仁者自然體之，故謂安仁。」王曰：「知仁爲美，故利而行之。」 正義…

墨子經上：「久，彌異時也。」説文：「镸，久遠也。」隸變作「長」。禮記坊記注：「約，猶窮也。」不仁之人，貧富皆不可久處，故

先王制民使有恒產，既富必教之也。「安仁」者，心安於仁也。「利仁」者，知仁爲利而行之也。二者中有所守，則可久處

約，長處樂。表記：「子曰：『仁有三，與仁同功而異情。與仁同功，其仁未可知也。與仁同過，然後其仁可知也。仁者安

仁，知者利仁，畏罪者強仁。』」「安仁」是自然體合，功過皆所不計，此其仁可知。故直許之曰仁者，若利仁、強仁，是與仁同

功也。其仁未可知，故利仁但稱爲知也。又表記：「子曰：『中心安仁者，天下一人而已矣。』」又曰：「無欲而好仁者，無畏而

惡不仁者，天下一人而已矣。」言「無欲而好仁」，則與利仁者異，「無畏而惡不仁」，則與畏罪強仁者異。此惟安仁者能

之。中庸云：「或安而行之，或利而行之，或勉強而行之，及其成功一也。」彼文以安行爲仁，利行爲知，勉強行爲勇，聖人

均要於成功，不以誠偽偏奇求之也。 大戴禮曾子立事云：「仁者樂道，智者利道。」義同。 〇注：「惟性仁者，自然體之。」〇正

義曰：易文言傳：「君子體仁，足以長人。」

3 子曰：「惟仁者能好人，能惡人。」【注】孔曰：「惟仁者能審人之所好惡。」 正義曰：「惟」，皇本、宋石經、宋刻九經俱作「唯」。凡人用情，多由己愛憎之私，於人之善不善有所不計，故不能好人惡人也。若夫仁者，情得其正，於人之善者好之，人之不善者惡之，好惡咸當於理，斯惟仁者能之也。禮記大學云『秦誓曰：「人之有技，媢嫉以惡之；人之彥聖，而違之俾不通。實不能容，以不能保我子孫黎民，亦曰殆哉！」惟仁人放流之，迸諸四夷，不與同中國。此謂惟仁人爲能愛人，能惡人。』與此文相發。荀子非十二子云「貴賢，仁也」；賤不肖，亦仁也。』○注「惟仁者，能審人之所好惡」。○正義曰：焦氏循補疏：「仁者好人之所好，惡人之所惡，故爲能好能惡。必先審人之所好所惡，而後人之所好好之，人之所惡惡之，斯爲能好能惡也。」案：注說頗曲，姑依焦説通之。

4 子曰：「苟志於仁矣，無惡也。」【注】孔曰：「苟，誠也。言誠能志於仁，則其餘終無惡。」 正義曰：釋文：「惡如字，又烏路反。」案：前後章皆言好惡，此亦當讀烏路。春秋繁露玉英篇：「難者曰：爲賢者譖皆言之，爲宣穆譖獨弗言，何也？曰：不成於賢也。其爲善不法，不可取，亦不可棄。棄之則棄善志也，取之則害王法。故不棄亦不載，以意見之而已。苟志於仁，無惡，此之謂也。」又鹽鐵論刑德篇：「故春秋之治獄，論心定罪，志善而違於法者免，志惡而合於法者誅。」亦是此義。漢石經無「也」字，與繁露同。○注「苟誠」至「無惡」。○正義曰：毛詩采苓傳：「苟，誠也。」皇疏云：

「言人若誠能志於仁，則是爲行之勝者，故其餘所行皆善，無惡行也。」

header

5 子曰：「富與貴，是人之所欲也；不以其道得之，不處也。【注】時有否泰，故君子履道而反貧賤，此則不
以其道得之，雖是人之所惡，不可違而去之。 正義曰：説文：「貧，不賤也。賤，賈少也。」古稱有爵禄者爲貴，無爵禄者
爲賤，引申之義也。蓋仁者好惡，富貴人所欲，貧賤人所惡，亦是好惡也。若於不以其道之富貴則不處，不以其道之貧賤則不去，斯惟
仁者能之。蓋仁者好惡，有節於内，故於富貴則審處之，於貧賤則安守之。坊記所謂「君子辭貴不辭賤，辭富不辭貧」者也。
孟子告子上：「孟子曰：『欲貴者，人之同心也。人人有貴於己者，弗思耳。』」詩曰：「既醉以酒，既飽以德。」言飽乎仁義也，
所以不願人之膏粱之味也。令聞廣譽施於身，所以不願人之文繡也。」荀子性惡篇：「仁之所在無貧窮，仁之所亡無富
貴。」謝氏墉校注：「此言仁之所在，雖貧窮窮甘之；仁之所亡，雖富貴去之。」並是此義。呂覽有度篇注：「不以其道得之不
居。」畢氏沅校云：「案：古讀皆以『不以其道』爲句，此注亦當爾。論語『不處』，此作『不居』。論衡問孔、刺孟兩篇並同。」
案：後漢陳蕃傳、鹽鐵論褒賢篇亦作「不居」。自是齊、古、魯文異。呂覽注「居」下無「也」字，高誘本「不去」下亦無「也」字，
當以有「也」字爲是。且古讀皆至「得之」爲句，畢校非是。○注「不以其道得富貴，則仁者不處」。○正義曰：「夫子謂「不以其道」爲句，孟子謂「非其道，則一簞食不可受於人」，皆此意。○注「時有」至「去之」。○正義曰：「否」者，
塞也。「泰」者，通也。君子履道，當得富貴而反貧賤，是不以其道得之，於此當以義命自安，不可違而去之，輒妄冀得富

貧與賤，是人之所惡也；不以其道得之，不去也。【注】孔曰：「不以其道得富貴，則仁
者不處。」貧與賤，是人之所惡，不可違而去之。

貴也。大戴禮曾子制言中:「故君子無悒悒於貧,無勿勿於賤,無憚憚於不聞,布衣不完,疏食不飽,蓬戶穴牖,日孜孜上

仁。」君子去仁,惡乎成名?【注】孔曰:「惡乎成名者,不得成名爲君子。」君子無終食之閒違仁,造次必

於是,顛沛必於是。」【注】馬曰:「造次,急遽;顛沛,偃仆。雖急遽偃仆不違仁。」 正義曰:表記云:「子曰:『仁之

難成久矣,唯君子能之。』故此文言仁,皆舉君子也。仁既難成,故鮮能成名。君子知仁是美名,故終不去仁,所以能審處

富貴,安守貧賤也。此君子,是「知者利仁」也。「君子無終食之閒違仁」者,邢疏:「言仁不可斯須去身,故君子無食頃違

去仁道也。」案:終食之閒,常境也;造次顛沛,變境也。君子處常境,無須臾之閒違仁,故雖值變境,亦能依於仁行之,所

以能審處富貴,安守貧賤也。此君子,是「仁者安仁」也。曾子制言云:「昔者,舜匹夫也,土地之厚,則得而有之;人徒之

衆,則得而使之。舜唯以得之也。是故君子將說富貴,必勉於仁也。昔者,伯夷、叔齊仁者也,死於溝澮之間,其仁成

於天下。夫二子者,居河、濟之間,非有土地之厚,貨粟之富也。言爲文章,行爲表綴於天下。是故君子思仁,畫則忘食,

夜則忘寐,日旦就業,夕而自省,以殁其身,亦可謂守業矣。」案:舜是以道得富貴,伯夷、叔齊則不以道得貧賤,而其仁成

名於天下,皆所謂「安仁」者也。若君子將說富貴必勉於仁,又晝夜日夕,皆是思仁,此則爲「利仁」也。曾子所言,最足發

明此章之旨。 ○注「造次,急遽;顛沛,偃仆」也。 ○正義曰:鄭注云:「造次,倉卒也。」「倉促」與「急遽」義同。廣雅釋詁:

「趡、屍、造,猝也。」王氏念孫疏證:「趡、屍一字也。說文:『趡,倉卒也。』卒與猝同,趡之言造次也。倉卒造次,語之轉。

次、趡古同聲,故廣雅趡、造二字並訓爲猝。」案:易夬九四「其行次且。」釋文「次」項:「本亦作趑。說文及鄭作趑,同七私

反。」馬云:「卻行不前也。」「卻行」與「急遽」相反,文各有因也。 漢書景十三王傳:「河間獻王德被服儒術,造次必於儒

者。」言「造次」與此文義同。說文:「蹎,跋也。跋,蹎跋也。」詩蕩篇:「顛沛之揭」,毛傳「顛仆沛拔」,「拔」與「跋」同。考之說文,「顚」本訓「頂」,「沛」爲水名,皆叚借也。「偃仆」者,說文:「偃,僵也。仆,頓也。」皇本及釋文本「偃」作「僵」。說文:「僵,偾也。」義亦同。

6 子曰:「我未見好仁者,惡不仁者。好仁者,無以尚之。【注】孔曰:「難復加也。」惡不仁者,其爲仁矣,不使不仁者加乎其身。【注】孔曰:「言惡不仁者,能使不仁者不加非義於己,不如好仁者,無以尚之爲優。」有能一日用其力於仁矣乎?【注】孔曰:「言人無能一日用其力脩仁者耳,我未見欲爲仁而力不足者。」蓋有之矣,我未之見也。【注】孔曰:「謙不欲盡誣時人,言不能爲仁,故云爲能有爾,我未之見也。」

正義曰:「其爲仁矣」,爲仁卽用力於仁也。「矣」者,起下之辭。王氏引之經傳釋詞:「矣,也,一聲之轉。」三國志顧歡傳引「其爲仁也」。「加」者,呂覽不苟論、當賞篇注〔一〕:「加,施也。」「有能一日用其力於仁」者,申言爲仁之事也。夫子言:「力不足者,中道而廢。」又表記:「子曰:『鄉道而行,中道而廢,忘身之老也,不知年數之不足也,俛焉日有孳孳,斃而後已。』」並言爲仁實用其力。惟力不盡,身已斃,而學道或未至,方是「中道而廢」。其廢也,由於年數不足,是卽夫子之所謂盡矣。夫仁,人心也。人不廢者也。如是而後謂之力不足,是誠不足也。若此身未廢,而遽以力不足自諉,是卽夫子之所謂畫矣。故曰「我欲仁,斯仁至矣」,「一日克己復禮,天下歸仁焉」。卽體質素弱,而自存其心志之所至,氣亦至焉,豈患力之不足?

〔一〕「不苟論當賞篇」原誤作「孝行自知篇」,據呂氏春秋高注改。

「一日」者，期之至近而速者也。「蓋有之」者，言此用力於仁，人必有耳，但我未之得見。「蓋」是語辭，不是疑辭。漢石經「我未見好仁」下無「者」字。皇本「用其力於仁」下有「者」字，又「力不足者」下有「也」字，「蓋有之矣」，「矣」作「乎」。○注「難復加也」。○正義曰：說文「尚，曾也。」「曾」與「增」同，故注訓「加」。皇疏引李充曰：「所好惟仁，無物以尚之也。」○注「言惡」至「爲優」。○正義曰：注以經言「好仁者、惡不仁者」，是就兩人說之。「惡不仁者」不如「好仁者」爲優，意以「惡不仁者」或是利仁，強仁；若「好仁者」，則是安仁。

7 子曰：「人之過也，各於其黨。觀過，斯知仁矣。」【注】孔曰：「黨，黨類。小人不能爲君子之行，非小人之過，當恕而勿責之。觀過，使賢愚各當其所，則爲仁矣。」 正義曰：皇本「人」作「民」。「各於其黨」者，皇疏引殷仲堪曰：「言人之過失，各由於性類之不同。直者以改邪爲義，失在於寡恕；仁者以惻隱爲誠，過在於容非。」表記：「子曰：『仁之難成久矣，人人失其所好，故仁者之過易辭也。』」注：「辭猶解說也。」明言仁道難成，仁者雖有過，不失其爲仁也。又子曰：「仁有三，與仁同功而異情。與仁同功，其仁未可知也。仁者安仁，知者利仁，畏罪者強仁。」注云：「三謂安仁也，利仁也，強仁也。利仁、強仁，功雖與安仁者同，本情則異。功者，人所貪也。過者，人所辟也。在過之中，非其本情者，或有悔者焉。」案：表記此文，最足發明此章之義。利仁、強仁，功雖與安仁者同，本情則異。與仁同功，其仁未可知也；與仁同過，然後其仁可知也。漢書外戚傳：「燕王上書言子路喪姊，期而不除。」後漢書吳祐傳言：「嗇夫孫性私賦民錢，市衣進父。」南史張裕傳言：「張岱母年八十，籍注未滿，便去官還養。」三傳皆引此文美之，惟吳祐傳作「知人」。「人」與「仁」通用字。○注「黨黨」至「仁矣」。○

正義曰：禮記仲尼燕居注「黨，類也。」亦常訓。焦氏循補疏申此注云：「各於其黨，卽是觀過之法，此爲莅民者示也。」皇侃

云：「猶如耕夫不能耕，乃是其失。若不能書，則非耕夫之失也。」此說「黨」字義最明。案：注說甚曲，焦氏不免曲徇。且

知仁因觀而知，則仁卽過者之仁，而孔以爲觀者知仁術，亦誤。

8 子曰：「朝聞道，夕死可矣。」【注】言將至死，不聞世之有道。

正義曰：爾雅釋詁：「朝，早也。」說文：

「朝，旦也。夕，莫也。从月半見。」朝夕言時至近，不踰一日也。「聞道」者，古先聖王君子之道，已得聞知之也。聞道而

不遽死，則循習諷誦，將爲德性之助。若不幸而朝聞夕死，是雖中道而廢，其賢於無聞也遠甚，故曰「可矣」。新序雜事篇

載楚共王事，晉書皇甫謐傳載謐語，皆謂聞道爲已聞道，非如注云「聞世之有道」也。漢石經「矣」作「也」。

9 子曰：「士志於道，而恥惡衣惡食者，未足與議也。」 正義曰：白虎通爵篇：「士者，事也，任事

之稱也。故傳曰：通古今、辨然不謂之士。」案：士居四民之首，其習於學，有德行道藝者，始出仕亦謂之士。故士爲學人進

身之階。荀子儒效篇：「匹夫問學，不及爲士，則不教也。」聖門弟子來學時多未仕，故夫子屢言士，而子張、子貢亦問士，皆

循名責實之意。記言「士先志」，孟子言「士尚志」，又言「士志仁義」，「大人之事備仁義」，卽此文所云「道」也。「士志於

道，故當議道。說文：「議，語也。」廣雅釋詁：「議，言也。」「與」是夫子與之，夫子以道設教，故云「與」也。士既志道，而以

口體之養不若人爲恥，忮害貪求之心必不能免，故言「未足與議」以絕之也。

10 子曰：「君子之於天下也，無適也，無莫也，義之與比。」

正義曰：言「天下」者，謂於天下之人

與事也。「無適」、「無莫」者，釋文云：「適，鄭作敵。莫，鄭音慕，無所貪慕也。」惠氏棟九經古義：「禮記雜記『計於適者』，鄭

注云：『適讀爲匹敵之敵。』史記范雎傳『攻適伐國』，田單傳『適人開戶』，李斯傳『羣臣百官皆畔，不適』，徐廣皆音『征敵』

之敵。荀卿子君道篇云：『天子四海之內無客禮，告無適也。』由惠氏所引證觀之，是『適』、『敵』通用。鄭所見

本作『敵』，不知其義云何？至釋文於「莫」字，引鄭音「慕」，其下「無所貪慕」必亦鄭注之義。馮氏登府異文改證：『莫、慕

一聲之轉。』一切經音義維摩詰經上『適莫』注：『安適，主適也，亦敵也。莫猶慕也。』敵、慕二訓當亦本鄭注。竊謂『敵』，

當即仇敵之義。「無敵無慕，義之與比」，是言好惡得其正也。鄭氏專就事言。後漢書劉梁傳梁著和同論云：『夫事有違

而得道，有順而失義，有愛而爲害，有惡而爲美。〔一〕其故何乎？蓋明智之所得，闇偶之所失也。是以君子之于事也，無

適無莫，必考之以義焉。』此義當與鄭合。又李固傳：『子爕所交皆舍短取長，成人之美。時穎川荀爽、賈彪雖俱知名而

不相能，爕並交二子，情無適莫。』白虎通諫諍篇：『君所以不爲臣隱何？以爲君之於臣，無適無莫，義之與比，賞一善而衆

臣勸，罰一惡而衆臣懼。』風俗通十反篇：『蓋人君者，闢門開窗，號咷博求，得賢而賞，聞善若驚，無適也，無莫也。』諸文解

「適」、「莫」，皆就人言。皇疏引范寧曰：『適莫，猶厚薄也。比，親也。君子與人無有偏頗厚薄，唯仁義是親也。』范氏意似

以「適」爲「厚」，「莫」爲「薄」，故邢疏即云：『適、厚也；莫、薄也。』此與鄭氏義異。疑李固傳及白虎通、風俗通皆如此解，

則亦論語家舊説，於義並得通也。至邢疏又云：『言君子於天下之人，無問富厚窮薄，但有義者，則與之爲親。』其義淺陋，

〔一〕「有」原誤作「者」，據後漢書改。

不足以知聖言矣。皇本有注云：「言君子之於天下，無適無莫也，唯義之所在也。」案「無所貪慕」，乃鄭君解

「無莫」之義，與「無適」句無涉，此注必妄人所增。

11 子曰：「君子懷德，【注】孔曰：「懷，安也。」小人懷土；【注】孔曰：「重遷。」君子懷刑，【注】孔曰：「安

於法。」小人懷惠。」【注】包曰：「惠，恩惠。」 正義曰：爾雅釋詁：「懷，思也。」說文：「懷，思念也。」君子己立立人，己

達人，思成己將以成物，所思念在德也。 管子心術篇「化育萬物謂之德」。又正篇云：「愛之生之，養之成之，利民不德，

天下親之曰德。」此德爲君子所懷也。 小人惟身家之是圖，飢寒之是恤，故無恒產，因無恒心，所思念在土也。爾雅釋言：

「土，田也。」說文：「土，地之吐生萬物者也。」先王制民之產，八家同井，死徙無出鄉，必使仰足事父母，俯足畜妻子，然後

驅而之善，所謂能知小人之依矣。「懷刑」則日儆於禮法，而不致有匪僻之行，此君子所以爲君子也。小人懟不畏法，故

以刑齊民，不能使民恥也。 書皋陶謨云：「安民則惠，黎民懷之。」是小人所懷在恩惠也。 夫君子自治以治人者也，小人待

治於人者也。 知所以自治以治人，則好善惡不善，勿能已矣，知所以待治於人，則先富後教，處之必有道矣。○注「懷，

安也。」○正義曰：詩終風、雄雉、揚之水箋並云：「懷，安也。」文選登樓賦注引此注作「懷，思也」。以下句「安於法」例之，

「思」字誤。○注「重遷。」○正義曰：爾雅釋詁：「遷，徙也。」言小人以遷徙爲重難也，亦懷居之意。漢書元帝紀詔曰：「安

土重遷，黎民之性。」○注「惠，恩惠。」○正義曰：荀子王制注同。說文：「惠，仁也。」

12 子曰:「放於利而行,多怨。」【注】孔曰:「放,依也。每事依利而行,取怨之道。」 正義曰:此爲在位好利者箴也。利者,財貨也。怨者,説文云「恚也」。荀子大略篇:「故義勝利者爲治世,利克義者爲亂世。上重義則義克利,上重利則利克義。故天子不言多少,諸侯不言利害,大夫不言得喪,士不言通貨財。[一]有國之君不息牛羊,錯質之臣不息雞豚,冢卿不脩幣,大夫不爲場圃。從士以上皆羞利而不與民爭業,樂分施而恥積藏。然故民不困財,貧窶者有所竄其手。」皆言在上位者宜知重義,不與民爭利也。若在上者放利而行,利壅於上,民困於下,所謂「長國家而務財用」,必使「菑害並至」,故民多怨之也。周語:「芮良夫曰『夫利,百物之所生也,天地之所載也,而或專之,其害多矣。天地百物,皆將取焉,胡可專也?所怒甚多,而不備大難。』」○注:「放,依也。」○正義曰:鄭注天官食醫、儀禮少牢饋食有此訓。一説放,依也。

漢書公孫賀等傳贊引桓寬鹽鐵論曰:「桑大夫不師古,始放於末利。」師古注:「放,縱也。」謂縱心於利也。

案:放縱義亦通。

13 子曰:「能以禮讓爲國乎?何有?【注】何有者,言不難。不能以禮讓爲國,如禮何?」【注】包曰:「如禮何者,言不能用禮。」 正義曰:「讓」者,禮之實;「禮」者,讓之文。先王慮民之有爭也,故制爲禮以治之。「爲國」者,爲猶治也。管子五輔篇:「夫人必知禮然後恭敬,恭敬然後尊讓,尊讓然後少長貴賤不相踰越,少長貴賤而不相踰越,故亂不生而患不作,故曰:禮不可不謹也。」禮記

[一]「言」字原脱,據荀子補。

禮運曰：「何謂人情？喜、怒、哀、懼、愛、惡、欲，七者弗學而能。何謂人義？父慈、子孝、兄良、弟弟、夫義、婦聽、長惠、幼順、君仁、臣忠，十者謂之人義。講信修睦，謂之人利。爭奪相殺，謂之人患。故聖人之所以治人七情，修十義，講信修睦，尚辭讓，去爭奪，舍禮何以治之？」左襄十三年傳：「君子曰：讓，禮之主也，世之治也。」君子尚能而讓其下，小人農力以事其上，是以上下有禮，而讒慝黜遠，由不爭也，謂之懿德。及其亂也，君子稱其功以加小人，小人伐其技以憑君子，是以上下無禮，亂虐並生，由爭善也，謂之昏德。國家之敝，恒必由之。」諸文並足發明此章之義。後漢劉愷傳賈逵上書引此文，作「能以禮讓爲國，於從政乎何有」，列女傳曹世叔妻上疏引亦同。此疑出齊、古文異。〇注：「何有，言不難。」〇正義曰：後漢列女傳注：「何有，言若無有。」是其不難也。

14

子曰：「不患無位，患所以立。不患莫己知，求爲可知也。」【注】包曰：「求善道而學行之，則人知己。」

正義曰：周官大宰八則：「四曰祿位，以馭其士。」注：「爵次也。」「立」者，立乎其位也。「患所以立」，猶言患無位。下篇「其未得之也，患得之」，亦謂患不得之，皆語之急爾。上二句兩「位」字，與下二句兩「知」字，文法一例。潛夫論貴忠篇引此文作「患己不立」，當是以義增成，或謂「立」與「位」同。漢石經春秋「公即位」作「即立」，周官「小宗伯掌建國之神位」，故書「位」作「立」。鄭司農云：「古立、位同字。」「患所以立」，謂患己所以稱其位者，此說亦通。案「不患無位，患所以立」，就蒞官時言之。「不患莫己知，求爲可知」，就爲學時言之。荀子非十二子篇：「君子能爲可貴，不能使人必貴己」；能爲可信，不能使人必信己；能爲可用，不能使人必用己。故君子恥不脩，不恥見汙；恥不信，不恥不見信；

恥不能，不恥不見用。是以不誘於譽，不恐於誹，率道而行，端然正己，不爲物傾側，夫是之謂誠君子。」皇本「己」字下有「也」字。

15　子曰：「參乎！吾道一以貫之。」曾子曰：「唯。」【注】孔曰：「直曉不問，故答曰唯。」　正義曰：「參」者，曾子名。《說文》「曑」字，「讀若曾參之參」，則「參」、「曑」音同。其字從曑，則取三人同參義也。曾子時與門人同侍夫子，深知聖道，故夫子呼告之也。「一以貫之」者，焦氏《循雕菰樓集》曰：「孔子言『吾道一以貫之』，曾子曰『忠恕而已矣』，然則一貫者，忠恕也。忠恕者何？成己以及物也。孔子曰『舜其大知也與！舜好問而好察邇言，隱惡而揚善，執其兩端，用其中於民。』孟子曰『大舜有大焉，善與人同，舍己從人，樂取於人以爲善。』舜於天下之善無不從之，是其一以貫之，以一心而容萬善，此所以大也。」又云：「《孟子》曰『物之不齊，物之情也。』惟其不齊，則不得以己之性情，例諸天下之性情，即不得執己之所習、所學、所知、所能，例諸天下之所習、所學、所知、所能。故有聖人所不知而人知之，聖人所不能而人能之；知己有所欲，人亦各有所欲；己有所能，人亦各有所能。聖人盡其性以盡人物之性，因材而教育之，因能而器使之，而天下之人，共包函於化育之中，致中和，天地位焉，萬物育焉。是故人之有技若己有之，保邦之本也；己所不知，人其舍諸，舉賢之要也；知之爲知之，不知爲不知，力學之基也；克己則無我，無我則有容天下之量，有容天下之量，以善濟善，而天下之善揚，以善化惡，而天下之惡亦隱。貫者通也，所謂通神明之德，類萬物之情也。惟事事欲出乎己，則嫉忌之心生；嫉忌之心生，則不與人同而與人異；不與人同而與人異，執一也，

非一以貫之也。孔子又謂子貢曰：『女以予爲多學而識之者與？』曰：『然，非與？』曰：『非也，予一以貫之。』聖人惡

夫不知而作者，曰：『多聞，擇其善者而從之；多見而識之』，知之次也。』次者，次乎一以貫之者也。多學而後多聞多

見，多聞多見，則不至於守一先生之言，執一而不博，然多仍在己，未嘗通於人。未通於人，僅爲知之次，而不可爲大

知，必如舜之舍己從人，而知乃大。不多學，則蔽於一曲，雖兼陳萬物，而縣衡無其具，乃博學則不能皆精。吾學

焉，而人精焉，舍己從人，於是集千萬人之知，以成吾一人之知，此一以貫之所以視多學而識者爲大也。孔子非

不多學而識，多學而識，不足以盡，若曰我非多學而識者也，是一以貫之者也。多學而識，成己也；一以貫之，成己以

及物也。僅多學而未一貫，得其半，未得其全，故非之。」又廣雅釋詁：「貫，行也。」王氏念孫疏證：「衛靈公篇：『子貢問曰：

『有一言而可以終身行之者乎？』子曰：『其恕乎！』里仁篇：『子曰：『吾道一以貫之。』一以貫之，即一以行之也。荀子王

制篇云：『爲之貫之。』貫亦爲也。漢書谷永傳云：『以次貫行，固執無違。』後漢書光武十王傳云：『奉承貫行。』貫亦行也。

爾雅：『貫，事也。』事與行義相近，故事謂之貫，亦謂之服，行謂之服，亦謂之貫矣。」阮氏元擎經室集曰：「吾道一以貫之，

此言孔子之道皆於行事見之，非徒以文學爲教也。一與壹同。荀子大略、左昭二十六年、穀梁僖九年、禮記表記、大學皆訓壹爲專，大戴

衛將軍、荀子勸學、臣道、後漢書順帝紀皆訓一爲皆，荀子大略、左昭二十六年、穀梁僖九年、禮記表記、大學皆訓壹爲專，大戴

一以貫之，猶言壹是皆以行事爲教也。弟子不知所行爲何道，故曾子曰『夫子之道，忠恕而已矣。』又云：『子貢之一貫，

亦當訓爲行事，此夫子恐子貢但以多學而識學聖人，而不於行事學聖人也。夫子於曾子則直告之，於子貢則略加問難而

出之，卒之告子貢曰『予一以貫之』，亦謂壹是皆以行事爲教也，亦即忠恕之道也。』案：『一貫』之義，自漢以來不得其解，

若焦與王、阮二家之説，求之經旨皆甚合，故並録之。皇本「其之」下有「哉」字。○注「直曉不問，故答曰唯。」○正義

曰：「唯」即是答，故以答明之。説文：「唯，諾也。」曲禮記「唯而不諾」注「應辭唯恭於諾。」子出，門人問

也？」曾子曰：「夫子之道，忠恕而已矣。」正義曰：「門人」者，謂受學於夫子之門之人也。下篇「子路使門人

爲臣」「門人欲厚葬之」「門人不敬子路」，又孟子言「門人治任將歸」，皆是夫子弟子。惟曾子謂門弟子，則曾子門人。子

夏之門人問交於子張，則子夏弟子也。「忠恕」者，周語云「中能應物，忠也。」周官大司徒注「忠，言以中心。」賈子道術：「以己量人謂之恕。」大戴記小辨云「知忠必知中，知中必知恕，知恕必知

德。」又曰：「内思畢心曰知中，中以應實曰知恕。」曾子立孝篇：「曾子曰『君子立孝，其忠之用也，禮之貴也。故爲人子而

不能孝其父者，不敢言人父不能畜其子者；爲人弟而不能承其兄者，不敢言人兄不能順其弟者；爲人臣而不能事其君

者，不敢言人君不能使其臣者。』」禮中庸曰：「子曰『忠恕違道不遠。施諸己而不願，亦勿施於人。君子之道四，丘未能

一焉。所求乎子以事父，未能也；所求乎臣以事君，未能也；所求乎弟以事兄，未能也；所求乎朋友先施之，未能也。』」

庸德之行，庸言之謹，有所不足，不敢不勉。言顧行，行顧言。君子胡不慥慥爾！』」二文言忠恕之義最

顯。蓋忠恕理本相通，忠之爲言中也。中之所存，皆是誠實。大學：「所謂誠意，毋自欺也。」即是忠也。中庸云：「誠者非

自成己而已也，所以成物也。」中庸之「誠」，即大學之「誠意」。誠者，實也；忠者，亦實也。君子忠恕，故能盡己之性；盡

己之性，故能盡人之性。非忠則無由恕，非恕亦奚稱爲恕也？」説文訓「恕」爲「仁」，此因恕可求仁，故恕即爲仁，引申之義

也。是故仁者「己欲立而立人，己欲達而達人」。己立己達，忠也；立人達人，恕也。二者相因，無偏用之勢。「而已矣」者，

無餘之辭。自古聖賢至德要道，皆不外忠恕，能行忠恕，便是仁聖，故夫子言「忠恕違道不遠」也。忠恕之道，即一以貫之之道，故門人聞曾子此言，不復更問矣。宋相臺本、岳本此節下有集解云：「忠以事上，恕以接下，本一而已，惟其人也。」

其注諸本並無，蓋後人所增。

16 子曰：「君子喻於義，小人喻於利。」【注】孔曰：「喻，猶曉也。」 正義曰：包氏慎言溫故錄：「大雅瞻卬：『如賈三倍，君子是識。』箋云：『賈物而有三倍之利者，小人所宜知也。君子知之，非其宜也。』孔子曰：『君子喻於義，小人喻於利。』」案：如鄭氏說，則論語此章，蓋爲卿大夫之專利者而發，君子、小人以位言。范寧曰：「棄貨利而曉仁義，則爲君子；曉貨利而棄仁義，則爲小人。」見皇侃義疏，與鄭箋意同。董子對策曰：「古之所予祿者，不食於力，不動於末，故利可均布，而民可家足。公儀子相魯，見其家織帛，怒而出其妻，食於舍而茹葵，慍而拔其葵，曰：『吾已食祿，又奪園夫女紅利乎？』古之賢人君子在列位者皆如是。及周之衰，其卿大夫緩于誼而急于利，故詩人刺之曰：『節彼南山，維石巖巖。赫赫師尹，民具爾瞻。』爾好義，則民向仁而俗善；爾好利，則民向邪而俗敗。由是觀之，天子大夫，下民之所視傚，豈可居賢人之位而爲庶人行哉？夫皇皇求利，惟恐匱乏者，庶人之意也；皇皇求仁義，常恐不能化民者，卿大夫之意也。』觀董子此言，可知鄭說之約而該矣。焦氏循雕菰樓文集：『荀子王制篇：『古者雖王公卿士大夫之子孫，不能屬於禮義，則歸之庶人；雖庶人之子孫，積文學、正身行能屬於禮義，則歸之卿士大夫。』案：卿士大夫，君子也；庶人，小人也。貴賤以禮義分，故君子、小人以貴賤言，即以能禮義不能禮義言。能禮義，故喻於義；不能禮義，故喻於利。『無恒產而

有恒心者，惟士爲能」，君子喻於義也。『若民則無恒産，因無恒心』，小人喻於利也。惟小人喻於利，則治小人者必因民之所利而利之，故易以君子孚于小人爲利。君子能孚於小人，而後小人乃化於君子。此教必本於富，驅而之善，必使仰足事父母，俯足畜妻子。儒者知義利之辨，而舍利不言，可以守己，而不可以治天下之小人，小人利而後可義，君子以利天下爲義。孔子此言，正欲君子之治小人者，知小人喻於利。○注「喻，猶曉也。」○正義曰：禮記文王世子注同。淮南主術、脩務訓注：「喻，明也。」「明」、「曉」義同。

17 子曰：「見賢思齊焉，見不賢而內自省也。」【注】包曰：「思與賢者等。」　正義曰：鄭注云：「省，察也。察己得無然也。」案：「省察」常訓。荀子脩身篇：「見善，脩然必以自存也；見不善，愀然必以自省也。」即此章之義。○注「思與賢者等。」○正義曰：鄭注云：「齊，等也。」與包同。

18 子曰：「事父母幾諫，見志不從，又敬不違，勞而不怨。」【注】包曰：「幾者，微也。當微諫納善言於父母。見志，見父母志有不從己諫之色，則又當恭敬，不敢違父母意而遂己之諫。」　正義曰：說文云：「諫，證也。」孝經云：「父有爭子，則身不陷於不義。」是父有過，人子當諫止之也。「勞而不怨」者，王氏引之經義述聞：「勞，憂也。」高誘注淮南精神篇曰：「勞，憂也。」凡詩言『實勞我心』、『勞心忉忉』、『勞心慱慱』、『勞人草草』之類，皆謂憂也。論語『勞而不怨』，承上『見志不從』而言，亦謂『憂而不怨』

也。〈曲禮〉曰『三諫而不聽，則號泣而隨之』，可謂憂矣。皇侃疏引〈內則〉『撻之流血，不敢疾怨』以爲證。案『撻之流血』，非勞之謂也。邢昺疏曰：『〈父母使己以勞辱之事，己當盡力服其勤，不得怨父母。』則又與上文『幾諫』之事無涉，胥失之矣。孟子萬章篇曰：『父母愛之，喜而不忘；父母惡之，勞而不怨。』勞與喜相類，亦謂憂而不怨也」。案：王說是也。〈祭義〉『父母愛之，嘉而不忘；父母惡之，懼而無怨』。「懼」「憂」義同。「勞而不怨」，謂憂父母之不從，更思進諫也。皇本「敬」下有「而」字。○注「幾者」至「之諫」。○正義曰：易繫辭傳「幾者，動之微。」說文「幾，微也。」坊記「子云『從命不忿，微諫不倦，勞而不怨，可謂孝矣。』」此注言「微諫」，當即本坊記。鄭彼注云「微諫不倦者，子於父母尚和順，不用鄂鄂。」又檀弓云「事親有隱而無犯。」鄭注云：「無犯，不犯顏而諫。」論語曰「事父母幾諫。」合鄭兩注觀之，是「微諫」爲和順之義。〈內則〉所云「父母有過，下氣怡色，柔聲以諫」是也。「納善言於父母」者，謂所諫之辭，皆是善言，所謂「諭父母於道」也。「見志，見父母志有不從己諫之色」者，言父母志不可見，但見父母色」是子諫父母不從，當益加孝敬，思復進諫，則云「諫若不入，起敬起孝，說則復諫。不說，與其得罪於鄉黨州閭，寧孰諫。」是也。「納善言於父母色」者，謂所諫之辭，皆是善言，所謂「諭父母於道」也。內則所云「父母有過，下氣怡色」者，言父母志不可見，但見父母色，知其志也。「則又當恭敬」云云者，內則云：「諫若不人，起敬起孝，說則復諫。不說，與其得罪於鄉黨州閭，寧孰諫。」是子諫父母不從，當益加孝敬，思復進諫，所謂「諭父母於道」也。〈祭法〉云：「父母有過，諫而不逆。」「不逆」與「不違」義同，蓋不違亦是「幾諫」，非不敢違父母意，遂不諫也。〈白虎通諫靜〉云：「子諫父，父不從，不得去者，父子一體而分無相離之法，猶火去木而滅也。論語『事父母幾諫，又敬不違』。白虎通引此文，以「不違」爲不去，即內則所云『不說』則『孰諫』，必待親從諫而後已，己不得違而去之也。此與包注義別，亦通。」

19 子曰：「父母在，不遠遊，遊必有方。」【注】鄭曰：「方，猶常也。」 正義曰：皇本「不遠」上有「子」字。詩板傳：「遊，行也。」此常訓。吳氏嘉賓說：「必有方者，亦非遠遊也。雖近且必有其所常至，使家人知之，曲禮曰『所遊必有常』是也。」案：玉藻云：「親老，出不易方。」義與此同。邢疏，云：「遊必有常所，使父母呼己，得卽知其處也。設若告云『詣甲』，則不得更詣乙，恐父母呼己於甲處，不見，則使父母憂也。」○注「方，猶常也。」○正義曰：鄭注檀弓、禮器並同。

20 子曰：「三年無改於父之道，可謂孝矣。」【注】鄭曰：「孝子在喪，哀戚思慕，無所改於父之道，非心所忍爲。」正義曰：釋文曰：「此章與學而篇同，當是重出。」陳氏鱣古訓曰：「漢石經亦有此章，當是弟子各記所聞，故鄭注之。」案：論語中重出者數章，自緣聖人屢言及此，故記者隨文記之。春秋繁露祭義篇：「孔子曰：『書之重，辭之復。嗚乎！不可不察也。其中必有美者焉。』」○注「鄭曰」至「忍爲」。○正義曰：釋文云：「學而是孔注，今此是鄭注，本或二處皆有集解，或有無者。」

21 子曰：「父母之年，不可不知也。一則以喜，一則以懼。」【注】孔曰：「見其壽考則喜，見其衰老則懼。」 正義曰：「喜」「懼」者，說文云：「喜，樂也。懼，恐也。」皇疏引李充曰：「孝子之事親也，養則致其樂，病則致其憂，憂樂之情深，則喜懼之心篤。然則獻樂以排憂，進歡而去戚者，其惟知父母之年乎！豈徒知年數而已哉？貴其能稱年

而致養也。是以惟孝子爲能達就養之方，盡將從之節，喜於康豫，懼於失和，孝子之道備也。」○注「孔曰」至「則懼」。○

正義曰：「此章注或云孔注，或云包氏，又作鄭玄語辭，未知孰是。」

者言之不妄出也」。

22 子曰：「古者言之不出，恥躬之不逮也。」【注】包曰：「古人之言，不妄出口，爲身行之將不及。」

正義曰：爾雅釋詁：「躬，身也。逮，及與也。」釋言：「逮，及也。」並常訓。禮緇衣云：「子曰：『言從而行之，則言不可飾也，行從而言之，則行不可飾也。故君子寡言而行，以成其信，則民不得大其美而小其惡。』」義與此章相發。皇本作「古之

23 子曰：「以約失之者鮮矣。」【注】孔曰：「俱不得中，奢則驕佚招禍，儉約無憂患。」 正義曰：「約」即「曾子守約」之約。趙氏佑溫故錄：「賁盡飾，受以剝，節當位，受以孚。君子損益盈謙，與時消息，於謙得六爻之吉，於豐厪日中之憂。天道人事，未有不始於約、終於約者。約而爲泰則無恒，泰而能約故可久。曲禮曰：『敖不可長，欲不可從，志不可滿，樂不可極。』皆言約之道也。」武氏億經讀考異：「此凡兩讀，『以約』爲句，『失之者鮮矣』爲句。又『以約失之者』爲句，『鮮矣』爲句，並通。」○注「俱不」至「憂患」。○正義曰：注謂約即儉也。奢則不孫，儉則固，二者俱不得中，而約可免憂患，故其失鮮。易象傳：『天地不交否，君子以儉德辟難。』表記：『子曰：『夫恭近禮，儉近仁，信近情，敬讓以行，此雖有過，其不甚矣。夫恭寡過，情可信，儉易容也。以此失之者，不亦鮮乎！』義與此文相證。

24 子曰：「君子欲訥於言，而敏於行。」【注】包曰「訥，遲鈍也。言欲遲而行欲疾。」〇正義曰：說文云「訥，言難也。」廣雅釋詁「訥，遲也。」玉篇引論語作「呐」，以「呐」爲「訥」之或體。說文「呐，言之訥也。」「呐」在口部，「訥」在言部，字異義同。檀弓「其言呐呐然，如不出諸其口。」注「呐呐，舒小貌。」亦遲鈍之義。釋文引鄭注云「言欲難。」意與包同。

25 子曰：「德不孤，必有鄰。」【注】方以類聚，同志相求，故必有鄰，是以不孤。 正義曰：張栻解云「德立於己，則天下之善斯歸之，蓋不孤也。如善言之集，良朋之來，皆所謂『有鄰』也。至於天下歸仁，是亦『不孤』而已矣。」案：張解深合經旨。易坤文言曰「君子敬以直內，義以方外，敬義立而德不孤。」言內外皆有所立，故德不孤。不孤者，言非一德也。韓詩外傳齊桓公遇麥丘之封人，謂其善祝曰「至德不孤，善言必再。」又曰「至德不孤，善言必三。」義尤明顯。「必有鄰」者，言己有德，則有德之人亦來歸也。鹽鐵論論誹篇引此文說之云「故湯興而伊尹至，不仁者遠矣。孔子曰『德不孤，必有鄰。』明君在上，而亂臣在下也。」漢書董仲舒傳「臣聞天之所大奉使之王者，必有非人力所能致而自至者，此受命之符也。天下之人，同心歸之，若歸父母，故天瑞應誠而至。書曰『白魚入於王舟』云云，此蓋受命之符也。孔子曰『德不孤，必有鄰。』皆積善累德之效也。」此引論語爲「人同心歸之」之證。積善累德，即釋不孤義也。皇疏：「又一云鄰，報也。言德行不孤矣，必爲人所報也。故殷仲堪曰『推誠相與，則殊類可親，以善接物，物亦不皆忘，以善應之，是以德不孤焉，必有鄰也。』」案：說苑復恩篇「孔子曰：『德不孤，必有鄰。』夫施德者貴不德，受恩者尚必報。」是以『鄰』爲『報』，亦漢人舊誼，故

並筹之。○注「方以」至「不孤」。○正義曰：邢疏云：『方以類聚』者，周易上繫辭文也。方謂法術性行，各以類相聚也。云

『同志相求』者，周易乾卦文言也。〔一〕言志同者相求爲朋友也。」

26 子游曰：「事君數，斯辱矣；朋友數，斯疏矣。」【注】數謂「速數」之數。 正義曰：「疏」遠也。見呂

覽慎行注。邢疏云：「此章明爲臣結交當以禮漸進也。」吳氏嘉賓說：「『數』與『疏』對，記曰『祭不欲數』是也。君子之交淡

如水，小人之交甘如醴。君子淡以成，小人甘以壞，事君與交友皆若是矣。『數』者，昵之至於密焉者也。惟恐其辱，乃所

以召辱，不欲其疏，乃所以取疏，故曰上交不詔，下交不瀆。」案：吳氏此說，與邢疏合。宋書蕭思話劉延孫傳論：「夫悔因

事狎，敬由近疏，疏必相思，狎必相厭，厭思一殊，榮禮自隔。子曰『事君數，斯辱矣，朋友數，斯疏矣。』雖引文有誤，而其義亦與邢疏同。

釋文云：「數，鄭世主反，謂數己之功勞。」隋書李諤傳：「時當官者好自矜伐。諤上疏云『舜戒禹云「女惟不矜，天下莫與

汝爭能」，女惟不伐，天下莫與女爭功。』言偃又云：『事君數，斯辱矣，朋友數，斯疏矣。』此皆先哲之格言。」正本鄭說，以

「數」爲數己之功勞也。先兄五河君經義說略辨之云：「如鄭此說，則下『朋友數』不可通，當訓爲數君友之過。漢書項籍

傳、陳餘傳、司馬相如傳下、主父偃傳注並云：『數，責也。』國策素策注『數讓』、『責讓』，皆數其過之義。儒行『其過失可

微辨，而不可面數也。』俞氏樾羣經平議說同。又云：『曲禮云：「爲人臣之禮，不顯諫。」故諫有五，而

孔子從其諷，其於朋友，則曰『忠告而善道之』。事君而數，則失『不顯諫』之義。朋友而數，則非所以『善道』之矣。」此說於

〔一〕「同志相求」，易乾卦文言作「同氣相求」。

義亦順，因並箸之。○注：「數謂『速數』之數。」○正義曰：《爾雅釋詁》：「數，疾也。」《樂記》：「衞音趨數煩志。」注：「趨數讀如促

速。」《祭義》：「其行也趨趨以數。」注：「數之言速也。」是數、速音義皆相近，此注義不顯備。胡氏紹勳《拾義》申此注，謂「數者，

疾諫也。」又謂「數有驟義，如《廣雅釋詁》三、《小爾雅廣言》皆訓『驟』爲『數』。《左傳》宣二年『驟諫』服注、《楚辭悲回風》『驟諫君而

不聽兮』注並云：『驟，數也。』驟諫未有不致辱者」。此説當得注意。陳氏《鱣古訓》引錢廣伯説「速數」乃「疏數」之訛，非

是。《皇本》此注爲孔安國。

論語正義卷六

公冶長第五　集解

凡二十九章

1　子謂公冶長，「可妻也。雖在縲絏之中，非其罪也」。以其子妻之。【注】孔曰：「冶長，弟子，魯人也。姓公冶，名長。縲，黑索。絏，攣也。所以拘罪人。」

正義曰：「以」者，主婚之辭。「子」者，子在室爲父。」注：「子，女也。」「妻」者，以女適人，與之爲妻也。説文「妻，婦與夫齊者也。」大戴禮保傅云「謹爲子孫娶妻嫁女，必擇孝悌世世有行義者」故此辨其非罪。及論南容，亦稱其德行，示當謹擇士也。非其罪，傳無所聞。皇疏引范寧曰：「公冶行正獲罪，罪非其罪，孔子以女妻之，將以大明衰世用刑之枉濫，勸將來實守正之人也。」又引別書名論釋稱公冶長解禽語，食死人肉，致疑爲殺人，繫獄。邢疏斥其不經。愚以周官「夷隸掌與鳥言」「貉隸掌與獸言」，則以公冶解鳥語，容或有之，而謂因此獲罪，則傅會之過矣。○注「縲」，唐石經作「縩」，張參五經文字以爲避諱偏旁。○注「冶長」至「罪人」。○正義曰：史記弟子傳「公冶長，齊人。」家語弟子解則云「魯人」，與此孔注合。史記「長可妻也」不連「公冶

〔一〕「行」下原衍「仁」字，據大戴禮記解詁删。

爲文，故此注以公冶爲姓，長爲名。而又稱「冶長」者，猶馬遷、葛亮之比，凡兩字姓，得單舉一字也。〔家語云「名萇」，邢疏

引家語作「字子長」，釋文引家語作「字子張」，據史傳亦「字子長」。皇疏及釋文引范寧曰：「名芝，字子長。」白水碑作「子

之〔一〕」，似又以子之爲字。諸說各異，當以史傳爲正。「緤」爲黑索者，說文無「緤」字，「絫」下云：「緤得理也」，一曰大索也。」

「緤」與「絫」同。凡索皆緤屬而成，故兩訓可互取。史記此文作「累」，淮南子氾論訓「累絏」兩見。孟子梁惠王下「係累其

子弟」，趙岐注：「係累，猶縛結也。」荀子成相「箕子絫」，楊倞注：「絫讀爲縲。」案「累」即「絫」之省。春秋左氏傳「不以累

臣釁鼓」，兩釋絫囚「使其衆男女別而絫」，皆以絫爲索。說文：「絏，系也。」從系，世聲。緤，絏或從枼。」廣雅釋詁：

「絏，系也。」釋器「絏，絫索也。」少儀「犬則執絏。」左氏傳「臣負羈絏。」是絏亦繩索之稱。凡繫人繫物，皆謂之絏。

以「絏」爲縈者，說文「絏，係也。」易中孚「有孚攣如。」馬注：「攣，連也。」虞注：「攣，引也。」義皆可證。

2　子謂南容，「邦有道，不廢；邦無道，免於刑戮」。以其兄之子妻之。【注】王曰：「南容，弟子，孔

南宮絛，魯人也，字子容。不廢，言見用。」　正義曰：爾雅釋詁：「廢，舍也。」此常訓。說文：「戮，殺也。」廣雅釋詁：「戮，殺

也」，「辱也，皐也。」義皆相近。大戴禮衛將軍文子篇：「獨居思仁，公言言義，其聞之詩也」〔二〕曰三復白圭之玷，是南宮

絛之行也。夫子信其仁，以爲異姓。」盧辯注：「謂以兄之子妻之也。」案：「思仁」「言義」，則有臨民之德，當國有道時，必見

錄用也。其心謹言，則當無道時，危行言遜，故可免刑戮也。　皇疏云：「昔時講說，好評公冶，南容德有優劣，故妻有己女，

〔一〕「之」字原脱，據大戴禮記解詁補。

兄女之異。〇倪謂二人無勝負也。卷舒隨世，乃為有智，而枉濫獲罪，聖人猶然，亦不得以公冶為劣也。以己女妻公冶，以

兄女妻南容，非謂權其輕重，政是當其年相稱而嫁事，非一時在次耳，則可無意其間也。「兄之子」者，史記索隱引家語

云：「梁紇娶魯之施氏，生九女。其妾生孟皮，病足，乃求婚於顏氏徵在。」則孔子兄即孟皮也。孟皮此時已卒，故孔子為

兄子主婚。〇注「南容」至「子容」。〇正義曰：「南容」者，兩字氏，亦單舉一字，故曰「南」。史記仲尼弟子列傳：「南宮括，

字子容。」「括」又作「适」。史以南宮括、南容為一人，此注又以南容、南宮紹為一人。檀弓「南宮絛之妻，夫

子誨之髽。」而家語又以「三復白圭」為「南宮韜之行」「韜」與「紹」同。論語釋文亦云：「紹，本又作韜。」則陸所引此注亦

作「韜」。「韜」與「括」義皆相貫，作「紹」「适」皆通用字。鄭氏檀弓注云：「南宮紹，孟僖子之子南宮閱也，字子容，

其妻孔子兄女。」疏云：「案：左氏傳『孟僖子將卒，召其大夫云：「屬說與何忌於夫子，以事仲尼。」』以南宮為氏，故世本云

『仲孫獲生南宮紹』是也。」案：仲孫獲即孟僖子，世本誤以南宮紹、南宮閱為一人，而鄭君遂承其誤。「閱」與「說」通用字，

左傳所云「屬說」，即南宮閱也，又名仲孫閱，又名南宮說，而其謚為敬，其字為叔，與南宮紹無涉。自鄭君誤依世本，而陸

德明釋文、司馬貞史記索隱皆沿用之。然漢書古今人表分列南宮敬叔、南容為二人，則世本不可信。明錢可選箋補闕疑

曾列四疑以辨之，謂孔子在魯，族姓顏微，而敬叔為公族元士，定已娶於彊家，豈孔子得以兄子妻之？又檀弓載「南宮敬

叔反，必載寶而朝」，孔子謂「不如速貧之愈」。若而人豈能抑權力而仲有德，謹言行而不廢於有道之邦者耶？毛氏奇齡

四書賸言亦謂敬叔即曾受僖子命，與其兄懿子學禮孔子，然並不在弟子之列。史記、家語所載弟子止容一人，向使容即

敬叔，則未有不載懿子者，至紹妻姑喪，孔子誨其女髽法。若是敬叔，則此姑者，孟僖子妻也。世族喪服自有儀⋯

法，不容誨也。至若史記、家語，各載敬叔從孔子適周，見金人緘口，孔子戒以謹言，事與容無涉。二家之論致確。梁氏

玉繩古今人表攷、史記志疑説畧同。惟毛氏賸言以南宫适別爲一人，非是。南容與史記不合，其誤顯然，此故不載其説

也。又顔師古漢書注：「南容卽南宫縚也，敬叔卽南宫括也。」以南宫括爲敬叔，亦誤。

3　子謂子賤，【注】孔曰：「子賤，魯人，弟子宓不齊。」「君子哉若人！魯無君子者，斯焉取斯？」【注】

包曰：「若人者，若此人也。如魯無君子，子賤安得此行而學行之？」正義曰：吕氏春秋察賢篇：「宓子賤治單父，彈鳴

琴，身不下堂，而單父治。巫馬期以星出，以星入，日夜不居，以身親之，而單父亦治。巫馬期問其故於宓子。曰：『我之

謂任人，子之謂任力。任力者故勞，任人者故逸。』宓子則君子矣。」韓詩外傳同。又云：「子賤治單父，其民附。孔子曰：

『告丘之所以治之者。』對曰：『所父事者三人，所兄事者五人，所友者十有二人，所師者一人。』孔子曰：『所父事者三人，足

以教孝矣；所兄事者五人，足以教弟矣；所友者十有二人，足以袪壅蔽矣；所師者一人，足以慮無失策，舉無敗功矣。

惜也不齊爲之小，不齊爲之大，功乃與堯舜參矣。』」説苑政理篇畧同。然則夫子所云魯之君子，卽指所父事、兄事、所友、

所師者言。子賤爲政，在能得人，故説苑又載子賤告夫子以三得，終之以朋友益親，夫子贊美子賤能取人，而又以見魯多

君子，故云：「若魯無君子，子賤安所取法以成其治乎？」新序雜事二：「魯君使宓子賤爲單父宰，子賤辭去，因請借善書者

二人，使書憲書教品，魯君予之。〔二〕至單父使書，子賤從旁引其肘，醜則怒之，欲好書則又引之。書者患之，請辭而去。

〔一〕「予」原誤作「子」，據新序改。

歸以告魯君。魯君曰：『子賤苦吾擾之，使不得施其善政也。』乃命有司無得擅徵發單父，單父之化大治。故孔子曰：『君子哉子賤！魯無君子者，斯安取斯？』美其德也。」新序與說苑同出劉向。蓋魯君信用子賤，而子賤又能取人以輔其治，故孔子美之。○注：「子賤，魯人，弟子宓不齊。」○正義曰：史記弟子列傳：「宓不齊，字子賤，少孔子四十九歲。」不言何國人。家語弟子解始云「魯人」，與此注合。漢書藝文志有「宓子十六篇」，顏師古注：「宓讀與伏同。」又或作「虙」，見五經文字所引論語釋文。然釋文以作「宓」為誤，則不知「虙」、「宓」俱從必得聲，未為誤也。又或作「密」，見淮南子泰族訓。

4　子貢問曰：「賜也何如？」子曰：「女，器也。」【注】孔曰：「言女器用之人。」曰：「何器也？」曰：「瑚璉也。」【注】包曰：「瑚璉，黍稷之器。夏曰瑚，殷曰璉，周曰簠簋。宗廟之器貴者。」　正義曰：夫子論諸弟子，非在一時，記者以次書之。皇疏謂「子貢聞孔子評諸弟子而不及己，故有此問」，非也。惠氏棟九經古義：「瑚璉當為胡連。春秋傳曰『胡簋之事』，明堂位曰『夏后氏之四連』，皆不從玉旁。孔廟禮器碑又作胡輦，古連、輦字通。」段氏玉裁說文注引禮器碑，又引司馬法『夏后氏輦曰余車，殷曰胡奴車，周曰輜輦。』疑『胡輦』皆取車為名。案：說文「槤，瑚槤也。」其字從木，當是以木為之。潛夫論讚學云：「胡簋之器，其始也，乃山野之木。」是其證。陳祥道禮書：「瑚以玉，簋以竹為之。」其祇以瑚字從玉，簋字從竹，妄為說之，無他證也。馮氏登府異文考證考「胡連」本瓦器，而飾以玉。孟郁修堯廟碑「瑚」字又作「瑚」，可知胡連本瓦器，故後人又加土旁。案：考工記：「旊人為簋。」馮見簋是瓦器，而明堂位以「四連」、「六瑚」、「八簋」為文，則胡連亦瓦器。然旊人疏云：「祭宗廟皆用木簋，今此用瓦簋，祭天地及外神尚質，器用陶匏之類也。」則簋有以

木，以瓦之異。堯廟碑是祭外神，當用瓦，故字作瑚。若論語言祭宗廟之器本不用瓦，不得同彼文作瑚也。○注「瑚璉」

至「貴者」。○正義曰：鄭注云：「黍稷器，夏曰瑚，殷曰璉。」與包咸同。說文云：「黍，禾屬而黏者也。稷，穄也。」程氏瑤田

九穀考說：「黍穗似禾而舒散，今北人稱黃小米。稷，今之高粱。」宗廟之祭，食用黍稷，此瑚璉爲盛黍稷器也。其制之異

同，鄭注明堂位已云「未聞」。凌氏曙嘗典故羣引三禮圖「瑚受一升，如簋而平下。璉受一升，漆赤中，蓋亦龜形，飾口以白

金，制度如簋而銳下。」則以瑚圓璉方，未知何本。明堂位稱夏之四璉，殷之六瑚，今包、鄭注俱云「夏瑚殷璉，盛黍稷稻粱器」，賈、服、杜

注左傳亦言「夏曰瑚」，疑今本明堂位文有誤也。「周曰簠簋」者，鄭注周官舍人云：「方曰簠，圓曰簋，盛黍稷稻粱器」，賈

疏「案孝經云『陳其簠簋』」，註云『內圓外方，受斗二升』者，直據簋而言。若簠則內方外圓。」此其制也。夫子言「賜也達，

可使從政」，故以宗廟貴器比之。言女器若瑚璉者，則可薦鬼神，羞王公矣。

5 或曰：「雍也仁而不佞。」【注】馬曰：「雍，弟子，仲弓名，姓冉。」子曰：「焉用佞？禦人以口給，

屢憎於人。不知其仁，焉用佞？」【注】孔曰：「屢，數也。佞人口辭捷給，數爲人所憎惡。」 正義曰：說文云：

「佞，巧讇高材也。」曲禮釋文：「口才曰佞。」下篇「惡夫佞者」、「無乃爲佞乎」訓同。仲弓德行中人，行必先人，言必後人，

或者以爲仁而不佞者。當時尚佞，見雍不佞，故深惜之。「禦」者，爾雅釋言云「禁也」。「不知其仁」，言以口給禦人，不知

其人於仁何如也。唐石經初刻作「其仁」，後磨改作「其人」，皇本末二句尾並有「也」字。○注「雍，弟子，仲弓名，姓冉。」

○正義曰：史記弟子列傳：「冉雍，字仲弓。」鄭目錄云「魯人」。論衡自紀篇以仲弓爲冉伯牛子，史記索隱引家語又云：「伯

牛之宗族。」二說各異，當從論衡。○注「屢數」至「憎惡」。○正義曰：毛詩賓筵傳：「屢，數也。」此常訓。「捷給」者，捷，速

也」，給，足也。荀子性惡篇：「齊給便敏而無類。」注：「給謂應之速，如供給者也。」非十二子篇：「齊給便利而不順禮義。」

注：「給，急也。」遠、急皆引申之義。大戴禮保傅篇：「接給而善對。」曾子立事篇：「進給而不讓。」說苑尊賢篇「孔子對哀公

以取人之術曰：『毋取拑者，毋取口銳者。』拑者大給利，不可盡用；口銳者多誕而寡信，後恐不驗也。」皆謂口辭捷給也。

韓詩外傳：「人之利口贍辭者，人畏之，畏之斯惡之。」子曰「惡利口之覆邦家者。」』

6 子使漆雕開仕。對曰：「吾斯之未能信。」

【注】孔曰：「開，弟子也。漆雕姓，開名。仕進之道，未能

信者，未能究習。」子說。 【注】鄭曰：「善其志道深。」 正義曰：釋文：「雕，本或作彫。」皇本、唐、宋石經皆作「彫」。邢

本作「雕」，與釋文合。阮氏元校勘記：「依說文當作琱。凡琱琢之成文則曰彫，雕、琱皆叚借字。」案：依阮說，漆雕氏必其

職掌漆飾琱刻，以官爲氏者也。夫子使開仕，當在爲魯司寇時。皇疏云：「答師稱吾者，古人皆然也。」考答師稱吾，僅見

此文。宋氏翔鳳過庭錄：「疑吾爲啟字之訛，啟卽啟字。」亦通。○注「開弟」至「究習」。○正義曰：史記弟子列傳：「漆雕

開，字子開。」閻氏若璩四書釋地謂「上開本啟字，漢人避諱所改。」引漢藝文志「孔子弟子漆雕啟」證之，其說是也。古今

人表亦作「啟」，啟者，開也，故字子開。此注以開爲名，作偶者之疏可知。鄭目錄云「魯人」，家語則云「蔡人」，亦誤也。

白水碑字子脩，皆妄人所造。楊簡先聖大訓又名憑，家語弟子解又字子若，仕進之道，恐未能究習，故云「未能信」。信

者，有諸己之謂也。由開之言觀之，其平時好學，不自矜伐，與其居官臨民謹畏之心，胥見於斯。其後仕與不仕，史傳並

無明文。

〔家語〕謂開「習尚書」「不樂仕」。夫不樂仕，非聖人之教。中庸云：「誠者非自成己而已也，所以成物也。」夫子謂

「仁者，己欲立而立人，己欲達而達人」。〔子路〕亦謂「不仕無義，欲潔其身，而亂大倫」。是開之言「未能信」，實以仕進之道

未能究習，而非不樂仕矣。此注雖僞作，猶能不失其義。王肅注家語云：「言未能明信斯書義。」是肅自爲附會。○注：

「善其志道深。」○正義曰：子曰：「三年學，不至於穀，不易得也。」即此義。

7 子曰：「道不行，乘桴浮于海。從我者，其由與？」【注】馬曰：「桴，編竹木，大者曰栰，小者曰桴。」

子路聞之喜。【注】喜與己俱行。

正義曰：「乘」，說文作「椉」，云「覆也」。覆者，加乎其上也。詩七月傳：「乘，升

也。」「浮」者，說文云：「氾也。」漢書地理志注：「浮，以舟渡也。」「于」，皇本作「於」，爾雅釋詁：「于，於也。」二字義同，故經

傳通用。王氏瓌四書地理考：「浮海指勃海。」說文：「海，天池也。」以納百川者。」又云：「澥，勃澥，海之別也。」潛丘劄記：

〔太史公多言勃海，河渠書謂永平之勃海，封禪書謂登萊之勃海，蘇秦列傳指天津衛之海，朝鮮列傳指海之在遠東者。勃

海之水大矣，非專爲近勃海郡者也。〕案：漢書地理志：「玄菟、樂浪、武帝時置〔一〕」皆朝鮮、濊貉、句驪蠻夷。殷道衰，箕子

去之朝鮮，教其民以禮義，田蠶織作。樂浪、朝鮮民犯禁八條：相殺以當時償殺；相傷以穀償；相盜者男沒入爲其家奴，

女子爲婢，欲自贖者，人五十萬。雖免爲民，俗猶羞之，嫁娶無所讎，是以其民終不相盜，無門戶之閉，婦人貞信不淫辟。

可貴哉，仁賢之化也！然東夷天性柔順，異於三方之外，故孔子悼道不行，設浮於海，欲居九夷，有以也。」顏注「言欲乘

────

〔一〕「置」字原脫，據地理志補。

桴筏而適東夷，以其國有仁賢之化，可以行道也。據志言，則浮海指東夷，即勃海也。夫子當日必實有所指之地，漢世師

説未失，故尚能知其義，非泛言四海也。夫子本欲行道於魯，魯不能竟其用，乃去而之他國，最後乃如楚。則以楚雖蠻

夷，而與中國通已久，其時昭王又賢，葉公好士，故遂如楚以冀其用，則是望道之行也。至楚，又不見用，始不得已而欲浮

海居九夷，『史記世家雖未載『浮海』及『居九夷』二語，爲在周遊之後，然以意測之當是也。其欲浮海居九夷，仍爲行道，

由漢志注繹之，則非遁世幽隱，但爲世外之想可知，即其後浮海居九夷，皆不果行，然亦見夫子憂道之切，未嘗一日忘諸

懷矣。其必言乘桴者，錢氏坫論語後録謂『爾雅釋水『庶人乘泭』，夫子言道不行，以庶人自處」，是也。說文：「憙，說也。

從心從喜，喜亦聲。」今經傳通作「喜」，皇本「由」下有「也」字。○注：「桴，編竹木，大者曰栰，小者曰桴。」○正義曰：詩周

南疏引論語注與此注同。孫炎注：「方木置水中爲泭筏也。」釋文：「泭字或作柎，樊本作柎。」釋水李巡注：「併木以渡也。」爾雅釋

言：「舫，泭也。」邶風「方之舟之」，毛傳並云：「方，泭也。」「方」與「舫」同。周南釋文「泭本亦作柎，又作桴，或作柎。」詩周

「桴」是叚字，餘皆同音異體也。方言：「泭謂之䉹，䉹謂之筏。筏，秦、晉之通語也。江、淮家居䉹中謂之薦。」廣雅釋水「䉹、

筭、橫、筏也。」衆經音義卷三：「筏，通俗文作𣝔，韻集作橃。編竹木浮於河以運物也。南土名筭，北人名筏。」楚辭王逸

注：「楚人曰泭，秦人曰橃。」「筏」「橃」「橃」並同。周南釋文引郭璞音義云：「木曰橃，竹曰筏，小筏曰泭。」泭爲小，則筏

爲大，此據人當時所稱別之。然泭、筏對文，有大小之殊，散文亦通稱。故方言、廣雅廣列異名，不爲分別也。○注：「喜與

己俱行。」○正義曰：子路親師，雖相從於患難勿恤也。今見夫子使從浮海，若夫子獨許己與之俱行，故聞而喜也。子曰：

「由也好勇過我，無所取材。」【注】鄭曰：「子路信夫子欲行，故言好勇過我。無所取材者，無所取於桴材。以子路不解微言，故戲之耳。一曰子路聞孔子欲浮海，不復顧望，故孔子歎其勇曰過我。無所取哉，言唯取於己。古字材、哉同。」

注「子路」至「哉同」。○正義曰：注用鄭義，後則集解兼存他說也。釋文：「『過我』絕句。」此本鄭氏。又云：「一讀過字絕句。」此集解後說。說文：「材，木挺也。」周官太宰「五曰材貢」，史記貨殖傳「山居千章之材」，並謂木也。夫子浮海，是不得已之思，其勢亦不能行，子路信爲實然，則以不解夫子微言故也。「微」者，隱也。其義深隱，則曰「微言」，猶所謂「隱語」也。子路伉直，不解微言，故夫子但言「無所取材爲桴」以戲之，所以深悟之也。爾雅釋詁：「戲，謔也。」三國吳志薛綜傳權欲浮海親征公孫淵，綜諫曰：「昔孔子疾時，託乘桴之語，季由是喜，拒以無所取才。」繹其辭義，亦謂桴材。作「才」者，叚借字。「一曰」云云，以「過」爲好勇過我。「無所取材」，爲但以由從，不復取他人哉，言必不能也。云「古字林哉同」者，馮氏登府異文考證：「哉字從才，才與哉通。」崔瑗張平子碑「往才汝諧。」邢昺爾雅疏：「哉，古文才。」

8 孟武伯問：「子路仁乎？」子曰：「不知也。」【注】孔曰：「仁道至大，不可全名也。」又問。子曰：

「由也，千乘之國，可使治其賦也，不知其仁也。」【注】孔曰：「賦，兵賦。」 正義曰：史記弟子傳作「季康子問」，當出古論。 釋文：「賦，梁武帝云『魯論作傅。』」陳氏鱣古訓曰：「賦、傅同音，故魯論借用。」大戴禮衛將軍文子篇

子貢歷言仲由、冉有、公西赤之行，文子以爲一諸侯之相。與此章所論相合。程氏瑤田論學小記：「夫仁，至重而至難者也。

故曰『仁以爲己任，任之重也。死而後已，道之遠也』。如自以爲及，是未死而先已，聖人之所不許也。故曰『同也』，其心三月

不違仁』，『吾見其進也，未見其止也』。言夫行恕以終其身，死而後已，不自以爲及者也。故有問人之仁於夫子者，則皆曰

『未知』，蓋曰吾未知其及與否也。」○注：「賦，兵賦。」○正義曰：鄭注：「賦，軍賦。」此孔所襲。說文：「賦，斂也。」顏師古漢

書地理志注：「賦者，發斂土地所生之物，以供天子也。」胡氏渭禹貢錐指：「周時軍旅之征謂之賦。周禮大司馬注：『賦，給

軍用者也。」小司馬注曰：『賦謂出車徒給繇役也。』左傳曰：『天子之老請帥王賦。』又曰『悉索敝賦』，又曰『韓賦七邑』，又

曰『魯賦八百乘』，邾賦六百乘』。又曰『鄙無賦於司馬』，其所謂賦皆，軍賦也。」「求也何如？」子曰：「求也，千

室之邑，百乘之家，可使爲之宰也，不知其仁也。」【注】孔曰：「千室之邑，卿大夫之邑，卿大夫稱家。諸侯

千乘，大夫百乘。宰，家臣。」　正義曰：武伯更問求、赤於仁何如？夫子直告以二子之才，不俟再問也。「千室之邑」

者，說文：「室，實也。從宀從至，至所止也。邑，國也。從口。先王之制，尊卑有大小，從卩。」宰者，公羊隱元年傳「宰者

何？」官也。」古凡大小官多稱宰，如冢宰、大宰、膳宰、宰夫、宰胥、宰旅及邑長家臣，皆名宰也。左隱元年疏引鄭注論語

云：「公大都之城，方三里。」臧，宋輯本列之此文之下，考左傳云：「凡邑有宗廟先君之主曰都。」又云：「先王之制，大都不

過參國之一。」鄭以國爲上公之國。周官典命：「公九命，其國家宮室、車旗、衣服、禮儀皆以九爲節。」鄭注云：「公城蓋方

九里。」是大都三國之一，則爲三里矣。　就鄭君殘注繹之「千室之邑謂公邑」，凌氏曙四書典故覈云：「周官之制，天子自六

鄉以外，分六遂及家稍、小都、大都。其餘之地，制爲公邑，使大夫治之。在二百里、三百里以上，大夫如州長；在四百

里，五百里以下，大夫如縣正；，皆屬於遂人。戴師『以公邑之田任甸地』，舉甸以該稍、縣、畺也。鄉遂之民，以七萬五千

家定，其餘夫皆受田於公邑，故遂人授民夫以廛，田百畮，萊五十畮，餘夫亦如之。餘夫所受，公邑之萊也。太宰『九

賦』，邦甸、家稍、都鄙之賦皆公邑所出。諸侯之國亦然。以魯言之，三鄉三遂之外，除大夫之采邑，皆公邑。孔子爲中都

宰，子夏爲莒父宰，子賤爲單父宰，子游爲武城宰，皆公邑也。惟費宰爲季氏邑，成宰爲孟氏邑，郈宰爲叔孫氏邑，非公邑

耳。王畿之地，鄉遂以家計，公邑蓋以里計。諸侯之地，皆以家計。故春秋之世，動云書社幾百，蓋二十五家爲社，可知

邑之大小，皆論室之多少也。周禮：『四井爲邑，四邑爲丘，四丘爲甸，四甸爲縣，四縣爲都。』鄭注：『甸方八里，旁加一里治

洫，則方十里爲一成。四甸爲縣，方二十里。』縣二百五十六井，二千三百四十夫之地。以鄭意推司馬法算之，宮室涂巷

三分去一，通不易、一易、再易計之，爲一室受二夫之田，實一縣受田出稅人爲七百六十九夫，又旁加一里，內受田治洫人

四百三十一夫，共千二百夫。云『千室之邑』，舉成數也。或容有餘夫分授，杜氏注左傳『築郿』曰：『四縣爲都，四井爲邑。』

然宗廟所在，則雖邑曰都，尊之也』。孔疏引釋例曰：『邑有先君宗廟，雖小曰都，都而無廟，固宜稱城。』案：此則自井以上

至縣，凡有城皆稱邑。至四縣爲都，乃稱都，故云『千室之邑』。其宰則如周禮之縣正也。』鄭此注又云：『大夫之家，邑有百

乘，采地一同之廣輪也。』案：『大學云『百乘之家』。鄭注：『有采地者也。』坊記云：『家富不過百乘。』兩疏以爲皆卿采邑，凡

卿亦稱大夫，故鄭君此注及雜記注並言大夫有百乘也。坊記疏以爲百里正一同之制。司馬法：『六尺爲步，步百爲畮，畮

百爲夫，夫三爲屋，屋三爲井。井十爲通，通爲匹馬三十家，士一人，徒二人。通十爲成，成百井，三百家，革車一乘，士

十人，徒二十人。十成爲終，終千井，三千家，革車十乘，士百人，徒二百人。十終爲同，同方百里，萬井，三萬家，革車

百乘，士千人，徒二千人。」此司馬法，鄭君引以注「小司徒」，知此采地一同亦其制也。賈公彥「小司徒」疏云：「謂之爲同者，取

象雷震百里所閫同。」是同方一百里之義也。「廣輪」猶言廣長，凡輪皆直行，此據開方法言之。○注：「千室之邑」，卿大夫之

邑。」○正義曰：注以「千室之邑」爲卿大夫采邑，「不爲公邑」，與鄭氏異。則似冉有祇能仕於私家，於義未能備也。皇疏云：

「舊說五等之臣，其采地亦爲三等，各依其君國十分爲之。上公地方五百里，其臣大采方五十里，中采方二十五里，小采

方十二里半。侯方四百里，其臣大采方四十里，中采方二十里，小采方十里。伯方三百里，其臣大采方三十里，中采方十五

里，小采方七里半。子方二百里，其臣大采方二十里，中采方十里，小采方五里。男方百里，其臣大采方十里，中方五里，

小方二里半。凡制地方一里爲井，井有三家，若方二里半，有方一里者六，又方半里者一，則合十八家有餘，故論語云『十

室之邑』也。」其中大小各隨其君，故或有三百戶，是方十里者一，或有千室，是方十里者三有餘也。」「赤也何如？」子

曰：「赤也，束帶立於朝，可使與賓客言也，不知其仁也。」【注】馬曰：「赤，弟子公西華。有容儀，可使爲

行人。」 正義曰：說文：「束，縛也。」釋名釋言語：「束，促也，相促近也。」「帶」，緊繞於要，所以整束其衣，故曰「束帶」。

釋名釋衣服：「帶，蔕也。」著于衣，如物之繫蔕也。」漢孫根碑「束擊立朝」本此文。 當爲齊，古之異。擊者，革帶。段氏玉

裁說文注云：「古有大帶，有革帶。革帶以繫佩韍，而後加之大帶，則革帶統於大帶，故許於韍曰大帶也。」戴氏清四書典故

考辨：「凡冕服皆素帶，而爵弁、皮弁、朝服玄端皆緇帶。爲擯相者，當服皮弁，所謂束帶與賓客言者，乃緇帶也。」「立於

朝」者，「立」與「位」同。爾雅釋宮：「中庭之左右謂之位。」左氏傳「有位於朝」即立於朝也。禮行聘於廟，朝會燕饗則於

廟，或於朝，或於寢。此祇言朝者，亦舉一以賅耳。凌氏曙四書典故覈：「其立位則接賓時，陳擯於大門外，上擯近君，門

東,西面,既入廟門,擯者負東塾東上立,則在中庭。至授玉時,上擯進阼階之西,釋辭于賓,遂相君拜,既受玉,退負東塾而立。此但依聘禮言之,亦舉聘則他禮可推知也。說文:「賓,所敬也。客,寄也。」謂他國諸侯及卿大夫也。凌氏廷堪禮經釋例:「案聘禮:『及廟門,几筵既設,擯者出請命。』注:『上擯待而出,請受賓所以來之命,重停賓也。』又云:『擯者入告,出辭玉。』[一]注:『擯者,上擯也。』觀禮:『侯氏入門右,坐奠圭,再拜稽首,擯者謁。』注:『謁猶告也。上擯告以天子前辭,欲親受之,如賓客也。』又聘禮『擯者出請事』,叔繼公曰:『擯者,上擯也。是相大禮皆上擯之事也。』據凌氏言,此與賓客言,亦是上擯。下篇言『宗廟之事,如會同,願爲小相』,小相於聘禮則『承擯、紹擯』,此亦自謙之辭,故夫子曰『赤也爲之小,孰能爲之大?』明赤能爲上擯也。又案與言,當兼禮辭及無常之辭。若成三年『齊侯朝晉,將授玉,郤克趨進曰』云云,襄七年『衛孫文子來聘,公登亦登』,叔孫穆子趨進曰』云云。皆是無常之辭。大戴禮衛將軍文子篇:『子貢曰:「志通而好禮,擯相兩君之事,篤雅其有禮節也,是公西赤之行也。」孔子曰:「禮儀三百,可勉能也;威儀三千,則難也。」』公西赤問曰:『何謂也?』孔子曰:『貌以擯禮,禮以擯辭,是之謂也。』孔子之語人也,曰:『當賓客之事則通矣。』謂門人曰:『二三子欲學賓客之禮者,於赤也。』皆雜記公西赤事,與此章及下篇互證。○注『赤弟』至『行人』。○正義曰:史記弟子傳:『公西赤,字子華,少孔子四十二歲。』公西,兩字氏,鄭目錄云『魯人』。『容儀』謂禮容禮儀,容主貌,儀主事也。周官序官:『大行人中大夫二人,小行人下大夫四人。』注云:『行人,主國使之禮。』此指主國出聘,其使臣稱行人也。與擯相各是一職,而皆主賓客。若子華使齊,即是行人之比,故馬以此『可使爲行人』也。

〔一〕『出』字原脫,據儀禮聘禮補。

9 子謂子貢曰:「女與回也孰愈?」【注】孔曰:「愈猶勝也。」對曰:「賜也何敢望回?回也聞一以知十,賜也聞一以知二。」子曰:「弗如也;吾與女弗如也。」【注】包曰:「既然子貢不如,復云吾與女俱不如者,蓋欲以慰子貢也。」

正義曰:「望」者,釋名釋姿容:「望,茫也,遠視茫茫也。」子貢言顔子有大智之德,己不敢視比之也。

釋文:「聞,本或作問字,非。」「知十」、「知二」,皆限數多寡以明優劣也。説文云:「十,數之具也。」數始於一,終於十。

君子之爲學也,原始要終,一以貫之,其在聖門,惟顔子好學,能有此詣。夫子與回言「終日不違」及「退省其私,亦足以發」。發者,夫子所未言之義,即顔子所聞而知之者也。子貢未能一貫,故聞一但能知二。二者一之比,言己未能盡其義也。

釋文云:「吾與爾,本或作女,音汝。」○注「愈勝也」。○正義曰:鄭有此注,孔所襲也。廣雅釋言:「愈,賢也。」「賢」、「勝」義近。

○注「既然」至「貢也」。○正義曰:論衡問孔篇:「吾與汝俱弗如也。」鄭玄別傳「馬季長謂盧子幹曰:『吾與女皆不如也。』」後漢橋玄傳魏武祭文「仲尼稱不如顔淵」,三國志夏侯淵傳下令稱之曰:「淵虎步關右,所向無前,仲尼有言:『吾與爾不如也。』」俱與此注義合。

皇疏引顧歡曰:「回爲德行之俊,賜爲言語之冠,淺深雖殊,而品裁未辨,欲使名實無濫,故假問『孰愈』?子貢既審問,賜之際,又得發問之旨,故舉十與二,以明懸殊愚智之異。夫子嘉其有自見之明,而無矜尅之貌,故判之以『弗加』,同之以『吾與女』。此言『我』與『爾』雖異,而同言『弗如』,能與聖師齊見,所以爲慰也。」

10 宰予晝寢。【注】孔曰:「宰予,弟子宰我。」子曰:「朽木不可雕也,糞土之牆不可杇也。」【注】包

曰：「杇，腐也。雕，琢刻畫。」王曰：「杇，鏝也。」此二者，以喻雕施工猶不成。「於予與何誅？」【注】孔曰：「誅，責也。

今我當何責於汝乎？深責之。」 正義曰：江氏聲論語竢質「說文：『晝，日之出入，與夜爲界。』是日出後爲晝。凡人雞

鳴而起，宰我日出後尚寢寐未起，故責之。」 鄭注云：「寢，臥息也。」案說文：「寢，臥也。」其字從宀，故所臥室亦名之。 釋名

釋宮室「寢，寢也。所寢息也。」是也。晝非寢時，故禮言君子「不晝居內」，若「晝居內，雖問疾焉可也」。夫晝居內且不

可，矧晝寢耶？ 韓、李筆解謂「晝，舊文作畫字」。所云「舊文」，或有所本。 李匡義資暇錄「寢，梁武帝讀爲『寢室』之寢，畫

作胡卦反，且云當爲畫字，言其繪畫寢室。」周密濟東野語「嘗見侯白所注論語，謂『晝』當作『畫』字。侯白，隋人。」二讀

與舊文合。 李氏聯琇好雲樓集「漢書揚雄傳『非木摩而不彫，牆塗而不畫』，此正雄所作甘泉賦諫宮觀奢泰之事，暗用論

語，可證『畫寢』之說，漢儒已有之。」案：禮言天子廟飾「山節藻梲」。 穀梁莊廿四年傳「禮，天子之桷，斲之礱之，加密石

焉，諸侯之桷，斲之礱之；大夫斲之；士斲本。」又廿三年傳「禮，天子諸侯黝堊，大夫倉，士黈。」周官守桃云：「其桃則

守桃黝堊之。」皆說宗廟之飾，其宮室當亦有飾。 鄭注禮器云：「宮室之飾，士首本，大夫達棱，諸侯斲而礱之，天子加密石

焉。」此本晉語。 又爾雅釋宮「牆謂之堊。」統廟寢言之。 周官掌蜃云：「共白盛之蜃。」注云：「謂飾牆使白之蜃也。」此與黝

堊異飾，當是宮室中所用。 左襄卅一年傳「坏人以時塓館宮室。」亦當謂加飾。 春秋時，大夫、士多美其居，故土木勝而知

氏亡，輪奐頌而文子懼。 意宰予晝寢，亦是其比。 夫子以『不可雕』、『不可杇』譏之，正指其事。 此則舊文，於義亦得通

也。「雕」，皇本、唐、宋石經並作「彫」。 釋文：「糞，或作塟。」說文此篆作「蘽」云：「棄除也，从廾，推蕐棄采也。」胡氏紹勳

四書拾義「左傳云：『小人糞除先人之敝廬』。是除穢謂糞，所除之穢亦謂糞。此經『糞土』猶言『穢土』。古人牆本築土而

成，歷久不免生機，故曰『不可杇』。」「牆」者，說文作「牆」，云「垣蔽也」。

皇本、釋文本並作「圬」，說文有「杇」無「圬」，「圬」乃「杇」之俗。玉篇作「杇」，隸體小變。宋石經作「杇」，此形近之訛。「於予

與何誅」，釋文云：「與，疑辭。」王氏引之經傳釋詞：「與，猶也也。」『於予與改是』同。○注：「宰予，弟子宰我。」○正義

曰：宰我，已見八佾篇。此稱宰予，予爲其名。爾雅釋詁：「予，我也。」皇本此注爲包氏。○正

曰：說文：「歺，腐也。朽，歺或從木。腐，爛也。雕，鷻也。琱，治玉也。」義並相近。「雕」、「彫」皆叚借字。「刻畫」猶「刻

劃」。說文：「刻，鏤也。劃，錐刀畫曰劃」是也。「杇鏝」者，爾雅釋宮：「鏝謂之杇。」李巡曰：『鏝一名杇，塗工作具也。』郭

璞云：「泥鏝，言用泥以鏝也。」說文木部：「杇，所以塗也。秦謂之杇，關東謂之槾。從木，亏聲。槾，杇也。從木，曼聲。」

金部：「鏝，鐵杇也。從金，曼聲。」段氏玉裁木部注：「此器今江、浙以鐵爲之，或以木。戰國策：『豫讓變姓名，入宮塗廁，

欲以刺襄子。襄子如廁，心動，執問塗者，則豫讓也。刃其杇曰：『欲爲智伯報讎。』』『杇』謂涂廁之杇，今本皆作扞，侯旰

切，鏤甚。刃其杇，謂皆用木而獨刃之。」案：杇、槾，同物異名，用以塗牆，故亦謂塗牆之人爲杇人，左傳稱「圬人以時」是

也。孟子滕文公下「毀瓦畫墁」，謂所墁之牆，雜畫之也。○注：「誅，責也。」○正義曰：周官太宰「八曰誅，以馭其過。」

注「誅，責讓也。」司救「掌萬民之衺惡過失，而誅讓之。」注「誅，誅責也。」

11 子曰：「始吾於人也，聽其言而信其行；今吾於人也，聽其言而觀其行。於予與改是。」【注】孔曰：「改是，聽言信行，更察言觀行，發於宰我之晝寢。」　正義曰：逸周書芮良夫解云：「以言取人，人飾其

言，以行取人，人竭其行。飾言無庸，竭行有成。」說苑尊賢篇：「夫言者，所以抒其匈而發其情者也。是故先觀其言而揆其行。夫以言觀其行，雖有姦軌之人，無以逃其情矣。」是取人之術當以言察其行也。大戴禮五帝德篇：「子曰：『吾欲以言語取人，於予邪改之。』」即此章義。　集注引胡氏曰：「聽言觀行，聖人不待是而後能，亦非緣此而盡疑學者，特因此立教以警羣弟子，使謹於言而敏於行耳。」皇、邢疏連上爲一章，與總章數不合。○注：「發於宰我之晝寢。」○正義曰：論衡問孔篇說亦與此同。愚謂前篇「人而不仁，如禮樂何」，在季氏舞八佾、三家雍徹章後，則「人」指「季氏」「三家」言。下篇「子所雅言」，在學易章後，則「所」字指「易」言。「民可使由，不可使知」，在詩禮樂章後，則「可使由，不可使知」，指詩、禮、樂言。「吾友張也爲難能也」，在堂堂乎張章前，則「難能」指「堂堂」言。此皆前後章相發明之例，姑舉數則，爲此注證之。

12　子曰：「吾未見剛者。」或對曰：「申棖。」【注】包曰：「申棖，魯人。」子曰：「棖也慾，焉得剛？」

【注】孔曰：「慾，多情慾。」　正義曰：鄭注云：「剛謂彊志不屈撓。」案：說文：「剛，彊斷也。」皋陶謨：「剛而塞，彊而毅。」是剛、彊義近。撓者，曲也，折也。志不屈撓，則「富貴不能淫，貧賤不能移，威武不能屈」，所以能無慾也。凌氏鳴喈解義：「剛爲天德，故近仁。慾，坤象，陰也。損之，窒慾也。損初益上，民以止之。慾者，勝人爲彊，有似乎剛，故或以爲疑。」○注：「申棖，魯人。」○正義曰：「棖」，或作「棠」，或作「堂」，或作「黨」，或作「儻」。漢王政碑「霖申棠之欲。」此作「棠」也。史記索隱：「申堂字周。」本史記弟子列傳，此作「堂」也。　今本史記云：「申黨字周。」此作「黨」也。　朱氏彝尊弟子考引漢文翁禮殿

圖有「申儻」，此作「儻」也。諸家文雖有異，而音則相通。詩丰云：「俟我乎堂兮！」鄭箋：「棠當爲根。」可證也。唐、宋以來，因稱名參錯，分申根、申儻爲二人。玄宗開元二十七年，封申儻召陵伯、申根魯伯。真宗祥符二年，封根文翁圖登侯、儻溜川矦，俱列從祀。至明嘉靖九年，因大學士張璁奏，存根去儻，而祀典始正。困學紀聞云：「史記索隱謂文翁圖有申根、申棠，今所傳禮殿圖有申儻，無申根。」文獻通考亦云：「今考文翁石室圖，無所謂根與棠也。」是圖本止申儻一人。伯厚所見圖作「儻」，與朱氏彝尊所見圖作「儻」不同，當以朱爲是。諸字皆由音近通用，莫知其何者爲正。困學紀聞獨以「棠」爲傳寫之訛，梁氏玉繩漢書古今人表考亦以「儻」爲訛，皆未必然也。史記索隱引鄭此注云：「申根，魯人，弟子也。」論語釋文及邢疏並引鄭曰：「申根，蓋孔子弟子申續。」又引家語：「申續字周。」似「續」又「根」之別名。史記索隱引家語作「申續」，蓋讀如困學紀聞引家語作「申續」，今本家語作「申續」，則傳寫誤也。錢氏大昕養新錄謂古文「賡」、「續」同聲，家語「申續」，「庚」與「棠」音亦不遠，今本家語作「續」。盧氏文弨釋文攷證略同。梁氏人表考云：「鄭作申續，必有所據。『續』與『續』通，『續』、『續』兩字，乃傳寫之謂。」諸說皆依鄭注作「續」。臧氏庸拜經日記：「徐鉉曰：『史記索隱引家語作「續」，據『字周』義，『續』爲得之。』庸案⋯徐說是也。索隱於『公伯繚字子周』下云〔一〕：『家語無公伯繚，而有申繚子周。』〔二〕又於『申儻字周』下云⋯〔三〕『家語有申繚，字子周。』又史記正義於『公伯僚字子周』下云〔四〕『家語有申繚子周。』〔五〕然則司馬貞、張守節所見家語並作申繚，蓋家語無公伯繚及申堂。王肅偽造申繚一人以當申堂，公伯繚二人，因別增改。

〔一〕兩「子」字原脫，並據史記仲尼弟子列傳補。

〔二〕「繚」字原脫，「儻」原誤作「棠」，據史記索隱分別增改。

〔三〕「繚」字原脫，「儻」原誤作「棠」，據史記索隱分別增改。

〔四〕「子」字原誤作「字」，據史記正義改。

〔五〕「子」原誤作「字」，據史記正義改。

二人名姓雖異，而字周則同，爲足以相混也。論語音義及家語作『申續』，乃『繚』字形近之譌。王伯厚所見本作『繚』，今本作『繚』，此又『續』字之轉誤。論語音義引鄭云：『蓋孔子弟子申續。』此『續』字乃後人據本家語所改，當本作『申堂』，鄭正據仲尼弟子列傳也。索隱曰：『申堂字周，論語有申根。鄭玄云：「申根，魯人，弟子也。」蓋申堂是根不疑，以根、堂聲相近。』案：小司馬此言，正據鄭注論語，以申根爲申堂，故云然也。案：臧説甚辨，當可依據。蒼頡碑作『字子續』，此又因名續而妄爲之。王肅以申繚、申堂、公伯繚爲一人，而非孔子弟子。此包注亦不云弟子，或包不據弟子傳，以申根、申堂爲非一人也。至包以根爲魯人，與鄭同。漢魯峻石壁殘畫象有魯根。

欲根於性而發於情，説文言「情，人之会氣有欲者」也。聖凡智愚，同此性情，即同此欲，其有異者，聖智皆能節欲，能節故寡欲也。若不知節欲，則必縱欲，而爲性情之賊。故孟子曰：「養心莫善於寡欲。[一]其爲人也寡欲，雖有不存焉者，寡矣；其爲人也多欲，雖有存焉者，寡矣。」

○注：「欲，多情慾。」○正義曰：古無「慾」，有「欲」。

13

子貢曰：「我不欲人之加諸我也，吾亦欲無加諸人。」【注】馬曰：「加，陵也。」子曰：「賜也，非爾所及也。」【注】孔曰：「言不能止人使不加非義於己。」正義曰：大學言「絜矩之道」云：「所惡於上，毋以使下；所惡於下，毋以專上；；所惡於前，毋以先後；所惡於後，毋以從前；；所惡於右，毋以交於左；；所惡於左，毋以交於右。」即子貢此言之旨。戴氏震孟子字義疏證：「夫物之感人無窮，而人之好惡無節，則是物至而人化物也。人化物也者，

[一]『養』原誤作『存』，據孟子盡心下改。

滅天理而窮人欲者也。於是有悖逆詐僞之心，有淫泆作亂之事。是故彊者脅弱，衆者暴寡，知者詐愚，勇者苦怯，疾病不養，老幼孤獨不得其所，此大亂之道也。誠以弱、寡、愚、怯與夫疾病、老幼、孤獨，反躬而思其情，人豈異於我？一人之欲，天下人之同欲也。故曰『性之欲』。好惡旣形，遂己之好惡，忘人之好惡，往往賊人以逞欲。反躬者，以人之逞其欲，思身受之懥也。情得其平，是爲好惡之節，是爲依乎天理。』程氏瑤田論學小記進德篇曰：『仁者，人之德也；恕者，行仁之方也。』堯、舜之仁，終身恕焉而已矣。勉然之恕，學者之行仁也；自然之恕，聖人之行仁也，能恕則仁矣。不以勉然者爲恕，自然者爲仁，生分別也。」子貢曰：「我不欲人之加諸我也，吾亦欲無加諸人。」此恕之説也。自以爲及將止而不進焉，故夫子以『非爾所及』警之。」○注「加，陵也。」○正義曰：左襄十三年傳『君子稱其功以加小人』，杜注『加，陵也。』陵者，大阜有臨下之象。下篇云『己所不欲，勿施於人』，『施』『加』同義。説文：「加，語相增加也。」段氏玉裁改「增」爲「譜」。『譜』下曰『加也』，『誣』下曰『加也』，此言『語相譜加也』。知譜、誣、加三字同義。誣人曰譜，亦曰加。論語曰云云，馬融曰：『加，陵也。』袁宏『誣』下曰『加也。』劉知幾史通曰：『承其誣妄，重以加諸。』韓愈爭臣論曰：『吾聞君子不欲加諸人，而惡訐以爲直者。』皆得加字本義。沈氏濤論語孔注辨僞曰：『舊唐書僕固懷恩傳：「共生意見，妄作加諸。」『加諸』蓋飾辭毀人之謂。」今案：段、沈説又一義，非經注旨所有。○注「言不能止人使不加非義於己。」○正義曰：義誘，其由外至者，以不欲、無欲觀之，其意自見，不必更言非義也。夫子之道不過忠恕，故以爲非爾所及。若夫橫逆之來，聲色之誘，其由外至者，雖聖賢不能禁止之，而使其必無，況在中材以下！君子知其然也，故但修其在己，而不必遽非諸人也。偽孔此注，全失本旨。

14

子貢曰：「夫子之文章，可得而聞也；夫子之言性與天道，不可得而聞也。」【注】章，明也。

文彩形質著見，可以耳目循。性者，人之所受以生也。天道者，元亨日新之道。深微，故不可得而聞也。　　　正義曰：史

記孔子世家言：「定公時，魯自大夫以下，皆僭離於正道。故孔子不仕，退而修詩書禮樂，至自遠方，莫不受業

焉。」又云：「孔子之時，周室微而禮樂廢，詩書缺。追迹三代之禮，序書傳。觀殷、夏所損益，曰：『後雖百世可知也，以一

文一質。周監二代，郁郁乎文哉。吾從周。』故書傳、禮記自孔氏。語魯太師：『樂云云。自衛反魯，然後樂正，雅頌各得

其所。』古者詩三千餘篇，及至孔子，去其重，取可施於禮義。三百五篇孔子皆弦歌之，以求合韶、武、雅、頌之音。禮樂自

此可得而述，以備王道，成六藝。」又云：「孔子以詩書禮樂教，弟子蓋三千焉。」據世家諸文，則夫子文章謂詩書禮樂也。古

樂正，崇四術以造士，春秋教以禮樂，冬夏教以詩書。　至春秋時，其學寖廢，夫子特修明之，而以之為教。故記夫子四教，

首在於文，顏子亦言『夫子博我以文』，此羣弟子所以得聞也。　世家又云：『孔子晚而喜易，序彖、繫、象、說卦、文言。讀

易，韋編三絕。曰：「假我數年，若是，我於易則彬彬矣。」』蓋易藏太史氏，學者不可得見，故韓宣子適魯，觀書太史氏，始

見周易。孔子五十學易，惟子夏、商瞿晚年弟子得傳是學。然則子貢言『性與天道不可得聞』，易是也。此說本之汪氏喜

荀，略見所著且住菴文稿。　宋氏翔鳳發微云：『易明天道以通人事，故本隱以之顯；春秋紀人事以成天道，故推見至隱。

天官書曰：『孔子論六經，紀異而說不書，至天道命，不傳。傳其人，不待告。告非其人，雖言不著。』漢書李尋傳贊曰：『幽

贊神明，通合天人之道者，莫著乎易、春秋。然子貢猶云『夫子之文章可得而聞，夫子之言性與天道不可得而聞』已矣。

班氏以易、春秋為性與天道之書，故引子貢之言以實之。顏師古注以易、春秋為夫子之文章者誤，文章自謂詩書禮樂

也。」案：宋說亦是。然言「性與天道」，則莫詳於易，今即易義略徵之。繫辭上傳：「一陰一陽之謂道。繼之者善也，成之者性也。」又曰：「成性存存，道義之門。」文言傳：「乾道變化，各正性命。」又曰：「利貞者，性情也。」說卦傳：「窮理盡性以至於命。」又曰：「昔者聖人之作易也，將以順性命之理。」此言性也。臨象傳：「大亨以正，天之道也。」謙象傳：「天道下濟而光明，地道卑而上行。」又云：「天道虧盈而益謙，地道變盈而流謙。」恒象傳：「天地之道，恒久而不已也。」无妄象傳：「大亨以正，天之命也。」與臨象同。繫辭傳言天道尤多。凡陰陽、剛柔、法象、變化、健順、易簡，皆天道之說也。又乾象傳、蠱象傳、剝象傳、復象傳所言天行，亦即天道，是並言天道也。

鄭注此云「性謂人受血氣以生，有賢愚。」

案：受血氣則有形質，此「性」字最初之詁。包氏汝翼中庸說：「天道陰陽，地道柔剛，陰陽合而剛柔濟，則曰中。中者，天地之交也。天地交而人生焉，故曰人者，天地之心也。天以動闢，地以靜翕，一闢一翕，絪縕相成，交氣流行，於是有寒暑、風雨、晦明。人秉其氣以生，而喜、怒、哀、樂具焉。赤子無知，而有笑有啼，有舞蹈奮張。人之生也，莫此為先，所謂性也。性也者，天地之交氣也。天氣下降，地氣上升，交在於中，故傳曰「人受天地之中以生」。血氣受之父母，父母亦天地之象也。」

案：包說即鄭注「人受血氣以生」之旨。性之於字，從心從生，人生肖天地，而心其最中者也。孟子云：「形色，天性也。」形色即形質。人物各受血氣以生，各有形質，而物性不能皆善，惟人性則無不善。說文云：「性，人之陽氣，性善者也。」許言「性」為陽氣者，對「情」為陰氣言之。繫辭以善為繼之，性為成之，則性善之義，自孔子發之。而又言「性相近」者，言人性不同，皆近於善也。「性有賢愚」者，賢愚猶知愚，謂資質有高下也。又注「天道」云：「七政動變之占。」案：後漢書桓譚傳注引「動」作「通」。書堯典：「在璿、璣、玉衡以齊七政。」鄭注：「七政，日月五星也。」五星謂金、木、

水、火、土之星。先王觀乎天文，而知寒暑之序，以敬授民時，故以日月五星爲七政也。變動若飛伏進退之類。說文云：「占，視兆問也。從卜從口。」周官占人注：「占蓍龜之卦，兆吉凶。」是占合龜、筮言之。人君見天道之變而占之，以觀其吉凶，反之人事加修省焉，此占問之意也。漢世儒者，若伏生、董生、翼奉、劉向、劉歆，皆以五行說天道，而眭京等亦言七政災變，故班氏傳贊引論語天道爲說。又前書張禹傳：「成帝問張禹以天變，因用吏民所言王氏事示禹。禹對：『災異之意深遠難見。性與天道，自子貢之屬不得聞，何況淺見鄙儒之所言？』」後書桓譚傳：「天道性命，聖人所難言。自子貢以下，不得而聞。今諸巧慧小才技數之人，增益圖書，矯稱讖記，以欺惑貪邪，詿誤人主。」皆以吉凶禍福言天道。故鄭氏同之，其義備於春秋矣。錢氏大昕潛研堂文集：「一說性與天道，猶言性與天合也。後漢書馮異傳：『臣伏自思惟，以詔敕戰攻，每輒如意；時以私心斷決，未嘗不有悔。國家獨見之明，久而益遠，乃知「性與天道，不可得而聞也」。』管輅別傳：『苟非性與天道，何由背爻象而任智心？』晉書紀瞻傳：『陛下性與天道，與猶言合也。後言『利與命與仁』，亦是合義。」今案：以「與」爲「合」，翔鳳發微亦本錢氏而小異，云：『聖人言性合乎天道，故言『孔子不言性命及天道，而學者誤讀，[二]謂孔子此漢儒誤解，不可援以爲訓。顏師古漢書外戚傳注云：[一]『論語云云，謂之言，自然與天道合，[二]非惟失於文句，實乃大乖意旨。』是錢氏所引諸說，皆所師古所不取矣。[四]史記世家「夫子之言天道與性命」「性命」連文。阮氏元性命古訓謂爲安國真本，義或然也。皇本、高麗本，又漢書眭弘等傳贊、外戚傳注、言天道與性命」「性命」連文。

〔一〕「顏師古」原誤作「李賢」「漢書」原誤作「後漢書」，並據漢書外戚傳注改。

〔二〕「讀」字原脫「言」下原衍「性」字，據漢書注分別增刪。

〔三〕「二」「二」「讀」字原脫「言」下原

〔四〕「師古」原誤作「章懷」，承上文改。

匡謬正俗引並作「也已矣」。○注「章明」至「聞也」。○正義曰：書堯典「平章百姓」，鄭注「章，明也。」與此注同。易傳云：「六畫而成章。」孟子云：「君子之爲學也，〔二〕不成章不達。」章是文之所見，故注云「文彩形質著見」，以「文彩」釋「文」，以「著見」釋「章」也。古無「彩」字，經典俱作「采」。禮樂記「文采節奏」，又曰「省其文采」注以文章爲禮儀，故以形質言之。明有威可畏，有儀可象，故人耳目得以循行也。性爲人之所受以生，即鄭君「人受血氣以生」之義。「天道，元亨日新之道」者，元，始也。亨，通也。易象傳：「大哉乾元，萬物資始。」此「元」爲始也。通則運行不窮，故日月往來以成盡夜，寒暑往來以成四時也。乾有四德，元亨利貞。此不言「利貞」者，略也。天道不已，故有日新之象。禮記哀公問篇云：「敢問君子何貴乎天道也？」孔子對曰：「貴其不已，如日月東西相從而不已也，是天道也。天道不已，是天道也。」中庸言天道爲「至誠無息」，引「詩『維天之命，於穆不已』」，蓋曰天之所以爲天也。」此詩所言「天命」，據鄭箋即天道也。聖人法天，故易言「君子終日乾乾，夕惕若。」夫子贊易曰：「天行健，君子以自彊不息。」又曰：「剛健篤實輝光，日新其德。」皆不已之學也，皆法乎天也。性與天道，其理精微，中人以下，不可語上，故不可得聞。其後子思作中庸，以性爲天命，以天道爲至誠。孟子私淑諸人，謂人性皆善，謂盡心則能知性，知性則能知天，皆夫子性與天道之言，得聞所未聞者也。集解釋「性」與鄭合，其釋「天道」本易言之。與鄭氏之據春秋言吉凶禍福者，義皆至精，當兼取之。

〔一〕「爲學」，孟子盡心上作「志於道」。

15

子路有聞，未之能行，唯恐有聞。【注】孔曰：「前所聞未及行，故恐後有聞，不得並行也。」　注「前

所」至「行也」。○正義曰:有聞文章之道也。子路好勇,聞斯行之,其未及行,又恐別有所聞,致前所聞不能並行。荀子哀公篇:「是故知不務多,務審其所知。」○按知不務多,務審其所知,即是欲行之,故不務多知也。」包氏慎言溫故錄:

「聞,讀若聲聞之聞。韓愈名箴云:『勿病無聞,病其曄曄。昔者子路唯恐有聞,赫然千載,德譽愈尊。』其言當有所本。蓋子路當時有聲聞之一事,為人所稱道,子路自度尚未能行,故唯恐復有聞。」此說與孔注異,亦通。

16 子貢問曰:「孔文子何以謂之『文』也?」【注】孔曰:「孔文子,衞大夫孔圉。文,諡也。」子曰:「敏而好學,不恥下問,是以謂之『文』也。」【注】孔曰:「敏者,識之疾也。下問,謂凡在己下者。」○正義曰:世本云:「孔達生得閭叔穀,穀生成叔烝鉏,鉏生頃叔羅,羅生昭叔起,起生圉。」圉即孔叔圉,亦稱仲叔圉。邢疏引諡法云:「勤學好問曰文。」是文為諡也。春秋時,諡法雖失實,然猶不輕諡「衣」,故子貢問孔文子之諡,而夫子於公叔文子之諡文,亦特表其行,明凡諡「文」當慎之也。○注:「下問,謂凡在己下者。」○正義曰:俞氏樾平議云:「下問者,非必以貴下賤之謂,凡以能問於不能,以多問於寡」皆是。」案:俞說即此注言「凡」之旨。

17 子謂子產,「有君子之道四焉:【注】孔曰:「子產,鄭大夫公孫僑。」其行己也恭,其事上也敬,其養民也惠,其使民也義」。

○正義曰:「君子」者,卿大夫之稱。子產德能居位,合於道者有四,故夫子表之:「行己恭,則能修身。事上敬,則能盡禮。養民惠,則田疇能殖,子弟能誨,故夫子稱為「惠人」。惠者,仁也。仁者愛人,故又言

古之遺愛也。使民義，則集注所云「如都鄙有章，上下有服，田有封洫，廬井有伍之類」皆是。○注「子產，鄭大夫公孫僑」○正義曰「鄭」者，周同姓國。韋昭晉語注謂「子產，鄭穆公之孫，子國之子」，故稱公孫。晉語言公孫成子，成其諡也。錢氏大昕後漢書攷異「產者，生也。木高曰喬，有生長之義，故名喬，字子產。後人增加人旁。」案：說文「僑，高也。僑言人之高者，郭注山海經長股國言有喬國，今伎家喬人，蓋象此身。「喬」、「僑」通用。左傳「長狄僑如」當亦取高人之意。僑、產義，合高大爲美，故子產又字子美。此當兼存二義。

18 子曰：「晏平仲善與人交，久而敬之。」【注】周曰：「齊大夫，晏姓，平諡，名嬰。」 正義曰周官大宰「二曰敬故」，鄭注：「敬故，不慢舊也。」晏平仲久而敬之。」據鄭說，則久謂久故也。君子不遺故舊，則民不偷，故稱平仲爲「善交」。皇疏引孫綽曰「交有傾蓋如舊，亦有白首如新。隆始者易，克終者難。敦厚不渝，其道可久，所以難也。」孫說謂平仲與人交久，與鄭微異，亦得通也。皇本作「久而人敬之」，疏云「凡人交易絕，而平仲交久而人愈敬之也。」此就所據本說之，實則當從鄭本無「人」字，解爲平仲敬人。○注：「晏姓，平諡，名嬰。」○正義曰：史記管晏列傳「晏平仲，萊之夷維人也。」索隱曰：「名嬰，平諡，仲字。」晏者，地名，以邑爲氏。一統志：「晏城，在齊河西北二十五里。」卽其地也。

19 子曰：「臧文仲居蔡，【注】包曰：「臧文仲，魯大夫臧孫辰。文，諡也。蔡，國君之守龜，出蔡地，因以爲名諡法解「治而無眚」「執事有制」「布綱治紀」皆曰「平」。是「平」爲諡也。

爲，長尺有二寸。「居蔡，僭也。」山節藻梲，【注】包曰：「節者，栭也，刻鏤爲山。梲者，梁上楹，畫爲藻文。言其奢侈。」

何如其知也？【注】包曰：「非時人謂之爲知。」

正義曰：龜者，介蟲之長，有知靈，能先知，故用爲卜。白虎通蓍龜篇：「天子下至士，皆有著龜者，重事決疑，示不自專。」凡卜皆在廟，故藏龜亦於廟。周官龜人：「凡取龜用秋時，攻龜用春時，各以其物入于龜室。」注云：「六龜各異室也。」史記龜策列傳言「高廟有龜室」，又言「置室西北隅懸之」，此其制也。左文二年傳說臧孫此事云：「作虛器。」注云：「玄龜爲蔡，謂居蔡，山節藻梲也。有其器而無其位，故曰虛。」如杜所言，則居蔡作室以居之，所謂龜櫝也。

漢書食貨志：「玄龜爲蔡，非四民所得居，有者入太卜受直，作室以居之，所謂龜櫝也。」然則文仲得此蔡，即當歸諸周室，而不得私藏之。

禮器所云「家不寶龜」是也。乃文仲則僭爲己有，且以此龜本藏天子廟中，故亦以天子廟飾居之。其所置之處，亦必在文子家廟。明堂位曰：「山節藻梲，複廟重檐，天子之廟飾也。」文仲諂瀆神物，以冀福佑，而不知其僭上無等之罪，必不爲神所相，而故夫子不斥其僭，而但斥以不知。全氏祖望經史問答：「據漢人之說，則居蔡是僭諸侯之禮，山節藻梲是僭天子宗廟之禮，以飾其居。如此則已是二不知，不應概以作虛器罪之曰一不知也。」又云：「山節藻梲，實係天子之廟飾，管仲僭用以飾其居，而臧孫未必然者。蓋臺門反坫、朱紘鏤簋，出自夷吾之奢汰，不足爲怪。然則山節藻梲將何施？曰：施之於居蔡也。」案：全氏此辨致確。其據家語，以文仲世爲魯之守蔡大夫，又取陸佃說，以伯禽所受封之繁弱爲蔡別名，又名僢句，皆謬妄不足辨，故略之。「節」與「梲」同。陳氏鱣古訓、藝文類聚引作「梲」「梲」「棁」一字。論語釋文又云：「梲，本又作棁。」案：爾雅釋宮：「栭謂之楶。」釋文：「楶音節。」孫炎本作「節」，是「楶」、「節」通用。○注「臧文」至

「僭也」。○正義曰：臧文仲卽臧孫辰，見左莊二十八年傳。鄭注云：「蔡，國君之守龜，故得以爲名焉。」與

包略同。左昭五年傳：「吳踐由曰：『卜之以守龜。』」又曰：「國之守龜，其何事不卜？」是國君有守龜也。

龜岠冉長尺二寸，公龜九寸，侯龜七寸，子龜五寸。」又云「玄龜爲蔡」，是蔡長尺二寸也。白虎通引禮三正記：「天子龜爲

蔡，長一尺二寸，諸侯一尺，大夫八寸，士六寸。」與食貨志異。然皆以天子龜爲長尺二寸，則是

天子守龜，不當云「國君之守龜」，此稍誤矣。淮南說山訓：「大蔡神龜，出於溝壑。」高誘注與包、鄭同。漢書食貨志如氏注

以「蔡」爲蔡國，薛瓚以「蔡」爲龜名，不取蔡國之說，爲顏監所糾正。路史國名紀言「蘄春江中有蔡山，在廣濟縣。大龜納

錫，故曰蔡。」非姬姓蔡。王氏箫四書地理志引之，謂今黃梅縣西南九十里，曰蔡山，西接廣濟縣。此或包、鄭所指龜所出

之地名矣。俞氏樾平議：「包氏此解亦臆說，竊疑『蔡』當讀爲『斲』。說文：『斲，楚人謂卜問吉凶曰斲。』讀若贅。」龜者，所以

卜問吉凶，因卽名之曰斲。蓋楚語也。龜本荆州所貢，故沿襲其語耳。『斲』與『蔡』音相近。孔氏廣森經學巵言謂

「蔡，蔡叔之蔡，卽『竄三苗』之竄。」然則以『蔡』爲『斲』矣。案：俞此說甚可據，因並箸之。○注「節者

至「奢侈」。○正義曰：鄭亦有此注，與包同。『節謂栭』者，本爾雅文。說文云：「栭，欂櫨也。欂櫨，柱上枅也。枅，屋欂櫨

也。栭，屋枅上標也。」鄭注明堂位云：「山節，刻欂櫨爲山也。」三蒼云：「柱上方木曰枅。一名栭。山東、河南皆曰枅，自

陝以西曰楷。」廣雅釋宮：「樽謂之枅。楷謂之笮。」合諸訓觀之，「楷也，栭也，枅也，欂櫨也，楷也，笮也，六名實一物。王延

壽靈光殿賦：「芝栭攢羅以戢舂。」張載注云：「芝栭，柱上節，方小木爲之，長三尺。」此卽節也。段氏玉裁說文注云：「有

枅，有曲枅。枅，則窠也。曲枅，則欒也。曲枅加於柱，枅加於曲枅，栭又加於枅，以次而小，故名之栭。」薛注西京賦曰：

「梲，斗也。」張載注靈光賦曰：「梲，方小木爲之。梲在枅之上。枅者，柱上方木。斗又小於枅，亦方木也。然後乃抗梁

焉。」「梲」與「枅」非一物。釋宮云：「枅謂之榰。」合二事渾言之，許則析言之。案：說文以「梲」爲枅標，標者，枅上端也。梲

與枅正是一物，而段云「非一物」，誤矣。爾雅：「開謂之樀。」郭注：「柱上欂也。」亦名枅，又曰楷。」說文：「開，門樀樀也。」

徐鍇繫傳：「斗上承棟者，横之似笄也。柱端交錯之處，置方木焉，使相接合，故謂之榤。」案：「開」字從門從弁，弁象其形，

從門則爲門上之枅，與柱端之枅同，故其訓亦不異。郝氏懿行義疏謂「榤、梲一物兩名，榤言其標，梲言其末」，亦未是也。

鄭注禮器云：「山節，謂刻柱頭爲斗拱，形如山也。柱頭者，節也。斗拱者，山之形。」鄭據目見言之，非謂刻山形於節上

也。「梲爲梁上楹」者，爾雅云：「宋廟謂之梁。其上楹謂之梲。」是梲在梁上。郭注以爲侏儒，鄭注明堂位亦云「畫侏儒柱

爲藻文」也。侏儒者，短柱之稱。故禮器注云：「藻梲，謂畫梁上短柱爲藻文也。」釋名：「棳儒，梁上短柱也。」「儒」上當補

「侏」字。淮南主術訓：「短者以爲朱儒。」高誘注：「朱儒，梁上戴蹲跪人也。」朱儒本短人，故短木亦稱朱儒。高舉其形似

言之，非謂刻爲人也。玉篇：「梲，棁也。」以「棁」爲築，徐鍇說文繫傳以築爲梁上短柱，而以兩旁枝梧之木爲梲，亦

與舊訓不合。藻者，水草。爾雅釋草：「莙，牛藻。」「莙」與「藻」同。包以山節藻梲爲奢侈，不言僭者，以奢侈則僭可知。鄭

此注又云：「山節藻梲，天子之廟飾。皆非文仲所當有之。」案：鄭注禮器云：「宮室之飾，士首本，大夫達棱，諸侯斲而礱

之，天子加密石焉，無畫山藻之禮也。」又云：「山節藻梲，此是天子廟飾。」而管仲僭之者，考「士首本」云云，見穀梁傳及晉

語、尚書大傳，皆是言桷飾。鄭以桷飾如此，則凡飾皆同。而又言「天子廟飾，山節藻梲」，是於密石之外又加此山藻之

飾，與宮室之制不同也。山節藻梲是二事，皆非文仲宮室中所當有，故夫子譏之。

子張問曰：「令尹子文【注】孔曰：「令尹子文，楚大夫，姓鬭，名穀，字於菟。」三仕爲令尹，無喜色；三已之，無慍色。舊令尹之政，必以告新令尹。何如？」子曰：「忠矣。」曰：「仁矣乎？」曰：「未知。焉得仁？」【注】但聞其忠事，未知其仁也。

正義曰：「令尹」，楚官名。邢疏云：「令，善也；尹，正也。言用善人正此官也。」「三已」者，詩墓門箋：「已，去也。」南山有臺箋：「已，止也。」全氏祖望經史問答：「子文於莊公卅年爲令尹，至僖公廿三年讓於子玉，凡在位廿八年。子玉死，蔿呂臣繼之，子上又繼之，大孫伯又繼之，成嘉又繼之，是後楚之令尹，不見於左傳。文公十二年，子越之亂，追紀曰：「令尹子文卒，鬭般爲令尹。」則意者成嘉之後，子文嘗再起爲令尹，而仁山以爲子上之後者，誤也。子上死，即有商臣之變，使子文是時在位，豈尚可以言忠？」案：子越亂在宣四年，非文十二年，全氏誤也。如全此說，子文僅再仕再已，而論語云「三仕」「三已」者，大略之辭。汪氏中述學云：「易『近利市三倍』，詩『如賈三倍』，論語『焉往而不三黜』，春秋傳『三折肱爲良醫』，此不可知其爲三也。論語『子文三仕』『三已』，史記管仲『三仕、三已』『三戰、三走』，田忌『三戰、三勝』，范蠡『三致千金』，此不必其果爲三也，故知三者虛數也。」案：楚語觀射父曰：「昔鬭子文三舍令尹，無一日之積，恤民之故也。」潛夫論遇利篇：「楚鬭子文三爲令尹，而有飢色，妻子凍餒，朝不及夕。」皆言子文三仕三已，與論語正合。若荀子堯問、莊子田子方、呂氏春秋知分、淮南子道應、史記鄒陽傳、循吏列傳皆以三仕、三已爲孫叔敖之事。閻氏若璩四書釋地又續云：「孫叔敖之令尹，見宣十一年。叔敖死於楚莊王時，約令尹僅七八年。莊王之賢，豈肯暫已叔敖？意莊子、荀子原係子文事，傳譌而爲叔敖。」其說是也。夫子許爲忠者，皇疏引李充曰：「進無喜色，退無怨色，公家之事，

全氏祖望經史問答：「子文於莊公卅年爲令尹，論語『季文子三思而後行』『雌雉』『三嗅而作』，此不必限以三也。

知無不爲，忠臣之至也。」釋文「『未知』如字，鄭音智。注及下同。」漢書古今人表先列聖人，次仁人，次智人，其序篇引此

二語。論衡問孔篇「子文曾舉子玉代己位而伐宋，以百乘敗而喪其衆，不知如此，安得爲仁？」中論智行篇引「或曰：然則

仲尼曰『未知，焉得仁？』乃高仁邪？何謂也」。對曰：仁固大也。然則仲尼亦有所激然，非專小智之謂也。若有人相語

曰：彼尚無有一智也，安得乃知爲仁乎？」二文皆讀「知」爲「智」，與鄭同。李充曰「子玉之敗，子文之舉以敗國，不可

謂智也。賊夫人之子，不可謂仁也。」可補鄭義。皇本「何如」下有「也」字。○注「姓鬭，名穀，字於菟。」○正義曰：左宣四

年傳「初，若敖娶于䢵，生鬭伯比。若敖卒，從其母畜于䢵，淫于䢵子之女，生子文焉。䢵夫人使棄諸夢中，虎乳之。䢵

子田見之，懼而歸，以告夫人，遂使收之。楚人謂乳穀，謂虎於菟，故命之曰鬭穀於菟。實爲令尹子文。」說文「穀，乳

也。從子，㲉聲。」漢書敘傳上「楚人謂乳穀。」如氏曰「穀音構。牛羊乳汁曰穀。」廣雅釋詁「穀，生也。」曹憲音曰「穀，

春秋之穀烏菟。」釋言「穀，乳也。」「穀」一字。左傳作「穀」，或係叚借。論語釋文「穀，本又作穀。」荀子禮論「君

子以倍叛之心接臧穀，猶且羞之。」楊倞注「孺子曰穀。」莊子駢拇「臧與穀二人。」崔注同「穀」與「穀」同。若言乳兒也。

於菟爲虎，此反切之權輿。曹憲作「烏菟」漢書敘傳作「於檡。」皆以音近通用。王氏引之春秋名字解詁「於菟，虎貌。

說文『㺊，黃牛虎文。』讀若塗。「菟、檡聲義並同。虎有文謂之於菟，故牛有虎文謂之㺊。」此注以「穀」爲名，於「菟」爲字，而

不言子文之爲名爲字，作偽者之疏可知。「崔子弒齊君，陳文子有馬十乘，棄而違之。至於他邦，則曰：『猶吾大夫崔子也。』違之。之一

夫。崔杼作亂，陳文子惡之，捐其四十匹馬，違而去之。」至於他邦，則曰「皆齊大

【注】孔曰：「皆齊大

邦，則又曰：『猶吾大夫崔子也。』違之。何如？」子曰：「清矣。」曰：「仁矣乎？」曰：「未知。焉得仁？」【注】孔曰：「文子避惡逆，去無道。當春秋時，臣陵其君，皆如崔子，無有可止者。」　正義曰：「崔」者，地名，以邑爲氏也。　左襄二十七年傳：「成請老于崔。」杜注：「濟東朝陽縣西北有崔氏城。」在今濟南府章丘縣西北二十五里，俗呼古城。「弑」者，説文云：「臣殺君也。」左宣十八年傳：「凡自虐其君曰弑。」釋文：「弑，本又作殺。」説文：「殺，戮也。」段氏玉裁注云：「述其子殺其君父不敢，卒候閒司事，可稍稍試之。」是其義也。　春秋，正名之書也。故言弑不言殺。三傳，述實以釋經之書也。故或言弑或言殺。」案：此則弑、殺兩通。　齊君莊公名光，左襄二十五年傳言莊公通崔杼之妻姜氏。「崔子因是，又以其閒伐晉也，欲弑公以説于晉。夏五月乙亥，公問崔子疾，遂從姜氏。姜入于室，與崔子自側戶出。甲興，公踰牆，又射之，中股反隊，遂弑之。」是崔子弑君之事也。　論語釋文：「崔子，鄭注云：『魯讀崔爲高。』今從古。」論衡別通篇：「仕宦爲吏，亦得高官。將相長吏，猶我大夫高子也，」安能别之？」亦據魯論。　包氏慎言溫故錄：「高氏爲齊命卿，與文子同朝者，高止也。崔杼弑君，而『魯論書』高子』者，責其不討賊也。」與趙盾同義。　文子去齊而之他邦，其閒或欲請師討賊，而見其執國命者，皆與惡人爲黨，故曰『猶吾大夫高子也。」陳氏立句溪雜箸曰：「以左傳崔杼事證之，則魯論信爲誤字。然文子所至各國，亦何至皆如崔子，而文子亦何至輕擬人以弑君之賊？則下兩言『猶吾大夫崔子』，似以魯論作高子爲長。蓋弑君之逆，法所必討，高子爲齊當國世臣，未聞聲罪致討，以春秋貶趙盾律之，宜與崔子同惡矣。其首句自當作崔子，魯論作高子，則涉下高子而誤。案：包、陳二說微異，皆可得魯論之義。　鄭以古論定魯論，亦以莊公時高子不當權，要與趙盾異，春秋無所致譏，故宜從古論作『崔子』也。

陳文子，名須無，文者，諡也。文子出奔，春秋經傳皆無之。劉氏逢祿論語述何篇：「時非有執政，且旋反國，故不錄也。」

「清」者，說文云：「澂水之貌。」下篇「身中清」，馬融曰：「清，純潔也。」皇疏引李充曰：「違亂求治，不污其身，清矣。而所之

無可，驟稱其亂，不如寧子之能愚，蘧生之可卷，未可爲智也。潔身而不濟世，未可謂仁也。」此亦當得鄭義。唐石經「棄」

作「弃」，卽古「棄」字。「違之」之一邦」，皇本作「違之」之至他邦」。〔一〕注：「捐其四十匹馬，違而去之。」○正義曰：說文「棄，

捐也。指，棄也。」轉相訓。曲禮云：「問大夫之富，數馬以對。」〔一〕故此言「有馬十乘」也。一乘是四匹馬，則十乘是四十

匹馬。陳氏鱣簡莊集解此文云：「此指其在廄之馬。」金氏仁山以「十乘乃十旬之地，其采邑之大可知」非也。論語「千乘

之國」及「百乘之家」，皆指出車之數而言。陳文子有馬十乘及齊景公有馬千駟，則指公馬之畜于官者，非國馬之散在民間

也。大學「畜馬乘」，謂士初試爲大夫者。「百乘之家」，謂有采地者。鄭注甚明。周官校人云：「家四閑，馬二種。」鄭志答

趙商曰：「當八百六十四匹。」此言天子之卿大夫之制，若侯國初試爲大夫者，畜馬乘。今文子有馬十乘，亦可謂多矣。閻

氏釋地以開方之法，計其賦十乘，而定爲文子采邑，蓋仍沿金氏之誤耳。

21　季文子三思而後行。子聞之，曰：「再，斯可矣。」【注】鄭曰：「季文子，魯大夫季孫行父。文，諡

也。文子忠而有賢行，其舉事寡過，不必及三思。」正義曰：「三思」者，言思之多，能審慎也。左氏傳言文子將聘於

晉，求遭喪之禮以行，後晉襄公果卒。杜預注以爲「三思而後行」，此可證矣。說文「再，一舉而二也。」皇本「再」下

有

〔一〕「數馬以對」，禮記曲禮下作「以車數對」。

「思」字。顧氏炎武金石文字記：「唐石經斯作思。」○注「季文」至「三思」。○正義曰：行父者，季孫字也。「忠而有賢行」者，

左成十六年傳：「范文子曰：『季孫於魯，相二君矣。妾不衣帛，馬不食粟，可不謂忠乎！』」襄五年傳：「季文子卒，宰庀家器為葬備，無衣帛之妾，無食粟之馬，無藏金玉，無重器備，君子是以知季文子之忠於公室也。」皆言文子忠事也。「舉事寡過，不必及三思」故言再思即可矣。左襄二十五年傳：「衛太叔文子曰：『君子之行，思其終也，思其復也。』」哀二十七年傳：「中行文子曰：『君子之謀也，始衷終皆舉之而後入焉。』」是三思乃美行。吳志諸葛恪傳注引志林曰：「恪輔政，大司馬呂岱戒之曰：『世方多難，每事必十思。』」恪答曰：「昔季文子三思而後行。夫子曰：『再，斯可矣。』今君令恪十思，明恪之劣也。」亦以文子三思為賢，與鄭注意合。

22　子曰：「寧武子，【注】馬曰：「衛大夫寧俞。武，謚也。」邦有道，則知；邦無道，則愚。其知可及也，其愚不可及也。」【注】孔曰：「佯愚似實，故曰不可及也。」

　　正義曰：有道無道，不知在何時。朱子集注以有道屬文公，無道屬成公。全氏祖望經史問答云：「武子之事文公，其於左氏無所見。則或謂有道，亦祇就成公之世無事之時。」樊氏廷枚四書釋地補引汪廷珍說：「此有道，乃對禍亂而言，與史魚章兩『有道』正同。成公復國後，武子輔政，凡十餘年。其間如請改祀命，〔一〕不答彤弓等事，皆所謂有道則知也。」宋氏翔鳳發微云：「左氏所載寧武子遭狄國難，盡忠竭謀，乃使衛侯再得返國，斯亦知矣。且晉責舊憾，與師相加，其君既出，其國虛存，內外有枕戈之憂，上下無晏

〔一〕「祀」原誤作「杞」，據左傳三十一年傳改。

安之樂，武子於此，運其知謀，宛濮之盟，醫衍之貨，凡爲蓋臣，皆知及此。若論其愚，當非有言可紀，有事可載也。蓋成

公之無道，不在失國，在不知人。以叔武之守而至於殺，則寧氏之行亦恐不全也。乃前驅背盟，不言於事，後於晉爭訟，

從坐而無辭，從容大國之間，周旋闇君之側，譖訴皆絕，刑罰不罹，斯其能愚之，實足以脫乎亂世，非有聖賢之學，烏能及

於此乎？」○注「衛大夫寧俞。」○正義曰：左文四年經「衛使寧俞來聘。」傳作「寧武子」，是武子卽寧俞。程公說春秋分

紀「寧武子，莊子速之子。」左文五年「晉陽處父聘於衛，反過寧。」杜注「晉邑，汲郡脩武縣也。」今河南衛輝府獲嘉縣西

北有修武故城，卽古寧邑。其地與衛境相接，或本爲衛邑。武子世食於此，故氏寧也。說本江氏永春秋地理考實。

23 子在陳，曰：「歸與！歸與！吾黨之小子狂簡，斐然成章，不知所以裁之。」【注】孔子曰：「簡，

大也。

孔子在陳思歸欲去，故曰：吾黨之小子狂簡者，進取於大道，妄作穿鑿以成文章，不知所以裁制，我當歸以裁之耳，

遂歸。」

正義曰：陳者，國名。說文云：「陳，宛丘也。」今河南陳州府治淮寧縣。史記孔子世家：「孔子至陳。歲餘，吳王

夫差伐陳，取三邑而去。孔子居陳三歲，會晉、楚爭彊，更伐陳，及吳侵陳，陳常被寇。孔子曰：『歸與！歸與！吾黨之小

子狂簡，進取不忘其初。』於是孔子去陳，過蒲，適衛。去衛將西見趙簡子，臨河乃還。反乎衛，又去衛，復如陳。是歲魯

哀公三年，而孔子年六十矣。季桓子卒，康子代立，使使召冉求，冉求將行，孔子曰：『魯人召求，非小用之，將大用之也。』

是日，孔子曰：『歸乎！歸乎！吾黨之小子狂簡，斐然成章，吾不知所以裁之。』子贛知夫子思歸，送冉求，因誡曰『卽用，以

孔子爲招』云。」世家此文，述夫子再有「歸與」之辭。前文見孟子，後文見論語。蓋夫子思歸之切，屢見乎辭，故世家各隨

文記之。司馬貞索隱疑爲一文兩叙。閻氏若璩釋地續以孔子此歎，與起於魯之召、求之歸，前所載爲錯簡復出，非也。

釋文：「『吾黨之小子狂簡』絕句，鄭讀至『小子』絕句。」今鄭說已佚。孟子趙注：「孔子在陳，不遇賢人，上下無所交，蓋歎息思歸，欲見其鄉黨之士也。周禮：「五黨爲州，五州爲鄉。」故曰吾黨之士也。」此稱「吾黨」之義也。「狂」者，說文云：「狂，狶犬也。」狶犬雄猛善發，故人之矯恣自張大者，亦謂之「狂」。孟子：「萬章曰：『敢問何如斯可謂狂矣？』曰：『如琴張、曾皙、牧皮者，孔子之所謂狂矣。」「何以謂之狂也？」曰：「其志嘐嘐然，曰『古之人，古之人』。夷考其行，而不揜者也。」趙注：「嘐嘐，志大、言大者也。」重言「古之人」，欲慕之也。夷，平也。考察其行，不能揜覆其言，是其狂也。」

記大學「有斐君子」，鄭注：「斐，有文章貌也。」爾雅釋訓注：「斐，文貌。」言弟子居魯，所學已就，能成文章可觀也。「裁」者，禮爾雅釋言：「裁，節也。」張栻論語解：「方聖人歷聘之時，詩書禮樂之文，固已付門人次序之矣。及聖人歸於魯，而後有所裁定。」又云：「狂簡之士，雖行有不揜，而其志大，蓋能斐然以成章矣。至於義理之安，是非之平，詳略之宜，則必待聖人裁之而後爲得也。」案：孔子世家言陽虎亂政時，「孔子不仕，退而修詩書禮樂，弟子彌衆，至自遠方，莫不受業」。是孔子年五十內，已修詩書禮樂，非至晚年歸魯始爲之也。弟子受業，即受孔子所修之業。當時洙、泗之間，必有講肄之所，不皆從夫子出遊，故此在陳得思之也。沈氏濤論語孔注辨僞誤解世家之文，以「歸」爲冉求將歸，「吾黨之小子」亦指冉求。則世家此文下明言子贛知夫子思歸，又夫子言「求也退」，即求亦自言「力不足」，是求之爲人與狂近，與狂簡絕遠。沈君說未爲是也。「不知所以裁之」，謂弟子學已成章，嫌已淺薄，不知所以裁之也。此正謙幸之辭，其弟子之當裁制，自不言可知。世家「不知」上有「吾」字，皇本「裁之」下有「也」字。○注「簡大」至「遂歸」。○正義曰：「簡，大」，爾雅釋詁文。趙注孟子云：

「簡,大也。狂者,進取大道而不得其正者也。」沈氏濤辨偽云:「斐字從文,古訓無不以爲文貌者。今云『妄作穿鑿』,謬

矣。」案下篇:「子曰『不得中行而與之,必也狂狷乎!』是狂簡亦有爲之人,但務爲高遠,所言或不副其行,非有所穿

鑿也。包咸子罕篇注曰:「時人有穿鑿妄作篇籍者,此則不知而作,豈諸弟子所爲乎!」焦氏循論語補疏:「妄作穿鑿,申解

斐然。蓋讀斐爲匪,匪猶非也。」此或得孔義,然亦謬矣。「妄作穿鑿以成文章,不知所以裁制」,是以「不知」爲弟子不知

也,於義亦隔。云「遂歸」者,終言之。孔子反魯,在哀十一年冬。

24 子曰:「伯夷、叔齊不念舊惡,怨是用希。」【注】孔曰:「伯夷、叔齊,孤竹君之二子。孤竹,國名。」

正義曰:爾雅釋詁:「念,思也。希,罕也。」並常訓。大戴禮衞將軍文子篇:「孔子曰『不克不忌,不念舊惡,蓋伯夷、叔齊

之行也』。」皇疏云:「舊惡,故憾也。人若錄於故憾,則怨恨更多,唯夷、齊豁然妄懷,若有人犯己,己不怨錄之,所以於人

怨少也。」邢疏云:「不念舊時之惡而欲報復,故希爲人所怨恨也。」毛氏奇齡四書改錯:「此惡字,猶左傳『周、鄭交惡』之

惡。舊惡,卽夙怨也。惟有夙怨而相忘,而不之念,因之恩怨俱泯,故『怨是用希』。此必有實事,而今不傳者,張文虎曰:

『魏書:「房景伯除清河太守,郡民劉簡虎嘗失禮于景伯,景伯署其子爲西曹掾」,論者以爲不念舊惡。南齊皇甫廉曾勸劉

勔殺王廣之,及勔亡,廉反依廣之,而廣之感且契賞,且啟武帝使爲東海太守,史臣以爲不念舊惡。』然則此『惡』字,並解

作『怨』字。」案:毛説與皇疏合。惟「怨」字當從邢疏,以爲人怨恨也。朱子集注云:「孟子稱其『不立於惡人之朝,不與惡

人言。與鄉人立,其冠不正,望望然去之,若將浼焉』。其介如此,宜若無所容矣。然其所惡之人,能改卽止,故人亦不甚

怨之也。」案:集注亦是。曾子立事云:「朝有過,夕改則與之,夕有過,朝改則與之。」即此義。○注「伯夷」至「國名」。○正

義曰:「伯」、「叔」,少長之字。「夷」、「齊」,其名也。皇疏謂「伯夷名允,叔齊名致」。釋文云:「允字公信,智字公達,夷、齊

謚也。見春秋少陽篇。」史記索隱亦同。惟「智」作「致」,與義疏合。案:謚法解夷、齊並爲謚,然古人無以字居謚上者。困

學紀聞引胡明仲曰:「彼已去國,誰爲之節惠哉!蓋如伯達、仲忽,亦名而已矣。」其說良是。史記伯夷列傳云:「伯夷、叔

齊,孤竹君之二子也。」爾雅釋地觚竹列於「四荒」。郭注:「觚竹在北。」「觚」與「孤」同。漢地理志「遼西郡令支有孤竹城」,

今永平府盧龍縣東有古孤竹城。

25 子曰:「孰謂微生高直?或乞醯焉,乞諸其鄰而與之。」【注】孔曰:「微生姓,名高,魯人也。乞之

四鄰以應求者,用意委曲,非爲直人。」 正義曰:「乞醯」者,乞猶求也。左僖廿六年經:「公子遂如楚乞師。」杜注:「乞,

不保得之辭。」說文:「醯,酸也。作醯以鬻以酒,從鬻酒,並省。」「鬻」與「鬻」同。儀禮聘禮注:「以醯醢爲陽醯,肉爲陰

醯。」「鬻」言,是其以鬻爲之。說文:「酸,酢也。關東謂酢曰酸。」「酢」即「醋」字。禮記內則「和用醯」,釋文:「醯,酢

也。」周官疾醫注:〔一〕「五味,醯酒、飴蜜、薑、鹽之屬。」疏云〔二〕「醯則酸也。」古酸用梅,疑卽加之於醯,故醯味酸。士

昏,公食大夫所云「醯醬」,據注云:「以醯和醬」,則是加醯於醬也。醬不必皆加以醯,故有芥醬、卵醬、醯醬、醯醬之別。廣

雅釋器:「醯,醋也。」「醯」與「醯」同。論語釋文「醯,亦作醯」。郊特牲、內則、天官釋文同。釋名釋飲食以「醯多汁者爲

〔一〕〔二〕「注」字原脫,「疏」原誤作「注」,據周禮疾醫注疏增改。

醢」。醢，藩也。惠氏士奇禮説遂以醢、醬爲一物，又謂古無醢，其説並誤。「乞諸其鄰而與之」，不爲直者，乞諸其鄰，而冒

爲己物以與人，人知與之爲微生，而不知爲鄰，所以不得爲直。若乞諸鄰，而稱鄰以與之，此亦厚德，無所可譏矣。○注：

「微生姓，名高，魯人也。」○正義曰：漢書古今人表：「尾生高、尾生晦。」師古曰：「即微生高、微生畝也。」燕策蘇代曰：「信

如尾生高。」又曰：「信如尾生高，則不過不欺人耳。」蘇秦曰：「信如尾生，期而不來，抱梁柱而死。」莊子盜跖篇：「尾生與女

子期於梁下，女子不來，水至不去，抱梁柱而死。」淮南氾論、説林並載此事，高誘注云：「魯人，則微生蓋嘗硜硜自守者，故

當時或以爲直也。」「尾」與「微」通。書堯典「鳥獸孳尾」，史記五帝紀作「微」，是其證。

26 子曰：「巧言、令色、足恭，左丘明恥之，丘亦恥之。【注】孔曰：「足恭，便僻貌。左丘明，魯太史。」

匿怨而友其人，左丘明恥之，丘亦恥之。」【注】孔曰：「心内相怨，而外詐親。」正義曰：釋文云：「一本此章

有『子曰』字，恐非。」案：陸所見無「子曰」，與上章合爲一章，蓋由傳寫脱誤，不當以有者爲非也。爾雅釋詁：「匿，微也。」舍

人注：「匿，藏之微也。」説文：「匿，亡也。」「亡」者「亡命」之「亡」，謂隱藏也。左丘明與孔子同時，而卒於孔子後。漢劉歆稱「其

好惡同於聖人」，即指此文之類。臧氏庸拜經日記：「表記孔子曰：『君子不失足於人，不失色於人，不失口於人。』曾子立事篇[一]『亟

俯仰，以足爲恭也。」邢疏云：「便僻，其足以爲恭，謂前卻

達而無守，好名而無體，忿怒而爲惡，足恭而口聖，而無常位者，君子弗與也。巧言令色，能小行而篤，難于仁矣。』文王官

〔一〕「曾子立事」原誤作「曾子修身」，據大戴禮記解詁改。

人篇『華如誑，巧言令色』，足恭，一也，皆以無爲有者也。』案，不失足者，不足恭也；不失色者，不令色也；不失口者，不

巧言也。故文王官人三者並舉。足恭而口聖，口聖即巧言也。

注言「足恭便僻之貌」者，義當如此解。爾雅釋訓：「籧篨，口柔也」，「戚施，面柔也」，「夸毗，體柔也。」正義曰：『夸毗者，便辟其足前却爲恭。』孔

口饒人，是謂口柔；和顏悅色以誘人，是謂面柔；屈己卑身，求得於人，曰體柔。

所忌，以求容媚者。』『友善柔』，馬融曰：「面柔者也。」『友便佞』，鄭玄曰：「便，辯也。」』論語『友便辟』，馬融曰：『便辟，巧避人

爲面柔，便佞爲口柔，體柔爲足恭，面柔爲令色，口柔爲巧言，斷斷然矣。』案，戚說深得此注之義。管子小匡篇：『曹孫宿之

「戚趨」，索隱曰：「戚趨，猶足恭也。」顏師古漢書景十三王傳注：「足恭，謂便辟也。」李賢後漢書崔駰傳注：「夸毗，謂

佞人足恭，善爲進退。」皆讀足如字。皇疏引繆協曰：「足恭者，以恭足於人意，而不合於禮度。」此讀「足」爲將樹反，見陸

氏音義。仲尼燕居：「恭而不中禮，謂之給。」子曰：「給奪慈仁。」鄭注：「巧言、足恭之人，似慈仁，」據鄭注義，則

「給」如「供給」之給，謂足也。故鄭引「足恭」說之，此義亦通。史記十二諸侯年表序：自孔子「論史記」，次春秋，七十子

之徒，口受其傳。魯君子左丘明懼弟子各有安其意，失其真，故具論其語，成左氏春秋。」又自敍篇稱：「左丘失明，厥有國

語。」漢書藝文志：「左氏傳三十卷。左丘明，魯太史。」案，史公以左丘連文，則左丘是兩字氏，明其名也。左丘亦單稱左，

故舊文皆言左傳，不言「左丘傳」。說者疑左與左丘爲二，作國語者左丘明，作左傳者左丘，是二人，與史、漢諸文不合，非也。左

丘明雖爲太史，其氏左丘，不知何因？解者援玉藻「動則左史書之」，謂左丘明是以官爲氏，則但當氏左，不當連丘爲文，左

亦恐非也。

周官太史「下大夫二人,上士四人。」侯國羣臣秩差降,太史當止以士爲之。

27 顏淵季路侍。 子曰:「盍各言爾志?」子路曰:「願車馬衣輕裘,與朋友共,敝之而無憾。」【注】孔曰:「憾,恨也。」顏淵曰:「願無伐善,無施勞。」【注】孔曰:「不自稱己之善,不以勞事置施於人。」

正義曰:季路,卽子路。「季」者,少長之稱。閻氏若璩四書釋地又續「季路長顏淵二十一歲,而先顏淵者,尚德也。」「侍」者,說文云:「侍,承也。」釋名釋言語:「侍,時也。尊者不言,常於時所當進者也。」鄭注云:「盍,何不也。」案:爾雅釋言:「曷,盍也。」郭注:「盍,何也。」「何」與「何不」語有詳略。「各」者,說文云:「各,異詞也。」「裘」卽「裘」字。凡裘服,毛在外,故有加衣以襲之。衣裘猶衣裳。皇、邢各本「衣」下有「輕」字。阮氏元校勘記「唐石經『輕』字旁注。錢大昕云:『石經初刻本無『輕』字。『車馬衣裘』,見管子小匡及齊語,是子路本用成語,後人涉雍也篇『衣輕裘』而誤衍『輕』字。』考北齊書唐邕傳『顯祖嘗解服青鼠皮裘賜邕』云:『朕意在車馬衣裘與卿共敝。』蓋用子路故事,是經『輕』字,宋人誤加。」釋文於『赤之適齊』節,音衣爲于既反,而此衣字無音。是陸本無『輕』字,二證也。邢疏云:「顧者,有志而未遂之辭。爾雅釋詁:『顧,思也。』是皇本亦無『輕』字,三證也。皇疏云:『車馬衣裘共乘服。』是皇本亦無『輕』字,四證也。古本無『輕』字,一證也。釋文於『赤之適齊』節,音衣爲于既反,而此衣字無音。以己之車馬衣裘,與朋友共乘服。』是邢本亦無『輕』字,三證也。皇疏云:『車馬衣裘共乘服。』白虎通三綱六紀云:『朋友之交,貨則通而不計,共也。今注疏與皇本正文有『輕』字,則後人依通行本增入,非其舊矣。言己與朋友共用至敝也。今讀『與朋友共』爲一句,『敝之而無憾』爲一憂患而相救。』下引此文至『敝之』絶句。唐邕傳同。

句,似「敝之」專指朋友,於語意未晰。說文:「共,同也。」又:「廿,敗衣也。從巾,象衣敗之形。敝,帗也。一曰敗衣。」今

經傳訓「敗」之字皆作「敝」,是從或義也。「施勞」者,朱子集注云:「施者,張大之意。」案:「施勞」

與「伐善」對文。禮記祭統注:「施,猶著也。」淮南詮言訓:「功蓋天下,不施其美。」謂不誇大其美也。「善」言德,「勞」言功,

禮記表記:「君子不自大其事,不自尚其功,以求處情。過行弗率,以求處厚。」荀子君子篇:

位,未能行其所志,故嘗以其所願從事之也。○注:「憾,恨也。」○正義曰:見廣雅釋詁,此常訓。○注「不自」至「於人」。○

即顏子之志。曾子言「有若無,實若虛,昔者吾友嘗從事於斯」。若無若虛,即無「伐」,無「施」之意。「吾友」謂顏子,顏子未得

正義曰:「伐」訓稱者,引申之義。左襄十三年傳:「小人伐其技以馮君子。」杜注:「自稱其能曰伐。」皇疏云:「願己行善而

不自稱,欲潛行於百姓日用而不知也。」又「願」孔子亦言「擇可勞而勞之」,是勞民非政所能免。今但言不施以勞事,子路無屬其勇

也。」案:孟子云:「以佚道使民,雖勞不怨。」孔子不施勞役之事於天下也,故鑄劍戟為農器,使子貢無施其辨,然則將

可勞者亦勿勞之乎?於義為短,今所不從。子路曰:「願聞子之志。」子曰:「老者安之,朋友信之,少者

懷之。」【注】孔曰:「懷,歸也。」正義曰:「老者」,人年五十以上之通稱。爾雅釋詁:「老,壽也。」「少者」,禮記少儀目

錄:「少,猶小也。」趙岐孟子萬章注:「人少,年少也。」韓詩外傳:「遇長老,則修弟子之義;遇等夷,則修朋友之義;遇少

而賤者,則修告道寬裕之義。故無不愛也,無不敬也,無與人爭也,曠然而天地苟萬物也。如是,則『老者安之,少者懷之』,

朋友信之」。據韓傳所言,則朋友謂其年位與夫子等夷者也。「信」者,禮記經解云:「民不求其所欲而得之,謂之信。」竊

謂子路重倫輕利，不失任邺之道，義者之事也。顏子勞而不伐，有功而不德，仁者之事也。夫子仁覆天下，教誠愛深，聖者之事也。○注「懷，歸也。」○正義曰：爾雅釋詁：「懷，止也。」釋言：「懷，來也。」並與歸訓近。言少者得所養教，歸依之若父師也。

28 子曰：「已矣乎！吾未見能見其過而內自訟者也。」【注】包曰：「訟，猶責也。言人有過，莫能自責。」

正義曰：「已矣乎」者，歎辭。已，止也。大學記云：「所謂誠其意者，毋自欺也。如惡惡臭，如好好色」，此之謂自謙。故君子必慎其獨也。」獨者，人所未及知，而己所獨知之之時也。意有善惡，誠意者，於意之善者好之，意之不善者惡之，惡不善，正是葆其善也。故君子之於改過，尤亟亟也。人凡有過，其始也皆藏於意，故能自見。能自見而內自訟，則如惡惡臭，必思所以去之。夫子言惡不仁之人，不使不仁者加乎其身，所謂「內自訟者」如此，所謂誠意者如此。否則見其過而不能自訟，即是自欺，自欺則非誠意矣。夫子嘆未見好仁、惡不仁者，及此又有未見能自訟之歎，蓋改過爲學者至要，而亦至難，故非慎獨不克致力矣。所以云「未見」者，察之於色與言，觀之於所行事，所謂誠於中必形於外，人之視己，如見其肺肝然也。○注「訟，猶責也。」○正義曰：「訟」訓「責」者，引伸之義。廣雅釋詁：「訟，賾也。」「賾」即「責」字。

29 子曰：「十室之邑，必有忠信如丘者焉，不如丘之好學也。」

正義曰：淩氏曙典故覈：「四井爲邑，井有三家。四井，凡十二家。云『十室』，舉成數也。」大戴禮曾子制言云：「是故昔者，禹見耕者五耦而式，過十室之

邑必下，爲秉德之士存焉。」卽此「必有忠信」之意。案：「忠信」者，質之至美者也。然有美質，必濟之以學，斯可袪其所

蔽而進於知仁之道，故子以四敎先文行於忠信，行卽行其所學也。韓詩外傳：「劍雖利，不厲不斷；材雖美，不學不高。故

學然後知不足。」卽此義也。釋文云：「『焉』如字，衞瓘於虔反，爲下句首。」皇疏引衞說云：「所以忠信不如丘者，由不能好

學如丘耳。苟能好學，可使如丘也。」案：訓「焉」爲「由」，其義甚曲。武氏億經讀考異：「焉，猶安也。安不如我之好學，言

亦如我之好學也。」此亦以「焉」屬下句，其義較衞爲順，當並箸之。

論語正義卷七

雍也第六

正義曰：皇疏言古論以雍也爲第三篇，此僞本不足據。

凡三十章。

1 子曰：「雍也可使南面。」【注】包曰：「可使南面者，言任諸侯治。」

正義曰：周官掌人注：「面，猶鄉也。」人君嚮明而治，故位皆南面。南面者，天子也。與包、鄭說微異。鄭此注云「言任諸侯之治」，與包同。鹽鐵論殊路篇：「七十子皆諸侯卿相之才，可南面者數人。」亦兼天子、諸侯言之。古人爲學，皆以盡倫。學也者，效也。學之爲父子焉，學之爲君臣焉。推之昆弟、夫婦、朋友，莫不各有當然之則，即莫不各有當學之事。舍人倫，無學也。學脩於己，自能成物，而得勢以行其所學，故能措施裕如。中庸所謂「道前定則不窮」者也。大學言「格物致知」，而極之「治國平天下」。夫治國平天下，皆天子、諸侯之所有事，而列於大學之目，此正言人盡倫之學。若曰爲君而後學爲君，爲臣而後學爲臣，則當其未學，便已廢倫，一旦假之以權，其不至於敗乃事者幾希。孟子謂士志仁義，不能「殺一無罪」，此亦指天子、諸侯言之，故曰「大人之事備矣」。大人以位言之，舉位則德自見，蓋德必稱其位，而後爲能居其位。故夫天子、諸侯、卿大夫、士位之差，即德之差。其

注「可使南面者，言任諸侯治。」○

德能爲天子而爲天子，則舜、禹之由登庸而進也。其德能爲天子、諸侯，而僅爲卿大夫，或僅爲士，則孔、孟之不得位以行

其道也。孟子云：「匹夫而有天下，德必若舜、禹，而又有天子薦之者，故仲尼不有天下。」荀子謂「聖人之得勢者，舜、禹是

也。聖人之不得勢者，仲尼、子弓是也」。子弓即仲弓。夫子議禮考文作春秋，皆天子之事。其答顏子問爲邦，兼有四

代之制。蓋聖賢之學，必極之治國平天下，其不嫌於自任者，正其學之分內事也。夫子極許仲弓，而云「可使南面」其辭

隱，其義顯。包、鄭均指諸侯，劉向則謂「天子」，說雖不同，要皆通也。近之儒者，謂「爲卿大夫」，不兼天子、諸侯，證引雖

博，未免淺測聖言。文選思玄賦注引論語摘輔像曰：「仲弓淑明清理，可以爲卿。」彼自爲文，不足證此。

2　仲弓問子桑伯子。【注】王曰：「伯子，書傳無見焉。」子曰：「可也簡。」【注】孔曰：「以其能簡，故曰可

也。」仲弓曰：「居敬而行簡，以臨其民，不亦可乎？居簡而行簡，無乃大簡乎？」【注】孔曰：「居身敬

肅，臨下寬略，則可。」包曰：「伯子之簡，大簡。」子曰：「雍之言然。」　正義曰：鄭注云「子桑，秦大夫」，以公孫枝字子

桑，故爲秦大夫。然左傳言子桑之忠，知人能舉善，並無行簡之事，鄭此說未可據也。　莊子山木篇：「孔子問子桑雩」云云，

「異曰，桑雩又曰『舜之將死』云云。釋文：「雩音戶，本又作雩[一]，音于。」李云：『桑姓，雩其名[二]。』隱人也。」或云：「姓桑

雩，名隱。」釋文所載二說，以前說爲是。至大宗師篇言「桑戶與孟子反、琴張爲友」，楚辭涉江篇以接輿、桑扈並舉。「雩」、

「戶」、「扈」音近通用。　與孔子同時。　漢書古今人表列於周顯王之世，非也。　王逸楚辭注謂桑扈爲隱士，與莊子李注同。

〔一〕〔二〕兩「雩」字原並誤作「雩」，據釋文改。

則通志氏族略以爲魯大夫者，亦非桑氏伯字。下「子」字，爲男子之美稱，上「子」字，則弟子尊其師者之稱。如子沈子、

子公羊子之例。

楚辭云：「桑扈贏行。」王逸注：「去衣裸裎，効夷狄也。」說苑修文篇：「孔子曰『可也簡。』簡者，易野也。易

野者，無禮文也。

孔子見子桑伯子，子桑伯子不衣冠而處，弟子曰：『夫子何爲見此人乎？』曰：『其質美而無文，吾欲說而

文之。』孔子去，子桑伯子門人不說，曰：『何爲見孔子乎？』曰：『其質美而文繁，吾欲說而去其文。』故曰文質修者謂之君

子，有質而無文謂之易野。子桑伯子易野，欲同人道於牛馬。仲弓曰：『大簡。』此即孔子所指爲簡之事。當時隱者多是

如此，仲弓正之曰『居敬而行簡，以臨其民』，居敬則有禮文，禮毋不敬也。居敬，即大舜之共己；行簡臨民，即大舜之無爲

而治。此足見仲弓成己、成物之學與隱士有異。說苑所謂「仲弓通於化術，孔子明於王道，而無以加仲弓之言」者，是也。

朱子或問謂「夫子雖不正言其居簡之失，而所謂可者，固有未盡善之意。仲弓默契聖人之微旨，而分別夫居敬、居簡之不

同」，夫子所以深許之」。此說亦是。皇疏此節與上章別，邢疏則聯上爲一章。說苑云：「雍之所以得稱南面者，問子桑伯子

於孔子」云云。是以此節仲弓所言，爲「可使南面」之證，足知當日弟子類記，不爲無意。○注：「伯子，書傳無見焉。」○正

義曰：王未考莊子、楚辭，說苑又不從鄭，故云「未見」。○注：「孔曰『以其能簡，故曰可也。』」○正義曰：皇本無「孔安國

曰」以「可」爲美辭，非經旨。○注：「居身敬肅，臨下寬略，則可。」○正義曰：爾雅釋詁：「簡，大也。」寬大之治，有似疎略。

毛詩匪風傳：「亨魚煩則碎，治民煩則散。」「煩」與「簡」相反。夫子以「居上不寬」爲不足觀，又言「寬則得衆」，是亦尚行簡

之意。是故居敬則有威儀可觀，行簡則不大聲色。於以化民，民自能順帝則，又且用得其賢，衆職咸理，此「居敬行簡」之

所以爲可也。若不能居敬，而所行事又簡，在己已無法度可守，所行必至怠惰，或更放誕無禮，斯臨民亦必綱紀廢弛，而

不可爲治矣。

3 哀公問：「弟子孰爲好學？」孔子對曰：「有顏回者好學，不遷怒，不貳過。不幸短命死
矣，今也則亡，未聞好學者也。」【注】凡人任情，喜怒違理。顏淵任道，怒不過分。遷者，移也。怒當其理，不易
移也。不貳過者，有不善未嘗復行。

正義曰：說文：「忞，吉而免凶也。從天從屮。」天，死之事也，故死謂之不幸，言不
能免凶也。「短命」者，言顏子受命短也。史記仲尼弟子傳：「顏回少孔子三十歲。年二十九，髮盡白，蚤死。」未箋卒之歲

年。家語弟子解始云「三十一」，「早死」，（一）王肅注：「校其年，則顏回死時，孔子年六十一。」李氏鍇尚史辨之云：「顏子卒

於伯魚之後。」按譜孔子七十而伯魚卒，是顏子之卒，當在孔子七十一之年，顏子少孔子三十歲，是享年四十有一矣。江

氏永鄉黨圖考同。臧氏庸拜經日記：「史記列傳但云『蚤死』，夫五十以下而卒，皆可謂之蚤。『三十一』之文，不知所本，

必係王肅僞撰。」公羊傳哀十四年：『顏淵死。子曰：『噫！天喪予。』子路死。子曰：『噫！天祝予。』西狩獲麟。孔子曰：

『吾道窮矣。』」何休注：『天生顏淵，子路爲輔佐，皆死者，天將亡夫子證。時得麟而死，此亦天告夫子將沒之徵。』又史記孔

子世家：『『河不出圖，雒不出書，吾已矣夫！』顏淵死，『天喪予』及西狩獲麟，曰：『吾道窮矣！』夫子曰『天喪予』曰『天祝

予』，曰『吾道窮』者，皆孔子將沒之年所言，故公羊春秋及弟子傳皆連言之。則顏子之死，必與獲麟，子路

死，夫子卒，相後先。孔子年七十一獲麟，七十二子路死，七十三孔子卒。顏子少孔子三十歲，孔子七十，顏子已四十也。

〔一〕原誤作「三十二」，「早」原作「而」，據家語改。

又史記世家云：「伯魚年五十，先孔子卒。」以核家語孔子年二十而生伯魚之說，尚不甚遠，則伯魚卒時，孔子年六十九。據

論語顏子死在伯魚之後，則孔子年七十，顏子正四十也。魯哀、季康之問，皆在哀十一年孔子反魯之後，時顏子新卒，故

聖人述之。有餘痛焉。」案：臧說甚核。毛氏奇齡稽求篇、孔氏廣森公羊通義並略同。但與李鍇說差少一年，今更無文定

之也。又案：秦、漢人說顏子卒年，本多乖互。列子力命篇「顏子之才，不出衆人之下，而壽十八。」淮南子精神訓「顏淵

夭死。」高誘注：「顏淵十八而死。」後漢書郎顗傳「顏子十八，天下歸仁。」皆以顏子卒年爲十八。此真異說，非可據也。三

國志孫登傳「權立登爲太子，年三十三卒。」臨終上疏曰：「周晉、顏回有上智之才，而尚夭折，況臣愚陋，年過其壽。」亦

以顏子卒年未至三十三，則或與家語同，未可知也。皇本「間」下有「曰」字。釋文云「本或無亡字，即連下句讀。」俞氏樾

羣經平議謂「既云『亡』，又云『未聞好學』，於辭複。」此與先進篇語有詳略，因涉彼文而誤衍「亡」字，當據釋文或本訂正。

○注「凡人」至「復行」。○正義曰：「喜怒」者，七情之發。凡人任情，多致違理，不中節也。但喜雖違理，無所傷害於人，故

夫子專以怒言之。春秋言「君子善善及子孫，惡惡止其身」是喜雖違理，不爲君子，若怒則不宜，違理也。若遷怒，則不依其類

傳：「范武子曰：『喜怒以類者鮮，易者實多。』杜注：『易，遷怒也。』蓋喜怒當其理謂之類，類者，比也。若遷怒，則不依其類左宣十七年

而違理矣。顏子好學，能任道，故善養其氣而幾於中和也。「遷、移」，見廣雅釋言，此常訓。易繫辭傳：「子曰：『顏氏之

子，其殆庶幾乎！有不善未嘗不知，知之未嘗復行也。』易曰：『不遠復，无祗悔，元吉。』」此注言「有不善未嘗復行」，即本

易傳。「過」者，謂或過中、或不及中也。中庸云：「子曰：『回之爲人也，擇乎中庸，得一善，則拳拳服膺，而弗失之矣。』」當

未擇時，不能無過中之失，及得善而服膺弗失，所以能不貳過。此顏子思誠之學，以人道合天道者也。是故言天行者，不

能無羸縮陵歷之異，水旱沴鬱之災，而於穆不已，不遠能復。故於復「見天地之心」，益初至四互復，其象曰「君子以見善

則遷，有過則改。」明改過能有益也。夫子學易，「可以無大過」，顏子好學，亦能體復，故夫子易傳獨稱之。

4　子華使於齊，冉子為其母請粟。子曰「與之釜。」【注】馬曰「子華，弟子公西赤之字。六斗四

升曰釜。」請益。曰「與之庾。」【注】包曰「十六斗曰庾。」冉子與之粟五秉。【注】馬曰「十六斛曰秉，五秉

合為八十斛。」子曰「赤之適齊也，乘肥馬，衣輕裘。吾聞之也：君子周急不繼富。」【注】鄭曰「非

有所宜爾。」○正義曰「使」者，夫子使之也。此與原思為宰，不必同在一時。弟子類記之，以見聖人取予之際，各

有所宜爾。冉子，據鄭注即冉有。稱子者，冉有門人所記也。說文「粟，嘉穀實也。」粟本禾米之名，諸穀亦得稱之。「請

粟」，是請於夫子。「與粟五秉」，則冉有自以藏粟與其母也。「釜」、「庾」不言數，是為一釜一庾矣。「請

益」者，爾雅釋詁「適，往也。」此常訓。「周急」者，禮記月令「周天下」，注「周，謂給不足也。」周官鄉師職「賙萬民之

艱阨。」鄭司農云「賙讀為『周急』之周。」明「周」、「賙」同也。李賢後漢書王丹傳注「周急，謂周濟困急也。」○注「子華」

「適齊」者，○正義曰：鄭此注與馬同。史記弟子傳「公西赤字子華。」公西是兩字氏。鄭目錄曰「魯人，少孔子四十二

歲。」至「曰釜」。○正義曰：考工記「㮚氏為量，量之以為鬴，深尺，內方尺，而圜其外，其實一鬴。」左昭三年傳「齊

舊四量，豆、區、釜、鐘。四升為豆，各自其四，以登于釜。」鄭注㮚氏云「四升曰豆，四豆曰區，四區曰鬴，鬴六斗四升也。」

「釜」為「鬴」或字，見說文。考工記陶人「庾實二觳，厚半

依左氏文為說。○注「十六斗曰庾。」○正義曰：說文「斞，量也。」「庾」即「斞」字叚借。

寸，膚寸。」注：「豆實三而成觳，則觳受斗二升。『庾』讀如『請益與之庾』之庾。」戴氏震補注：「二斗四升曰庾，十六斗曰

籔。『庾』與『籔』音聲相通。傳注往往譌溷。『論語』『與之庾』，謂於釜外更益二斗四升，蓋『與之釜』已當，所益不得過乎

始與。」馬氏宗璉左傳補注引戴說又云：「案：庾、籔譌溷者，聘禮記云『十六斗曰籔』，鄭注『今文『籔』或爲『逾』。』康成但

謂其音同庾，非謂『籔』即『庾』也。『論語』包注直云『十六斗曰庾』，始混『籔』爲『庾』矣。」元凱注左傳混『庾』爲『逾』，正義反

援儀禮正之。且以『庾』爲瓦器，非量器，尤爲臆說。今案：左昭二十年傳『粟五千庾』，賈逵注『十六斗曰庾』，正義四

本。『魯語』『缶米』，韋昭解云：『缶，庾也。』亦誤以爲瓦器。又引聘禮曰『十六斗曰庾』，此用儀禮今文以『庾』與『逾』同，故

直引聘禮作『庾』。」小爾雅廣量云：『二釜有半謂之庾。』其誤與包咸同。藝文類聚八十五引鄭此注云『六斛四升曰庾。』文

有譌錯，當據考工注文正之。又廣雅釋器云：『區四曰釜，釜十曰鍾，鍾十曰斛。』釜爲六斗四升，則釜十曰鍾，當得六斛四

斗。鍾十曰斛，當得六十四斛。此說斛數太多，未知所本。○注『十六斗曰庾。』○正義曰：聘禮記『十六斗曰籔，十籔

曰秉。』鄭注：「秉，十六斛。」王氏念孫廣雅疏證：「秉之言方也。方者，大也。量之最大者也。」

5 原思爲之宰，【注】包曰：「弟子原憲，思，字也。孔子爲魯司寇，以原憲爲家邑宰。」與之粟九百，辭。

【注】孔曰：「九百，九百斗。」辭，辭讓不受。」

【魯人】「司馬貞索隱引家語云：『宋人，少孔子三十六歲。』金氏鶚禮說：『依家語，則夫子仕魯時，子思方十七、八歲，未任

爲宰。』家語『三』字當是『二』字之譌。」鄭此注云：「孔子初仕魯，爲中都宰，從中都宰爲司空，從司空爲司寇也。」案：孔子

【注『弟子』至『邑宰』。○正義曰：史記弟子列傳：「原憲，字子思。」鄭目錄云

五十二歲始仕魯,爲中都宰,五十三歲進位爲司空、司寇,五十六歲去位。則此原思爲宰,蓋在孔子爲司空、司寇時也。包

氏止就司寇言,舉最後之官,意中兼有司空,與鄭義同。晉語云:「官宰,家臣

也。加,大夫之加田也。論語曰:「原憲爲家邑宰。」與包此注合。「加田」當謂采地,原憲爲家邑宰,明此與粟爲食加矣。

儀禮喪服斬衰章疏:「孤卿大夫有采邑者,其邑既有邑宰,又有家相。若魯三卿,公山弗擾爲季氏費宰,子羔爲孟氏郈宰

之類,皆爲邑宰也。 陽貨、冉有、子路之等爲季氏家相,亦名家宰。若無地卿大夫,則無邑宰,直有家相者也。」賈氏此言

最晰。 諸書言孔子仕魯,不言采地,則止有家相,不得有邑宰。 包、韋之說,未可據矣。 ○注「九百」至「不受」。○正義曰:

云「九百、九百斗」者,孔以意言之。 胡氏紹勳拾義「案:世家:『孔子居魯,奉粟六萬。』索隱云:『當是六萬斗。』正義云:『六

萬小斗,當今二千石也。』據此知孔子時三斗當唐時一斗。 宋沈括筆談云:『予求秦、漢以來度量,計六斗當今之一斗七升

九合。』是宋斗又大於唐斗。 元史言『世祖取江南,命輸粟者止用宋斗斛。』以宋一石當今七斗,是元斗又大於宋斗。 然則

周時九百斗,合元時僅得一百八十九斗也。 江氏永羣經補義云:『古者百畝,當今二十三畝四分三釐有奇,就整爲二十三

畝半。 今稻田自佃一畝,約收穀二石四斗,二十三畝半收穀五十六石四斗,折半爲米二十八石二斗。 人一歲約食米三石

六斗,可食八人。』據江氏說,古農夫百畝,合今斗且得米二百八十二斗。 如孔注以九百爲九百斗,止合元斗一百八十九

斗,反不及農夫所收之數,原思何又嫌多而辭之? 或九百爲九百石,則又不若是多。 古制計粟以五量,量莫大於斛,十斗

爲一斛,粟多至九百,必以量之最大者計之,則九百當爲九百斛。 何以知爲九百斛也? 當時孔子爲小司寇,即下大夫,其

家宰可用上士爲之。 孟子曰『上士倍中士』,當得四百畝之粟。 又曰『卿以下必有圭田,圭田五十畝』明士亦有圭田,以

五十畝合四百畝，爲四百五十畝。以漢制畝收粟一石半計之，當得六百七十五石。若以石合斛，一石爲百二十斤，古無

大斗，一斛粟不足百斤，二斛約重一石有半，是百畝收百五十石，合得二百斛，四百畝爲八百斛，加圭田五十畝爲一百斛，

共得九百斛。案：胡説近理，因並箸之。云「辭，辭讓不受」者，説文：「辤，不受也。辭，訟也。」二字義別，今經典多作

【辭】子曰：「毋，以與爾鄰里鄉黨乎！」【注】孔曰：「祿法所得，當受無讓。」鄭曰：「五家爲鄰，五鄰爲里，萬二千

五百家爲鄉，五百家爲黨。」　　正義曰：鄭注云：「毋，止其辭讓也。士辭位，不辭祿。」案：説文：「毋，止之詞也。」古人祿

皆以粟，故注以祿解粟。此與上章「請粟」爲私與之粟不同也。有位則有祿，義所當受，不得辭，惟辭位乃無祿耳。鄭以

「毋」字絕句。　　武氏億經讀考異謂「毋」通作「無」，「以」通作「已」，「毋以」亦連下讀，如孟子「無以則王乎」句，亦通。王氏引

之經傳釋詞謂「毋」與「無」通，「無」訓爲「不」，連下讀。與武又異，而義亦遜。○注「五家」至「爲黨」。○正義曰：説文：「酇，

國離邑」者，言鄉爲國所附麗之邑也。釋名釋州國：「鄉，向也。衆所向也。」玉篇：「酇，廣雅

云居也。」一曰五百家爲酇，今作黨。」據説文：「黨，從尚黑。」訓「不鮮」，則叚借也。周官大司徒：「令五家爲比，五比爲閭，

四閭爲族，五族爲黨，五黨爲州，五州爲鄉。」注：「黨五百家，鄉萬二千五百家。」又遂人：「掌邦之野，以土地之圖經田野，

五家爲鄰，五鄰爲里，四里爲酇，五酇爲鄙，五鄙爲縣，五縣爲遂。」注：「鄭司農云：『田野之居，其比伍之名，與國中異制，

故五家爲鄰。』玄謂異其名者，示相變耳。」案：此則鄰里鄉黨實兼鄉遂之制。各舉二者，以概其餘。

〔一〕「封鄉」原作「居」，據説文改。

6 子謂仲弓，曰：「犁牛之子騂且角，雖欲勿用，山川其舍諸？」【注】犁，雜文。騂，赤也。角者，角周正，中犧牲。雖欲以其所生犁而不用，山川寧肯舍之乎？言父雖不善，不害於子之美。」 正義曰：皇疏載一說：「犁或音梨，謂耕牛也。」釋文：「犁，又力兮反，耕犁之牛。」此六朝經師解誼之最可據者。說文：「犂，耕也。」互相訓。「犁」即「犂」省。古有人耕，牛耕二法。孔門弟子，如冉耕字伯牛，司馬牛名犂，名、字都是相配。惠氏士奇禮說：「犁牛爲耕牛。犁牛之子，非犢而何？體醇騂而角繭栗，此天性也。以天性而用之山川，則近於非禮。然天下未有欲於上帝而吐於山川者，故曰『山川其舍諸』」夫既非禮矣，山川豈得享之？祭義曰：『古者天子諸侯，必有養獸之官，犧牷祭牲，必於是取性』先從叔丹徒君駢枝云：「惠氏謂山川不得用騂牲，誤矣。說者據此以爲山川用騂牲，此義非也。又云『天下未有欲於上帝而吐於山川者，故曰山川其舍諸』，夫既非禮矣，山川豈得享之？』民間耕牛，非所以待祭祀，故欲勿用。然有時公牛不足，則耕牛之犢，亦在所取。周禮羊人職云：『若牧人無牲，則受布於司馬，使其賈買牲而共之。』遂人所謂『野牲』，曲禮所謂『索牛』是也。周禮用騂牲者三：祭天南郊，一也；宗廟，二也；望祀南方山川，三也。郊廟，大祀也；山川，次祀也。耕牛之犢，而有騂角之材，縱不用諸上帝山川次祀，亦豈得舍之？不得已而思其次之辭也。三代以下，世及爲禮，未有起畎畝之中，膺天子之薦者。論匹夫之遭際，至於得國而止。五嶽視三公，四瀆視諸侯，故有山川之喻。説苑脩文篇曰：『雍也可使南面』，南面者，天子也。」孫卿子曰：「聖人之得埶者，舜、禹是也。聖人之不得埶者，仲尼、子弓是也。」楊倞注：『子弓，仲弓也。』顏淵問爲邦，夫子告以四代禮樂，仲弓德行亞於顏淵，觀夫子所以稱之者，其分量可知矣。」謹案：駢枝此義甚精。南齊禮志：「〔一〕『建武二年，何佟之奏：「牧人云『陽

祀用騂牲，陰祀用黝牲。」鄭云：「陽祀，祭天南郊及宗廟；陰祀，祭地北郊及社稷」前軍長史劉繪議：「語云『犂牛之子』云云。未詳山川合爲陰祀否？若在陰祀，則與黝乖矣。」佟之云：『周禮以天地爲大祀，四望爲次祀，山川爲小祀。自四望以上，牲色各依其方者，以其祀大，宜從本也。山川以下，牲色不見者，以其祀小，從所尚也。則禮志[一]論二說，合爲一矣。從之。」考佟之議謂此「山川」爲山林川澤，羣祀之小者，與四望不同。四望者，五嶽、四瀆，其祀尊，故各用其方色。山川不尊，其祀卑，則各從所尚用之。明堂位：「夏后氏牲尚黑，殷尚白，周騂剛。」騂本周所尚，故此山川得用之也。四望、山川，在陰祀之列，故鄭注牧人不數之。與何說異。何謂山川用牲，各從所尚，考之經傳，未有所徵，則當以騂犅爲然也。若然，山川用騂，而牧人云「凡外祭毀事用尨」，外祭兼有山川，彼謂毀除殄咎之祭，非正祭。說文：「市居曰舍。捨，擇也。」誼別，今經典多叚「舍」爲「捨」。○注「犂雜」至「之美」。○正義曰云「犂雜文」者，王氏引之經義述聞：「犂與騂對舉，犂者，黄黑相雜之名也。[二]魏策『騄驎之黄也似虎』，郭注：『牛似虎文者。』則犂牛即騄牛矣。廣韵：『騄，黑而黄也。』騄亦與犂通。禹貢『厥土青黎』，史記夏本紀作『青騄』。東山經『鱅鱅之魚，其狀如犂牛。』淮南說林篇：『髡屯犂牛，既科以楯，決鼻而羈，生子而犧，尸祝齋戒，以沈諸河，河伯豈羞其所從出，辭而不享哉？』犧與犂相對爲文。魯頌閟宮傳：『犧，純也。』曲禮鄭注：『犧，純毛。』則犂爲不純色者矣。故高注曰：『犂牛不純色。』引論語云云。據此，則雜文之訓，確不可易。月令曰：『命宰歷卿大夫至於庶民土田之數，而賦犧牲，以共山林名川之祀。』則山川之祀

〔一〕「禮志」原誤作「祭祀志」，據南齊書改。

〔二〕「雜」原誤作「間」，據經義述聞改。

亦用純色」，而不純者不用。此正與論語義合。」今案：『法言脩身篇：「或問：犁牛之鞹與玄騂之鞹有以異乎？曰：同。然則

何以不犁也？曰：將致孝乎鬼神，不敢以其犁也。如刲羊刺豕，罷賓犒師，惡在犁不犁也。」此亦以犁牛爲雜文，與淮南

同。其實論語「犁牛」即是耕牛，東山經借「犂」爲「驪」，與此「犁牛」字同實異，不得援以爲證。且犁角之牛既已可用，何

必追溯所生，而以雜文爲嫌，致有勿用之疑？若以雜文喻仲弓父行惡，無論此說全不可信，且即有之，而稱子之美，必及

其父之惡，長者所不忍言，而謂聖人能出諸口乎？然則以犁牛爲耕牛，以耕牛爲喻微賤，其說信不可易。云「騂，赤也」

者，郊特牲云：「牲用騂，尚赤也。」明堂位「周騂剛」注「騂，赤色。」草人職云：「騂剛用牛。」注「故書騂爲挈，杜子春讀

爲騂，謂地色赤。」案：說文：「𡍩，赤剛土也。從土，觲省聲。」此即草人「騂剛」之義。「𡍩」正字，叚「騂」字爲之。與明堂位

「騂剛」騂爲正字異也。說文馬部無「騂」，徐鉉新附字作「騂」，云「從馬，觲省聲。」云「角者，角周正，中犧牲」者，說文：

「角，獸角也。象形，角與刀魚相似。」釋名釋形體：「角者，生於額角也。」何休公羊僖三十一年傳注：「禮，祭天牲角繭栗，

社稷宗廟角握，六宗五嶽四瀆角尺。」「繭栗」者，言其堅細。角以細小爲貴，故握大於繭栗，尺又大於握也。此祭山川，當

用角尺。皇疏云：「角周正，長短尺寸合禮也。」周氏柄中典故辨正云：「角爲周正，如春秋『鸜鵒食郊牛角』，則不周矣。

雅『角一俯一仰曰觭』，則不正矣。」此言角雖合度，然稍有偏損，亦爲不合用也。說文：「犧，宗廟之牲也。」騂角合禮，故言「中犧

古字意。」古或以「羲」爲之。又說文：「牲，牛完全。」凡鳥獸用於祭祀，皆謂之犧牲，引申之義也。賈侍中說此非

牲」也。云「雖欲以其所生犁而不用，山川寧肯舍之乎」者，此言人欲勿用之也。王氏引之經傳釋詞「諸，之乎也。急言

之曰諸，徐言之曰之乎。」據王說，則此注『之乎』二字，即釋「諸」字也。云「言父雖不善，不害於子之美」者，此魏、晉人誤

説。《史記·仲尼弟子列傳》「仲弓父賤人。」孔子曰『犂牛之子。』云云。賤者,微賤之稱。夫子亦自言少賤,非謂其行有不善也。《家語·弟子解》乃云:「仲弓,伯牛之宗族,生於不肖之父。」《家語》爲王肅所亂,不足取證。《論衡·自紀篇》「母犂犢駁,無害犧牲。」祖濁裔清,不妨奇人。鯀惡禹聖,叟頑舜神。伯牛寢疾,仲弓潔全。顔路庸固,回傑超倫。孔、墨祖愚,丘、翟聖賢。」以伯牛爲仲弓父,必有所本。伯牛寢疾,豈爲惡行?可知《家語》及此注之謬。

7 子曰:「回也,其心三月不違仁,其餘則日月至焉而已矣。」【注】餘人暫有至仁時,唯回移時而不變。

正義曰:顔子體仁,未得位行道,其仁無所施於人,然其心則能不違,故夫子許之。「日月至」者,謂每一日皆至仁也。一日皆至仁,非謂日一至也。積日成月,故曰「月至」。○注:「餘人暫有至仁時,唯回移時而不變。」○正義曰:言「日月至」,則非終日終月不違仁,故注以「暫」言之。云「移時」者,天有四時,每三月爲一時,過三月竟則移時。皇疏云:「既『不違』,則應終身而止。舉『三月』者,三月一時,爲天氣一變,一變尚能行之,則他時能可知也。亦欲引汲,故不言多時也。故苞述云:『顔子不違仁,豈但一時?將以勖羣子之志,故不絕其階耳。』」

8 季康子問:「仲由可使從政也與?」子曰:「由也果,【注】包曰:「果謂果敢決斷。」於從政乎何有?」曰:「賜也可使從政也與?」曰:「賜也達,【注】孔曰:「達謂通於物理。」於從政乎何有?」曰:「求也可使從政也與?」曰:「求也藝,【注】孔曰:「藝謂多才藝。」於從政乎何有?」

正義曰:「從政」謂從事於

政。或據左傳「晉之從政者新」，以此「從政」爲執政，非也。魯人使使召冉求，冉求先歸，至此，康子始問三子從政。則由、求之仕季氏，並在夫子歸魯後矣。果者能任事，達者能明事，藝者能治事，故皆可以從政。公孫丑以樂正子爲政，疑其強、有知慮、多聞識。強即是果，有知慮即是達，多聞識即是藝。皇本「曰賜也達」、「曰求也藝」，兩「曰」上有「子」字。○注：「果謂果敢決斷」。○正義曰：爾雅釋詁：「果，勝也。」一切經音義引爾雅作「惈」。孫炎曰：「惈，決之勝也。」又引蒼頡篇：「惈，勇也。」「勇」與「敢」同。子路好勇，故遇事明決，爲果敢也。其可使治賦，亦以此。○注：「達謂通於物理」。○正義曰：儀禮士昏禮注：「達，通達也。」此常訓。物猶事也。○注：「藝謂多才藝。」○正義曰：鄭亦有此注，同孔所襲也。「藝」本作「埶」，見説文。古以禮、樂、射、御、書、數爲六藝。人之才能，由六藝出，故藝即訓才能。冉求自任，以爲小國三年，可使足民，其藝可知。

9 季氏使閔子騫爲費宰。【注】孔曰：「費，季氏邑。季氏不臣，而其邑宰數畔，閔子騫賢，故欲用之。」

正義曰：史記弟子列傳：「閔損字子騫，少孔子十五歲。」鄭目録云「魯人」。玉篇：「鄪，魯季氏邑。論語作費，或作鄪。」○注「費季」至「用之」。○正義曰：左僖元年傳：「公賜季友汶陽之田及費。」是費爲季氏邑也。顧氏棟高春秋大事表：「費邑有二：魯大夫費庈父之邑，在今兗州府魚臺縣西南。季氏之費邑，在今沂州府費縣治西南七十里。」江氏永春秋地理考實：「費伯帥師城郎，郎亦在魚臺縣，故城在今費縣西北二十里。今之費縣治祊城，于欽齊乘謂『伯國姬姓，魯懿公之孫，後爲季氏之邑」。以費伯之費與季氏之費合爲一，非也。」「邑宰數畔」謂南蒯、公山弗擾之類。如注所言，季氏當指康子。以

上章康子問三子從政觀之，此爲康子無疑。

閔子騫曰：「善爲我辭焉！【注】孔曰：「不欲爲季氏宰，託使者善爲我

辭焉。說令不復召我。」如有復我者，則吾必在汶上矣。」【注】孔曰：「復我者，重來召我，去之汶水上。欲北如

齊。」　正義曰：陸氏釋文曰：「一本無『吾』字，鄭本無『則吾』二字。」阮氏元校勘記：「史記無『則吾』二字。」與鄭本同。○

注「不欲」至「召我」。○正義曰：史記弟子傳閔損「不仕大夫，不食汙君之祿」。不仕大夫即指此辭費宰言。家語執轡篇載

「閔子爲費宰，問政於夫子」，與論語顯背，此可知其僞矣。　毛氏奇齡改錯曰：「夫子一門多仕季氏，即夫子已先爲季氏史，

爲季氏司職吏，閔子祇以費本嚴邑，而其先又經叛臣竊據，實恐難任，故辭之顔堅。觀其居喪未終，要經從政，則非仲尼

之門不肯仕大夫之家已可知也。」案：毛說固是。然閔子實不欲臣季氏，與由、求諸人異，所謂君子之行有不同也。史傳

稱其「不食汙君之祿」，與上句「不仕大夫」互文見義，明此大夫亦汙君之類，故不欲仕。不得援「要經從政」，謂此辭宰但

以難任故矣。　云「說令不復召我」？「說」即辭也。或謂辭與「原思辭粟」之辭同，辭不受也。亦通。○注「去之汶水上，欲

北如齊。」○正義曰：漢書地理志泰山郡萊蕪下曰：「禹貢汶水出西南，入濟。」瑯邪郡朱虛下曰：「東泰山，汶水所出，東至

安丘入濰。」是汶水有二。此水經由齊、魯界上，閔子所指之汶，未知確在何處？水經汶水注云：「汶水經鉅平縣故城西，西

南流，城東有魯道，詩所云『魯道有蕩』是也。」王氏昶說齊、魯往來孔道實在嬴、博，當今寧陽東平閒，則意汶上亦在嬴、

博，說頗近理。閻氏若璩釋地引曾彥和曰：「出萊蕪縣原山入濟者，徐州之汶也；出朱虛縣泰山入濰者，青州之汶也。論

語『在汶』，指徐州言，以魯事也。」

牖執其手也。」

10 伯牛有疾,子問之,自牖執其手,【注】馬曰:「伯牛,弟子冉耕。」包曰:「牛有惡疾,不欲見人,故孔子從牖所以見日。」

正義曰:說文:「牖,穿壁也。〔一〕以木爲交窗也。從片戶,甫聲。〔二〕譚長以爲『甫』上『日』也,非『戶』也。」段氏玉裁注:「交窗者,以木橫直爲之,即今之窗也。在牆曰牖,在屋曰窗,此則互明之。必言以木者,字從片也。古者室必有戶有牖,牖東戶西,皆南鄉。毛詩傳曰:『向,北出牖也。』北或有六通明,至於塞之。然士虞禮『祝啓牖鄉』,鄭注云:『鄉謂牖一名。』明堂位『達鄉』,注『鄉〔三〕牖屬。』是南牖亦名向。士喪禮『寢東首於牖下』,喪大記作『北墉下』,今本『牖』皆譌『墉』,非也。」今案:士虞禮注:「牖先闔後啓,扇在內也。」窗扇在內,故毛傳及說文以『向』爲北出牖,北出猶言北開。士虞禮、明堂位所云『啓鄉』、『達鄉』,即幽詩之『塞向』,非有南牖、北牖之分。古人寢居在奧,故士昏禮『御衽于奧、媵衽良席,在東,北止』。至冬時氣寒,故令塞向。塞者,蔽也。不是北牆別有穴以通明而名向也。喪大記『寢東首于北墉下』,注:「謂君來視之時也。」病者恒居在北墉下,或爲『北牖下』。則經文必本作『墉』,非作『牖』可知。作『牖』者,鄭君所記別本也。陸氏未爲作音也。孔疏所見經注皆是『牖』,不能辨正,且謂『病者恒在北牖下,若君來視之時,暫移鄉南牖下,東首,令君得南面視己」,與鄭注逕異,非也。毛氏奇齡稽求篇:「郊特牲云『亳社北牖』,謂喪國之社,屋其上而開北牖,所以絶陽光而通陰氣。陰生則物死,是北牖爲死牖。而謂病者居其下,誤矣。」方氏觀旭偶記…「說者謂古人西北隅有扈,謂之屋漏。案:喪大記『旬人取所徹廟之西北厞』,〔四〕舊解云『厞是屋簷也』,不爲門。扈、厞

〔一〕「壁」下原衍「也」字,據說文刪。

〔二〕「聲」字原脫,據說文補。

〔三〕「鄉」字段注原脫,據禮記明堂位注補。

〔四〕「取」字原脫,據喪大記補。

之義爲隱，是室隱處。惟喪事徹去其牖，爲日光漏入，因而其處有屋漏之名。然則西北隅無扉，不必爲『北牖』一誤字，從

而爲之辭。」案：古人平時寢處皆在奧，病時始遷北牖下。而論語稱「自牖執其手」者，包咸謂「牛有惡疾，不欲見人」，故遷於南牖下，夫子自牖外就

得相對。」若然，病者遷北牖下，即君視疾亦然。毛氏奇齡謂「東首西面，與君之入室西立東面正

而問之。此是變禮，故論語特文記之。漢書龔勝傳「勝稱病篤，爲牀室中戶西南牖下，東首，加朝服扡紳。」使者入戶，西

行南面立，致詔付璽書，遷延再拜。」蓋勝不欲仕莽，偽辭以疾，而惟恐使者知之，不令入室，以示不敢當尊之

意。其使者則仍入戶致詔，蓋亦知其非病矣。毛氏奇齡謂「因王莽詔使迎勝，勝以死自居」

遷牖下是東首，與平時寢處無異，何言自居以死？」毛説誤也。又案：以龔勝傳觀之，伯牛遷牖下，亦當是東首。○注「伯

牛」至「手也」。○正義曰：史記弟子列傳：「冉耕字伯牛。」鄭目録云：「魯人。」聖門志、闕里廣志稱「伯牛少孔子七歲」不審

何據。弟子傳又云「伯牛有惡疾」，此包所本。淮南子精神訓「伯牛爲厲。」説文：「癘，惡疾也。」「厲」即「癘」省。毛氏奇

齡臆言「古以惡疾爲癩。」禮『婦人有惡疾去』，以其癩也。故韓詩解芣苢之詩，謂『蔡人之妻傷夫惡疾，雖愚癩而不忍絕』。

而劉孝標作辨命論，遂謂『冉耕歌其芣苢』。」正指是也。曰：「亡之，【注】孔曰：「亡，喪也。疾甚，故持其手曰喪之。」

命矣夫！斯人也而有斯疾也！斯人也而有斯疾也！」【注】包曰：「再言之者，痛惜之甚。」 正義曰：漢

書楚元王傳「茷之命矣夫」，新序節士篇「末之命矣夫」，本此文。「亡」、「茷」、「末」皆訓「無」。「末」、「茷」又聲轉。史記弟

子傳曰：「命也夫！斯人也而有斯疾，命也夫！」當是古論如此。白虎通壽命篇〔一〕「命何謂也？人之壽也，天命己使生

〔一〕「壽命」原誤作「情性」，據白虎通改。

者也。」又言「命有三科，有遭命以遇暴。遭命者，逢世殘賊，若上逢亂君，下必災暴至，天絕人命。」下云「冉伯牛危言正行，而遭惡疾。孔子曰：『命矣夫！斯人而有斯疾也。』」是則孔子此歎，蓋傷時無賢君，有道之士多致夭病，與哭顏淵同意。○注「亡，喪。」疾甚，故持其手曰喪之。」○正義曰：注以「疾甚」知其將死，故曰「喪之」。吳氏英經句說讀「亡」爲無云「春秋傳『公子曰「無之」』，謂無其事也。此『無之』，謂無其理也。有斯疾，必有致斯疾者，而斯人無之也。」案：吳說亦通。新序言關龍逢諫桀，因囚拘之，君子引此文惜之，亦謂無其理也。顏師古漢元王傳注「蔑，無也。言命之所遭，無有善惡。」此義非是。

11　子曰：「賢哉，回也！一簞食，一瓢飲，在陋巷，人不堪其憂，回也不改其樂。賢哉，回也！」【注】孔子曰「簞，笥也。顏淵樂道，雖簞食，在陋巷，不改其所樂。」

正義曰：說文云「陋，阨陝也。」「陝」與「狹」同。顏子家貧，所居陋狹，故曰「陋巷」。說文「𨞣，里中道。從邑從共。皆在邑中所共也。」「巷」篆文從邑省。古人稱巷有二義。里中道謂之巷，人所居亦謂之巷，故廣雅兼列二訓。顏子陋巷，即儒行所云「一畝之宮，環堵之室」。解者以爲街巷之巷，非也。此王氏念孫說，見經義述聞。寰宇記「陋巷在曲阜縣西南二里，孔子廟北二百步。」一統志「陋巷在曲阜縣闕里東北，今顏子廟在焉。」此出後世傅會，不足依據。○注「簞笥」至「所樂」。○正義曰：鄭注云「簞，笥也。」此偏孔所本。說文「簞，

廣雅釋詁「衖，同也。」釋宮〔一〕「衖，道也。」又云「閨謂之衖。」「衖」爲「𨞣」之變體，「巷」則從篆文省。

〔一〕「釋宮」原誤作「釋室」，據廣雅改。

筥也。漢律令：『簞，小筐也。』『筥，飯及衣之器也。』其字從竹，是簞、筥以竹爲之。亦有用葦

葦筥是也。』『筥』兼大小，『簞』則止是小者，故許引漢律以『簞』爲小筐。説文匚部：『匡，飯器，筥也。』筥者，籀之一名，

容五升，則此小筐亦容容五升矣。廣雅釋器：『籋、匜、匳，筥也。簞、簹、籃，筐也。』『匳』與『簞』同。曲禮：『凡以弓劍、苞苴、

簞笥問人者。』鄭注『簞笥，盛飯食者，圜曰簞，方曰笥。』對文『簞』『笥』別，散文通稱。皇本『簞，筥也』下有『瓢，瓠也』三

字。案：云『瓢，瓠』者，謂瓠爲瓢也。衆經音義十八引三蒼云『瓢，瓠，勺也。』士昏禮『實四爵合卺』鄭注：『合卺，破匏

也。』太平御覽引三禮圖云：『卺取四升，瓠中破。』然則瓢亦是破瓠爲之，但此用爲飲器，其容數未聞。鄭注云：『貧者，人

之所憂。而顏淵志道，自有所樂，故深賢之。』此注云『樂道』，與鄭同。趙岐注孟子離婁篇云：『當亂世安陋巷者，不用於

世，窮而樂道也。惟樂道，故能好學。夫子疏水曲肱，樂在其中，亦謂樂道也。』

12 冉求曰：「非不説子之道，力不足也。」子曰：「力不足者，中道而廢。今女畫。」【注】孔

曰：「畫，止也。力不足者，當中道而廢。今女自止耳，非力極。」 注『畫止』至『力極』。○正義曰：説文：『畫，界也。象

田四界，聿所以畫之。』引申之，凡有界限而不能前進者，亦爲畫。故此注訓『止』。 法言學行篇：『是故惡夫畫也。』李軌

注同。 凡人志道，皆必力學。人不可一日勿學，故於學自有不已之功。 聖門弟子，若顏子大賢，猶言『欲罷不能』，既竭吾

才，欲從末由』，其於夫子之道，蓋亦勉力之至。 然循序漸進，自能入德，奚至以力不足自諉？ 里仁篇：『夫子云「有能用

其力於仁矣乎？我未見力不足者。』若此言「力不足者，中道而廢」，蓋特就冉求之言，指出真力不足之人以曉之。 張栻

論語解：「爲仁未有力不足者，故亡以爲己任者，死而後已焉。今冉求患力之不足，非力不足也，乃自畫耳。所謂中道而廢者，如行半塗而足廢者也。士之學聖人，不幸而死則已矣。此則可言力不足也，不然而或止焉，則皆爲自畫耳。畫者，非有以止之而自不肯前也。」南軒説即此注義。表記云：「鄉道而行，中道而廢，忘身之老也，不知年數之不足也。俛焉日有孳孳，斃而後已。」鄭注：「廢，喻力極罷頓，不能復行則止也。俛焉，勤勞之貌。」表記之文，與此章相發。「中道而廢」即是斃，惟斃不得不廢，廢猶言止也。人之力生於氣，而其爲學也，則有志以帥氣，志之不立，而諉於氣之不振，是自棄矣。是故君子之爲學，日知所亡，月無忘其所能，莫彊也，莫究也，期之終身而已。身之未亡，是力猶未亡，故夫彊有力者，將以爲學也。舍學而彊有力，將何用焉？力之既至，而學亦至，則希聖達天之詣。力之既至，而學猶未至，則是中道而廢，亦不失爲賢者之歸。當時若顏子未達一間，而遽以早死，是亦中道而廢者也。冉求未至罷頓力極，而曰力不足，則是自爲畫止，非力不足可知。注中「力極」二字，似本表記注。

13 子謂子夏曰：「女爲君子儒！無爲小人儒！」【注】孔曰：「君子爲儒，將以明道，小人爲儒，則矜其名。」

正義曰：周官太宰「四曰儒以道得民。」大司徒：「四曰聯師儒。」注：「師儒鄉里教以道藝者。」據此，則「儒」爲教民者之稱。子夏於時設教，有門人，故夫子告以爲儒之道。君子儒，能識大而可受；小人儒，則但務卑近而已。君子、小人，以廣狹異，不以邪正分。○注「孔曰」至「其名」。○正義曰：小人儒，不必是「矜名」，注説誤也。皇本作「馬曰」，弟子傳集解引作「何曰」，足利本不載姓名，則亦以爲「何曰」矣。北堂書鈔六十六引

何休注文同，當是何晏之誤。

言其公且方。」

14　子游爲武城宰。【注】包曰：「武城，魯下邑。」子曰：「女得人焉耳乎？」【注】孔曰：「焉耳乎，皆辭。」

曰：「有澹臺滅明者，行不由徑，非公事，未嘗至於偃之室也。」【注】包曰：「澹臺姓，滅明名，字子羽」

正義曰：「耳」，他本或引作「爾」，「耳」、「爾」皆辭。阮氏元校勘記，段氏說文注並以「耳」爲「爾」譌。爾，於此也。此者，此武城也。段云：「耳在古音一部，爾在古音十五部，音義絕不相混」然唐、宋石經、宋本九經岳珂本，此文皆作「耳」。「耳」訓語辭，不必從「爾」訓於此矣。鄭注云：「汝爲此宰，寧得賢人與之耳語與也。」注有謁脫，莫曉其義。

又云：「澹臺滅明者，孔子弟子，子游之同門也。步道曰徑。修身正行，公事乃肯來我室，得與之語耳，非公事不肯來。言無私謁。」案：弟子列傳：「澹臺滅明，狀貌甚惡，欲事孔子，孔子以爲材薄。既已受業，退而脩行，行不由徑，非公事不見卿大夫。」是滅明先受學孔子，與子游同門。「同門」者，謂同在一師門也。「步道曰徑」者，說文：「徑，步道也。」走之道。釋名釋道云：「徑，經也。人所經由也。」周官遂人職：「夫間有遂，遂上有徑。」此即步道之徑。祭義「道而不徑」，言爲人所步老子「大道甚夷，而民好徑」。焦竑筆乘：「古井田之制，道路在溝洫之上，方直如棊枰，行必遵之，毋得斜冒取疾。野廬氏『禁野之横行徑踰者』，脩閭氏『禁徑踰者』，皆其證。」惠氏士奇禮說：「徑謂之蹊。」釋名：「蹊，系也。射疾則用之，故還系於正道。」康成亦云『徑踰射邪趨疾，禁之所以防姦』，謂不由正道，昌翔觀伺，將開寇盜之端，故横行徑踰者禁之，有相翔者誅之，則寇盜之端絕矣。君子絕惡於其細，禁姦於其微，射邪趨疾，未必遂爲盜也，而昌翔觀伺，爲盜之端遂萌於此。

野廬氏掌凡道徑，塞其塗，弇其迹，則形勢不得爲非，使民無由接於姦邪之地，故晏嬰治阿而築蹊徑者，以此也。」春秋禁書雖存，而官失其職，道禁之不行久矣。　子羽獨奉而行之，以爲先王之道存焉，則一步一趨，無在而非先王之道也。「私謁」者，謂以私事謁也。「謁」訓「請」，亦訓「告」。○注「武城，魯下邑。」○正義曰：魯有兩武城。史記弟子傳：「曾參，南武城人。　澹臺滅明，武城人。」大戴禮衛將軍文子篇注：「曾參，魯南武城人。　澹臺滅明，魯東武城人。」顧氏炎武日知錄謂子羽、曾子同一武城。　子羽傳次曾子，省文但曰武城，似非南武城。據顧氏棟高春秋大事表，在今嘉祥縣，於曲阜爲西南。　東武城與邾、吳接壤，在今費縣，於曲阜爲東南。　江氏永春秋地理考實引彙纂云：「通典費縣有古武城，今故城在費縣西南。　一云在費縣西南八十里石門山下。」案：八十里說近是。　山東通志引闕里志云：「武城在費縣西南八十里，關陽川之旁，子游所宰邑也。　有古石刻云：『仰視高山，俯聽流水，絃歌之聲，宛然如在。』今以嘉祥之南武山爲武城，並東昌之武城縣爲絃歌鄉者，皆循名而失實也。　○注「澹臺」至「且方」。　○正義曰：弟子列傳：「澹臺滅明，字子羽，少孔子三十九歲。」云「公且方」者，公謂不以私事至也，方謂行不由徑。　朱子集注云：「不由徑，則動必以正，而無見小欲速之意可知。　非公事不見邑宰，則其有以自守，而無枉己徇人之私可見矣。」

15　子曰：「孟之反不伐。」【注】孔曰：「魯大夫孟之側，與齊戰，軍大敗。不伐者，不自伐其功。」奔而殿，將入門，策其馬，曰：『非敢後也，馬不進也。』」【注】馬曰：「殿在軍後，前曰啟，後曰殿。孟之反賢而有勇，軍大敗，獨在後爲殿。　人迎功之，不欲獨有其名，曰：『我非敢在後拒敵，馬不能前進。』」　正義曰：「之反」，毛本誤「子反」。

鄭注云：「姓孟，名之側，字之反也。」案：古人名多用「之」爲語助，若舟之僑，宮之奇，介之推，公罔之裘，庾公之他，與此孟之反皆是。杜預左傳注：「之側，孟氏族也。」「奔」，說文作「犇」，云「走也」。走謂速走。釋名釋姿容：「奔，變也，有疾變奔赴之也。」「門」者，國門。左哀十一年傳説此事云：「抽矢策其馬曰『馬不進也』」似謂以矢策馬。説文：「敕，擊馬也。」「敕」、「策」同音叚借。○注「魯大夫孟之側」。○正義曰：左傳云：「齊伐我及清，孟孺子洩帥右師，師及齊師戰于郊。右師奔，齊人從之。陳瓘、陳莊涉泗。孟之側後入以爲殿。」錢氏大昕潛研堂文集：「古文屍，臀字本作屍，殿從屍得聲，臀又從殿取聲。人之一身，臀居其後。軍後曰殿，亦取斯義。漢時課吏有殿最之法，亦以居後爲殿也。」案：詩采菽傳：「殿，鎮也。」孔疏：「軍行在後曰殿，取其鎮重之義。」愚謂臀居人後，亦以其鎮重故名之。左襄二十三年傳：「齊侯伐衞，大殿，商子游御夏之御寇。」是「殿」本軍制。邢疏引司馬法謀帥篇「乘車大震」，「大震」卽大殿，詩「元戎十乘，以先啟行。」司馬法：「夫前驅啟。」「啟」訓開，爲軍先鋒，故在前也。注言此「在後爲殿」也。云「前曰啟」者，明啟、殿皆陳法，非是奔在後卽爲殿也。

16 子曰：「不有祝鮀之佞，而有宋朝之美，難乎免於今之世矣。」【注】孔曰：「佞，口才也。祝鮀，衞大夫子魚也。時世貴之。宋朝，宋之美人而善淫。言當如祝鮀之佞，而反如宋朝之美，難乎免於今之世害也。」正義曰：鄭注云：「不有，言無也。」「祝」卽祝史。說文：「祝，祭主贊詞者。」○注「祝鮀」至「害也」。○正義曰：周官惟大祝是

下大夫，小祝、喪祝、甸祝、詛祝皆以士爲之。此祝鮀於衞，不得偶大夫，注以意言之耳。左定四年傳先言祝鮀，後言子魚，鮀者，魚名，故名鮀，字子魚。古今人表作「佗」，則「鮀」同音叚借字。宋朝謂宋公子朝也。朝初仕衞爲大夫，通於襄夫人宣姜，又通於靈公夫人南子，並見左氏傳，是其善淫也。衞別有公子朝，爲季札所說，許爲君子，昭二十一年曾救宋，與宋公子朝爲二人。杜預注左傳未能晰矣。先兄五河君經義說畧：「美必兼佞，方可見容。美而不佞，衰世猶嫉之。故九侯女不意淫，商辛惡之。襄姒不好笑，周幽惡之。莊姜之美，衞人爲之賦碩人，而衞莊亦惡之。美而不佞，豈容於衰世平？蓋美者，色也。如不必有可說之情，胡然而天，胡然而帝，袛見其尊嚴而已，何說之有？故夫子歟時世不佞之人，雖美難免，夫子非惡宋朝也，所以甚言時之好佞耳。」先兄此說，即注義也。王氏引之經傳釋詞訓「而」爲「與」，引墨子尚同「聞善而不善，皆以告其上」〔一〕韓子說林「以管子之聖而隰朋之智」，「而」皆與也。而，與聲之轉，說與注異，亦通。他家疑「而」爲不誤，或謂而，如通用，如或也。皆未是。

17 子曰：「誰能出不由戶？何莫由斯道也？」【注】孔曰：「言人立身成功當由道，譬猶出入，要當從戶。」

正義曰：說文：「誰，何也。」言何人能？若有以問之也。上句言誰，下句言何，互相訓。「出」謂出室也。宮室之制，外半爲堂，内半爲室。室有南壁，東開戶以至堂。說文：「戶，護也。半門曰戶，象形。」一切經音義十四引字書云：「一扇曰戶，兩扇曰門。」「何莫由斯道」者，莫猶非也。說文：「道，所行道也。」言人日用行習，無非是道，特人或終身由之而不知耳。禮

〔一〕「尚同」原誤作「有同」，據墨子尚同上改。

記禮器云：「禮有大有小，有顯有微，大者不可損，小者不可益，顯者不可揜，微者不可大也。故經禮三百，曲禮三千，其致

一也。未有入室而不由戶者。」彼文言人行事必由禮，如入室不能不由戶，故此文亦言出當由戶。「何莫由斯道」，意與禮器

同也。春秋繁露身之養重於義篇：「故曰聖人天地動，四時化者，非有他也。此大治之道也，先聖傳授而復也。〔一〕動故能化，化故能大

行，化大行故法不犯，法不犯故刑不用，刑不用則堯、舜之功德。」先聖傳授，明雖久遠無所變易，故知人必由之也。故孔子曰：「誰能出不

由戶？何莫由斯道也？」繁露此言，以道為先聖傳授，故知人必由之。後人解「何莫由斯道」，謂

人知由戶，不知由道，故夫子慨歎之。與繁露之旨不合。　皇本「戶」下有「者」字。

18　子曰：「質勝文則野，文勝質則史。文質彬彬，然後君子。」【注】包曰：「野如野人，言鄙略也。

史者，文多而質少。　彬彬，文質相半之貌。」　正義曰：禮有質有文。質者，本也。禮無本不立，無文不行，能立能行，斯

謂之中。　失其中則偏，偏則爭，爭則相勝。君子者，所以用中而達之天下者也。古稱天子、諸侯、卿大夫、士，皆曰君子。

君者，羣也，言羣下之所歸心也。子者，男子之稱也。非有位而稱君子者，以其人有道德，可任在位也。此文「君子」，專

指卿大夫、士。下篇云：「後進於禮樂，君子也。」「君子質而已矣，何以文為？」皆就有位者言之。當時君子非質勝文，即文

勝質，其名雖稱君子，其實則曰野、曰史而已。　夫子為之正其名，究其義，曰「文質彬彬，然後君子」，言非文質備，無以為

君子矣。　其無以為君子者，以君子必用中于民。　若文質偏勝，無以示民，民無所效法，而何以為稱其位哉？　禮緇衣云：

〔一〕「大義」二字原誤倒，據春秋繁露乙正。

「子曰:『長民者,衣服不貳,從容有常,以齊其民,則民德壹。』詩云:『彼都人士,狐裘黃黃。其容不改,出言有章。行歸于周,萬民所望。』」案:此詩二章言「臺笠緇撮」,三章言「充耳琇實」,四章言「垂帶而厲」,又屢言「君子女」。君子卽都人士。言都者,君子居國中也。詩意謂古之長民者,能備文質,與此章義相發。○注「野如」至「之貌」。○正義曰:爾雅釋地:「牧外謂之野。」説文:「野,郊外也。」野爲人所居,故謂其人曰野。夫子言「野哉!由也」,亦謂其有似野人。仲尼燕居:「敬而不中禮謂之野。」禮是文,野人有質無文,故言「鄙略」。儀禮聘禮記云:「〔一〕辭多則史。」注:「史謂策祝。」亦言史官辭多文也。是史有二,此注渾言未晰,莫曉其所主。策祝文勝質,則禮所謂失其義,陳其數是也。史官文勝質,則當時紀載或譏爲浮夸者,是也。○引此文作「份份」,從彡林。段注:「今論語作『彬』,古文也。彡者,毛飾畫文也。」説文:「份,文質備也。從彡,與彤、彰同意。」「彬」又作「斌」,史記儒林傳:「斌斌多文學之士。」

19 子曰:「人之生也直,【注】馬曰:「言人所以生於世而自終者,以其正直也。」罔之生也幸而免。」

【注】誣罔正直之道而亦生者,是幸而免。

○注「言人」至「直也」。○正義曰:皇疏引李充云:「人生之道,惟其身直乎!」言惟直乃可生也。此卽馬義。晉語:「德不純而福祿並至,謂之幸。」言非分而得,可慶幸也。中庸云:「天地之道,可一言而盡也。其爲物不貳,則其生物不測。」不貳者,誠也。誠者,內不自以欺,外不以欺人。蓋直者,誠也。

〔一〕下「禮」字原脱,據儀禮補。

者，誠也，卽直也。天地以至誠生物，故繫辭傳言乾之大生，靜專動直。專直，皆誠也，不誠則無物，故誠爲生物之本。人能存誠，則行主忠信，而天且助順，人且助信，故能生也。若夫罔者，專務自欺以欺人，所謂「自作孽，不可活」者，非有上罰，必有天殃，其能免此者，幸爾。鄭此注云「始生之性皆正直」，鄭以「生也直」卽夫子性善之旨，與馬不同。然則「罔之生」便是告子所稱性不善，其實性不善，由於習爲惡，不關性也。○注：「誣罔正直之道而亦生。」○正義曰：「罔」本訓無，誣者皆造爲虛無，故曰罔。玉篇：「謂，誣也。」「罔」與「謂」同。或謂經文「罔之」句，言無直道也。亦通。

20 子曰：「知之者，不如好之者，好之者，不如樂之者。」【注】包曰：「學問知之者篤；好之者，不如樂之者深。」 注「學問」至「者深」。○正義曰：尚書大傳言「新穀已入，樓杻已藏，祈樂已入，歲事既畢，餘子皆入學。」是庶人之子孫亦得受學。至春秋時，庠塾之制廢，詩書之澤衰，人多不知學，故此言「知之者」，明與不知有異也。至「好之」、「樂之」，更不多觀，故夫子於門人中，獨稱「顏子好學」。又謂「一簞食，一瓢飲，在陋巷，不改其樂」正謂不改其好學之樂。夫子疏食飲水，樂在其中，亦是此樂，故曰「發憤忘食，樂以忘憂」。樂者，樂其有得於己也。故論語首章卽以「時習」之説示人。

21 子曰：「中人以上，可以語上也；中人以下，不可以語上也。」【注】王曰：「上謂上知之所知也。兩舉中人，以其可上可下。」 注「上謂」至「可下」。○正義曰：釋文「上知，音智。」漢書古今人表列「知」、「仁」之目，亦

引此文説之。穀梁僖二年傳有「中知以上」〔一〕「中知以下」之文。然則此兩言「中人」，謂中知矣。中人爲中知，則上謂

上知，下謂愚也。顏師古人表注解此文，以「中人」爲中庸，失之。孔子罕言利、命、仁、性與天道，弟子不可得聞，則是不

可語上。觀所答弟子、諸時人語，各有不同，正是因人才知量爲語之，可知夫子循循善誘之法。若夫性質既愚，又不能自

勉於學問，是夫子所謂「下愚」，非惟「不可語上」，且並不可語之矣。

22 樊遲問知。子曰：「務民之義，〔注〕王曰：「務所以化道民之義。」敬鬼神而遠之，可謂知矣。」〔注〕

孔曰：「先勞苦而後得功，此所

〔注〕包曰：「敬鬼神而不黷也。」問仁。曰：「仁者先難而後獲，可謂仁矣。」〔注〕

正義曰：「務」猶事也。「民之義」者，禮運曰：「何謂人義？父慈、子孝、兄良、弟弟、夫義、婦聽、長惠、幼順、君

仁、臣忠，十者謂之人義。」是也。「敬鬼神而遠之」者，謂以禮敬事鬼神也。表記「子曰：『夏道尊命，事鬼敬神而遠之，近

人而忠焉。殷人尊神，率民以事神，先鬼而後禮。周人尊禮尚施，事鬼敬神而遠之，近人而忠焉。』」鄭注：「遠鬼神近人，

謂外宗廟，內朝廷。」案：尊命、尊禮、尚施，皆近人之事。周道與夏道，略相似也。「近人而忠」，即是務民之義，於鬼稱

「事」，神稱「敬」者，禮數故言事，禮疏故言遠也。但事亦是敬，故論語此文，統言「敬鬼神」。夫子所以告樊遲者，正是教

之從周道。左氏傳：「季梁曰：『民，神之主也。』」是以聖王先成民，而後致力于神，亦是舉夏、周道言之矣。「難」謂事難

也。獲，得也，謂得祿也。春秋繁露仁義法篇〔二〕「孔子謂冉子曰『治民者，先富之，而後加教。』語樊遲曰：『治身者，先

〔一〕「二」原誤作「元」，據穀梁傳改。

〔二〕「法」原誤作「發」，據春秋繁露改。

難後獲。』以此之謂治身之與治民，所先後者不同焉矣。詩云：『飲之食之，教之誨之。』先飲食而後教誨，謂治人也。又

曰：『坎坎伐輻，彼君子兮，不素餐兮。』先其事，後其食，謂治身也。」董子說此義至明。下篇言「事君，敬其事而後其食」，

義同。竊以夫子此文論仁知，皆居位臨民之事，意樂遲時或出仕故也。皇本「問仁」下有「子」字，唐石經初刻作「先勞」，

磨改作「先難」。○注「敬鬼神而不黷。」○正義曰：遠者敬之，至不知所遠，雖敬亦黷。黷者，慢也。楚語觀射父曰：「古

者民神異業，敬而不黷，故神降之嘉生，民以物享，禍災不至，求用不匱。及少皥之衰也，九黎亂德，民神雜糅，不可方物。

夫人作享，家為巫史，無有要質。民匱於祀，而不知其福。烝享無度，民神同位。民瀆齊盟，無有嚴威。神狎民則，不蠲其

爲。嘉生不降，無物以享。禍災薦臻，莫盡其氣。顓頊受之，乃命南正重司天以屬神，命火正黎司地以屬民，使復舊常，

無相侵瀆，是謂絕地天通。」案：世衰則神教興，其始亦以禍福示戒，而終必歸於瀆祀，以長其諂慢之罪。春秋時，如黃能、

實沈，多非禮之祀，在上者僭越無等，在下者習於風俗，競為祈禳，而不知所懲，究之獲罪鬼神，莫能徼福而免於患，斯惑

之甚者矣。惟知敬遠之義，則吉凶順逆，皆可順受其正，修其在己而不爲无妄之求，斯可謂知矣。

23　子曰：「知者樂水，【注】包曰：「知者樂運其才知以治世，如水流而不知已。」仁者樂山。【注】仁者樂如

山之安固，自然不動，而萬物生焉。知者動，【注】包曰：「日進故動。」仁者靜。【注】孔曰：「無欲故靜。」知者樂，【注】包曰：「知者樂

【注】鄭曰：「知者自役得其志，故樂。」仁者壽。」【注】包曰：「性靜者多壽考。」　正義曰：皇疏云：「樂水樂山爲智仁之

性，動靜爲智仁之用，壽樂爲智仁之功。」案：夫子體備仁智，故能言之，所謂善言德行也。　爾雅釋詁：「動，作也。」說文…

「静，審也。诤，亭安也。」義微別。凡與「動」對言當爲「诤」，今經典通作「静」。「壽」卽「耆」省。說文：「耆，久也。」○注…

「知者樂運其才知以治世，如水流而不知已。」○正義曰：韓詩外傳：「夫水者，緣理而行，不遺小間。似有智者動而下之，

似有禮者踏深不疑，似有勇者障防而清，似知命者歷險致遠，卒成不毀。似有德者天地以成，羣物以生，國家以寧，萬物

以平，品物以正。此智者所以樂於水也。」說苑雜言篇略同。又云：「子貢問曰：『君子見大水必觀焉，何也？』孔子曰：『夫

水者，君子比德焉。遍予而無私，似德；所及者生，似仁；其流卑下，句倨皆循其理，似義，淺者流行，深者不測，似智；

其赴百仞之谷不疑，似勇；綽弱而微達，似察；不清以入，鮮潔以出，似善化，至量必平，似正，盈

不求概，似度，其萬折必東，似意。是以君子見大水，觀焉爾也。」案此，則樂水兼有數義，注渾舉其意，而以「治世」言之，

卽外傳「天地以成」云云之旨。○注：「仁者樂如山之安固，自然不動，而萬物生焉。」○正義曰：韓詩外傳：「夫山者，萬民

之所瞻仰也。草木生焉，萬物植焉，飛鳥極焉，走獸休焉，四方益取予焉。出雲道風，從乎天地之間，天地以成，國家以

寧，此仁者所以樂於山也。」說苑略同。此注言「樂如山」者，言仁者顧比德於山，故樂山也。「安固」「不動」卽外傳「國家

以寧」之義。○注：「日進故動。」○正義曰：水運行不已，有進之象。君子自强不息，進德脩業，日有孳孳而莫之止，其進

也，卽其動也。易象傳〔一〕：「水洊至，習坎。君子以常德行，習教事。」○注：「無欲故静。」○正義曰：欲卽聲、色、味、臭、

安、佚之欲，仁者所不能無。而云「無欲」者，仁者善制其欲，克己復禮。凡視聽言動，自能以禮制心，而不稍過乎欲，故曰

無欲。無欲者，無非禮之欲也。易象傳〔二〕：「兼山，艮。君子以思不出其位。」思不出位，故能無欲。○注：「知者自役得

〔一〕「象」原誤作「彖」，據易坎卦改。

〔二〕「象」原誤作「彖」，據易艮卦改。

其志,故樂。」○正義曰:知者能爲世用,不嫌自役,知有成功得志,故樂。○注:「性靜者多壽考。」○正義曰:說文:「考,老

也。」易象傳:「敦民之吉,以厚終也。」「厚終」謂當得壽也。春秋繁露循天之道篇:「故仁人之所以多壽者,外無貪而內清

淨,心平和而不失中正,取天地之美以養其身,是其且多且治。」申鑒俗嫌篇:「仁者內不傷性,外不傷物,上不違天,下不

違人,處正居中,形神以和,故咎徵不至,而休嘉集之,壽之術也。」中論夭壽篇:「或問。孔子稱『仁者壽』,而顏淵早夭,豈

聖人之言不信而欺後人耶? 潁川荀爽以爲古人有言,『死而不朽』,其身殁矣,其道猶存,故謂之不朽。夫形體固自朽弊、

消亡之物,壽與不壽,不過數十歲,德義立與不立,差數千歲,豈可同日言也哉? 詩云:「萬有千歲,眉壽無有害。」人豈有

萬歲千歲者? 皆令德之謂也。 北海孫翺以爲死生有命,非他人之所致也。 若積善有慶,行仁得壽,乃教化之義,誘人而

納於善之理也。 幹以爲二論皆非其理也。 夫壽有三:有王澤之壽,有聲聞之壽,有行仁之壽。 書曰:「五福,一曰壽。」此

王澤之壽也。 詩云:「其德不爽,壽考不忘。」此聲聞之壽也。 孔子曰:「仁者壽。」此行仁之壽也。 孔子云爾者,以仁者利

養萬物,萬物亦受利矣,故必壽也。 聞自堯至於武王,自稷至於周、召,皆仁人也。 君臣之數不爲少矣,此非仁者壽之驗

耶? 又七十子豈殘酷者哉? 顧其仁有優劣耳。 其夭者惟顏回,據一顏回而多疑其餘,無異以一鈎之金,權於一車之羽,

云金輕於羽也。」

24 子曰:「齊一變,至於魯;魯一變,至於道。」【注】包曰:「言齊、魯有太公、周公之餘化。太公大賢,

周公聖人。 今其政教雖衰,若有明君興之,齊可使如魯,魯可使如大道行之時。」

注「言齊」至「之時」。 ○正義曰:齊

者,國名也。

周武王滅紂,封太師呂望於齊,是爲齊太公。太者,尊大之稱。說苑政理篇:「伯禽與太公俱受封而各之國。

三年,太公來朝。周公問曰:『何治之疾也?』對曰:『尊賢,先疏後親,先義後仁也。此霸者之迹也。』周公曰:『太公之澤

及五世。』五年,伯禽來朝。周公問曰:『何治之難?』對曰:『親親,先內後外,先仁後義也。此王者之迹也。』周公曰:『魯

之澤及十世。』故魯有王迹者,仁厚也。齊有霸迹者,武政也。齊之所以不如魯者,太公之賢不如伯禽也。」漢書地理志:

「初太公治齊,修道術,尊賢智,賞有功,故至今其士多好經術,矜功名,舒緩闊達而足智。其失夸奢朋黨,言與行繆,虛詐

不情,急之則離散,緩之則放縱。」又云:「周興,以少昊之虛曲阜,封周公子伯禽爲魯侯,以爲周公主。其民有聖人之教

化,故孔子曰:『齊一變,至於魯;魯一變,至於道。』言近正也。洙、泗之水,其民涉度,幼者扶老而代其任。俗既益薄,

長老不自安,與幼少相讓,故曰:『魯道衰,洙、泗之間齗齗如也。』孔子閔王道將廢,乃修六經,以述唐、虞、三代之道,弟子

受業而通者七十有七人。是以其民好學,上禮義,重廉恥。」顏師古注:「魯庶幾至道,齊人不如魯也。」案:周公雖封魯,猶

仕王朝,身未歸魯,惟命伯禽之國就封,而伯禽亦能秉周公之教,以存王迹。故說苑、漢書歸美伯禽,與此注歸美周公意

同。魯俗雖衰,而洙、泗之間王化未歇,追沐聖人之教,而俗益臻醇美。蓋所謂「至於道」者,其言殊有驗矣。

25 子曰:「觚不觚?【注】馬曰:「觚,禮器,一升曰爵,二升曰觚。」觚哉!觚哉!」【注】觚哉!觚哉!言非觚

也。以喻爲政不得其道,則不成。

注:「觚,禮器,一升曰爵,二升曰觚。」○正義曰:云「觚禮器」者,燕禮「公用象

觚。」注:「觚,有象骨飾也。」說文云:「觚,鄉飲酒之爵也。」段氏玉裁注謂「鄉當作禮,鄉飲酒有爵觶無觚」是也。聶崇義三

《禮圖》謂「觚用木」，惟用木，故考工梓人制之。宣和博古圖載商、周觚三十五，其形如今銅花瓶，而腹起四棱，與禮注不合。

且皆以金為之，則非梓人所司，後世偽作，此無疑矣。云「一升曰爵，二升曰觚」者，言爵、觚盛酒之量。鄭注《禮器》云：「凡

觴，一升曰爵，二升曰觚，三升曰觶，四升曰角，五升曰散。」《特牲記》注引舊說同。梓人疏引《禮器》制度亦云：「觚大二升。」五

經異義：「今《韓詩》說，一升曰爵，二升曰觚，三升曰觶，四升曰角，五升曰散。觚，寡也，飲當寡少。三升曰觶。觶，適也，飲當自適也。四

升曰角。角，觸也，不能自適，觸罪過也。五升曰散。散，訕也，飲不能自節，為人所謗訕也。總名曰爵。」並與此馬注同。考

《工記》梓人：「為飲器，觚三升。」《禮器》疏引《異義》載「古《周禮》說，觚二升，獻以爵而酬以觚，一獻而三酬，則一豆矣。」陳氏壽祺

疏證謂「二升當作三升」，此《周禮》說，與《韓詩》異。許君《異義》云：「謹案《周禮》一獻三酬當一豆，若觚二升，一獻而三酬，則一豆矣。」此許從

《周禮》說以辨《韓詩》之非。鄭駁《異義》，以《周禮》獻以爵而酬以觚，「觚是「觶」誤，觶即觶。則意梓人「觚三升」亦當「觶三升」，

觚三則觚二，《周禮》與《韓詩》無異矣。　皇疏：「一獻之禮，賓主百拜，此則明有觚之用也。當於爾時用觚酌酒，而沈湎無度，故

王肅曰：「當時沈湎於酒。」故孔子曰『觚不觚』，言不知禮也。『觚哉觚哉』，言用觚之失道也。」毛氏奇齡改錯云：「古制器

命名，各有取義。《禮》注云『觚容二升』，取寡為義。《詩》說所云『飲常寡少曰觚』，則此觚命名原與君子之稱『孤』、『寡』有同義

也。今飲常不寡而仍稱曰觚，名實乖矣。猶曰觚哉!」又云：「諸酒器皆有義，而獨及觚者，此猶燕禮極尚宴樂，而其洗莫為

獻，惟用一觚，亦以觚本常用，並取寡少無過之名。蓋不觚非改制，但不寡飲，即失名實耳。」案：毛說與王肅同，可補馬

義。舊有注云：「孔子曰『削觚而志有所念，觚不時成』。心不專一，尚不時成，況于大事

也』?」此說觚為木簡，與馬異。宋氏翔鳳謂是徐氏《論語隱義語》，義當本鄭，亦是意為之辭。《說文》：「觚，棱也」。棱，觚也。」史

游急就章：「急就奇觚與衆異。」顏師古注：「觚者，學書之牘，或以記事，削木爲之，蓋簡屬也。孔子嘆觚，即此之謂。其形

或六面，或八面，皆可書。觚者，棱也。以有棱角，故謂之觚。」王應麟補注：「『史記』『破觚爲圜』。應劭曰：『觚八棱有隅者。』班固西都賦曰：『上觚棱而棲金爵。』今俗猶呼小兒削書簡

爲木觚章，蓋古之遺語也。」又引説文云：「幡，書兒拭觚布也。」據此，則「柧」亦作「觚」。廣雅釋器：「籍、簏、鉄、箖、篹、籭也。」竹木本一類，故柧亦作

籭。漢書所云「操觚之士」，西京雜記「傅介子好學書，嘗棄觚而嘆」，即此柧也。柧有四棱、八棱之異。通俗文曰：「木四

方爲棱，八棱爲柧。」此析言之，若散文亦通稱。故師古以觚有六面，則六棱亦名柧矣。如史記所云「破觚爲圜」之比，此亦名實相乖，於義得通者也。○注「以喻

爲政不得其道，則不成。」○正義曰：政者，正也。其身不正，如正人何？政不得成，猶彌名之。○注説亦當有所本。

26 宰我問曰：「仁者，雖告之曰，『井有仁焉』。其從之也？」【注】孔曰：「宰我以仁者必濟人於患難，

故問有仁人墮井，將自投下從而出之乎，欲極觀仁者憂樂之所至。」子曰：「何爲其然也？君子可逝也，不

可陷也；【注】孔曰：「逝，往也。言君子可使往視之耳，不肯自投從之。」可欺也，不可罔也。」【注】馬曰：「可欺者，

可使往也；不可罔者，不可得誣罔令自投下。」　正義曰：皇本「有仁」下有「者」字。「其從之也」「也」，皇本作「與」。王氏

引之經傳釋詞謂「也」、「與」、「歟」同義。○正義曰：仁者無不愛也，故見人有患難則必濟之，而於

仁人尤所親念，故宰我設爲此問，以見仁道之至難也。　俞氏樾羣經平議謂井有人爲井中有仁道，從之者，行仁道也。或謂井

有仁，卽井有人，「仁」與「人」同，並通。○注「逝往」至「從之」。○正義曰：「逝往」，爾雅釋詁文。「往視之」者，思所以出之

也。「不肯自投從之」者，徒傷其身，無以救人，故不肯。俞氏樾平議讀「逝」爲「折」，云「君子殺身成仁則有之，故可

得而摧折，不可以非理陷害之。」此義亦通。○注「可欺」至「投下」。○正義曰：「可使往」者，言使往救之也。孟子亦曰：

「君子可欺以其方，難罔以非其道。」方者，義也。以義責君子，君子必信而從之。然非其道，則亦難罔之矣。蓋可欺者，

仁也，不可罔者，知也。宋氏翔鳳發微云：「夫滔滔天下，非人誰與？色斯之舉，可以翔集。公山佛肸之往，南子之見，是

可逝也，可欺也。磨而不磷，涅而不緇，是不可陷也，不可罔也。」

27 子曰：「君子博學於文，約之以禮，亦可以弗畔矣夫！」【注】鄭曰：「弗畔，不違道。」 正義曰：

釋文云：「一本無『君子』字，兩得。」臧氏琳經義雜記：「君子乃成德之稱，不嫌其違於道。顏淵篇此章再見，無『君子』

字。」知此亦無有者爲得也。馮氏登府異文考證引後漢范升傳亦無「君子」字。程氏瑤田論學小記：「天下達道五，而人

之行百，其切於吾身，而不可以須臾離者乎？其切於吾心，而不可以一端弗學矣乎？於何學之？曰於文。聖人賢人，先

我而盡道者也，夫固我之師也。然而已往矣，其所存者文而已矣。文存則道存，道存則教存，吾學其文而有獲，不啻親炙

焉，而詔我以語之，呼我以喻之也。不啻相依焉，而攟我以舉之，扳我以履之也。舜之大孝也，武王、周公之達孝也，其德

同，其所詔我者不同也。堯之文章也，夫子之文章也，其美富同，其所美富者不同也。徵之於文，而後舜與武王、周公之

德，若或聞而知之矣。徵之於文，而後堯與夫子之所美富者，亦若見而知之矣。是故學文不可緩也。」案「博文」者，詩書

禮樂與凡古聖所傳之遺籍是也。文所以載道，而以禮明之者也。禮即文之所藉以行之者也。博學於文，則多聞多見，可以畜德，而於行禮驗之。禮也者，履也，言人所可履行之也。約者，約束，非謂省約，與上「博」字爲反對也。「之」者，此也，謂此身也。夫子告顏子以「克己復禮」。復者，反也，反之於禮，是爲約矣。他日顏子言夫子善誘「博我以文」，約我以禮」，約禮即復禮之教也。是故「博文」即大學之致知格物，「約禮」即大學之誠意、正心、脩身。人非博學，無由約禮，故夫子言「誦詩三百」，不足以一獻。然徒事博文，而不約之以禮，則後世文人記誦之習，或有文無行，非君子所許也。後漢范升傳引「孔子曰『博學約之，弗叛矣夫！』又曰：『夫學而不約，必叛道也。』明弗畔專以約禮言也。「畔」即「叛」字。唐石經初刻作「叛」，後磨改。說文：「叛，反也。」畔，田界也。」義異。經典多叚「畔」爲「叛」。左昭廿一年經「宋華亥，向寧，華定自陳入于宋南里以叛」，公羊經作「畔」。○注：「弗畔，不違道。」○正義曰：禮者，道之所以行也。人違道與否，不可得知。但已博文約禮，由其外以測其内，亦可不致違道。

28 子見南子，子路不説。

夫子矢之曰：「予所否者，天厭之！天厭之！」【注】孔安國等以爲南子者，衞靈公夫人，淫亂，而靈公惑之。孔子見之者，欲因以説靈公，使行治道。矢，誓也。子路不説，故夫子誓之。

正義曰：史記世家「孔子自蒲反乎衞。靈公夫人有南子者，使人謂孔子曰：『四方之君子，不辱欲與寡君爲兄弟者，必見寡小君。寡小君欲見。』孔子辭謝，不得已而見之。夫人在絺帷中。既非婦人之事，而弟子不説，與之祝誓，義可疑焉。」行道

孔子入門，北面稽首。夫人自帷中再拜，環佩玉聲璆然。孔子曰：『吾鄉為弗見，見之禮答焉。』法言五百篇：『或問：聖人

有詀乎？曰：有。曰：焉詀乎？曰：仲尼於南子所不欲見也，於陽虎所不欲見也。見所不見，敬所不敬，不詀如何？』孔叢

子儒服篇創為異說，以夫人與於大饗。當時南子饗夫子，夫子亦弗獲已。果爾？則禮所應見，子路何為不說？且論語、

史記但言見南子，不言南子饗夫子。毛氏奇齡改錯曰：『古無男女相見之禮，惟祭則主婦獻尸，尸酢主婦，謂之交爵，非祭

則否。故坊記云：「非祭，男女不交爵。」亦並非相見即助祭，卿大夫亦並不因此妄行見禮。若夫人初至，春秋經稱『大夫

宗婦覿用幣』，謂大夫之宗婦以覿禮入，非謂大夫亦同入也。至諸侯大饗，大夫出行裸獻禮，同姓諸侯有之，異姓則否。

故禮正義謂王饗諸侯及諸侯自相饗，同姓則后夫人親獻，異姓則使人攝獻。自繆侯、陽侯以同姓而遭此變後，凡同姓亦

攝獻，是男女無相見禮，無覿禮，祇有交爵、饗獻二禮。而既則交爵存，而饗獻亦廢。至大夫覿幣，惟何休、杜預皆有是

說。孔仲達即非之，謂禮無此文。況穀梁傳云「大夫不見其夫人」，後世儒說，何如傳文足據乎！』由毛說觀之，益知孔叢

之謬，不足證矣。竊謂南子雖淫亂，然有知人之明，故於蘧伯玉、孔子皆特致敬。其請見孔子，非無欲用孔子之意，子路

亦疑夫子此見，為將詀身行道，而於心不說，正猶公山弗擾、佛肸召，子路皆不說之比，非因南子淫亂而有此疑

也。夫子知子路不說，故告以予若固執不見，則必觸南子之怒而厭我矣。天即指南子。夫子言「人而不仁，疾之已甚為

亂」，孟子亦言「仲尼不為已甚」，可知聖人達節，非俗情所能測矣。毛氏奇齡稽求篇：『夫子矢之。』案：釋名云：『矢，指也。』

說文云『否』者，不也。夫子以手指天，而曰吾敢不見哉！不則天將厭我矣，言南子方得天也。故史記直曰『予所不者』，不

者，不見也。詞例與項羽傳『不者，吾屬將為所虜』正同。所，若也。左傳『所不與崔、慶』，史記『所不與子犯共』，皆作

『若』解。舊以此爲誓，正以『所』字相似耳。」案：毛解「天」字稍異。高誘呂覽貴因注引亦作「不」。説文「否」，從不聲。故

『不』與『否』爲之。「厭」與「壓」同。考文引古本正作「天厭之」。説文「壓，笮也。」禮記「畏、厭、溺」，左氏傳「將以厭衆」，皆

『壓』字。「天厭之」，或當時有此語。論衡問孔篇説此文「天厭之」，正與毛同。而以『否』爲『鄙』，解爲鄙陋之行，反似子

路不說爲疑夫子淫亂，紛紛詰難，均無當矣。鄭注云：「矢，誓也。否，不也。」鄭此注非全文，無由知其說。皇疏引繆播

曰：「否，不也。」此言予若不用，是天將厭塞此道。欒肇曰：「天厭之者，言我之否屈，乃天所厭也。」王弼曰：「否泰有命，我

之所屈，不用於世者，乃天命厭之。言非人事所免也。」蔡謨曰：「矢，陳也。夫子爲子路矢陳天命，非誓也。」李充曰：「夫

道消運否，則聖人亦否，故曰『予所否者，天厭之』，厭亦否也，言聖人與天同其否泰耳。」參觀諸說，『矢』或訓『誓』，或訓

『陳』。『否』爲『否塞』，『厭』爲『厭絕』，其辭同也。天未欲夫子行道，豈南子所能興？明己之往見，不過欲答其禮，而非

爲求仕可知。此以解子路之惑，於義亦通。但師弟相言，不得設爲誓。『矢』當訓『指』爲指天也。王氏崧説緯以「此見在靈

公卒後輒立之時，南子欲因孔子以固輒位，子路以見之似有爲輒之意，而與初言『正名』相反，所以不說。夫子則怒而矢

之，謂予如不正名，必獲天誅。」其説甚誕。史記敍此文下即云：「居衛月餘，靈公與夫人同車，使孔子爲次乘，招搖市過

之。孔子醜之，去衛。」則此見明在靈公時。江氏永鄉黨圖考繫此事在孔子五十七歲，其非衛輒時可知。至宋孫奕示兒

編謂南子是南蒯，欲張公室以叛季氏，夫子見之，與欲赴弗擾、佛肸同意。王應麟困學紀聞引陳自明説同。然南蒯叛時，

孔子年方二十二，子路少孔子九歲，年方十三，其説鑿而不通，宜爲伯厚所斥矣。○注「孔安」至「疑焉」。○正義曰：皇本

作「孔安國曰『舊以南子者』」，邢本同。釋文載集解本皆作「等以爲南子者」，是『舊』爲『等』之譌。臧氏庸拜經日記謂「孔

安國」下不當有「曰」字,「孔安國等以爲」者,首舉孔以該馬、鄭、包、周諸儒之義。「行道」以下四句,乃何氏語,以道國章集解引包、馬說,又云「義疑」,故兩存證之。可見此校極碻,今依以訂正。呂氏春秋貴因篇:「孔子道彌子瑕而見釐夫人,因也。釐夫人卽南子。淮南子泰族訓:「孔子欲行王道,東西南北,七十說而無所偶。故因衞夫人、彌子瑕而欲通其道。」鹽鐵論論儒篇:「孔子適衞,因嬖臣彌子瑕以見衞夫人。」此皆當時所傳陋說,以夫子爲詭道求仕,不經之談,敢於侮聖矣。

29 子曰:「中庸之爲德也,其至矣乎!民鮮久矣。」【注】庸,常也。中和可常行之德。世亂,先王之道廢,民鮮能行此道久矣,非適今。○注「庸常」至「適今」。○正義曰:說文「庸,用也。」凡事所可常用,故「庸」又爲常。洪氏震煊中庸說:「鄭君目錄云『名曰中庸者,以其記中和之爲用也。庸,用也。』注『君子中庸』云:『庸,常也。』用中爲常道也。」二說相輔而成,證諸喪服四制之篇曰:『此喪之所以三年,賢者不得過,不肖者不得不及,此喪之中庸也。王者之所常行也。』不得過,不及謂之中,所常行謂之庸。常行者,卽常用是也。故讚舜之大智曰:『執其兩端,用其中於民。』用中卽中庸之義是也。古訓以『庸』爲常,非平常之庸。『庸德之行,庸言之謹』,鄭君亦注云:『庸猶常也』,言德常行也,言常謹也。」證諸易文言曰:『庸言之信,庸行之謹。』九家注云:『庸,常也。』謂言常信,行常慎。荀子不苟篇曰:『庸言必信之,『庸行必慎之。』楊倞注云:『言常信以信,行常以謹。』故下文反之曰:『言無常信,行無常貞,惟利所在,無所不傾,若是則可謂小人矣。』[一] 此皆以常訓庸者也。爾雅釋詁曰:『典、彝、法、則、刑、範、矩、庸、恒、律、戛、職、秩,常也。』

〔一〕「若」原誤作「者」,據荀子改。

書篇或以典名，或以範名，或以庸名，其義一也。」案：執中始於堯之咨舜，舜亦以命禹，其後湯執中，立賢無方。至周官大司樂以「中、和、祇、庸、孝、友」爲六德，知用中之道，百王所同矣。夫子言「中庸」之旨，多箸易傳。所謂「中行」，行即庸也。所謂「時」，即時中也。時中則能和，和乃爲人所可常行。故有子言「禮之用，和爲貴」。而子思作中庸，益發明其說曰：「喜怒哀樂之未發謂之中，發而皆中節謂之和。中也者，天下之大本也；和也者，天下之達道也。致中和，天地位焉，萬物育焉。」明中庸之爲德，皆人所可常用，而極其功能至於位育。蓋盡己之性，以盡人之性；盡人之性，以盡物之性；盡物之性，則可以贊天地之化育，所謂「成己以成物」者如此。故夫子贊爲至德。周官師氏：「一曰至德。」鄭注：「至德、中和之德。」下引論語此文。「覆燾持載含宏者也。」至德也。惟舜在位，能用中於民，民皆化之。顏子未得位，但能擇中庸，得善勿失，而無所用於民，所謂有德無位，不敢作禮樂者也。世之衰也，上無天子，下無賢方伯，民無所取法，賢知之所過，愚不肖之所不及，皆無所裁度以適於道。又甚則無所忌憚，如小人之反中庸，故曰「民鮮久矣」。中庸篇「子曰『中庸其至矣乎！民鮮能久矣。』」鄭注：「鮮，罕也。言中庸爲道至美，顧人罕能久行。」鄭意謂當時民亦能行，但不能久行。義遜此注。

30 子貢曰：「如有博施於民而能濟衆，何如？可謂仁乎」？子曰：「何事於仁，必也聖乎！堯、舜其猶病諸。」

【注】孔曰：「君能廣施恩惠，濟民於患難。堯、舜至聖，猶病其難。」

正義曰：皇本「如有」作「如能」。「衆」下有「者」字。「何事於仁」，事猶爲也。見禮樂記注。言博施濟衆，何爲於仁言之，明非仁者所能矣。毛氏奇齡

改錯曰「鄉飲酒義曰：「東方者春，春之爲言蠢也，產萬物者聖也。南方者夏，夏之爲言假也」，假者大也，養而大之，仁

也。則內聖外王，總以仁及萬物爲言。」禮所云「天子之立也，嚮仁而左聖」，以此是也。然則仁與聖，皆推心之恕，以長養

萬物，淺深一體，祇春爲生之本，而夏爲養之本。養祇遂生，而春爲資生之原，長養不窮，故聖進於仁。」案：「仁」訓愛，

「聖」訓通，並見說文，爲最初之誼。通之爲言無疑滯也，無阻礙也。是故通乎天地，陰陽、柔剛之道，而後可以事天察地，

通乎人仁義之道，而後可以成己以成物。若我於理義有未能明曉，我於人有未能格被，是卽我之疑滯阻礙，而有所不通

矣。如此者，以之自治，則行事乖戾；以之治人，則多所拂逆。桀、紂、盜跖之行，無惡不作，然推究其失，祇是不通已極

耳。是故天地交爲泰，天地不交爲否。泰者，通也，治象也。否者，不通也，亂象也。通與不通，天下之治亂繫之。博施.

濟衆，無一人不遂其欲，以我性情通於人，並使人無乎不通，方可稱聖。故夫子視聖爲最難，而但言仁；又以仁亦難

人，達亦爲通，特聖爲成德之名。仁則尚在推暨時言，仁道大成，方可稱聖。聖仁本用原同，故己又達達

及，而先言恕。○注「君能」至「其難」。○正義曰：言「廣施」者，「博」訓廣也。廣施恩惠，言君無私，德能徧及也。禮運言

「大同之治」云：「選賢與能，講信脩睦，故人不獨親其親，不獨子其子。使老有所終，壯有所用，幼有所長，矜寡孤獨廢疾

者皆有所養。男有分，女有歸。」此則可言博施矣。堯、舜者，唐、虞二帝名。當時有洚水，民苦昏墊，艱食鮮食，是博施濟衆，

渡爲言，濟於患難，若禹治水，益焚山澤之類。爾雅釋言：「濟，渡也。濟，成也。濟，益也。」三訓此文皆通。注以濟

堯舜猶病其難也。廣雅釋詁：「病，難也。」亦據引申以成義。夫仁者，己欲立而立人，己欲達而達人。能

近取譬，可謂仁之方也已。」【注】孔曰：「更爲子貢說仁者之行。方，道也，但能近取譬，於己皆恕，己所欲而施

之於人。」

正義曰：阮氏元論仁篇：「孔子論人以聖爲第一，仁即次之，仁固甚難能矣。聖、仁，孔子皆謙不敢當。」子貢視仁過高，誤入聖域，故孔子分別聖字，將仁字論之曰：『所謂仁者，己之身欲立則亦立人，己之身欲達則亦達人。』即如己，欲立孝道，亦必使人立孝道，所謂『不匱』、『錫類』也。己欲達德行，亦必使人達德行，所謂『愛人以德』也。又曰『爲之不厭』，己立己已達也。『誨人不倦』，立人達人也。立者如『三十而立』之立，達者如『在邦必達，在家必達』之達。」案：「立」謂身能立道也，「達」謂道可行諸人也。○注「更爲」至「於人」。○正義曰：鄭注云：「方，猶道也。」此孔所本。說文：「恕，仁也。」如己之心，以推諸人，此求仁之道，故「恕」亦訓仁。恕、仁本一理，子貢未能至恕，故夫子以爲非爾所及。他日問終身行之，又告以恕，皆此教也。孟子云：「彊恕而行，求仁莫近焉。」即此「近取譬」之義。譬者，喻也。以己爲喻，故曰「近」。大學言「君子絜矩之道」云：「所惡於上，毋以使下；所惡於下，毋以事上；所惡於前，毋以先後，所惡於後，毋以從前；所惡於右，毋以交於左；所惡於左，毋以交於右。」矩者，法也。即此所云「譬」也。絜者，結也，挈也，即此所云「取」也。

論語正義卷八

述而第七　集解

凡三十八章　正義曰：釋文云：「舊三十九章，今三十八章。」所多一章，疑分「子路問三軍」爲一章也。釋文又云：「『子於是日』以下，舊別章，今宜與前章合。」陸云「宜合」，但論其理，實未嘗合併也。若已合併，則爲三十六章。盧氏文弨釋文考證以舊三十九章爲釋文本，今三十八章爲朱子本，則誤解陸氏原文也。翟氏灝考異譏陸氏宜合者兩條，總題但減其一，以爲失於點對，則是舊爲四十章，不合言三十九也。

1　子曰：「述而不作，信而好古，竊比於我老彭。」【注】包曰：「老彭，殷賢大夫，好述古事。我若老彭，但述之耳。」

正義曰：說文云：「述，循也。作，起也。」述是循舊，作是創始。禮中庸記云：「非天子不議禮，不制度，不考文。」議禮、制度、考文皆作者之事，然必天子乃得爲之。故中庸又云：「今天下車同軌，書同文，行同倫。雖有其位，苟無其德，不敢作禮樂焉。雖有其德，苟無其位，亦不敢作禮樂焉。」鄭注：「今孔子謂其時，明孔子無位，不敢作禮樂，而但可

述之也。』漢書儒林傳：『周道既衰，壞於幽、厲，陵夷二百餘年，而孔子興。究觀古今之篇籍，於是叙書則斷堯典，稱樂則法韶舞，論詩則首周南。綴周之禮，因魯春秋，舉十二公行事，繩之以文，武之道，成一王法，至獲麟而止。蓋晚而好易，讀之韋編三絕，而爲之傳。皆因近聖之事，以立先王之教，故曰『述而不作，信而好古』。是言夫子所述六藝事也。故中庸云：『仲尼祖述堯、舜，憲章文、武。』憲，法也。章，明也。堯、舜、文、武，其政道皆布在方策，所謂古也。下章云『子曰「蓋有不知而作之者，我無是也。多聞，擇其善者而從之；多見而識之。」知之次也。』多聞多見，皆所學於古者。故又言『好古，敏以求之也』。若然，孟子云『孔子作春秋』春秋是述，亦言『作』者，散文通稱。如周公作常棣，召公述之，亦曰『作常棣』矣。『信』者，知之明；不信，必不能好。故言『篤信好學』也。『竊』者，廣雅釋詁云『私也』。夫子謙言，不敢顯比老彭，故言私比也。 老彭，殷大夫。 夫子亦殷人，故加『我』以親之。○注『老彭，殷賢大夫。』○正義曰：大戴禮虞戴德云：『昔老彭及仲傀，政之教大夫。官之教士；技之教庶人，揚則抑，抑則揚。』包氏此注當即本戴記也。漢書古今人表列老彭於仲傀下，仲傀即仲傀，是老彭爲殷初人。鄭注云：『老，老聃；彭，彭祖。』此老、彭爲二人，與包義異。漢書叙傳『若允彭而偕老兮』，師古注謂彭祖、老聃，此老、彭爲二人也。鄭語『彭姓彭祖』，爲祝融之後，滅於商。楚辭天問：『彭鏗斟雉，帝何饗？』王逸注謂彭祖以雉羹進堯，而堯饗之也。史記五帝紀『禹、皋陶、契、后稷、伯夷、夔、龍、倕、益、彭祖，自堯時而皆舉用』，則彭祖是堯臣也。史記老子韓非列傳『老子者，楚苦縣厲鄉曲仁里人也。姓李氏，名耳，字伯陽，謚曰聃。周守藏室之史也。』司馬貞索隱曰：『按：藏室史，周藏書室之史也。又張蒼傳『老子爲柱下史』，蓋即藏室之柱下，因以爲官名。』則老子是周史也。既老子是史官，意彭祖在堯時亦是史官，故夫子欲竊比此二人

矣。莊子音義引世本云:「彭祖姓籛,名鏗,在商爲守藏史,在周爲柱下史。」以彭祖爲商人,與鄭語及五帝紀不合。至入

周爲柱下史,則以彭祖爲數百歲人,並恐傳聞之誤。高誘注呂氏春秋情欲諸篇,以老彭、彭祖爲一人。邢昺疏論語謂彭

祖於堯時封彭城,又云即老子也。以老彭、彭祖、老聃爲一人,說與包、鄭又異,尤未是也。老子列傳云:「孔子適周,將問

禮於老子。」又云:「老子修道德,其學以自隱無名爲務。居周久之,見周之衰,迺遂去。至關,關令尹喜曰:『子將隱矣,强

爲我著書。』於是老子迺著書上下篇,言道德之意五千餘言而去。」又云:「李耳無爲自化,清靜自正。」漢書藝文志:「道家

者流,蓋出於史官,歷記成敗、存亡、禍福、古今之道,然後知秉要執本,清虛以自守,卑弱以自持,此人君南面之術。合於

堯之克攘,易之嗛嗛,一嗛而四益,此其所長也。及放者爲之,則欲絶去禮樂,兼棄仁義,曰獨任清虛可以爲治。」案:老子

之學,源出黃帝,故漢人多以黃、老並言。宋氏翔鳳發微云:「老子曰:『聖人處無爲之事,行不言之教。』無爲而有事,不言

而有敎,非居敬而何? 又曰:『聖人抱一爲天下式。』一者,誠也。誠爲敬,故抱一即居敬。又曰:『兵者不祥之器,非君子

之器。』即軍旅之事未之學也。又曰:『聖人無常心,以百姓心爲心。』又曰:『善建者不拔,善抱者不脱,子孫祭祀不輟。修

之於身,其德乃真;修之於家,其德乃餘;修之於鄉,其德乃長;修之於國,其德乃豐;修之於天下,其德乃普。』即修己

以安百姓,非獨任清虛者之所及也。其書二篇,屢稱『聖人』,即述而不作也。又曰:『執古之道,以御今之有。能知古始,

是謂道紀。』此信而好古也。又曰:『象帝之先。』又曰:『太上,下知有之。』曰『帝之先』,曰『太上』,此推乎古而益遠者也。」

又云:「論語不曰老,而曰老彭者,以老子有親炙之義,且尊周史也。至三朝記稱商老彭者,以老子雖生周代,而所傳之

學,則歸藏之學,故歸之於商,尤信而好古之明徵也。」案:宋君發明老子之學,是也。其以彭祖爲殷人,則沿世本之誤。而

以三朝記老彭爲二人，亦是彊經就我。其他謂孔子贊易，多取於歸藏，小戴所錄七十子之記，皆爲殷禮，則顯然違異，今皆刪佚，不敢著之以誤來學。

2　子曰：「默而識之，學而不厭，誨人不倦，何有於我哉？」【注】鄭曰：「無是行於我，我獨有之。」

正義曰：「默」者，王逸楚辭惜賢注云「寂也」。「識」者，記也。詩書禮樂，士之正業，皆須諷誦，若博學無方，既非家有其書，則惟宜默識之也。下篇云「多見而識之」，亦謂默識也。「厭」者，説文作「猒」，飽也。引申之，訓足，訓棄。夫子自彊不息，日有孶孳，不知年數之不足，故能不猒於學也。「倦」，説文作「券」，勞也。廣雅釋詁「券，勞也」。「止也。」何有於我，言二者之外，我無所有也。下篇「子曰『若聖與仁，則吾豈敢？抑爲之不厭，誨人不倦，則可謂云爾已矣。』公西華曰：『正唯弟子不能學也。』」孟子公孫丑篇「子貢問於孔子曰：『夫子聖矣乎？』孔子曰：『聖則吾不能，我學不厭而教不倦也。』子貢曰：『學不厭，知也；教不倦，仁也。仁且知，夫子既聖矣。』」觀彼文，則「學不厭，教不倦」乃夫子所自任，「何有於我也」○正義曰：注有譌文，當以「行」聖仁不敢居之也。下篇出則事公卿章「何有於我」義同。○注「無是行於我，我獨有之。」字句絶，「我」字字重衍。鄭謂他人無是行，夫子乃獨有之，與上篇「爲國乎何有」「於從政乎何有」「何有」皆爲不難也。

3　子曰：「德之不修，學之不講，聞義不能徙，不善不能改，是吾憂也。」【注】孔曰：「夫子常以此四者爲憂。」

正義曰：説文云「修，飾也。」廣雅釋詁「修，治也。」五常之德，人所固有，當時修治之，則德日新。大學

記所云「明明德」是也。「學之不講」者，汪氏中述學云：「講，習也。習，肄也。古之爲教也以四術，書則讀之，歌之，弦之，舞之。揖讓周旋，是以行禮，故其習之也，恒與人共之。『學而時習之』，『有朋自遠方來』，所謂『君子以朋友講習』也。學人習之，其師則從而告之。記曰：『小樂正學干，[一]大胥贊之』，『籥師學戈，籥師丞贊之』，春誦夏弦，大師詔之」，瞽宗秋學禮，執禮者詔之」，冬讀書，典書者詔之」。曰學，曰贊，曰詔，必皆有言，故於文『講』從『言』。孔子適宋，與弟子習禮大樹下，魯諸儒講禮，鄉飲，大射于孔子冢，皆講學也。禮樂不可斯須去身，故孔子憂學之不講。」說文云「貖也」。此常訓。下篇云「徙義，崇德也」。荀子大畧篇「君子之學如蛻，蟠然遷之。故其行效，其立效，其坐效，其置顔色、出辭氣效。無留善。」亦言君子能徙義也。易象傳：「風雷，益。君子以見善則遷，有過則改。」二者貴能力行，故有取於風雷。否則習禮爲不善，而不復進於德矣。故夫子深憂之也。汪氏中經義知新記：「講字古音媾，修、講一韻，徙、改一韻。」皇本「修」作「脩」，又每句下皆有「也」字。○注「夫子常以此四者爲憂。」○正義曰：北堂書鈔藝文部四引鄭此注云「夫子常以爲憂也。」此孔所襲。

四者是夫子誨人之語，而云「吾憂」者，正恐教術或疏，致有斯失，故引爲己責也。

4 子之燕居，申申如也，天天如也。【注】馬曰：「申申、天天，和舒之貌。」—— 正義曰：釋文云：「燕」鄭本作宴。」案：後漢仇覽傳引亦作「宴」。説文「宴，安也。」「宴」本字，「燕」鳥名，蓋叚借也。禮記有仲尼燕居、孔子閒居二篇。鄭目録云：「退朝而處曰燕居，退燕避人曰閒居。」此皇疏亦云：「燕居者，退朝而居也。」○注「申申、天天，和舒之

〔一〕「樂」原誤作「學」，據阮元禮記文王世子校勘記改。

貌。』○正義曰：皇疏引詩云：『桃之夭夭』，即美舒義。』月出『舒夭紹兮』，亦以夭紹爲舒之姿也。』廣雅釋訓：『妖妖，申申，

容也。』『妖』與『夭』同。胡氏紹勳拾義：『漢書萬石君傳：「子孫勝冠者在側，雖燕必冠，申申如也。』師古注云：『申申，整勑

之貌。』此經記者先言『申申』，後言『夭夭』，猶鄉黨先言『踧踖』，後言『與與』也。『申申』言其敬，『夭夭』言其和。馬注『申

申』亦訓『和舒』，失之矣。』案：胡說是也。漢安世房中歌：『敕身齊戒，施教申申。』說文：『申，神也。七月陰氣成體，自申束，

從曰自持也。』是申有約束之義。「申申如」者，所謂「望之儼然」；「夭夭如」者，所謂「即之也溫」。

5 子曰：「甚矣吾衰也！久矣吾不復夢見周公。」【注】孔曰：「孔子衰老，不復夢見周公，明盛時夢見

周公，欲行其道也。」　正義曰：呂覽去宥篇：「人之老也形益衰。」高誘注：「衰，肌膚消也。」說文：「癆，寐而有覺也。」今

省作『夢』。夫子曰有孳孳，不知老之將至，至是血氣益衰，力極罷頓，無復從前之精專，故有此歎。呂氏春秋博志篇：「蓋

聞孔子、墨翟晝日諷誦習業，夜親見文王，周公旦而問焉。用志如此其精也，何事而不達？何爲而不成？故曰精而熟之，

鬼將告之。」非鬼告之也，精而熟之也。」案：周公成文、武之德，致治太平，制禮作樂。魯是周公之後，故周禮盡在魯。夫

子言「舍魯何適」？又厭言「從周」，故綴周之禮。其修春秋，繩之以文、武之道，成一王法，與周公制作之意同也。舊讀以

『吾衰也久矣』爲句，見翟氏灝考異所引呂覽不苟注、張載正蒙、楊時資吾院記。今讀或以「久矣」屬下句。皇本「公」下有

『也』字。釋文云：「本或無『復』字，非。」

6 子曰：「志於道，據於德，依於仁，游於藝。」【注】志，慕也。道不可體，故志之而已。據，杖也。德有成形，故可據。依，倚也。仁者功施於人，故可倚。藝，六藝也。不足據依，故曰游。　　正義曰：此夫子誨弟子進德修業之法。道者，明明德親民，大學之道也。德者，中和之德，覆燾持載含宏者也。敏德，仁義順時者也。孝德，尊祖愛親。」三德所以教國子，故鄭注少儀依用之。　論語此文，義當同也。言「據」者，據猶守也。中庸言顏子「擇乎中庸，得一善，則拳拳服膺，而弗失之。」即據德矣。「依仁」猶言親仁，謂於仁人當依倚之也。「游於藝」者，學記云「不興其藝，不能樂學。」又云：「故君子之於學也，藏焉修焉，息焉游焉。」鄭注：「興之言喜也，猷也。游謂閒暇無事於之游。」然則游者，不迫遽之意。少儀言「士游於藝」，鄭彼注云：「藝，六藝也。一曰五禮，二曰六樂，三曰五射，四曰五御，五曰六書，六曰九數。」亦本周官保氏，彼注云：「五禮，吉、凶、賓、軍、嘉也。　六樂，雲門、大咸、大韶、大夏、大濩、大武也。鄭司農云『五射，白矢、參連、剡注、襄尺、井儀也。五御，鳴和鸞、逐水曲、過君表、舞交衢、逐禽左。六書，象形、會意、轉注、指事、假借、諧聲也。九數，方田、粟米、差分、少廣、商功、均輸、方程、贏不足、旁要。』」唐石經『游』作「遊」。○注「志慕」至「曰游」。○正義曰：《說文云：「據，杖持也。依，倚也。」並常訓。道不可體，德有成形，皆清虛之論，不可以解此文也。禮樂不可斯須去身，故周公自稱「多藝」。夫子言藝能從政，而以為不足據依，亦異乎吾所聞。

7 子曰：「自行束修以上，吾未嘗無誨焉。」【注】孔曰：「言人能奉禮，自行束修以上，則皆教誨之。」

正義曰：「修」與「脩」同，謂以脩爲摯，見其師也。周官膳夫：「凡肉脩之頒賜，皆掌之。」臘人：「掌乾肉，凡田獸之脯臘

膴胖之事。」鄭注：「薄析曰脯，棰之而施薑桂曰鍛脩。」釋名釋飲食：「脯又曰脩。脩，縮也，乾燥而縮也。」曲禮云：「以脯脩

置者，左朐右末。」鄭注：「屈中曰朐。」此弟子行束脩於其師，亦當如置脯脩之法，左朐右末執之。稇」者，少儀疏云：「束

脩，十脡脯也。」以非一脡，故須束之。孔氏廣森經學巵言：「禮薦脯五臟。凡作脯之法，皆以條肉中屈之，五臟則爲胸者五，

爲脡者十，故謂之束。」取其與束帛十端而五匹者同義。北史儒林傳：「馮偉門徒束脩一毫不受。」隋書劉炫傳：「後進質疑

受業，不遠千里，然齎於財，不行束脩者，未嘗有所教誨。」是「束脩」爲摯禮。李賢後漢延篤傳注：「束脩謂束帶脩飾，」鄭注

論語曰：「束脩謂年十五以上也。」李引鄭注，所以廣異義。人年十六爲成人，十五以上可以行摯見師，故舉其所行之摯以

表其年。若然，則十五以下未能行摯，故曲禮云：「童子委摯而退。」「委摯」者，委於地也。後漢伏湛傳：「湛自

行束脩，訖無毀玷。」隸釋闕者景君墓表：「惟君束脩，孝弟根其本性。」隸續金恭

碑：「束脩聰聽。」皆以「束脩」表年，與鄭義同。若後漢和帝紀「束脩良吏」，鄧后紀「故能束脩，不觸羅網」，鄭均傳「束脩安

貧，恭儉節整。」馮衍傳「圭潔其行，束脩其心」，劉般傳「束脩至行」，胡廣傳「使束脩守善，有所勸仰」，王襲傳「束脩勵節」，

皆以約束脩飾爲義，而其字與「脩」通用。後之儒者，移以解論語此文，且舉「李賢」「束帶脩飾」之語，以爲鄭義亦然，是誣鄭

矣。至闕黨童子，則使將命，互鄉童子，與其潔己，並是夫子教思之廣，雖未行束脩，亦誨之矣。鄭注云：「誨，魯讀爲悔。

字，今從古。」包氏慎言溫故錄：「案魯論，則束修不謂脯脡。易曰『悔吝』者，言乎其小疵也。又曰『震，无咎』者，存乎悔。

聖人戒愼恐懼，省察維嚴，故時覺其有悔。自行束修以上，謂自知謹飭砥礪，而學日以漸進也。恐人以束修卽可無悔，故

言『未嘗無悔』以曉之。」案：魯論義不箸，包說但以意測。易繫辭傳『慢藏誨盜』，釋文引『虞』作『悔』，二字同音叚借，疑魯

論義與古同，叚『悔』字爲之。鄭以古論義明，故定從『誨』也。○注『言人能奉禮』。○正義曰：注義不明。書秦誓正義引

孔此注云『束帶脩飾』，當是此注脫文，其義卽李賢所本。

8　子曰：「不憤不啟，不悱不發。舉一隅不以三隅反，則不復也。」【注】鄭曰：「孔子與人言，必待

其人心憤憤，口悱悱，乃後啟發爲說之。如此，則識思之深也。說則舉一隅以語之，其人不思其類，則不復重教之。」

正義曰：說文云：「啟，教也。從攴，启聲。」下引此文。又『隅，陬也』。淮南原道訓『經營四隅』。高誘注：『隅猶方也。』一隅三

隅，合爲四隅，故舉一隅可知三隅。「反」者，反而思之也。荀子大畧篇：「有法者以法行，無法者以類舉，以其本知其

末，以其左知其右，凡百事異理而相守也。」是其義也。劉氏逢祿述何篇：「聖人之言，皆舉一隅，而俟人之以三隅反，故文

約而旨無窮。董子說春秋云：『不能察，寂若無，深察之，無物不在。』謂不書多於書也。」皇本、高麗本、龜公武據蜀石經『一

隅』下有『而示之』三字，文選西京賦注引同。皇本『則』下有『吾』字。○注『孔子』至『教之』。○正義曰：方言：『憤，盈也。』

說文：『憤，懣也。』二訓義同。人於學有所不知不明，而仰而思之，則必與其志氣，作其精神，故其心憤憤然也。下篇夫子言

『發憤忘食』，謂憤於心也。文選嘯賦注引字書曰：『悱，心誦也。』「誦」疑作「痛」。方言：『悱，怒恨也。』此本鄭訓。廣

雅釋詁作『悲』，說文無『悱』字，新附據鄭注補。或疑『悱』卽說文『悲』字，當得之。玉篇：『悱，口悱悱。』「悲」與「悱」同。學記

曰：『時觀而弗語，存其心也。』注云：『使之悱悱憤憤，然後啟發也。』記又云：『力不能問，然後語之。』「力不能問」，故口悱

悱也。當心憤憤，口悱悱時，已是用力於思，而未得其義，乃後啟發爲說之，使人知思之宜深，不敢不專心致志也。孟子盡心下云：「君子引而不發，躍如也。」引者，引其緒也。又學記云：「故君子之教喻也，開而弗達。」注云：「開謂開發事端，但爲學者開發大義而已，亦不事事使之通達也。」並此「舉一隅」之義也。「不復重教之」者，言教之既不深思，則不復重教之。學記所謂「語之而不知，雖舍之可也」。易蒙彖云：「初筮告，再三瀆。瀆則不告，利貞」。鄭注：「弟子初問，則告之以事義。不思其三隅相況以反解而筮者，此勤師而功寡，學者之災也。瀆筮則不復告，欲令思而得之，亦所以利義而幹事也。」

9　子食於有喪者之側，未嘗飽也。【注】喪者哀慼，飽食於其側，是無惻隱之心。　正義曰：皇本「食於喪者之側，未嘗飽也」，注：「助哀戚也。」毛氏奇齡稽求篇謂檀弓所記，即夫子事。皇本連下章，而以此注繫於後，與釋文所見本不合。

10　子於是日哭，則不歌。【注】一日之中，或哭或歌，是褻於禮容。　正義曰：說文云：「哭，哀聲也。」歌，詠也。毛詩園有桃傳：「曲合樂曰歌。」謂人聲與樂齊作也。何休公羊注引魯詩傳：「大夫士曰琴瑟。」曲禮云：「大夫無故不縣，士無故不徹琴瑟。」注：「故謂災患喪病。」此弔人之喪，既以情親哀哭之故，一日之內，亦不得歌也。曲禮「哭日不歌」，檀弓「弔於人，是日不樂」，毛氏奇齡稽求篇謂檀弓即指夫子此事是也。鄭注檀弓云：「君子哀樂不同日。」又鄭志答臨碩

云：「謂一日之中，既以哀事哭，又以樂而歌，是爲哀樂之心無常，在前則然，若已歌，而後聞他人之喪，則弔哭正禮所宜矣。」言人既以哀事哭，則竟一日當常有哀心也。此惟弔哭

皇本「日」下有「也」字，論衡感類篇引亦有「也」字。釋文云：

「舊以爲別章，今宜合前章。」○注「一日」至「禮容」。○正義曰：皇本此注脫。

11 子謂顏淵曰：「用之則行，舍之則藏，唯我與爾有是夫！」【注】孔曰：「言可行則行，可止則止，唯我與顏淵同。」

正義曰：新語慎微篇引此文說之云：「言顏淵道施於世，而莫之用。」是行、藏皆指道言。孟子謂「士窮不失義，達不離道。」又云：「古之人得志，澤加於民。不得志，修身見於世。窮則獨善其身，達則兼善天下。」即此義。案：下篇夫子言「天下有道則見，無道則隱」，此明人出處之正法。若此云「用之則行，舍之則藏」，但言「用之」、「舍之」，不復計及有道、無道者，正是維世之意，欲易無道爲有道也。此惟時中之聖能之。顏子合符聖德，故夫子言「我與爾有是」矣。

子路曰：「子行三軍，則誰與？」子曰：「暴虎馮河，死而無悔者，吾不與也。必也臨事而懼，好謀而成者也。」【注】孔曰：「大國三軍。子路見孔子獨美顏淵，以爲己勇，至於夫子爲三軍將，亦當誰與己同，故發此問。暴虎，徒搏；馮河，徒涉。」

正義曰：「好謀」者，好猶善也。左襄四年傳：「咨難爲謀。」說文：「慮難曰謀。」戴氏望論語注云：「王者行師，以全取勝，不以輕敵爲上。傳曰：『善爲國者不師，善師者不陳，善陳者不戰，善戰者不死，善死者不亡。』」案：逸周書武紀解：「謀有不足者三，仁廢則文謀不足，武廢則勇謀不足，備廢則事謀不足。」是行軍當用謀也。焦氏循補疏：「『好謀而成』，成猶定也，定

述而第七

二六一

即決也。三國志郭嘉傳『袁公多端寡要，好謀無決。』無決即是無成。好謀而成，即是好謀而能決也。」釋文：「馮，亦作憑。」皇本同。○注「大國」至「徒涉」。○正義曰：夏官序官『凡制軍，萬有二千五百人爲軍。王六軍，大國三軍，次國二軍，小國一軍，軍將皆命卿。」是大國三軍也。「夫子爲三軍將」，即命卿矣。子路有治賦之才，故問夫子行軍將誰與？冀己有所能以自見也。「暴虎徒搏，馮河徒涉」，並爾雅釋訓文。郭注「徒搏」云「空手執也」，「徒涉」云「無舟楫」。說文「溯，無舟渡河也。」玉篇「徒涉曰溯。」今經典作「馮」，皆「溯」之叚借。「馮」，說文訓「馬行疾」，別一義。

12 子曰：「富而可求也，雖執鞭之士，吾亦爲之。如不可求，從吾所好。」【注】鄭曰：「富貴不可求而得之，當修德以得之。若於道可求者，雖執鞭之賤職，我亦爲之。如不可求，從吾所好。」【注】孔曰：「所好者，古人之道。」 正義曰：史記伯夷列傳引「富貴如可求」，此出古論，以「富貴」連文，「而」與「如」義通也。宋氏翔鳳發微云：「周官太宰『祿，以馭其富。』三代以上，未有不仕而能富者。故官愈尊，則祿愈厚，求富即干祿也。「富而可求」，謂其時可仕，則出而求祿。孔子爲委吏、乘田，其職與執鞭之士同也。『不可求』，爲時不可仕。故孔子不仕。孔子世家言『定公五年，陽虎囚季桓子，季氏亦僭於公室，陪臣執國政，是以魯自大夫以下，皆僭離於正道。故孔子不仕，退而修詩書禮樂，弟子彌衆，至自遠方，莫不受業焉』。此『孔子不仕』，謂『不可求』；『修詩書禮樂』爲『從吾所好』。孔子自述出處之際，故以兩『吾』字明之。」案：宋說與古論義合。說苑立節篇引此文說之云：「故阨窮而不憫，勞辱而不苟，然後能有致也。」「勞辱」即謂「執鞭」言。雖勞辱之事，亦不可苟，當視可求，然後爲之也。阨窮不憫，則從吾所好也。但言爲「執鞭」者，孟子云「仕非爲貧也，而有時乎爲貧。爲貧

者，辭尊居卑，辭富居貧。」惡乎宜乎？抱關擊柝。」今此言「富而可求」，謂時可仕，兼己亦爲貧，故但可爲執鞭之士也。〇釋文：「鞭，或作硬，音吾孟反，非也。」「吾亦爲之」，一本無「亦」字，「之」下有「矣」字。皇本「求」下有「者」字。〇注「富貴」至「爲之」。〇正義曰：鄭以「富貴」連言，亦古論義也。修德以得富貴，即夫子言「寡尤、寡悔，禄在其中」、「學也禄在其中」之旨。「於道可求」，謂仕之道也。言己雖修德，仍視道可仕否也。孟子云「古之人未嘗不欲仕也，又惡不由其道。」即此義也。「執鞭」爲「賤職」者，鞭是刑具。書「鞭作官刑」是也。周官「條狼氏掌執鞭以趨辟，王出入則八人夾道，公則六人，侯伯則四人，子男則二人。」又云：「凡誓，執鞭以趨於前，且命之。」注：「趨辟，趨而辟行人，若今卒辟車之爲也。孔子曰云云。言士之賤也。」據序官，條狼氏是下士，故稱賤矣。

13 子之所慎：齊，戰，疾。【注】孔曰：「此三者，人所不能慎，而夫子獨能慎之。」 正義曰：說文云：「慎，謹也。齋，戒潔也。從示，齊省聲。」經典「齋」、「齊」二文錯見。祭統云：「及時將祭，君子乃齊。齊之爲言齊也，齊不齊以致齊者也。故散齊七日以定之，致齊三日以齊之。」又云：「及其將齊也，防其邪物，訖其耆欲，耳不聽樂。故記曰：『齊者不樂。』言不敢散其志也。心不苟慮，必依於道。手足不苟動，必依於禮。」韓詩外傳八：傳曰：「居處齊則色姝，食飲齊則氣珍，言語齊則信聽，思齊則成，志齊則盈。五者齊，斯神居之。」並言慎齊之事也。 說文云：「戰，鬪也。」慎戰謂臨事而懼，好謀而成也。 禮器云：「子曰：『我戰則克，祭則受福，蓋得其道。』」此之謂也。「慎疾」者，所以守身也。 金匱要畧言「人有疾」當慎養，苦酸辛甘不遺，形體有衰，雖在經絡，無由入其腠理」，即此義也。

14 子在齊聞韶，三月不知肉味，【注】周曰：「孔子在齊，聞習韶樂之盛美，故忽忘於肉味。」曰：「不圖爲樂之至於斯也。」【注】王曰：「爲，作也。不圖作韶樂至於此。此，齊。」

正義曰：皇本「韶」下有「樂」字。史記孔子世家言「孔子年三十五，昭公奔於齊，魯亂，孔子適齊，與齊太師語樂，聞韶音」云云。江氏永鄉黨圖考敘：「此適齊爲孔子三十六歲，三十七歲自齊反魯。」說苑脩文篇：「孔子至齊郭門之外，遇一嬰兒挈一壺，相與俱行，其視精，其心正，其行端。

孔子謂御曰：『趣趨之！』趣趨之！『不圖』者，言韶樂之美，非計度所及也。圖，畫計難也。」「不圖」者，言韶樂之美，非計度所及也。釋文：「爲樂並如字，本或作媧，音居危反，非。」包氏慎言溫故錄：「媧，陳姓，夫子蓋知齊之將爲陳氏，故聞樂而深痛太公、丁公之不血食也。」此就釋文所載或本爲義。然此句承「不知肉味」之下，正以贊美韶樂，所以聞習之久，至不知肉味也。若以「爲樂」作「媧樂」「至於斯」爲陳將代齊，則別是感痛之義，與上文不貫，似非是也。○注「周曰」至「肉味」。○正義曰：文選嘯賦注引此注爲「周生」，或當時周與周生能識別也。「聞習」者，謂聞而習之。孔子世家言孔子「學之」，「三月不知肉味」。「學之」二字即安國故也，亦即此注所云「聞習」也。○注「爲作」至「此齊」。○正義曰：「爲，作」，言此韶樂不意至於齊也。此王誤解。漢書禮樂志：「夫樂本情性，浹肌膚而藏骨髓，雖經乎千載，其遺風餘烈尚猶不絕。至春秋時，陳公子完奔齊。陳，舜之後，招樂存焉。故孔子適齊聞招，三月不知肉味。」以「不圖」句爲美，義勝此注。上篇子謂「韶盡美盡善」。又左傳：「吳季札見舞韶箾者，曰『德至矣哉，大矣！如天之無不幬也，如地之無不載也。雖甚盛德，其蔑以加於此矣，觀止矣。』」是言韶樂至美也。

15　冉有曰「夫子爲衞君乎?」【注】鄭曰「爲猶助也。衞君者,謂輒也。衞靈公逐太子蒯聵,公薨而立孫輒。後晉趙鞅納蒯聵於戚城,衞石曼姑帥師圍之,故問其意助輒不乎?」子貢曰「諾,吾將問之。」入,曰「伯夷、叔齊何人也?」曰「古之賢人也。」曰「怨乎?」曰「求仁而得仁,又何怨。」【注】孔曰「夷、齊讓國遠去,終於餓死,故問怨邪。以讓爲仁,豈有怨乎?」出,曰「夫子不爲也。」【注】鄭曰「父子爭國惡行,孔子以伯夷、叔齊爲賢且仁,故知不助衞君明矣。」

正義曰:説文云「諾,䕘也。」引夷、齊者,借二子以正衞事也。蓋輒之立及拒蒯聵,是以王父命辭父命。然叔齊亦是父命立之,及父死,不復拘執父命,而讓國伯夷,與衞輒之堅執王父命而辭父命者相反;若伯夷則又遵守父命,而終讓國不受,與衞蒯聵之棄父命而爭國者相反。故子貢於二子,詢其人爲何如,蓋欲以知夫子之爲衞君奧否,而兼以明蒯聵之是非耳。云「怨乎」者,言伯夷、叔齊,或恐兄爭國,不得已而讓,皆不能無怨。惟夷、齊之讓出於親愛之誠,其心無非求仁,而即得仁,尚何所怨乎?公羊疏解論語此文,以爲夷、齊適周,怨周王命,不用其言,非矣。

釋文:「吾將問之」,一本無『將』字。」「曰古之賢人也」,皇本「曰」上有「子」字「賢人」作「賢仁」。惠氏棟九經古義引下鄭注「賢且仁」,以爲古本「賢仁」之證,不知鄭注乃隱括「古之賢人也」「求仁而得仁」二句義,非本作「賢仁」。阮氏元校勘記、皇本、高麗本,考文引古本、足利本「又何怨」下有「乎」字。〇正義曰:詩兔罝「福禄來爲。」鄭箋「爲,猶助也。」

左傳哀三年正義、史記伯夷列傳索隱、文選江淹雜體詩注引並作「又何怨乎」?疑古本如此。〇注「爲猶」至「不乎」。〇正義曰:詩兔罝「福禄來爲。」鄭箋「爲,猶助也。」

左定十四年傳言衞靈公太子蒯聵得罪君夫人南子〔一〕出奔宋。哀二年:「夏,靈公卒。夫人曰『命公子郢爲太子,君命

〔一〕「十」字原脱,據左傳改。

也。』對曰：『郢異於他子，且君没於吾手，若有之，郢必聞之。且亡人之子輒在。』乃立輒。」又經書六月乙亥，「晉趙鞅帥師納衛世子蒯聵于戚。 三年春，齊國夏、衛石曼姑帥師圍戚。」此蒯聵出奔及輒立拒父始末也。《公羊傳》：「晉趙鞅帥師納衛世子蒯聵于戚。戚者何？衛之邑也。曷爲不言入于衛？父有子，子不得有父也。齊國夏曷爲與衛石曼姑帥師圍戚？伯討也。此其爲伯討奈何？曼姑受命乎靈公而立輒，以曼姑之義，爲固可以拒之也。輒者曷爲者也？蒯聵之子也。然則曷爲不立蒯聵而立輒？蒯聵爲無道，靈公逐蒯聵而立輒。然則輒之義可以立乎？曰：可。其可奈何？不以父命辭王父命，以王父命辭父命，是父之行乎子也。不以家事辭王事，以王事辭家事，是上之行乎下也。」《穀梁傳》：「晉趙鞅帥師納衛世子蒯聵于戚。納者，内弗受也。何用弗受也？以輒不受也。以輒不受父之命，受之王父也，信父而辭王父，則是不尊王父也。其弗受，以尊王父也。」二傳所言，自是衛人當日所據之義。鄭依爲說，故此注言「靈公逐蒯聵」，又言「立孫輒」也。周人之法，無適子者立適孫，蒯聵負罪出亡，已絶於衛，故輒得申王父之命。當時臣民安之，大國助之，而夫子亦且爲公養之仕，故冉有疑夫子爲衛君也。夫子於哀六年自楚反衛，爲衛輒四年，此問當在其時。○注「夷齊」至「怨乎」。○正義曰：史記伯夷列傳：「父欲立叔齊，及父卒，叔齊讓伯夷。伯夷曰：『父命也。』遂逃去。叔齊亦不肯立而逃之，國人立其中子。於是伯夷、叔齊聞西伯昌善養老，盍往歸焉。及至，西伯卒，武王東伐紂，伯夷、叔齊叩馬而諫。武王已平殷亂，天下宗周，而伯夷、叔齊恥之，義不食周粟，隱於首陽山，采薇而食之。遂餓死於首陽山。」此即二子讓國，終於餓死之事也。伯夷能順乎親，叔齊能恭其兄，孝弟皆爲仁也。 左僖八年傳：「能以國讓，仁孰大焉？」○注「父子」至「明矣」。○正義曰：不言蒯聵爭國，而曰「父子爭國」，是兼絶之也。 何休公羊解詁謂「輒雖得正，非義之高」，即引此文說之。

子曰：「飯疏食飲水，曲肱而枕之，樂亦在其中矣。【注】鄭曰：「富貴而不以義者，於我如浮雲，非己之有。」孔子以

此爲樂。」不義而富且貴，於我如浮雲。」【注】孔曰：「疏食，菜食。肱，臂也。」孔子以

正義曰：

說文云：「飯，食也。〔一〕疏，粗也。」詩召旻「彼疏斯粺」，鄭箋「疏，麤也，謂麤米也」。段氏玉裁說文注云：「麤

米與粺米校，則麤爲粗。」國語「食粗衣惡」是也。「稷與黍稻粱校，則稷爲粗」。喪服傳「食疏食」注「疏猶麤也」是也。案：

論語三言「疏食」，皆謂麤米，亦當兼稷言之。稷，今之高粱，北方用爲常食，比粱黍爲賤也。釋文云：「疏，本又作蔬。」皇

本作「蔬」，因孔注致誤。說文云：「枕，臥所薦首者。」「樂亦在其中」者，言貧賤中自有樂也。呂氏春秋慎人篇「古之得道

者，窮亦樂，達亦樂。所樂非窮達也，道得於此，則窮達一也」，爲寒暑風雨之序矣。」斯其義也。「不義而富且貴」者，謂不

以其道得富貴也。「浮雲」者，說文「浮，汎也。」雲，山川气也。」孟子謂「行一不義，殺一不辜，而得天下，孔子不爲」。故孔

子自言不義之富貴，視之如浮雲然，明無所動於心也。劉氏逢祿述何篇「此因上章而類記之。不義之富貴，不特刪贖與

輒也，卽石曼姑之受命於靈公，皆不義也。」〇注「疏食，菜食。肱，臂也。」〇正義曰：說文無「蔬」字，疑古菜食之字亦作

「疏」。禮記月令云「有能取疏食。」注「菜曰疏。」是也。疏爲菜之通名，不爲粗惡，孔此注誤也。說文「𦞤，臂上也。肱，

古或從肉。」廣雅釋親：「肱謂之臂。」

17

子曰：「加我數年，五十以學易，可以無大過矣。」【注】易「窮理盡性以至於命」，年五十而知天命。

〔一〕按：說文「疏」字訓「通也」，不訓「粗也」，劉氏此處蓋誤記。

以知命之年，讀至命之書，故可以無大過。

　正義曰：孔子世家：「孔子晚而喜易，序彖、繫、象、說卦、文言。讀易，韋編三絶。曰：『假我數年，若是，我於易則彬彬矣。』」彼文作「假」，風俗通義窮通卷引論語亦作「假」。春秋桓元年：「鄭伯以璧假許田」史記十二諸侯年表作「以璧加魯，易許田」，是「加」、「假」通也。夫子五十前得易，冀以五十時學之，明易廣大悉備，未可遽學之也。及晚年贊易既竟，復述從前「假我數年」之言，故曰：「假我數年，若是，我於易則彬彬矣。」「若是」者，竟事之辭。言惟假年，乃彬彬也。世家與論語所述，不在一時，解者多失之。姚氏配中周易學云：「文王爻辭，惟九三言人事，傳則言行、言學、言進脩，无在非學也。象曰：『君子以自強不息。』子蓋三致意焉。子曰『五十以學易』，而於每卦象傳必曰『以』。『以』者，學之謂也。」又曰：「學易，學爲聖也，非徒趨吉避凶已也。有天地即有易，既作易，而天地之道著，天下之理得，聖之所以爲聖，求諸易而可知矣。」案：「學易可以無大過」者，易之道，皆主中行，主變通，而可與適道，可與立權也。繫辭傳云：「是故君子居則觀其象，而玩其辭；動則觀其變，而玩其占。是以自天祐之，吉无不利。吉凶者，言乎其失得也。悔吝者，言乎其小疵也。无咎者，善補過也。」夫子聖德，既學易，當無小疵。無過可補，而云「可無大過」者，謙言不敢自承無過也。釋文云：「學易如字，魯讀易爲亦，今從古。」此出鄭注。惠氏棟九經古義：「外黃令高彪碑：『恬虛守約，五十以斆。』此從魯論『亦』字連下讀也。」案：魯讀不謂學易，與世家不合，故鄭從古論。戴氏望論語注：「加當言假，假之言暇。時子尚周流四方，故言『暇我數年』也。『五十』者，天地之數。大衍所從生，用五用十以學易，謂錯綜變化以求之也。易說曰：『易一陰一陽，合而爲十五之謂道。』陽變七之九，陰變八之六，亦合於十五，則象變之數若一。陽動而進變七之九，象其氣之息也。陰動而退變八之六，象其氣之消也。故大一取其數以行九宮，四正四維皆合於

十五、五音、六律、七宿由此作焉。大過於消息爲十月卦，陽伏陰中，上下皆陰，故雜卦曰『大過，顛也。』顛則陽息，萬物死。聖人使陽升陰降，由復出震，自臨而泰，盈乾生拼，終既濟，定六位，正王度，見可不遇大過之世也。此以「五十」皆易數，亦備一義。○注「易『窮理盡性以至於命』」。○正義曰：易說卦文。「窮理」者，致知格物之學。「盡性」者，成己成物之學。「至命」，則所以盡人事而達天道也。

18　子所雅言，【注】孔曰：「雅言，正言也。」詩、書、執禮，皆雅言也。【注】鄭曰：「讀先王典法，必正言其音，然後義全，故不可有所諱。禮不誦，故言執。」

正義曰：此承上章「學易」之言而類記之。「所」字，即指易言。乃不獨易也，若詩、書、執禮，皆雅言也。此略本焦氏循補疏說。不及樂者，方氏觀旭偶記謂「樂在詩、禮之中」是也。○注「讀先」至「言執」。○正義曰：詩、書，皆先王典法之所在，故讀之必正言其音。鄭以「雅」訓「正」，故偽孔本之。先從叔丹徒君騈枝曰：「夫子生長於魯，不能不魯語。惟誦詩、讀書、執禮必正言其音，所以重先王之訓典，謹末學之流失。」又云：「昔者，周公著爾雅一篇，以釋古今之異言，通方俗之殊語。　劉熙釋名曰：『爾，昵也；昵，近也。雅，義也；義，正也。』五方之音不同，皆以近正爲主也。上古聖人，正名百物，以顯法象，別品類，統人情，壹道術，名定而實辨，言協而志通。其後事爲踵起，象數滋生，積漸增加，隨時遷變，王者就一世之所宜，而斟酌損益之，以爲憲法，所謂雅也。詩之有風、雅也亦然。王都之音最正，故以雅名；列國之音不盡正，故以風名。王之所以撫邦國諸侯者，七歲屬象胥諭言語，協辭命，九歲屬瞽史諭書同，或意同而言異，或言同而聲異，綜集謠俗，釋以雅言，比物連類，使相附近，故曰爾雅。

名，聽聲音，正於王朝，達於諸侯之國，是謂雅言。雅之爲言夏也。孫卿榮辱篇云：「越人安越，楚人安楚，君子安雅，是非知能材性然也，是注錯習俗之節異也。」又儒效篇云：〔一〕『居楚而楚，居越而越，居夏而夏，是非天性也，積靡使然也。』然則『雅』、『夏』古字通。」謹案：駢枝發明鄭義，至爲確矣。周室西都，當以西都音爲正。平王東遷，下同列國，不能以其音正乎天下，故降而稱風。而西都之雅音，固未盡廢也。夫子凡讀易及詩、書、執禮，皆用雅言，然後辭義明達，故鄭以爲義全也。後世人作詩用禮韻，又居官臨民，必說官話，即雅言矣。曲禮云：「詩、書不諱，臨文不諱。」鄭以「不諱」亦雅言之一端，故舉以明之。「禮不誦，故言執」者，禮亦有讀，但此執禮是在行事時，故言「不誦」也。困學紀聞引葉夢得曰：「蓋古者謂持禮書以治人者，皆曰執。周官太史大祭祀，宿之日，讀禮書；祭之日，執書以次位常；凡射事，執其禮事。」論語駢枝曰：「執，猶掌也。執禮，謂詔相禮事。文王世子曰『秋學禮，執禮者詔之。』雜記曰：『女雖未許嫁，年二十而笄，禮之。』婦人執其禮。」諸文皆言「執禮」與此經同。翟氏灝考異云：「古者學禮行禮，皆有詔贊者爲之宣唱校呼，使無失錯。若今之贊禮官，其書若今之儀注，於此而不正其言，恐事亦失正也。」

　　19　葉公問孔子於子路，子路不對。子曰：「女奚不曰，其爲人也，發憤忘食，樂以忘憂，不知老之將至云爾。」【注】孔曰：「葉公名諸梁，楚大夫。食采於葉，僭稱公。不對者，未知所以答。」　正義曰：「發憤忘食」者，謂好學不厭，幾忘食也。「樂以忘憂」者，謂樂道不憂貧也。「不知老之將至」者，言忘身之老，自彊不息

也。荀子勸學篇：「真積力久則入，學至乎沒而後止也。故學數有終，若其義則不可須臾舍也。」是夫子忘老之意也。孔

子世家言「齊景公卒之明年，孔子自蔡如葉。葉公問政」云云。「他日問孔子於子路」云云。計夫子時年六十三、四歲，故

稱老矣。又世家言「其爲人也」句下，有「學道不倦，誨人不厭」二句。皇本「至」下有「也」字。○注「葉公」至「以答」。○正

義曰：左定五年傳：「葉公諸梁之弟后臧從其母於吳。」哀十六年傳稱沈諸梁，莊子釋文云：「姓沈，名諸梁，字子高。」杜預

左宣三年傳注：「葉，楚地，今南陽葉縣。」[一]其故城距今縣治二十里。據左傳葉公是縣尹，非食采之邑。故鄭注禮緇衣

云「葉公，楚縣公」是也。鄉飲酒禮注：「大國有孤四命，謂之公。」士喪禮注：「公，大國之孤四命也。」若然，則諸侯臣得稱

公，故左傳有邢公、棠公、商成公、白公。此葉公亦是四命之孤，非因僭稱也。然高誘注呂覽察微篇、淮南覽冥訓並云：

「楚僭稱王，其守邑大夫皆稱公。」則以公爲僭稱，漢儒已有是説，不始於僞孔矣。「未知所以答」者，子路以己之知不足知

聖人也。

20　子曰：「我非生而知之者，好古，敏以求之者也。」【注】鄭曰：「言此者，勸人學。」　正義曰：敏，

勉也，言黽勉以求之也。説本朱氏彬經傳考證。皇本「敏」下有「而」字。○注「言此者，勸人學。」○正義曰：生知者，不

待學而能知也。夫子亦是生知，特以生知爲上，謙不敢居，且恐學者自恃聰質，將懈於學，故但以學知自承，且以勸勉

人也。

〔一〕「今」字原脱，據左傳注補。

21 子不語怪，力，亂，神。【注】王曰：「怪，怪異也。」力謂若奡盪舟、烏獲舉千鈞之屬。亂謂臣弒君、子弒父。

神謂鬼神之事。或無益於教化，或所不忍言。

正義曰：「不語」，謂不稱道之也。大戴禮曾子立事篇：「君子亂言而弗殖，神言弗致也。」即此義。〇注「怪怪」至「忍言」。〇正義曰：說文云：「怪，異也。」此常訓。書傳言夫子辨木、石、水、土諸怪，及防風氏骨節專車之屬，皆是因人問答之非，自爲語之也。至日食、地震、山崩之類，皆是災變，與怪不同，故春秋紀之獨詳。欲以深戒人君，當修德力政，不諱言之矣。「奡盪舟」，憲問篇文，說具彼疏。「烏獲」，見孟子告子下。趙岐注：「古之有力人也，能移舉千鈞。」左宣十五年傳：「民反德爲亂，亂莫大於弒父與君。」故舉以釋之。皇疏：「云『無益於教化』者，解不言怪、力、神三事也。云『或所不忍言』者，解不言亂事也。」

22 子曰：「三人行，必有我師焉，擇其善者而從之，其不善者而改之。」【注】言我三人行，本無賢愚，擇善從之，不善改之，故無常師。

正義曰：「三人」者，衆辭也。「行」者，行於道路也。錢氏坫後錄：「左傳子產曰：『其所善者，吾則行之；其所惡者，吾則改之。是吾師也。』與此文同義。案：如錢說，是善與不善，謂人以我爲善不善也。我並彼爲三人，若彼二人以我爲善，我則從之；二人以我爲不善，我則改之。是彼二人皆爲吾師。書洪範云：『三人占，則從二人之言。』此之謂也。皇疏引王朗曰：『于時道消俗薄，鮮能崇賢尚勝，故託斯言以屬之。夫三人之行，猶或有師，況四海之内，何求而不應哉？』釋文：『我三人行，一本無「我」字。必得我師焉，本或作「必有」。』唐石經及皇本、高麗本攷文據古本、足利本「三」上並有「我」字。「有」作「得」，與釋文本合。馮氏登府異文考證：『案何注、邢疏並云「言我三

「人行」，穀梁范注亦云『我三人行』，至『有』作『得』，史記世家亦如此。○注『言我』至『常師』。○正義云：注似以『行』爲

『言行』之行。三人之行，本無賢愚，其有善有不善者，皆隨事所見，擇而從之、改之，非謂一人善，一人不善也。既從其

善，即是我師，於義亦可通也。下篇子貢曰：「夫子焉不學？而亦何常師之有？」

23　子曰：「天生德於予，桓魋其如予何？」【注】包曰：「桓魋，宋司馬。天生德者，謂授我以聖性，德合天

地，吉無不利，故曰其如予何」。　正義曰：書召誥云：「今天其命哲」是人之知愚皆天所生，夫子五十知天命，知己有

德，爲天所命，故此復言『天生德於予』也。史記孔子世家云：「孔子去衞過曹，去曹適宋，與弟子習禮大樹下。宋司馬桓

魋欲殺孔子，拔其樹。」孔子去。弟子曰：『可以速矣。』孔子曰：『天生德於予，桓魋其如予何？』是此語爲夫子答弟子之

辭。世家云：「是歲，魯定公卒。」爲定十五年。又云：「孔子遂至陳，主於司城貞子家。」宋世家則以孔子過宋在宋景二十

五年，當魯哀三年。陳世家及十二諸侯年表又以孔子至陳在湣公六年，當魯定十四年。傳聞異辭，未知孰是。○注「桓

魋」至「予何」。○正義曰：桓魋，即向魋。稱桓者，向是桓族也。「聖性」者，孟子以堯、舜爲性之言，性成自然也。夫子聖

性，是天所授，雖遭困阨，無損聖德，故曰「吉無不利」也。此夫子擴天道福善之理，解弟子憂懼之意，若微服而過，則又知

命所宜然矣。

24　子曰：「二三子以我爲隱乎？吾無隱乎爾。吾無行而不與二三子者，是丘也。」【注】包

曰：「二三子謂諸弟子。聖人知廣道深，弟子學之不能及，以爲有所隱匿，故解之我所爲無不與爾共之者，是丘之心。」

正義曰：學記云：「教人不盡其材。」注謂師有所隱也。夫子以身教，不專以言教，故弟子疑有所隱也。「行」者，謂所行事也，

「與」猶示也，教也。下篇予欲無言章義同。趙氏佑温故録：「『乎爾』與『詩之』『俟我于著乎而』，『則

亦無有乎爾』，俱齊、魯間語辭。」皇本作「以我爲隱子乎」，又「吾無」下有「所」字。○注「聖人」至「之心」。○正義曰：聖人

知廣道深，弟子學之，既不能及，故夫子亦不能。所謂「中人以下，不可語上」也。乃弟子則疑夫子有所隱匿，故夫子復

以「無隱」解之，明我之心，凡所爲學，無不欲與二三子共之，但二三子未能幾此耳，疑我爲隱，不亦過乎！注此義亦通。

「隱匿」者，爾雅釋詁：「隱匿，微也。」說文：「隱，蔽也。」與「𠃊」同。「𠃊，匿也。象迟曲隱蔽形，讀若隱。」

25　子以四教：文，行，忠，信。　【注】四者有形質，可舉以教。　正義曰：「文」謂詩、書、禮、樂，凡博學、審

問、慎思、明辨，皆文之教也。「行」謂躬行也。中以盡心曰忠，恒有諸己曰信。人必忠信，而後可致知力行，故曰忠信之

人，可以學禮。此四者，皆教成人之法，與教弟子先行後學文不同。

26　子曰：「聖人，吾不得而見之矣；得見君子者，斯可矣。」　【注】疾世無明君。　子曰：「善人，吾

不得而見之矣；得見有恒者，斯可矣。亡而爲有，虛而爲盈，約而爲泰，難乎有恒矣。」　【注】孔

曰：「難可名之爲有常。」　正義曰：大戴禮五義篇：「所謂聖人者，知通乎大道，應變而不窮，能測萬物之情性者也。」是

言聖人無所不通，能成己成物也。禮記哀公問篇「子曰『君子者，人之成名也。』」韓詩外傳「言行多當，未安愉也」；知慮多當，未周密也。是篤厚君子，未及聖人也。」此聖人君子之分也。『善人』者，下篇夫子答子張言善人之道「不踐迹，亦不入於室。」「人室」者，入聖人之室。言踐迹，然後入室，是善人爲聖人之次也。「有恆者」，有常也。易象傳「雷風恆，君子以立不易方。」非有恆，無以爲君子，即無由爲善人，故有恆爲學者始基也。兩加「子曰」者，言非一時也。「虛」者，漢書五行志「虛，空名也。」「盈」者，說文云「滿也」。「泰」者，易序卦傳「通也」。亡、有、虛、盈、約、泰，以淺深取義。李氏光地簡記說「有恆，是篤實之人。若不篤實則虛夸，虛夸之人，必不能有常心而久於事。易曰『浚恆之凶，以求深也。』始而求深，在賢者尚有進銳、退速之過，況其下者乎？夫子有川上之歎，而亟稱於水曰「水哉！水哉！」爲其德至實，不舍晝夜，盈科後進也。故學者始但求小德，得一善，則拳拳服膺如水，雖未出中而涓涓不息也。終則其中未大〔一〕，有若無，實若虛，如水之既平而終不盈也。惟如是，是以能常德行而習教事，久於其道，而忽不知入於聖賢之域，此夫子之思有恆意也。」案：中庸云「君子之道，闇然而日章；小人之道，的然而日亡」。君子是有恆，故能闇然而日章；小人是無恆，故雖的然而日亡。的然，即亡而爲有諸象也。宋石經避諱「恆」作「常」。釋文云「亡如字，此舊爲別章，今宜與前章合」。案：皇本正與前章合，不爲別章，或如盧氏文弨考證，謂釋文所云爲後人校語也。○注「疾世無明君。」○正義曰：注以聖人、君子、善人有恆，皆指當時天子、諸侯言之，所謂「上無明天子，下無賢方伯」也。○注「難可名之爲有常。」○正義曰：爾雅釋詁「恆，常也。」說文「恆，心之常也。」易象傳「恆，久也。」「久」、「常」義同。

〔一〕「大」原誤作「有」，據李光地簡記改。

27 子釣而不綱，弋不射宿。【注】孔曰：「釣者，一竿釣。綱者，為大綱。以橫絕流，以繳繫釣羅屬著綱。弋，繳射也。宿，宿鳥。」

正義曰：御覽八百三十四引鄭注云：「綱謂為大索橫流屬釣。」案：說文「綱，維紘繩也。」考工記「綱」讀，此不解綱制，欲改經字也。釋文「綱音剛，鄭本同。」「綱」字本可不音，陸氏之意，亦恐人誤作綱矣。物茂卿論語徵云：「天子諸侯為祭及賓客則狩，豈無虞人之供，而躬自為之，所以敬也。狩之事大，而非士所得為，故為祭及賓客則釣弋，蓋在禮所必然焉。古者貴禮不貴財，不欲必獲。故在天子諸侯則不綱不射宿。」○注「釣者」至「宿鳥」

○正義曰：說文「釣，鉤魚也。」以鉤取魚謂之釣，故釣亦名鉤。廣雅釋器「釣，鉤也。」是也。鉤以細鐵絲為之，以繳繫於竹竿之首，詩云「籊籊竹竿，以釣于淇」是也。注言「一竿釣」者，對大綱有多鉤言之。「繫釣」當作「繫鉤」。文選西征賦注引此注正作「鉤」。「羅」者，列也，言非一鉤也。「繳」者，說文「繳，生絲縷也。」偽孔此注亦是用鄭義。「弋繳射」者，說文「雉，繳射飛鳥也。從隹，弋聲。」「弋」即「雉」省。周官司弓矢「矰矢茀矢，用諸弋射」注「矰矢，弓所用也。」茀矢，弩所用也。結繳於矢謂之矰。矰，高也。茀矢象焉。二者皆可以弋飛鳥。」彼注言「矰矢」為「結繳於矢」，即此注所云「繳射」矣。說文「宿，止也。」言鳥棲止集中也。

28 子曰：「蓋有不知而作之者，我無是也。【注】包曰：「時人有穿鑿妄作篇籍者，故云然。」多聞，擇其善者而從之，多見而識之，知之次也。」【注】孔曰：「如此者，次於天生知之。」

正義曰：「不知」者，不知

其義也。無所聞見，必不能作。惟聞見未廣，又不能擇善而從之識之，斯於義違失，即爲不知而作矣。「擇善」貫下「多

見」，故邢疏云「多見，擇善而識之」是也。公羊哀十四年傳「春秋何以始乎隱？祖之所逮聞也。所見異辭，所聞異辭，所

傳聞異辭」。春秋繁露楚莊王篇「春秋分十二世以爲三等：有見，有聞，有傳聞。有見三世，有聞四世，有傳聞五世。故哀、

定、昭，君子之所見也。襄、成、宣、文，君子之所聞也。僖、閔、莊、桓、隱，君子之所傳聞也。所見六十一年，所聞八十五

年，所傳聞九十六年。於所見微其辭，於所聞痛其禍，於傳聞殺其恩，與情俱也。」此夫子修春秋，證之於所聞所見者也。

又夫子言夏、殷之禮，皆能言之，但以文獻不足，不敢徵之，此可見聖人慎審之意。漢書朱雲傳贊「世傳朱雲言過其實，

蓋有不知而作之者，我無是也。」謂世人傳述雲事多失實，則爲不知而作。「作」是作述解者，或爲作事，誤也。廣雅釋詁：

「次，近也。」儀禮特牲饋食注「次猶貳。」○注「如此者，次於天生知之。」○正義曰：下篇曰「生而知之者，上也」，學而

知之者，次也。」夫子自居學知，故言「我非生而知之者，好古，敏以求之者也」。是次於生知也。

29 互鄉難與言，童子見，門人惑。【注】鄭曰：「互鄉，鄉名也。其鄉人言語自專，不達時宜，而有童子來

見，孔子門人怪孔子見之。」 正義曰：說文辛部「男有辠曰奴，奴曰童。」人部「僮，未冠也。」是「僮」、「童」義別。今經

與俱叚「童」爲「僮」。禮雜記注「童，未成人之稱。」學記注「成童十五以上。」皇疏引琳公說「此鄉有一童子難與言，以

『互鄉難與言童子見』八字爲一句」，非經旨。○注「互鄉」至「見之」。○正義曰：互鄉不知所在。元和郡縣志謂滕縣東二

十三里有合鄉故城，即互鄉。顧氏祖禹方輿紀要謂在今嶧縣西北，當即滕縣東之合鄉。又太平寰宇記徐州沛縣、陳州項

城縣北一里，並有互鄉。又困學紀聞引王無咎云：「鹿邑之外有互鄉城，前代因立互鄉縣。」又明一統志謂在陳州商水縣。方氏以智通雅謂互鄉名古廬里，今在睢州。諸說不同。閻氏若璩釋地續云：「余因新、舊唐書、杜氏通典、隋地理志鹿邑名縣始隋開皇十八年，此後未見有析置互鄉事。」則無咎之言，閻氏已深斥之。地理家好牽附，恐他說亦多類此矣。「言語自專，不達時宜」，謂其俗鄙固，不信人言也。言「怪孔子見之」，明非怪童子來見。子曰：「人潔己以進，與其潔也，也，唯何甚？」【注】孔曰：「教誨之道，與其進，不與其退。怪我見此童子，惡惡一何甚？」子曰：「與其進也，不與其退不保其往也。」【注】鄭曰：「往猶去也。人虛己自潔而來，當與之進，亦何能保其去後之行？」　正義曰：何休公羊注：「去惡就善曰進。」童子來見是求進，故宜與之。與孟子言「來者不拒」意同。劉氏逢祿述何云：「春秋列國進乎禮義者與之，退則因而貶之，亦此義也。」「唯何甚」者，「唯」，語辭。夫子不爲已甚，故云「唯何甚」也。「潔」，唐、宋石經並作「絜」。說文無「潔」字。鄉飲酒義注：「絜，猶清也。保猶保幸之保。」郭璞方言注：「保言可保信也。」○注：「往猶去也。」○正義曰：「言從今以往也。皇疏引顧歡曰：「往謂前日之行。夫人之爲行，或有始無終，或先迷後得，故教誨之道，潔則與之，往曰之行，非我所保也。」此與鄭異，亦通。

30　子曰：「仁遠乎哉？我欲仁，斯仁至矣。」【注】包曰：「仁道不遠，行之卽是。」　正義曰：此求仁得仁之旨。孟子盡心云：「求則得之，舍則失之，是求有益於得也，求在我者也。」○注：「仁道不遠，行之卽是」○正義曰：注以欲仁卽宜行仁，夫子告顏子以「克己復禮爲仁」，卽此義。

陳司敗問昭公知禮乎？孔子曰：「知禮。」【注】孔曰：「司敗，官名，陳大夫。昭公，魯昭公。」正義曰：左昭五年傳：「公如晉，自郊勞至于贈賄，無失禮。晉侯謂女叔齊曰：『魯侯不亦善於禮乎？』對曰：『魯侯焉知禮？』公曰：『何爲？』對曰：『是儀也，不可謂禮。』公羊昭二十五年傳：『公孫于齊，次于陽州。齊侯唁公于野井，昭公曰：「喪人不佞，失守魯國之社稷」云云。孔子曰：『其禮與？其辭足觀矣。』」是魯昭本習於容儀，當時以爲知禮，故司敗有此問。鄭注云：「司敗，人名，齊大夫。」皇本「孔」下有「對」字。○注「司敗」至「昭公」。○正義曰：左文十年傳[一]楚子西曰：『臣歸死於司敗。』宣四年傳：『楚箴尹克黃自拘于司敗。』是司敗爲官名。「子西歸死司敗」與「晉魏絳歸死司寇」語同。杜注左傳曰：「陳、楚名司寇爲司敗。」陳有司敗，本論語此文。杜與偶孔同，與鄭異也。昭公，名裯，見左襄三十一年傳。周書諡法解：「容儀恭美曰昭。」

孔子退，揖巫馬期而進之，曰：「吾聞君子不黨，君子亦黨乎？君取於吳，爲同姓，謂之吳孟子。君而知禮，孰不知禮？」【注】孔曰：「巫馬期，弟子，名施。相助匿非曰黨。魯、吳俱姬姓。禮『同姓不昏』，而君取之，當稱吳姬，諱曰孟子。」

巫馬期以告。子曰：「丘也幸，苟有過，人必知之。」【注】孔曰：「以司敗之言告也。聖人道弘，故受以爲過。」

○正義曰：夫子見陳司敗，巫馬期爲介，入俟於庭。及夫子退，期當隨行，而司敗仍欲與奧語，故揖而進之也。皇疏云：「揖者，古人欲相見，前進皆先揖之於禮，巫馬期當答揖，此不言者，畧也。杜注左宣十八年傳云：「吳國，今吳郡，今江蘇蘇州府治。」○注「巫馬」至「孟子」。○正義曰：皇本「進之」作「進也」，「取」作「娶」。釋文：「娶，本今作取。」說文：「娶，取婦也。從女從取，取亦聲。」「吳」者，國名。

〔一〕「十」下原衍「一」字，據左傳刪。

「巫馬」者，以官爲氏。周官有「巫馬掌養疾馬而乘治之」是也。仲尼弟子列傳：「巫馬施，字子旗，少孔子三十歲。」漢書古今人表及呂氏春秋具備篇亦作「巫馬旗」。此作「期」者，梁氏玉繩人表考云：「說文『施，旗也。』故齊欒施字子旗。」而「期」與「旗」古通。左昭十三年「令尹子旗」，楚語下作「子期」，定四年「子期」，呂覽高義注作「子旗」，戰國策「中期推琴」，而史魏世家作「中旗」，皆其譣也。案：鄭豐施亦字子旗，見左昭十六年傳注。「旗」本字，凡作「期」，皆叚借也。鄭目錄云「魯人」，家語弟子解則云「陳人」。「姬」者，周姓。魯是周公之後，吳是泰伯之後，故云「俱姬姓」也。禮坊記篇：「子云『取妻不取同姓，以厚別也。』故買妾不知其姓，則卜之。」又大傳曰：「繫之以姓而弗別，綴之以食而弗殊，雖百世而昏姻不通者，周道然也。」是周禮同姓皆不昏也。「當稱吳姬，諱曰孟子」者，吳姬猶齊姜，宋子之比。昭公知娶同姓爲非禮，故諱稱吳孟子。公羊十二年「孟子卒」，傳云：「昭公之夫人也。」稱孟子，諱取同姓，蓋吳女也。何休注：「昭公諱而謂之吳孟子，春秋不繫吳者，婦人繫姓不繫國，雖不諱，猶不繫也。不繫國，則吳孟子乃昭公所稱，論語所云「謂之」者，昭公謂之也。禮雜記云：「夫人之不命於天子，自魯昭公始也。」注云：「不告於天子，天子亦不命之。」又坊記云：「魯春秋去夫人之姓曰吳，其死曰孟子卒。」注：「吳，魯同姓也。昭公取焉，去姬曰吳而已。至其死，亦畧云孟子卒，深諱之。不書夫人某氏薨。孟子蓋其且字。」孔疏謂「依春秋之例，當云『夫人姬氏至自吳』。昭公取同姓，但書『夫人至自吳』。」仲尼修春秋，以犯禮明著，全去其文，故經無其事是也。然則子是女子之稱，而杜注左傳，以子爲宋姓，則以吳女詭稱宋女。若然，舊史所書應稱「夫人子氏至自宋」，今春秋猶稱「夫人至自吳」，則稱子不爲宋女明矣。○注「諱國」至「爲過」。○正義曰：云「諱國惡禮也」者，左僖元年傳文。公羊隱二年傳：「無駭率師入極」，此

滅也。其言入何？內大惡，諱也。」白虎通諫靜篇：「所以爲君隱惡何？君至尊，故設輔弼，置諫官，本不當有遺失。」然則君有過惡，亦人臣之責。昭公時，孔子本未仕，既未得諫，而爲君諱，故注以爲道宏也。坊記：「善則稱君，過則稱己，則民作忠。」此夫子言「有過」是稱己同於爲臣之義。皇疏云：「若使司敗無譏，則千載之後，遂承信我言，用昭公所行爲知禮，則禮亂之事從我而始。今得司敗見非而我受以爲過，則後人不謬，故我所以爲幸也。」

32 子與人歌而善，必使反之，而後和之。【注】樂其善，故使重歌，而自和之。 正義曰： 孫氏奇逢四書近指：「聲比於琴瑟謂之歌。」史記云：「詩三百篇，夫子皆絃歌之，以求合韶、武、雅、頌之音。」如孫此說，是與人歌爲教弟子樂也。合韶、武、雅、頌則善矣。説文：「味，相應也。」今作「和」，偏旁移易。「子與人歌」，謂夫子倡，使人和之也。「反之」者，冀其善益嫻熟，故使人倡，乃後和之也。

33 子曰：「文莫吾猶人也。躬行君子，則吾未之有得。」【注】孔曰：「莫，無也。文無者，猶俗言文不也。文不吾猶人者，凡言文皆不勝於人，身爲君子，己未能也。」 正義曰： 先從叔丹徒君駢枝曰：「楊愼丹鉛録引晉樂肇論語駁曰：『燕、齊謂勉強爲文莫。』又方言曰：『侔莫，強也。』北燕之外郊，凡勞而相勉，若言努力者，謂之侔莫。』案……説文：『忞，強也。慔，勉也。』『文莫』卽『忞慔』，叚借字也。廣雅亦云：『文，強也。』眮勉、密勿、蠠没、文莫，皆一聲之轉。文莫行仁義也，躬行君子，由仁義行也。」謹案：淮南子繆稱訓：「猶未之莫與。」高誘注「莫，勉之也。」亦是借「莫」爲「慔」。夫

子謙不敢居安行，而以勉強而行自承，猶之言學不敢居生知，而以學知自承也。胡氏紹勳拾義以「莫」訓「定」，屬下「吾猶

人也」爲句，引詩「求民之莫」爲據，於義亦通。蓋夫子言爲學可以及人，至躬行則未能矣。又一說以「莫」爲「其」字，古文

相近之誤，嫌易經字，所不敢從。 皇本「得」下有「也」字。

34 子曰：「若聖與仁，則吾豈敢？」【注】孔曰：「孔子謙不敢自名仁聖。」抑爲之不厭，誨人不倦，則

可謂云爾已矣。」公西華曰：「正唯弟子不能學也。」【注】馬曰：「正如所言，弟子猶不能學，況仁聖乎？」

正義曰：「爲之」謂爲學也。孟子公孫丑篇：「子貢問於孔子曰：『夫子聖矣乎？』孔子曰：『聖則吾不能，我學不厭而教不倦

也。』子貢曰：『學不厭，知也；教不倦，仁也。仁且智，夫子既聖矣。』」與此章義相發。 鄭注云：「魯讀『正』爲『誠』」，今從

古。」胡氏紹勳拾義：「『爾』當作『尒』，說文云：『尒，詞之必然也。』經傳『尒』字，後人皆改作『爾』。趙注以爲絕語之辭，『爾』當讀『如』字，與論語異。

正此經確詁。『云爾』即有此之詞，若孟子『是何足與言仁義也云爾』，廣雅釋詁訓『云』爲『有』，

『薄乎云爾』亦然。」○注「正如」至「聖乎」。○正義曰：學不厭，教不倦，即是仁聖。注義非是。

35 子疾病，子路請禱。【注】包曰：「禱，禱請於鬼神。」子曰：「有諸？」【注】周曰：「言有此禱請於鬼神之

事。」子路對曰：「有之。誄曰：『禱爾于上下神祇』。」【注】孔曰：「子路失指。誄，禱篇名。」子曰：「丘之

禱久矣。」【注】孔曰：「孔子素行，合於神明，故曰丘之禱久矣。」

正義曰：「釋文云『子疾，一本云子疾病，鄭本無病

字。」阮氏元校勘記：「案集解於子罕篇始釋病，則此有病字，非。」吳氏嘉賓論語說：「父兄病而子弟禱，此不當使病者知

也。周公之册祝自以爲功，雖祝史皆命之，使勿敢言，況請之乎？子路之請禱，欲聖人之致齊以取必於鬼神也。」翟氏灝

考異：「說文：『譸，禱也。累功德以求福。論語云：譸曰禱爾于上下神祇。』從言，梟省聲。」重文譸，或不省。又『誄，諡也。

從言，耒聲。』此論語所引，自有一書名譸，與誄異訓，然經典不妨叚借用之。故周禮大祝『作六辭，其六曰誄』。注曰：『誄

謂積累生時德行以錫之命。』春秋傳『孔子卒，哀公誄之』，注引『誄曰：禱爾于上下神祇』是知『誄』、『譸』

亦累列其德行以爲辭。』故引論語文以相續。」又『小宗伯『禱祠於上下神示』，注引『譸曰：禱爾于上下神祇』。疏曰：『生人有疾，

通也。」據翟說，是論語義當作「譸」，通作「誄」，當是古、魯文異。「禱爾」者，「爾」是語辭。漢書郊祀志：「孝武皇帝始建上

下之祀。」顏師古注：「上下謂天地。」天神曰神，地神曰祇。說文：「祇，地祇。提出萬物者也。」太平御覽五百二十九引舊

注云：「誄，大神之辭也。」困學紀聞『太平御覽引莊子曰：「孔子病，子貢出卜。孔子曰：「子待也。吾坐席不敢先，居處若

齊，食飲若祭，吾卜之久矣。」』子路請禱，可以參觀。」皇本「丘之禱久矣」「禱」下有「之」字。○注：「禱，禱請於鬼神。」○正

義曰「請」者，請福也。○鄭注云：「禱，謝過於鬼神。」謂謝過以求福也。○注：「言有此禱請於鬼神之事」○正義曰：夫子

問已有此禱請於鬼神之事否，意以子路或有因而請禱也。此正夫子戰戰兢兢，常若不足之意。鄭注云：「觀子路曉禱禮

否？」又一義。○注：「子路失指。」○正義曰：「指」與「旨」同。○注：「孔子素行，合於神明。」○正義曰：鄭注云：「孔子自知

對，爲失夫子本旨也。「誄、禱」當讀斷，與說文「譸、禱」訓同。

無過可謝，明素恭肅於鬼神，且順子路之言也。」偶孔此注當畧本之。論衡感虛篇亦云：「聖人修身正行，素禱之日久，天

地鬼神知其無罪，故曰禱久矣。」案：夫子平時心存競業，故恭肅於鬼神，自知可無大過，不待有疾然後禱也。言此者，所

以止子路。

36　子曰：「奢則不孫，儉則固。」與其不孫也，寧固。」【注】孔曰：「俱失之。奢不如儉，奢則僭上，儉則不及禮。固，陋也。」　正義曰：說文：「愻，順也。」引書「五品不愻」。今通作「遜」，或省作「孫」。○注「俱失」至「及禮」。○正義曰：禮貴得中，奢則過禮，而有僭上之失。儉但不及乎禮，無他失也。

37　子曰：「君子坦蕩蕩，小人長戚戚。」【注】鄭曰：「坦蕩蕩，寬廣貌。長戚戚，多憂懼。」　注「坦蕩」至「憂懼」。○正義曰：說文云：「坦，安也。」君子居易俟命，無入而不自得，故心體常安。下篇「蕩蕩乎民無能名焉」，包曰：「蕩蕩，廣遠之稱。」與此「寬廣」訓同。釋文引注更云：「魯讀坦蕩為坦湯，今從古。」案：詩宛丘「子之湯兮」！毛傳：「湯，蕩也。」王逸楚辭章句引作「蕩」，二字音義本同，故鄭仍從古。　皇疏引江熙曰：「君子坦爾夷任，蕩然無私；小人馳競於榮利，耿介於得失，故長爲愁府也。」

38　子溫而厲，威而不猛，恭而安。　正義曰：釋文云：「一本作『子曰』，皇本作『君子』。」案此章說孔子德行，依此文爲是。」阮氏元校勘記：「案今皇本仍與今本同，不作『君子』，疑有脱誤。觀後子張篇君子有三變章義疏云：『所

以前卷云「君子溫而厲」是也。』則|皇本|此處當脫一『君』字。案：|皇|以「君子」卽「孔子」。|文選|册|魏公九錫文注引|論語|鄭|注云：「厲，嚴整也。」當卽此文之注。後漢|崔駰傳注「厲謂威容嚴整。」釋文：「厲|一本作例。」案「烈山」亦作「厲山」，疑一本用叚借也。|皇本「威不猛」，無「而」字，似誤脫。說文：「猛，健犬也。」引申爲剛烈之義。凡人生質，皆由受天地五行之氣，剛柔厚薄，各各不同，故惟備中和爲難也。書|皐陶謨言「九德之事」云：「寬而栗，柔而立，愿而恭，亂而敬，擾而毅，直而溫，簡而廉，剛而塞，彊而義。」鄭注：「凡人之性有異，有其上者，不必有下；有其下者，不必有上；上下相協，乃成其德。」卽此義也。「恭而安」者，恭而有禮，故安也。

論語正義卷九

泰伯第八 集解

1 子曰：「泰伯，其可謂至德也已矣。三以天下讓，民無得而稱焉。」【注】王曰：「泰伯，周太王之長子。次弟仲雍，少弟季歷。季歷賢，又生聖子文王昌。昌必有天下，故泰伯以天下三讓於王季。其讓隱，故無得而稱言之者，所以爲至德也。」

正義曰：鄭注云：「泰伯，周太王之長子。次子仲雍，次子季歷。泰伯見季歷賢，又生文王，有聖人表，故欲立之，而未有命。太王疾，泰伯因適吳，越採藥，太王歿而不返，季歷爲喪主，一讓也；季歷赴之，不來奔喪，二讓也；免喪之後，遂斷髮文身，三讓也。三讓之美，皆隱蔽不著，故人無得而稱焉。」案：左僖五年傳：「太伯、虞仲，太王之昭也。太伯不從，是以不嗣。」虞仲即仲雍。不從者，謂不從太王命立己爲嗣也。史記周本紀：「古公有長子曰太伯，次曰虞仲。太姜生少子季歷，季歷生昌，有聖瑞。古公曰：『我世當有興者，其在昌乎！』長子太伯、虞仲知古公欲立季歷以傳昌，乃二人亡如荊蠻，文身斷髮，以讓季歷。古公卒，季歷立，是爲公季。公季卒，子昌立，是爲西伯。西伯曰文王。」此文即鄭氏所略本也。韓詩外傳云：「太王賢昌，而欲季爲後也，太伯去之吳。太王將死，謂曰：『我死，汝往讓兩

二八七

兄，彼卽不來，汝有義而安。』太王薨，季之吳告伯、仲，伯從季而歸。羣臣欲伯之立季，季又讓。伯謂仲曰：『今羣臣欲

我立季，季又讓，何以處之？』仲曰：『刑有所謂矣，要於扶微者，可以立季。』季遂立而養文王，文王果受命而王。孔子曰：

『太伯獨見，王季獨知。伯見父志，王季知父心。故太王、太伯、王季可謂見始知終，而能承志矣。』論衡四諱篇：『太伯入吳

採藥，斷髮文身，以隨吳俗。太王薨，太伯還，王季辟主。太伯再讓，王季不聽。三讓，曰：『吾之吳、越，吳、越之俗，斷髮

文身，吾刑餘之人，不可爲社稷宗廟之主。』王季知不可，權而受之。』二說亦漢儒所傳，與鄭氏異。案：太王薨後，季宜攝

主，斷無置喪事國事於不問，而往吳告伯、仲之理。設使伯、仲俱不隨季而歸，將季遂偕逝乎？抑將受伯、仲之讓，獨自歸

乎？外傳之言，於是爲疎矣。太王歿，太伯若以奔喪反國，則本爲適長，理應嗣立，羣臣何敢興立季之議？且後既反國，

則其始之採藥荊蠻，夫何爲者？論衡此義，亦爲未達。汎觀諸說，惟鄭爲允。詩皇矣云：『帝作邦作對，自太伯、王季』；維

此王季，因心則友；』則友其兄，則篤其慶，載錫之光。』觀此則知王季恭兄之誼，必有非尋常人士所及者。友愛如太伯，固

早知之。知其父歿遷位，季必不受，故因太王病而託采藥以行。及太王歿，季歷赴之，必屢促之，而太伯決然不返。及免

喪之後，文身斷髮，從而歸之。太伯世家言『荊蠻義之，從而歸之千餘家，立爲國主』。勢不容復返，故季不得已而受讓

耳。傳世稱之，是謂『載錫之光』。當時民雖無稱，而歷世久遠，夫子猶歎爲至德，則亦王季厚明之所致矣。其云『三讓之

美，隱蔽不著』者，案：孟子云：『好名之人能讓千乘之國。』然則凡讓國者，或出於好名之念，惟太伯以讓之故，幾不得爲

子，故其美隱蔽。皇疏引范寧說有二釋，其後釋云：『太伯病而託采藥出，生不事之以禮，一讓也；太王薨而不反，使季歷

主喪，死不葬之以禮，二讓也；』斷髮文身，示不可用，使季歷主祭，祀不祭之以禮，三讓也。』此卽鄭君所云『隱蔽不著』之

義也。隱蔽謂其美，非謂其讓，蓋讓國之事，其迹甚著，不可得而隱蔽也。晉孫盛著三讓論，不解鄭氏「隱蔽」之旨，輕爲

譏彈，又謂「斷髮之言，與左傳相背，事爲不經」。不知端委治禮乃君吳後事，其斷髮文身自在免喪後從俗之時。兩事判

然，毫不相背。辱身遜迹，冀以遜國，豈復以不經爲嫌？凡此之論，未足爲鄭難也。至孫自立說，則弃太子位爲一讓，不

赴喪爲二讓，不養仲雍子爲己後爲三讓。一讓、二讓與鄭同，三讓則孫氏臆測。夫泰伯既君吳，雖立後，亦僅爲吳國之

嗣，於周何與，而有此深思遠防哉？此亦未爲得理也。至范寧前釋以三讓爲季歷、文王、武王，以武王始得天下故也。然

使當時更延數世甫有天下，豈得一併計之？是又以文害辭矣。又案：鄭本周紀謂文王有聖表，故太王欲立王季以及文

王，此自冀與其國之意，非有所覬覦於天下也。太王始居邠，及狄人侵之，去之曾不啻敝屣，而謂有所動於天下之念，豈

其然乎？然而夫子必言泰伯「以天下讓」者，何也？曰：此自美泰伯之德，大言之耳，明泰伯嗣周能有天下也。荀子正論

篇：「天下者，至大也，非聖人莫之能有也。」孟子公孫丑篇言「伯夷、伊尹與孔子，得百里之地而君之，皆能以朝諸侯，有天

下」，即此義也。其德能有天下而讓之人，是謂「以天下讓」。古之以天下讓者，莫大於堯、舜，莫難於泰伯，及周之服事，若

禹雖傳世，而其始亦是讓。故弟子記此篇，以論泰伯始，以論堯、舜、文王及禹終也。若夫仲雍偕兄遜國，亦是至德，此不及

者，表泰伯則仲雍可知。○注「泰伯」至「德也」。○正義曰：注言「昌必有天下，故泰伯讓於王

論及劉祐傳並作「德」，皆是叚「德」爲「得」。釋文：「得，本亦作德。」鄭此注卽作「德」，見後漢丁鴻傳注。邢疏引鄭作「得」，誤也。又丁鴻傳

季」，是泰伯有利天下之心，且讓迹甚著，復不得言「其讓隱」，此皆注說之誤。至渾言「三讓」，不分節目，亦尚可通。金履

祥通鑑前編：「儀禮三辭謂之終辭。然則三以天下讓，謂終以天下遜也。」閻氏若璩四書釋地取之，即此王注義。

2 子曰:「恭而無禮則勞,慎而無禮則葸,【注】葸,畏懼之貌。言慎而不以禮節之,則常畏懼。勇而無禮則亂,直而無禮則絞。【注】馬曰:「絞,絞剌也。」

正義曰:恭、慎、勇、直,皆德行之美,然無禮猶不可行。曲禮所云:「道德仁義,非禮不成。」又云:「人有禮則安,無禮則危,故曰禮者不可不學也。」仲尼燕居云:「敬而不中禮謂之野,恭而不中禮謂之給,勇而不中禮謂之逆。」與此言勞、葸、亂義近。○注:「葸,畏懼之貌。」○正義曰:廣雅釋言:「葸,慎也。」王氏念孫疏證:「漢書刑法志作『鰓』,蘇林注云:『鰓音「慎而無禮則葸」之葸。鰓、慄懼貌也。』王延壽魯靈光殿賦云『心猥㥏而發悸』,荀子議兵篇:『愬愬然,常恐天下之一合而軋己也。』並字異而義同。」案:鄭注此云「懲質貌」,與畏懼義亦相近。○注:「絞,絞剌也。」○正義曰:絞者,兩繩相交之名,故引申爲乖剌之義。鄭注云:「絞,急也。」與馬義不異。下篇云:「好直不好學,其蔽也絞。」韓詩外傳:「堂衣若以子貢言之絞。」後漢杜根傳:「好絞直。」

君子篤於親,則民興於仁;故舊不遺,則民不偷。【注】包曰:「興,起也。君能厚於親屬,不遺忘其故舊,行之美者,則民皆化之,起爲仁厚之行,不偷薄。」

正義曰:舊說此與上文不相屬,宜別爲一章。「故舊」者,故之爲言古也,舊之爲言久也。周官大宗伯:「以賓射之禮,親故舊朋友。」注云:「王之故舊朋友,爲世子時共在學者。」小司寇注:「故謂舊知也。」是也。說文:「竺,厚也。」「篤,馬行遲鈍。」義異。今經傳皆假「篤」爲「竺」。○注「興起」至「偷薄」。○正義曰:「興」訓「起」,見爾雅釋言。君子,指在位者,故注以「君」言之。禮記大傳云:「親者,屬也。」釋名釋親屬云:「親,襯也,言相隱襯也。屬,續也,恩相連續也。」爾雅釋親篇有宗族、母黨、妻黨、婚姻,此注所云「親屬」,意皆兼之。「遺忘」者,連文爲訓。「遺」者,孝經疏引劉炫曰:「遺謂意不存録也。」下

篇「周公謂魯公曰:『君子不施其親,故舊無大故,則不棄也。』與此文義同。毛詩伐木序云:『自天子至於庶人,未有不須

友以成者。親親以睦,友賢不棄,不遺故舊,則民德歸厚矣。』是言民化於上也。緇衣云:『上好仁,則下之爲仁爭先人。』

此之謂也。「不偷薄」者,說文云「婾,薄也。」「偷」與「婾」同。 齊語云:「政不旅舊,則民不偷。」

3 曾子有疾,召門弟子曰:「啟予足!啟予手!【注】鄭曰:「啟,開也。」曾子以爲受身體於父母,不敢

毀傷,故使弟子開衾而視之也。」詩云:「戰戰兢兢,如臨深淵,如履薄冰。」【注】孔曰:「此言詩者,喻己常戒

慎,恐有所毀傷。」而今而後,吾知免夫! 小子!」【注】周曰:「乃今日後,我自知免於患難。小子,弟子也。呼之

者,欲使聽識其言。」 正義曰:廣雅釋詁:「召,呼也。」「門弟子」,謂曾子門人也。禮:「男子不絕於婦人之手。」故曾子

呼弟子,啟其手足,以疾重,預戒之。 司馬彪禮儀志下:「登遐,三公啟手足色膚如禮。」是啟手足在既卒之後。曾子既

預戒之,又引詩言,自道其平日致謹其身,不敢毀傷之意,皆所以守身也。詩文在小旻篇。毛傳:「戰戰,恐也。兢兢,戒

也。」又「臨淵」,傳云「恐墜也。」「履冰」,傳云「恐陷也。」○注「啟開」至「之也」。○正義曰:說文:「启,開也。啟,教也。」義

別。 今經傳通作「啟」。 論衡四諱篇載此文「開予足,開予手」,以訓詁代本字也。 說文:「諐,離別也。讀若論語『諐予之

足。』作「諐」,當出古論。「諐」與「諐」音同,義亦當不異。「諐,開也。開卽離別之義。

揆古論之意,當謂身將死,恐手足有所拘攣,令展布之也。 鄭君以啟爲開,甚合古訓。而以爲開衾視之,未免增文成義。

又說文:「晵,視也。」廣雅釋詁同。 王氏念孫疏證引此文,謂「啟」與「晵」同,此亦得備一解。 蓋恐以疾致有毀傷,故使視

之也。

後漢崔駰傳注引鄭此注，有「父母全而生之」二句，就義測之，當在「受身體於父母」句下。孝經云：「身體髮膚，受之父母，不敢毀傷。」大戴禮曾子大孝篇：「樂正子春下堂而傷其足，傷瘳，數月不出，猶有憂色。門弟子曰：『夫子傷足瘳矣，數月不出，猶有憂色，何也？』樂正子春曰：『吾聞之曾子，曾子聞諸夫子曰：「天之所生，地之所養，人爲大矣。父母全而生之，子全而歸之，可謂孝矣。不虧其體，可謂全矣。」故君子頃步之不敢忘也。今予忘夫孝之道矣，予是以有憂色也。』又曰：『一舉足不敢忘父母，故道而不徑，舟而不游，不敢以先父母之遺體行殆也。』」皆言不敢毀傷也。○注「乃今」至「難矣」。○正義曰：曾子知未有毀傷，自今日後，當無有患難致毀傷矣。患難，謂刑辱顛隕之事。

4　曾子有疾，孟敬子問之。【注】孟敬子，魯大夫仲孫捷。曾子言曰：「鳥之將死，其鳴也哀；人之將死，其言也善。【注】包曰：「欲戒敬子。言我將死，言善可用。」君子所貴乎道者三：動容貌，斯遠暴慢矣；正顏色，斯近信矣；出辭氣，斯遠鄙倍矣。【注】鄭曰：「此道謂禮也。動容貌，能濟濟蹌蹌，則人不敢暴慢之；正顏色，能矜莊嚴栗，則人不敢欺詐之；出辭氣，能順而說之，則無惡戾之言入於耳。」籩豆之事，則有司存。」【注】包曰：「敬子忽大務小，故又戒之以此。籩豆，禮器。」

正義曰：宋石經避諱，「敬子」作「欽子」。敬子是大夫，故告以君子之道。「容貌」者，說文：「頌，貌也。兒，頌儀也。貌，籀文。」段氏玉裁注：「頌，古之容字。凡容言其内，貌言其外，析言則容貌各有當，故叔向曰『貌不道容』是也。素言則曰容貌『動容貌』是也。案：古有容禮，晉羊舌大夫爲和容，漢天下郡國有容史，又魯徐生善爲頌，後有張氏亦善焉。頌即容也，亦散文，兼貌言之也。「顏色」者，說文以

「顏謂眉目之閒」，色謂凡見於面也。「辭氣」者，辭謂言語，氣謂鼻息出入，若「聲容靜，氣容肅」是也。卿大夫容貌、顏色、辭氣之禮，曲禮、玉藻及賈子容經言之詳矣。「暴慢」者，毛詩終風傳：「暴，疾也。」說文：「慢，惰也。」「鄙倍」者，史記樂書：「鄙者，陋也。」趙岐孟子盡心注：「鄙，狹也。」「倍」與「背」同。荀子大略注：「倍者，反逆之名也。」邢疏云：「人之相接，先見容貌，次觀顏色，次交言語，故三者相次而言也。」案：禮記冠義云：「禮義之始，在於正容體、齊顏色、順辭令。容貌、顏色齊，辭令順，而後禮義備。」表記云：「是故君子貌足畏也，色足憚也，言足信也。」大戴禮四代云：「蓋人有可知者焉，貌色聲衆有美焉，必有美質在其中者矣，貌色聲衆有惡焉，必有惡質在其中者矣。」是容貌、顏色、辭氣皆道所發見之處，故君子謹之。子夏言君子三變：「望之儼然」，謂容貌也，「即之也溫」，謂顏色也，「聽其言也厲」，謂辭氣也。又韓詩外傳：「故望而宜爲人君者，容也，近而可信者，色也，發而安中者，言也，久而可觀者，行也。故君子容色，天下儀象而望之，不假言，而知宜爲人君者。」並與此文義相發。「有司」者，有，語辭。司，主也。說文云：「司，臣事於外者也。」廣雅釋言：「有司，臣也。」鄭注士冠禮以「有司」爲士所自辟府史以下。注特牲以「有司」爲士屬吏，謂君命之士。二者皆通稱「有司」。據周官「籩人掌四籩之實」、「醢人掌四豆之實」，則「有司」即籩人、醢人之屬。「存」者，爾雅釋詁：「在，存也。」釋訓：「存存，在也。」孫氏志祖讀書脞錄：「蕭山徐鯤云：『文選頭陀寺碑云：「尼徒揆日，各有司存。」後漢書崔琦傳：「百官外内，各有司存」。阮其文義，皆當以「司存」二字連讀。故晉書職官志叙云：「咸樹司存，各題標準。」又桓沖傳云：「臣司存閫外，輒隨宜處分。」北齊書儒林傳叙云：「齊氏司存，或失其守。」益可以證矣。』」案：此訓在爲察，故「司存」二字連讀，自漢後儒者孳生之義，非其朔也。

說苑修文篇：「曾子有疾，孟儀往問之。曾子曰：「鳥之將死，必有悲聲。君子集大辟，必有順辭。

禮有三儀，知之乎？」對曰：「不識也。」曾子曰：「來，吾語女：君子修禮以立志，則貪欲之心不來，思禮以修身，則忿惰慢

易之節不至，修禮以仁義，則忿爭暴亂之辭遠。若夫置尊俎，列籩豆，此有司之事也。君子雖不能可也。」與此傳聞略

異。○注「孟敬子，魯大夫仲孫捷」。○正義曰：鄭注檀弓云：「敬子，武伯之子，名捷。」此釋文云：「捷本又作踕，同。」說苑

作「孟儀」，疑「儀」是字。○注「此道」至「於耳」。○正義曰：說苑云「禮有三」，是此文言「道」即禮也。動容貌，謂以禮動

之，正顏色，謂以禮正之；出辭氣，謂以禮出之。能濟濟蹌蹌者，曲禮言大夫行容濟濟，士行容蹌蹌，皆美盛之貌也。中

論志學篇：「君子口無戲謔之言，言必有防，身無戲謔之行，行必有檢。故雖妻妾不可得而黷也，雖朋友不可得而狎也。」

即此注義也。集注以「遠暴慢」、「近信」，「遠鄙倍」屬在己者言，與說苑合，亦通。○注「籩，禮器」。○正義曰：爾雅釋

器：「木豆謂之豆，竹豆謂之籩，瓦豆謂之登。」然則籩亦是豆，特以用竹異其名耳。說文：「木豆謂之梪，〔一〕從木豆。豆，

古食肉器也。從口，象形。」鄭注周官籩人云：「籩，竹器，如豆者，其容實皆四升」賈疏謂「鄭依漢禮器制度知之。」明堂

位：「夏后氏以楬豆，殷玉豆，周獻豆。」注云：「楬，無異物之飾也。獻，疏刻之。」此三代之異飾也。異飾故異名。

5　曾子曰：「以能問於不能，以多問於寡；有若無，實若虛，犯而不校。」【注】包曰：「校，報也。

言見侵犯不報。」昔者吾友嘗從事於斯矣。」【注】馬曰：「友謂顏淵。」　正義曰：不能與寡，言人平時莫己若者也。中論虛

中庸記言天地之大，愚夫愚婦，可與知、能，而聖人或有所不知、不能，故以大舜之知，猶好問，好察邇言者此也。中論虛

〔一〕「豆」原誤作「器」，據說文改。

道篇:「人之爲德,其猶虛器歟!器虛則物注,滿則止焉。故君子常虛其心志,恭其容貌,不以逸羣之才,加乎衆人之上。

視彼猶賢,自視猶不足也,故人顧告之而不倦。易曰:『君子以虛受人。』詩曰:『彼姝者子,何以告之?』君子之於善道也,

大則大識之,小則小識之,善無大小,咸載於心,然後舉而行之。我之所有,既不可奪,而我之所無,又取於人,是以功常

前人,而人後之也。」中論所言,與此章相發。前篇顏子言志,「願無伐善,無施勞」,亦此「若無」、「若虛」之意。「犯而不

校」,是言其學能養氣也。韓詩外傳引顏子曰:「人不善我,我亦善之。」即「不校」之意。鄭注檀弓云:「昔,猶前也。」曾子

言時,顏子已卒,故稱「昔者」,與孔子言「今也則亡」意同。皇疏引江熙曰:「稱『吾友』,言己所未能也。」○注「友謂顏淵」。○正義曰:

言見侵犯不報」。○正義曰:小爾雅廣言:「校,報也。」「校」與「挍」同。中庸云:「不報無道。」○注「友謂顏淵」。○正義曰:

知謂顏淵者,以所言非顏淵不足當之。大戴禮曾子疾病篇:「曾子謂曾元、曾華曰:『吾無夫顏氏之言,吾何以語女哉?』」

知顏淵爲曾子所甚服也。

6

曾子曰:「可以託六尺之孤,【注】孔曰:「六尺之孤,幼少之君。」可以寄百里之命,【注】孔曰:

「攝君之政令。」臨大節而不可奪也。【注】大節,安國家,定社稷。奪者,不可傾奪。君子人與?君子人也。」

正義曰:「託」,玉篇人部引作「侂」。說文「侂」,「託」俱訓「寄」,而從人從言,各有一義,今經傳皆通用「託」字。「六

尺之孤」,以古六寸爲尺計之,當今三尺六寸。六尺是幼少,故晏子長不滿六尺,當時以爲身短,而孟子、荀子咸言五尺爲

童也。稱「孤」者,無父之辭。鄭注云:「六尺之孤,年十五已下。」周官鄉大夫之職:「國中七尺以及六十,野自六尺以及六

十有五，皆徵之。」賈疏引鄭此注申之云：「鄭言『已下』者，正謂十四已下，亦可以寄託，非謂六尺可通十四已下。」鄭必知

六尺十五者，以其國中七尺爲二十對六十，野之六尺對六十五，晚校五年，明知六尺與七尺早校五年，故以六尺爲十五也。」此疏說鄭義甚明憭。大司徒疏引此注謂「年十五」，脫「已下」二字，當據鄉大夫疏補。說文：「寄，託也。」此常訓

「百里」者，白虎通封公侯篇：「諸侯封，不過百里，象雷震百里，所潤雲雨同也。」「不可奪」者，說文：「奪，手持隹失之也。

敓，彊取也。」二字義微別，今經傳「敓」皆作「奪」。「君子」者，卿大夫之稱。曾子言此人才德能稱其位，故重言「君子」以

美之。釋文：「君子也，一本作君子人也。」是釋文原本無「人」字。臧氏庸拜經日記：「義疏曰『此是君子人與也。』」又引

繆協曰：「非君子之人與能要其終而均其致乎？」蓋讀「君子人與君子也」七字爲句。亦上有「人」字，下無「人」

字，今本下文亦衍。〇注：「攝君之政令。」〇正義曰：禮緇衣：「甫刑曰：『苗民匪用命。』」注：「命謂政令也。」魯語：「諸侯

朝修天子之業命。」注：「命，令也。」「攝」，猶兼也，代也。言君幼，凡政令，皆臣攝治之也。或謂「百里之命，謂民命也。」書

多方：「大降爾四國民命。」禮中庸注引孝經說：「命，人所稟受度也。」六尺之孤謂幼君，百里之命謂民命，猶秦誓言「子孫

黎民」也。此義亦通。〇注「大節」至「傾奪」。〇正義曰：「大節」猶大事，故注以國家、社稷言之。明此「大節」所關在宗

社安危存亡也。能安國家社稷，則不得以利害移、威武屈，故知不可傾奪。傾者，覆也，謂覆而取之也。呂氏春秋忠廉篇

言「忠臣之事君，苟便於主，利於國，無敢辭違，殺身出生以徇之。」即此注意。

7

曾子曰：「士不可以不弘毅，任重而道遠。」【注】包曰：「弘，大也。毅，彊而能斷也。士弘毅，然後

能負重任，致遠路。」仁以爲己任，不亦重乎？死而後已，不亦遠乎？」【注】孔曰：「以仁爲己任，重莫重

焉！死而後已，遠莫遠焉」　　正義曰：白虎通爵篇：「士者，事也，任事之稱也。」言士雖未仕，後或有爵位，當任事也。

祭義鄭注：「任，所擔持也。」表記云：「仁之爲器重，其爲道遠，舉者莫能勝也，行者莫能致也。夫勉於仁

者，不亦難乎？」表記之文，與此章互證。惟勉於仁，故士貴弘毅也。三國志邴原傳注引孔融曰「仁爲己任，授手援溺，振

民於難。」後漢書荀爽傳論：「誠仁爲己任，期舒民於倉卒也。」是德被羣生爲仁。仁者，性之德，己所自有，故當爲己任。中

庸云：「誠者，非自誠己而已也，所以成物也。」孟子述伊尹之言曰：「天之生斯民也，以先知覺後知，以先覺覺後覺。予，天

民之先覺者也。予將以斯道覺斯民也。非予覺之而誰也？」又述其意云：「思天下之民匹夫匹婦有不被堯、舜之澤者，若

己推而內之溝中，其自任以天下之重也。」故孟子稱爲聖之任，又謂伊尹與伯夷、柳下惠皆爲仁。仁者，天德，故仁爲乾

元。易傳云：「天地之大德曰生。」德卽仁也。　中庸云：「天地之道，可一言而盡也。其爲物不貳，則其生物不測。」不貳者，

誠也。天地之道，皆是至誠，故有不已之德。人受天地之中以生，當則天而行，故於仁亦當無一息之閒，故曰「君子無終

食之閒違仁」。表記：「小雅曰：『高山仰止，景行行止。』子曰：『詩之好仁如此，鄉道而行，中道而廢，忘身之老也，不知年數

之不足也。俛焉日有孳孳，斃而後已。」「孳孳」者，不倦之意。是仁以爲己任者也。年數有盡，不能不斃。斃者，身之終

也。惟斃而後已，則未斃而先已，非聖賢之所許矣。　孟子謂士志仁義，「大人之事備」。此言「士弘毅」，亦是謂士之志，任

重故貴能弘，道遠故貴能毅也。　○注：「弘，大也。毅，強而能斷也。」○正義曰：爾雅釋詁：「弘，大也。毅，勝也。」說文：

「毅，有決也。」

8 子曰：「興於詩，立於禮，成於樂。」【注】包曰：「興，起也。言修身當先學詩。禮者所以立身，樂所以成

性。」

正義曰：禮內則云：「十年出就外傅，朝夕學幼儀。十有三年，學樂，誦詩舞勺，成童舞象。二十而冠，始學禮，舞

大夏。」又王制言造士之教云：「樂正崇四術，立四教，順先王詩書禮樂以造士。春秋教以禮樂，冬夏教以詩書。」並自古相

傳教學之法。夫子時，世卿持祿，人不由學進，故學制盡失。聖門弟子，自遠至者，多是未學，夫子因略本古法教之，

學詩之後卽學禮，繼乃學樂。蓋詩卽樂章，而樂隨禮以行，禮立而後樂可用也。大戴禮衞將軍文子篇：「吾聞夫子之

施教也，先以詩，世道者孝弟，説之以義而視諸體，成之以文德。蓋入室升堂七十有餘人。」[一]體者，禮也。文德者，

樂也。入室升堂，則能興、能立、能成者也。大戴所言，正此文實義。又孔子世言「孔子以詩書禮樂教，弟子蓋三千焉，

身通六藝者七十二人。」六藝，兼易、春秋言之。大戴所言，則興於詩，立於禮，成於樂之實效也。易與春秋，夫子不以教，

其教惟以詩書禮樂。論語不及書者，書言政事，成德之後自學之也。程氏廷祚説引李氏塨曰：「詩有六義，本于性情，陳

述德義，以美治而刺亂，其用皆切於己。説之，故言之而長，長言之不足，至形於嗟歎舞蹈，則振奮之心，黽勉之行，油然

作矣，詩之所以主於興也。恭敬辭讓，禮之實也。；動容周旋，禮之文也。；冠昏喪祭射鄉相見，禮之事也。事有宜適，物有

節文，學之而德性以定，身世有準，可執可行，無所搖奪，禮之所以主於立也。論倫無患，樂之情也。；欣喜歡愛，樂之官

也。小大相承，終始相生，倡和清濁，迭相爲經。學之則易，直、子、諒之心生，易、直、子、諒之心生則樂，樂則安，安則久而

無不化，樂之所以主於成也。」○注「言修」至「成性」。○正義曰：注以立於禮、成於樂皆是修身，故言修身當先學詩。下

〔一〕「入室升堂」，大戴禮記解詁作「受教者」。

篇云:「詩可以興,可以觀,可以羣,可以怨,邇之事父,遠之事君。」毛詩序云:「故正得失,動天地,感鬼神,莫近於詩。先

王以是經夫婦,成孝敬,厚人倫,美教化,移風俗。」則學詩能修身也。〈韓詩外傳〉云:「凡用心之術,由禮則理達,不由禮則悖

亂。飲食衣服,動靜居處,由禮則和節,不由禮則墊陷生疾。容貌態度,進退趨步,由禮則雅,不由禮則夷固。」是學禮可

以立身,立身即脩身也。〈樂記〉云:「是故先王本之情性,稽之度數,制之禮義,合生氣之和,道五常之行,使之陽而不散,陰

而不密,剛氣不怒,柔氣不懾,四暢交於中而發作於外,皆安其位而不相奪也。然後立之學等,廣其節奏,省其文采,以繩

德厚。律小大之稱,比終始之序,以象事行,使親疏、貴賤、長幼、男女之理,皆形見於樂,故曰樂觀其深矣。」是樂以治性,

故能成性,成性亦修身也。皇本末句作「孔注」。

9 子曰:「民可使由之,不可使知之。」【注】由,用也。可使用而不可使知者,百姓能日用而不能知。」

正義曰:凌氏鳴喈〈論語解義〉以此章承上章詩禮樂言,謂「詩禮樂可使民由之,不可使知之」,其說是也。愚謂上章是夫

子教弟子之法,此「民」亦指弟子。〈孔子世家〉言:「孔子以詩書禮樂教,弟子蓋三千焉,身通六藝者七十有二人。」身通六藝,

則能興、能立、能成者也。其能興、能立、能成,是由夫子教之,故〈大戴禮〉言其事云「說之以義而視諸體」也。此則可使知

之者也。自七十二人之外,凡未能通六藝者,夫子亦以詩書禮樂教之,則此所謂「可使由之,不可使知之」之民也。謂之

「民」者,〈荀子王制篇〉:「雖王公士大夫之子孫,不能屬於禮義,則歸之庶人。」「庶人」即「民」也是也。鄭此注云:「民,冥也,

其見人道遠。由,從也,言王者設教,務使人從之。若皆知其本末,則愚者或輕而不行。」鄭君雖泛說人道,其義亦未為

誤。蓋詩禮樂，皆不外言人道也。春秋繁露深察名號篇：「民者，瞑也。」民之號，取之瞑也。「冥」「瞑」皆無知之貌。注先釋「民」爲「冥」，後言「愚者」，正以民卽愚者，非泛言萬民也。本末猶終始輕重，若皆使民知之，則愚者以已爲知道而輕視之，將恐不能致思，妄有解說，或更爲營議，致侮聖言也。孟子盡心篇：「孟子曰：『行之而不著焉，習矣而不察，終身由之而不知其道者，衆也。』」衆謂庸凡之衆，卽此所謂民也。禮緇衣云：「夫民閉於人而有鄙心。」注：「言民不通於人道而心鄙詐，難卒告論。」卽此章之義。說者以民爲羣下之通稱，可使由不可使知，乃先王教民之定法，其說似是而非。韓詩外傳：「詩曰『俾民不迷』，昔之君子，道其百姓不使迷，是以威厲而刑厝不用也。故形其仁義，謹其教道，使民目晰焉而見之，使民耳晰焉而聞之，使民心晰焉而知之，則道不迷而民志不惑矣。詩曰『示我顯德行』，故道義不易，民不由也」禮樂不明，民不見也。詩曰『周道如砥，其直如矢』，『君子所履，小人所視』言其明也。」據外傳之文，則先王教民，非概不使知者。故家立之塾，黨立之庠，其秀異者，則別爲教之，而可使知之也。若其愚者，但使由之，則就於範圍之中，而不可使知其義，故曰『君子議道自己，而置法以民』。○注「由用」至「能知」。○正義曰：「由用」，見詩「君子陽陽」傳，亦常訓也。易繫辭傳：「仁者見之謂之仁，知者見之謂之知，百姓日用而不知，故君子之道鮮矣。」惠氏棟周易述：「見仁見知，賢和之過，日用不知，愚不肖之不及。」是言民不可知道也。然雖不知而能日用，則聖人鼓萬物之權，故易傳又曰：「顯諸仁，藏諸用。」

10　子曰：「好勇疾貧，亂也。」【注】包曰：「好勇之人，而患疾己貧賤者，必將爲亂。」人而不仁，疾之已

甚，亂也。」【注】包曰：「疾惡太甚，亦使其爲亂。」

正義曰：「好勇」者，逞血氣之强，又不知安於義命，則放辟邪侈，

無不爲己，故爲亂也。不仁之人，未有勢位以懲禁之，而疾之已甚，或爲所悔賊，亦致亂也。

人之爲不善，而弗疾也。○注：「疾惡太甚，亦使其爲亂。」○正義曰：鄭注云：「不仁之人，當以風化之。若疾之

甚，是益使爲亂。」與包略同。即此意。言此人作亂，由疾之甚者使之然也。

11　子曰：「如有周公之才之美，使驕且吝，其餘不足觀也已。」【注】孔曰：「周公者，周公旦。」

正義曰：《說文》：「吝，恨惜也。」《玉篇》：「悋，鄙也。俗作悋。」此《釋文》亦云：「吝，本亦作悋。」從俗作也。驕是自矜其才，吝

是靳己所有，不以告人。《孟子》謂「訑訑之聲音顏色，拒人於千里之外」，是即驕也。「中也棄不中，才也棄不才，則賢不肖之

相去，其閒不能以寸」，是即吝也。《韓詩外傳》：「周公踐天子之位七年，布衣之士，所贄而師者十人，所友者十二人，窮巷

白屋，所先見者四十九人。時進善者百人，教士千人，官朝者萬人。當此之時，誠使周公驕而且吝，則天下賢士至者寡矣。成

王封伯禽於魯，周公誡之曰：『往矣！子無以魯國驕士。吾文王之子，武王之弟，成王之叔父也，又相天子，吾於天下亦不

輕矣。然一沐三握髮，一飯三吐哺，猶恐失天下之士。吾聞德行寬裕，守之以恭者榮；土地廣大，守之以儉者安；祿位

尊盛，守之以卑者貴；人衆兵强，守之以畏者勝；聰明睿智，守之以愚者善；博聞强記，守之以淺者智。夫此六者，皆謙

德也。』」是言周公之德，以驕吝者爲戒也。《惠氏棟九經古義》：「《周書諡敬篇》：『不驕不悋，時乃無敵。』此周公生平之學，所以裕

制作之原也。夫子因反其語，以誡後世之爲人臣者。」云「其餘」者，言雖有餘才，亦不足觀，況驕吝者，必無周公才也？皇

本「使」上有「設」字、「已」下有「矣」字。

12　子曰：「三年學，不至於穀，不易得也。」【注】孔曰：「穀，善也。言人三年學，不至於善，不可得。言必無也，所以勸人學。」　正義曰：釋文引「鄭注云：『穀，祿也。』易」鄭音以豉反。」案「穀」訓「祿」，本爾雅釋言。趙岐孟子滕文公上注：「穀，所以爲祿也。」隸釋漢孔彪碑「龍德而學，不至於穀。浮游塵埃之外，皭焉氾而不俗。郡將嘉其所履，前後聘召，蓋不得已乃翻爾束帶。」亦解「穀」爲「祿」與鄭義合。朱子集注從鄭氏，又謂「至」宜當作「志」。案：荀子正論「其至意至闇也。」楊倞注並云「至當爲志。」疑古「志」「至」二文通也。胡氏紹勳拾義云「周禮鄉大夫職：『三年則大比，考其德行道藝，而興賢者、能者。』又『使民興賢，出使長之；使民興能，入使治之。』州長職：『三年大比，則大考州里。』遂大夫職：『三歲大比，則帥其吏而興吨。』據此知古者賓興、出使長、人使治，皆用爲鄉遂之吏，可以得祿，此三年定期也。　若有不願小成者，則由司徒升國學。王制『命鄉論秀士，升之司徒，曰選士；司徒論選士之秀者，而升之學，曰俊士；升於司徒者，不征於鄉；升於學者，不征於司徒，曰造士；大樂正論造士之秀者，以告於王，而升諸司馬，曰進士。司馬辨論官材，論進士之賢者，以告於王，而定其論。論定，然後官之；任官，然後爵之；位定，然後祿之。』此爲王朝之官，而當鄉遂大比，志不及此。　蓋庶人仕進有二道：可爲選士者，司徒試用之；可爲進士者，司馬能定之。司徒升之國學，其選舉與國子同，小成九年。　如學記『比年入學，中年考校。　一年視離經辨志，三年視敬業樂羣，五年視博習親師，七年視論學取友，謂之小成；九年知類通達，彊立而不反，謂之大成』。若侯國取士，亦三年視一

行。〔注〕射義：「諸侯歲獻貢士於天子。」注云：「三歲而貢士。」據此知侯國亦三年一取士也。後人躁於仕進，志在干祿，鮮有不安小成者，故曰『不易得』。」案：胡說亦足補鄭義。皇本「也」下有「已」字。○注「穀，善也」。○正義曰：爾雅釋詁文。

13 子曰：「篤信好學，守死善道。危邦不入，亂邦不居。天下有道則見，無道則隱。【注】包曰：「言行當常然。危邦不入，始欲往；亂邦不居，今欲去。亂謂臣弒君，子弒父。危者，將亂之兆。」邦有道，貧且賤焉，恥也；邦無道，富且貴焉，恥也。」

正義曰：「篤信」者，爾雅釋詁：「篤，固也。」子張篇云：「信道不篤」，好學所以求道。皇疏云：「守死善道者，寧為善而死，不為惡而生。」案：孟子盡心云：「夭壽不貳，修身以俟之，所以立命也。」又云：「盡其道而死者，正命也。」修身即是盡道，亦即此所謂「善道」。君子曰有孳孳，斃而後已，凡以求道之無歉於身，無愧於心而已。「不入」、「不居」云云，皆言善道之事。蓋危邦或入，亂邦或居，與夫隱見之不得其宜，皆非所以守死，非所以善道，而其實亦由學之未至。[一]故學者，所以安身正命者也。孟子盡心云：「天下有道，以道殉身；天下無道，以身殉道，未聞以道殉乎人者也。」趙岐注：「天下有道，得行王政，道從身施功實也；天下無道，道不得行，以身從道，守道而隱，不聞以正道從俗人也。」即此「有道則見，無道則隱」之義。前言「天下」，後言「邦」，互辭。邦有道，是必賢者多在上位，若己貧賤，嫌於己之道未善，故君子恥之。邦無道，是必在位無賢者，或賢者不得施其用，若己富貴，嫌於以道殉人，故君子恥之。恥之者，恥其失隱見之正，而

〔一〕「未」原誤作「禾」，今據諸子集成本改。

不能善道也。

中論爵禄篇：「古之制爵禄也，爵以居有德，禄以養有功。功大者禄厚，德遠者爵尊；功小者其禄薄，德近者其爵卑。是故觀其爵，則別其人之德也。」見其禄，則知其人之功也。古之君子貴爵禄者此也。孔子曰：「邦有道，貧且賤焉，恥也。」文、武之教衰，黜陟之道廢，諸侯僭恣，大夫世位，爵人不以德，禄人不以功，竊國而貴者有之，竊地而富者有之，姦邪得願，仁賢失志，於是則以富貴相訴病矣。故孔子曰：「邦無道，富且貴焉，恥也。」○注「言行」至「之兆」。○正義曰：「言行當常然」者，謂不以世有道，無道異也。「危邦不入」者，入謂入居其地，皇疏以爲入仕，殆非也。危邦不入，則亂邦益不可入，故下篇子路述夫子言云「親於其身爲不善者，君子不入」是也。「亂邦不居」者，謂居止其地，若曾子居武城之類。禮雜記云：「内亂不與焉，外患弗辟也。」注：「謂卿大夫也。」春秋公羊傳亦云：「君子辟内難，而不辟外難。」然則亂邦雖已仕，猶當去之，況未仕乎？大戴禮盛德云：「是故官屬不理，分職不明，法政不一，百事失紀，曰亂也；地宜不殖，財物不蕃，萬民飢寒，教訓失道，風俗淫僻，百姓流亡，人民散敗，曰危也。」此注以「亂爲臣弑君、子弑父」者，舉大亂言之。呂氏春秋明理篇：「故至亂之化，君臣相賊，長少相殺，父子相忍，弟兄相誣，知交相倒，夫妻相冒，日以相危，失人之紀，心若禽獸，長邪苟利，不知義理。」皆言亂邦之事也。

14 子曰：「不在其位，不謀其政。」【注】孔曰：「欲各專一於其職。」 正義曰：「謀」謂爲之論議也。下篇曾子曰：「君子思不出其位。」孟子離婁云：「位卑而言高，罪也。」禮中庸云：「君子素其位而行，不願乎其外。」又云：「在上位，不陵下；在下位，不援上。」並與此文義相發。皇本「政」下有「也」字。

15　子曰：「師摯之始，關雎之亂，洋洋乎盈耳哉！」【注】鄭曰：「師摯，魯太師之名。始猶首也。周道衰微，鄭、衛之音作，正樂廢而失節，魯太師摯識關雎之聲，而首理其亂，洋洋盈耳，聽而美之。」

正義曰：師摯，疑卽子語魯太師之名。先從叔丹徒碻駢枝曰：「始者，樂之始，亂者，樂之終。樂記曰：『始奏以文，復亂以武。』又曰：『再始以著往，復亂以飭歸。』皆以始亂對舉，其義可見。凡樂之大節，有歌有笙，有閒有合，是一成。始於升歌，終於合樂。是故升歌謂之始，合樂謂之亂。周禮太師職：『大祭祀，帥瞽登歌。』儀禮燕及大射皆太師升歌，摯為太師，是以該下，猶之言文王之三、鹿鳴之三云爾。合樂，周南關雎、葛覃、卷耳，召南鵲巢、采蘩、采蘋，凡六篇。而謂之關雎之亂者，舉上以該下，言始亂，則笙、閒在其中矣。洋洋盈耳，總數之也。自始至終，咸得其條理，而後聲之美盛可見。孔子反魯正樂，其效如此。」謹案：凌氏廷堪禮經釋例、程氏廷祚論語說並略同。終為亂者，爾雅釋詁：「亂，治也。」說文：「亂，治也。從乙，乙治之也。從𤔔。」又「𤔔，治也。從𠬪，幺子相亂，𠬪治之也。讀若亂，同曰理也。」樂之終，咸就條理，故曰「亂」。據注義，則「師摯之始關雎之亂」八字爲一句。言正聲既失，師摯獨能識之，而首理其亂，此「亂」即說文「敱」字。云：「煩也。從攴從𤔔，𤔔亦聲。」然則鄭以此文作「敱」爲叚借矣。今

○注「師摯」至「美之」。○正義曰：下篇「大師摯適齊」，鄭以為平王時人，意此師摯即其人也。夫子時，樂部有其遺聲，故因本而稱之。爾雅釋詁：「首，始也。」故「始」有「首」訓。鄭、衛，二國名。其後俗皆淫佚，音不由正。禮樂記言桑閒濮上之音爲亡國之音。桑閒濮上，皆衛土。他國亦習其音，故正樂皆廢而失節也。故夫子言「觀於鄉而知王道之易易」，明其時鄉樂尚未失正，不得有鄭、衛亂之，故知鄭

義有未合也。「洋洋盈耳，聽而美之」者，言聽而知其美也。漢書延篤傳注：「洋洋，美也。」

16　子曰：「狂而不直，侗而不愿，悾悾而不信，吾不知之矣。」【注】孔曰：「狂者進取，宜直。侗，未成器之人，宜謹愿。」悾悾而不信，【注】包曰：「悾悾，愨也，宜可信。」吾不知之矣。」【注】孔曰：「言皆與常度反，我不知之。」　○正義曰：鄭注云：「悾悾，愨也。」「愿，善也。」廣雅釋詁同。凡人愨謹，則為善也。○注：「狂者進取，宜直。侗，未成器之人，宜謹愿。」○正義曰：鄭注云：「侗，未知貌。」書顧命「在後之侗」，某氏傳：「在文王後之侗稚。」焦氏循補疏以為「僮」字之叚借。莊子山木篇「侗乎其無識」，釋文：「侗，無知貌。」庚桑楚篇「能侗然乎」，釋文「三蒼云『殼直貌。』」「殼」即「愨」省。廣雅釋言「愿，愨也。」「愨」義與包義同。「未成器」者，言其人蒙稚，未能成器用也。○注：「悾悾，愨也，宜可信。」○正義曰：後漢書劉瑜傳「臣悾悾推情」，李賢注：「悾悾，誠也。」呂氏春秋下賢篇「空空乎其不為巧故也。」高誘注：「空空，愨也。巧故偽詐。」「空空」與「悾悾」同。○注：「言皆與常度反，我不知之。」○正義曰：狂者當直，侗者當愿，悾悾者當信，此常度也。今皆與常度反，故不能知之。荀子不苟篇：「君子，愚則端愨而法；小人，愚則毒賊而亂。」又云：「端愨生通，詐偽生塞，誠信生神，夸誕生惑。」此夫子於失常度之人，不能知之也。詩云：「為鬼為蜮，則不可得。」

17　子曰：「學如不及，猶恐失之。」【注】學自外入，至熟乃可長久；如不及，猶恐失之。　○正義曰：「如不

及」者，方學而如不及學也。「猶恐失」者，既學有得於己，恐復失之也。如不及，故曰知所亡。恐失，故月無忘所能。○注「學自」至「失之」。○正義曰：皇疏云：「繆協稱中正曰『學自外來，非夫內足，恆不懈惰，乃得其用。』如不及者，已及也」，猶恐失者，未失也。言能恐失之，則不失；如不及，則能及也。」

18 子曰：「巍巍乎，舜、禹之有天下也，而不與焉！」【注】美舜、禹也。言己不與求天下而得之。巍巍，高大之稱。

正義曰：毛氏奇齡稽求篇云：「漢王莽傳『太后詔曰：選忠賢，立四輔，羣下勤職。孔子曰：「巍巍乎，舜、禹之有天下也」，而不與焉。』」王充論衡云：「舜、禹有天下不與，謂賢人讓于朝，小人不爭于野，以賢才化無事，至道興矣。已仰其成，而不與焉！」晉劉寔崇讓論云：『舜、禹承安繼治，任賢使能，恭己無為而天下治。故孔子曰：「巍巍乎，舜、禹之有天下也，而不與焉！」』此直指任賢使能，為無為而治之本。」案：毛說是也。孟子滕文公篇：「堯以不得舜為己憂，舜以不得禹、皋陶為己憂。』何與之有？』又云：『為天下得人者謂之仁，是故以天下與人易，為天下得人難。孔子曰：「大哉！堯之為君，惟天為大，惟堯則之。蕩蕩乎！民無能名焉，君哉舜也！巍巍乎！有天下而不與焉。」』堯、舜之治天下，豈無所用其心哉？亦不用於耕耳。」孟子引此兩節，皆以證堯、舜得人。故又言堯、舜「豈無所用其心」？明用心於得人也。然則以「不與」為任賢使能，乃此文正詁。必言「有天下」者，舜、禹以受禪有天下，復任人治之，而已無所與，故舜復禪禹、禹復禪益也。趙岐注孟子云：「德盛而巍巍乎有天下之位，雖貴盛不能與益。舜巍巍之德，言德之大，大於天子位也」。趙以「與」為加多之義，殊為迂曲。○注「美舜」至「之稱」。○正義曰：魏纂漢得國，託於舜、禹之受禪，故平叔等解此文，以「不與」為「不與求」也。魏志

明帝紀注引獻帝傳云：「仲尼盛稱堯、舜巍巍蕩蕩之功者，以爲禪代乃大聖之懿事也。」又文帝紀注引魏氏春秋云：「帝升壇禮畢，顧謂羣臣曰：『舜、禹之事，吾知之矣。』」當時援舜、禹以文其奸逆，大約皆以爲不求得之矣。「巍巍」爲「高大」者，方言：「巍，高也。」説文同。

19 子曰：「大哉！堯之爲君也。巍巍乎！唯天爲大，唯堯則之。【注】則，法也。美堯能法天而行化。」蕩蕩乎！民無能名焉。【注】包曰：「蕩蕩，廣遠之稱。言其布德廣遠，民無能識其名焉。」巍巍乎！其有成功也。【注】功成化隆，高大巍巍。焕乎！其有文章。【注】焕，明也。其立文垂制又著明。正義曰：人受天地之中以生，賦氣成形，故言人之性必本乎天。本乎天卽當法天，故自天子至於庶人，凡同在覆載之內者，崇效天，卑法地，未有能違天而能成德布治者也。人皆承天而君，爲天之元子，故名曰天子。白虎通爵篇：「王者，父天母地，爲天之子也。」是也。易繫辭傳言：「包羲氏王天下，仰則觀象於天，俯則觀法於地。」又言：「黃帝、堯、舜垂衣裳而天下治，蓋取諸乾、坤。」然則古聖所以成德布治，皆不外則天而行之。顏自堯、舜以前，書缺有間。又舜是堯舉，德無以易，故夫子此言止稱堯也。當堯之時，洪水汎濫，災患未息，故舉舜敷治之。舜又使益，使禹諸人，乃成盛治，故孟子引此章，爲得人之證。蓋任賢致治，亦則天之事。春秋繁露立元神云：「天積衆精以自剛，聖人積衆賢以自强。天所以剛者，非一精之力；聖人所以强者，非一賢之德也。」是其義也。堯則天，其德難名，所可名者，惟成功、文章，故皆言「有」以箸之。○注：「則，法也。美堯能法天而行化。」○正義曰：「則法」，爾雅釋詁文。説文：「則，等畫物也。」等者，齊等。畫者，界也。

皆所以爲法也。書堯典云：『乃命羲、和，欽若昊天，曆象日月星辰，敬授民時。』欽，敬也。若，順也。曆，數也。象，法也。

言順天以法之也。下文「分命」「申命」，皆言敬授之事，故能「定時成歲，允釐百工，庶續咸熙」。其後年耆禪舜曰：「天之

曆數在爾躬。」在者，察也，言當察身以事天也。皆堯法天之驗也。○注「蕩蕩」至「名焉」。○正義曰「巍巍」言高「蕩

蕩」言廣遠，明其德上下四方無所不被也。「民無能識其德」者，名者，德之名也。民無能識其名也。皇疏云：『

「夫名所名者，生於善有所章，而惠有所存，善惡相須，而名分形焉。若夫大愛無私，惠將安在？至美無偏，名將何生？故

則天成化，道同自然，不私其子而君其臣，凶者自罰，善者自功，功成而不立其譽，罰加而不任其刑，百姓日用而不知所以

然，夫又何可名也」？○注「功成化隆，高大巍巍。」○正義曰：孟子滕文公疏引此注作「孔曰」。説文「功，以勞定國也。」

此功爲治業功成，而民化乃隆也。○注「煥，明也。其立文垂制又著明。」○正義曰「煥」與「奐」同。詩卷阿「伴奐爾游

矣」毛傳：「伴奐，廣大有文章也。」廣大釋「伴」，文章釋「奐」，故煥得爲明。「其立文垂制又著明」者，上世人質，歷聖治

之，漸知禮義，至堯、舜而後，文治以盛。又載籍尚存，故尚書獨載堯以來，自授時外，若親睦、平章、作大章之樂。又大戴

禮五帝德言堯事云：「黄黼黻衣，丹車白馬，伯夷主禮，龍、夔教舞。」皆是立文垂制之略，可考見也。

20 舜有臣五人而天下治。【注】孔曰：「禹、稷、契、皋陶、伯益。」武王曰：「予有亂十人。」【注】馬曰：

「亂，治也。治官者十人：謂周公旦、召公奭、太公望、畢公、榮公、大顛、閎夭、散宜生、南宮适，其一人謂文母。」 正義

曰：李氏光地榕村語錄：『「舜有臣」二句，亦是夫子語，如微子篇逸民節亦然。』案：武王語，乃伐殷誓衆之辭。予者，予周

也。左昭二十四年傳:「奭弘引太誓曰:『紂有億兆夷人,亦有離德。余有亂十人,同心同德。』」成二年傳:「太誓所謂『商兆民離,周十人同』者,衆也。」又襄二十八年傳:「叔孫穆子曰:『武王有亂十人。』」亦本太誓。故東晉太誓采此文入之。諸文與論語古本無「臣」字,故論語釋文云:「予有亂十人,本或作『亂臣十人』,非。」皇本雖有「臣」字,然疏云:「亂,理也。我有共理天下者,共十人也。」則本無「臣」字。唐石經於尚書、論語及左傳凡四見,皆無「臣」字。後人於尚書、論語及左昭二十四年,皆旁添「人」字,其襄二十八年仍無「臣」字。唐石經,是東晉古文亦無「臣」字。惠氏棟九經古義謂論語「臣」字,乃後人據晉太誓以益之,誤。○注「禹、稷、契、皋陶、伯益」。○正義曰:稷卽后稷,名棄,當時以官稱之曰稷也。舜典言舜命禹宅百揆,棄爲稷,契爲司徒,皋陶作士,益爲虞,此五人才最盛也。○注「亂治」至「文母」。○正義曰:鄭注云:「亂,治也。治官者十人也。」與馬注同,當是古論家舊義。云「治官者」,禮樂記「樂之官也」,注:「官,猶事也。」又「天地官矣」注同。治事,卽鄭注所言「治政事」也。書君奭云:「惟文王尚克修和我有夏,亦惟有若虢叔,有若閎夭,有若散宜生,有若泰顚,有若南宮适。」晉語重之以周、召、畢、榮諸人,惟虢叔不在十亂之數。武王言我有治政事者十人,十人謂文母、周公、召公、太公、畢公、榮公、太顚、閎夭、散宜生、南宮适。陶潛羣輔録十亂有毛公,無榮公,不知其說何本。「其一人謂文母」者,據下文文言「婦人」知之也。文母卽大姒,文王妃也。周之王業,始於內治,故二南之詩,多言后妃德化。毛詩卷耳序云:「后妃輔佐君子,求賢審官,知臣下之勤勞,內有進賢之志,而無險詖私謁之心,朝夕思念,至於憂勤也。」兔罝序云:「關雎之化行,則莫不好德,賢人衆多也。」皆言文母佐周之治效也。後人疑文母不當在十亂,而以武王妃邑姜當之。北史齊后妃傳論:「神武肇興齊業,武明追蹤周亂。」武明卽神武妻婁氏,似以十亂有邑姜。隋、唐人已爲此説,亦不知何所

受也。

孔子曰：「才難，不其然乎？唐、虞之際，於斯爲盛。有婦人焉，九人而已。」【注】孔曰：「唐者，堯號。虞者，舜號。際者，堯、舜交會之間。斯，此也，言堯、舜交會之間。比於周，周最盛，多賢才，然尚有一婦人，其餘九人而已。」 正義曰：「才難」者，古語。廣雅釋詁：「才，道也。」古之所謂才，皆言人有德能治事者也。易傳以人與天、地爲三才，左傳以八元、八愷爲才子，即禹、皋陶、伯益諸人。又以渾敦、窮奇、檮杌、饕餮爲不才人，是其賢否以才不才別之。後之論者，離德而言才，固非。即以有德爲有才，亦非也。「唐、虞之際」者，際猶下也，後也。淮南子脩務訓：「湯旱，以身禱于桑林之際。」太平御覽皇王部七、禮儀部八引作「桑林之下」。又潛夫論遏利篇：「信立於千載之上，而名傳乎百世之際。」是際有下、後之義。 夫子此言唐、虞之下，至周乃爲盛也。王氏引之經義述聞訓「於」爲「與」，引孟子「麒麟之於走獸」云云爲證，謂「唐、虞之際於斯爲盛」八字爲一句，此說亦通。「婦人」者，說文：「婦，服也。從女持帚，灑埽也。」婦人，據馬、鄭義卽文母。螺江日記續編載餘姚邵在陎說，衛氏古文「婦人」作「殷人」，韓退之指爲膠鬲。瞿氏灝考異辨之云：「晉書衞恒傳但言其祖敬侯寫邯鄲淳所傳之古文尚書，淳不能別，並不言有論語古文，而韓、李筆解亦絕無殷人，膠鬲有之。近任氏啟運四書約旨謂漢石經作殷人，以今所傳石經，惟前四篇與後四篇略有其文，泰伯篇久已無存，任氏何從見之？」此均知其妄也。 ○注「唐者，堯號。虞者，舜號。」○正義曰：白虎通號篇：「或曰唐、虞者，號也。唐，蕩蕩也。蕩蕩者，道德至大之貌也。虞者，樂也。言天下有道，人皆樂也。」此注以唐爲堯號，虞爲舜號，義當如此。論衡

正說篇：「唐、虞、夏、殷、周者，土地之名。堯以唐侯嗣位，舜從虞地得達，皆本所興昌之地，重本不忘始，故以爲號，若人之有姓矣。」又云：「說尚書者，唐、虞、夏、殷、周者，功德之名，盛隆之意也。其立義美也，然而違其正實，失其初意。」唐、虞、夏、殷、周，猶秦之爲秦，漢之爲漢。秦起於秦，漢興於漢中，故曰猶秦、漢。」論衡是也。鄭詩譜云：「唐者，帝堯舊都之地。」今日太原晉陽是。又堯典「嬪于虞」，皇甫謐云：「堯妻舜，封之於虞。」即今山西蒲州府虞鄉縣是。唐、虞皆地名。三

分天下有其二，以服事殷。周之德，其可謂至德也已矣。【注】包曰：「殷紂淫亂，文王爲西伯而有聖德，天下歸周者三分有二，而猶以服事殷，故謂之至德。」 正義曰：周得衆才，故能三分有二，其時實得天下之勢，而猶以服事殷，與泰伯之以天下讓無以異，故夫子均歎爲至德也。表記云：「子曰：『下之事上也，雖有庇民之大德，不敢有君民之心，仁之厚也。』」又下言舜、禹、文王、周公之事云：「有君民之大德，有事君之小心。」故此極美文王有至德也。然不曰文王之德而曰周者，明服事之誠，武王與文王同，故統言周也。 釋文：「參，七南反。 本又作三。」皇疏本亦作「參」。後漢書伏湛傳述此語，文選典引注引此文並作「參」，則舊本皆爲「參」字。又「周之德」，皇本無「之」字。 ○注「殷紂」至「至德」。 ○正義曰：紂淫亂事，詳史記殷本紀。 文王爲西伯者，書西伯戡黎鄭注「文王爲雍州之伯，南兼梁、荊，在西，故曰西伯」是也。 包必先言「文王爲西伯」，繼言「三分有二」者，明三分有二在爲西伯後也。 左襄四年傳「文王帥殷之畔國以事紂。」周書程典解：「維三月既生魄，文王合六州之衆，奉勤於商。」六州者，鄭詩譜謂雍、梁、荊、豫、徐、揚。孔疏申之，以爲其餘冀、青、兗屬紂，此依九州約略分之，九州而有六州，是天下三分有其二也。 毛詩四牡傳：「文王率諸侯撫叛國，而朝聘乎紂。」姚氏配中周易學云：「三分有二以服事殷，即欲殷有以撫之。 此文王之憂患所以獨深也。」案：「文之服事，非畏殷

也，亦非曰吾姑柔之，俟其惡盈而取之也。惟是冀紂之悔悟，俾無墜厥命已爾。終文之世，暨乎武王，而紂淫亂日益甚，是終自絕於天，不至滅亡不止也。是故文之終服事也，至德也。武之不終服事也，紂爲之也，亦無損於至德也。

21 子曰：「禹，吾無間然矣。【注】孔曰：「孔子推禹功德之盛美，言己不能復閒厠其閒。」菲飲食，而致孝乎鬼神；【注】馬曰：「菲，薄也。」致孝鬼神，祭祀豐潔。」惡衣服，而致美乎黻冕；【注】孔曰：「損其常服，以盛祭服。」

正義曰：後漢殤帝紀引此文，李賢注：「閒，非也。」孟子離婁篇：「政不足閒也。」亦訓非。王氏引之經傳釋詞「然，猶焉也。」檀弓曰：「穆公召縣子而問然。」鄭注『然之言焉也』。論語『禹吾無間然矣』『若由也不得其死然』，然字並與焉同義。鄭注云：「黻，祭服之衣。冕，其冠也。」宋氏翔鳳發微云：說文：「市，韠也。上古衣蔽前而已，市以象之。天子朱市，諸侯赤市，大夫葱衡。從巾，象連帶之形。韍，篆文市，從韋從犮。」說文又曰：「黻，黑與青相次文。從黹，犮聲。」按：蔽膝之市，當以『市』爲本字，蓋古文如此。篆文改爲韍，經典又假韍爲之，又假韍爲紱，韍』，鄭注云：『韍或作黻。』論語稱『黻冕』，此假『韍』爲『黻』，當訓爲蔽膝。易乾鑿度注云：『古者田漁而食，因衣其皮，先知蔽前，後知蔽後。後王易之以布帛，而猶存其蔽前者，重古道，不忘本也。』是蔽前爲衣之最先者，故祭禮重之。詩『赤芾在股』，箋云：『芾，大古蔽膝之象也。冕服謂之芾，其他服謂之韠，以韋爲之。其制：上廣一尺，下廣二尺，長三尺，其頸五寸，肩革帶博二寸。』據箋意，知芾專繫冕服言之，故亦言韍。宣十六年左傳『以黻冕命士會』，當是希冕而赤韍葱衡。明堂位：『有虞氏服韍，夏后氏山，殷火，周龍章。』注云：『韍，祭服之韠也。』舜始作之，以尊祭服。禹、湯至周，增以畫文，後

王彌飾也。』按:『彌飾』即致美之意。『舜作黻以尊祭服,故祭服宜稱黻冕。白虎通緋冕篇曰:『緋者,黻也,行以蔽前者爾。

有事,因以別尊卑,彰有德也。天子朱紱,諸侯赤紱。』又云:『天子大夫赤紱葱衡〔一〕士韍輪。赤者,盛色也。是以聖人

法之,用爲紱服,爲百王不易。紱以韋爲之者,反古不忘本也。上廣一尺,下廣二尺,法天一地二也。長三尺,法天地人

也。』士冠禮:『陳服于房中,爵弁韎韐,皮弁素韠,玄端爵韠。』言冠弁者,必言韠,是知韍與冕俱重也。至十二章之黻,卒

與冕並舉。左傳『袞、冕、黻、珽』,亦以『冕』與『黻』連言。下又云『火、龍、黼、黻』,則言裳之一章。至鄭注論語云:『黻,祭

服之衣,冕,其冠也。』正以黻爲衣蔽前之制,又唯祭服名黻,故以爲祭服之衣也。』按:宋說是也。列子楊朱篇:『禹卑官

室,美紱冕。』『紱』與『韍』當是一字。易困九二『朱紱方來』,鄭注:『天子制用朱韍。』是『紱』即『韍』無疑也。周官『弁師掌

王之五冕』,五冕者:袞冕、鷩冕、毳冕、希冕、玄冕也。『諸侯及孤卿大夫之冕,各以其等爲之,而掌其禁令』,則大夫以上,

冠通得稱冕。故說文云:『冕,大夫以上冠也。从曰,免聲。』此『免』爲『俛』之義。范甯穀梁傳解云:『冕謂以木爲幹,衣之以布,上玄

下纁,垂旒者也。』白虎通緋冕篇:『前俛而後仰,故謂之冕也。』大、小夏侯說前垂四寸,後垂三寸,則前低於後一寸也。周

官弁師疏以爲前低一寸餘,蓋約略言之,未細核耳。叔孫通漢禮器制度云:『冕制皆長尺六寸,廣八寸,天子以下皆同。』

應劭漢官儀云:『廣七寸,長八寸』。董巴與服志云:『廣七寸,長尺二寸。』言人人殊,不知竟孰是也。王制:『有虞氏皇而祭,

夏后氏收而祭,殷人冔而祭,周人冕而祭。』注云:『皇,冕屬也。』鄭君以皇爲冕,則冔,收亦是冕。毛詩文王傳:『冔,殷冕

──────────

〔一〕「大夫」二字原脫,據白虎通補。

也。夏后氏曰收，周曰冕。」世本云「胡曹作冕」，注：「胡曹，黄帝臣。」則自古「冠」通名「冕」，至夏又別稱「收」。此文云「黻

冕」者，從舊名之爾。說文：「冠，絭也。所以絭髮，〔一〕弁冕之總名也。」是冠爲首服之大名，冕亦是冠，故注云「冕，其冠

也。」其字承上句「祭服」言之，明黻是祭服之衣，冕是祭服之冠也。周官司服云：「王之吉服，祀昊天上帝則服大裘而冕。

祀五帝亦如之。享先王則袞冕，享先公、饗、射則鷩冕，祀四望山川則毳冕，祭社稷五祀則希冕，祭羣小祀則玄冕。」是冕

皆祭服。禹時雖未備有衆制，要冕爲祭服所用矣。弁師云：「掌王之五冕，皆玄冕、朱裏、延紐、五采、繅十有二就，皆五采

玉十有二，玉笄、朱絃。」此周人之制，當亦依仿古禮爲之。〇注：「菲，薄也。致孝鬼神，祭祀豐

潔。」〇正義曰：「菲」訓「薄」，相承云然。史記夏本紀述此文，即作「薄」字。「豐潔」者，言粢盛犧牲皆豐潔也。卑宮室，

而盡力乎溝洫。禹，吾無閒然矣。」【注】包曰：「方里爲井，井閒有溝，溝廣深四尺；十里爲成，成閒有洫，洫廣

深八尺。」 正義曰：爾雅釋宮云：「宮謂之室，室謂之宮。」郭注：「皆所以通古今之異語，明同實而兩名。」案：史記夏本紀

云：「明堂者，明政教之堂。」周堂高九尺，殷三尺，則夏一尺矣。 相參之數，禹卑宮室，謂此一尺之堂與？」此鄭皋明堂以説

禹卑宮室之制，其他廟寢亦皆卑可知矣。李氏光地論語劄記：「『致孝鬼神』與『菲飲食』相對，『致美黻冕』與『惡衣服』

相對，『盡力溝洫』亦是與『卑宮室』相對。當洪水未平，下巢上窟，民不得平土而居之。禹決九川，距四海，乃復濬畎

澮，距川，然後四隩既宅，民得安居，是則卑宮室而盡力乎溝洫者。居無求安，而莫萬姓之居是急也。」案：史記夏本紀：

「卑宮室，致費于溝淢。」此當出古論。 詩「築城伊淢」，毛傳：「淢，城溝也。」釋文引韓詩作「洫」。「淢」正字，「洫」叚借字。

〔一〕「以」字原脱，據説文「一」部補。

夏紀「溝洫」，亦用叚字。説文「洫，疾流也。」別一義。○注「方里」至「八尺」。○正義曰：孟子滕文公上「方里而井，井

九百畝。」是方里爲井也。冬官：「匠人爲溝洫，耜廣五寸，二耜爲耦。一耦之伐，廣、深尺謂之畎。

深二尺謂之遂。九夫爲井，井間廣四尺、深四尺謂之溝。方十里爲成，成間廣八尺、深八尺謂之洫。方百里爲同，同間廣

二尋、深二仞謂之澮。專達於川，各載其名。」是畎、遂、溝、洫、澮皆所以行水。論語舉「溝洫」以賅其餘耳。包言溝洫廣

深之制，即本匠人。鄭注匠人云：「此畿內采地之制：井者，方一里，九夫所治之田也。三夫爲屋，一井之中，三屋九夫，三

三相具，以出賦稅，共治溝也。方十里爲成，成中容一甸，甸方八里，出賦稅，緣邊一里治洫。」是言溝洫之制，不知包氏説

同否也。又地官遂人云：「夫間有遂，遂上有徑；十夫有溝，溝上有畛；百夫有洫，洫上有涂；千夫有澮，澮上有道；萬

夫有川，川上有路。以達于畿。」與匠人文異。鄭氏以爲鄉、遂、公邑之制，與匠人爲采地制不同也。後人説此文於經注

未能博通，故益多繆矣。近歙儒程氏瑤田箸溝洫小記以遂人、匠人制同文異，不取鄭氏。今略箸其遂人匠人溝洫異同考

於此：「遂人職云，鄭氏注以南畝圖之，則遂縱溝橫，洫縱澮橫，九澮而川周其外焉。案：畝，長畝也。一夫之田，析之百

夫閒，東西之閒也。其南北之閒，則溝橫連十夫，故曰『十夫有溝』，不可謂二十夫之閒也。遂在兩夫之閒，故謂之『夫閒』。

其南畝者，自北視之，其畝橫陳於南也。南畝，故畎橫，畝流於遂，故遂縱。遂經十夫，流入

於洫，洫之長如溝，縱承十溝，十溝之水皆入焉，故曰『百夫有洫』也。洫之水入澮，澮長十倍於洫，而橫承十洫之分布千

夫中者，故曰『千夫有澮』也。澮十之橫貫萬夫之中，十澮之水，並入於川，故曰『萬夫有川』，澮橫，川自縱也。鄭氏謂九

澮而川周其外，恐不然矣。川上有路，以達於畿，安得有縱路，復有橫路耶？其橫者，則二萬夫閒之道也。澮但言九，亦

考之不察矣。匠人『廣尺、深尺謂之𤰝』云云，案：𤰝在一夫百畝中，物其土宜而爲之。南畝𤰝橫，順其畝之首尾以行水入於遂，故遂在田首。井田，夫三爲屋，三夫田首同枕一遂，遂在屋閒，非夫閒也。謂之屋者，三夫相連綿如屋然，但疆之以別夫而已。不若遂人夫爲一遂，以受水，此所以別夫閒而言『田首』也。而鄭氏猶以『遂者夫閒小溝』釋之，遂非不在夫閒，而記變其文者，蓋自有義，不宜襲用遂人之文矣。遂流井外，溝橫承之，井中無溝，溝當兩井之閒，故以『井閒』命之。其長連十井，不嫌『井閒』之稱，洫十井之縱者，其縱亦遂之在屋閒而受水者也。溝十之含百井爲一成，十溝之水咸入於洫，洫縱當兩成之閒，故曰『成閒有洫』也。洫之長連十成，亦不嫌『成』之稱，澮十成之橫者，其橫亦溝之在井閒而受遂水者也。洫十之含萬井爲一同，十洫之水咸入於澮，澮當兩同之閒，故曰『同閒有澮』也。澮達於川，川在山閒，命之曰『兩山之閒』，以例澮在同閒，洫在成閒，溝在井閒，其事相同，厥名斯稱矣。又案：匠人、遂人兩篇文義，皆互相足者也。『夫閒有遂』，見遂在兩夫之閒，兼辭也。『十夫有溝，百夫有洫，千夫有澮，萬夫有川』，但就小水入大水言之，偏辭也。若以偏辭言遂，則曰『一夫有遂』矣。以兼辭言溝、洫、澮、川，則必曰『二十夫之閒，二百夫之閒，二千夫之閒，二萬夫之閒』矣。『田首謂之遂』，偏辭也。『井閒謂之溝，成閒謂之洫，同閒謂之澮』，兼辭也。若以兼辭言遂，則曰『屋閒謂之遂』矣。以偏辭言溝、洫、澮，則必曰『兩山之閒』，難舉偏辭，故溯洄相從，澮、洫、溝亦皆以『閒』言，此古人造言之法，出於自然，惟澮所專達之川，則必曰『兩山之閒』，溝在井首，洫在成首，澮在同首，當云『井閒謂之溝，成首謂之洫，同首謂之澮』矣。惟澮所專達之川，則必曰『兩山之閒』，治古文者可求而得之也。』

子罕第九

集解

正義曰：釋文於下更云：「皇三十章。」謂合「不忮不求」與上「衣敝縕袍」爲一章也。

子罕第九 凡三十一章 說本孔氏廣森經學巵言。

1 子罕言利與命與仁。【注】罕者，希也。利者，義之和也。命者，天之命也。仁者，行之盛也。寡能及之，故希言也。 注「罕者」至「言也」。○正義曰：爾雅釋詁云：「希，罕也。」毛詩太叔于田傳云：「罕，希也。」轉相訓。左襄九年傳〔一〕：「穆姜曰：『利，義之和也。利物足以和義。』」易文言傳同。此相傳古訓，故此注本之。「利物」者，物猶事也。若左文七年傳郤缺釋夏書三事有「利用」也。穆姜言「作而害身，不可謂利」。而易象以「元亨利貞」爲四德，其見之象辭、象辭，如云「利見大人」、「利建侯」、「利侵伐」、「利用行師征邑國」、「利用爲依遷國」、「利用賓于王」、「孚乃利用禴」、「利用享祀」、「利用祭祀」、「利用刑人」、「利用獄」、「利涉大川」、「利有攸往」、「利西南」、「利執言」、「利用爲大作」、「利出否」、「无

〔一〕「九」原誤作「元」，據左傳改。

不利」，皆言「利」也。如云「不利爲寇」、「不利涉大川」、「不利有攸往」、「不利東北」、「不利賓」、「不利卽戎」、「无攸利」，皆言「不利」也。利與不利，古人皆質言之。人未有知不利而爲之，則亦豈有知其利而避之之弗爲哉？利所以爲義之和者，和猶言調適也。義以方外，若但言義不言利，則方外而不能和，故利爲義之和。周語曰「言義必及利。」韋昭曰「能利人物，然後爲義。」此卽「利物足以和義」之誼，此卽「利」字最初之誼。君子明於義利，當趣而趣，當避而避。其趣者，利也，卽義也；其避者，不利也，卽不義也。然而急君父之難，赴蹈水火而不顧其身，雖有似於利而亦避，雖有似於不利而亦趨之，則以合乎義，卽爲利也。視不義之富貴如浮雲，禄之以天下弗顧也，繫馬千駟弗視也，雖有似於利而亦避之，則以不合乎義，卽爲不利也。若小人則反是。故其所謂利，或君子所視爲不利；而其所視爲不利，或君子所視爲義，所視爲利也。君子知利不外義，故喻於義；小人知利不知義，故喻於利。至戰國，而孟子且辭而闢之，豈特如夫子之罕言哉？此解經說文字所當知世變也。利、命、仁三者，皆民所罕言，而言「命」次之，言「利」最少。故以「利」承「罕」言之文，而於「命」、於「仁」則以「兩」字次第之。皇疏云「命，天命，窮通夭壽之目也。」是命爲禄命。書召誥云「今天命吉凶，命歷年。」下篇子夏曰「死生有命，富貴在天。」「有命」、「在天」，互文見義。史記外戚世家「孔子罕稱命者，難言之也。」非通幽明之變，烏足識乎性命哉？正以命爲禄命也。阮氏元論語論仁篇：「孔子言仁者詳矣，曷爲曰『罕言』也？所謂罕言者，孔子每謙不敢自居於仁，亦不輕以仁許人也。」今案：夫子晚始得易，易多言「利」，而贊易又多言「命」，中人以下，不可語上，故弟子於易獨無問答之辭。今論語夫子言「仁」甚多，則又羣弟子記載之力，凡言「仁」皆詳書之，故未覺其罕言爾。

2　達巷黨人曰：「大哉孔子！博學而無所成名。」【注】鄭曰：「達巷者，黨名也。五百家為黨。此黨之人美孔子博學道藝，不成一名而已。」子聞之，謂門弟子曰：「吾何執？執御乎？執射乎？吾執御矣。」【注】鄭曰：「聞人美之，承之以謙：『吾執御』，欲名六藝之卑也。」　正義曰：史記孔子世家作「達巷黨人童子」，此安國故以黨人為童子也。　○漢書董仲舒傳對策曰：「臣聞良玉不琢，資質潤美，不待刻琢，此亡異於達巷黨人不學而自知者也。」注：「孟康曰：『人，項橐也。』」又皇甫謐高士傳：「達巷黨人，姓項，名橐。」並本古論。國策秦策、淮南子修務訓、論衡實知篇皆言項橐七歲為孔子師，然則仲舒所云「不學而自知」者，正以童子未學而即知為學之要也。夫子本無常師，聞此童子之言而商所執，故後人遂儕之於師列耳。焦氏循補疏：「孔子以民無能名，贊堯之則天，故門人援達巷黨人之言，以明孔子與堯同。『大哉孔子』，即大哉堯之為君；『博學無所成名』，即蕩蕩乎民無能名也。」案：博學無所成名，惟聖人能然。若常人雖亦博學，而總有所專主，故執一藝以成名，乃中人為學之正法。大戴禮曾子立事云：「君子博學而孱守之。」又云：「博學而無方，好多而無定者，君子弗與也。」又云：「君子博學而算焉。」算，選也，即此所云「執」也。　禮內則言年十三學御，〔一〕二十博學，三十博學無方，是射御久為夫子所學。此時聞黨人譽己，恐門弟子惑於美譽，專騖為博學而終無所能，故就己所學射御二者求之，祇當執御，以示為學當施博而守約也。　○注「達巷」至「而已」。　○正義曰：一統志：「達巷在滋陽縣西北五里，相傳即達巷黨人所居。」滋陽，今屬兗州府，此出方志附會，未敢信也。　禮記曾子問：「子曰：『昔者吾從老聃助葬於巷黨。』」其地當在王畿。翟氏灝考異疑即此巷黨，亦未必然。「不成一名」者，言非一技之可名也。　皇疏云：

〔一〕「三」原誤作「五」，據禮記內則改。

「孔子廣學，道藝周徧，不可一一而稱，故云『無所成名』也。」○注「閭人」至「卑也」○正義曰：夫子謙言但當執一藝以成

名，不敢當黨人之譽己也。御爲六藝之卑，故曲禮、少儀皆言「問大夫之子，長曰能御矣，幼曰未能御也」。子長以能御

許之，又不及他藝，是御於六藝爲卑。

3 子曰：「麻冕，禮也，今也純，儉，吾從衆。

【注】孔曰：「冕，緇布冠也。古者績麻三十升布以爲之。

而冕用之，故曰『麻冕』。緇用之，故曰『麻冕』。純，絲也。絲易成，故從儉。」

○正義曰：「麻」者，枲麻，績其皮以爲布。

純，絲也。絲易成，故從儉。

○周宗廟之冠也。

禮曰『周冕而祭』，又曰『殷冔夏收而祭』，此三代宗廟之冠也。冕所以用麻爲之者，女工之始，示不

忘本也。

左桓二年疏：「『論語『麻冕』，蓋以木爲幹，而布衣之，上玄下朱，取天地之色」。又云：「冕以木爲幹，以玄布衣其

上，謂之綖。」此冕用麻之制也。鄭此注云：「績麻三十升以爲冕。」「純」當爲「緇」，「緇」，黑繒也。三十升者，鄭注喪服云：「八十

縷爲升。」「升」字當爲「登」，登，成也。今之禮皆以登爲升，俗誤已行久矣。然則此云「三十升」，亦是依俗爲文。一升八十

縷，三十升是二千四百縷，鄭依漢制，推古布幅廣二尺二寸，以二尺二寸布廣之度，容二千四百縷，是細密難成，故不如

緇帛之儉也。蔡邕獨斷謂『用三十六升布』，則太密，非所容矣。釋文：「純，順倫反，絲也。鄭作側基反。」[一]側其之音爲

「緇」，其實鄭依古字作「紂」，「紂」篆與「純」相似，故致誤。禮玉藻「純組綬」，注：「純當爲緇，古文緇字，或作系旁才。」周官

媒氏「純帛」，注：「純實緇字也，古緇以才爲聲。」此鄭破「純」爲「緇」之例。玉藻孔疏云：「鄭讀純爲緇，其例有異，若經文

〔一〕「基」原誤作「其」，據釋文改。

絲帛分明，而色)不見者。以黑色解之，即讀爲緇。如論語云『今也純』，稱古用麻，今用純，則絲可知也。以色不見，故讀純爲緇。若色見而絲不見，則不破純字，以義爲絲。昏禮『女次純衣』注云『純衣，絲衣。』如此之類是也。」賈公彥周官媒氏、儀禮士冠禮疏言鄭破讀之例，與孔同。而云據布爲色者，則爲緇字。據帛爲色者，則爲紂字。與孔疏異，似非鄭君之旨。　案：說文：「緇，帛黑色也。」緇本謂黑帛，其後布之黑色者，亦得名之。「緇」「紂」爲古今字，鄭此注訓黑繒，而破讀止云「緇當爲緅」，是緇可爲帛色，而賈以緇但爲布色，非矣。緣鄭之意，實以「純」字與「紂」相似，故讀從之。但「紂」爲古文，人不經見，故先讀從今字而爲「緇」也。且言「緇」則爲「紂」已明。祭統「純服」，昏禮及士冠禮「純衣」注以「絲衣」解之，雖不破字，亦是讀「紂」，以與他處注文可互見也。宋氏翔鳳發微謂「鄭讀緇即緅布冠」，然鄭以「緇」爲黑繒，並無「緇布冠」之文。且以「緇布冠」代「麻冕」，而冕直廢棄不用，豈可通乎？不知宋君何以如此說？○正義曰：後漢陳元傳注引此注作「何晏」。士冠禮記曰：「始冠，緇布之冠也。太古冠布，齊則緇之。」注：「重古，始冠，冠其齊」詩都人士云：「臺笠緇撮。」毛傳：「緇撮，緇布冠。」鄭箋：「都人之士以臺皮爲笠，緇布爲冠，古明王之時儉且節也。」則「緇布冠」是冠之儉者，今易之以純，純是黑繒，斷無儉於緇布冠之理。且「冕」與「緇布冠」，禮經所載，判然各別，而提而一之，可知作儉者之陋矣。

純爲絲者，説文：「純，絲也。從系，屯聲。論語曰『今也純，儉。』」此許解論語用本字，不煩破讀作「緇」，似爲孔所本。

拜下，禮也。今拜乎上，泰也。雖違衆，吾從下。【注】王曰：「臣之於君行禮者，下拜然後升成禮。時臣驕泰，故於上拜。今從下，禮之恭也。」

○注：『孔曰』至『從下』也。○正義曰：「拜下」者，謂於堂下拜也。凌氏廷堪禮經釋例：「凡臣與君行禮，皆堂下再拜稽首，異國之君亦如之。」廷堪案：臣與君行禮，如燕禮、大射主人獻公，主人自酢於公，獻

畢，二人媵爵于公，皆于阼階下，北面再拜稽首，立。司正安賓，司正升酌散，亦降階再拜稽首，此士大夫於諸侯也。觀禮

郊勞行享，侯氏皆降階再拜稽首，此諸侯於天子也。士相見禮始見于君，士大夫則奠摯，再拜稽首，辭。使者反命，賓再拜稽首。觀禮賜侯氏舍，侯氏再拜稽首，亦皆拜于

庭者，是臣與君行禮，皆堂下再拜稽首也。聘禮命使者，使者再拜稽首，辭。使者反命，賓再拜稽首。士相見禮若他邦之人，則使擯者還其摯，賓再拜稽首，受。聘禮賓觀，先請以

臣禮見，入門右，北面奠幣，再拜稽首。介覿及士介覿，亦皆入門右，奠幣，再拜稽首。介送幣于中庭，再拜稽首。禮畢，

主國之君勞賓勞介，賓介皆再拜稽首。歸饔餼，士介則北面再拜稽首。拜饔餼，賓再拜稽首。聘禮記若私獻，賓再拜稽首。公

食大夫禮大夫納賓，賓入門左，公再拜，賓辟，再拜稽首。侑賓後，賓入門左，沒霤，北面再拜稽首。明日，賓拜賜食與

侑幣，皆再拜稽首。此皆與異國之君行禮也。聘禮主君使卿郊勞，賓北面再拜稽首。使卿致館，賓再拜稽首。公食大夫

禮使大夫戒賓，賓再拜稽首。此皆與異國之使者行禮，而尊其君命，故亦再拜稽首也。」又云：「凡君待以客禮，下拜則辭

之，然後升成拜。廷堪案：臣與君行禮，皆拜于堂下，不辭，不升成拜，此全乎爲臣者也。若君以客禮待之，如燕禮、大射

公舉媵爵爲賓舉旅行酬，賓降西階下再拜稽首。公命小臣辭，賓升成拜。注：『升成拜，復再拜稽首也。先時君辭之，於

禮若未成然。』又賓媵觚于公，公爲士舉旅行酬，賓降洗，升，酌膳，降拜。小臣辭，賓升成拜，受酬者亦然。觀禮執圭行

覲，『侯氏坐取圭，升，致命，王受之玉，侯氏降階，東，北面再拜稽首。擯者延之曰升，升成拜』。注：『太史辭之降也。』此皆先

稽首。擯者延之曰升，升成拜。王賜侯氏車服，侯氏降兩階之間，北面再拜稽首，升成拜』。注：『王勞之，再拜

拜於堂下，君使人辭之，復拜于堂上者也。又如燕禮、大射：『公舉媵爵爲賓舉旅行酬，公立卒觶，賓下拜，小臣辭，賓升，

再拜稽首。』注:『不言成拜者,爲拜故下,下不輒拜,禮殺也。』又『賓升,酌膳觶,下拜,小臣辭,賓升,再拜稽首。』注:『下拜,下亦未拜。凡下未拜有二:或禮殺,或君親辭。君親辭,則閒命卽升,升乃拜,是以不言成拜。』燕禮:『賓媵觚于公,酌散,下拜,公降一等,小臣辭,賓升,再拜稽首。』大射:『數獲後,飲不勝者,若飲公,則侍射者降拜,公降一等,小臣正辭,賓升,再拜稽首。』此皆降而未拜,君辭之,卽升堂再拜稽首,故不云降階拜也。士相見禮若君賜之爵,則下席拜稽首,受爵,但降席,不云降階拜者,指無算爵而言。燕禮、大射:『無算爵命所賜,所賜者與受爵,降席下莫爵,再拜稽首。』疏云:『旅酬以前受公爵,皆降拜,升成拜。至此不復降拜者,禮殺故也。』燕禮、大射賓媵觚于公,大射飲公,凡卒爵,皆于階上再拜稽首者,蓋前酌散之時,已降階拜,因君辭而升堂甫拜,禮殺故也。唯燕禮、大射將終之時。『公有命徹幂,則卿大夫皆降,西階下北面東上,再拜稽首。公命小臣辭,公答再拜,大夫皆辭』此則君雖辭之,亦不復升拜。』注謂:『小臣辭,不升成拜,明將醉,正臣禮』也。[一]凡此瑣節雖不同,皆君以客禮待之,故拜于堂上也。又案:以客禮待異國之臣亦然。公食大夫禮:『賓升,公當楣再拜,賓降西階東,北面答拜。擯者辭,賓栗階升,不拜,命之成拜階上,北面再拜稽首。』此先降階拜,異國之君,使人辭之,然後升成拜也。聘禮主君禮賓,『受幣降拜,公辭,升,再拜稽首』。私覿,賓授幣,『降階東,拜送,君降一等辭,公西鄉,賓階上再拜稽首』。公食大夫禮賓祭正饌,公以束帛侑賓,賓升再拜稽首。公辭,賓升再拜稽首。此降階未拜,異國之君親辭之,即升拜也。聘禮賓,公壹拜送,賓祭加饌,公以束帛侑賓,賓不降壹拜受醴。公辭,賓升再拜稽首。公食大夫禮賓卒食,『揖讓如初,升,賓再拜稽首』。此皆拜于堂上,禮殺故也。又歸饔

〔一〕「將」原誤作「雖」,據儀禮大射注改。

饋,『大夫東面致命,賓降,階西再拜稽首。大夫辭,升成拜』。聘賓問卿,『賓東面致命,大夫降,階西再拜稽首。賓辭,升成拜』。此使者奉其君命,以客禮待異國之臣,故降拜,亦如見其君也。至于公食大夫禮卒食後,『賓降,階東面再拜稽首,公降,再拜』。注:『答之也。不辭之,使升堂,明禮有終。』則賓降拜,公亦降拜,唯稽首與再拜不同,蓋待異國之臣,其禮有加焉爾。』案:凌說甚覈。當夫子時,君弱臣彊,凡應於堂下拜者,不復循臣禮之正,而皆拜乎堂上,故孔子非之。

鄭此注云『禮,臣之於君,酬酢受爵,當拜於堂下,時臣驕泰,故拜於堂上。』注所云『禮,指燕禮,舉一以例其餘耳。臣酌酒獻君曰酢,君酌酒答臣曰酬。燕禮所云公舉媵爵,為賓舉旅行酬,又賓媵觚于公,公為士舉旅行酬,即其禮也。酬酢授爵,當拜於堂下,及君辭,復升成拜。當時則拜於授爵之際,已拜於堂上,無復下拜,及君辭,復升,成拜之禮,故為驕泰也。

周官大祝:『九拜:一曰稽首。』賈疏:『稽首,臣拜君法。』『稽』與『譜』同。說文手部。『撎,頭至地也。』○注『臣之於君行禮者,下拜然後升成禮。或地即譜首,拜中之一。』許意據周官先言『稽首』,故舉一以該之。今隸變作『拜』。○正義曰:『升』字從皇本補,邢疏申注亦有『升』字。『下拜』者,臣禮之正,其下拜,而君待以客禮,辭,復升成拜。或下未拜,君辭,乃升拜,皆禮之殺,非謂凡行禮,下拜者必升成拜也。

注說未晰。

4 子絕四:毋意,【注】以道為度,故不任意。毋必,【注】用之則行,舍之則藏,故無專必。毋固,【注】無可無不可,故無固行。毋我。【注】述古而不自作,處羣萃而不自異,故不有其身。

○正義曰:說文『絕,斷絲也。』釋名釋言語:『絕,截也,如割截也。』言子有絕去四事,與人異也。公羊昭十二年疏:『子絕四者,備於鄭注。』今此

注已佚。「毋」者，禁止之辭，毋卽絕也。說文云：「意，志也。從心音，察言而知意也。」段氏玉裁注：「意之訓爲測度。如論語『毋意』，『不億不信』，『億則屢中』，其字俗作億。」王氏引之經義述聞「少儀『毋測未至』」注曰：「『測，意度也。』毋意卽毋測未至也。」案：段、王說同。公羊傳：「伯于陽者何？公子陽生也。子曰『我乃知之矣。』在側者曰：『子苟知之，何以不革？』曰：『如爾所不知何？』」何休注：「此夫子欲爲後人法，不欲令人妄億錯。」釋文「意如字，或於力反」，非。於力之音，亦是讀億，陸不當以爲非也。下引此文云云。莊氏存與說：「智毋意，先覺也；義毋必，義之與比也；禮毋固，時中也；仁毋我，與人爲善也。善則稱親，讓善於天也。」又云：「以億逆爲意而去之，是也；以擬議爲意而去之，非也。以適莫爲必而去之，是也；以果斷爲必而去之，非也。以窮固爲固而去之，是也；以貞固爲固而去之，非也。以足己爲我而去之，是也；以修己爲我而去之，非也。」

5　子畏於匡，【注】包曰：「匡人誤圍夫子，以爲陽虎，陽虎曾暴於匡。夫子弟子顏剋，時又與虎俱行，後剋爲夫子御，至於匡，匡人相與共識剋。又夫子容貌與虎相似，故匡人以兵圍之。」曰：「文王既沒，文不在茲乎？【注】孔曰：「茲，此也。言文王雖已死，其文見在此，此自謂其身。」天之將喪斯文也，後死者不得與於斯文也，【注】孔曰：「文王既沒，故孔子自謂後死。言天將喪此文者，本不當使我知之，今使我知之，未欲喪也。」天之未喪斯文也，匡人其如予何？」【注】馬曰：「其如予何者，猶言奈何我也。言其不能違天以害己也。」　正義曰：說文云：「畏，惡也。」廣雅釋詁：「畏，懼也，恐也。」夫子見圍於匡，有畏懼之意，猶孟子

言有戒心也。人若因畏而死，亦稱畏。禮檀弓「死而不弔者三：畏，厭，溺」是也。史記孔子世家：「或譖孔子於衛靈公，孔子

去衛，將適陳，過匡云云。五日，顏淵後，子曰云云。匡人拘孔子益急，弟子懼。孔子曰：『文王既没』云云。」是孔子此

語，爲解慰弟子之辭。江氏永先聖圖譜載此事於魯定十三年時，孔子年五十六也。「兹」者，有所指之辭。下兩言「斯

文」，斯，兹同義。文、武之道，皆存方策，夫子周遊，以所得典籍自隨，故此指而言之。文在兹，卽道在兹，故孟子以孔子

爲聞而知之也。天將喪斯文，文當湮没，〔一〕必不令夫子得之。「後死者」，夫子自謂後文王死也。後死者既與於斯文，

是天未欲喪斯文可知。天未欲喪斯文，匡人必不能違天害己，致使斯文遭毁失也。○注「匡人」至「圍之」。○正義曰：匡

邑見左氏傳，凡有數處。左僖十五年：「諸侯盟于牡丘，遂次于匡。」杜注：「匡在潁川新汲縣東北。」此匡爲鄭邑也。文元

年：「衛孔達侵鄭，取綿、訾及匡。」杜注：「匡在陳留長垣縣西南。」此匡爲鄭邑，衛取之也。又十一年：「叔孫彭生會晉郤缺

于承匡。」杜注：「宋地，在陳留襄邑縣西。」此匡爲宋邑也。「子畏於匡」之匡，舊説不一。莊子秋水篇：「孔子遊於匡，宋人

圍之。」釋文引司馬彪曰：「宋當作衛。」案：莊子以匡爲宋邑，宋人卽匡人，不必改史作衛。説苑雜言篇言：

「孔子之宋匡，簡子將殺陽虎，孔子似之，因圍孔子。」亦以匡爲宋邑。史記世家言：「匡人圍孔子」，孔子使從者爲寧武子臣

於衛，然後得去。」則以匡爲衛邑。毛氏奇齡四書賸言，

並存。閻氏若璩釋地、顧氏棟高春秋大事表專主長垣，然以陽虎暴匡之事，求之衛、宋，皆無可考。

〔案：春秋傳公侵鄭取匡在定公六年，是時季氏雖在軍，不得專制。凡過衛不假道，反穿城而蹴其地，其令皆出自陽虎。是

〔一〕「文」原誤作「久」，據文義改。

虎實帥師，當侵鄭時，匡本鄭鄙邑，必欲爲晉伐取以釋憾，而匡城適缺，虎與僕顏尅就其穿垣而入之。世家『顏尅曰：「昔吾入此，由彼缺也。」琴操：『孔子到匡郭外，顏尅舉策指匡穿垣曰：「往與陽貨正從此入。」此即圍師入城之事。』案：毛說甚近理。此匡在文元年已爲衞所取，而不能得其田，故文八年「晉侯使解揚歸匡、戚之田于衞」，其後復屬鄭。至定六年，乃爲魯所取，然恐魯終不能有，則仍屬鄭耳。杜謂匡在新汲東北，而一統志云匡城在扶溝縣西，扶溝與新汲壤正相接，實一地矣。〔莊子言：「宋人圍孔子數匝，而絃歌不輟。幾何，將甲者進曰：『以爲陽虎也，故圍之。今非也，請辭退。』」韓詩外傳：「簡子將殺陽虎，孔子似之，帶甲以圍孔子舍，子路愠怒，奮戟將下，孔子止之曰：『由，何仁義之寡裕也！』夫詩書之不習，禮樂之不講，是丘之罪也。吾非陽虎，而以我爲陽虎，則非丘之罪也，命也。子歌，我和若。』子路歌，孔子和之，三終而圍解。」此是當日實事，蓋感之以絃歌，不待自辨，而匡人已知其非陽虎矣。世家謂夫子使從者臣於寧武子，然後得去，此傳聞之誤。寧氏當獻公世已滅，而武子仕文、成之世，豈得與孔子時相值？世家此文，毫不足據。索隱又謂夫子再陁匡人，或設辭以解圍，或彈琴而釋難，分一事爲二，尤屬臆說。顏尅，世家作「顏刻」，弟子列傳無尅、刻名，但有顏高字子驕。惠氏棟九經古義疑「高」即「尅」。王氏引之春秋名字解詁：「高乃亭之譌，亭、刻同聲，古字通用。」其說並是。

6. 太宰問於子貢曰：「夫子聖者與？何其多能也！」【注】孔曰：「太宰，大夫官名。或吳或宋，未可分也。」疑孔子多能於小藝。子貢曰：「固天縱之將聖，又多能也。」【注】孔曰：「言天固縱大聖之德，又使多能也。」子聞之曰：「太宰知我乎？吾少也賤，故多能鄙事。君子多乎哉？不多也。」【注】包曰：「我

少小貧賤，常自執事，故多能爲鄙人之事。　君子固不當多也。」

正義曰：鄭注云：「太宰是吳太宰嚭」僞孔兼存吳、宋。

方氏觀旭偶記：「鄭以爲吳太宰，蓋以夫子雖兩居于宋，但一則年十九娶于弁官氏之女，時子貢猶未生，一則年五十六去衞後，過曹適宋，於有桓魋拔樹之難，宜無冢卿向子貢私論夫子之聖。惟吳太宰則左氏傳哀七年『公會吳于鄫』時與子貢語，十二年『公會吳于橐皋』時與子貢語，其秋『公會衞侯、宋皇瑗于鄖』時又與子貢語，故定爲吳太宰。史記孔子世家吳客聞夫子『防風氏骨節專車』，及『僬僥氏三尺』之語，於是曰『善哉聖人！』是前此固有以夫子之多能爲聖者，亦吳人也。」

案：說苑善說篇：『子貢見太宰嚭，太宰嚭問曰：「孔子何如？」對曰：「臣不足以知之。」太宰嚭曰：「子不知，何以事之？」對曰：「唯不知，故事之。夫子其猶大山林也，百姓足其材焉。」太宰曰：「子增夫子乎？」對曰：「夫子不可增也。賜其猶一絫壤，以增大山，不益其高，且爲限量也。」此子貢與太宰嚭論述聖德之證，而太宰之爲吳太宰嚭益信。「縱」者，朱子集注云：「肆也，言不爲限量也。」李氏光地論語劄記：「說聖固是天縱，多能亦是天縱，子貢此言，可謂智足知聖，故夫子舍子貢之言，而但言『太宰知我』，明知我多能也。多能是鄙事，君子且不貴，況聖人乎？蓋避聖之名而示人以學聖之方也。」風俗通窮通篇引『固天縱之，莫盛於聖』，似以『縱之』爲句。皇本「太宰知我」下有「者」字。○注「太宰」至「小藝」。○正義曰：鄭周官目錄云：「冢，大也。宰者，官也。」又太宰注：「變家言大，進退異名也。」先考典簿君秋槎雜記說：「天子六卿，家宰亦曰太宰。宋備六卿，同於天子，魯則羽父求太宰，鄭有太宰石㚟，楚有太宰子商，蓋散位從卿，列國之僭制也。」謹案：散位從卿，即是大夫，故此注以太宰爲大夫官也。列子仲尼篇：『商太宰見孔子曰：「丘聖者與？」孔子曰：『聖則丘何敢？然則丘博學多識者也。」』宋是商後，故亦稱商。此注兼存吳、宋，或即暗據列子之文。今不從者，商太宰

是與夫子語，非問子貢，不若吳太宰親問子貢爲得實也。「疑孔子多能於小藝」者，正以禮樂是藝之大，不得爲鄙事，惟書

數射御皆是小藝，太宰所指稱也。淮南子主術訓「孔子之通，智過於萇弘，勇服於孟賁，足躡郊菟，力招城關，能亦多矣。」

此時傳夫子多能之事。太宰以多能爲聖，但有美辭，無疑辭也。注亦微誤。○注「言天固縱大聖之德，又使多能也。」○

正義曰：注以「固天縱之將聖」爲句，亦通。大聖，即將聖也。錢氏大昕潛研堂文集：「詩『有娀方將』[一]、『我受命溥

將』之將，並訓爲大。然則將聖者，大聖也。」案：荀子堯問篇「然則孫卿懷將聖之心。」亦謂大聖也。論衡實知篇子貢曰：

「故天縱之將聖」將者，且也，不言已聖，言且聖也，以爲孔子聖未就也。孔子從知天命至耳順，學就知明成聖之驗也。未

五十、六十之時，未能知天命至耳順也，則謂之且矣。子貢答太宰時，殆三十、四十之時也。案「故」與「固」通，「將

聖」當從此注訓大聖。子貢初與太宰語語，在哀七年，夫子年六十五。至哀十二年，則已七十，而云在三十、四十之時，

誤矣。○注「我少」至「多也」。○正義曰：居官則有府史或胥徒，用給徭役，不自執事也。夫子少小貧賤，始習爲之，故多

能爲鄙人之事。周官遂人「五鄙爲鄙。」荀子非相注「鄙人，郊野之人也。」鄙即是賤。下篇「鄙夫」訓同。「君子」者，則

有德堪在位者也。

7

牢曰：「子云：『吾不試，故藝。』」【注】鄭曰：「牢，弟子子牢也。試，用也。言孔子自云我不見用，故多

技藝。」

正義曰：此引弟子述孔子語，與前章「少賤」、「多能」語同，故類記之。○注「牢，弟子子牢也。試，用也。」○正

〔一〕「有娀」原誤作「有娍」，據詩長發改。

義曰：莊子則陽篇「長梧封人問子牢」，子牢名僅見此。左昭二十年傳：「琴張聞宗魯死，將往弔之。仲尼曰：『齊豹之盜，而孟縶之賊，女何弔焉？』」杜注：「琴張，孔子弟子，字子開，名牢。」孔疏：「家語云：『孔子弟子琴張與宗魯友。』七十子篇云：『琴牢，衞人，字子開，一字張。』則以字配姓爲琴張，即牢曰『子云』是也。」賈逵、鄭衆皆以爲子張即顓孫師。服虔云：『案：七十子傳云『子張少孔子四十餘歲』，孔子是時四十，知未有子張，鄭、賈之說不知所出。」案：趙岐注孟子盡心亦以琴張爲子張，並沿舊說之誤。漢書古今人表有「琴牢」，王氏念孫讀書雜志以「琴牢」爲「琴張」之誤。云「人表所載，皆經傳所有。左傳及孟子皆作琴張，莊子作子琴張，無作琴牢者。琴牢字張，始見家語，乃王肅僞撰。後人據家語以改漢書。」其說良然。白水碑琴張、琴牢並列，此及左傳杜注皆爲家語所惑，不足憑也。竊謂琴張非子張，服氏之辨最確。而子牢非琴張，則鄭此注最當。莊子則釋文引司馬彪云：「即琴牢，孔子弟子。」與杜預同誤。史記仲尼弟子列傳無牢名，當是偶闕。云「試用」者，爾雅釋詁文，説文同。

宋贈頓丘侯，改贈陽平侯，則皆由家語之説誤之矣。琴牢字張，鄭、賈皆以爲子張即顓孫師。自家語琴牢之名出，唐贈琴牢南陵伯，

8　子曰：「吾有知乎哉？無知也。我叩其兩端而竭焉。」【注】孔曰：「有鄙夫來問於我，其意空空然。我則發事之終始兩端以語之，竭盡所知，不爲有愛。」

正義曰：夫子應問不窮，當時之人，遂謂夫子無所不知，故此謙言「無知」也。

【注】知者，知意之知也。知者言未必盡，今我誠盡。有鄙夫問於我，空空如也。鄭彼注云：「悾悾，誠愨也。」此與前篇「悾悾而不信」同。大戴禮主言篇：「商愨，女憧，婦空空。」釋文：「空空，鄭或作悾悾。」呂氏春秋下

賢篇:「空空乎其不爲巧故也。」「空空」並卽「悾悾」。此鄙夫來問夫子,其意甚誠愨,故曰「空空如」。皇疏以爲虛空,非也。

「叩」者,反問之也。因鄙夫力不能問,故反問而詳告之也。

鄭注云:「兩端,末也。」凡事物之始,皆起微末,故末有始義。說文:「耑,物初生之題也。」是也。段氏玉裁注引此文,似以「耑」卽「叩」字。

中庸『舜執其兩端,用其中於民』之兩端也。鄙夫來問,必有所疑,惟有兩端,斯有疑也。故先叩發其兩端,謂先還問其所疑,而後卽其所疑之兩端,而窮盡其意,使知所向焉。蓋凡事皆有兩端,如楊朱爲我,無君也,乃曾子居武城,寇至則去。

墨子兼愛,無父也,乃禹手足胼胝,至於偏枯。一旌善也,行之則詐僞之風起,不行又無以使民知懲。一訴之俗甚,不行又無以使民知懲。一理財也,行之則頭會箕斂之流出,不行則度支或不足。一議兵也,行之則生事無

功之說進,不行則國威將不振。凡若是,皆兩端也。而皆有所宜,得所宜則爲中,孔子叩之,竭之,竭此也。舜執之,執此也。用之,用此也。處則以此爲學,用則以此爲治,通變神化之妙,皆自此兩端而宜之也。皇本「鄙夫」下有「舜

「來」字。據偽孔注,亦似有「來」字。○注「知者」至「誠盡」。○正義曰:皇疏云:「知謂有私意於其間之知也。聖人體道爲度,無有用意之知,故先問弟子云『吾有知乎哉』也,又云『無知也』,明己不有知意之知也,卽是無意也。」

9　子曰:「鳳鳥不至,河不出圖,吾已矣夫!」【注】孔曰:「聖人受命,則鳳鳥至,河出圖。今天無此瑞,吾已矣夫者,傷不得見也。河圖,八卦是也。」

正義曰:說文云:「鳳,神鳥也。」毛詩卷阿傳:「雄曰鳳,雌曰凰。」此對文,若散文通稱鳳。

大戴記曾子天圓篇:「羽蟲之精者曰鳳。」是也。鄭注尚書顧命曰:「河圖,圖出於河,帝王聖者之所

受。」不言圖爲何物,及所出之形。左傳序疏引鄭說:「河圖洛書,龜龍銜負而出。」此依中候握河紀爲言。宋氏翔鳳以疏

上文引論語,則此鄭說當爲論語注也。漢書董仲舒傳對策曰:「故爲人君者,正心以正朝廷,正朝廷以正百官,正百官以

正萬民,正萬民以正四方。四方正,遠近莫敢不壹於正,而亡有邪氣奸其閒者,是以陰陽調而風雨時,羣生和而萬物殖,

五穀熟而少木茂,天地之閒被潤澤而大豐美,四海之內聞盛德而皆徠臣,諸福之物,可致之祥,莫不畢至,而王道終矣。孔

子曰『鳳鳥不至,河不出圖』『天也命也!』鳳鳥不至,河無圖至,嗚乎!天命之也。』歎訛而後息志。」〔一〕與仲舒

坤鑿度:「仲尼偶筮其命,得旅,泣曰『天也命也!』自悲可致此物,而身卑賤,不得致也。」是董以夫子此歎,爲己不得受命之故。易

說同。又漢書儒林傳:「周道既衰,壞於幽、厲,禮樂征伐自諸侯出,陵夷二百餘年而孔子興,以聖德遭季世,知言之不用

而道不行,迺歎曰『鳳鳥不至』云云。」此以「吾已矣夫」爲已不逢明君,與董氏異,當由古、魯不同。故論衡問孔篇解此

文,卽備二義,其實後一義勝也。○注「聖人」至「是也」。○正義曰:「受命」謂受天之命,

躬致王也。鳳鳥至,爲聖王之瑞。故尚書言「簫韶九成,鳳凰來儀」,左傳言「少皥氏鳳鳥適至」,周語言「周之興,鸑鷟鳴

于岐山」,賈逵解詁以爲鸑鷟鳳別名;則知上古之時鳳常至也。淮南子繆稱訓:「昔二皇鳳凰至於庭」,三代至乎門,周室至乎

澤。德彌麤,所至彌遠;德彌精,所至彌近。」是鳳鳥至爲聖瑞也。易稽覽圖:「孔子曰『天之將降嘉瑞,應河水青三日。

青四日。青變爲赤,赤變爲黑,黑變爲黃,各各三日,河中水安,井天乃清明,圖乃見。』又云:「夜不可見,水中赤,煌煌如

火,英圖書虵皆然也。」又坤靈圖:「聖人受命,瑞應先見于河。」是河出圖爲聖瑞也。書顧命有河圖,與大玉、夷玉、天球並

〔一〕「訖」原誤作「息」,據易坤鑿度改。

列東序，當是玉石之類自然成文。此元俞炎之說，最近事理者也。云「河圖八卦」者，書顧命某氏傳：「河圖八卦，伏羲王

天下，龍馬出河，遂則其文以畫八卦，謂之河圖。」孔疏：「漢書五行志劉歆以爲伏羲氏繼天而王，受河圖，則而畫之，八卦

是也。易繫辭云：『伏羲氏仰則觀象于天，俯則觀法于地，觀鳥獸之文與地之宜，近取諸身，遠取諸物，于是始作八卦。』都

不言法河圖。此言河圖者，蓋易理寬宏，無所不法，直如繫辭之言，取法已自多矣。亦何妨更法河圖也？且繫辭又云：

『河出圖，洛出書，聖人則之。』若八卦不則河圖，餘復何所取也」王氏鳴盛尚書後案：「蓋八卦是伏羲所受河圖，而河圖不

止是八卦。書傳所載古帝王，如黃帝、堯、舜、禹、湯，皆受河圖，亦不獨一伏羲。」由書疏、後案說推之，河圖文不皆具八卦，

此特假伏羲事言之耳。姚信易注：「連山氏得河圖，夏人因之曰連山；歸藏氏得河圖，商人因之曰歸藏；伏羲氏得河圖，

周人因之曰周易。」此略本山海經，足知三易多法河圖矣。

10　子見齊衰者、冕衣裳者與瞽者，見之，雖少，必作，過之，必趨。【注】包曰：「冕者，冠也，大

夫之服。瞽，盲也。作，起也。趨，疾行也。此夫子哀有喪，尊在位，恤不成人。」正義曰：「見」謂目所接遇，非以禮往

來也。前言「見」，後復言「見之」者，稱「見之」與「過之」文相儷也。說文：「齊，緶也。從衣，齊聲。」廣雅釋詁：「濟，緶也。」

「濟」、「齋」同，古字本作「齊」。釋名釋喪制云〔一〕：「齊，齊也。」言緝其衣裳之邊際而整齊之也是也。喪服記：「衰長六

寸，博四寸。」說文：「縗，喪服衣。」〔二〕長六寸，博四寸，直心。從糸，衰聲。」是「衰」卽「縗」省。論語釋文：「衰，七雷反。」其

〔一〕下「釋」字原脫，據釋名補。　　〔二〕「喪」字原脫，據說文補。

字或從系作「縗」，與説文合。賈公彥喪服記疏：「衰綴於衣，衣統名爲衰。」通典引雷次宗説：「衰者，當心六寸布也」，在衣則衣爲衰，在裳則裳爲衰。男子離其衣裳，故衰獨在衣上；婦人同爲一服，故上下共稱也。」喪服記：「凡衰外削幅，裳内削幅。」言「凡」者，明五服皆有衰也。外削幅者，言縫之邊幅向外也。内削幅者，言縫之邊幅向内也。據禮，齊衰有三年、杖期、不杖期、三月之異，所謂「四齊」也。江氏永鄉黨圖考：「案五服一斬四齊，第言『見齊衰』者，舉齊以兼斬也。」由江説推之，則此文「齊衰」亦當兼斬言。喪服傳：「斬者何？不緝也；齊者何？緝也。」斬衰服重，齊衰服輕，論語是舉輕以該重矣。釋文：「冕音免。鄭本作弁，云『魯讀弁爲絻，今從古』」。陳氏鱣古訓：「説文『絻，冕也。從兒，象形。弁或覍字。冕，大夫以上服也。從冃，免聲。絻，或從系。』蓋古論作覍，魯論作冕，字本相似也。」案：周官司服：「卿大夫之服，自玄冕而下如孤之服。士之服，自皮弁而下如大夫之服。」此上下通制，故侯國同之。冕、弁各異，説文以『冕』訓『絻』者，散文或通稱也。鄭依古論作『弁』者，『冕』、『弁』義雖兩通，但言『弁』可以該『冕』，言『冕』不可以該『弁』猶之『齊衰』言『齊』可該斬，若言斬則不得該齊也。白虎通紼冕篇：『弁之爲言攀也，所以攀持其髮也。』鄭注士冠禮云：『弁名出於槃。槃，大也』，言所以自光大也。」任氏大椿弁服釋例：「士冠禮疏：『冕者，俛也。低前一寸二分，故得冕稱。其爵弁則前後平，故不得冕名』，則其狀當似弁，不特弁下無旒，及前後延平，異於冕也。考釋名：『弁如兩手相合抃時也。以爵韋爲之』，謂之爵弁；以鹿皮爲之，謂之皮弁；以緙韋爲之，謂之韋弁也。」然則此三弁，皆作合手狀矣。其延下當上鋭下圜。」案：雜記：「大夫冕而祭於公，士弁而祭於公。」又禮運：「冕弁兵革藏於私家，非禮也。」是冕弁皆藏公所，大夫士行禮時，於公所取服之。故孟子以夫子去魯，不稅冕而行爲微罪，明助祭後，當稅

冕仍藏公所也。曾子問：「尸弁冕而出，卿大夫士皆下之，尸必式。」「出」謂出廟門，非謂出大門在道上也。若然，夫子得見

冕衣裳者，意即在公時所見。其過之，謂行出其前也。閻氏若璩釋地三續、汪氏中經義知新記並謂「夫子見冕衣裳，是見其

人當服此者，不必真見其服」，非也。錢氏大昕潛研堂文集亦疑冕是祭服，非夫子燕居所見，遂據魯論作「絻」，以「冕」即

「絻」之譌，「絻」與「免」同。士喪禮「衆主人免于房」。喪服記「朋友皆在他邦，袒免。」先儒以爲免象冠，一寸，用麻布爲

之。齊衰，服之重者；絻，服之輕者。舉其至重與至輕者，而五服統之。古論作「弁」，疑即司服所云「弔事之弁絰服」鄭彼

注云：「弁経者，如爵弁而素，加環経也。」此以「冕」爲「絻」譌。絻與齊衰，同爲喪服，亦是彊別爲義，不必與經旨相應也。裳

者，在下之服。毛詩七月傳：「上曰衣，下曰裳。」説文：「常，下裳也。裳，常或從衣。」於禮玄冕爵弁服皆紃衣纁裳，皮弁服

素衣素裳，韋弁服則衣韎韋，裳或朱或素也。「少」，謂年少也。史記孔子世家：「見齊衰、瞽者，雖童子必變。」以童子爲少

者，此安國故也。禮，四十始仕，此童子得服冕或弁者，春秋時，世卿持位，不嫌有年少已貴仕也。皇本「少」下有「者」字，

宋石經「趨」作「趍」。○注「冕者」至「行也」。○正義曰：説文云「冕，大夫以上冠也。」司服云「公之服，自袞冕而下如王之

服；侯伯之服，自鷩冕而下如公之服；子男之服，自毳冕而下如侯伯之服；孤之服，自希冕而下如子男之服；卿大夫之

服，自玄冕而下如孤之服。玄者，衣無文，裳刺繡而已。瞽爲盲者。説文：「瞽，目但有眹也。」眹，目精也。」鄭司農周官注

今謂之眼珠。又「盲，目無牟子也。」牟子，今謂之矇人。許意「瞽」「盲」二字同義，皆是有眼珠而無牟子。鄭司農周官注

云：「無目眹謂之瞽。」與許異者，蓋「瞽」有二：一是有眹而無眸，一是並眹無之。許、鄭各據一義也。釋名釋疾病云：[一]

〔一〕下「釋」字原脱，據釋名補。

「聲，鼓也，瞑瞑然目平合如鼓皮也。」與司農合。「作、起」見說文。鄉黨「必變色而作」，先進「舍瑟而作」，訓並同。

說文：「趨，走也。」釋名釋姿容云：「〔一〕兩脚進曰行，徐行曰步，疾行曰趨。」爾雅釋宮：「門外謂之趨。」門外行，可疾走也。

曲禮鄭注云：「行而張足曰趨。」

11 顏淵喟然歎曰：【注】喟，歎聲。「仰之彌高，鑽之彌堅【注】言不可窮盡。瞻之在前，忽焉在後。【注】言恍惚不可爲形象。夫子循循然善誘人，【注】循循，次序貌。誘，進也。言夫子正以此道進勸人，有所序。博我以文，約我以禮，欲罷不能。既竭吾才，如有所立卓爾。雖欲從之，末由也已。」【注】孔

正義曰：「仰」者，說文「仰，舉也。」廣雅釋詁「卬，舉也。」「卬」與「仰」同，謂舉向上也。「彌」說文作「镾」，云「久長也」。「彌」者，爾雅釋詁「彌，益也。」「鑽」者，說文云「鑽，所以穿也。」漢嚴發碑「镾堅仰高。」「鑽」作「鋑」，當由齊、古文異。「堅」者，爾雅釋詁「堅，固也。」論衡恢國篇解此二句云「此言顏子學於孔子，積累歲月，見道彌深也。」「瞻」者，爾雅釋詁「瞻，視也。」「忽」者，左傳「其亡也忽焉。」杜注「忽，速貌。」「忽焉在後」，謂終不可見也。邢本、集注本「忽焉」作「忽然」，誤。「循循」或作「恂恂」，後漢書趙壹傳「失恂恂善誘之德。」注引論語「夫子恂恂然善誘人」。又李賢傳注、三國志步隲傳、孟子明堂章章指引文並同。又蔡邕姜伯淮碑、

〔一〕下「釋」字原脫，據釋名補。

後漢郭泰傳論、宋書禮志載晉袁瓌疏、南史王琳傳、魏書高允傳、賈思伯傳、隋書煬帝紀用此文、亦作「恂恂」、其趙壹傳

注先引論語、復云「恂恂、恭順貌」、與鄭注鄉黨「恂恂、恭慎貌」同。故翟氏灝考異、馮氏登府異文考證、臧氏庸鄭注輯本並

以「恭順」之訓亦本鄭氏、則謂鄭本作「恂恂」矣。博文、約禮、即善誘之法。先博文、後約禮、所謂循循也、顏子之所仰、

所鑽者也。「罷」者、孫綽云「猶罷息也。」「才」者、能也。「卓爾」者、説文「卓、高也。卓、古文卓。」漢韓勅修孔廟禮器碑

「逴遠之思」、錢氏大昕養新錄謂卽論語「卓爾」、此亦齊、古異文。鄭注云「卓爾、絕望之辭。」絕望者、言絕於瞻望也。此

探下文「欲從」「末由」爲義。法言學行篇「顏不孔、雖得天下、不足以爲樂、然亦有苦乎？曰：顏苦孔之卓之至也。或人

矍然曰：茲苦也、祇其所以爲樂也與」是「卓爾」乃言夫子之道極精微者、不敢必知、不可灼見、故以「如有」形之。韓詩外

傳孔子與子夏論書云：「丘嘗悉心盡志、已入其中、前有高岸、後有深谷、泠泠然如此、既立而已矣。不能見其裏、蓋謂精微

者也。」外傳所云「既立」、與此文所言「立」同。孟子盡心篇「公孫丑曰『道則高矣、美矣、似不可及也、何不使彼爲可幾

及而日孳孳也？』孟子曰：『大匠不爲拙工改廢繩墨、羿不爲拙射變其彀率。君子引而不發、躍如也。中道而立、能者從

之。』「中道而立」、亦謂道之高者、美者、與此文言「立」義亦同也。「能者從之」、明不能者難以從之、卽此所言「欲從」「末

由」也。春秋繁露二端云：「小大、微著之分也。夫覽求微細於無端之處、誠知小之將爲大也、微之將爲著也。吉凶未形、

聖人所獨立也、雖欲從之、末由也與、此之謂也。」揆董所言、亦以「欲從」者、欲從夫子之所立也。聖不可及、故聖但獨立。

姚氏配中一經廬文鈔云：「道也者、萬物之奧、所以變化而凝成萬物、使各終其性命者也。是以仁者見之謂之仁、知者見之

謂之知、百姓日用而不知。其爲道也屢遷、變動不居、周流六虛、上下无常、剛柔相易、不可爲曲要、唯變所適、此則道之

權也。知變化之道者，知神之所爲，其唯聖人乎？知進退、存亡而不失其正者，其唯聖人乎？故孔子曰『可與立，未可與權』；『神而明之，存乎其人』；『苟非其人，道不虛行』。唯聖人則異以行權。異，人也，精義入神以致用。異，伏也，寂然不動，感而遂通天下之故。所謂『龍蛇之蟄以存身』，至精者也，至變者也，至神者也，聖人之所以極深而研幾也。』案：姚氏之論，聖道精矣。夫子『七十從心所欲，不踰矩』，從心所欲，即變動不居之謂。孟子言『大』、『化』、『聖』、『神』，皆是其詣意。顏子此言，所以窺聖道者，在此時矣。道不外學，學不外禮，夫子十五志學，三十而立，志學即博文也，立即立於禮也，亦即約禮也。如有所立卓爾，謂禮之所立，無非道也。顏子於博，約之敎，服習既久，故擧其所已知者以自明，求其所未知者以自勉。　莊子田子方篇『顏淵曰『夫子步亦步，夫子趨亦趨，夫子馳亦馳，夫子既奔逸絶塵，而回瞠若乎後矣！』』『奔逸絶塵』，則夫子之『所立卓爾』也。『回瞠若後』，則『欲從』『末由』也。惟欲從末由，故仰、鑽既竭，而彌高、彌堅也。在前可瞻，而忽焉在後也，此顏子之未達一閒也。然雖欲從末由，而終是欲罷不能，故夫子又言曰『吾見其進，未見其止矣。』史記世家作『蔑繇』，『末』聲轉『蔑』，『由』『繇』今古文異。○注：『喟，歎聲。』○正義曰：說文：『喟，大息也。』或作『嘖』。『歎，吟也。』顏子贊美聖道，自以竭力學之，終不可幾及，故有此歎。○注：『言不可窮盡。』○正義曰：皇疏引孫綽曰：『夫有限之高，雖嵩、岱可陵；有形之堅，雖金、石可鑽。若乃彌高、彌堅，鑽、仰所不逮，故知絶域之高堅，未可以力至也。』○注：『言恍惚不可爲形象。』○正義曰：說文：『怳，狂貌。』引申爲無定之辭。『恍』即『怳』俗。老子道經『道之爲物，惟怳惟忽。』『惚』亦『忽』俗。　○正義曰：說文：『循，順行也。』順行則有次序，注就本字爲訓，亦得通也。『誘』，說文：『㕗，相訹呼也。從厶羑。誘，或從言秀。』詩野有死麕傳〔一〕『誘，道也。』〔二〕『道』與『導』同，

學記云:「故君子之善喻也,道而弗牽。」又云:「道而弗牽則和。」繁露基義云:「凡有興者,稍稍上之,以逆順往,使人心說

而安之,無使人心恐。」即進勸人法也。

12 子疾病,【注】包曰:「疾甚曰病。」子路使門人爲臣。【注】鄭曰:「孔子嘗爲大夫,故子路欲使弟子行其

臣之禮。」病閒,曰:「久矣哉,由之行詐也!【注】孔曰:「少差曰閒。言子路久有是心,非今日也。」無臣而

爲有臣。吾誰欺?欺天乎?且予與其死於臣之手也,無寧死於二三子之手乎!【注】馬曰:「無

寧,寧也。二三子,門人也。就使我有臣而死其手,我寧死於弟子之手乎!」且予縱不得大葬,【注】君臣禮葬。予死

於道路乎?」【注】馬曰:「就使我不得以君臣禮葬,有二三子在,我當憂棄於道路乎?」 正義曰:爾雅釋詁:「詐,

偽也。」說文:「詐,欺也。」無臣而爲有臣,謂無臣而偽有臣也。考士喪禮,雖有夏祝、商祝、御者、徹者、擯者、

莫者之屬,皆暫時司其事者,謂之有司,本不爲臣,今用大夫禮,是偽有臣也。偽所以爲欺,故曰「吾誰欺?欺天乎」?皇疏

云:「天下人皆知我無臣,則人不可欺,今日立之,此政是遠欲欺天,是偽有臣也。」鄭注云:「大夫退死,葬以士禮;致仕,

以大夫禮葬。」案:年老歸政曰致仕,其爵未失,故從大夫禮葬。若大夫退,是君疏斥己,或已避位弗仕,則

不得以大夫禮葬,故宜以士禮葬也。王制云:「大夫廢其事,終身不仕,死以士禮葬之。」是也。夫子去魯,是退,當以士禮葬

今子路用大夫之禮,故夫子責之。宋氏翔鳳鄭注輯本云:「按此爲孔子未反魯事,故有『死於道路』之語。蓋孔子自知必

〔一〕「野有死麕」原誤作「摽梅」,據毛詩改。

〔二〕「誘」下原衍「進」字,據詩傳刪。

反魯也。」今案：此當是魯以幣召孔子，孔子將反魯，適於道路中得疾也。「大葬」謂魯復用己，以大夫禮葬也。夫子言己

雖未必復見用，以禮大葬，亦當得歸魯，不致死於道路。所以然者，以天未喪斯文，必將命以制作以教萬世，故決不死

於道路，亦兼明子路豫凶事爲過計也。○注：「疾甚曰病。」○正義曰：說文：「病，疾加也。」加，甚義同。鄭此注云「病謂疾

益困也。」○注：「孔子嘗爲大夫，故子路欲使弟子行其臣禮。」○正義曰：夫子仕魯爲司寇，是大夫也。及去魯，以微罪

行，宜降用士禮。今子路尊榮夫子，欲用大夫喪葬之禮，故使門人爲臣助治之。○注：「少差曰閒。」○正義曰：方言：「差、

知，愈也。南楚病愈者謂之差，或謂之閒。」郭注：「閒，言有閒隙。」文王世子：「文王有疾，旬有二日乃閒。」注：「閒，猶瘳

也。」○正義曰：有臣死於臣手，禮也。夫子顧死於弟子手者，以弟子

情益親也。故皇疏云「在三事同，若以親察而言，則臣不及弟子也。」又云「臣禮就養有方，有方則隔；弟子無方，無方

則親也。」○注「就使」至「路乎」。○正義曰：大葬，謂用大夫禮葬也。大夫稱「君」者，對臣言之。有二三子在，不憂棄於

道路，明二三子亦能葬其師，不必迫以君臣之義也。

13

子貢曰：「有美玉於斯，韞匵而藏諸？求善賈而沽諸？」【注】馬曰：「韞，藏也。匵，匱也，謂藏諸

匵中。沽，賣也。得善賈，寧肯賣之耶？」子曰：「沽之哉！沽之哉！我待賈者也。」【注】包曰：「沽之哉！不衒賣

之辭。我居而行賈。」

正義曰：君子於玉比德。時夫子抱道不仕，故子貢借美玉以觀夫子藏用之意。「善賈」喻賢君

也。雖有賢君，亦待聘乃仕，不能枉道以事人也。釋文：「匵，本又作櫝。」通用字。物茂卿論語徵云「善賈」者，賈人之

善者也。「賈音古。」先典籍君秋槎雜記：「儀禮聘禮：『賈人西面坐，啟櫝取圭。』注：『賈人，在官知物價者。』古人重玉，凡用玉必經賈人，況鬻之乎？昭十六年左傳：『宣子有環，其一在鄭商。』韓子買諸賈人，既成賈矣。』此沽玉必經賈人之證也。」謹案：論語釋文：「善賈，音嫁，一音古。」是舊讀賈有古音，即賈人也。說文：「賈，市也。」段氏玉裁注：「賈者，凡買賣之稱也。引伸之，凡賣者之所得，買者之所出，皆曰賈。」俗又別其字作「價」，別其音入禡韻，古無是也。」竊謂下句「待賈」，亦謂待買人。白虎通商賈篇：「商之為言商也。商其遠近，度其有無，通四方之物，故謂之商也。賈之為言固也。固其有用之物，以待民來，以求其利者也。行曰商，止曰賈。易曰：『先王以至日閉關，商旅不行。』論語曰：『沽之哉！我待賈者也。』白虎通引論語，以證『止賈』亦當作「待賈」，今作「待價」，明為後人所改矣。「沽」漢石經俱作「賈」，見東觀餘論。段氏以賈賣皆可云「賈」，「沽」是假借字。玉篇引「求善賈而沽諸」，說文云「秦以市買多得為㕐。」則作㕐亦通。此當出齊、古異文。譯經音辨四：「論語『沽之哉』，鄭康成亦音故。」此就鄭義為音。○注「韞藏」至「匵中」。○正義曰：鄭注云「韞，裒也。匵，匱也。」即本馬注。「裒」「藏」同義。「韞」既訓「藏」，經下文又言「藏」者，古人自有複語，若詩「采采芣苢，薄言采之」，上下句皆言「采」矣。說文：「匵，匵也。」「匵，匣也。」今俗別作「櫃」。○注「沽之」至「待賈」。○正義曰：太平御覽珍寶部三引鄭此注云：「寧有自衒賣之道乎？我居而待價者。」與此注同。「沽之哉」，乃反言以決絕之辭，明沽是衒賣也。御覽引鄭作「待價」，字之誤。曰：「重言『沽之哉』，賣之不疑也。」包、鄭均云「居而行賈」，似亦通也。說文：「衒，行且賣也。從行從言。衒、衒或從玄。」[一]顏師古漢書東方朔傳注：「衒，行賣也。」包、鄭義異，似亦音古。

〔一〕「衒」下「衒」字原脫，據說文補。

〔二〕「行」原誤作「待」，據上包注改。

14 子欲居九夷。 或曰：「陋，如之何？」子曰：「君子居之，何陋之有？」【注】馬曰：「九夷，東方之

夷，有九種。君子所居則化。」

正義曰：子欲居九夷，與乘桴浮海，皆謂朝鮮。夫子不見用於中夏，乃欲行道於外域，則

以其國有仁賢之化故也。 説見前「浮海」疏。 後漢書東夷列傳「昔箕子違衰殷之運，避地朝鮮。始其國俗未有開也，及

施八條之約，使人知禁，遂乃邑無淫盜，門不夜扃，回頑薄之俗，就寬略之法，行數百千年，故東夷通以柔謹爲風，異乎三

方者也。苟政之所暢，則道義存焉。仲尼懷憤，以爲九夷可居，或疑其陋。子曰：『君子居之，何陋之有？』亦徒有以焉爾。」

此本前漢地理志，而意更顯。 九夷者，夷有九種，朝鮮特九夷之一。 淮南齊俗訓謂「泗上十二諸侯，率九夷以朝」。越王勾

踐，惟九夷在東，故泗上諸侯得以率之。 戰國秦策「楚包九夷」。魏策「楚破南陽九夷，內沛，許、鄢陵危。」史記李斯傳：

「惠王用張儀之計，南取漢中，包九夷，制鄢、郢。」索隱曰：「九夷即屬楚之夷也。」呂氏祖謙大事記據索隱説，以爲孔子在

陳、蔡，相去不遠，則正或人所識，夫子不應欲居之矣。 案：呂氏誤也。 南方曰蠻，其稱夷、稱九夷者，皆假借稱之。況楚地之夷，其風俗

獷悍，至今猶然，所以有欲居九夷之言。 玄菟、樂浪、高麗，皆朝鮮地。 後漢東夷傳「夷有九種，曰畎夷，于

封於朝鮮，能推道訓俗，教民禮義田蠶，至今民飲食以籩豆爲貴，衣冠禮樂，與中州同，以箕子之化也。『君子居之』，指箕

子言，非孔子自稱爲君子。」○注「九夷」至「則化」。○正義曰：皇疏云：「東有九夷…一玄菟，二樂浪，三高麗，四滿飾，五鳧

更，六索家，七東屠，八倭人，九天鄙，皆在海中之夷。 玄菟、樂浪、高麗，皆朝鮮地。 何異孫十一經問對「箕子受

夷，方夷、黃夷、白夷、赤夷、玄夷、風夷、陽夷，故孔子欲居之也。」此謂夷之九種，凡在海中及居中國，皆得名之，與皇疏所

指略異。 蓋皇疏以地言，漢傳以類言也。 爾雅釋地「九夷、八狄、七戎、六蠻謂之四海。」白虎通禮樂篇「東所以九何？蓋

來過者九，九之爲言究也。德徧究，故應德而來亦九也。非故爲之，道自然也。」孟子盡心篇：「君子所過者化，所存者

神。」故君子居之，則能變其舊俗，習以禮儀，若泰伯君吳，遂治周禮也。

15　子曰：「吾自衞反魯，然後樂正，雅、頌各得其所。」【注】鄭曰：「反魯，哀公十一年冬，是時道衰樂

廢，孔子來還乃正之。故雅、頌各得其所。」　正義曰：皇本「反」下有「於」字。「雅」者，正也。所以正天下也。周室西

都，爲政治之所自出，故以其音爲正而稱雅焉。至平王東遷，政教微弱，不能復雅，故降而稱風。風、雅皆以音言。「頌」

者，容也，以舞容言之也。蓋風、雅但絃歌笙間，惟三頌始有舞容，故稱頌。此阮氏元釋頌義。孔子正樂，兼有風、雅、頌，

此不及風者，舉雅、頌則風可知。○【注】「鄭曰」至「其所」。○正義曰：皇本此注作「包曰」反魯，在哀十一年冬，見左氏傳，

時孔子年六十九。後漢書范升傳奏曰：「詩、書之作，其來已久。孔子尚周流遊觀，至於知命，自衞反魯，迺正雅、頌，」以

正樂爲在知命時，誤也。鄉飲酒禮注云：「後世衰微，幽、厲尤甚。」周官太師先鄭注亦云：「時禮樂自諸侯出，頗有謬亂不正，」則

當時在者而復重雜亂者也，惡能存其亡者乎？禮樂之書，稍稍廢棄。孔子曰：『吾自衞反於魯』云云，謂

二鄭皆以雅、頌得所爲整理其篇第也。　毛氏奇齡四書改錯不從鄭說，謂正樂非正詩。又云：「正樂，正樂章也，正雅、頌之

入樂部者也。　部者，所也。如鹿鳴一雅詩，奏於鄉飲酒禮，則鄉飲酒禮其所也。又用之鄉射禮、燕禮，則鄉射、燕禮亦其

所也。　然此三所，不止鹿鳴，又有四牡、皇皇者華兩詩，則以一雅分數所，與數雅合一所，總謂之『各得其所』。乃從而正

之，則先正諸雅之在諸所者，並正此雅之錯入他所，與他雅之錯入此所者，皆謂之正雅。　惟頌亦然。　清廟祀文王，則祀文

其所也。然而祭統謂『大嘗、禘，歌清廟』，則嘗、禘又其所。又且文王世子謂天子養老，登歌清廟，而仲尼燕居且謂清廟者，兩君相見之樂歌，則養老與君相見禮無非其所。此必夫子當時專定一書，合統諸節目，正其出入，如漢後樂錄名色，而今不傳矣。茲但就雅、頌二詩之首，約略大槪如此。若其他雜見，如肆夏爲時邁一詩，饗禮，天子所以享元侯，而祭禮謂大祭迎尸。采蘋、采蘩，燕禮用之，而射義謂大夫以采蘋爲射節，士以采蘩爲射節。祭禮祀文以雍徹，而仲尼燕居謂大饗賓出亦以雍徹。大武舞勺又舞象，勺卽酌詩，象卽維清詩，而内則入學，亦復十三舞勺，成童舞象。是樂各有所寓，有不如是而必不可者，所謂正也。毛氏之論，視鄭爲廢。包氏愼言敏甫文鈔以雅、頌爲音，與毛又異，而義亦通。今都錄其說云：『論語『雅、頌』以音言，非以詩言也。樂正而律與度協，聲與律諧，鄭、衛不得而亂之，故曰得所。詩有六義：曰風、曰賦、曰比、曰興、曰雅、曰頌。而其被之於樂，則雅中有頌，頌中有雅，風中亦有雅、頌。揚雄法言曰：『或問：五聲十二律也，』詩之風、雅、頌以體別，樂之雅、頌以律別。雅、頌以律同，本之性情，稽之度數，協之音律，其中正和平者，則俱曰雅、頌焉云爾。詩之風、雅、頌，衞不能入也。』由是言之，樂或雅或鄭，何也？曰：中正爲雅，多哇爲鄭。請問本。曰：黃鍾以生之，中正以平之，確乎鄭、衞不能入也。』由是言之，樂有樂之雅、頌，詩有詩之雅、頌，二者固不比而同也。七月，邠風也，而籥章吹以養老息物則曰雅，吹以迎送寒暑則曰頌。一詩而可雅可頌，邠風然，知十五國亦皆然也。大戴禮投壺云：『凡雅二十六篇。鹿鳴、貍首、鵲巢、采蘩、采蘋、伐檀、騶虞，此五篇，皆風也，而名之爲雅者，其音雅也。投壺又云：『八篇可歌，七篇商、齊可歌。』商，頌也；齊，風也，而皆曰雅。由是言之，雅、頌者，通名也。漢杜蔓傳『雅樂四曲』，有駉、伐檀、騶虞，八篇可歌。』鵲巢、采蘩、采蘋、伐檀、騶虞，此五篇，皆風也，而皆曰雅。由是言之，雅、頌者，通名也。廢，不可歌，七篇商、齊可歌。』商，頌也；齊，風也，而皆曰雅。『鹿鳴、伐檀、騶虞、文王』，墨子謂『騶虞爲文王之樂』，與武、勺並稱，則風詩之在樂，可名雅，而又可名頌矣。淮南泰族訓

曰：『雅、頌之聲，皆發於群，本於情，故君臣以睦，父子以親。故韶、夏之樂也，聲平金石，潤乎草木。』然則韶、夏亦云雅、頌，豈第二雅三頌之謂哉？又曰：『言不合乎先王者，不可以爲道；音不調乎雅、頌者，不可以爲樂。』然則雅、頌自有雅、頌之律，豈第二雅三頌之謂哉？又曰：『言不合乎先王者，不可以爲道；音不調乎雅、頌者，不可以爲樂。』然則雅、頌自有雅、頌之律，性情正，音律調，雖風亦曰雅、頌。性情不正，音律不調，即雅、頌亦不得爲雅、頌。後世非無雅、頌之詩，而不能與雅、頌並稱者，情乖而律不調也。

太史公樂書曰：『凡作樂者，所以節樂。君子以謙退爲禮，減損爲樂，其如此也。以爲州異國殊，情習不同，故博采風俗，協比聲律，以補短移化，助流政教。天子躬於明堂臨觀，而萬民咸蕩滌邪穢，斟酌飽滿，以飾厥性。故云雅、頌之音理而民正。』夫州異國殊，風也。天子博采而協比以音律，則俱曰雅、頌。樂之雅、頌，其果以詩分乎？不以詩分乎？樂書又言：『天子諸侯聽鐘磬未嘗離於庭，卿大夫聽琴瑟之音未嘗離於前，所以養仁義，防淫佚也。夫淫佚生於無禮，故聖人使耳聞雅、頌之音，目視威儀之禮。』由是言之，樂之雅、頌，猶禮之威儀。威儀以養身，雅、頌以養心。聲應相保，細大不踰。使人聽之而志意得廣，心氣和平者，皆雅、頌也。以詩之雅、頌，則經傳多格而不通矣。樂記曰：『故人不能無樂，樂不能無形，形而不爲道，不能無亂，故制雅、頌之聲以道之。』周南、召南，莫非先王所制，則莫非雅、頌也。非先王所制，而本之性情，稽之度數，協之聲律，不悖於先王者，聖人有取焉。史記孔子世家『詩三百五篇』〔一〕孔子皆弦歌之，以求合乎韶、武、雅、頌之音』。三百篇之於雅、頌，不必盡合也。其合乎雅、頌者，即謂之雅、頌。故伐檀也，齊也，亦曰雅。大戴所言，杜夔所傳，豈其謬哉？漢書禮樂志云：『周衰，王官失業，雅、頌相錯，孔子論而定之。』

〔一〕『孔子世家』原誤作『儒林傳』，據史記改。

『詩三百五篇』〔一〕孔子皆弦歌之，以求合乎韶、武、雅、頌之音』。三百篇之於雅、頌，不必盡合也。其合乎雅、頌者，即謂之雅、頌。故伐檀也，齊也，亦曰雅。大戴所言，杜夔所傳，豈其謬哉？漢書禮樂志云：『周衰，王官失業，雅、頌相錯，孔子論而定之。』故曰：『吾自衛反魯，然後樂正，雅、頌各得其所。』班氏所謂『雅、頌相錯』者，謂聲律之錯，非謂篇章錯亂也。

所謂『孔子論而定之』者，謂定其聲律，非謂整齊其篇次也。子曰『師摯之始，關雎之亂，洋洋乎盈耳哉！』關雎篇次，非

有所錯，然洋洋之盛，必待孔子正樂之後。蓋自新聲既起，音律以乖，先王雅、頌皆因之以亂。詩則是也，聲則非也，故曰

惡鄭聲之亂雅樂也。淮南曰『先王之制法也』因民之所欲，而爲之節文者也。因其好色，而制婚姻之禮，故男女有別。因

其好音，而正雅、頌之聲，故風不流。關雎、葛覃、卷耳，正所謂節而不使流者也。然使以鄭聲弦之歌之，則樂者淫，哀者傷

矣。』明乎此，而雅、頌之不繫乎詩可知，得所之非整理其篇章亦可知。」

16 子曰：「出則事公卿，入則事父兄，喪事不敢不勉，不爲酒困，何有於我哉？」【注】馬曰：

「困，亂也。」　正義曰：鄉飲酒禮注：「大國有孤，四命謂之公。」胡氏匡衷儀禮釋官：「天子有三孤，副三公。大國無公，

惟有孤，故孤亦號爲公。」白虎通爵篇：「卿之爲言章也，章善明理也。」禮王制：「大國三卿，皆命于天子；次國三卿，二卿

命于天子，一卿命于其君；小國二卿，命于其君。」夫子此言「事公卿」，則已仕魯時也。邢疏云：「言出仕朝廷，則盡其忠順

以事公卿也。入居私門，則盡其孝悌以事父兄也。若有喪事，則不敢不勉力以從禮也，未嘗爲酒亂其性也。」案：「何有」，

言不難有也。說見前默識章疏。○注：「困，亂也。」○正義曰：「困」訓亂者，引申之義。鄉飲酒義：「降，說屨升堂，脩爵無

數，飲酒之節，朝不廢朝，莫不廢夕。賓出，主人拜送，節文終遂焉。知其能安燕而不亂也。」下篇說夫子事云：「唯酒無

量，不及亂。」

17　子在川上曰：「逝者如斯夫！不舍晝夜。」【注】包曰「逝，往也。言凡往也者，如川之流。」

注「包曰」至「之流」。○正義曰：皇本作「鄭注」，高麗本及文選秋興賦注引此注作「包」，與邢本同。凡者，非一之辭。明君子進德修業，孳孳不已，與水相似也。法言所謂進，與夫子言逝義同。法言學行篇「或問進。曰水。或曰：為其不舍晝夜與？曰有是哉，滿而後漸者，其水乎」逝者，往也，言往進也。春秋繁露山川頌篇「水則源泉混混沄沄，晝夜不竭，既似力者；盈科後行，既似持平者；循微赴下，不遺小閒，既似察者；循溪谷不迷，或奏萬里而必至，既似知者；障防山而能清淨，既似知命者；不清而入，潔清而出，既似善化者；赴千仞之壑，入而不疑，既似勇者；物皆困於火，而水獨勝之，既似武者；咸得之生，失之而死，既似有德者。』孔子在川上曰『逝者如斯夫！不舍晝夜。』此之謂也」，以證「似力」一節，非以論全德也。至法言所謂「滿而後漸」，則又一意。孟子離婁篇「徐子曰『仲尼亟稱于水，曰：「水哉！水哉！」何取於水也？』孟子曰『源泉混混，不舍晝夜，盈科而後進，放乎四海。有本者如是，是之取爾。』此即「滿而後漸」之義，亦前意之引申。故趙岐孟子章指云「言有本不竭，無本則涸，虛聲過實，君子恥諸。是以仲尼在川上曰『逝者如斯』，明夫子此語，既贊其不息，且知其有本也。」「如川之流」，詩常武文。〔一〕地官序官注「川，流水。」

18　子曰：「吾未見好德如好色者也。」【注】疾時人薄於德而厚於色，故發此言。正義曰：史記孔子世家言「孔子居衛，靈公與夫人同車，宦者雍渠參乘，出，使孔子為次乘，招搖市過之。孔子曰『吾未見好德如好色者也。』於

〔一〕「常武」原誤「天保」，據毛詩改。

是醜之，去衞過曹。是歲，魯定公卒。」則此語在定十四年。史記集解引李充曰：「使好德如好色，則棄邪而反正矣。」〇

注：「疾時人薄於德而厚於色。」〇正義曰：坊記注解此文云：「疾時人厚於色之甚，而薄於德也。」即此注所本。毛詩序：「女曰雞鳴，刺不好德也。陳古義以刺今，不說德而好色也。」鄭注：「德謂賢士大夫有德者。」

19 子曰：「譬如爲山，未成一簣，止，吾止也。【注】包曰：「簣，土籠也。此勸人進於道德。爲山者其功雖已多，未成一簣而中道止者，我不以其前功多而善之。見其志不遂，故不與也。」譬如平地，雖覆一簣，進，吾往也。」【注】馬曰：「平地者，將進加功，雖始覆一簣，我不以其功少而薄之。據其欲進而與之。」

正義曰：「爲山」，謂積土爲山也。「簣」，漢書禮樂志、後漢班固傳注、達摩多羅禪經上注引此文並作「匱」。唐化度寺碑「簣覆匱以成山」，亦用此文，蓋叚借也。荀子宥坐篇：「孔子曰：『如垤而進，吾與之；如丘而止，吾已矣。』」即此章異文。孟子盡心篇：「有爲者辟若掘井，掘井九軔而不及泉，猶爲棄井也。」大戴禮勸學云：「積土成山，風雨興焉；積水成淵，蛟龍生焉；積善成德，而神明自得，聖心備焉。〔一〕故不積跬步，無以至千里；不積小流，無以成江河。騏驥一躍，〔二〕不能十步；〔三〕駑馬十駕〔四〕功在不舍。鍥而舍之，朽木不折，鍥而不舍，金石可鏤。」二文並與此章義相發。〇注「簣土」至「與也」。〇

正義曰：鄭此注云：「簣，盛土器。」與包注互備。廣雅釋器：「簣、筥、𥶢、籔、篼、篝、筲、籠也。」皆異名同物。顏師古王莽傳

〔一〕「備」原誤作「循」，據大戴禮並參荀子改。　〔二〕「躍」，大戴禮作「蹕」。　〔三〕「十步」，大戴禮作「千里」。　〔四〕「十駕」，大戴禮作「無極」。　按以上所引實爲荀子勸學篇文，故與大戴禮勸學篇文有小異。

注：「匱，織竹爲器，所以盛土。」又禮樂志注：「織草爲器。」「草」疑「竹」之誤。「勸人進於道德」者，明人進於道德，當如爲山積土不已，期於成也。「見其志不遂故不與」者，明已設教，當觀其志能遂與否，若見志不遂，則其功終不能就。如斯之人，不能復與之也。禮中庸云：「故天之生物，必因其材而篤焉。故栽者培之，傾者覆之。此之謂。」

20　子曰：「語之而不惰者，其回也與！」【注】顏淵解，故與之而不惰；餘人不解，故有惰語之時。○正義曰：說文：「惰，不敬也。從心，墮省聲。惰、憜或省自。」不敬，則有懈倦之意。廣雅釋詁：「惰，嬾也。」○注「顏淵」至「之時」。○正義曰：顏子於夫子言無所不說，說者，解也。夫子與顏子言終日，是語之不惰也。學記云：「古之教者，時觀而勿語，必力不能問，然後語之。語之而不知，雖舍之可也。」舍之，即惰矣。

21　子謂顏淵曰：「惜乎！吾見其進也，未見其止也。」【注】包曰：「孔子謂顏淵進益未止，痛惜之甚。」○正義曰：皇本作「馬注」。說文：「惜，痛也。」楚辭惜誓序：「惜者，哀也。」皇疏云：「顏淵死後，孔子有此歎也。」

22　子曰：「苗而不秀者有矣夫！秀而不實者有矣夫！」【注】孔曰：「言萬物有生而不育成者，喻人亦然。」正義曰：說文：「苗，草生於田者。」帥謂穀也。倉頡篇：「苗，禾之未秀者也。」何休公羊莊七年注〔一〕：「苗者，禾

〔一〕「七」字原誤作「二十八」，據公羊傳注改。

也。生曰苗，秀曰禾。」秀即采也。

説文：「采，禾成秀也。」凡禾黍先作華，華瓣收，即爲稃而成實，實即稃中之仁也。苗而不

秀，秀而不實，謂年穀不順成也。翟氏灝考異：「牟融理惑論云：『顏淵有「不幸短命」之記，「苗而不秀」之喻。』禰衡顏子碑

云：「亞聖德，蹈高蹤，秀不實，振芳風。」李軌法言注云：『仲尼悼顏淵苗而不秀，子雲傷童烏育而不苗。』文心雕龍云：『苗

而不秀，千古斯慟。』皆以此爲惜顏子而發，自必古論語家相傳舊義。案：漢沛相

客喻云〔一〕『秀而不實，尼父爲之歎息。』而世説新語謂『王戎之子萬有大成之風，苗而不秀，子雲傷童烏育而不苗』。梁書徐勉因子悱卒，爲答

范君墓碣：「茂而不實，顏氏暴顚。」是六朝以前，人皆以此節謂爲顏子而發。皇疏云：『又爲

歎顏淵爲譬也。」邢疏云：「此章亦以顏淵早卒，孔子痛惜之，爲之作譬。」説並得之。○注：「言萬物有生而不育成者，喻人

亦然。」○正義曰：法言問神篇：「育而不苗者，吾家之童烏乎？」後漢書章帝八王傳贊：「振振子孫，或秀或苗。」皆以此章

喻人早夭也。人早夭，故成德亦有未至。

23 子曰：「後生可畏，焉知來者之不如今也？四十、五十而無聞焉，斯亦不足畏也已。」

【注】後生謂年少。

正義曰：「後生可畏」，謂生質獨美也。「不如今」，謂不如今日之可畏也。人少時有聰慧，爲人所

畏。至年壯老，學力復充，故人常畏服之。曰「焉知」者，論衡實知篇解此文，以爲後生難處是也。大戴禮曾子立事篇：

「三十、四十之閒而無執，即無執矣。五十而不以善聞，則無聞矣。」與此文義同。「無聞」，謂無善聞於人也。無聞由於無

〔一〕「答」字原脱，據梁書徐勉傳補。

藝,藝謂所學之業也。禮學記云:「時過然後學,則勤苦而難成。學貴不失時,故君子愛日也。」胡氏紹勳拾義:「人至五十爲老年,是以養老自五十始。曲禮云『五十曰艾』,王制云『五十始衰』,縱能加功,進境有限,況王制又云『六十不親學』。五十無聞,更無望於六十矣。據內則『二十博學不教,三十博學無方』。學至有聞,早則定於四十以前,遲則定於五十以前,斷不定於五十以後。因直決之曰『斯亦不足畏也已』。」皇本「可畏」下有「也」字,「已」下有「矣」字。

24 子曰:「法語之言,能無從乎?改之爲貴。【注】孔曰:「人有過以正道告之,口無不順從之,能必自改之,乃爲貴。」巽與之言,能無説乎?繹之爲貴。【注】馬曰:「巽,恭也,謂恭孫謹敬之言。聞之無不說者,能尋繹行之,乃爲貴。」説而不繹,從而不改,吾末如之何也已矣。」

○正義曰:釋文:「語,於據反。」謂告語之也。淮南子原道訓:「故聽善言便計,雖愚者知說之。稱至德高行,雖不肖者知慕之。說之者衆,而用之者鮮;慕之者多,而行之者寡。所以然者何也?不能反諸性也。」釋文並云「繹本作懌」,頍弁釋文「懌本作繹」可證也。郭注引「懌之爲貴」。廣雅釋詁「懌,改更也。」繹、懌古多通用。詩板、泮水、那也。方言:「俊、懌,改也。自山而東或曰懌。」郭注方言引此文,是訓懌爲改,與馬注異,亦得通也。「法語之言」、「巽與之言」,言者祇此二術。故說而不繹,從而不改,雖聖人亦無如之何矣。

○注「人有」至「爲貴」。○正義曰:「法」者,「灋」之借字。說文:「灋,刑也。平之如水,从水,廌,所以觸不直者去之,從去。」引申爲典型銓度之稱,故此注「法」爲正道也。用正道告之,人畏義而服,故口不能不順從。○注「巽恭」至「爲貴」。○正義曰:易巽象傳:「順以巽也。」虞注:「巽,外迹相卑下也。」是「巽」有恭義。人有過,我以恭遜謹敬與之言,人感我柔

順，不能不說也。說文：「啓，繹理也。繹，抽絲也。」方言：「繹，理也。」絲曰繹之，是「尋繹」謂抽引其理也。既尋繹之，則

能行之可知，注義自爲引伸也。鄭注云：「繹，陳也。」此本爾雅釋詁，其義未詳。

曰：皇疏云：「此事再出也。」范寧云：「聖人應於物作教，一事時或再言，弟子重師之訓，故又書而存焉。」

25 子曰：「主忠信，無友不如己者，過則勿憚改。」【注】慎所主友，有過務改，皆所以爲益。　正義

26 子曰：「三軍可奪帥也，匹夫不可奪志也。」【注】孔曰：「三軍雖衆，人心不一，則其將帥可奪而取

之。匹夫雖微，苟守其志，不可得而奪也。」　正義曰：「帥」者，「衛」之借字。說文：「衛，將衛也。」「匹夫」者，爾雅釋詁：

「匹，合也。」書堯典疏：「士大夫已上，則有妾媵，庶人無妾媵，惟夫妻相匹。其名既定，雖單亦通謂之匹夫、匹婦。」鄭注

云：「匹夫之守志，重於三軍之死將者也。死將，謂奪取軍將而致之死也。三軍之帥，以人爲衛，故遇彊敵可覆而取之。

匹夫守志，志有一定，不可得而奪也。」禮緇衣云：「子曰：『言有物而行有格也。是以生則不可奪志，死則不可奪名。』」又

儒行云：「儒有今人與居，古人與稽，今世行之，後世以爲楷。適弗逢世，上弗援，下弗推，讒諂之民，有比黨而危之者，身可

危也，而志不可奪也。」○注「三軍」至「取之」。○正義曰：孫子始計篇：「道者，令民與上同意，可與之死，可與之生，而不

畏危也。」又九地篇：「故善用兵者，攜手若使一人，不得已也。」是言行軍貴一心也。若衆心不一，則士卒懈散，莫有鬭志，

故其將可奪而取之。　吳子論將云：「士輕其將而有歸志，塞易開險，可邀而取。」

27 子曰:「衣敝縕袍,與衣狐貉者立,而不恥者,其由也與?」【注】孔曰:「縕,枲著。」 正義曰:

釋文云:「弊,本今作敝。」皇本及說文衣部亦作「弊」。釋文引鄭注:「縕,枲也。」藝文類聚三十五、御覽四百八十二引鄭注

「枲」並作「絮」。盧氏文弨釋文考證以作「絮」為正。蓋鄭與孔異,故釋文引之。若亦訓「枲」,則與孔無甚異矣。禮玉藻:

「纊為繭,縕為袍。」注云:「衣有著之異名也。纊謂今之新綿也,縕謂今之纊及舊絮也。」李氏惇羣經識小:「古無木綿,著

皆以絮為之。絮,絲餘也。玉藻所云『今』者,指漢末而言。古以新綿為纊,舊絮為縕。漢則以精者為綿,而粗者為縕,

古今語異也。」案:韓詩外傳:「士褐衣縕著,未嘗完也。」又云:「曾子褐衣縕絮,未嘗完也。」漢書東方朔傳「衣縕無文」師

古注:「縕,亂絮也。」皆以「縕」為「絮」。說文:「絮,敝緜也。」「袍」者,說文:「袍,襺也。」爾雅釋言:「襺,袍也。」互相訓。釋

名釋衣服云:「袍,丈夫著下至跗者也。袍,苞也,苞內衣也。」任氏大椿深衣釋例:「喪大記:『袍必有表,謂之一稱。』注:

『袍,褻衣。』蓋袍為深衣之制,特燕居便服耳,故云『褻衣』。周官玉府注云:『燕衣服者,巾絮寢衣袍襗之屬。』論語『紅紫

不以為褻服』,鄭注云:『褻服,袍襗。』此『袍』為褻衣之明證也。」案:「袍」是春秋二時之服,若袷褶之類。於時人已服裘,

子路猶衣敝袍也。「狐貉」,「狐貉」二獸名。汗簡引古論語「貉」作「貈」。說文:「貈,似狐,善睡。」引論語「狐貈之厚以居」。段氏

玉裁注謂:「凡『狐貉』連文者,皆當作貈。今字作貉,皆假借。」「貉」,說文以為北方豸種。先鄭職方注:「北方曰貉。」是貉

乃夷狄之名,別一義也。詩七月:「一之日于貉,取彼狐狸,為公子裘。」「貉」、「狐」、「狸」,皆公子之裘,詩文參互。鄭箋以

「于貉」為邠民自取,非也。春秋繁露服制篇:「百工商賈,不敢服狐貉。」則「狐」、「貉」並貴者所服。江氏永鄉黨圖考謂

「狐貉之裘為褻裘」。則此文「狐貉」與「縕袍」並為燕居之服矣。○注「縕,枲著。」○正義曰:「枲」者,麻之異名。○注與鄭

異，亦通。說文：「縕，紼也。紼，亂系也。」又「褞」下云：「以絮曰褞，以縕曰袍。」別絮言「縕」，則「縕」是「枲」可知。漢書刪

通傳「束縕請火於亡肉家。」師古注：「縕，亂麻也。」「著」，猶言藏也。士喪禮：「著組繫。」注：「著，充之以絮也。」

正義曰：「終身」者，言常誦之將終身也。「誦」者，周官大司樂注：「以聲節之曰誦。」孔氏廣森經學卮言：「子路終身常誦

28 「不忮不求，何用不臧？」【注】馬曰：「忮，害也。臧，善也。言不忮害，不貪求，何用為不善？」疾貪惡忮害之

詩。子路終身誦之。子曰：「是道也，何足以臧？」【注】馬曰：「臧，善也。尚復有美於是者，何足以為善？」

「不忮不求」二言，猶南容一日三復『白圭之玷』。子以其取於詩者小，故語之曰『不忮不求』，是或一道也，然止于是而已，

則亦何足以臧哉。尋省舊注，絕不與上『衣敝縕袍』相蒙，作疏者始以引詩為美，子路又以『終身誦之』為聞譽自足。既重

誣賢者，且夫子先既取詩詞『何用不臧』，而後頓抑之謂『何足以臧』，是自異其枘鑿，不可通也。」又云：「注疏本三十章，釋

文則云三十一章，竊疑陸所見古本多一章者，正分『不忮不求』以下矣。」案：仲尼弟子列傳載『衣敝縕袍』一節，無「不忮不

求」二句，亦一證。○注：「忮害」至「之詩」。○正義曰：「忮害」、「臧善」，並毛傳文。說文：「忮，很也。」漢書寗成傳「汲黯

先。」師古曰：「忮，意堅也。」義並相近。「何用為不善」，明「不忮不求」即為善也。

說文：「忮，很也。」韓詩外傳「夫利為害本，而福為禍

唯不求利者為無害，不求福者為無禍；非其有而求之，雖強不得。故智者不為非

其事，廉者不求非其有，是以害遠而名彰也。」三節皆引詩「不忮不求，何用不臧」。揆韓之意，似以不害由於不求也。害謂己有禍患，不謂傷害

暢乎中，而無外求也。」

人也。此義與馬不同，並得通也。鄭詩箋云：「言君子之行，不忮害，不求備於一人。」解「不忮」與馬同，「不求」與韓、馬異，或本齊、魯說。「疾貪惡忮害之詩」者，貪惡謂貪求之惡。詩者，邶風雄雉篇文。〔一〕○注「臧善」至「爲善」。○正義曰：「臧，善也。見上注，此當衍。「尚復有美於是者」言學道無止境也。譬若富者無驕、貧者無諂，尚未若富好禮、貧樂道也。克伐怨欲不行，可以爲難，尚未可以爲仁也。是皆未足爲善也。

29 子曰：「歲寒，然後知松柏之後彫也。」【注】大寒之歲，衆木皆死，然後知松柏小彫傷。平歲則衆木亦有不死者，故須歲寒而後別之。喻凡人處治世，亦能自修整，與君子同。在濁世，然後知君子之正不苟容。　正義曰：

「歲寒」者，孫炎爾雅注云：「四時一終曰歲，取歲星行一次也。」說文「寒」作「𡫘」，云：「凍也。從人在宀下，以茻薦覆之，下有仌。」釋名釋天：「寒，扞也，扞格閉塞不通也。」瞿氏灝考異云：「莊子讓王篇『天寒既至，霜雪既降，吾是以知松柏之茂也。」陳、蔡之阨，于丘其幸乎！」乃子厄陳、蔡時，謂子路之言。案：此又見風俗通窮通篇。說文云：「凋，半傷也。彫，琢文也。」義別，今多通用。○注「大寒」至「苟容」。○正義曰：玉篇「寒，冬時。」是寒乃歷歲氣候。注必言「大寒」者，極言之耳。荀子大略篇：「君子隘窮而不失，勞倦而不苟，臨患難而不忘細席之言。」淮南子俶真訓：「夫大寒至，霜雪降，然後知松柏之茂也。史記伯夷列傳：「歲寒，然後知松柏之後凋，舉世汙濁，清士乃見。」潛夫論交際篇：「昔魏其之客，流於武安；長平之吏，移於冠軍；也。據難履危，利害陳於前，然後知聖人之不失道也。」

〔一〕邶風原誤作「衞風」，據毛詩改。

廉頗、翟公，載盈載虛。夫以四君之賢，藉舊貴之厚恩，客猶若此，則又況乎生貧賤者哉？惟有古烈之風，忠義之士，爲不

然爾。恩有所結，終身無解，心有所矜，賤而益篤。故歲寒然後知松柏之後凋也。」諸說或以「歲寒」喻事難，喻亂世，喻

勢衰，義均得通。〔注〕就亂世言。

30　子曰：「知者不惑，〔注〕包曰：「不惑亂。」仁者不憂，〔注〕孔曰：「無憂患。」勇者不懼。」　正義曰：

申鑒雜言下：「君子樂天知命，故不憂；審物明辨，故不惑；定心致公，故不懼。若乃所憂懼則有之，憂己不能成天性也。

懼己惑之，憂不能免天命無惑焉。」

31　子曰：「可與共學，未可與適道；可與適道，未可與立；可與立，未可與權。」〔注〕適，之也。

雖學或得異端，未必能之道；雖能之道，未必能有所立；雖能有所立，未必能權量其輕重之極。「唐棣之華，偏其

反而。豈不爾思？室是遠而。」子曰：「未之思也，夫何遠之有？」〔注〕逸詩也。唐棣，栘也。華反而後

合。賦此詩者，以言權道反而後至於大順。思其人而不自見者，其室遠也。以言思權而不得見者，其道遠也。夫思者

當思其反，反是不思，所以爲遠。能思其反，何遠之有？言權可知，唯不知思耳。思之有次序，斯可見矣。　正義曰：

〔與〕者，以也。淮南子氾論訓：「孔子曰：『可以共學矣，而未可以適道也；可與適道，未可以立也；可以立，未可與權。』」

與、以錯出，與即以也。「學」者，業之所同，講習切磋，彼此資益，故曰「共學」。至適道立權，各由人所自得，故不曰共也。

高誘淮南子注曰：「道，仁義之善道。」立，謂立德、立功、立言。」戴氏震孟子字義疏證：「蓋同一所學之事，試問何爲而學？

其志有去道甚遠者矣，求利祿聲名者是也。道責於身，不使差謬，能不見奪者寡矣，故未可與立。守道卓

然，知常而不知變，由精義未深，所以增益其心志之明，使全乎聖智者，未之盡也，故未可與權。」「唐棣之華」，此引

詩，言以華之反而後合，喻權之反經而合道也。　春秋繁露竹林篇，文選廣絕交論注引此文作「棠棣」，「唐」、「棠」通用字。

爾雅釋草云：「木謂之榮，草謂之華。」此唐棣是木，亦言「華」者，散文可通稱，故說文云「蕚，榮也」是也。「偏其反而」者，

皇疏云：「言偏者，明唯其道偏與常反也。」朱子集注引晉書「偏」作「翩」，似晉書無此文。　角弓詩：「翩其反矣。」桑柔詩：

「旟旐有偏。」釋文：「偏，本亦作翩。」韋昭周語注：「翩翩，動搖不休止之意。」然則「偏」讀「翩」，義亦通矣。　「而」者，語助之

辭。　皇疏云：「『豈不爾思』，室是遠而」者，言凡思其人而不得見者，其居室遼遠故也。人豈不思權，玄邈如其室奧遠故

也。」劉氏逢祿述何篇：「夫子以思爲未思者，不欲誣夸於室，誠之至也。」馮氏登府異文考證：「縣詩正義及三國志魏武帝

紀注，說苑權謀、北周書宇文護傳論並作『可與適道，未可與權』。筆解作『可與共學，未可立』、『可與適道，未可與權』，

詞多以『夫』字屬句末」歷引左傳僖二十四年、宣十二年、成八年、襄二十四年、中庸、法言爲證。其說良然。　皇本「有」下

多「哉」字。　○注「夫字屬句末」。　武氏億經讀考異謂「如一讀有咏歎淫泆之趣」。又謂「古人釋詩之

非。　夫，音符。一讀以夫字屬上句」高麗本讀正同。　釋文：「未，音味。或讀未者，

可以適他與？　○注「適之」至「之極」。　○正義曰「之」者，往也。法言問道篇：「或問道。曰：道也者，通也，無不通也。或曰：

可以適堯、舜、文王者爲正道，非堯、舜、文王者爲他道。君子正而不他。　塗雖曲，而通諸夏則由諸；川雖

曲，而通諸海則由諸。」宋咸注：「他，異端也。」與此注相發。《玉篇》：「權，稱錘也。」《孟子·梁惠王篇》：「權然後知輕重。」焦氏循

説權曰：「權之於稱也，隨物之輕重以轉移之，得其平而止。物增損而稱則長平，轉移之力也。不轉移，則隨物爲低昂而

不得其平，故變而不失常，權而後經正。」皇疏引王弼曰：「權者，道之變。變無常體，神而明之，存乎其人，不可豫設，尤至

難者也。」○注「唐棣」至「見矣」。○正義曰：「皇疏引《王弼》者，《爾雅·釋木》文。又常棣、棣二木，皆見詩。陳氏奐《毛詩疏》謂「爾

雅當作『唐棣、棣、常棣、栘』。以棣之名專屬唐棣，而以常棣爲棣之類。若然，則此注所云『唐棣栘』，『栘』字亦『棣』之誤

矣。陳疏又云：『《説文》：「栘，棠棣也」。棣，白棣也。』『棠』當作『常』。」《爾雅·邢疏引陸璣義疏云[一]：「『唐棣似白楊』，『許慎曰：「白棣，樹也。」

如李而小，如櫻桃正白。今官園種之，又有赤棣樹，亦似白棣，葉如刺榆葉而微圓，子正赤，如郁李而小，五月始熟，自關

西、天水、隴西多有之。』」案：元恪謂白棣以實白而得名，赤棣如郁李，其實正赤。郁李一名奧李，一名雀李，一名車下李，

爲棣之屬。乃《論語·邢疏引義疏云》：『唐棣，奧李也。一名雀李，亦曰車下李，所在山皆有，其華或白或赤，六月中熟，大如

李子，可食。』此與齊民要術引幽風七月篇義疏『鬱樹高五六尺，實大如李，赤色，食之甜』正同。則《論語疏引《唐棣》》，必是

『常棣』之誤。《小雅》之『常棣』，《七月》之『鬱』，皆即赤棣歟？而非此『唐棣』也。」案：陳説是也。郭注《爾雅以「唐棣似白楊」，

郝氏懿行《義疏引牟願相說》：『即今小桃白，其樹高七八尺，其華初開反背，終乃合并，但其樹皮色紫赤，不似白楊耳。』牟氏

此説，得之目驗，與許慎所稱『白棣』，當無異矣。皇疏云：『夫樹木之花，皆先合而後開。唐棣之花，則先開而後合，是華

反而後合也。』高誘《淮南子注云：『權因事制宜，權量輕重，無常形勢，能合醜反善，合于時適。』義是由反而至大順，亦用權

［一］「陸璣」原作「陸機」，據《毛詩草木鳥獸蟲魚疏》改。

之道，所謂無常形勢也。公羊桓十一年傳：「權者何？反乎經，然後有善者也。」後漢周章傳、北周宇文護傳引論語解之，並爲反經，用公羊義也。焦氏循說「權」曰「說者疑於經不可反。夫經者，法也。法久不變則弊生，故反其法以通之；不變則不善，故反而後有善。不變則道不順，故反而至於大順。故反寒爲暑，反暑爲寒。日月運行，一寒一暑，乃爲順行，恒寒恒燠，則爲咎徵。禮滅而不進則消，樂盈而不反則放，禮有報而樂有反，此反經所以爲權。」春秋繁露竹林篇：「春秋之常辭也，不予夷狄而予中國爲禮。至邲之戰，偏然反之，何也？曰：春秋無通辭，從變而移。故盟不如不盟，然而有所謂善盟；戰不如不戰，然而有所謂善戰。不義之中有義，義之中有不義，辭不能及，皆在於指，非精心達思者，其孰能知之？詩云『棠棣之華，偏其反而，豈不爾思，室是遠而。』子曰：『未之思也，夫何遠之有？』由是觀之，見其指者不任其辭，然後可與適道矣。」劉勰新論明權篇：「古之權者，審其輕重，必當於理而後行焉。易稱『巽以行權』，語稱『可以適道，未可與權』。權者反於經而合於道，反於善而後有善。若唐棣之華，反而更合。父祝則名君，勢不得已」，權之所設也。」二說皆足發明此章經注之義。毛氏奇齡稽求篇：「毛詩『不思其反』，反是不思」，陽固嫉邪詩『反是不思，維塵及矣』皆『未之思也』之注。若相反之思，則王符潛夫論有云：『夫長短大小，清濁疾徐，必相應也。然攻玉以石，洗金以鹽，濯錦以魚，浣布以灰，夫物固有以賤理貴，以醜化好者矣。智者棄短而取長，則才可致；賢者激濁以見清，則士可用。孔子曰：『未之思也，夫何遠之有？』此正以貴賤、好醜、長短、清濁相反而實相成，見思反之意。」又云：「嘗讀王祥傳，知祥以漢、魏遺老身爲三公，而卒預晉禪，心嘗愧恨。雖不奉朝請，不立殿陛，而終不自安。故於臨歿時，屬後人使不澣濯，不含斂，不沐棺椁，不起墳墊，

家人不送喪，祥、禫不饗祀。雖不用古法，而反經行權，期合于道，故既以孝弟信讓通屬之，而終之曰：『未之思也，夫何遠之有？』此正取唐棣是篇以反作正之一證也。」案：如毛說，「未之思」是思反，亦即是思權，與此注說亦正合。云「次序」者，謂先反後順也。

論語正義卷十一

鄉黨第十

正義曰：皇疏言古論以鄉黨爲第二篇，此偏本，不足據。

正義曰：此篇雖一章，而其閒事義，各以類從，皇、邢疏別爲科段，當有所受，今略本之，分爲二十五節。

凡一章

集解

1 孔子於鄉黨，恂恂如也，似不能言者。【注】王曰：「恂恂，溫恭之貌。」

正義曰：江氏永鄉黨圖考：「諸侯五十里內爲三鄉，亦如天子之制。鄉者，舉其大名。黨者，舉其中所屬之一也。」孔子雖居國都，亦曰鄉黨，對朝廷言之也。」王氏瑬鄉黨正義說：「孔子生於陬邑，遷於闕黨而設教焉。故新序云：『孔子在州里，篤行孝道。居於闕黨，闕黨之子弟畋漁分有，親者得多，孝以化之也。』可知此文鄉黨兼彼二地矣。」案：說文：「恂，信心也。」信者，實也。人有信心，則能恭慎。史記世家載此文，索隱曰：「恂恂，有本作『逡逡』」音七旬反。」漢祝睦後碑「恂恂，恭慎貌。」鄭注云：「恂，恭慎也。」「逡逡，朝廷便便。」與索隱合。史記李廣傳贊：「李將軍悛悛如鄙人，口不能正辭。」索隱曰：「漢書作『恂恂』音詢。」「悛」與「逡」同，亦與「恂」同，並聲近字。劉脩碑：「其於鄉黨，遜遜如也。」亦音義相近，當由齊、古、魯三家文異。集注云：「似不能言者，謙卑巽順，不以賢知先人也。鄉黨，父兄宗族之所在，故孔子居之，其容貌辭氣如此。」其在宗廟朝廷，便

便言，唯謹爾。【注】鄭曰：「便便，辯也，雖辯而敬謹。」 正義曰：集注云：「在宗廟朝廷，謂助祭於公與見君時也。」白虎通宗廟云：「宗者，尊也；廟者，貌也，象先祖之尊貌也。所以有室何？所以象生之居也。」爾雅釋宫：「室有東、西箱曰廟。」東、西箱者，東堂、西堂也。白虎通朝聘云：「朝者，見也。」周官大宗伯注：「朝猶早也，欲其來之早。」此說朝即朝夕以朝。時見君謂之朝，因而見君之地亦稱朝。舊說諸侯三朝，在庫門外者曰外朝，在雉門內者曰治朝，在路門內者曰燕朝，又曰射朝。若以治朝、燕朝對外朝，亦稱內朝。玉藻諸侯「朝服以日視朝於內朝」，則治朝也。文王世子公族「朝于內朝」，則燕射之朝也。若以治朝對燕朝，則治朝亦稱外朝。文王世子「其在外朝」，據注即治朝也。江氏永圖考：「治朝，外朝皆是平地，無堂階，故謂之朝廷。廷者，平地也。鄭注文王世子「外朝，路寢門之外庭」是也。觀司士路門左，路門右之位可見。聘禮：『使者夕幣于朝，時管人布幕于寢門外。』亦可見路門外是平地無堂。曾子問「諸侯旅見天子，雨霑服失容，則廢』，明在廷中也。」又曰：「外朝治朝，皆平地無堂，惟路寢朝有堂有階。」案：三朝朝位皆平地。鄭注太僕云：「燕朝朝於路寢之庭。」注文王世子云：「內朝，路寢庭。」路寢即燕寢，別「寢」而言「庭」，明朝位在庭也。左傳：「韓獻子從公立于寢庭。」即是從公於內朝，是燕朝朝位亦平地，不獨治朝、外朝矣。金氏鶚禮說「諸者，皆廟寢堂下也。若治朝外朝皆無堂，則亦無庭，而名之曰廷，所謂朝廷廷也。『庭』與『廷』字有別。說文云：「庭，宫中也。廷，朝中也。」庭有堂，故其文從广；廷無堂，而但爲平地，故其文從廴。」案：金說是也。禮說又云：「考工記：『市朝一夫。』夫，百步也。堂下至平地，必有堂階而後名之。自來解者，「庭」「廷」二文多混。玉篇「庭，堂階前也」是庭雖路門百步，內朝之庭也」，「路門至應門百步，治朝之廷也」，「應門至皋門百步，外朝之廷也。此爲天子之制，其諸侯則無文以明

之。」王氏瀋正義引「楊隨安說:『諸侯之堂七雉,三分其廣,以其二爲之内庭,三堂之深,當爲七十步。』此義或得之。

外朝人君不常至,治朝禮略,君臣不能多言。凡議政事,皆於燕朝,或於路寢。夫子便便言,當在燕朝

廷」,是舉治朝以賅燕朝矣。「便便」,史記世家作「辯辯」,書「平章百姓」,伏傳作「辯章」,史記作「便章」,鄭

作「辯秩」,伏傳作「便秩」。詩「平平左右」,毛傳:「平平,辯治也。」韓詩作「便便」,是「平」、「便」、「辯」音近義同。○注:

「便便,辯也。」○正義曰:爾雅釋訓:「諸諸、便便,辯也。」「辯」同,謂辯論之也。夫子於宗廟每事問,又簿正祭器,於

朝廷則對問政,述儒行,是言辯也。

朝,與下大夫言,侃侃如也;與上大夫言,誾誾如也。【注】孔曰:「侃

侃,和樂之貌。誾誾,中正之貌。」　正義曰:據下文,君在爲視朝,則此言「朝」是君未視朝時也。玉藻云:「朝辨色始

入,君日出而視之。」則臣入朝在君先。　秦氏蕙田五禮通考:「古者視朝之禮甚簡,既朝而退,君適路寢聽政,臣適曹治

事。諸臣治事之所,卽匠人所謂『外九室』是也。其室在治朝之左右,如今午門朝房矣。康成箋詩以治事之所爲私朝,蓋

以卿大夫議朝政於此,故亦得名朝。曲禮『在朝言朝』,論語『朝與下大夫言,與上大夫言』,皆指治事之朝。」案:秦說亦

通。王制云:「大國三卿,皆命於天子,下大夫五人;次國三卿,二卿命於天子,一卿命於其君,下大夫五人;小國二卿,

皆命於其君,下大夫五人。」孔疏:「崔氏云:『三卿者,依周制而言,謂立司徒兼冢宰之事,立司馬兼宗伯之事,立司空兼司

寇之事。故左傳云:『季孫爲司徒,叔孫爲司馬,孟孫爲司空。』」下大夫五人」者,崔氏云:『謂司徒之下,置小卿二人,一

是小宰,一是小司徒;司空之下,亦置二小卿,一是小司寇,一是小司空也;司馬之下,惟置一小卿,小司馬也。」案:崔

說本何休公羊傳注。王氏瀋正義:「王制『上大夫卿』,『下大夫五人』,是諸侯之上大夫卽卿,而無中大夫也。三卿對大夫

爲上,於三卿中又自分上、中、下,王制有上卿、中卿、下卿是也。 五大夫對三卿爲下,於五大夫中又自分上、下,王制所謂

『當其上大夫』『當其下大夫』是也。 案:大射儀『卿席賓東,東上,小卿賓西,東上,大夫繼而東上。』胡氏培翬《正義》『五

大夫,爲卿之副貳,故謂之小卿。』又云『諸侯大夫,不止五人,惟三卿下五大夫謂之小卿,其餘大夫不稱小卿,故云『大夫

繼而東上。』』由胡說推之,是五大夫下仍有大夫,當是分職治事者。如周官大小卿下之有羣司矣,此與小卿並下大夫也。

夫子仕魯爲小司空、小司寇,是下大夫,而孔子世家及趙岐孟子注皆謂孔子爲大司寇。 案:司寇爲司空兼官,孟孫居之,

其小司寇,則臧孫世爲此官。 定公時,臧氏不見經傳,意其時臧氏式微,司寇職虛,故孔子得爲之。傳者虛張聖功,以爲孔

子實爲大司寇矣。 上大夫職尊,孔子所事下大夫,則與孔子同列者也。 不及上士以下者,統於下大夫也。

Column 8: 『上大夫』後『下大夫』,聘禮注引同。 馮氏登府異文考證以爲此古論,胡氏薰鄉黨義考據魯論,謂『貴者未至,而賤者先

盈』,故先與下大夫相見,進而與上大夫相見』,則是魯論據與言爲先後,古論則據爵之秩次書之。 ○注『侃侃,和樂之貌;

誾誾,中正之貌。』○正義曰:《爾雅釋詁》『衎,樂也。』《說文》『衎,喜貌。』『侃』、『衎』古通,故注訓『侃』爲和樂,謂『侃』爲『衎』

Column 11: 之叚借也。 後漢衷安傳『誾誾衎衎,得禮之容。』又唐扶頌『衎衎誾誾。』並本此文。 《說文》『侃』訓剛直,於此義不相應。

Column 12: 若漢書張敞傳『衎衎履忠進言』,後漢樊準傳『每燕食則論難衎衎』,並通『衎』爲『侃』。 但文雖互通,義則各有當也。 說

Column 13: 文:『誾,和說而諍也。』玉藻:『二爵而言言斯。』注:『言言,和敬貌。』與許義近。諍者,辨論其是非也。 言不

Column 14: 妄諧俗,故注以中正解之。 或省作『言』。 方氏東樹說:『此注本以『中正』詁『侃侃』『和樂』詁『誾誾』,傳寫倒誤。』案『侃』通作『衎』,故

Column 15: 訓和樂。『誾』有靜義,故訓中正。 蓋事上不難於和樂,而中正爲難;接寮屬不難於中正,而和樂爲難。 方說非是。 君

在，踧踖如也，與與如也。【注】馬曰：「君在，視朝也。踧踖，恭敬之貌。與與，威儀中適之貌。」注「君在」至

「之貌」。○正義曰：玉藻云：「天子皮弁以日視朝，諸侯朝服以日視朝於內朝。朝，辨色始入，君日出而視之。」此時君正在

朝，故馬以君在爲視朝。皇疏：「君視之」，則一揖卿大夫，而都一揖士。當此之時，則臣皆起恭敬之貌，故孔子踧踖如

也。雖須踧踖，又不得急速。與與猶徐徐也，所以恭而安也。案：羣臣當君揖時，皆須還辟，故有此容。說文：「踧，行平

易也。踖，長脛行也。一曰踧踖。」廣雅釋訓：「踧踖，敬畏也。」詩節南山：「蹙蹙靡所騁。」鄭箋：「蹙蹙，縮小之貌。」孟子：

「曾西蹵然。」注：「蹵，猶蹵蹵踖也。」「蹵」、「踖」並與「踧」同。楚茨：「執爨踖踖。」毛傳：「言爨竈有容也。」亦謂恭敬之

容。鄭此注云「踧踖，敬恭貌」，即本馬注。說文：「趚，安行也。」「趚」、「趚步猶愄愄也。」漢書敍傳下：「長倩愄愄。」注引蘇林曰：

「愄愄〔一〕行步安舒也。」義皆可證。「威儀」猶容儀。「中適」猶言得宜也。

2　君召使擯，【注】鄭曰：「君召使擯者，有賓客使迎之。」　正義曰：說文：「召，䛐也。」王逸招魂序：「以手曰

招，以言曰召。」江氏永鄉黨圖考補義：「史記謂『孔子爲魯司寇，攝行相事』，非相國事也。當時魯政，專自季桓子，孔子安得攝

之？所謂『攝行相事』者，攝相禮之事，若夾谷之會，孔子相是也。君召使擯，亦是有賓客來，重孔子知禮，特使爲擯而兼

相。大夫當爲承擯，何待於召？所以特召者，承擯兼攝上擯事也。『擯所與立』、『擯事也』、『趨進』及『賓退復命』，攝相事

也。」案：釋文：「擯，本又作儐，亦作賓，皆同。」孔子世家正作「儐」。說文：「儐，導也。從人，賓聲。擯，儐或從手。」是

〔一〕「愄」字原不重，據漢書敍傳注補。

「擯」「儐」一字，或省作「賓」。史記廉藺列傳「設九賓於廷」，漢書叔孫通傳「大行設九賓」，即九擯也。周官司儀云：「凡諸公相爲賓，主國五積，三問，皆三辭，拜受，皆旅擯。及將幣，交擯，三辭。主君郊勞，交擯，三辭。及將幣，交擯，三辭，車逆，拜辱。諸公之臣相爲國客，及大夫郊勞，旅擯，三辭。」據此，是兩君相見用交擯，其聘禮則君待使臣，故惟主君郊勞及將幣用旅擯。將幣，亦兩君相見也。若五積三問，是主國遣卿大夫爲之，臣與賓君行禮用旅擯，亦君與臣行禮用旅擯也。交擯者，敵體之禮。；旅擯者，君臣相行之禮。旅擯猶觀禮言「傳擯」也，在主曰擯，在賓曰介。鄭注司儀謂「賓介亦稱擯」者，依經立文段借之義也。聘禮云：「卿爲上擯，大夫爲承擯，士爲紹擯。」注云：「紹，繼也，其位相承繼而出也。主君，公也，則擯者五人；侯伯也，則擯者四人；子男也，則擯者三人。」此依周官大行人言之。若然，是天子諸侯禮，賓、擯數同也。凌氏廷堪禮經釋例引敖繼公說：「諸侯禮，賓擯當用三人。猶以諸侯同天子之制爲疑，而先鄭注司儀謂主擯九人，其賓、介則交擯、旅擯同用九人。」案：大行人言「介九人」，乃上公朝覲天子之禮，非謂羣侯兩君相見及遣使行聘賓介用九人也。聘義云：「聘禮上公七介，侯伯五介，子男三介，所以明貴賤也。」然則聘賓至多不過七介，故禮器云「七介以相見也」。既上公賓介七人，則意主擯如爲上公之國，亦用七人。侯伯之國五人，子男之國三人，擯介皆得相當。而康成謂「交擯各陳九介」，亦非也。先鄭以交擯、旅擯皆傳辭。後鄭以交擯傳辭，旅擯不傳辭，故其注司儀云：「旅讀爲『鴻臚』之臚，陳之也。」其注聘禮云：「賓出次直闡西，北面，上擯在闡東闌外，西面。其相去也，公之使者七十步，侯伯之使者五十步，子男之使者三十步。此旅擯耳，不傳命。上介在賓西北，東面，承擯在上擯東南，西面，各自次序而下。末介末擯，旁

相去三丈六尺。上擯出請事，進，南面揖賓，賓至末介，上擯至末擯，亦相去三丈六尺止，揖而請事，還入告于公。』

此鄭以旅擯之禮，上擯面賓請事，不須承擯紹擯傳辭，說與先鄭異也。先從叔丹徒君駢枝曰：『叔孫通傳：「大行設九賓，

臚句傳。』『賓』與『擯』，『臚』與『旅』，古今字也。蘇林曰：『上傳語告下爲臚，下告上爲句。』莊周曰：『大儒臚傳。』然則臚擯

猶傳擯擯也。聘義曰：『介紹而傳命，君子於其所尊，弗敢質，敬之至也。』又曰：『三讓而後傳命，安在其不傳辭哉？』康成讀

『旅』爲『鴻臚』之『臚』是矣，而訓爲臚陳，故有『但陳擯位，不傳辭』之說，蓋不然也。』謹案：駢枝說即先鄭義。吳氏廷華儀

禮章句云：『謂不傳辭，何必旅擯？愚竊謂旅擯行於國中，上擯往來傳君命，於禮尚不失。若五積三問，及郊勞，君不在行，

而上擯輒自詣賓請事，雖以君命辭之許之，『然一無往還之節，直情徑行，似非禮所宜。且論語此文有復命事，明是聘賓用

旅擯而左右揖，既左右揖，知有傳辭無疑矣。司儀無『諸侯將幣，交擯，三辭』下云『車逆拜辱，賓車進，答拜』注謂『既三

辭，主君乘車出大門而迎賓』，是將幣時，主君尚在門內。曲禮疏謂『諸侯至主國大門外，主人及擯出門相接，行交擯三辭

之禮。』是將幣之時，主君已在門外。若然，是主君先乘車出大門外，降車行將幣，交擯三辭，禮竟，復升車向前迎賓也。』

其說與鄭小異，以孔疏爲長。孔疏又謂聘禮賓至門外，主君立大門內，不出限行旅擯禮。江氏永圖聘禮君立大門內，從

孔說也。聘禮云：『公迎賓於大門內。』聘義云：『君親拜迎於大門之內。』則知旅擯之禮，主君不出門限也。鄭注聘禮說『旅擯是君與臣

行禮，君不出限，則兩君相見，行交擯禮，君必出限可知。又案：聘禮『賓至于朝』謂外朝也。

擯相去三丈六尺」』，門容二徹參个，旁加各一步。此據考工記以爲應門也。應門，天子之中門，諸侯則曰雉門，其說亦誤。

故江氏擯介傳命圖仍依鄭君朝士注「外朝在大門外」也。此篇紀夫子行事，而考之春秋，夫子仕魯時，無諸侯大夫來聘

事。江氏永圖考謂「聘問之禮，大聘爲聘，使卿；小聘爲問，使大夫。大夫以小聘往來，不書於春秋」。又釋經補義謂「晏子嘗聘魯，而春秋不書，晏子未爲卿也。」孔子爲司寇，亦是大夫，故出聘亦不書」。其說並是。君朝用交擯，臣聘用旅擯，論語此文，專指旅擯。 色勃如也，【注】孔曰「必變色」。足躩如也。【注】包曰「足躩，盤辟貌」。 正義曰：北堂書鈔禮儀部七引鄭此注云「勃，矜莊貌也。」案：呂覽重言注：「矜，嚴也。」嚴者，敬也。玉藻「色容莊」，注謂「勃如戰色」。說文兩引「勃如」句，一作「孛」，一作「艴」。汗簡云：「艴見古論語，竊謂『孛』，亦古論異文。作『勃』者，其齊、魯論與」說文「孛，䨾也。」人色䨾者，盛也。謂夫子盛氣貌也。廣雅釋訓「勃勃，盛也。」「勃」「孛」義同。許意與鄭似異實同，蓋許言其形，鄭言其義也。○注「足躩，盤辟貌」。○正義曰：說文「躩，足躩如也。」本此文。包云「盤辟」者，說文「般，辟也。象舟之旋，從舟從殳。」殳令舟旋也。爾雅釋言「般，還也。」漢書何武傳「槃辟雅拜。」「槃」與「般」並同。大射儀「賓辟」注：「辟，逡遁不敢當盛。」即此注意。書鈔禮儀部七引鄭此注云「躩如，逡巡貌。」逡巡，亦盤辟之義。揖所與立，左右手，衣前後，襜如也。 【注】鄭曰「揖左人，左其手；揖右人，右其手。一俛一仰，衣前後，襜如也。」正義曰：皇本「左右」下有「其」字。○注「揖左」至「如也」。○正義曰：夫子時爲承擯，左立者是紹擯，右立者是上擯，每一傳辭則宜揖也。 司儀云「凡行人之儀，不朝不夕，不正其主面，亦不背客」注「謂擯相傳辭時也，不正東鄉，不正西鄉，常視賓主之前，卻得兩鄉之而已」據此，則擯介雖東西平列，而面之所鄉，不能咸正，則自上擯望承擯，稍在後爲東南也。推之紹擯，亦在承擯東南，而承介在上介西北，末介又在承介西北，故聘禮疏謂「上擯位次宜稍在承擯西，稍在後爲東南也。擯在東南也」。江氏永圖考：「擯者，雁行立於東方，西面北上。」是以南北爲左右，東西爲前後。其傳主命達於賓，當左其

手，則左臂縮而右臂伸，右者隨之而左。其傳賓命達主，當右其手，右肱短而左肱長，則左者亦緣之而右矣。至傳辭之

法，在朝禮則上擯奉主君之命，問賓所以來之意，恐其以他事至，不欲自承以人來詣己也。上擯揖而傳與承擯，承擯復揖

而傳與末擯，末擯與末介，東西相直，則向末介揖而傳問之也。末介揖而傳與承介，承介揖而傳與上介，上介以告於

賓，賓稱己所以來之意，以告於上擯，上擯以告於君，君辭不敢當，而命上擯述君命請事，遞傳至賓，賓辭遞傳至上擯，

賓對主君又辭，賓終請不獲辭，主君乃進車迎賓也。其聘禮，則上擯述君命請事，遞傳至賓，賓辭乃傳於上介，遞傳至

上擯述君命辭之，至不獲已，始命紹擯入復於君，而君出迎賓也。當擯者揖時，必俛其首，及揖畢，而仍仰立，故曰「俛一

仰」。揖分左右，故衣之前後，亦與爲轉移也。江氏永圖考：「衣之前面西，衣之後背東，手之右者既左，則面西者可移之

左，而背之負繩乃向根闕之閒矣。手之左者既右，則背東者可移之右，而裳有後裾，乃向車衡之閒矣。」「襜襜」，動搖之

貌。故皇疏引江熙曰：「揖兩手，衣裳襜如動也。」楚辭九歎「裳襜襜而含風兮」，洪慶善補注：「襜襜，衣動貌。」「襜襜」

如也。 【注】孔曰：「言端好。」 正義曰：江氏永羣經補義：「趨進，謂廟中相禮時，非迎賓入門時，入門不謂之進。進

者，行步而前。 左傳所謂『公孫傁趨進』、『王孫賈趨進』是也。 聘禮云：『納賓，賓入門左，三揖，至于階，三讓，公升二等，

賓升西楹西，東面，擯者退中庭，賓致命，公左還，北鄉，擯者進，公當楣再拜。』所謂『趨進』在此時，謂從中庭進至阼階，而

釋之辭云『子以君命在寡君，寡君拜君命之辱』是也。是時急遽，行步必趨，趨則言趨，省文

也。」又鄉黨圖考云：「擯者從中庭進至阼階西，有數十步，不宜紓緩，故必當趨。趨則急遽，或至垂手掉臂，難其容，故特

紀容。」 趨進必有辭，辭無常者，不能記；辭有常者，不必記也。」今案：江氏據聘禮爲說是也。 凌氏曙典故覈：「公食大夫

禮食聘賓也，始賓升，擯者在中庭，釋辭相拜，公退于箱，擯者退，負東塾而立，及公將侑幣，擯者進相幣，是趨進也。」案：此亦爲聘禮，所謂「禮賓」也。竊又意士介觀授幣時，擯者自廟門外進至中庭，亦是趨進，當並數之，義爲備矣。典故聚又云：「凡趨有二法。一曰徐趨。君之徐趨接武，大夫徐趨繼武，士徐趨中武，其行皆足不離地，舉前曳踵，謂之圈豚行。一曰疾趨。其步不繼武、中武，但身須小折，而頭直手足正。玉藻曰：『疾趨則欲發，而手足無移。』又曰：『端行頤霤如矢，弁行剡剡起屨。』此『趨進』是疾趨也。」「翼如」，說文引作「趨如」，此出古論語。○注「言端好。」○正義曰：爾雅釋詁「翼，敬也。」釋訓「翼翼，恭也。」恭敬則端正可知。賈子容經：「趨以微磬之容，飄然翼然，肩狀若流，足如射箭。」

聘退，必復命曰：「賓不顧矣。」【注】鄭曰：「復命，復白君『賓已去矣』。」正義曰：司儀言聘事云：「出及中門之外，問君，客再拜對，君拜，客辭而對。君問大夫，客對。公問君，賓對，公再拜。公問大夫，賓對，公勞賓，賓再拜。送，賓不顧。」注告事畢，擯者入告公，公出送賓，及大門內。公問君，賓對，公勞客，客再拜稽首，君答拜，客趨辭。」聘禮云：「擯者出請事，賓云：「公既拜，客趨辭，君命上擯送賓出，反告，賓不顧，於此，君可以反路寢矣。」下引此文云云。案：司儀言君送賓「在中門之外」，聘禮言「在大門內」，是二禮文同。鄭注謂「君命上擯送賓出者，謂出大門外也」。司儀言諸侯相朝云「及出，車送」三進三退，再拜，賓三還三辭，告辟。」注云「三進，請賓就車也。三還三辭，主君一請者，賓亦一還一辭。」考彼文言「辟」是賓退，告辟則上擯復命事也。無命上擯送賓及上擯復命事也。主君迎賓於大門外，則送賓亦於大門外。送賓所以不顧者，不敢當盛，且以示有終也。說文：「顧，還視也。」詩匪風箋：「迴首曰顧。」又聘禮言聘賓問卿面卿及介面卿畢，「賓出，大夫送于外門外，」也。公食大夫禮言「禮賓畢，公送于大門內，再拜，賓不顧」。

再拜，賓不顧」。鄭注公食大夫云：「初來揖讓，而退不顧，退禮略也，示難進易退之義。」又有司徹：「尸出，侑從，主人送于

廟門之外，拜，尸不顧。」則凡賓客退皆不顧。凌氏廷堪禮經釋例：「凡拜送之禮，送者拜，去者不顧拜。」歷引鄉飲酒、鄉

射、特牲饋食、士冠、士昏、士相見、有司徹及此朝聘禮爲言，知賓退皆不答拜，則亦不顧矣。江氏永圖考：「鄉黨

記復命，若非君有命，何以謂之復命乎？經但言『賓不顧』，無命上擯送賓，及擯者復命之文者，文不具耳。」又云：「聘禮

云『賓請有事于大夫，公禮辭，許』，注謂『上擯送賓出，賓東面而請之，擯者反命告之』。是復命時有二事：一告賓不顧，及入

一告賓請明日有事于大夫也。當時有無未可知，惟孔子是攝上擯，則召是特召，君命爲尤重矣。」案：孔子本爲承擯，及

廟相禮，出大門送賓，皆是攝上擯。惟公送賓出時，承擯紹擯皆在，如初賓來時之禮，而孔子已攝上擯，則承擯當已別遣

人爲之。

3 入公門，鞠躬如也，如不容。【注】孔曰：「斂身」。　　正義曰：此及下節言孔子爲聘賓事也。「公門」

者，諸侯之外門、中門，即庫門、雉門也。戴氏震三朝三門考云：「天子之室，有皋門，有應門，有路門；諸侯之室，有庫門，

有雉門，有路門。皋門，天子外門；庫門，諸侯外門；應門，天子中門；雉門，諸侯中門。異其名，殊其制，辨等威也。

案：聘禮云：『賓皮弁聘，至于朝。』朝在庫門外。又云：『公皮弁迎賓于大門內，大夫納賓，賓入門左。』則賓由外朝至庫門

內，復入雉門也。二者皆爲公門。公者，君也。曲禮『大夫士出入公門』，彼據己國，此稱所聘之國，辭亦同也。」王氏引之

經義述聞以「入門」爲廟門，云：「公衍字也。聘禮記：『執圭入門，鞠躬如也。』正與此同。」案：聘記雖雜說孔子行事，其文

不必與論語悉同。彼於「執圭」下言「入門」，自指廟門。論語「公門」，則以朝門賅廟門也。且以詩言「公庭萬舞」觀之，廟

庭稱公，即此公門爲廟門，奚不可者？而王氏以「公」爲衍字，非也。　書鈔禮儀部七引鄭此注云：「鞠躬，自歛斂之貌也。」

案：聘記注引此下文「執圭，鞠躬如也。」釋文「躬」作「窮」。　廣雅釋訓「匑匔，謹敬也。」王氏念孫疏證引此文說之云：「跋

踖鞠躬，皆雙聲以形容之。故皆言如。　史記韓長孺傳贊『斯鞠躬君子也。』太史公自序『務在鞠躬，君子長者。』漢書馮

奉世傳贊，『鞠躬履方。』顏師古注云：『鞠躬，謹敬貌。』皆當讀爲鞠窮。　盧氏文弨鍾山札記，段氏玉裁說文注

錄『蓋鞠躬與踧踖一例，若作曲身解，則當云『躬鞠如也』，方與『色勃如也』，『足躩如也』〔一〕句法合矣。」案：「鞠躬」義爲謹

敬。鄭君以爲「歛斂之貌」者，後漢書張衡傳注「歛，危懼貌。」義可證。　老子云：「歛歛爲天下渾其心。」釋文

引順注：「歛歛，危懼貌。」　說文云：「匔，曲脊也。」「鞠」「匔」音同。王氏念孫廣雅疏證謂「孔義與『匑匔』同，其說恐未必然。」○注「歛身。」○正義曰：「注以「鞠」

爲「歛」，「躬」爲「身」。　「如不容」者，言謹畏之形，若無所容厠足也。

不中門，行不履閾。【注】孔曰：「閾，門限。」　正義曰：「立」即位也。下文「復其位」，承此言之。　聘禮言「賓及

廟門，公揖入，立于中庭，賓立接西塾。」注云：「接，近也。」西塾，在廟門之外，所謂「門側之堂謂之塾」也。賓與主人同至

廟門，而君先入以省内事，故賓在門外闑西，近西塾之地，立少俟，此立不知何面。胡氏培翬正義引蔡説賓是東面。案：

雜記：「弔者即位于門西，東面，其介在其東南，西上，西於門。」注「賓立門外，不當門。」以此例之，知聘賓亦東面。曲禮

云：「爲人子者，立不中門。」可知中門爲尊者之迹，人臣人子，皆當辟之。鄭此注云：「立行不當棖闑之中央。」經言立法，

〔一〕「匑匑」，魯世家作「匔匔」。「穹窮」，集解作「窮窮」。

鄭君兼「行」言之者，行謂入門也。玉藻云：「賓入不中門。」蓋擯者自廟門出請賓，賓由所立處稍進身向東，復轉身向北，由闑西入門，是爲入不中門。玉藻云：「公事自闑西。」注謂「聘享」是也。其聘賓私覿，則與臣入君門同。玉藻云：「私事自闑東。」私事卽私覿是也。以此文例之可知矣。曲禮云：「大夫士出入君門，由闑右。」孔疏謂「右在東」。此爲臣入君門法。彼入門由闑東，亦不得中門，以此文例之可知矣。「根」者，爾雅釋宮：「根謂之楔。」鄭注玉藻云：「根，楔也。」毛詩箋云：「根，門橛上木近邊者。」皇疏云：「門左右兩傍，各豎一木，名之爲根。根以禦車過，恐觸門也。」「闑」者，釋宮云：「樴謂之闑。」又云：「樴在地者謂之臬。」郭注：「卽門橜也。」曲禮疏亦云：「中央有闑。」是皇、孔謂門止有一闑，而儀禮賈疏謂有二闑，誤矣。皇疏云：「門中央有闑，闑以礙門，兩扇之交處也。」案：「闑」、「臬」字同，以木爲之，置於門中，以爲界別。玉藻云：「君入門，介拂闑，大夫中根與闑之閒，士介拂根。」注云：「此謂兩君相見也。君入必中門，上介夾闑，大夫介士介雁行於後，示不相沿也。」此說入公門之法，君臣同行一門，亦所謂「公事自闑西」者也。君入中門，臣辟君，故用雁行法。上介拂闑，而鄭云「夾闑」者，謂上介行闑西，與上擯行闑東相夾也。以彼文例之，此孔子爲聘賓入廟門，當亦自闑西，與上介之拂闑相似矣。「履」者，踐也。曲禮云：「大夫士出入君門，不踐閾。」「踐閾」卽「履閾」。彼疏云：「所以爾者，一則自高，二則不淨，並爲不敬。」是也。焦氏循惑於賈疏「二闑」之說，遂謂兩闑中閒有閾，兩闑外無閾，以通車行，至掩門，則徹去兩闑與閾，而別設門限。又謂云履云踐，是度越之，非蹈其上。其說雜見所箸禮記補疏、羣經宮室圖、雕菰樓文集中。案：「閾」卽門限，不得分爲二門，是一闑，故由門出入，嫌於中門。若有兩闑，則君行兩闑之中，臣行根、闑之中，判然異路，何至人臣資然直行，而與君同中門，且至履其閾耶？「履」、「踐」並謂蹈其上，解爲度越，亦無據。此皆焦氏之誤，所當辨正者也。竊謂

凡門皆有闃，然門啟時，或去其闃，以通車行，惟廟門不行車，故闃常設而不去。其闃或寬以庫，故行者多至踐履其上，

夫子則以不履爲敬也。○注「闃，門限」。○正義曰：釋宮云「柣謂之閾」，郭注「闃，閫也」。邵氏晉涵正義「柣，說文作

『楣』云『限也。』閾，門楣也。』繫傳云『楣所以爲限閾。』閾亦名梱。士冠禮注『閾，閫也。』曲禮注『閫，門限也。』案：

說文「限」下云『一曰門楣也。』然則柣也，閾也，楣也，梱也，門限也，五名實一物。但說文訓「閾」亦爲「閫」，閫者，門中所

植之木，與門限別，故鄭注曲禮以「閾」爲門廛，不用許說。　過位，色勃如也，足躩如也，【注】包曰「過君之空位。」

其言似不足者。

正義曰：從叔丹徒君駢枝曰「過位者，過主君之位，廟門之內，中庭之位也。主君先入門右，

卽中庭之位俟賓，賓後入門左，及中庭，乃與主君並行，故以過位爲節。而色勃如，足躩如，事彌至，容彌蹙也。」鄭此注

云『過位，謂入門右北面君揖之位。』王氏正義引胡紹曰『聘禮『賓入門左，介皆入門左，北面西上，三揖，至於階』注…

『君與賓也』，入門將曲揖，既曲，北面揖。』此卽論語注所云『北面君揖之位』也。中庭，據鄭注昏禮及賈疏所釋，則中庭，南

北之中也。三分庭一，在北設碑，是聘禮所云『公揖入立於中庭』者，其位在碑南，當庭之中。行聘之時，公入門而右，賓

入門而左，則鄭注『過位』所云『入門右』者，據君言之。　賓入門左，北面西上，既曲，則賓主俱北面揖，當碑又揖。揖時賓在

左，君位在中庭之右，由是三讓升階，則過君所立之位，故云『入門右北面君揖之位』也。　聘禮君行一，臣行二，賓主三揖

時，君位在右而居前，賓在左而稍退居後，故揖之後，必過君揖之位也。　其曰「入門右」者，謂入雉門之右，所謂「大夫士出入君門由闃右」者也。由是北

然。　蓋統鄭注全觀之，知以爲臣朝君也。　若有政事當議者，君命臣隨至路寢之庭，或升路寢之堂

面行至治朝之廷，君視朝，揖羣臣畢，退適路寢，臣適私朝治事。

議之。其由治朝入路門,過君治朝揖羣臣之位,故曰「君揖之位」。此則鄭義在朝非在廟,在己國朝君,非在他國行聘也。

必知鄭説不然者,鄉黨言禮,雖不盡爲周禮所有,然若此節及下「執圭」節,皆見聘記,尚不足爲據耶?鄭注聘記引論語此

文,而注論語不據聘記者,鄭注論語在前,所謂「人閒行已久」,不復追改矣。「過位」所以有言者,駢枝云「有揖讓之禮,即

有應對之辭」是也。〇注:「過君之空位。」〇正義曰:君退適路寢,則治朝之位虛,故曰「空位」。此鄭注所本。 攝齊升

堂,鞠躬如也,屛氣似不息者。 【注】孔曰:「皆重慎也。衣下曰齊。攝齊者,摳衣也。」 正義曰:駢枝云:

「攝,斂也,整也。舉足登階,齊易發揚,故以收斂整飭爲難。 士冠禮『攝酒』注云:『攝猶整也。』襄十四年傳:『書於伐秦,

攝也。』注云:『能自攝整。』既醉:『朋友攸攝。』正義云:『攝者收斂之言。』又引『戰國策:『攝袵抱几。』弟子職:『攝衣共

盥』管晏列傳:『晏子懼然,攝衣冠。』皆『攝』訓『整』之證。謹案:賓執圭升堂,此時衣之下齊整齊,故曰『攝齊』,猶上節言

『衣前後襜如』者,皆是自然合禮,不假手爲更勁也。「齊」與「齋」同。漢書朱雲傳、唐貞觀中孔子廟堂碑俱引作「齋」,用

正字也。「升堂」者,升,登也。 諸侯堂高七尺,見禮器。 聘禮言「賓至于階,三讓,公升二等,賓升西楹西、東面」,是賓升

階,後君一等。 曲禮云:「主人與客讓登,主人先登,客從之,拾級聚足,連步以上。上於東階,則先右足,上於西階,則先

左足。」注云:「拾當爲涉。級,等也。涉等聚足,謂前足躡一等,後足從之併。連步以上,重蹉跌也。連步,謂足相隨不相

過也。」曲禮此文,是賓主升階法,此聘賓禮亦當同。 若急趨君命,則有越等,謂之栗階。 燕禮記云:「凡公所辭皆栗階。」

又云:「栗階不過二等。」注云:「左右各一發而升堂。」則與聚足連步之禮異矣。「屛氣」者,説文:「屛,蔽也。」廣雅釋詁…

「屛,蔽也。」摒,除也。」義皆相近。 説文:「息,喘也。從心從自,自亦聲。」案:「自」即鼻也。夫子屛攝其氣,若呼吸俱泯者,

蓋氣容宜肅也。士相見禮疏引論語鄉黨云：「孔子與君圖事於庭，圖事於堂。」說者以爲約鄭注之文，愚輒憶他書引此文，

亦以爲鄭注也。「圖事於庭」，庭即路寢之庭，疑鄭此文釋「其言似不足」之義。「圖事於堂」，則此「升堂」是也。書鈔禮儀

部七引鄭注云：「屏氣自靜，以俟君言也。」俟君言，謂所圖事之言，此則鄭義以爲常朝也。陳氏壽祺左海經辨謂「鄭云圖

事，即是謀聘」，似是臆測。○注「衣下」至「衣也」。○正義曰：曲禮：「兩手摳衣，去齊尺。」注云：「齊，裳下緝也。」「裳下

即此注「衣下」，衣、裳得通稱也。說文：「摳，引持也。摳，縮也。一曰摳衣。」段注疑「縮」爲「矯」字之譌。矯者，舉也。即

摳謂之攓，攓謂之揭，揭謂之撅。子事父母，不涉不撅，侍坐於君子，暑毋褰裳，避不敬也，獨奈何升堂見君，而反以摳衣

席摳衣，下去地尺，若此「摳衣」，當相似矣。騈枝斥此注云：「拾級聚足，連步以上，自不致有傾跌失容之患，不必摳衣也。

爲敬乎？此可知其不然也。」　出，降一等，逞顏色，怡怡如也。【注】孔曰：「先屏氣，下階舒氣，故怡怡如也。」　没

階，趨進，翼如也。【注】孔曰：「沒，盡也。下盡階。」　復其位，踧踖如也。【注】孔曰：「來時所過位。」　正

義曰：「出」者，聘禮云：「賓降介逆出，賓出。」謂賓出廟門，仍接於西塾也。　騈枝云：「聘享每訖，即出廟門以俟命，『出』字

爲下文之目。」「等」者，階之級也。曲禮「拾級」，注「級，等也」是也。士冠禮「降三等」注云：「下至地。」疏引賈、馬說：「天

子堂九尺，階九等；諸侯堂七尺，階七等；大夫堂五尺，階五等；士堂三尺，階三等。」胡氏培翬正義引程瑤田云：「階三

等者，連堂廉而言。若除堂廉言，則九尺之堂，其階止八等，七尺者六等，五尺者四等，三尺者二等也。所謂『盡等不升

堂』者，當是盡其廉下之等，而不踐廉以升堂也。」張惠言云：「降三等而下至地，則凡階，上等即堂廉也。　公食大夫禮食

賓，『受醬湆等』，皆自阼階降堂受」。注云：「降堂，謂止階上。」則堂廉上也。　士昏禮廟見，「婦降堂取笄菜」，注：「降堂，階上

也。』婦人無降階之事」，則在堂廉上又可知。蓋堂之界，以庪爲限，庪以前即爲階，自堂而出至階廉，即爲降堂。階一等，乃爲降階。在階之上等，接簷下，爲盡階不升堂。」今案：程氏、張氏義同。胡君以其說爲然。胡又云：「賓降一等，在二等之上。」則此文「出降一等」之義也。「怡怡」者，爾雅釋詁：「怡怡，樂也。」說文：「怡，和也。」「樂」、「和」義同。「沒階」者，謂降西階盡等，下至地也。說文：「階，陛也。」詩瞻卬箋：「階，所由上下也。」洪氏頤煊禮經宮室答問：「鄉射禮：『賓降，立于西階西，當西序。』又云：『賓降立于階西，當西序。』詩瞻卬……再拜，賓三退，負序。』西楹西已當階，又三退，然後負序，則階必當楹、序之中。階上北直房戶，其兩階相去亦東西四筵之地。」釋文云『沒階趨』，一本作『沒階趨進』，誤。」臧氏琳經義雜記：「史記世家作『沒階趨進』，聘禮注引論語同。曲禮、士相見禮疏引並有『進』字。『趨進』者，趨前之謂也。舊有此字，非誤。」「復其位」者，駢枝云：「復聘賓之位，廟門之外，接西塾之位也。」謹案：此節自「入公門」至「私覿」，皆說聘問之事。而分言者，一記所歷位堂階之容，一記執圭之容也。聘禮記：「賓入門皇，升堂讓，將授志趨。」下階，發氣怡焉，再三舉足，又趨，及門正焉。」注云：「皇，自莊盛也。讓，謂舉手平衡也。志猶念也。念趨，謂審行步也。孔子之執圭，鞠躬如也」云云。「再三舉足，」自安定乃復趨也。孔子之升堂，鞠躬如也」云云。又注「及門正焉」句云：「容色復故，此皆心變見於威儀。」是此節爲聘禮，明明載之記中，而鄭君即以論語文釋之，惜其先注論語時，未能據之也。古義湮晦，至駢枝而始明。同時凌氏廷堪禮經釋例、王氏引之經義述聞並稱其精審，厥後胡紹勳亦略本之，此可無疑者矣。鄭君及包、孔注，皆以此節爲趨朝。然上節言「朝」及「君在」已說趨朝之事，不應中隔以爲擯，而復言趨朝也。陳氏壽祺左海經辨據鄭注「圖事於庭，於堂」之言，謂「是孔子於己國與君謀聘」，則與平

時議政事何異？且孔子在本國圖事，與聘記言「賓入門升堂」亦不合，則知陳說非也。宋氏翔鳳發微以爲擯禮，不知擯者本不升堂，且上節已言「趨進」，此不必復記矣。說既多岐，而其中門位、堂階，又人自爲義，今皆刊落，不欲繁溷學者耳目焉。○注「先屛」至「如也」。○正義曰：上文言「屛息」，息卽氣也。顏色是氣之見於外者。故注明之。〔聘記云「下階，發氣怡焉」。注「發氣，舍息也。」「舍」與「舒」音同，「舒」與「退」義同。方言：「退，解也，快也。」說文：「退，通也。」義俱相近。「下階」者，〔釋言云「降下也」。

4　執圭，鞠躬如也，如不勝。

【注】包曰：「爲君使聘問鄰國，執持君之圭。鞠躬者，謹愼之至。」

〔正義曰：說文：「圭，瑞玉也，上圓下方。」古文「圭」作「珪」。又云「剡上爲圭」。白虎通文質篇：「珪以爲信者何？珪者，兌上，象物始生，見於上也。萬物之始，莫不自潔。上兌，陽也；下方，陰也。」「上兌」卽剡上，亦卽上圓。凡諸圭形，當略相同。周官大宗伯：「王執鎮圭。」又云：「公執桓圭，侯執信圭，伯執躬圭，子執穀璧，男執蒲璧。」注云：「桓圭，蓋亦以桓爲琢飾，長九寸。信當爲身，身圭、躬圭，蓋皆象以人形爲琢飾，圭皆長七寸。穀、蒲二玉，蓋或以穀爲飾，或以蒲爲琢飾，璧皆徑五寸。」案：此卽瑞圭也。考工玉人謂之『命圭』。諸侯朝天子，及諸侯相朝，並執之。若使人聘於天子，及諸侯交相聘，則用琢圭。典瑞云：「琢圭璋璧琮，以頫聘。」注〔鄭司農云：『琢有㽥鄂琢起。』〕又考工記「琢圭璋八寸，璧琮八寸，以頫聘。」疏云：「此謂上公之臣，執以頫聘，享用璧琮於天子及后也。若兩諸侯自相聘，亦執之。侯伯之臣，宜六寸。子男之臣，宜四寸。凡諸侯之臣頫聘，不得執君之桓圭、信圭之等，直琢爲文飾也。」注云：「琢，文飾也。」〔琢，圭璧上起兆琢也。從玉，篆省聲。上起兆琢，卽先鄭「琢起」之義。「兆」「㙤」一字。「坼」如「封坼」之坼，所以界別之。」案：說文：

内外也。

桓、躬等之文，此康成存疑，故屢加蓋詞以箸之。

其質也」。康成依漢禮而言，遂謂六瑞皆琢。

桓、信、躬、穀、蒲之文也，不知桓、信、躬、穀、蒲，乃玉之形體與其彩，非琢飾也。

李賢後漢明帝紀注：「圻堮，圻堮也。」「堮」、「鄂」字同，當謂刻圭凸起以爲飾也。康成謂六瑞亦是琢飾，但不爲

此康成存疑，故屢加蓋詞以箸之。惠氏士奇禮說：「琢者，頮間之圭璧，六瑞則不琢也，故曰『大圭不琢，美

如其說，則與頮聘之圭何以異乎？說者又謂頮聘之圭璧，有圻鄂琢起，無

故曰『和氏之璧，不飾以五彩；』隨侯之

珠，不飾以銀黃。其質至美，物不足以飾之」。六瑞無琢飾者以此，山海經『圭璧十五』，『五彩惠之。』惠猶飾也。祀山川，造

賓客，皆曰素功。素功者，設色之工。畫繢之事，是爲琢書之八體，大篆小篆，亦以此取名焉。說者謂素功無飾，其不然

乎？」案：惠說是也。

聘禮言「賓及廟門，公揖入，立于中庭，賓立接西塾。擯者出請命，賈人東面坐啟櫝取圭，垂繅不起，

而授上介。上介不襲，執圭，屈繅，授賓，賓襲，執圭。擯者入告，出辭玉，納賓。賓入門左，三揖，至于階，三讓，公升二等。賓

升西楹西，東面。賓致命，公側襲，受玉於中堂與東楹之閒，賓降，公側受宰玉。此行聘時，賓執圭以致君命也。曲禮云：

「執天子之器則上衡，國君則平衡，擯者，衡於心也。此執圭亦當平衡，故鄭解聘記『升堂讓』云：『謂舉手平衡也。』是

也。」聘記云：「上介執圭，如重，授賓。賓入門皇，升堂讓，將授志趨，授如爭承，下如送，君還而後退。」又云：「執圭入門，

鞠躬焉，如恐失之。皇且行，入門主敬，升堂主慎。」注以爲記執圭異說，此與論語文悉合。作記者采孔子事入之。鄭云

「異說」者，謂記者非一人也。書鈔禮儀部七引鄭此注云：「如不勝者，敬之至也。」案：曲禮云：「凡執主器，執輕如不克。」

注云「重慎也。」「重慎」即敬義。○注：「爲君使聘問鄰國，執持君之圭。」○正義曰：「聘」亦訓問，見詩采薇傳及鄭君禮

注。曲禮云「諸侯使大夫問於諸侯曰聘」是也。大行人云「諸侯之邦交，歲相問也，殷相聘也，世相朝也。」注云「小聘曰

問。殷，中也。久無事，又於殷朝者及而相聘也。父死子立曰世。凡君卽位，大國朝焉，小國聘焉。」案：聘問不異圭，故注兼舉之。書鈔禮儀部七引鄭此注云：「執圭謂以君命聘於鄰國。」與包義同。云「執持君之圭」者，凡瑑圭璋璧琮，皆是君物，故使者受圭於朝，及聘畢返國，致玉於君，並見聘禮。解者誤會此注「君圭」之文，或以命圭當之，非也。

上如揖，下如授。勃如戰色，足蹜蹜如有循。【注】鄭曰：「上如揖，授玉宜敬。下如授，不敢忘禮。戰色，敬也。足蹜蹜如有循，舉前曳踵行。」

正義曰：「蹜蹜」，玉藻作「縮縮」，說文無「蹜」字，「縮」下云「一曰蹴也。」「蹴」與「蹙」一字。詩「蹙蹙靡所騁」，鄭箋：「縮小之貌。」縮小亦不敢自肆意。○注「上如」至「踵行」。○正義曰：「授玉」謂賓升堂東面授玉也。授玉爲上者，後漢書河閒孝王開傳：「上案其罪。」注：「上，奏上也。」又禮記郊特牲「尚用氣」注：「尚謂先薦之。」史記絳侯周勃世家「太子勝之尚之」，集解引韋昭曰：「尚，奉也。」「尚」與「上」同。臣授玉於君，亦是奉上之。聘禮記「授如爭承」，彼文之「授」，卽此文所云「上」也。「爭承」者，言趨而授玉，其禮宜速，與此言「如揖」各其一義。江氏永圖考曰：「古之揖，如今人與人相拱手，有高、平、下之別。孔子執圭上如揖，與天揖推手小舉者相似，此不過平衡也。」鄭「不敢忘禮」者，是解「下」謂下堂雖已授玉，不敢授時也。聘記云「下如送」，送當謂送物與人，與此言「授」同也。鄭注輯本「不敢忘禮」句下，更云：「魯讀下爲趨，今從古。」案：「下」字古音如戶，與「趨」音近，故魯論作「趨」。鄭以趨而授玉不煩言「如」，故從古作「下」。錢氏坫後錄謂「如、而古通」。「上如揖」，卽賓入門後，三揖至于階之事。「趨而授玉」，卽聘記所謂「志趨」，從魯論爲說，與下兩「如」字別自爲義，非也。書鈔禮儀七引此注云：「勃如戰色，恐辱君命也。」是注佚文，當在「敬也」句下。「敬」與「儆」同，慎懼之義。「恐辱君命」者，懼有失隊，遺君羞辱也。「舉前曳踵行」者，說文：「循，順行也。」

兩足不能分步，則趾踵相接，順遞而行，故舉前足，則曳後踵隨之。曲禮云：「執主器，操圭璧，則尚左手，行不舉足，車輪曳踵。」注云：「行不舉足，重慎也。」「車輪，謂行不絕地也。」疏云：「踵，脚後也。若執器行時，則不得舉足，但起前拽後，使踵如車輪曳地而行，故云車輪曳踵。」又玉藻：「執龜玉，舉前曳踵，縮縮如也。」注云：「著徐趨之事。」又「圈豚行，不舉足，齊如流。」注云：「圈，轉也。豚之言若有所循。不舉足曳踵，則衣之齊如水之流矣。」孔子執圭則然，此徐趨也。」案：舉前足，曳後踵，則後足不舉，故云「行不舉足」。其踵趾相接，旋轉如圈，故為圈豚，言其圈而循行也。聘記云：「將授志趨。」注云：「志猶念也。謂審行步也。」孔子之執圭」云云。鄭以「志趨」即「徐趨」，故引「執圭」全節，而以「足蹜蹜如有循」為「志趨」之證，與玉藻注所云「徐趨」義合。玉藻言「徐趨」之法「君與尸行接武」，[一]謂蹈半跡得三尺也；「大夫繼武」謂跡相及也。「士中武」謂跡閒容跡也。是皆圈豚行也。夫子大夫，當用繼武，故舉前曳踵行，即是跡相及也。推鄭君玉藻及聘記注義，是足蹜蹜如有循在授玉之時，蓋授玉當徐趨也。所以用徐趨者，以君行一，臣行二，故聘記言「授如爭承」，即此義也。賈氏聘記疏解「足蹜蹜」為廟門內執玉行步之容。江氏永圖考，王氏塱正義並從其說，非鄭君之旨。士相見禮：「凡執幣者不趨，執玉者則惟舒武，舉前曳踵。」注云：「不趨者，主慎也。」惟舒者，重玉器，尤慎也。」此則執玉常度，與授玉時用徐趨不同。蓋舉前曳踵，一為舒武，一為徐趨，名同而法異也。享禮，有容色。【注】鄭曰：「享，獻也。聘禮：既聘而享，用圭璧，有庭實。」正義曰：聘記云：「及享，發氣焉盈容。」注云：「發氣，舍氣也。」孔子之於享禮有容色。」案：「與」原誤作「舒」，謂顏色舒解。江氏永圖考：「聘執圭，享執璧，嚴與和微異。享禮有容色，正對『勃如戰色』，謂身

〔一〕「與」原誤作「及」，據禮記玉藻改。

容、手容、足容如初，惟發氣盈容，不若初之變色耳。」夫圭獻其德，璧獻其情，圭以申信，璧以交敬。聘使之將入也，主君

有辭玉之禮。辭者，不敢當禮之盛也。至於享，則擯者請事而不辭。聘禮之入門也，使者有襲衣之儀。襲者，以其玉所

藉也。至於享，則賓主皆襲裼而不襲。○書曰：「享多儀，儀不及物。」言平盡物者，貴盡志也，於是有容色云爾。案：聘君後以

璋聘夫人，享君後以琮享夫人，其禮與聘享君略同。○注「享獻」至「庭實」。○正義曰：「享獻」，釋詁文。說文作「亯」，

云：「獻也，從高省，曰象進孰物形。」周官玉府注：「古者致物於人，尊之則曰獻。」何休公羊隱五年注：「獻者，下奉上之

辭。」聘禮言：「聘畢賓出，公襢，降立，擯者出請，賓襢，奉束帛加璧享。擯者入告，出許。」是聘禮既聘而享也。觀禮「四

享」，是諸侯見天子之禮。鄭注以「四享」爲「三享」，而使人於諸侯但用一享，禮之殺也。聘記諸侯相朝，公、侯、伯皆以璧

享君，琮錦享夫人。子，男則降用琥以繡，璜以黼，皆不用圭。此注「用圭璧」兼「圭」言之者，鄭以上公及二王後，享天

帛享君，見小行人注。是圭亦享禮所用，鄭君廣言之也。「庭實」者，實於庭也。聘記云：「凡庭實，隨入，左先。」注云：「隨

人，不並行也。」又觀禮言：「庭實，奉束帛，匹馬卓上，九馬隨之，中庭西上，奠幣，再拜稽首。」是諸侯享天子亦有庭實也。

書鈔禮儀部七引鄭此注云：「皮馬相間也。」此句當在「有庭實」下。聘禮云：「庭實，皮則攝之，毛在內，內攝之，八設也。人

注云：「皮，虎豹之皮。攝之者，右手並執前足，左手並執後足。毛在內，不欲文之豫見也。內攝之者，兩手相鄉也。人

設，亦參分庭一，在南。言『則』者，或以馬也。」〔一〕又云：「凡庭實，皮馬相間可也。」注云：「間猶代也。土物有宜，君子不

〔一〕「也」原誤作「記」，據聘禮注改。

以所無爲禮。畜獸同類，可以相代」。疏云：「當國有馬而無虎豹皮，則用馬。或以虎豹皮，並有馬，則以皮爲主，而用皮

也。」此相閒之義也。聘禮言設庭實云：「賓入門左，揖讓如初，升致命，張皮，公再拜受幣。士受皮者，自後右客，賓出當

之，坐攝之，公側受宰幣皮，如入右首而東。」「張」者，釋外足見文也。「自後右客」者，從東方來，由客後西，居其左受皮

也。「坐攝之」者，象受於賓也。「如入右首而東」者，如入在前皮右首者，變於生也。皆鄭注說也。○正

也。【注】鄭曰：「覲，見也。既享，乃以私禮見。偷偷，顏色和。」　正義曰：郊特牲云：「朝覲，大夫之私覿，非禮也。」大

夫執圭而使，所以申信也。不敢私覿，所以致敬也。而庭實私覿，何爲乎諸侯之庭？爲人臣者無外交，不敢貳君也。」案…

此周時儒者議禮之言，先言「朝覲」，後言「大夫執圭而使」，謂聘禮則以朝聘之私覿皆爲非禮。鄭注云：「其君親來，其臣

不敢私見於主國君也。以君命聘，則有私見。」是鄭據周禮，以臣聘得行私覿，未爲失禮也。○注「覲見」至「色和」。○正

義曰：「覲、見」，釋詁文。荀子大略云：「私覿，私見也。」說文無「覿」字，而「偷」下引論語作「私覿」。其訓「見」，作「償」意，

許以「償」卽「覿」矣。　據聘禮言聘享畢「賓奉束錦以請覿，擯者入告，出辭，請禮賓，賓禮辭聽命。」及禮賓畢，復請覿，是

既享後仍有禮賓一節。論語無文，略之也。　私覿，爲以私禮見者。聘享皆邦交之事，臣爲君行禮，同於爲賓。此則臣於

君行禮，非公家之事，故稱私也。玉藻云：「公事自闈西」，「私事自闈東」。　聘禮云：「賓覿，奉束錦，總乘馬，二人贊，入門右，北

部七引鄭此注云：「用束帛乘馬者也。」此佚文當在「乃以私禮見」「公事」謂聘享；「私事」謂私覿是也。　書鈔禮儀

面奠幣，再拜稽首。擯者辭，賓出，擯者坐取幣出，有司二人牽馬以從，出門，西面于東塾南。擯者請受，賓禮辭聽命，牽

馬右之，人設。賓奉幣入門左，介皆入門左，西上。公揖讓如初。升，公北面再拜，賓三退，反還負序，振幣，當東楹，北

面。士受馬者自前還牽者後,適其右,受。牽馬者自前西,[一]乃出,賓降,階東拜送,君辭,拜也,君降一等辭。擯者曰:『寡君從子。』雖將拜,起也。栗階升,公西鄉,賓階上再拜稽首。公少退,賓降,出,公側受宰幣,馬出。」此實請觀之禮,有束帛乘馬也。 鄭注士冠禮云:「束帛,十端也。十端一束,故言束也。」乘馬者,四馬。聘禮,言「二人贊」,即扣馬者也。 賓觀後,大夫介、士介亦有私觀,禮略同。 夏官校人云:「凡國之使者,共其幣馬。」注云「使者所用私觀。」彼謂天子使人於諸侯,得行私觀。私觀之馬,校人供之,則諸侯聘賓私觀所用之幣,宜亦君爲供之。 聘禮云:「有司展羣幣以告。」注云:「羣幣,私觀及大夫。有司,載幣者,校人供之,自展自告。」告者,告之於君,明羣幣亦君爲供之矣。「有司展羣幣」者,爾雅釋詁:「愉,樂也。」聘記:「私觀,愉愉焉。」彼注云:「容貌和敬。」與此注互證。 說文:「愉,薄也。」引此文。 段注疑爲薄樂,非是。

〔一〕「者」字原脱,據儀禮聘禮補。「愉薄」字,其引論語乃別義,說文此例甚多。許意以「愉」爲「愉愉顏色和」者,

論語正義卷十二

5　君子不以紺緅飾，【注】孔曰：「一入曰緅，飾者不以爲領袖緣也。紺者齊服，盛色以爲飾衣，似衣齊服。緅者，三年練，以緅飾衣，爲其似衣喪服，故皆不以爲飾衣。」紅紫不以爲褻服。【注】王曰：「褻，私居服，非公會之服，皆不正。褻尚不衣，正服無所施。」　正義曰：君子謂孔子，變言之者，見凡君子宜然也。【注】鄭注云：「紺緅，紫玄之類也，紅縹之類也。玄纁所以爲祭服，等其類也。紺緅木染，不可爲衣飾；紅紫草染，不可爲褻服而已。飾謂純緣也。」褻衣，袍襗也。　案：說文：「紺，深青而揚赤色也。」釋名釋采帛：「紺，含也，青而含赤色也。」許，劉義同。廣雅釋器：「紺，青也。」不兼赤言，略也。　漢書王莽傳：「時莽紺袀服。」蔡邕獨斷：「紺，紺繒也。」紺者，青赤之色。但深青近黑，故訓紺者又爲黑。考工記鍾氏疏引淮南說山訓：「以涅染紺，則黑於涅。」涅，卽今皁礬之類。墨子節用篇：「黜，黑也。」說文：「黜，淺黃黑也。從黑，甘聲，讀若染繒皁束緅黜。」「黜」與「紺」同。淺黃卽近赤之色，黑卽近深青之色也。段氏玉裁說文注謂「紺卽今之天青，又名紅青，以考工鍾氏疏『繢入黑汁爲紺』之義爲非」。其說良是。但深青近黑，故此注以紺爲玄類也。說文無「緅」字，「纔」下云：「帛爵頭色也。從糸，毚聲。一曰微黑色如紺。纔，淺也。讀若讒。」許以纔微黑，比於紺者，紺色深青，與黑相近故也。鍾氏言染羽法：「以朱湛丹秫，三月而熾之，淳而漬之。三入爲纁，五入爲緅。」注：「染纁者三入而成，又再染以黑則爲緅。緅，今禮俗文作爵，言如爵頭色也。」又注士冠禮云：「爵弁者，其色赤而微黑，如爵頭

然，或謂之緅。」鄭以「爵」爲俗文，則以「緅」爲正字，許以「纔」爲正字，意「爵」即「纔」之或體矣。士冠禮注云「赤而微黑」，而巾車注又云：「雀，黑多赤少之色。」辭不同者，五人之黑，比玄緇爲淺，故爲微黑，而於赤爲多，是爲黑多赤少矣。廣雅云：「緅，青也。」字林云：「緅，帛青色；深青之色近黑也。」説文又云：「紫，帛青赤色也。」段注謂「青當作黑」，甚是。然許意或以青亦近黑矣。紺、緅、紫，皆近黑色，故鄭此注以爲玄類。毛詩七月傳「玄，黑而有赤也。」説文云「黑而有赤色者爲玄。」鍾氏言「五入爲緅，七入爲緇」不言六入，注云：「凡玄色者，在緅緇之閒，其六入者與？」是鄭義與毛、許合。金氏鶚禮説：「玄色是黑而兼青，非赤黑之色。」引六證以明之。其尤可據者，則周髀經云「天青黑，地黄赤。玄以象天，則必黑而兼青。」其説固是。然非毛、許、鄭氏義也。

説文云：「紅，帛赤白色也。」案：爾雅釋器「一染謂之縓，再染謂之赬，三染謂之纁。」縓、赬、纁皆赤色，故説者謂縓即紅，而此注亦以紅爲纁類。説文又云：「纁，淺絳也。絳，大赤也。」是也。玉藻注：「冕服玄上纁下。」詩七月「我朱孔陽，爲公子裳。」傳云：「朱，深纁也。」周官方相氏「玄衣朱裳」皆謂衣用玄，裳用纁也。鄭以玄纁是祭服之色，而紺緅紫爲玄類，紅爲纁類，祭服玄衣纁裳。

案：大司徒「土會之法：山林，其植物宜皀物。」先鄭以爲柞栗之屬，今世閒以柞實爲皀斗，等其類也。説文：「栩，其實皀，一曰樣。」陸機詩疏：「徐州人謂櫟爲杼，或謂之爲栩，其子爲皀，或言皀斗。其殼爲汁，可以染皀。」掌染草注所云「象斗」，即皀斗也。此木染之可考者，紺緅所用當取此。又爾雅釋草：「菮，鼠尾。」「櫨，烏階。」郭注並云：「可以染皀。」但爲草類，當非紺緅所用也。又釋草：「蒤，虎杖。」郭注：「可以染赤。」「茹藘，茅蒐」，郭注：「今之蒨也，可以染絳。」絳、赤皆紅類也。又「藐，茈草」，郭注：「可以染紫，

一名芘荬。」掌染草注作「紫荊」，此紅紫爲草染也。陳氏壽祺左海經辨引此注解之云：「染人『掌染絲帛。凡染，春暴練，

夏緟玄，秋染夏」。注云，「考工記鍾氏則染纁術也。」是鄭意以染絲帛如染羽法，用朱湛丹秫，不用草木。蓋草木染者，可

施之他物，祭服等則當以丹秫染也。」今案：陳説非是。蓋木染草染，乃言紺緅四者所受之色，其色與祭服相似而不可用，

非謂其爲草木染而不可用也。士冠禮「爵弁服」有「纁裳」？「爵弁」是祭服，鄭君以「爵」爲「纁」俗文，而「纁」爲祭服之韠，

茅蒐所染，則鄭以祭服得有草木染矣。墨子節用篇：「冬服紺緅之衣，輕且暖。」則後世俗變，且以紺緅爲衣，不獨用爲飾

也。江氏永圖考曰：「飾必用正色。深衣篇云：「具父母、大父母，衣純以繢，具父母衣純以青。」孔子少孤，母存，宜純以

純采。」亦説深衣之制。江意夫子不以爲飾，當指深衣，其義足神鄭氏所未言。但以紺緅爲閒色，則爵弁用爲冠服，冠重

青。母没，則惟純以素。紺緅不飾，猶之紅紫不服耳。」案：曲禮云：「爲人子者，父母存，冠衣不純素。孤子當室，冠衣不

於衣，衣用正色」，冠必不用閒色。又爵韠亦用爵爲飾，則紺緅絕非閒色而可知。鄭義以爲類祭服者，信而有徵矣。圖

考又曰：「按孔子言『惡紫之奪朱』，當時尚紫亦有漸。玄冠紫緌，自魯桓公始。戰國策曰：『齊紫，敗素也』，而賈十倍。」蓋

齊桓公有敗素，染以爲紫，下令貴紫，人爭買之，賈十倍，其貴紫有由來矣。哀十七年：「衛渾良夫紫衣狐裘，太子數其三

罪殺之。」紫衣居一。杜注：「紫衣，褻君服。」可見當時君服紫。王氏瑬正義：「服紅者雖鮮聞，亦必有爲褻服者。」此皆謂

當時褻服用紅紫也。荀子正論言天子「衣被則服五采，雜閒色」，則謂「閒色不可用」者，誤也。「飾

皇疏以紅紫爲閒色，引穎子嚴説：紅是赤白，爲南方閒，紫是黑赤，爲北方閒。解者據之，因謂「閒

謂純緣」者，爾雅釋器：「純謂之緣。」郭注：「衣緣飾也。」玉藻云：「緣廣寸半。」深衣云：「純袂、緣、純

色不可用」。案：玉藻云：「衣正色，裳閒色。」説文：「緣，衣純也。」

邊，廣各寸半。」注：「純，謂緣之也。緣袂，謂其口也。緣，緆也。緣邊，衣裳之側。廣各寸半，則表裏共三寸矣。」釋文引鄭注既夕禮云：「飾衣領袂口曰純，裳邊側曰綼，下曰緆也。」是言衣裳邊飾也。又冠、屨、帶、韠、矢服、席亦有飾，論語此文，當兼有之。○鄭君止説衣裳，舉其重者以例之耳。「褻衣爲袍襗」者，説文：「襗，私服。」字林：「襗，袤衣也，又云重衣也。」喪大記注：「袍，褻衣。」詩無衣云「與子同袍」「與子同襗」：袍在外，襗在內，皆爲褻也。毛傳：「襗，潤澤也。」鄭箋：「襗，褻衣，近污垢。」釋名釋衣服：「汗衣近身，受汗垢之衣也。」詩謂之襗，受汗澤也。或曰鄙袒，或曰羞袒，作之用六尺布，裁足覆胸背。」方言：「汗襦，江、淮、南楚之閒謂之襌襦。」注云：「即衫也。」説文：「襦，短衣也。袴，脛衣也。襄，袴也。」皆褻服之類。

○注「一人」至「飾衣」。○正義曰：鍾氏言「五人爲緅」，無「一人爲緅」之文。檀弓云：「練、練衣黃裏緅緣。」注云：「小祥練冠、練中衣，以黃爲內，緅爲飾。」錢氏大昕潛研堂文集：「孔氏經文當是『緅』字，爾雅云『一染謂之縓』，卽孔所云『一』也。檀弓云『練、練衣黃裏縓緣。』注云：『小祥練冠、練中衣，以黃爲內，縓爲飾。』卽孔所云『三本練以飾衣』者也。然則孔本經注皆當作縓，不作緅矣。」錢氏坫後錄：「論語此有兩本，古文作『紺』，今文作『紺緅』，鄭本今文也。今集解乃後人妄改。」今案：「二錢説是也。但孔本非真古文，此説稍誤。服記：「公子爲其母練冠麻，麻衣縓緣。」與檀弓同。士喪禮「公子爲其妻縓冠」，又記有「縓綼」，則「縓」爲喪飾。説文云：「縓，赤黃也。」廣雅云：「縓謂之紅。」紅赤色相近也。「三年練」者，謂三年之喪有練祭也。練即小祥之祭。喪服四制云：「父母之喪，十三月而練」是也。孔謂「縓」即是紅，不可爲飾，又不可爲褻服。縓舉其名，紅舉其色，説與鄭異，則孔所傳本異也。至以紺爲齊服，禮無明文。玉藻云「齊則緇韠」「爵」即「緅」，或以緅紺色近，得比同之也。○注「褻服」至「所施」。○正義曰：「褻」訓「私居」者，引申之義。私居之服，即是深衣，故曰「非公會之服」，與下文稱「褻裘」同。此義亦通。

正服謂朝祭諸服，在外者也。當暑，袗絺綌，必表而出之。【注】孔曰「暑則單服。絺綌，葛也。必表而出之，加上衣。」　正義曰「當暑」者，謂當暑時也。《釋名·釋天》「暑，煮也。熟如煮物也。」「袗」，皇本作「縝」，邢本作「袗」。段氏玉裁說文注以「袗」爲正，「絺」爲叚借，「縝」爲俗。御覽八百十九引鄭此注云「縝，單也。暑月單衣葛，爲其形褻也。」案：「縝、單」者，玉藻「振絺綌不入公門」注云「振讀爲袗。袗，單也。」單謂衣無裏，對袷褶之有裏者言之也。「單衣葛」者，以葛爲絺綌，用絺綌爲單衣也。毛詩葛覃傳「葛所以爲絺綌。精曰絺，麤曰綌」說文「葛，絺綌草也。絺，細葛也。綌，麤葛也。」段注謂「緆緰之一如今之黃草葛也。」「形褻」者，絺綌近親身之衣，形或露見，故言褻也。喪大記注引此文說之云「亦爲其褻也。」是也。鄭據目見，故以「今」明之。　喪服大記「袍必有表，不禪。」注云「袍，褻衣，必有以表之，乃成稱也。」「禪」與「單」同。古人之服，先著親身之衣，次則春秋加袷褶，夏加絺綌，冬加裘，又次各加禮服。此文「必表而出」，與下文緇衣、素衣、黃衣，皆論褻衣。褻者，所以充美，燕居不褻，故可單衣葛也。　玉藻「振絺綌」與「表裘」連文，注云「二者形且褻，皆當表之乃出」。是鄭以出爲出門。皇疏云「在家無別加衣，若出行接賓，皆加上衣。當暑絺綌可單，出則不可單，必加上衣，故云『必表而出』也。」即鄭義也。云「出之」者「之」是語辭，皇本無「之」字。○注「必表而出之，加上衣。」○正義曰「說文「表，上衣也。」上衣謂衣之在外加於上者，即裼衣也。又謂之中衣，其外又加禮服。禮服對中衣言，亦稱上衣。緇衣、羔裘；　正義曰鄭注云「緇衣羔裘，諸侯視朝之服，亦卿大夫士祭於君之服。諸侯之朝服，其服緇布衣而素裳，緇帶素韠。諸侯之朝服羔裘者，必緇衣爲裼。卿

大夫朝服亦羔裘，唯豹袪，與君異耳。」案：士冠禮「玄冠朝服。」注云：「諸侯與其臣，朝服以日視朝。」又司服「凡甸，冠弁服。」注云：「冠弁，委貌，諸侯以爲視朝之服。」然則玄冠朝服，即冠弁服。司裘疏以爲冕服者，弁、冕得通稱也。玄冠是黑色，其上衣及中衣皆用緇布爲之。緇亦黑色，所謂「衣與冠同色」也。説文：「緇，帛黑色也。」釋名釋采帛：「緇，滓也。泥之黑者曰滓，此色然也。」是也。

詩羔羊傳：「小曰羔，大曰羊。」説文：「羔，羊子也。」經傳凡言「羔裘」，若今稱紫羔矣。

緇衣羔裘爲朝服，又爲卿大夫士祭於君，用緇衣羔裘爲楊也。司裘疏引鄭此注解之云：「卿大夫助祭服冕服，士用爵弁。君祭服冕服，中衣用素。」素即帛。任氏大椿弁服釋例謂「卿大夫助祭用冕服，士用爵弁。君祭服冕服。」玉藻疏解此注謂「助君祭用朝服」，誤矣。

鄭又云「諸侯之朝服，其服緇布衣而素裳，緇帶素韠」者，此緇布衣謂上服也。詩「緇衣之宜兮」，即謂朝服上衣。雜記云：「朝服十五升，去其半而緦。」故知上衣是布也。

鄭云「素裳」者，士冠禮又云：「素韠，韠從裳色。」此朝服既用素韠，知裳亦是用素。詩素冠篇所云「素」者，謂素裳也。而秦氏蕙田五禮通考不用鄭説，謂「特牲饋食之『緇韠』疑當爲素」，涉上「緇帶」而誤，其說亦通。

「緇帶」者，鄭注士冠禮云「黑繒帶也。」「韠」者，蔽膝，以韋爲之。鄭注士冠禮云：「素韠，白韋韠也。」特牲饋食記言「朝服緇帶」，注云：「緇韠者，下大夫之臣。」孔氏詩緇衣疏謂「士助祭，則韠用緇」，亦由朝服之緇韠推之，是謂士韠不與裳同色也。鄭此注不言士韠有異者，略也。

鄭注云：「祖而有衣曰裼，必覆之者，裘褻也。」「卿大夫朝服亦羔裘，唯豹袪，與君異」者，禮，朝服，君臣同服。但君用純物，臣下之，故用豹袪。玉藻云：「羔裘豹飾，緇衣以裼之。」注說亦通。「朝服羔裘用裼」者，玉藻云：「裘之裼也，見美也。」鄭注云：

云：「飾猶襃也。」詩鄭風云：「羔裘豹飾。」傳云：「豹飾，緣以豹皮也。」又唐風云：「羔裘豹袪。」傳云：「袪，袂末也。」箋云：

「在位卿大夫之服也。」其下章云：「羔裘豹襃。」傳云：「襃猶袪也。」陳氏奐疏云：「袂口之緣，是爲袪末。深衣袂末，續緣廣

寸半。長衣、中衣袂末揜餘一尺，袪制如長中，袂末亦宜揜餘一尺。此餘一尺，乃用豹皮與？」案：卿大夫朝服羔裘用豹袪，

則祭服羔裘亦豹袪可知。　素衣，麑裘；　正義曰：鄭注云：「素用繒。素衣麑裘，諸侯視朔之服。其臣則青犴襃絞衣

以裼之。」案「繒」者，說文云：「繒，帛也。」詩素冠疏：「凡經傳之言素衣，皆謂白絹也。」司服注

云：「皮弁之服，十五升白布衣。」上服用布而裼用帛，與狐青裘用玄絹衣爲裼、狐白裘用錦衣爲裼同。若然，玉藻云：「以

帛裹布，非禮也。」彼謂袷褶，不得用帛爲布衣之裏，不謂裼衣。　檀弓云：「練，練衣黃裏，以黃爲内。」疏

云：「黃裏者，黃爲中衣裏也。」又云：「故小祥而爲之黃袷裏也。」此稱「裏」，爲袷褶之衣也。　鄭注玉藻誤以裏爲中衣，而

「以帛裹布」與「玄絹」「錦衣」諸文不可通矣。　爾雅釋獸：「鹿，牡麚，牝麀，其子麛。」說文：「麛，鹿子也。」論語字當作

「麛」，叚「麑」字爲之。　說文云：「麑，狻麑獸也。」別一義。鄭君玉藻、聘禮注引論語文說之云：「皮弁時，或素衣，其裘同，

或後人據今本改之也。　玉藻云：「皮弁以聽朔於太廟。」皮弁以白鹿皮爲之，衣與冠同色，故用白布衣爲上服，而裼衣用白

絹，亦與上服相稱矣。　麛裘之色，當亦近白，君服麛裘用純物，臣下之，用青犴爲襃。　玉藻：「君子麛裘青犴襃，絞衣以

之。」注云：「君子，大夫士也。犴，胡犬也。絞，蒼黃之色也。」又聘禮注引玉藻、論語文說之云：「夫子無麛裘，記者廣言諸侯

禮」，則與鄭義不合。　玉藻疏引皇氏云：「素衣爲正，記者亂言絞耳。」任氏大椿弁服釋例謂「絞衣經不多見，記者不應亂言

絞，疑絞衣或爲春秋時制，不能如古，故夫子仍用素衣爲裼」。其說視皇爲勝。若然，則論語「素衣麑裘」，實爲夫子之服，其用素衣，正以矯時人絞衣之失耳。皮弁服，兼有視朔聘享，鄭君止言「視朔」，是舉一端。皇疏云「謂國有凶荒，君素服，則羣臣從之，故孔子魯臣，亦服之也。喪服，則大麑爲裘也。檀弓云「麑裘，橫長袪」是也。此凶荒之服既輕，故裘用鹿子、麑子文勝於大鹿也。或云大蜡祭百物之神，皮弁素服也。故郊特牲云「皮弁素服而祭，以送終也」。注云「素服，衣裳皆素也。」案：皇疏二說亦通。但郊特牲「素服」，是皮弁上衣，不指裼衣，當補云「素服爲上衣，其裼衣亦得用素」爲得之。

黄衣，狐裘。

【注】孔曰：「服皆中外之色相稱也。」

正義曰：鄭注云「狐裘，取温裕而已」。温，煖也。裕，厚也。詩都人士箋亦云：「都人之有士行者，冬則衣狐裘黄黄然，取温裕而已。」注云：「黄衣，大蜡時臘先祖之服也。」孔子曰「黄衣狐裘。」又郊特牲言歲十二月，天子大蜡既畢，

【狐裘，黄衣黄冠而祭，息田夫也。野夫黄冠，黄冠，草服也」。注云：「祭謂既蜡臘先祖五祀也，於是勞農以休息之。論語云「黄衣狐裘」。黄冠草服，言祭以息農，象其時物之色」，季秋而草木黄落。」是也。臘祭黄衣，其上更無上服。據鄭禮注二文，則固謂黄衣狐裘爲息民之祭矣。都人士詩「狐裘黄黄」，謂長民者之服。此文狐裘配上衣，裼衣則亦狐黄矣。皇疏云，則因謂黄衣狐裘爲息民之祭。禮運云『昔者仲尼預於蜡賓』，邢疏云「息民用黄衣狐裘，大蜡則皮弁素

「孔子爲臣助蜡祭，亦隨君著黄衣也。」礼運云『昔者仲尼預於蜡賓』，邢謂『皮弁素服』者，即指素衣麑裘爲蜡祭服也。但玉藻言『黄衣以楊之』，有楊衣必有上衣，而郊特牲注「臘祭黄衣」，其上更無上服，未必然也。金氏鶚禮說『緇衣羔裘，素二者不同，以其事相次，故連言之耳。」衣麑裘，其用皆最廣，又多係大禮，而黄衣狐裘止有息民之祭一用，而其禮又甚輕，何得與緇衣素衣等服並列乎？竊謂服。

黃衣狐裘，韋弁服也，玄端服亦用之。周官司服云：『凡兵事韋弁服。』鄭注云：『以韎韋爲弁。』又以爲衣裳韎爲赤黃色。玉藻云：『一命縕韍。』鄭注：『縕，赤黃之閒色，所謂韎也。』兵事象火，故其服上下皆赤。上服赤黃，其內之裘，宜用狐黃，褐之宜黃衣。詩羔羊疏云：『兵事韎韋衣，則用黃衣狐裘，象衣色故也。』襄四年傳云：『臧之狐裘，敗我于狐駘。』是也。然則韋弁以黃衣狐裘，有確證矣。聘禮：『君使卿韋弁歸饔餼。』鄭注：『韋弁，兵服也。』而服之者，皮韋同類，取相近耳。其服蓋韋布以爲衣而素裳。』是聘禮亦用黃衣狐裘也。』今案：以黃衣狐裘爲韋弁服，凌氏廷堪禮經釋例先有此說，但止言兵服，未言聘事，則夫子卻未主兵，鄉黨無爲記之。然則金氏之據聘禮，實較凌說爲確。但鄭氏主蜡祭之服，宜亦兼存。蓋

此言夫子雜服，不必以輕重相衡，又且「與於蜡賓」明見禮運，則謂爲息民之服，非無據也。雜記云「子貢觀於蜡」，夫子告以「一張一弛，文武之道」。先王重視此禮，黃衣黃冠，祭於先祖五祀，亦不得疑爲鄙賤矣。○注「服皆中外之色相稱也。」

○正義曰：外是上服，中卽褻衣也。中外色相稱者，示表裏當如一也。論語止言中衣，以言中，則外可知。○注「論語自訓私服作『結』者，同音叚借。」江氏永圖考：「褻裘，卽狐貉裘。玉藻云：『犬羊之裘不褻。』注謂『庶人無文飾』。然則犬羊是庶人之

段氏玉裁注謂「玉篇：『結，堅也。』廣韻注：『堅結。』皆本說文古本。」因補「衣堅也」三字於「結」篆下，又謂「論語是庶人私服」，此當出古論。　正義曰：說文「結」下引論語「結衣長，短右袂」，此當出古論。

右袂。　【注】孔曰：「私家裘長主溫，短右袂，便作事。」

裘，非君子所服也，唯宜狐貉而已。禮服之狐裘，欲其文與褻服之狐裘異。褻裘長，則禮服之裘宜短，以其行禮時，有升降上下，長則不便於行禮也。褻裘之外，當服深衣。深衣所以襲褻者，犬羊之裘不褻，褻裘亦不褻也。」「袂」者，說文云：

「袂，衪也。衪，袂也。」凡衣之制，袂皆二尺二寸，而屬幅與身正方，又加緣寸半，爲二尺三寸半。深衣曰：「袂之長短，

反詘之及肘』。玉藻曰:『長中繼揜尺。』謂長衣、中衣又繼深衣之袂揜一尺,此袂之定制也。胡氏紹薰拾義:『説文口部:『右,助也。从又口。』又部亦有『右』字,解義略同。古有『右』字,無『佑』字,『右』字之右,古止作『又』。猶左手之左,古止作ナ也。説文:『又,手也。象形。』單言手不言右手者,明又爲兩手之統詞,不分ナ、又,即以又部他字證之。如:『秉,禾束也。從又持禾。〔一〕叔,拾也。從又,尗聲。汝南名收芋爲叔。取,捕取也。從又耳。』不分ナ、又矣。竊意『右袂』之『右』,當讀爲『又』,『右』本從又聲。『右袂』之『右』,即『又』之同音借字。『袂』獨短者,或較襘服之袂稍短,或因襘袞之長而適形其短。孔注泥於右字立説,遂使後人疑夫子衣不中度。』夏氏炘景紫堂文集極取胡説,又申其義云:『右袂,即世俗所謂手袞也。襘袞即深衣之袞,短右袂,對長中繼揜尺,與禮服之袞而言。玉藻注云:『長衣、中衣繼袂揜一尺,若今褒矣。深衣則緣而已。』然後知古人之袞,繼袂之末揜餘一尺,另用袞與布爲之,若今袍之有褒頭也。惟深衣有緣無褒,若今人之齊褒袍,故襘袞亦無褒,其制較有褒之袞爲短,故曰『短右袂』。今案深衣本有定制,春秋時或不如禮,故夫子正之。』孔注以短右袂爲便作事。夫人之作事,兩手皆欲其便,豈有單用右手之理?或又謂卷右袂使短。案:弟子職:『凡拚之道,攘袂及肘。』即謂卷袂使短。然無事時,必仍舒之,人作事時皆是如此,論語不應記之。緣情測義,胡、夏爲長。

必有寢衣,長一身有半。【注】孔曰:『今之被也。』 正義曰:『寢衣』,鄭注云:『今小卧被是也。』案:説文:『被,寢衣也。長一身有半。衾,大被也。』此處寢衣之制,解者多端,惟許、鄭義得之。古人衣不連裳,夫子製此寢衣,較平時所服之衣梢長,寢時著之以卧。周官玉府:『掌王之燕衣服。』注:『燕衣服者,巾絮寢衣袍襗之屬。』鄭解燕衣服爲近

〔一〕『又』原誤作『手』,據説文改。

身之衣，巾絮袍襗，晝服夜服，寢衣，夜所服，故此注以寢衣爲小卧被也。「小卧被」者，對衾爲大被言之。凡衣可曰被，如左傳「被組練三千」「楚靈王翠被」，孟子「被袗衣」皆是。鄭以衣被通稱，恐人不曉，故言「卧被」以明之。王氏引之經義述聞解「寢衣」亦誤，而解「長一身有半」最確。其說云「人自頂以下，踵以上，總謂之身。鄭注曰：「人長八尺，與尋齊，進退之度三尋。」是也。頸以下，股以上，亦謂之身。考工記盧人「凡兵無過三其身。」艮六四『艮其身』，在『艮趾』、『艮腓』之上『艮輔』之下，則舉中而言矣。故象傳曰『艮其身，止諸躬也。』躬亦舉中而言。渙六三『渙其躬』，荀注『體中曰躬』是也。以今尺度之，中人頸以下，股以上，約有一尺八寸，一身之長也。再加九寸，爲一身之半，則二尺七寸矣。以古六寸爲尺計之，得四尺又五寸，一身又半之長也。」案：如王說，寢衣當至膝。自膝以上，然則寢衣略如襦與？○注：「今被也。」○正義曰：孔亦本鄭。然不言小被，則與衾混。急就篇注「短衣曰襦」。廣雅釋器「寢衣，衾被也。」與孔注同。

狐貉之厚以居。【注】鄭曰：「在家以接賓客。」○正義曰：說文引此文作「狐貈」「貈」正字，「貉」叚借字。鳳氏韶經說「論語『居，吾語女』，孝經『坐，吾語女』，孟子『坐，吾明語子』，居坐互出，則居字有坐義。」閻氏據此及小戎詩「文茵」，謂「狐貉之厚以居爲坐褥」，良是。案：鳳說是也。古人加席於地，而坐其上，大夫再重。至冬時氣寒，故夫子於所居處，用狐貉之厚者爲之藉也。○注：「在家以接賓客。」○正義曰：鄭以「居」爲燕居，「狐貉」爲燕居之裘，即上所稱「褻裘」也。繁露服制篇：「百工商賈，不敢服狐貉。」豳詩七月篇「一之日于貉，取彼狐狸，爲公子裘。」知狐貉是貴服。夫子燕居，亦不服此裘，故鄭以「接賓客」解之，明未接賓客時亦但服犬羊之裘矣。皇疏云：「既接賓客，則其上亦應有衣也。」

去喪，無所不佩。【注】孔曰：「去，除也。非喪，則備佩所宜佩也。」正義曰：說文云：「佩，大帶佩也。」從人凡巾，佩必有巾，故從

巾。」段氏玉裁注「大帶佩者，謂佩必系於大帶也。從人者，人所利用。從凡者，無所不佩。從巾者，其一端也。」案「釋名

釋衣服」「佩，陪也。言其非一物，有陪貳也。」此以音求義，亦是也。玉藻云「凡帶必有佩玉，唯喪否。」注云「喪主於哀，

去飾也。凡謂天子以至士。」又云「君子無故，玉不去身，君子於玉比德焉。」注云「故謂喪與災眚。」則凶荒亦去飾，舉

其至重，則止言「喪」矣。間傳曰「期而小祥，又期而大祥，中月而禫，無所不佩。」「禫」者，除喪之祭，在二十七月，於此月

喪竟，得用佩也。○注「去除」至「佩也」。○正義曰「去，除」，此常訓。言喪既除，則皆佩也。凡設佩，玉佩在左，事佩在

右。玉藻言世子之禮云「君在不佩玉，左結佩，右設佩。」結者，結其綏不使鳴，故謂之「不佩玉」也。設者，設事佩也。至

玉藻又言「佩玉，右徵角，左宮羽」者，「左」、「右」謂佩玉行列。王氏懋竑鄉黨正義謂「爲身之左右」，非也。云「所宜佩」者，言

爵有尊卑，當視禮所宜用之也。玉藻云「佩玉有衝牙，天子佩白玉而玄組綬，公侯佩山玄玉而朱組綬，大夫佩水蒼玉而

純組綬，世子佩瑜玉而綦組綬，士佩瓀玟而縕組綬。」注云「衝牙居中央，以前後觸也。玉有

山玄，水蒼者，視之文色所似也。綬者，所以貫佩玉，相承受者也。縕，赤黃也。」孔子佩象環

五寸，謙不比德，亦不事也。環取可循而無窮。」任氏大椿弁服釋例「考大戴禮保傅篇云『上有雙衡，下有雙璜、衝牙，玭

珠以納其間，瑀琚以雜之。』蓋佩上有衡，衡之中一組，中貫一玉曰瑀，下貫一玉曰衝牙，旁二組各中貫一玉曰琚，下貫一

玉曰璜，其間皆以組貫玭珠。」此其制也。夫子爲士，佩瓀玟，仕魯爲大夫，宜佩水蒼玉，而復有象環者，初學記二十六引

三禮圖曰「孔子去魯，佩象環五寸。」孔氏玉藻疏亦有此說。蓋孔子謙不比德，又玉佩非道途所宜，故別製象環以爲之

飾。環者，還也。不忘魯之意也。至與列國君臣相見行禮，則大夫去國，宜從士禮，當佩瓀玟。反魯後，從大夫之後，自

仍佩水蒼玉，不復用象環矣。象環以比玉佩，其事佩則亦不事者，未必然也。鄭注閒傳云：「無所不佩，紛帨之屬。」鄭以玉佩，人所易知，故舉事佩言之。内則云：「子事父母，左右佩用，左佩紛帨、刀礪、小觿、金燧，右佩玦捍、管遰、大觿、木燧。」注云：「必佩者，備尊者使令也。紛帨，拭物之佩巾也。刀礪，小刀及礪碧也。小觿，解小結也。觿，貌如錐，以象骨爲之。金燧，可以取火於日。捍謂拾也，言可以捍弦也。管，筆彄也。遰，刀鞞也。木燧，鑽火也。」此皆事佩，爲子事父母之飾，意人子當室後，事佩或不復用，夫子則以事佩便於事用，故與玉佩並垂爲飾，即僞孔此注所云：

「備者，得兼有之也。」**非帷裳，必殺之。**【注】王曰：「衣必有殺縫，惟帷裳無殺也。」「深衣」者，鄭氏禮記目録云：「深衣，連衣裳而純之采者。」孔疏云：「以餘服則上衣下裳不相連，此深衣衣裳相連，被體深邃，故謂之深衣。」案：朝祭服外更無餘服也。深衣云：「古者深衣，蓋有制度，以應規矩、繩權衡，短毋見膚，長毋被土，續衽鉤邊，要縫半下，袼之高下，可以運肘，袂之長短，反詘之及肘。制十有二幅，以應十有二月。袂圜以應規，曲袷如矩以應方。[一]負繩及踝以應直，下齊如權衡以應平。故先王貴

之者，蓋削其幅，使縫齊倍要者也。」案：說文「幃，在旁曰幃」「幝，囊也，釋名各其一義。鄭語：「王使婦人不幝而譟之。」韋昭注：「裳正幅曰幝。」「幝」與「帷」同。鄭注喪服云：「祭服朝服，襞積無數。凡裳，前三幅，後四幅。」襞積若今人百褶，於要間收攝其布，使狹以著身也。朝祭之裳，襞積無數，以人要中寬狹不一，各就所宜爲之，不著其節也。「深衣」者，鄭氏禮記目録云：「深衣，連衣裳而純之采者。」孔疏云：「以餘服則上衣下裳不相連，此深衣衣裳相連，被體深邃，故謂之深衣。」鄭以非指深衣言者，亦以深衣不帷裳，而朝祭服外更無餘服也。

朝祭之裳，襞積無數，以人要中寬狹不一，各就所宜爲之，不著其節也。「深」者，削其幅，使縫齊倍要者也。殺之者，削其幅，使縫齊倍要者也。非帷裳者，謂深衣也。說文「幃」，謂深衣也。説文、釋名各其一義。鄭語：「王使婦人不幝而譟之。」韋昭注：「裳正幅曰幝。」「幝」與「帷」同。

正義曰：鄭注云：「帷裳謂朝祭之服，其制正幅如帷也。非帷裳者，謂深衣也。殺之者，削其幅，使縫齊倍要者也。」案：說文「衣，象環以比玉佩，其事佩則亦不事者，未必然也。鄭注閒傳云：「無所不佩，紛帨之屬。」

〔一〕「方」下原衍「員」字，據禮深衣刪。

之。故可以爲文，可以爲武，可以擯相，可以治軍旅。完且弗費，善衣之次也。」注云：「鑽猶屬也。衽，在裳旁者也。屬連之，不殊裳前後也。鈎邊，若今曲裾也。三分要中，減一以益下，下宜寬也。袷、交領也。古者方領，如今小兒衣領。繩，謂襞與後幅相當之縫也。善

衣，朝祭之服也。自士以上，深衣爲之次，庶人吉服，深衣而已。」又玉藻云：「夕深衣，深衣三袪，縫齊倍要，衽當旁，袂可以回肘，袼二寸，袪尺二寸，緣廣寸半。」注云：「三袪者，謂要中之數也。袼尺二寸，圍之二尺四寸，三之七尺二寸。縫，

紩也。紩下齊倍要，中齊丈四尺四寸。衽，謂裳幅所交裂也。凡衽者，或殺而下，或殺而上，是以小要取名焉。衽屬衣則垂而放之，屬裳則縫之以合前後，上下相變。」注云：「深衣上下同制，故禮經言之獨詳。鄭君謂裳幅分之爲上下之殺，則是邪

裁，又以十二幅專屬裳。近人江氏永深衣考誤、陳氏澧東塾類稿皆不謂然。江云：『深衣者，聖賢之法服。衣用正幅，故裳之中幅亦以正裁，惟衽在裳旁，始用斜裁。』陳云：『深衣制十有二幅，此通衣裳數之也。衣中二幅，袂二幅，凡四幅。裳中

正幅二，兩旁斜裁之幅各一，爲四幅，合前後凡八幅。通衣裳數之，則爲十有二幅也。裳左前後縫合，而右有鈎邊一幅，以其在內不見，故不數之。衣前之右，別有外襟一幅，然自後觀之則不見，自前觀之則又掩去內幅，故亦不數之也。』二

君之説，視鄭爲長。又夏氏炘學禮管釋引董彥輝深衣考誤謂『深衣對襟』，其書愚未之見。夏君極稱之，謂『古服皆作對襟，無揜襟者。爾雅：「衣眥謂之襟。」説文：「眥，目匡也。」襟取眥名者，言兩襟對開，亦如目匡之對開也。』又謂『深衣以單

布爲之。有綿者曰襺，曰袍，袞曰褻衣，皆與深衣同制。雜記「繭衣裳」注云「若今大襜也。」釋名「襜，襌也。衣裳上下相聯屬也。一曰襜褕。」説文：「直裾謂之襜褕。」「直裾」即直襟，直襟即對襟」其説甚悉。若然，則鈎邊當謂左右裳幅，前

後縫合，而非別有一幅在右爲鉤邊。鹽鐵論散不足篇言：「庶人之服，直領無褌。」「直領」卽是直襟。故釋名釋衣服云：

「直領，邪直而交下，亦如丈夫袍方也。」明丈夫服袍是直領邪直而交下，卽是對襟矣。此亦視鄭說爲合。江氏永圖考

曰：「深衣，裳無襞積，必有兩旁斜裁倒縫之衽，方能上狹下廣。意當時或有不用斜裁，而作襞積於裳者，故特記『非帷裳，

必殺之』。」明夫子深衣必用古制也。○注：「衣必有殺縫也。」○正義曰：說文：「縫，以鍼紩衣也。」詩羔羊傳：「縫，言縫殺之，

大小得其宜。」則殺縫謂縫之所殺也。 羔裘玄冠，不以弔。 【注】 孔曰：「喪主素，吉主玄，吉凶異服。」 正義曰：

白虎通紼冕篇：「所以有冠者，幘也，所以幘持其髮也。」說文：「冠，絭也，所以絭髮。」[一]弁冕之總名也。冠有法制，故從

寸。」[二]鄭注此云：「玄冠，委貌，諸侯視朝之服。」案：冠稱玄者，謂冠梁與武皆用黑繒爲之也。後漢輿服志注引石渠論：

「玄冠朝服，戴聖曰：『玄冠，委貌也。』」此鄭所據。士冠禮記：「委貌，周道也。」鄭注：「或謂委貌爲玄冠。委猶安也，所

安正容貌。」任氏大椿弁服釋例：「玄冠，一曰委貌，廣二寸，以繒爲之，璪飾與韋弁、皮弁同。衡縫內畢緣邊，居冠屬武，非

燕居則冠與武別，冠武異材，冠緌異材。天子朱組纓，諸侯丹組纓，大夫士綦組纓。纓之有飾者曰緌。有安髻之笄，無固

冠之笄，有纚有緫有毦。」凡朝服，君臣同服，其羔裘則君用純，臣用豹袖，是此羔裘玄冠爲朝服也。鄭以玄冠

是通上下，故舉「諸侯視朝」以包卿大夫士言之。 又以羔裘是朝服，已見上注，故此不言也。「弔」者，說文作「弔」，云「問

終也。」史記集解引賈逵曰：「問凶曰弔。」檀弓云：「曾子襲裘而弔，子游裼裘而弔。主人既小斂，袒括髮，子游趨而出，襲

裘帶絰而入。」疏云：「凡弔喪之禮，主人未變之前，弔者吉服而弔。吉服謂羔裘

〔一〕〔二〕「以」字、「故」字原脫，據說文補。

所弔者朋友。」

玄冠，緇衣素裳，又袒去上服，以露裼衣，則此「裼裘而弔」是也。主人既變之後，雖著朝服，而加武以絰，又掩其上服，若是則改襲裘而加帶與絰矣。武，君冠之卷也。又喪大記：「弔者襲裘，加武帶絰。」注：「始死，弔者朝服裼裘，如吉時也。小斂

朋友，又加此「襲裘帶絰而入」是也。加武者，明不改冠，亦不免也。」此鄭說始死及小斂時之弔服也。周官司服云：「凡弔事，弁絰服。」注云：「弁絰者，如爵弁而素，加環絰。論語曰『羔裘玄冠，不以弔。』」禮記雜記：「凡弁絰，其衰

服云：「凡弔事，弁絰服。」注云：「弁絰服者，弔服也。」孔疏引舊說，以此為大斂後之弔服。至成服以後，則用衰麻，司服所謂「錫衰、緦衰、疑

衺袂。」注云：「弁絰者，如爵弁而素，加環絰。」金氏榜禮箋云：「弔服錫衰、緦衰、疑衰，皆有絰帶，弔者加絰與衰，咸視主人為節。未小斂，

吉服而往，天子爵弁服，諸侯卿大夫皮弁服，士玄冠朝服。既小斂，天子爵弁加絰，諸侯卿大夫皮弁加絰，謂之弁絰。士

則易玄冠為素委貌，加絰焉。雜記：『小斂環絰，公大夫士一也。』謂此主人既成服，則弔者亦服衰而往，天子為三公六卿

錫衰，為諸侯緦衰，為大夫士疑衰。諸侯卿大夫弔服錫衰，士弔服疑衰，其尊卑之差也。」案：舊說弔服凡有四變，金說則

小斂、大斂同服，凡有三變，求之經傳。諸侯卿大夫弔服錫衰，士弔服疑衰，而鄭注司服引論語說之，不知羔裘

玄冠乃始死之弔服，不得在小斂之後。禮記檀弓云：「夫子曰『始死，羔裘玄冠者，易之而已。』羔裘玄冠，夫子不以弔。」

孔疏謂「養疾者朝服，羔裘玄冠即是朝服。始死，則易去朝服，著深衣，故云易之」。考問喪云：「親始死，扱上衽，」注：「上

衽，深衣之裳。」又既夕注謂「始死，易深衣」。皆孔疏所本。既是主人深衣，則弔者亦可服深衣，故羔裘玄冠，夫子不以弔，

正指始死時之弔服而言。家語子夏問篇：「季桓子死，魯大夫朝服而弔，子游問於孔子曰『禮乎？』夫子不答。他日又

問，夫子曰『始死，羔裘玄冠者，易之而已。』汝何疑焉？」家語此文，與檀弓正可互證。蓋當時大夫亦用朝服為弔服，不

用皮弁，與士同也。主人於親始死，易朝服爲深衣，弔者方用深衣。如主人仍用朝服，當時弔者亦用朝服，所謂「視主人爲節」也。　夫子不答子游之問，正以舊禮本是如此，不能遽責弔者以無禮也。　始死弔服用深衣，此特夫子之制，亦以朝服爲弔服，於心未安故也。深衣之裘，當用狐貉爲之，其首服或縞布冠與？自來解者誤依鄭司服注，以羔裘玄冠不以弔爲小斂後弔服，則小斂之前，羔裘玄冠以往者，將不謂之弔乎？且小斂後，亦豈有用朝服以弔者？此實於理未達矣。〇注：「喪主」至「異服」。〇正義曰：檀弓云：「奠以素器，以生者有哀素之心焉。」注：「哀素，言哀痛無飾。凡物無飾曰素。」是喪主素也。禮祭服皆玄衣，是吉主玄也。白虎通崩薨篇：[一]「玄冠不以弔者，不以吉服臨人凶，示助哀也。」是吉凶當異服也。皇本「異服」下，有「故不相弔也」五字。

吉月，必朝服而朝。【注】孔曰：「吉月，月朔也。朝服，皮弁服。」　正義曰：「朝服」者，冠弁服也。集注以爲孔子在魯致仕時之禮，其義甚允。先從叔丹徒君駢枝曰：「鄉黨，記禮之書也。吉月必朝服而朝，禮也。孔子述之，而七十子之徒記之也。玉藻曰：『諸侯皮弁以聽朔於太廟，朝服以日視朝於內朝也，故曰「吉月，必朝服而朝」，明不以大禮廢小禮也。』視朔者，一月之禮也。視朝者，一日之禮也。不以月廢日，不以大禮廢小禮也。視朔亦謂之視朝，視朝亦謂之聽朝。雖有在朝、在廟之異，其爲君臣相見聽治國政則同。既視朔，則疑於不復視朝於內朝，故曰『吉月，必朝服而朝。』玉藻記孔子之言曰：『朝服而朝，卒朔然後服之。』是其義也。　其曰『朝服而朝』，何也？曰：告朔則朝於廟，春秋書『閏月不告月』，猶朝於廟』是也。但言朝，則未知朝於廟與，朝於內朝，故以其服別之也。朝服，對皮弁而言之也。其曰『卒朔然後朝』，不已晏乎？曰：周以夜半爲朔，其時早矣，卒朔而朝無妨也。」謹案：丹徒君此說，亦備一

〔一〕「崩薨」原誤作「喪服」，據白虎通改。

義。王氏引之經義述聞從之。然王謂「吉月爲告月之譌」，引緇衣篇「尹吉」鄭注「吉當爲告」爲證。又謂「古無稱朔日爲

吉月者，天官大宰『正月之吉』，地官黨正『孟月吉日』，族師『月吉』，皆日之善者，不必爲朔日也」。其說似是而

非。蓋告朔乃天子之禮，天子告朔於諸侯，歲僅一次。諸侯受而藏之祖廟，每月朔，朝廟而視之，然後頒而行之。惟視朔

爲每月常行，人所易忽，故人臣或於視朔時，自以已見君，遂不復朝也。今改「吉月」爲「告月」，於情事未能合矣。月朔稱

吉月，取令善之義，必謂月朔不可稱吉，亦失之拘。「月吉」倒文稱「吉月」，猶詩言「朔月辛卯」爲月朔也。夏氏炘學禮管

釋：「周禮大宰、大司徒、鄉大夫、州長、大司馬、大司寇、布憲皆言『正月之吉』，鄭君以周正朔日解之。族師『月吉』，鄭君

以每月朔日解之。詩小明『二月初吉』，毛公亦以朔日解之。此相傳之古訓也。『吉』訓『善』，不訓『始』，然亦有『始』義。

爾雅：『元，始也。』『元』又訓『善』，故天子之善士名元士，則吉訓善，亦可訓始。故凡始月始日，皆以吉名之，所謂『吉人爲

善，惟日不足』。故履端於始，尤其爲善之初，先王勸人之意蓋如此。」案：夏氏從集注，以此節爲孔子禮，義自優。但謂「劉

以『吉月』爲『告月』，輕改經字」，則非。改「吉月」爲「告月」，乃王氏說，非騈枝有此言。○注：「朝服，皮弁服。」○正義曰：

鄭注云：「朝服，皮弁服也。」此偪孔所本。曾子問：「諸侯相見，必告于禰，朝服而出視朝。」疏引熊氏說，亦以爲皮弁服。蓋

因鄭此注而誤也。玉藻言諸侯「皮弁以聽朔」，朝服自皮弁，朝服自朝服，未有以皮弁爲朝服者，何也？蓋皮弁，天子視朝之

皮弁不得言「朝服」。秦氏蕙田五禮通考：「皮弁自皮弁服，朝服自朝服，而皮弁綦飾有五采、三采之不同，玄端

服。玄端，卿大夫視私朝之服。二者似皆可稱朝服，而不然者，以在朝君臣同服，而皮弁綦飾有五采、三采之不同，玄端

服則有玄裳、黃裳、雜裳之別。獨冠弁爲諸侯君臣之朝服，上下同之。其不同者，惟諸侯白爲，大夫士白屨，諸侯之綦袟

純色，大夫羔裘豹袖，二端無大分別，故謂之朝服也。必卒朔而視朝，然後脱皮弁而服朝服，則朝服非皮弁服甚明。」孔氏廣森經學巵言：「觀儀禮記皮弁與朝服截然異名，不相借，況皮弁爲天子之朝服？稱名之際，尤所宜謹。」然則朝服當指冠弁服，用玄冠緇衣素裳矣。

齊，必有明衣，布。

【注】孔曰：「以布爲沐浴衣。」

正義曰：御覽五百卅引鄭注云：「明衣，親身衣，所以自潔清也。以布爲之。」案：「親身衣」，即汗襦襦袴之屬，因其潔清，故稱明衣。「衣」者，上下服之通稱。士喪禮：「明衣裳用布。」注云：「所以親身，爲圭潔也。」既夕記：「明衣裳用幕布，袂屬幅，長下膝，有前後裳，不辟，長及轂，繂紳，緆，緇純。」此襲尸之服，與生人明衣必異制。但以同是潔清，故均稱明衣耳。士昏禮「姆加景」，注云：「景之制蓋如明衣，加之以爲行道禦塵，令衣鮮明也。」鄭意以景衣加於外以禦塵，猶明衣爲親身以遠污垢，其制之意同，故舉爲況也。玉藻云：「將適公所，宿齊戒，居外寢，沐浴。」是凡齊宜沐浴也。玉藻又云：「君衣布晞身。」是浴竟有布衣之也。偽孔以生人沐浴有明衣，亦是暗據彼文，但喪禮之「明衣裳」不爲浴衣，此注直以明衣爲沐浴衣，誤矣。說文云：「沐，濯髮也。浴，洒身也。」論衡譏日篇：「沐者，去首垢也。」「浴者，去身垢也。」

6 齊必變食，【注】孔曰：「改常饌。」　注：「改常饌。」○正義曰：周官膳夫「王日一舉，王齊日三舉。」注：「鄭司農云：『齊必變食。』」賈疏：「齊謂散齊、致齊，齊必變食，故加牲體至三太牢，並日中、夕皆食之。至齊時，則日中及夕皆特殺，與平時常饌異，所謂『變食』者也。」凌氏曙典故覈云：「變食者，謂盛饌也。君子敬其事則盛其禮，故不餤餘也。國語曰：『大夫舉以特牲，士食魚炙。』然則夫子之變食，或特牲而不餤焉。」案：莊子人間世：「顏回曰：『回之家貧，惟不飲酒、不茹葷者數月矣。若此，則可以為齊乎？』曰：『是祭祀之齊，非心齊也。』」據周語言耕籍前五日，王入齊宮，飲醴。醴味醇淡，與酒不同，故莊子言「不飲酒」也。「不茹葷者」，禮玉藻注：「葷者，薑及辛菜也。」荀子哀公篇：「夫端衣玄裳，絻而乘路者，志不在於食葷。」端衣玄裳即是齊服。楊倞注：「葷，蔥薤之屬也。」不飲酒、不茹葷，是異常饌。解者誤以葷為肉食，而凡齊皆禁用之，與禮意悖矣。士喪禮記言人子「養疾者齊」，而曲禮言「父母有疾，食肉不至變味，飲酒不至變貌」，齊時或可飲酒，則謂齊禁肉食，於古無徵矣。高誘注呂覽孟春紀引「齊必變食」二句，云：「自裡潔也。」「裡潔」亦不餤餘之意。 居必遷坐。【注】孔曰：「易常處。」　注：「易常處。」○正義曰：說文：「坐，止也。」「坐」古文「坐」。「裡潔」亦不餤餘之意。」釋名釋姿容：「坐，挫也。骨節挫屈也。」案：「居」與「尻」同，「居」即是「坐」。言「遷坐」坐於足，與跪相似。但跪者直身，又謂之跽。跽危而坐安，此跪坐之別也。

者，謂所居之處耳。胡氏培翬燕寢考：「既夕記『士處適寢』，又云『有疾，疾者齊』。注云：『適寢者不齊，不居其室。』禮記檀

弓曰：『君子非致齊也，非疾也，不晝夜居於內。』注：『內，正寢之中。』玉藻云：『將適公所，宿齊戒，居外寢。』外寢，正寢也。

穀梁傳云：『公薨於路寢。』路寢，正寢也。寢疾居正寢，正也。大戴禮明堂篇云：〔一〕此天子之路寢也，不齊不居其室。

古者自天子以至於士，常居皆在燕寢，惟齊及疾乃居於正寢，鄉黨所云『齊，居必遷坐』以此。孔注云：『易常處。』蓋常處

在燕寢，至齊必遷居正寢。」今案：皇疏引范甯云：「齊以敬潔爲主，以期神明之享，故改常之食，遷居齊室也。」齊室即適

寢。既居在適寢，則宿亦在適寢。論語無文，從可知也。 食不厭精，膾不厭細。

不待精細者而後屬厭也。」案：周語『不可厭也』，韋注『厭，足也。』晉語『民志無厭』，韋注『厭，極也。』夫子疏食飲水，樂

在其中，又『士恥惡食爲不足與議，故於食膾皆不厭精細也。精者，善米也。中山經〔二〕『糯用五種之精。』郭注以爲

「五穀之美」。九章算術：「糲米率三十，粺米二十七，鑿米二十四，侍御二十一。」是侍御爲米之極精矣。【膾】者，說文云：

「膾，細切肉也。」釋名釋飲食：「膾，會也。細切肉，散分其赤白，異切之，乃會和之也。」少儀云：「牛與羊魚之腥，聶而切之

爲膾。」注云：「聶之言牒也。先藿葉切之，後報切之，則成膾。」又內則云「肉腥細者爲膾，大者爲軒。」注云：「言大切、細

切異名也。膾者必先軒之，所謂聶而切之也。」李氏惇羣經識小謂「其制與今之肉絲相似」。釋文「膾，本又作鱠。」食饐

而餲，【注】孔曰：「饐餲，臭味變。」魚餒而肉敗，不食。【注】魚敗曰餒。 正義曰：朱氏彬經傳考證解此文云：

「而與若同，猶與也。」釋文「餒，本又作鯘。」史記世家作「餧」。

〔一〕「明堂」原誤作「盛德」，據大戴禮記改。

〔二〕「中山」原誤作「東山」，據山海經中山經中次十一經改。

爲「臭腐」。○注：「饐餲，臭味變
也。」○正義曰：爾雅釋器：「饐謂之餲。」郭注：「飯餿臭。」說文：「饐，飯傷溼也。餲，飯餲
也。」字林：「饐，飯傷熱溼也。」「饐」與「餲」爲淺深之異。廣雅釋詁：「胑，敗也。」釋器：「胑，臭也。」「胑」「餲」
一聲之轉。」○段氏玉裁説文注：「皇侃云『饐謂飲食經久而腐臭也，餲謂經久而味惡也』是則孔注本作『饐，臭。餲，味變
也。」今本誤倒。」○注：「魚敗曰餒。」○正義曰：皇本此注作「孔曰」。爾雅云：「魚謂之餒。」郭注：「肉爛。」說文「餒」下「一曰
魚敗曰餒」。論語釋文引字書作「餧」。廣雅釋詁：「餧，敗也。」釋器：「餧，臭也。」義訓並同。月令：「春，其臭羶；夏，其臭
食。正義曰：「色惡」「臭惡」，謂凡生熟物色味有變也。皇本作「臰惡」，此後出俗字。周官內饔職：「辨腥、臊、羶，香之不可食者：牛夜鳴，則庮。羊
腥；冬，其臭朽。」皆謂味也。犬赤股而躁，臊。鳥麃色而沙鳴，貍。豕盲眡而交睫，腥。馬黑脊而般臂，螻。」注云：「腥、臊、羶、香，可食
冷毛而毳，羶。冷毛，毛長總結也。麃，失色不澤美也。沙，澌也。交睫腥，腥當爲星，聲之
者，是別其不可食者，則所謂者皆臭味也。
誤。肉有如米者似星。般臂，臂毛有文。鄭司農云：『庮，朽木臭也。』說文：「庮，久屋朽木臭也。」賈疏引此文「色惡」「臭惡」說之。失
飪，不食。【注】孔曰：「失飪，失生熟之節。」不時，不食。【注】鄭曰：「不時，非朝、夕、日中時。」○注：「失飪，失
生熟之節。」○正義曰：方言：「飪，熟也。」徐、揚之間曰飪。說文：「飪，大熟也。」廣雅釋詁作「餁」同。鄭注文王世子云：
「餁，生熟之節。」此孔所本。爾雅：「搏者謂之糷。米者謂之檗。」郭注：「糷，飯相著。」檗，飯中有腥。」「腥」與「胜」同，即生
字。說文：「胜，不熟也。」江氏永曰：「失飪，有過熟，有不熟。不熟者，尤害人也。肉之
過熟者，亦謂糜爛；半腥半熟者，謂之爛。祭禮：腥法上古，爛法中古，熟之爲胹進，後世之食。若生人之食，不可不熟

也。」案：過熱無傷於人，夫子不食，專指未熟言。○注：「不時，非朝、夕、日中時。」○正義曰：方氏觀旭偶記：「左傳卜楚丘

云：『食日爲二。』是一日之中，食有常時也。閻沒、女寬云：『或賜二人酒，不夕食。』謂不及待夕之時而食也。禮內則云：

『孺子食無時。』則成人以上，食必有時也。詩蟋蟀傳云：『從旦至食時爲終朝。』孟子云：『朝不食，夕不食。』淮南子云：『臨

於曾泉，是謂蚤食；次於桑野，是謂晏食。』並是食時之證。」又云：『鄭以朝、夕、日中爲三時，亦大略言之。其實貴賤猶有

分別，天子食則四時，諸侯三時，大夫以下，惟朝夕二時。四時者，白虎通云：『王者平旦食、晝食、晡食、暮食。』三時者，玉

藻云：『諸侯朝服以食，特牲三俎，祭肺，夕深衣，祭牢肉。』注：『天子言日中，諸侯言夕；天子言餕，諸侯言祭牢肉，互相

挾。』則特牲三俎在朝時，日中又餕之。二食者，內則云：『由命士以上，昧爽而朝，慈以旨甘。日入而夕，慈以旨甘。』又

云：『父母在，朝夕恒食，子婦佐餕。』是也。」今案：周官膳夫：「王齊日三舉。」注：「鄭注鄉黨云：『不時，非朝、夕、日中

記：「燕養、饋羞、湯沐之饌，如他日。」注云：「饋，朝夕食也。」疏云：「鄭注鄉黨云：『不時，非朝、夕、日中時。』」此賈據鄭注「朝、夕、

時食。今注云『朝夕』，不言『日中』者，或鄭略之，亦有日中也。或以死後略去日中，直有朝夕食也。」一日之中三

日中時』爲上下通禮，非有四食、三食、再食之異。論語太師摰等爲殷人，或者殷禮天子四時食也，經傳多略。「日中」者，

舉日中則朝夕可知，惟既夕之『餕』，當無日中。疏云：「一日之中三時食」此句未知爲鄭注，抑賈釋鄭義。

今減、宋輯本列入注中，稍失闕疑之意。公羊僖三十三年傳：「十有二月，實霜不殺草，李梅實，何以書？記異也。何異

爾？不時也。」王制：「五穀不時，果實未熟，不粥於市。」又漢書召信臣傳：「太官園種冬生葱韮菜茹，覆以屋廡，晝夜然蘊

火，待溫氣乃生。信臣以爲此皆不時之物，有傷於人，不宜以奉供養。」後漢書鄧皇后紀：「詔曰：『凡供薦新味，多非其節，

或鬱養彊熱，或穿掘萌芽，味無所至，而夭折生長，豈所以順時育物乎？傳曰：「非其時不食。」自今當奉祠陵廟及給御者，皆須時乃上。』二說並爲不時，解者多據以釋此文，亦通。割不正，不食。不得其醬，不食。【注】馬曰：「魚膾非芥醬不食。」正義曰：爾雅釋言：「割，裂也。」周官內饔注：「割，肆解也。」少牢饋食禮：「牢心舌載於肵俎，心皆安下切上，午割勿没。其載於肵俎。末在上，舌皆切本末，亦午割勿没。」注云：「牢，羊豕也。安，平也。平割其下，於載便也。凡割本末，食必正也。」彼文是言祭禮割法。賈疏引此文說之，則意孔子燕食，其割法略得同矣。邢疏云：「割不正，謂折解牲體脊、脅、臂、臑之屬，禮有正數，若解割不得其正，則不食也。」毛氏奇齡、凌氏廷堪並主其說。毛云：「此與周禮掌割烹之事必先辨體名，少牢禮辨羊豕必分前體後體，自肩、臂、臑、膊，及三脊三脅，凡十一體，所謂諸子『正六牲之體』者，不特大祭祀有之。」凌云：「如鄉飲酒賓俎脊、脅、肩、肺，主人俎用肩，則尊卑倒置，即爲割不正。」此說亦通。但凌謂『牲體爲割，膾炙爲切，賈未誤也。江氏永圖考曰：「凡割切皆當有法，肉體亦有不能盡割以正誤，則少牢文上言「切」，下言「午割」，割、切通言，賈未誤也。江氏永圖考曰：「凡割切皆當有法，肉體亦有不能盡割以正者，聖人惟食其正者耳。」又羣經補義曰：「食肉惟取其方正者，則不正之割，自不來前矣。配食之醬如醯醢，皆不設，此家人進食者之小過，夫子偶一不食，微示其意，後自知設醬得宜矣。凡此皆未嘗形於言，怒於色，庶幾不失聖人氣象。」○注…「魚膾非芥醬不食。」○正義曰：說文云：「醬，醢也。」醢，肉醬也。」周官膳夫注：「醬謂醯醢也。」汪氏烜四書詮義：「醬者，醯醢鹽梅之總名。古人設食，皆以醢與殽相閒，如內則『牛炙醢，牛胾醢，牛膾，羊炙，羊胾醢，豕炙醢，豕胾，芥醬，魚膾，雉兔，鶉鷃』一節。又如『殷脩蚳醢，脯羹兔醢，麋膚魚醢，魚膾芥醬，麋腥醢醬，桃諸、梅諸、卵鹽』。又周禮『韮菹

醢醯」昌本麋臡，菁菹鹿臡，茆菹麇臡，葵菹蠃醢，脾析蠯醢，蜃蚳醢，豚拍魚醢，芹菹兔醢，深蒲醓醢，箈菹鴈醢，筍菹魚

醢」之類。此皆必以氣味相宜，或性相制，故相配而設，皆所謂「得其醬」也。　殺與醢並設食，則以其物濡醢而食之。蓋此

節乃侍御陳設者之失，非烹調之失。說者多以內則『濡雞醢醬，濡魚卵醬』條實此，失之矣。濡雞濡魚有失，則失廷之事，

非陳設之不備也。」案：汪說甚備。此注但言「魚膾芥醬」，亦是舉一以概其餘。　肉雖多，不使勝食氣。唯酒無

量，不及亂。　正義曰：氣，猶性也。周官瘍醫：「以五氣養之。」「五氣」即五穀之氣。人食肉多，則食氣爲肉所勝，而

或以傷人。　說文：「既，小食也。論語云：『不使食既。』」段氏玉裁說魯論作「氣」，古論作「既」，鄭注中庸云：「既讀爲餼。」注聘禮

之訓解論語，非也。呂氏春秋孝行覽：「節飲食，肉雖多，不使勝食氣。」正用魯論此文。　或援許氏「小食」

云：「古文既爲餼。」是「既」「氣」通用。「量」猶度也。凌氏廷堪說：「『肉雖多，不使勝食氣』，爲食禮言之也。『惟酒無量，不

及亂』，爲燕禮言之也。」胡氏培翬研六室文鈔亟稱凌說，爲之明其義云：「以公食禮考之，初設正饌，次設加饌。正饌有牛

俎，羊俎，豕俎，魚俎，腊俎，腸胃俎，膚俎，醢醢，麋臡，鹿臡三者盛於豆，此下大夫六豆也。加饌有牛胾、牛炙、牛鮨、

羊臐、羊俎、羊炙、羊胾、豕臇、豕炙、豕胾、魚膾，肉可不謂多與。然而黍稷六簋，宰夫設之，稻粱二簋，公親設之，賓初食稻粱，

三飯即止，卒食黍稷，不以醬湆，是所謂以穀爲主，不使肉勝食氣也。又以燕禮考之，尊於堂上東楹之西者兩方壺，尊於堂

下門西者，兩圜壺。初時獻賓，賓酢主人，主人自酢，主人酬賓。二大夫媵爵于公，公取媵爵酳賓，禮亦盛矣。而獻卿獻大

夫後，復作樂以樂賓，立司正以安賓，脫屨升席，晏坐盡歡，至於爵行無算，真所謂『無量』矣。然而君曰『無不醉』，有命徹

幕，則必降階下拜，明雖醉，正臣禮也。　賓醉而出，鐘人爲之奏陔，則以所執脯賜鐘人，明雖醉，不忘禮也。　此非所謂『以

醉爲節，而不及亂」乎？然則此節或夫子嘗言其禮如此，或出聘鄰國，鄰國食之燕之，夫子一守禮經，記者因爲記之，俱未可知。案：淩氏此說甚核。然淩主禮食，不兼常食，於義稍隘。蓋常食如賓朋燕飲，亦得備物盡歡也。

沽酒市脯，不食。

正義曰：「沽」與「酤」同。說文云：「酤，一宿酒也。」說文具二義。「一宿之酒」，即是醴酒，不應夫子不食。然則「沽酒」，當謂買酒也。廣雅釋詁：「酤，賣也。」「酤」爲買賣通稱，說文、廣雅各舉其一耳。周官萍氏「幾酒謹酒」。注云：「幾酒，苛察沽買過多非時者。」是周時有酤酒。漢書食貨志：「王莽居攝，羲和魯匡言：『百禮之會，非酒不行。故詩曰「無酒酤我」。』而論語曰「酤酒不食」，二者非相反也。夫詩據承平之世，酒酤在官，和旨便人，可以相御也。論語孔子當周衰亂，酒酤在民，薄惡不誠，是以疑而弗食也。」此引論語作「酤」，御覽資產部引亦作「酤」。「酤」本字。「沽」，水名，叚借字。梁氏玉繩瞥記：「酒正注作『酒有功沽之巧。』疏云『功沽謂善惡。』夏官司兵注『功沽上下』義同。因思論語『沽酒』，當是酒之惡者。」梁此說亦通。但酒當云「飲」，而云「不食」，古人趁文不分別也。釋名釋飲食：「脯，搏也。乾燥相搏著也。」周官：「腊人掌乾肉，凡田獸之脯腊膴胖之事。」注云：「薄析曰脯。」內則：「牛脩、肉脯、田豕脯、麋脯、麏脯。」注云：「脯所謂析乾牛羊肉也。」市脯不食，亦恐其不精潔，且恐日久，味少變也。

不撤薑食，【注】孔曰：「撤，去也。齊禁葷物，薑辛而不葷，故不去。」**不多食。**【注】孔曰：「不過飽。」

正義曰：「撤」，宋九經本作「徹」。薑辛辣，多食，生內熱之疾，故不多食。陶宏景注本草，祝穆事文類聚皆如此解。閻氏若璩釋地：「不多食」，承上薑說，與「惟酒無量，不及亂」一例。○注：「齊禁葷物，薑辛而不葷，故不去。」○正義曰：集解從孔說，以「食不厭精」至「不多食」，皆齊禮。故孔解此爲「齊禁葷物」，但不去薑耳。朱子集注以明衣、變食，遷坐爲齊禮「食不厭精」以下，爲禮食常

食之節，於義更合。《說文》：「薑，御濕之菜也。」本草經：「乾薑主逐風、濕痺、腸澼、下痢，生者尤良，久服去臭氣，通神明。」是其功用有益於人，故每食餕不撤去之。玉藻注謂薑有薑，此言「薑不葷」者，散文「辛」亦爲「葷」，對文「葷」「辛」異也。大夫七十而有閣，則未知孔子之已有閣與其坫也與？凡食畢，藿者，禮也。薑亦葷也。孔子以爲葱薤之類氣皆濁，不若薑之清，則所庶薑而已。

姚氏鼐禮經說：「古者有庶食之閣，大夫于閣三，士于坫一。大夫七十而有閣，則未知孔子之已有閣與其坫也與？凡食畢，鼎食則徹，于造脯醢薑菜則不徹，庶以備時食，所以優尊者也。禮：『夜侍坐于君子，君子問夜，膳葷，請退可也。』故不徹藿者，禮也。

7　祭於公，不宿肉。【注】周曰：「助祭於君，所得牲體，歸則以班賜，不留神惠。」祭肉不出三日。出三日，不食之矣。【注】鄭曰：「自其家祭肉過三日不食，是褻鬼神之餘。」

○正義曰：雜記：「大夫冕而祭於公，士弁而祭於公。」是大夫士有助祭之禮。周官大宗伯於兄弟有脤膰，異姓有賀慶。此互文，明兼有之也。穀梁定十四年傳：「脤者何也？俎實也，祭肉也。生曰脤，熟曰膰。」說文：「脤，宗廟火孰肉。」春秋傳曰：「天子有事膰焉。」今或作「膰」，作「脤」。又說文：「胙，祭福肉也。」左僖九年傳：「王使宰孔賜齊侯胙。」脤、膰、胙皆祭肉名。禮運：「仲尼與於蜡賓。」史記世家：「魯今且郊，如致膰於大夫，則吾猶可以止。」本篇云：「助君祭也。」即此注所云「牲體」也。少儀言致膳之法云：「其禮大牢，則以牛左肩、臂、臑折九箇；少牢，則以羊左肩七箇；牷，則以豕左肩五箇。」注：「折，斷分之也。皆用左者，右以祭也。羊豕不言臂、臑，因牛序之可知。」由少儀此文推之，凡天子諸侯所班之胙，是依牢禮爲之，其牲體當亦準此矣。曲禮云：「凡祭於公者，必自徹其俎。」疏云：「此謂士助君祭也。若大夫以上，則君使人歸之。」然則助祭之臣，亦得各獻俎肉，禮所云「賓俎」

天子諸侯祭畢，助祭之臣皆班賜之，以均神惠。

者也。與君賜之胙，同名爲脹膰，故江氏永以膰肉不至爲賓俎。而左昭十六年傳亦云：「爲嗣大夫，喪祭有職，受脹歸脹。」

受脹，請受君賜，歸脹，則君使人歸之賓俎也。祭公不宿之肉，當兼君賜及己所獻之俎。注言「所得牲體」，當專指賜胙，

不及歸俎，或是舉一以例之耳。凡殺牲皆於祭日旦明行事，至天子諸侯祭之明日又祭，謂之繹祭，祭畢，乃頒所賜肉，及

歸賓客之俎。則胙肉之來，或已三日，故不可再宿。○注「自其」至「之餘」。○正義曰：少儀「爲人祭曰致福，爲己祭

拜稽首。」注「此皆致祭祀之餘於君子也。攝主言致福，申其辭也。自祭言膳，謙也。袝練言告，不敢以爲福膳也。展，

省具也。」此致祭肉之禮，所以云「不出三日」者，卿大夫祭後又祭曰賓尸，本日無暇致胙，又禮賜君子與小人不同日，自

諸父兄弟逮及賤者，頒有先後，故必二日而徧，合前祭日爲三日也。過三日，則肉不堪食，必爲人所棄，是褻鬼神之餘

爲不敬矣。「出三日不食」之文，正申明「不出三日」之故。

8 食不語，寢不言。　　正義曰：詩公劉傳「直言曰言，論難曰語。」禮雜記注「言，言己事，爲人說爲語。」是

「言」「語」義別，此文互見之也。書鈔禮儀部七引鄭此注云：「爲其不敬，明當食寢，非言語時也。」王氏溁正義引任啟運

曰：「當食時，心在於食，自不他及，日常如此，故記之。若禮食相會，豈無應對辭讓之文？祭與養老，更有合語、乞言之

禮。但行禮時則語，食時自不語也。」

9 雖疏食菜羹，瓜祭，必齊如也。　【注】孔曰：「齊，嚴敬貌。三物雖薄，祭之必敬。」　正義曰：

「疏」作「蔬」，誤。「菜羹」者，以菜爲羹也。說文云：「羹，五味盉羹也。小篆作羹。」釋名釋飲食「羹，汪也，汁汪郎也。」爾

雅釋器：「肉謂之羹。」言煮肉之有汁者也。凡肉汁和以鹽菜爲鋋羹，不和鹽菜爲大羹。其常食之羹，如雞犬兔及菜羹，皆和米屑作之。此文菜羹與疏食相儷，則但謂藜藿之類耳。『瓜』，魯論作「必」。鄭注云：「『魯讀「瓜」爲「必」，今從古。』」李氏惇羣經識小：「必字從八弋，篆文作㐅，與瓜相近而誤。」吕覽慎人云：「孔子窮於陳、蔡之間，藜羹不糝。」『糝』即米屑也。內則別有「筆羹菫苴葵薇」之類，彼是禮食。此文菜羹與疏食相儷，則但謂藜藿之類耳。『瓜』，魯論作「必」。鄭注云：「『魯讀「瓜」爲「必」，今從古。』」李氏惇羣經識必祝。」注：「祝，因祭祝也。」論語曰：「雖疏食菜羹瓜祭」是也。」何劭公止通今學，不當引古論。此蓋用魯論之文，以證傳中『必祝』，後人誤據今本改之。」案：臧校是也。鄭所以從古者，『瓜』字義亦可通。玉藻云「瓜祭上環，食中忖，羹所操」。注云：「上環，頭忖也。」錢氏坫後錄：「上環是蒂間，下環是脫華處。食瓜者必祭用上環，而食其中忖。忖即刌字，刌之言切也。此瓜祭之說，鄭之所以必從古與？」案：從古論，則「祭」字當爲一句。瓜有二種：一果實，一殽實。此是果食，即曲禮所云「削瓜也」。皇本作「苽」，此形近之誤。食所以有祭者，禮運曰：「昔者先王未有火化，食草木之實，鳥獸之肉，飲其血，茹其毛。後聖有作，然後修火之利，范金合土，以炮以燔，以烹以炙，以爲醴酪，以養生送死，以事鬼神上帝，皆從其朔。」此以祭之，所以報功，不忘本也。後聖有作，然後修火之利，范金合土，以炮以燔，以烹以炙，以爲醴酪，以養生送死，以事鬼神上帝，皆從其朔。春官大祝：「辨九祭：一曰命祭，二曰衍祭，三曰炮祭，四曰周祭，五曰振祭，六曰擩祭，七曰絕祭，八曰繚祭，九曰共祭。」此通言祭食之禮，義具彼注。凡祭皆出少許，置之籩豆之間，或上豆或醬湆之間。凌氏廷堪禮經釋例言之詳矣。公食大夫禮：「魚腊醬湆不祭。」注云：「不祭者，非食物之盛者。」疏云：「以其有三牲之體，魚腊醬玉藻云：「唯水漿不祭，若祭爲已偞卑。」注云：「水漿，非盛饌也。若祭水漿，爲大厭降也，卑微有所畏迫也。臣於君則祭之者，公食大夫禮祭『醬漿』是也。」湆非盛者，故不祭也。」疏云：「言食於敵體之人。若祭水漿，爲大厭降也，卑微有所畏迫也。臣於君則祭之者，公食大夫禮祭『醬漿』是也。」湆之爲大有所畏迫，魚腊醬湆之間，故不祭也。」疏云：「言食於敵體之人。

據此，是盛物方祭，非盛物，或可不祭。夫子家居，所食雖極之疏食菜羹，亦必祭之。又必致其齊敬之容，所謂不敢以菲薄廢禮者也。〇注「齊，嚴敬貌。三物雖薄，祭之必敬」〇正義曰：齊者，整肅，故訓嚴敬。今人讀側皆反，非也。孔云「三物」，亦從鄭作「瓜」。

10　席不正，不坐。

正義曰：説文云：「席，藉也。」謂以席藉之於地也。凡先設迫地者爲筵，後加者爲席。故春官序官注云：「鋪陳曰筵，藉之曰席，然其言之筵席通矣。」謂散文筵席得通稱也。禮器云：「諸侯三重，大夫再重。」據司几筵，天子亦三重，則天子諸侯制同。天子諸侯同是三重，則士與大夫亦同是再重可知。凡席之名，司几筵有莞、繅、次、蒲、熊，又有葦、柏。莞者，蒲類。繅者，削蒲蒻展之，編以五采。次者，桃枝席有次列成文。柏者，鄭司農謂「迫地之席」，康成謂「椁字磨滅，藏中神坐之席」，不言席身所用。又禮器有越席，郊特牲有蒲越、槀鞂，玉藻有繐席，尚書有篾席，底席、豐席、筍席、玉府有莞席。越卽蒲越。槀鞂者，用禾穗爲之。繐者，草名。篾者，析竹之次青爲之。底席，卽蒲席。豐者，刮涷竹席。筍者，析竹青皮。莞席，其字從衣，疑以布爲之，加於席上。凡皆諸席異稱也。「不正」者，謂設席有所移動偏斜也。下文云「君賜食，必正席，先嘗之」。曲禮云：「主人跪正席，客跪撫席而辭。」可知凡坐時，皆有正席之禮。夫子於席之不正者，必正之而後坐也。

11　鄉人飲酒，杖者出，斯出矣。【注】孔曰：「杖者，老人也。鄉人飲酒之禮主於老者，老者禮畢出，孔子從而後出。」

正義曰：稱「鄉人」者，言同一鄉之人，與下「鄉人儺」同。周官酒正有「爲公酒者」，疏云：「鄉射飲酒數事，爲國行禮，不可斂民，故得公酒。」又族師疏云：「州長、黨正有飲酒禮，皆得官物爲之。」然則此文「飲酒」，亦是公酒。〇注

「杖者」至「後出」。○正義曰：說文云：「杖，持也。」曲禮注云：「杖可以策身。」呂氏春秋異用云：「孔子以六尺之杖，諭貴賤之等，辨疏親之義。」所云「六尺」，亦大略言之。王制云：「五十杖於家，六十杖於鄉，七十杖於國，八十杖於朝。」此行鄉飲，年六十以上有杖，即注所云「老人也」。禮鄉飲酒義疏云：「此篇前後凡有四事：一則三年賓賢能，二則鄉大夫飲國中賢者，三則州長習射飲酒也，四則黨正蜡祭飲酒。總而言之，皆謂之鄉飲酒。鄉則三年一飲，州則一年再飲，黨則一年一飲也。」段氏玉裁經韵樓集說：「鄉飲酒禮，古謂之饗。說文：『饗，鄉人飲酒也。』從鄉食，會意。」其禮主於養老。『賓興賢能』之文，見於鄉飲酒義者，乃用尚齒之禮。以禮賢能，鄉大夫之職所謂『以禮禮賓之』者也。」方氏觀旭偶記：「此經云『杖者出，斯出矣』，是主於敬老。黨正職云：『國索鬼神而祭祀，則以禮屬民，而飲酒於序，以正齒位。』注以黨正『正齒位』之禮解之，與此經有『杖者』同是敬老之事，故知此『鄉人飲酒』爲黨正蜡祭飲酒也。若鄉大夫飲國中賢者，與州長習射飲酒，無關養老，其賓賢能之鄉飲酒，則以鄉學之士將升者賢者爲賓，其次爲介，其次爲衆賓，皆是年少者爲之，不得有杖者也。禮言『六十杖於鄉』，夫子與鄉人飲酒而出後杖者，則時爲立侍之衆賓可知。黨正『飲酒』亦稱『六十者坐，五十者立侍，以聽政役，所以明尊長也。六十者三豆，七十者四豆，八十者五豆，九十者六豆，所以明養老也。』

『鄉』者，黨、鄉之細，與州長『以禮會民而射於州序』之飲，同得爲鄉飲酒。康成云：『謂之鄉者，州、黨、鄉之屬也。』又有別解云：『或則鄉之所居州、黨、鄉大夫親爲主人焉。』是也。蜡祭飲酒，初雖正齒位，及其禮末，皆以醉爲節。雜記云：「子貢觀於蜡，曰：『一國之人皆若狂。』」是既醉而出之時，不復有先後之次，此夫子杖者出，斯出矣，所以爲異於人。」案：方說即此注意。

鄉飲酒禮云：「明日息。」司正記云：「徵惟所欲，以告于先生君子可也。」注云：「先生不以筋力爲禮，於是可以

來。君子,國中有盛德者,是賓賢能之禮,不主養老,故惟蠟飲近之。又族師有「春秋祭酺」,詩鳥鷟箋有「祭社宗燕飲」,皆民間自爲飲酒之事,其禮亦非養老,解者多援以釋論語,蓋未是。

鄉人儺,朝服而立於阼階。【注】孔曰:「儺,驅逐疫鬼,恐驚先祖,故朝服而立於廟之阼階。」

正義曰:周官占夢云:「季冬,遂令始儺歐疫。」注:「難謂執兵以有難卻也。故事難或爲儺。杜子春「儺」讀爲難問之難,其字當作難。月令:「季春之月,命國難,九門磔攘,以畢春氣。仲秋之月,天子乃難,以達秋氣。季冬之月,命有司大難,旁磔,出土牛,以送寒氣。」段氏玉裁周禮漢讀考:「案儺,杜子春讀爲難問之難,而鄭從之,故占夢、方相氏注皆云「難卻」。於月令『季春』『季秋』『季冬』注云:『此難,難陰氣也。此難,難陽氣也。』難皆當讀乃旦反。」案:淮南時則訓高誘注:「儺猶除也。儺讀躁難之難。」謹周論語注:「儺,卻之也。」並同杜、鄭之義。舜典「而難任人」,難亦謂屏卻之。鄭此注云:「儺,魯讀爲獻,今從古。」十一月,命方相氏索室中,逐疫鬼,是也。段氏玉裁周禮漢讀考謂「鄭從古論作難,後人改之,加偏旁耳。方相氏疏引論語正作『難』。劉昌宗依杜難音乃旦反,戚袞音乃多反,乃詩竹竿『儺』字之音。陸氏無識,於方相氏、月令、郊特牲,鄉黨皆音乃多反。淺人反以儺爲歐疫正字,改易淆譌,音形俱失。」案:乃旦、乃多,一音之轉,若以古正音,則當是乃多。故隰桑以阿、難、何爲韻,而魯讀儺亦爲獻也。阮氏元校勘記:「郊特牲:『汁獻涗於醆酒。』注:『獻讀當爲莎,齊人語。』聲之誤也。」此讀『儺』爲『獻』,亦聲近之誤。案:「儺」、「獻」既由聲近,「獻」字或用叚借,未必爲誤字矣。郊特牲:「鄉人禓,孔子朝服立于阼。」注云:「禓,彊鬼也,謂時儺,索室驅疫。」〔一〕逐彊鬼也。褖或爲獻,或爲儺。」段氏說文注疑「易聲與獻,儺音理遠隔,記當本是褖字,從示,易聲。則與

〔一〕「室」字原脱,據禮郊特牲注補。

獻難差近」。其說似是而非。任氏大椿弁服釋例說曰：「禓自爲彊鬼之名，儺自爲攘祭之名。郊特牲言『鄉人禓』，言於儺時驅逐疫鬼，又兼逐禓，故卽以禓名祭也。」案：任說是也。說文：「禓，道上祭也。」急就篇「謁禓塞禱鬼神寵」，顏師古注：「禓，道上之祭也。蓋驅逐彊鬼而祭之於道上也。」案：但彊鬼卽疫鬼，不必分爲二。言鬼名則曰禓，言驅除此鬼則曰儺，其後彊鬼以爲祭名，則亦曰禓。太平御覽五百二十九引世本云：「微作禓五祀。」注：「微者，殷之八世孫也」；禓者，彊死鬼也，謂時儺，索室驅疫，逐彊死鬼也。」此驅疫鬼稱禓之證。禮記別本作「獻」，與魯讀同。作「儺」，與古論同。徐仙民音「禓」爲「儺」。「禓」從昜聲，自讀如傷也。月令「季冬」注云：「陰寒至此不止，害將及人。所以及人者，陰氣右行。此月之中，日歷虛、危，虛、危有墳墓四司之氣，爲厲鬼，將隨彊陰出害人也。」「仲秋」注云：「陽暑至此不衰，害亦將及人。所以及人者，陽氣左行。此月宿值昴、畢，昴、畢亦得大陵積尸之氣，氣伏則屬鬼隨而出行。」孔疏於「季冬」云：「言大者，以季春唯國家之難，仲秋唯天子之難，此則下及於庶人，故云大難。」據此，則三儺惟季冬之儺通於上下，而皇侃論語疏反主季春，非也。周官「方相氏，狂夫四人。」掌蒙熊皮、黃金四目，玄衣朱裳，執戈揚盾，帥百隸而時難，以索室敺疫」。注云：「方相猶言放想，可畏怖之貌。蒙，冒也。冒熊皮者，以驚敺疫癘之鬼，如今魌頭也。時難，四時作方相氏以難卻凶惡也。」論語儺在季冬，故鄭以十二月難。」索，庹也。蒙，冒也。此以方相氏兼有三難，而季冬爲大難，稱「四時」者趁辭，非季夏亦有儺也。月令季春〔一〕「命國解之，又引方相文爲證矣。「阼階」者，說文云：「阼，主階也。」儀禮鄉射禮注：「阼階，東階。」士冠禮注：「阼猶酢也。東階，

〔一〕「春」原誤作「冬」，據禮月令改。

所以答酬賓客也。」釋文：「於阼，本或作於阼階。」臧氏琳經義雜記：「郊特牲文與論語同，亦無階字。」○注：「恐驚先祖，故

朝服而立於廟之阼階。」○正義曰：郊特牲：「鄉人禓，孔子朝服立于阼，存室神也。」注云：「存室神，神依人也。」疏云：「於

時驅逐彊鬼，恐己廟室之神，時有驚恐，故著朝服立于廟之阼階，存安廟室之神，使神依己而安也。大夫朝服以祭，故用

祭服以依神。」孔疏之說，即偪孔此注義。

12 問人於他邦，再拜而送之。【注】拜送使者，敬也。　正義曰：說文：「問，訊也。」己或有事問人，或聞

彼有事，使人問之。凡問人，有物以表意，故問亦訓遺。曲禮「凡以弓、劍、苞苴、簞、笥問人」是也。此「問人於他邦」，亦

當有物，「人」指朋友言。皇疏以「問」爲聘問，「人」爲鄰國之君，非也。「再拜」，即禮之「空首」。鄭注大祝以空首爲「拜，

頭至手」。段氏玉裁釋「拜」，以空首爲「跪而拱手，首俯至地」，故對稽首之頭著地，而以不著地者爲空首。王氏聘正義以

空首爲「首俯而不至手，首與尻平，故荀卿言『平衡曰拜』」。據王說，則此文「再拜」當爲空首之再拜

爲允。王又云：「經中不見有『空首』之文，以或言『拜』，或言『拜手』，皆空首也。」其首空懸，故曰空首。三說不同，以王

矣。大祝：「七日奇拜，八日褒拜。」鄭大夫云：「奇拜，謂一拜也。褒讀爲報，報拜，再拜是也。」凡拜有奇有耦，耦者尤爲敬

也。曲禮：「君使反，則拜送於門外。已使歸，則下堂而受命。」已卑於君，受命既在堂下，則拜送亦必在堂下，異於君使

反送之禮矣。少儀：「凡膳，告于君子，主人展之，以授使者於阼階之南，南面再拜稽首，送」是拜送不出門，以彼例此，

知亦不出門矣。江氏永圖考曰：「其時使者不答拜，鄭注儀禮云『凡爲人使，不當其禮』是也。」

13 康子饋藥，【注】包曰：「饋孔子藥。」拜而受之。曰：「丘未達，不敢嘗。」【注】孔曰：「未知其故，

故不敢嘗，禮也。」

正義曰：周官疾醫「以五藥養其病」。注：「養猶治也。病由氣勝負而生，攻其贏，養其不足者。五藥，草、木、蟲、石、穀也。」此「饋藥」當爲丸散之類。「拜而受之」，謂空首奇拜也。玉藻云：「酒肉之賜，弗再拜。」弗再拜，則祇用一拜。「饋藥」亦酒肉之類，用一拜，與前再拜異也。釋文引「一本無『而』『之』二字。」說文云：「嘗，口味之也。」引申爲飲食之義。若詩「酌言嘗之」，與此文「不敢嘗」，皆謂飲之也。鄭注檀弓、坊記並同。鄭此注云「饋，遺也。拜受，敬也。曰『丘未達』，言不服之義，藥從中制外，故當慎也。」「饋」「遺也」者，說文云「饋，餉也。」周官玉府注：「古者致物於人，尊之則曰獻。」通行曰饋。「拜受」「敬也」者，禮：「大夫賜，皆拜受於家。」故此拜受爲敬也。曲禮「醫不三世，不服其藥」是也。「丘未達」云云者，達猶曉也。言不曉此藥治何疾，恐飲之反有害也。服者，言病宜以此藥服之。據鄭云「拜受」，亦似經文無「而」、「之」二字。集注引楊氏曰「未達，不敢嘗，謹疾也。必告之」，直也。」〇注「饋孔子藥也」。〇正義曰：皇本作「遺孔子藥也」。釋文「遺，唯季反。本今無此字。」案：無「遺」字，則「孔子」上當有「饋」字，即邢疏所據本。〇注「未知其故。」〇正義曰：「故」，猶言性也。

14　廄焚。子退朝，曰：「傷人乎？」不問馬。【注】鄭曰：「重人賤畜。退朝，自君之朝來歸。」

正義曰：說文：「廄，馬舍也。䠶，古文從九。」汗簡引古論作「䞉」，即「䠶」省。釋名釋宮室：「廄，勼也。勼，聚也。牛馬之所聚也。」廣雅釋言：「焚，燒也。」左氏傳：「人火曰火，天火曰災。」二者皆稱焚。揚雄太僕箴：「廄焚問人，仲尼深醜。」以問人爲醜，則不徒問人，此即釋文一讀之義。釋文：「傷人乎」絕句，一讀至「不」字絕句。」此誤讀「不」爲「否」也。邢疏云：「『不問馬』一句，記者之言也。」〇注「退朝，自君之朝來歸。」〇正義曰：少儀云「朝廷曰退」言臣自朝廷歸爲退也。夫子仕

魯爲大夫，得有馬乘，故鄭以退朝爲自朝來歸，明此廄爲夫子家廄矣。雜記云：「廄焚，孔子拜鄉人爲火來者。」拜之，士壹，大夫再，亦相弔之道也。」注云：「拜，謝之。」是廄焚爲夫子家廄之證。家語子貢篇：「孔子爲大司寇，國廄焚。」鹽鐵論刑德篇：「魯廄焚，孔子罷朝，問人不問馬，賤畜而重人也。」又揚雄太僕箴引此文，亦似指公廄，均與雜記異。但是公廄，則新延廄書於春秋，此「廄焚」亦當書之。今既未書，知宜爲家廄矣。

15 君賜食，必正席，先嘗之。 【注】孔曰：「敬君惠也。既嘗之，乃以班賜。」君賜腥，必熟而薦之。 【注】孔曰：「薦其先祖」也。君賜生，必畜之。 【注】孔曰：「畜之者，仁君之惠，無故不敢殺也。」

正義曰：「食是熟食，雖爲君賜，然來自外聞，恐有不潔，或兼有餕餘，故不敢以薦。」腥者，釋文云：「腥音星。」說文、字林並作「胜」，云「不熟也」。案：說文「腥，星見食豕令肉生小息肉也。」此別一義，而與「胜」同從生，故多叚「腥」爲「胜」字。鄭此注云：「魯讀生爲牲，今從古。」考說文「牲，牛完全也」，引申爲凡獸畜之稱。周官庖人注：「始養之曰畜，將用之曰牲。」鄭以言「牲」爲行禮時所稱。此「賜生」，泛說平時，不必言「牲」，故從古。論作「生」也。「畜」者，詩我行其野傳云「養也」。集注云：「畜之者，仁君之惠，無故不敢殺也。」凌氏廷堪禮經釋例：「君賜食，即聘禮所謂『飪』也。君賜腥，即聘禮所謂『腥』也。君賜生，即聘禮所謂『餼』也。凡牲，殺曰饔，生曰餼。聘禮：『歸賓饔餼，飪一牢，設於西階前。陪鼎當內廉，東面，北上。上當碑，南陳。牛、羊、豕、魚、腊、腸胃同鼎，膚、鮮魚、鮮腊，設扃鼏、鼏、騰、脀，蓋陪牛羊豕。牲之已亨者謂之飪。『腥二牢，鼎二七，無鮮魚、鮮腊，設于阼階前，西面，南陳，如飪鼎，二列』。牲之未亨者謂之腥。『餁』與『腥』皆饔也。是牲之殺者曰饔也。又歸聘賓『餼二牢，陳于門西，北面，東上。牛以西羊豕，豕西牛羊豕』。注：『餼，生也。』是牲之生者曰餼也。」王氏瑬正義：「按凌氏以『君賜』當聘禮，似精而未核。聘禮

記:「賜饔,惟羹飪,筐一尸,如饋食之禮,假器於大夫。」注:「腥氣不祭。」則明與此篇「腥」異矣。

致,則獨薦飪耳。意者此爲尋常小賜之禮,在歸饔餼後,所謂『燕與時賜無數』也。然以君賜屬聘禮,第爲鄰國君之所賜,

其義未晐。若本國之君,有所賜予,其儀亦當準此。證之以孔子賜鯉事及穆公饋子思鼎肉事,則聘禮外君賜亦恬其中

也。」案:王氏是也。天官膳夫:「凡肉脩之頒賜,皆掌之。」內饔:「凡王之好賜肉脩,則饗人共之。」注云:「好賜,王所善而

賜之。」玉藻:「酒肉之賜,弗再拜。」並謂平時所賜。 論語此文,當得兼之。○注:「敬君惠也。既嘗之,乃以班賜。」○正義

曰:「君惠」統三句言,惠即賜也。初學記人事部引何曰:「賜,惠也。」所見本異。已承君賜,當先受之。若未嘗,不敢頒賜

於人,恐褻君惠之意。○注:「薦,薦其先祖。」○正義曰:爾雅釋詁:「薦,進也。」此常訓。凡祭,進熟食曰薦。此因君賜而

薦,如嘗新,先薦寢廟,不爲祭禮也。 **侍食於君,君祭,先飯。** 【注】鄭曰:「於君祭,則先飯矣,若爲君嘗食然。」

正義曰:「先飯」,先嘗食之,謂黍稷也。不言「徧嘗羞飲而俟」者,以言「飯」,則餘可知。○注:「於君祭,則先飯矣,若爲

君嘗食然」。○正義曰:士相見禮:「君賜之食,則君祭先飯,徧嘗膳,飲而俟。君命之食,然後食。若有嘗羞者,則俟君之食,

然後食。」又玉藻云:「若賜之食而君客之,則命之祭然後祭。先飯,辨嘗羞飲而俟。若有嘗羞者,則俟君之食然後食,飯飲

而俟。」是二禮文同,特士相見無「君客之」及「命祭」之文,玉藻無「君祭」及「君命食然後食」之文,詳略互見,正可參考。蓋

命食,禮之所同;命祭不命祭,禮之所異。命祭,則君祭後臣亦祭,禮儗於君,是以客禮待之。不命祭,則臣不得祭,臣統

於君,是不以客禮待之。故但有命食,而無命祭,二者皆爲侍食,於膳夫之有無無與也。惟有膳夫則不命祭者,於君祭之

後,取已前之食;命祭者,於已祭之後,皆飯飲而俟。俟者,俟膳夫嘗食畢,君已就食,命臣食而後食也。無膳夫,則於君

論語正義卷十三

四二四

祭之後，或於己承君命祭之後，取君前之食，先飯，徧嘗膳飲而俟，此則代膳夫之職，若爲君嘗食然也。論語「君祭，先

飯」，正以無膳夫在旁，君祭之時，夫子取君前之食嘗之，故曰「先飯」。且徧嘗飲而俟，即注所云「若爲君嘗食者」是也。

邢疏云：「若敵客，則得先自祭，降等之客，則後祭。若臣侍君而賜之食，則不祭，若賜食而以客禮待之，則得祭。雖得

祭，又先須君命之祭然後敢祭也。此言『君祭，先飯』，則是非客禮也。故不祭而先飯，若爲君嘗食也。」案：命祭不命

祭，論語無文，不得遽指爲非客禮，疏説稍泥。鄭注士相見云：「君祭，先飯，於其祭食，臣先飯，示爲君嘗食也。此謂君與之

禮食。膳謂進庶羞。既嘗庶羞，則飲，俟君之徧嘗也。將食，猶進食，謂膳宰也。膳宰嘗食，則臣不嘗食。周禮『膳夫授

祭品嘗食，王乃食』。」此注未誤。又於玉藻「賜食」至「先飯」云云下注云：「雖見賓客，猶不敢備禮也。君

將食，臣先嘗之，忠孝也。」據注，以有膳宰，臣不得祭，爲用臣禮而不祭，遂得專侍食之也。於是斷爲兩節，有客禮，君

也。」下注云：「不祭，侍食不敢備禮也。不嘗羞，膳宰存也。侍食則正不祭。

祭後，臣即應祭，猶不敢備禮，故須君命之祭然後敢祭。及臣祭畢，乃爲君嘗食以俟也。臣禮則有膳夫，君祭之後，不命臣

祭，臣取己前之食，飯飲而俟，名爲侍食。此則鄭注之誤不祭專爲侍食，又以客禮爲無膳夫也。不知侍食乃通名，客禮臣

禮分於命祭不命祭，不分於有膳宰無膳宰也。蓋君禮食及平時常食，皆膳宰嘗食，然或膳宰有故，或設饌未畢，或監視加

饌，未得侍列，旁近之臣皆得嘗食，故此侍食得爲君嘗食之也。嘗食雖膳夫之職，然凡臣皆可代嘗，則鄭注所謂「忠孝」，

不嫌於越職矣。若必以有膳宰無膳宰定禮之隆殺，則有膳宰爲君嘗食，己但膳飲而俟，正似客禮。無膳宰則己爲君嘗食，同

於膳夫，正似臣禮。今乃故反其說，亦理之所未達矣。若然，膳宰職云：「凡王祭祀賓客食，則徹王之胙俎。」不言「嘗食」者，

以上文常食，已言「授祭，品嘗食」，故此不須言也。王氏引之經義述聞：「士相見所記者，侍食之常禮，玉藻所記者，則見

客於君者也。常禮則臣不祭，故士相見但言『君祭』也。客禮則臣亦得祭，故玉藻言『命之祭然後祭』也。二者不同，鄭

注、賈疏彊合之，非也。論語邢疏以爲『非客禮』，足以正鄭、賈之失。」又云：「侍食之常禮，與見客於君之禮所異者，祭不

祭耳，其餘則同。」王氏此説亦通。至以邢疏『非客禮』之言爲是，則未然。凡客禮，雖先飯，後亦可命祭。玉藻云：『侍食

於先生，異爵者，後祭先飯。』疏云：『此饌不爲己，故後祭，而先飯者，示爲尊者嘗食也。』然則先飯後，不妨更取己前之食

祭之。論語但言「先飯」，其後命祭不命祭，俱不可知，而邢疏遽斷爲非客禮，王氏且是之，誤矣。若然，淮南説山訓：『先

祭而後饗則可，先饗而後祭則不可。」高誘注：「饗猶食也。」〔一〕彼文言饗是己前之食，故已食不

可更祭。若先爲君或長者嘗食，後更取己前之食祭之，亦無不可。

16　疾，君視之，東首，加朝服，拖紳。【注】包曰：「夫子疾，處南牖之下，東首。加其朝服，拖紳。紳，大

帶。不敢不衣朝服見君。」

　正義曰：喪大記：「君於大夫疾，三問之；士疾，一問之。」荀子大略篇：「君於大夫三問其

疾，三臨其喪；於士一問一臨。」而雜記云：「卿大夫疾，君問之無算；士一問一臨之。」此通説君親視疾及遣使來問之事。蓋

三問之後，若病未愈，君亦得使人或親自問之，故曰「無算」。賈疏以三問爲君自行，無算爲遣使，未然也。既夕記：「士處

適寢，寢東首於北墉下。」注：「將有疾，乃寢於適室。」疏：「士喪云：『士死於適室。』此記云『適寢』者，寢、室一也。若不疾，

則在燕寢。東首者，鄉生氣之所。墉下者，墉謂之牆。必在北墉下，亦取十一月一陽生於北，生氣之始也。」毛氏奇齡稽

〔一〕「也」原誤作「者」，據淮南子高注改。

求篇：『玉藻：『君子之居恒當戶，寢恒東首。』是平時臥寢無不束首者，惟大禮易袒，如昏禮『御袵于奧，則北趾而南首』是也。老者更臥，如曲禮少事長上，『請袵何趾』，內則子婦事舅姑，亦『請袵何趾』是也。若君來視疾，則論語與儀禮及喪大記皆云『寢東首』，是不問遷臥與否，必令東首者，以室制尊西，君苟入室，則必在奧與屋漏之間，負西而向東，故當東首以示面君之意，並非受生氣也。疾在平時當受生氣，曾面君而受生氣乎？案：毛說是也。但禮言寢恒東首，明亦有不東首者，故『請袵』之文見於曲禮、內則，非必爲老者之更臥也。病者惟意所適，亦無定鄉，惟君來視疾，必正東首之禮，且可面君，故論語特箸其文。若既夕記、喪大記所云『寢東首』，則兼取謹終之義，蓋寢臥本以東首爲正也。『加』者，加於衾上也。既夕記云：『徹褻衣，加新衣。』注云：『故衣垢汗，爲來人穢惡之。』疏云：『徹褻衣，謂故玄端。加新衣者，謂更加新朝服。喪大記亦云：『徹褻衣，加新衣。』鄭注云：『褻衣，則所加者新朝服與？』必知褻衣是玄端，新衣是朝服者，據司服士之齊戒服服玄端，則疾者與養疾者皆齊，明服玄端矣。案：以疏語推之，人平時服深衣，疾時齊服玄端，人來視疾亦然。君來視疾，易以朝服；君去，仍服玄端。及臨死徹去玄端服，加以朝服，則二禮所云「新衣」也。「拖」、「抴」一字，本字作「抴」，故漢書龔勝傳作「抴紳」。釋文作「抴」。云「本或作拖」。皇、邢本皆作「拖」。阮氏元校勘記：「石經拖作抴。」皇疏云：「孔子既病，不能復著衣，故加朝服，覆之體上，而牽引大帶於心下，如健時著衣之爲。」案：拖紳，謂引紳於心下垂。玉藻云：「紳長，制士三尺，有司二尺有五寸。」子游曰：「參分帶下，紳居一焉。」孔疏謂「人長八尺，大帶之下四尺五寸，分爲三分，紳居二分，是爲三尺」。若然，則以士禮推之，此拖紳之下至足，餘一尺五寸。其大夫紳制，當比士爲長，今無文以明之。説文又云：

説文：「抴，曳也。」易謚上九鄭注：「三拖？三加之也。」

「袿，裾也。」引此文作「袿紳」，段注謂「許所見本作袿，段借爲扲字」是也。錢氏坫後錄據士昏禮「纚裳緇袘」，袘爲裳緣，謂「與袿同，袿卽是裾」。此則穿鑿，非其理矣。○「夫子」至「見君」。○正義曰：云「處南牖之下，東首」者，漢書龔勝傳：「莽遣使者奉璽書印綬立門外，勝稱病篤，爲牀室戶中西南牖下，東首，加朝服拕紳。」又前篇「伯牛有疾，夫子自牖執其手」，故解此爲南牖下也。皇疏引欒肇曰：「南牖下，欲令南面視之。」是也。然既夕記，喪大記皆言「寢東首於北墉下」，室中以奧爲尊，君視臣疾，儘可主奧，不必以南面爲尊。若因君視疾之故而遷牖下，則君視大夫及遣使問疾無數，豈將屢爲遷動耶？必不然矣。然則伯牛、龔勝何以居牖下？蓋伯牛有惡疾，恐人來視已不便入室，故遷於牖下。龔勝不欲仕莽，辭以不敢當尊之意，故亦居於牖下，皆禮之變，不可以解此文也。室中止一牖，但言「牖下」，其義已明。注言「南牖」者，以喪大記「北墉下」，相傳誤爲「北牖」。故解此爲「南牖」也。云「紳，大帶也」者，說文訓同。玉藻注云：「紳，帶之垂者也。言其屈而重也。」禮有二帶：一大帶，以絲爲之；一革帶，以皮爲之。王氏聘正義：「紳爲帶之垂者，又卽爲大帶之名。大帶之垂者謂之紳，革帶之垂者謂之屬，革帶又謂之鞶。上服用二帶，深衣用革帶而已。朝服拕紳，則不必有革帶也。」

17　君命召，不俟駕行矣。【注】鄭曰：「急趨君命，出行而車駕隨之。」　正義曰：玉藻云「凡君召以三節，二節以走，一節以趨，在官不俟屨，在外不俟車。」孟子公孫丑篇：「禮曰：『君命召，不俟駕。』」趙岐注：「俟，待也。」又萬章篇：「萬章曰：『孔子，君命召，不俟駕而行，然則孔子非與？』曰：『孔子當仕有官職，而以其官召之也。』」荀子大略篇：「諸侯召其臣，臣不俟駕，顛倒衣裳而走，禮也。」○注：「出行而車駕隨之。」○正義曰：說文：「駕，馬在軛中也。」軛加於馬頸，

馬在軛中，則爲駕車。可知大夫不可徒行，而此承君命召，急迫先行，其家人必亦速駕，隨出及之。

18　入太廟，每事問。　　正義曰：此弟子類記行事，與前篇别出。皇本有鄭注云：『爲君助祭也。太廟，周公廟也。』

19　朋友死，無所歸，曰：『於我殯。』【注】重朋友之恩。無所歸，言無親昵。　　正義曰：説文云：『殯，死在棺，將遷葬柩，賓遇之。』士喪禮注：『棺在堂中斂尸焉。』所謂殯也。檀弓：『賓客至，無所館。夫子曰：『生於我乎館，死於我乎殯。』彼謂館而殯之。此則『無所歸』者，雖非館亦殯之。檀弓論語文互相足。鄭志：『問：朋友死，無所歸，於我殯，若此者，當迎彼還己館，皆當停柩于何所？答曰：朋友無所歸，故呼而殯之，不謂己殯迎之也。館而殯之者，殯之而已，不於西階也。』云『呼而殯之』者，此釋經『曰』字，其殯資皆出自夫子，就其所在殯之，不迎於家也。若館而殯之，不於西階，則但殯之於館也。

20　朋友之饋，雖車馬，非祭肉，不拜。【注】孔曰：『不拜者，有通財之義。』　　正義曰：曲禮云：『獻車馬者執策綏。』又云：『效馬效羊者右牽之。』坊記云：『父母在，饋獻不及車馬。』是朋友饋禮有車馬也。夫車馬，饋之重者，車馬不拜，則他饋自非祭肉皆不拜可知。

21　寢不尸，【注】包曰：『偃卧四體，布展手足似死人。』居不容。【注】孔曰：『爲室家之敬難久。』　　正義曰：釋文云：『居不客，本或作容。』羊凶反。唐石經亦作『客』。臧氏琳經義雜記：『邢疏云『不爲容儀』。夫君子物各有儀，豈以私居廢乎？』是當從陸氏作『客』。案『容』『客』二字，形近易譌。祭義『容以遠疏』，或『容』爲『客』字。莊子天地篇『此謂

德人之容」。釋文:「依注當作客。」皆其證。○注:「僂卧四體,布展手足似死人。」○正義曰:書鈔禮儀部七引鄭此注云:「惡其死也。」義與包同。說文云:「尸,陳也,象卧之形。屍,終主也。從尸死。」義同。段氏玉裁注云:「方死無所主,以是爲主,故曰終主。」即此注所謂「死人」也。「偃卧」者,說文:「偃,僵也。」左傳:「偃且射子鉏。」凡仰仆皆曰偃。四體謂二手二足也。皇疏言人卧法云:「眠當歛而小屈。」謂足小屈也。夫子曲肱而枕,則側卧可知。今養生家亦如此說。○注:「孔曰:『爲室家之敬難久。』」○正義曰:書鈔禮儀部七引作鄭注。臧氏琳曰:「謂因一家之人,難久以客禮敬己也。」

22 見齊衰者,雖狎必變。【注】孔曰:「狎者,素親狎。」見冕者與瞽者,雖褻必以貌。【注】周曰:「褻謂數相見,必當以貌禮之。」 正義曰:皇本「見」上有「子」字。子罕篇釋文云:「冕,鄭本作弁,云『魯讀弁爲絻,今從古』。鄉黨篇亦然。」「鄉黨篇亦然」五字,疑亦鄭注,今輯本全載鄭注如前,則此五字爲陸氏語。○注:「狎者,素親狎。」○正義曰:爾雅釋詁:「狎,習也。」說文:「狎,犬可習也。」夫子於素所親習之人,亦變容待之者,哀敬之異於常時也。○注:「褻謂數相見,必當以貌禮之。」○正義曰:「褻」與「狎」同,故解爲「數相見」。或謂「褻爲私居」,非也。「冕」與「絻」同,亦是喪服,說見前子罕篇。洪範:「貌曰恭。」恭者,禮也。故注以「禮」釋之,與「必變」亦互文。

23 凶服者式之。式負版者。【注】孔曰:「凶服者,送死之衣物。負版者,持邦國之圖籍。」 正義曰:阮氏元車制圖解:「輿前衡木謂之式。」自注考工記曰:「三分其隧,一在前,二在後,以揉其式。」又曰:「以其廣之平,爲之式崇。」是式長與輿廣等,崇于軫三尺三寸,其兩旁居輢板上,則須揉治而詘之。一在前,即式深;二在後,則輢深也。江氏永圖考:「式是揉木,作三曲之形,在前可憑式者,固是式。左右曲向後,接兩輢,左人可憑左手,右人可憑右手者,亦是

式。」案：「式」又作「軾」。《說文》：「軾，車前也。」所伏以式所敬者也。古人車皆立乘，若有所禮以爲敬，則微俯其身，以手伏軾，曲禮所謂「撫式」是也。「負版」者，《說文》云：「版，判也。」判木爲片，名之爲版。段氏玉裁改「判」爲「片」，非也。「版」又名方，《中庸》云：「文武之政，布在方策。」鄭注云：「方，版也。」《聘禮記》：「百名以上書于策，不及百名書于方。」策以竹爲之，方以木爲之。稱方者，當謂其形正方也。鄭此注云：「版謂邦國圖籍也。負之者，賤隸人也。」圖籍者，惠氏士奇《禮說》：「古者邦國土地、人民、戶口、車服、禮器，皆有圖，丹書之以爲信，謂之丹圖。如民約，則書於戶口圖；地約，則書於土地圖；器約，則書於禮器圖。此《司約》所謂『小約劑書於丹圖』者與？「籍」即「典籍」之籍，《孟子》言諸侯去其籍，晉有籍氏，籍兼方策二者而言，圖籍非止一物，申鄭義者未能備矣。王氏引之《經義述聞》引葉少蘊云：『喪服有負版。』翟公巽謂『式負版者，非夫子式圖籍，非式所負之人，若其人，不過賤隸人耳。隸謂隸於官府有職業者也。周官謂之胥徒，鄭以版籍之版，乃喪服之版」。則不知喪服負版即二衰之制，上文見齊衰必變已言之，此不應重述。或又讀爲曲禮「雖負販者，必有尊也」之「販」，則通衢市賈，將有不勝爲禮者矣。翟氏及或說並誤。○注「凶服」至「圖籍」。○正義曰：說文「凶」，「惡也。」《釋名·釋言語》：「凶，空也，就空亡也。」《穀梁傳》：「乘馬曰贅，衣衾曰襚，貝玉曰含，錢財曰賻。」皆送死者衣物也。哀敬死者，故送死者衣物亦式之也。負訓持者，負本義置之於背，而圖籍非可負之物，故解爲手持，亦引申之義。有盛

饌，必變色而作。【注】孔曰：「作，起也。敬，主人之親饋。」○正義曰：曲禮云：「食至起」。注云：「爲饌變」。此侍長者食禮，若食於同等者，雖盛饌或不起。夫子必變色而起，所以敬主人也。○注言「主人親饋」者，曲禮疏云：「饋謂進饌也。」有盛饌，當兼親饋，若不親饋，雖盛饌亦不起矣。曲禮云：「侍食於長者，主人親

饋，則拜而食，主人不親饋，則不拜而食。」坊記云：「故食禮，主人親饋則客祭，主人不親饋則客不祭。故君子苟無禮，雖美不食焉。」據此，則親饋乃爲禮盛，不祇在食品之多備矣。玉藻云：「孔子食於季氏，不辭，不食肉而飱。」注云：「以其待己及餕非禮也。」雜記：「孔子曰：『吾食於少施氏而飽，少施氏食我以禮。吾祭，作而辭曰：疏食，不足祭也。吾飱，作而辭曰：疏食，不敢以傷吾子。』」此即少施氏親饋爲禮盛。

迅雷風烈必變。【注】鄭曰：「敬天之怒。風疾雷爲烈。」○正義曰：「敬天之怒」，詩板篇文。爾雅釋詁云：「迅，疾也。」此常訓。釋天云：「疾雷爲霆。」說文：「烈，火猛也。」方言：「烈，暴也。」「迅」、「烈」二文本通稱，故注互言之，曰『風疾雷爲烈』也。玉藻云：「若有疾風迅雷甚雨，則必變，雖夜必興，衣服冠而坐。」注云：「雷之急激者謂霹靂。」說文云：「雷，陰陽薄動，雷雨生物者也。」

24 升車，必正立，執綏。【注】周曰：「必正立執綏，所以爲安也。」○正義曰：升者，登也。凡升車，皆自車後。曲禮云：「僕展軨效駕，奮衣由右上。」言僕由右上，則凡乘車者，當由左可知。「正立」者，正身而立，不必皆四正也。曲禮又云：「君出就車，僕并轡授綏。」疏云：「綏有二：一是正綏，僕君之升；一是副綏，驂乘右之升。」說文：「綏，車中把也。」「把」與「靶」同。綏繫於車中，人將升車，援之以上。所以執綏者，防有攀陟傾跌，故升車在左，故於車左銘之。崔駰車左銘：「正位受綏，車中內顧。」「正位」即正立。言「受綏」，援「受綏」者，謂自僕手受綏而執之也。升車在左，注云「所以爲安也。」賈子容經：「立乘以經立之容，左持綏而左臂詘。」是其儀也。陳祥道禮書：「其既登也，正立執綏。」引左傳「范鞅逆魏舒，請驂乘而持帶」爲證。案：此言「升車」，下文別言「車中」，則正立執綏非在既升後矣。陳說似是而非。

車中，不內顧，不疾言，不親指。【注】包曰：「車中不內顧者，前視不過衡軛，傍視不過輢

轂。」

正義曰：鄭注云：魯讀「車中內顧」，今從古。案：鄭從古作「不內顧」，與下二句一例。漢成帝紀贊引此文，

亦用古論。白虎通車旂篇：「車中不內顧何？仰卽觀天，俯卽察地，前聞和鸞之聲，旁見四方之運，此車教之道。」亦

古論說。皇疏：「內猶後也。升在車上，不迴頭內顧也。所以然者，後人從己，不能常正，若轉顧見之，

則掩人私不備，非大德之所爲，故不爲也。顧，迴顧也。故衛瓘曰：『不掩人之不備也。』」又云：「疾，高急也。在車上言高，故

不疾言，爲驚於人也。故繆協云：『車行則言傷疾也。』車上既高，亦不得手有所親指點，爲惑下人也。」案：「親」字義

不可解。曲禮云：「車上不妄指。」「親」疑卽「妄」字之誤。鄭彼注云：「爲惑衆。」蓋人在車上，若無事，虛以手指麾於四

方，是惑衆也。○注「車中」至「轉轂」。○正義曰：皇本作「輿中」，云：「車牀名輿。」釋文本亦作「輿中」。江氏永圖考曰：

「按車輿之制，前與左右皆有板，而缺其後以升下，則與今之後檔車略同。」按包氏是魯論，當作「內顧」，無「不」字。

盧氏文弨鍾山札記：「文選張平子東京賦云：『夫君人者，黈纊塞耳，車中內顧。』李善引魯論語及崔駰車左銘『車中

內顧』以爲注，正以魯論語作『內顧』，與此合也。乃刻本於賦及注俱增『不』字，此但知今所讀之本，而不知魯論語之本

無『不』字也。崔駰銘有三章。其車右銘云：『箴闕旅賁，內顧自勑。』車後銘云：『望衡顧轂，允愼茲容。』段若膺云：『觀此

二章，益可證車左銘之爲「內顧」矣。』又案：漢書成帝紀贊『升車正立，不內顧。』顏師古注云：『今論語云「車中內顧」。』

內顧者，說者以爲前視不過衡軛，旁視不過輢轂，與此不同。』然則師古所見之論語，亦無「不」字。說者云云，乃包咸注，

是包氏亦依魯論爲說也。包氏愼言溫故錄：『風俗通過譽云：「升車，必正立，執綏，內顧。不掩不備，不見人短。」亦魯論說，

今本亦多『不』字。」案：車後銘「望衡顧轂」，卽此注之義。東京賦以「黈纊塞耳，車中內顧」，相比爲辭，正是收視反聽之

義。集解用包注,而後人妄增「不」字,經注兩不相合,可謂謬矣。又漢書成帝紀贊注引魯論「內顧」,今本亦妄增「不」字。

皇疏申注云:「衡軛,轅端也。若前視,不得遠,故曲禮云『立視五巂』。五巂,九丈九尺地也。式視馬尾,馬尾近在車牀欄間也。旁謂兩邊也。軾豎在車箱兩邊,三分居前之一,承較者也。轂在箱外,當人兩邊,故云『旁視不過軹轂』也。」邢疏:「曲禮云:『立視五巂,式視馬尾,顧不過轂。』注云:『立,平視也。巂,猶規也,謂輪轉之度。』案:車輪一周爲一規,乘車之輪,高六尺六寸,徑一圍三三六一八,得一丈九尺八寸。五規爲九十九,六尺爲步,總爲十六步半,則在車上得視前十六步半也。而此注云『前視不過衡軛』者,禮言中人之制,此言聖人之行,前視不過衡軛耳。」案:邢疏本於曲禮孔疏。 陸佃埤雅云:「乘車之輪,六尺有六寸。」五六三十,積尺爲三丈,積寸爲三尺。則五巂之表,三丈三尺。

荀子:「立視前六尺而大之,六六三十六,三丈六尺。」即此是也。 按:荀子説見大略篇。 楊倞注以爲「臣於君前視法」,殆未然。五巂之度三丈三尺,則此注所謂「前視不過衡軛」也。埤雅又云:「國馬之衡,高八尺有七寸;田馬之衡,高七尺有七寸;駑馬之衡,高六尺有七寸。」以中言之,衡高七尺七寸,人長八尺,則高與人目略平,故曰「前有錯衡,所以養目也」。

所謂衡視也,國君綏視,言「俯不下于帶」;大夫衡視,則言「仰不上于面」。互相備也。

25 **色斯舉矣,** 【注】馬曰:「見顔色不善,則去之。」 **翔而後集。** 【注】周曰:「迴翔審觀而後下止。」 正義曰:此二句先經起義,乃記者之辭。泛説羣鳥,不專指雌雉言。 王氏塈正義引真德秀説:「色斯舉矣,去之速也。」翔而後集,就之遲也。古人所謂『三揖而進,一辭而退』,雖相見聚會之間,猶謹諸此。」案:真説卽君子難進易退之義。〇注:「見顔色不善,則去之」。〇正義曰:「色」謂人色。色有不善,則鳥見之而飛去也。人去危就安,亦如此。 王氏引之經傳釋詞:

色斯者，狀鳥舉之疾也。色斯，猶色然，驚飛貌也。大夫見之，皆色然而駭。』何注曰『色然，驚駭貌』義與此相近也。也，翔而有集，色斯而舉。』議郎元賓碑『翩翏色斯』竹邑侯相張壽碑『君常懷色舉，遂用高逝』堂邑令費鳳碑『色斯輕翔，翩然高翥。』費鳳別碑『功成事就，色斯而舉。』案：王說亦通。○注『迴翔審觀，故增成其義』說又云飛也。』釋名釋言語：『翔，佯也，言彷佯也。』曲禮鄭注『行而張拱曰翔。』注以迴翔卽是審觀，故增成其義。○正義曰：說文『翔，迴「蘗，羣鳥在木上也。」集，蘗或省，引申爲凡鳥所止處之稱，故注訓『下止』。

共之，三嗅而作。【注】言山梁雌雉得其時，而人不得其時，故歎之。　子路以其時物，故共其之，非本意，不苟食，故曰：「山梁雌雉，時哉時哉！」子路三嗅而作起也。　正義曰：　釋文：『山梁，音良。鄭云：『孔子山行，見雌食梁粟也。』是鄭以『梁』爲『粱』。淮南齊俗訓：『剝裂黍粱。』素問生氣通天論『膏粱之變。』又通評虛實論『高梁之疾。』王砅注並云：『梁，粱也。』是『梁』亦通。集解不釋『山梁』之義，與鄭同異不可知。今解者多爲橋梁，其說亦通。說文云：『梁，水橋也。橋，水梁也。』山梁則山澗中橋，以通人行也。『雌雉』者，說文云：『雌，鳥母也。』對雄爲鳥父言之。雉者，野鳥。爾雅、說文具載其名。釋文云：『時哉，一本作『時哉時哉』。』皇、邢疏述經俱兩言『時哉』。阮氏元校勘記：『後漢書班固傳注、太平御覽九百十七並引此文』『時哉』二字不重。』則今本重者，乃釋文所載一本也。　釋文云：『共，本又作供。』皇本作『供』。藝文類聚鳥部上、太平御覽羽族部並引作『拱』。　案：作『供』是也。　呂氏春秋審己篇『故子路揵雉而復釋之。』高誘注：『所得者小，不欲夭物，故復釋之。』『揵』卽是『拱』。　爾雅釋詁：『拱、執也。』意者雌雉正倦飛，子路揵而執之，此亦隨意之樂趣，而旋卽釋之，於是雌雉駭然

驚顧，遂振迅而起也。集注云：「劉聘君曰：『嗅，當作臭，古闃反，張兩翅也。見爾雅。』考爾雅釋獸云：『獸曰臭，人曰撟，魚曰須，鳥曰臭。』並勁走之名。「臭」字從目從犬，說文訓「犬視」，亦驚顧之意。其字與「臭」相似，故相沿譌爲「臭」。唐石經「臭」字左旁加口作「嗅」，則後人所改。五經文字此字尚作「臭」也。然玉篇已引作「鶪」，「鶪」卽「嗅」正字。集注引石經又作「戞」。錢氏大昕養新錄以爲「孟蜀刻字經三寫，不能無誤」，其信然矣。劉氏逢祿述何篇：『孟子曰「可以仕則仕，可以止則止，可以久則久，可以速則速，聖之時者也。」鄉黨篇孔子言行皆準乎禮，而歸之時中，禮以時爲大也。」○注「子路」至「起也」。○正義曰：皇疏云：「子路不達孔子『時哉』之嘆，而謂嘆雌雄是時月之味，故馳逐驅拍，遂得雌雄，煮熟而進，以供養孔子。嗅謂鼻歆齅其氣也。」焦氏循補疏：『荀子禮論云：『利爵之不醮也，成事之俎不嘗也，三臭之不食也，一也。』何注本此。」案：說文：「鶪，以鼻就臭也。从鼻从臭，臭亦聲。」說文無「嗅」字，「嗅」卽「鶪」別體。

十三經清人注疏

論語正義 下

〔清〕劉寶楠 撰

高流水 點校

先進第十一　集解

凡二十三章　　正義曰：皇、邢本皆二十四章，釋文從鄭氏，以德行章合上「從我於陳蔡」爲一章。

然集解本各自爲章，故不引鄭說，則此所云「二十三章」三字，當爲陸所改也。又釋文於「回也章」云「或別

爲章，今所不用」，亦是依集解，故不用或說。朱子集注則德行章、回也章、論篤章皆別章，凡二十六

章。

1　子曰：「先進於禮樂，野人也；後進於禮樂，君子也。【注】包曰：「先進、後進，謂仕先後輩。禮樂

因世損益，後進與禮樂俱得時之中，斯君子矣。先進有古風，斯野人也。」如用之，則吾從先進。」【注】將移風易俗歸

之純素，先進猶近古風，故從之。　　正義曰：鄭注云：「先進後進，謂學也。野人，粗略也。」鄭此注文不備，莫由知其義。

愚謂此篇皆說弟子言行，先進後進，即指弟子。大戴禮衞將軍文子篇：「吾聞夫子之施教也，先以詩。」[一]盧辯注引此

〔一〕「詩」下原衍「世」字，據大戴禮記解詁刪。

文，則「先進後進」，皆謂弟子受夫子所施之教，進學於此也。　禮王制云：「樂正崇四術，立四教，順先王詩書禮樂以造士。春秋教以禮樂，冬夏教以詩書。王大子，王子，羣后之大子，卿，大夫，元士之適子，國之俊選，皆造焉。凡入學以齒。大樂正論造士之秀者，以告于王，而升諸司馬，曰進士。司馬辨論官材，論進士之賢者，以告於王，而定其論。論定然後官之，任官然後爵之，位定然後祿之。」尚書大傳：「古之帝王者，必立大學小學，使王大子，王子，羣后之子，以至公，卿，大夫，元士之適子，十有三年使入小學，見小節焉，踐小義焉。年二十入大學，見大節焉，踐大義焉。小師取小學之賢者，登之大學；大師取大學之賢者，登之天子，天子以為左右。」是古用人之法，皆令先習禮樂而後出仕，子產所云「學而後入政」者也。其國之俊選，不嫌有卑賤，故王大子等入學皆以齒，所謂「天子元子視士」者也。

夫子以先進於禮樂為野人，野人者，凡民未有爵祿之稱也。時後進於禮樂為君子。君子者，卿大夫之稱也。　春秋時，選舉之法廢，卿大夫皆世爵祿，皆未嘗學問。及服官之後，其賢者則思為禮樂之事，故其後進於禮樂，而亦可為君子也。觀子路問成人，夫子答以臧武仲，孟公綽，卞莊子，冉求諸人，又云：「文之以禮樂，可為成人。」此四人先已出仕，若文以禮樂，則亦後進於禮樂之君子也。　夫子弟子，多是未學，故亟亟以禮樂教之。所云「興於詩，立於禮，成於樂」，即是先進。而冉求則以「禮樂願俟君子」，子路且以「有民人社稷，何必讀書乃為學」？讀書者，讀禮樂之書也。當時子路、冉有皆已仕，未遑禮樂，而夫子以禮樂為重，故欲從先進，變當時世爵祿之法，從古選舉正制也。用之謂用其人也。　後進於禮樂，雖亦賢者，然朝廷用人，當依正制，且慮有不肖濫入仕途也。此章之義，沈彤千載，自盧辯戴記注發之，而後人莫之能省。至邢疏但知先進後進指弟子，而以進為仕進，以從先進為歸淳素，猶依注說為之。　宋氏翔鳳發微謂「先進」為士民有德者；登進，為卿大夫自野升朝之人；後進，謂諸侯卿大夫皆世爵祿，生

而富貴，以爲民上，是謂君子。」說皆得之。但以進爲仕進，先進爲股肱，先進、後進俱不兼弟子，尚未爲是。故略本諸

義，別爲釋之。○注「先進」至「人也」。○正義曰：以「先進、後進爲仕先後輩」者，王制言「大樂正論造士之秀者，以告于

王，曰進士」，孟子言「治則進」，是進有仕義。管子宙合云：「是故聖人傳之簡筴，傳以告後進。」故傳之簡筴，傳以

告後世人。」是先進、後進謂人之先後仕者也。言「輩」者，非一之辭。「禮樂因世損益」者，禮樂隨風俗爲盛衰。故質勝當

救之以文，文勝當救之以質。是於文質二者之中，或損或益也。「後進與禮樂俱得時之中」者，「與」即「於」字之誤。言夫

子稱後進爲君子，是其禮樂俱能因世損益，得時之中也。邢疏申此注，謂「先進當襄、昭之世，後進當定、哀之世」，皆謂夫

子同時人。案：夫子論文質甚貴時中，其有爲尚質之論，皆是救時之法。如奢儉易戚，俱爲失禮，夫子則寧從儉從戚，亦

乎文哉，吾從周」。此文亦是得中之文，故曰：「質勝文則野，文勝質則史。文質彬彬，然後君子。」又言「周監於二代，郁郁

以二者俱不得中，故寧從質勝，不從文勝也。若顯然舉一中道，稱爲君子，而不欲從之，則與平時所稱爲「彬彬」所稱爲

「從周」者不合。下篇棘子成欲棄文從質，子貢即深斥之，若如此注所云，則夫子正與棘子成同見，而奚其可哉？

2 子曰：「從我於陳、蔡者，皆不及門也。」【注】鄭曰：「言弟子之從我而厄於陳、蔡者，皆不及仕進之門，

而失其所。」

正義曰：陳、蔡之厄，史記孔子世家敍於吳伐陳、楚救陳，軍於城父後，在魯哀六年。朱子據論語，以爲自

衛如陳，在魯哀二年。蔡始封在今汝寧之上蔡縣，其後平侯徙汝寧之新蔡縣，皆與陳相近。新蔡在陳南，夫子哀二年至

之處。陳卽今陳州府。蔡江氏永鄉黨圖考以爲在魯哀四年。其言曰：「孟子云『君子之厄於陳、蔡之閒』，言『閒』者，兩地相接

陳，若非適蔡，則不得至陳、蔡之間。哀二年十二月，蔡昭侯畏楚，遷於吳之州來，州來之蔡城在今鳳陽府壽州北三十里，與陳相距，中間隔絕，亦不得言陳、蔡之間也。然則絕糧陳、蔡之間，當在哀四年，自陳適蔡時，指故地上蔡言之耳。蔡既遷，則故蔡地皆屬於楚。是時楚昭王賢，葉公又賢，夫子欲用楚、蔡之間，故如蔡如葉。按四年傳云：『楚左司馬販、申公壽餘、葉公諸梁致蔡於負函。』[一]十六年傳云：『葉公在蔡。』蓋故蔡邑，葉公兼治之。夫子自陳如蔡，就葉公耳，與蔡國無涉也。」

今案：江說甚覈，然史記亦自可從。先從叔丹徒君經傳小記：「爾雅、淮南有州黎丘注：『今在壽春縣。』案鹽鐵論『孔子能方不能圜，故飢於黎丘』。哀公二年『蔡遷於州來』。四年，孔子自陳適蔡。三歲，吳伐陳，楚救陳，軍於城父，使人聘孔子，於是絕糧陳、蔡之間。鹽鐵論所謂『黎丘』，蓋即州來之丘也。此直從史記在六年。而陳、蔡之間，據新遷之蔡言，蓋其地距陳雖遠，然中間無他國相隔，則亦爲陳、蔡之間矣。」當時從遊弟子，則弟子列傳有子張，呂氏春秋慎人篇有宰予，此外皆無考。鄭氏以下章「德行」云云，合此爲一章。然冉有於魯哀三年爲季康子所召，不應於此年復有一冉有從夫子也。尤氏侗艮齋雜說引陳善辨曰：「陳、蔡從者，豈止十人，患難之時，何必分列四科乎？斯知鄭說未敢從也。」皇本「門」下有「者」字。○注「言弟」至「其所」。○正義曰：孔門弟子無仕陳、蔡者，故注以爲「不及仕進之門」。孟子云：「君子之戹於陳、蔡之間，無上下之交也。」無上下之交，即此所云「不及門」也。孔子世家言「匡人拘孔子」，孔子使從者爲寧武子臣於衞，然後得去」。雖寧武子非孔子同時人，然必有從者臣衞之事，誤以屬之寧武子耳。及陳、蔡之戹，孔子亦使子貢如楚，楚昭王興師迎孔子，然後免。又檀弓言「夫子將之荆，先之以子夏，申之以冉有」，可知夫子

〔一〕「蔡」原誤作「葉」，據左傳改。

周遊，亦賴寧孚弟子仕進，得以維護之。今未有弟子仕陳、蔡，故致此困厄也。焦氏循補疏申此注云：「堯典『闢四門』鄭氏

注云：『卿士之職，使爲己出教於天下。言四門者，亦因卿士之私朝在國門，魯有東門襄仲，宋有桐門右師。』是後之取法

於前也。鄭以門爲卿士之門，則及門者，謂仕於卿大夫之私朝也。周禮大司馬：『辨名號之用，帥以門名。』注云：『帥，軍

將。以門名者，所被徽識，如其在門所樹者也。軍將皆命卿。古者軍將蓋爲營治於國門，魯有東門襄仲，宋有桐門右師，

皆上卿爲軍將者也。』春官小宗伯：『掌三族之別，以辨親疏，其正室皆謂之門子，掌其政令。』注云：『正室，適子也，將代父

常門者也。』襄九年『鄭六卿及其大夫門子，皆從鄭伯。』注云：『門子，卿之適子。』卿之子稱門子，是卿以門名。卿當門，

以門名，適子代父當門，則稱門子。　其仕于卿大夫之門，謂之及門矣。」

子夏。

　　3

德行：顏淵，閔子騫，冉伯牛，仲弓。言語：宰我，子貢。政事：冉有，季路。文學：子游，

正義曰：釋文云『鄭云『以合前章』。』盧氏文弨考證曰『鄭云當作鄭氏。』案：鄭氏非辨見前疏。皇疏云『此

章初無『子曰』者，是記者所書並從孔子印可而錄在論中也。」史記仲尼弟子列傳『孔子曰『受業身通者，七十有七人。』

皆異能之士也。德行：顏淵，閔子騫，冉伯牛，仲弓。政事：冉有，季路。言語：宰我，子貢。文學：子游，子夏。』是此四科爲

夫子平時所論列，不必在從陳、蔡時。弟子傳先『政事』於『言語』，當出古論。周官師氏注云：『德行，內外之稱。在心爲

德，施之爲行。』顏子好學，於聖道未達一間；閔子騫孝格其親，不仕大夫，不食污君之祿；仲弓可使南面；荀子以與孔子

並稱。冉伯牛事無考，觀其有疾，夫子深歎惜之。此四子，爲德行之選也。孟子公孫丑篇『宰我、子貢善爲說辭，冉伯牛、閔

子善言德行，孔子兼之。曰：『我於辭命，則不能也。』是言語以辭命為重。毛詩定之方中傳：『故建邦能命龜，田能施命，作器能銘，使能造命，升高能賦，師旅能誓，山川能說，喪紀能誄，祭祀能語。』此九者，皆是辭命，亦皆是言語。皇疏引范寧曰：『言語，謂賓主相對之辭也。』范以當時最重邦交，故言語當指此事，亦是舉彼一端，以例其餘。弟子列傳『宰予利口辨辭，子貢利口巧辭』，是宰我、子貢為言語之選也。夫子言『求也藝，由也果，可使從政』，是冉有、季路為政事之選也。沈氏德潛吳公祠堂記曰：『子游之文學，以習禮自見。今讀檀弓上、下二篇，當時公卿大夫士庶，凡議禮弗決者，必得子游之言以為重輕。故自論『小斂戶內，大斂東階』，以暨『陶』、『詠』、『猶』、『無』諸節，其間共一十有四，而其不足於人者，惟縣子言。』朱氏彝尊文水縣卜子祠堂記曰：『徐防之言，詩書禮樂，定自孔子；發明章句，始於子夏。』蓋自六經刪述之後，詩、易俱傳自子夏，夫子又稱其可與言詩，儀禮則有喪服傳一篇。又嘗與魏文侯言樂，鄭康成謂『論語為仲弓、子夏所撰』。特春秋之作，不贊一辭，夫子則曰春秋屬商。其後公羊、穀梁二子，皆子夏之門人。蓋文章可得而聞者，子夏無不傳之。文章傳，性與天道亦傳，是則子夏之功大矣。』由沈、朱二文觀之，是子游、子夏為文學之選也。皇疏引王弼曰：『此四科者，各舉其才長也。』又曰：『弟子才不徒十，蓋舉其美者，以表業分名，其餘各以所長從四科之品也。』案：王說是也。徐幹中論智行篇：『人之行，莫大於孝，莫顯於清。曾參之孝，有虞不能易。原憲之清，伯夷不能閒。然不得與游、夏列在四行之科，以其才不如也。』此則故為苛論，不免以辭害義矣。

4 子曰：『回也非助我者也，於吾言無所不說。』【注】孔曰：『助，益也。言回聞言即解，無可起發增益

於己。」〇注「助益」至「於己」。〇正義曰:爾雅釋詁「助、勖也。」勖,佐助也。」

者,引申之義。 教學本是相長,故夫子言子夏爲起予,正以質疑問難,義益可明也。「說」如「說釋」之「說」。曾子立事云:

「問而不決,承間觀色而復之,雖不說,亦不彊争也。」「不說」猶言不解。學記云「相說而解」,此注云「閒言即解」,亦以「解」

訓「說」也。 徐幹中論智行篇:「仲尼亦奇顏淵之有盛才也」,故曰「閒也,非助我者也,於吾言無所不說。」顏淵達於聖人之

情,故無窮難之辭。是以能獨獲臺臺之譽,爲七十子之冠。」

5 子曰:「孝哉閔子騫! 人不閒於其父母、昆弟之言。」【注】陳曰:「言子騫上事父母,下順兄弟,動

靜盡善,故人不得有非閒之言。」 正義曰:閔子稱字者,夫子述時人所稱也。「昆」者,毛詩葛藟傳:「昆,兄也。」爾雅釋

親:「晜,兄也。」說文:「周人謂兄曰晜。 從晜弟。」「晜」是本字,「昆」則音近假借也。亢倉子順道篇:「閔子騫

問孝於仲尼,退而事之於家,三年,人無閒於父母、昆弟之言。」〇注「言子」至「之言」。〇正義曰:焦氏循補疏:「漢書杜鄴

傳舉方正,對曰:『昔曾子問從令之義,孔子曰:「是何言與?」善閔子騫守禮不苟,從親所行,無非禮者,故無可閒也。』後漢

范升傳升奏記王邑曰:『升聞子以人不閒於其父母爲孝,臣以下不非其君上爲忠。』又云:『知而從令,則過大矣。』二者皆

引爲從令之證。 蓋以從令而致親於不義,則人必有非閒其父母昆弟之言。 惟不苟於從令,務使親所行均合於義,人乃無

非閒其親之言,是乃得爲孝。 然則閔子之孝,在人無閒於其父母昆弟之言。 人所以無閒於其父母昆弟之言者,以其不苟

從令也。 陳注「動靜盡善」,或即指此。 藝文類聚孝部引說苑云:『閔子騫兄弟二人,母死,其父更娶,復有二子。 子騫爲

其父御車,失轡,父持其手,衣甚單。父則歸呼其後母兒,持其手,衣甚厚溫,卽謂其婦曰:「吾所以娶汝,乃爲吾子,今汝欺我,去無留。」子騫曰:「母在一子單,母去四子寒。」其父默然。故曰:「孝哉閔子騫!」依此事,閔子不從父令,則後母不遣,是其上事父母、兩弟溫煖無慍心。而恐母遣而兩弟寒,是下順兄弟,於是父感之,其後母與兩弟亦感之可知。則此一不從父令而諫,一家孝友克全,尤非尋常不苟從令可比。

是所謂『動靜盡善』也。閔子之孝,不齊大舜之義不格姦。若恭世子不肯傷公之心,不言志而死,非可言孝也。

孔子稱其孝,兼言兄弟,正指此事,不字作無字解,自明人無非閒之言,不是無非閒閔子之言,乃無非閒其父母昆弟之言也。」今案:論衡知實篇:「孔子曰:『孝哉閔子騫!人不閒於其父母昆弟之言。』虞舜大聖,隱藏骨肉之過,〔一〕宜愈子騫。瞽叟與象,使舜治廩浚井,意欲殺舜。舜當見殺己之情,早諫豫止,旣無如何,宜避不行,何故使父與弟得成殺己之惡,使人閒非父非弟,萬世不滅?」是漢世說此文,皆謂人不非其父母昆弟爲孝。陳君此注,義正然也。韓詩外傳載此事云:「母悔改之後,至均平,遂成慈母。」可爲焦說取證。

6 南容三復白圭,【注】孔曰:「詩云:『白圭之玷,尚可磨也;斯言之玷,不可爲也。』南容讀詩至此,三反覆之,是其心慎言也。」孔子以其兄之子妻之。

正義曰:古人言數之多,自三始,故此稱「三復」也。仲尼弟子列傳「三復白圭之玷」,多「之玷」二字,當出古論。大戴禮衞將軍文子篇:「獨居思仁,公言言義,其閒詩也。一日三復白圭之玷,是

〔一〕「過」原誤作「道」,據論衡改。

南宮絛之行也。夫子信其仁，以爲異姓。」盧辯注：「謂以兄之子妻之也。」言「一日三復」者，猶子路終身誦之也。」張栻論

語解：「謹言如此，則謹行可知。」○注「詩云」至「言也」○正義曰：稱「詩云」者，大雅抑篇文。毛傳云：「玷，缺也。」說文

「刮」，缺也。從刀，占聲。詩曰『白圭之刮。』」義與毛同。今詩「旻」爲「玷」，「玷」訓玉有瑕，不訓缺也。「不可爲」者，

「爲」，治也。南容一日三復此四語，而注云「讀詩至此，三反覆之」者，是據初讀時言，其後遂日誦以爲戒也。

7

季康子問：「弟子孰爲好學？」孔子對曰：「有顏回者好學，不幸短命死矣，今也則亡。」

正義曰：釋文云：「康子問弟子，一本作季康子，鄭本同。」案：皇、邢本皆有「季」字。又皇本「今也則亡」下，有「未聞

好學者」五字。皇疏：「此與哀公問同。而答異者，舊有二通：一云緣哀公有遷怒貳過之事，故孔子因答以箴之也。康子無此

事，故不煩言也。又一云哀公是君之尊，故須具答。而康子是臣爲卑，故略以相酬也。」案：疏後說是。大戴禮虞戴德云：

「子曰：『丘於君唯無言，言必盡，於他人則否。』」是其證。

8

顏淵死，顏路請子之車以爲之椁。【注】孔曰：「路，顏淵父也。家貧，欲請孔子之車，賣以作椁。」子

曰：「才不才，亦各言其子也。鯉也死，有棺而無椁。吾不徒行以爲之椁，以吾從大夫之後，

不可徒行也。」【注】孔曰：「鯉，孔子之子伯魚也。孔子時爲大夫，言『從大夫之後，不可以徒行』，謙辭也。」正義

曰：顏子卒年，據公羊傳及史記孔子世家，當在子路之死及獲麟之前，故江氏永聖蹟表載於哀十三年，時夫子年七十一

也。說詳雍也篇疏。「以爲之椁」，高麗本、足利本無此四字。阮氏元校勘記曰：「釋文至下文『無椁』始作音，是陸氏所據本亦無此四字也。」說文云：「樠，有木亭也。從木，亭聲。」今論語皇本作「椁」，與「椁」一字。白虎通崩薨篇：「所以有棺椁何？所以掩藏形惡也。椁之爲言廓，所以開廓辟土，無令迫棺也。」據喪大記，士有雜木椁。但顏子家貧，不能備椁，故顏路爲之請耳。「才」謂顏子，「不才」謂伯魚。史記世家云：「伯魚年五十，先孔子死。」家語本姓解云：「孔子年十九，娶宋之亓官氏，生伯魚。」則伯魚之生，夫子年正二十二、三，爲昭十一、十二年，其死當在哀公十一年，夫子年六十九。江氏永聖蹟表差後一年。五經異義：「臣子先死，君父猶名之。孔子曰：『鯉也死。』是已死稱名。桓

二年：『宋督弑其君與夷，及其大夫孔父。』先君死，故稱其字。穀梁同左氏說。謹案：論語稱『鯉也死』，時實未死，假言死。」從左氏，穀梁說。「玄之聞也，論語云『鯉也死，有棺而無椁』。死是實未葬前也。設言死，凡人於恩猶不然，況賢聖乎？」案：鄭駁是也。許君必謂鯉死爲設言者，意以史記言「顏淵少孔子三十歲」，至二十九歲，髮盡白，蚤死」。又列子、淮南皆謂鯉死爲設言之誤，本不爲據。鯉死既在顏子前，則論語非爲設言可知。「棺」者，白虎通崩薨篇：

「棺之爲言完，所以藏尸令完全也。」說文：「棺，關也，所以掩尸。」「有棺無椁」，亦因貧之故，所謂「有其禮無其財，君子弗行」者也。「徒」，說文：「赴，步行也。」今經傳皆作「徒」。易賁初九「舍車而徒」，詩黍苗「我徒我輦」，皆謂步行也。「吾不徒行以爲之椁」，言未嘗賣車以爲椁也。孔子初仕魯爲大夫，及去位，從士禮，其後魯人以幣召孔子歸，自必復其爵而不居位，若大夫致仕者然，故但從大夫之後，孔子世家所以言「魯終不能用孔子」也。魯語：「吳子使來好聘，發幣於大夫，及仲

而列子、淮南皆傳聞之誤，本不爲據。鯉死既在顏子前，則論語非爲設言可知。則鯉死應在顏子之後。不知史記言「顏子少孔子三十歲」，前人謂「三十」

而伯魚之死，年已五十。

「四十」之譌，

尼。」亦以孔子時從大夫後矣。

既從大夫之後，與聞國政，故畜有馬乘，不得徒行。王制云「君子耆老不徒行」是也。案：顏路請子之車以爲椁，不嫌於自請者，公羊隱元年傳「喪事有賵，賵者，蓋以乘馬束帛。車馬曰賵。」是賵喪之禮，本有車馬，故夫子於舊館人之喪，說驂以贈。今此顏子死，夫子必亦有賵，而顏路復請子之車以爲椁，哀痛迫切，不遑計及於禮之當否，且知夫子於顏淵誼厚，不妨以情告也。趙岐孟子公孫丑章句「禮，喪事不外求，不可稱貸而爲悅也。」周官宰夫

注「凡喪」，始死，弔而含襚，葬而賵贈，其間加恩厚，則有賻焉。春秋譏武氏子來求賻。隱公三年公羊文云「喪事無求，求賻非禮』。何休云：『禮本爲有財者制，有則送之，無則致哀而已，不當求，求則皇皇傷孝子心。』蓋通於下」，何休云：『爾者嫌天子財多，不當求下，財少可求，故明皆不當求。』顏路請車，禮有未合，夫子以其哀迫，不欲深責，而但婉言告之。至以鯉死爲比，則亦視顏子猶子矣。由賈疏云：「隱公三年公羊文云『喪事無求，求賻非禮』。

○注「路顏」至「作椁」。○正義曰：鄭注云：「欲得賣之，以爲顏淵作椁也。」此僞孔所襲。皇本「吾不」下有「可」字「不可」上有「吾以」二字「徒行」下無「也」字。○注「凡喪」至「作椁」。○正義曰：鄭注云「欲得賣之，以爲顏淵

弟子列傳：「顏無繇字路。路者，顏回父，父子嘗各異時事孔子。」索隱曰：「家語『顏由字路。』少孔子六歲」。○注「鯉孔」至「辭也」。○正義曰：鄭注云：「鯉，孔子之子伯魚也。」作椁也。」此僞孔所襲。

顏路，顏回之父。此僞孔所襲。孔子始教於闕里而受學焉。

家語本姓解云：「魚之生也，魯昭公以鯉魚賜，孔子榮君之貺，故因以名鯉而字伯魚。」案：顏子卒時，夫子久不居位，而注云「時爲大夫，謙言從大夫之後」顯然謬誤，其爲僞託無疑。

9　顏淵死，子曰：「噫！【注】包曰：「噫，痛傷之聲。」天喪予！天喪予！」【注】「天喪予」者，若喪己也，

再言之者，痛惜之甚。 正義曰：漢書董仲舒傳贊：「劉歆以爲伊，呂乃聖人之耦，王者不得則不興。故顏淵死，孔子曰：『噫！天喪余。』唯此一人爲能當之，自宰我、子贛、子游、子夏不與焉。」顏師古注：「言失其輔佐也。」蓋天生聖人，必有賢才爲之輔佐。今天生德於夫子，復生顏子爲聖人之耦，並不見用於世，而顏子不幸短命死矣，此亦天亡夫子之徵，故曰「天喪予」。〇注：「噫，痛傷之聲。」〇正義曰：何休公羊傳注：「噫，咄嗟貌。」詩噫嘻傳「噫，歎也。」

10 顏淵死，子哭之慟。【注】馬曰：「慟，哀過也。」從者曰：「子慟矣！」曰：「有慟乎？【注】孔曰：「不自知己之悲哀過。」非夫人之爲慟而誰爲？」顏淵家，有見孔子哀甚，故云子慟矣。 正義曰：皇疏云「孔子往顏家哭之也。從者，謂諸弟子。隨孔子往顏淵家哭之也。」〇注：「慟，哀過也。」〇正義曰：說文無「慟」字，漢碑多作「恫」。「恫」當即「慟」省。鄭注云：「慟，變動容貌。」亦以「慟」字從動得義，此即是哀過，鄭與馬不異也。 皇本「曰有慟乎」「曰」上有「子」字。又「誰爲」下有「慟」字。〇注：「慟，哀過也。」

11 顏淵死，門人欲厚葬之。子曰：「不可。」【注】禮，貧富各有宜。顏淵家貧，而門人欲厚葬之，故不聽。 門人厚葬之。子曰：「回也視予猶父也，予不得視猶子也，非我也，夫二三子也。」【注】馬曰：「言回自有父，父意欲聽門人厚葬，我不得割止，非其厚葬，故云耳。」 正義曰：「厚葬」者，謂凡葬事求豐備也。晉語樂共子云：「成闔之，民生於三，事之如一。父生之，師教之，君食之。」顏子事夫子猶父，故曰「子在，回何敢死」？則同於語

父母在，不許友以死之義也。

同顏子事夫子猶父矣。 然而夫子喪顏子而無服，是亦視同猶子，惟不能止門人之厚葬，

也。 唐石經初刻「猶子」下「也」字作「曰」。○注「言回」至「云耳」。○正義曰：鄭注「顏路欲聽門人厚葬之。」同馬義。吳氏

嘉賓說：「喪具稱家之有無，然而禮有賻喪者，賻之亦惟其稱爲耳。 使顏子死無附身以斂，無附棺以爲葬，師與友說騣竭

財以助之可也，是非得已也。 有棺而無椁，有葬而爲之厚葬，則非也，以其得已也。 君子所以受於人者，義如此，必不得

已而後受，苟可以已而已，故曰『周之亦可受也，免死而已矣』。夫子之視顏子，視之猶其生也。 彼門人者，以其生之所不

受者而與之，是死之也。 故曰『君子之愛人也以德，小人之愛人也以姑息』。」

12 季路問事鬼神。 子曰：「未能事人，焉能事鬼？」「敢問死？」曰：「未知生，焉知死？」【注

陳曰：「鬼神及死事難明，語之無益，故不答。」 正義曰：「事人」，若子事父，臣事君是也。「焉能事鬼」，言「鬼」則神可

知，或以「事鬼」下脫「神」字，非也。 趙氏佑溫故錄：「禮有五經，莫重於祭。古之所爲事鬼神者，當無不至，則子路之問，

不爲不切。 夫先王之事鬼神，莫非由事人而推之，故生則盡養，死則盡享。 惟聖人爲能饗帝，惟孝子爲能享親。 云『事鬼

也』，莫非教天下之事人也」，「吾未見孝友不敢於父兄，而愛敬能達乎宗廟者也」，則盡乎事鬼神之義矣。 進而問死，欲知

處死之道也。 人有所當死，有所不當死，死非季路所難，莫難乎其知，處之當，然而死非可預期之事，故爲反其所自

生。 君子之窮理盡性，以至於命，歸於得正而斃，其不敢以父母之身行殆，不敢以匹夫之諒爲名者，皆惟其知。 敬吾

生，故重吾死也。否則生無以立命，死適爲大愚而已，則盡乎知死之義矣。子嘗言之矣。『務民之義』，即所以事人；『敬鬼神而遠之』，即所以事鬼也。夫孝者，善繼人之志，善述人之事。『事死如事生，事亡如事存』孝之至也，所謂『能事人』、『能事鬼』也。『人之生也直，罔之生也幸而免』，所以教知生；『志士仁人，無求生以害仁，有殺身以成仁』，所以教知死也。孟子曰：『知命者不立乎巖牆之下。盡其道而死者，正命也；桎梏死者，非正命也。』所謂知生、知死也。皇、邢本、唐、宋石經『敢問』上有『曰』字。○注『陳曰』至『不答』。○正義曰：世說簡傲篇注引馬融注曰：『死事難明，語之無益，故不答。』與此陳注同，當是彼文誤引。

13 閔子侍側，誾誾如也；子路，行行如也；冉有、子貢，侃侃如也。子樂。【注】鄭曰：『樂各盡其性。行行，剛彊之貌。』『若由也，不得其死然。』【注】孔曰：『不得以壽終。』 正義曰：閔子少子路六歲，而先閔子者，閻氏若璩釋地三續謂以德序是也。皇本「閔子」下有「騫」字。「冉有」唐石經作「冉子」。說文「侃」下引「子路侃侃如也」，疑作「子貢」，或許氏誤記。宋氏翔鳳過庭錄：「說文解字：『侃，剛直也。從伣。伣，古文信。從川，取其不舍晝夜。論語曰：子路侃侃如也。』此引作『侃侃』是正字。鄉黨篇之『侃侃』，及此下文『冉有、子貢侃侃如也』，並當爲『衍衍』，假借作『侃侃』，故並訓爲和樂也。鄭注論語『行行，剛彊之貌』，與許君解『侃』爲剛直義同。『行行』疑涉下文『衍衍』而誤。蓋古文論語『冉有、子貢侃侃如也』，本作『衍衍』。」案：宋說亦通。「若由也不得其死然」，皇本「若」上有「曰」字。孫奕示兒編：「『子樂』必當作『子曰』，聲之誤也。」「子樂」必當作『子曰，侃侃如也』，始以聲相近，而轉曰爲悦。又以義相近，而轉悦爲樂。知由也不得其

死，則何樂之有？」阮氏元校勘記：「文選幽通賦及座右銘兩注並引『子路行行如也。子曰：「若由也，不得其死然。」與孫

説合。」案：淮南子精神訓注亦引作「孔子曰」，有無「曰」字皆可通。惟「樂」字，鄭注已釋之，斷非「曰」字之誤。夫子是樂

四賢才德足用，不必專言子路。「若」者，逆料之辭，不能遽決也。○注「樂各盡其性」。行行，剛彊之貌。○正義曰：凡人

賦性，剛柔不齊，惟各盡其性，斯有所成立，可同歸於善也。朱子集注云：「樂得英才而教育之。」又一義，亦通。「行行」訓

剛彊，此會意。　釋名釋姿容：「兩脚進曰行行，抗足而前也。」漢孫根碑「行行義勇。」○注「不得以善終」。○正義曰：皇疏

云：「後果死衞難也。」　袁氏曰：「道直時邪，自然速禍也。」

14
魯人爲長府，閔子騫曰：「仍舊貫，如之何？何必改作？」【注】鄭曰：「長府，藏名也，藏財貨曰

府。仍，因也。貫，事也。因舊事則可也，何乃復更改作？」子曰：「夫人不言，言必有中。」【注】王曰：「言必有中

者，善其不欲勞民改作。　正義曰：閻氏若璩釋地：「左傳昭二十五年『公居於長府。』杜注：『長府，官府名。』九月戊

戌，伐季氏，遂入其門。』長府，今不知所在，意其與季氏家實近，公居焉，出不意而攻之。　論語鄭注：『藏財貨曰府。』又意

公微弱，將攻權臣，必先壞藏貨財之府，庶可結士心。」翟氏灝考異：「長府，蓋魯君別館，稍有蓄積，可備騷警之所。季氏

惡公恃此伐己，故於已事後率魯人卑其閈閎，俾後之君失所憑恃，其心尚可問乎？閔子能爲微辭諷之，則與聖人彊公弱

私之心深有契矣。」凌氏鳴喈解義：「疇昔昭公嘗居是伐季氏矣。定、哀之間，三家因欲改爲之，將以弱所恃也。稱『魯

人』，衆也，是時三家皆欲之。」包氏愼言溫故錄：「案長府，宮館之屬，非藏名也。漢書元帝紀『詔曰：「惟德薄，不足以充

入舊貫之居。其令諸宮館希幸御者勿繕治。」注：「應劭曰：「舊貫者，常居也。」」此足爲證昭公欲伐季氏，而先居長府，必

其地爲君常所臨幸，故人不以爲疑。魯人爲長府，蓋欲擴其舊居以壯觀瞻。魯君失民數世矣，隱民皆取食於季氏，復爲

長府以重勢之，是爲淵驅魚也。後漢書郎顗傳顗上書曰：「夏禹卑室，盡力致美。」又魯人爲長府，閔

子騫曰：「仍舊貫，何必改作？」臣以爲諸所繕修，事可減省。』郎顗引經亦以長府爲宮館，義與元帝詔共合符契，不可易

也。」案：諸說略有異同，惟閻氏得之，而義亦未盡，蓋府自是藏名。周官玉府職云：「掌王之金玉玩好兵器。凡王之獻金

玉、兵器、文織良貨賄之物，受而藏之。」内府職云：「掌受九貢、九賦、九功之貨賄、良兵、良器[一]以待邦之大用。凡四方

之幣獻之金玉齒革兵器，凡良貨賄入焉。」[二]又外府云：「掌邦布及王后世子祭服。」是兵器藏内府，不藏外府。然則玉府

掌兵器，亦當在内。魯之長府，自是在内，而爲兵器貨賄所藏。魯君左右多爲季氏耳目，公欲伐季氏而不敢發，故居於長

府，欲藉其用，以伐季氏，且以使之不疑耳。昭公伐季氏，在廿五年，孔子時正居魯，則知魯人爲長府，正是昭公居之，因

其毀壞，而欲有所改作，以爲不虞之備。但季氏得民已久，非可以力相制，故子家羈力阻其謀。宋樂祁知魯君必不能退

而閔子亦言「仍舊貫」，言但仍舊事，略加繕治，何必改作？以諷使公無妄動也。論語書之曰「魯人」，明爲公諱，且非公意

也。當時伐季之謀，路人皆知，閔子所言，正指其事。然其辭微而婉，故夫子稱其「言必有中」也。若如翟說，魯人指季平

子，凌說魯人指三家，在定、哀時爲長府者，欲改爲之，以奪魯君之所恃。夫昭公居長府，以伐季氏，其事已無成。定、哀

卽欲伐季氏，亦斷無仍居長府，蹈此覆轍，而煩三家之重慮之也。且既患公復居長府，何不毀壞之，而反從而修治也耶？

〔一〕〔二〕「賄」原誤作「財」，據周禮改。

如包説，長府是別宮，非藏名，則昭公居長府以伐季氏，將何所取意耶？諸説於情事多未能合。若閻氏以長府去季氏家近，亦非是。長府自在公宮内也。

也。凡財賄兵器文書皆藏之府。許祇言「文書」者，舉一以例之也。○正義曰：説文「府，文書藏也。」廣雅釋宮「府，舍也。」府，外府，又大府，泉府，皆稱府也。「仍因」、「貫事」並爾雅釋詁文。王氏念孫説「貫訓行」，亦通，見前「一貫」章疏。臧氏庸鄭注輯本釋云：「魯讀仁字爲句，言仁在舊貫，改作是不仁也。義雖通而稍迂。古作仍字，義益明，故鄭從之。仍仁音相近也。」

注又云：「魯讀仍爲仁，今從古。」惠氏棟九經古義：「楊雄將作大匠箴云『或作長府，而閔子不仁』，用魯論也。」鄭云「藏財貨」者，凡居財貨曰府。故周官玉府、内府，鄭云「藏財貨」者，凡居財貨曰府。故周官玉府、内府，

15 子曰：「由之瑟奚爲於丘之門？」【注】馬曰：「子路鼓瑟，不合雅頌。」門人不敬子路。子曰：「由也升堂矣，未入於室也。」【注】馬曰：「升我堂矣，未入於室耳。門人不解，謂孔子言爲賤子路，故復解之。」 正義曰：白虎通禮樂篇：「瑟者，嗇也，閑也，所以懲忿窒欲，正人之德也。」郭璞注爾雅云：「長八尺一寸，廣一尺八寸，二十七弦。」邵氏晉涵正義引禮圖雅瑟廣長與郭注同，惟二十三弦，與郭異。頌瑟長七尺二寸，廣一尺八寸，二十五弦。又言「瑟長五尺五寸」，皆是依仿古制，不能畫一。皇本作「由之鼓瑟」，似因注誤衍。「升堂入室」，喩學道有淺深。聘禮疏云：「後楣以南曰堂，堂凡四架，前楣與棟之間爲南北堂之中」，則後楣北爲室與房矣。凡入室必由堂，至入室則已觀止，故夫子言善人之道，亦以入室爲喩也。 説苑修文篇：「子路鼓瑟，有北鄙之聲。孔子聞之曰：『信矣！由之不才也。』再

有侍，孔子曰：『求！爾奚不謂由：「夫先王之制音也，奏中聲爲中節。流入於南，不歸於北。南者生育之鄉，北者殺伐之域。故君子執中以爲本，務生以爲基。故其音温和而居中，以象生育之氣。憂哀悲痛之感，不加乎心；暴厲淫荒之動，不在平體。夫然者，乃治存之風，安樂之爲也。彼小人則不然，執末以論本，務剛以爲基。故其音湫厲而微末，以象殺伐之氣。和節中正之感，不加乎心，温儼莊恭之動，不存乎體。夫殺者，乃亂亡之風，奔北之爲也。昔舜造南風之聲，其興也勃焉，至今王公述而不釋。紂爲北鄙之聲，其廢也忽焉，至今王公以爲笑。彼舜以匹夫，積正合仁，履中行善，而卒以興。紂以天子，好慢淫荒，剛厲暴賊，而卒以滅。」今由也匹夫之徒，布衣之醜也。既無意乎先王之制，而又有亡國之聲，豈能保七尺之身哉？』冉有以告子路，子路曰：『由之罪也，小人不能耳，陷而入於斯，宜矣，夫子之言也。』○注：「子路鼓瑟，不合雅頌。」○正義曰：雅頌以音

焉。孔子曰：『由知改過矣。』〔一〕此相傳子路鼓瑟，夫子責之之事。○注：「子路鼓瑟，不合雅頌也。」○正義曰：

言。史記孔子世家：「詩三百五篇，孔子皆弦歌之，以求合韶武、雅頌之音。」又樂書云：「樂之雅頌，猶詩之威儀。威儀以

養身，雅頌以養心。聲應相保，細大不踰，使人聽之，而志意得廣，心氣和平者，皆雅頌也。」

16　子貢問：「師與商也孰賢？」子曰：「師也過，商也不及。」【注】孔曰：「言俱不得中。」曰：「然則師愈與？」子曰：「過猶不及。」【注】愈，猶勝也。　正義曰：皇本「問」下有「曰」字，「賢」下有「乎」字，「過猶不及」下有「也」字。○注：「言俱不得中。」○正義曰：仲尼燕居云：「子曰：『師！爾過而商也不及。』子貢越席而對曰：『敢問

〔一〕「知」原誤作「之」，據說苑改。

將何以爲此中者也?」子曰:「禮乎禮,夫禮所以制中也。」鄭注:「過與不及,言敏鈍不同,俱違禮也。」案:敏鈍以氣質言。

觀子張與子夏除喪而見孔子,子張彈琴成聲,曰「不敢不及」,子夏彈琴不成聲,曰「不敢過也」,可見。中庸云:「道之不明

也,我知之矣,知者過之,愚者不及也。道之不行也,我知之矣,賢者過之,不肖者不及也。」其下即引顏子之「擇中庸」,舜

之「執其兩端,用其中於民」明過與不及皆有所失,故惟以禮制之中也。

17 季氏富於周公,而求也爲之聚斂,而附益之。【注】孔曰:「周公,天子之宰,卿士。冉求爲季氏宰,爲之急賦稅。」子曰:「非吾徒也,小子鳴鼓而攻之,可也。」【注】鄭曰:「小子,門人也。鳴鼓,聲其罪以責之。」

正義曰:「季氏富於周公」者,周公封魯,取民之制,不過什一。自後宣公稅畝,已爲什而取二。季氏四分公室,己取其二,量校所入,踰於周公賦稅之數,故曰「季氏富於周公」。公羊定八年「或曰:弒千乘之主,而不克舍此,可乎?」何休注:「時季氏邑宰至于千乘。」此可知季氏之富也。「聚斂」者,說文:「聚,會也。」「斂,收也。」爾雅釋詁:「斂,聚也。」二字訓義並同。大學引孟獻子曰:「與其有聚斂之臣,寧有盜臣。」其下言「長國家而務財用,必自小人」,小人即指聚斂之臣言。胡氏紹勳拾義解「聚」字爲「冣」,謂「急於斂取」,亦備一解。「附益」者,說文:「坿,益也。」「附」與「坿」同。漢書武帝紀[一]「武有衡山、淮南之謀,設附益之法」,亦謂徵斂之厚。鄭注此云:「求,冉有名也。季氏富矣,而求聚民財以增之。」孔子曰:「求,非我徒也,小子鳴鼓而攻之。」增即附益之義。孟子離婁篇孟子曰:「求也爲季氏宰,無能改於其德,而賦粟倍他日。」

〔一〕「武帝紀」原誤作「哀帝紀」,據漢書改。

而攻之可也。」趙岐注「季氏，魯卿季康子。」案：左哀十一年傳「季氏欲以田賦，使冉有訪諸仲尼。曰：『丘不識也。』」三

發，卒曰：『子爲國老，待子而行，若之何子之不言？』仲尼不對，而私於冉有曰：『君子之行也，度於禮，施取其厚，事舉

其中，斂從其薄。如是，則以丘亦足矣。若不度於禮，而貪冒無厭，則雖以田賦，將又不足。且子季孫若欲行而法，則周

公之典在。若欲苟而行，又何訪焉？』弗聽。十二年春王正月，用田賦。」魯語載此事：「仲尼私於冉有曰『汝不聞乎？先

王制土，藉田以力而砥其遠邇，賦里以入而量其有無，任力以夫而議其老幼。於是乎有鰥寡孤疾，有軍旅之出則徵之，無

則已。其歲，收田一井，出稯禾，秉芻，缶米，不是過也。先王以爲足。若子季孫欲其法也，則有周公之籍矣。苟欲犯法，

則苟而賦，又何訪焉？」何休公羊注解「用田賦」云「田謂一井之田。賦者，斂取其財物也。言用田賦者，若今漢家斂民

錢以田爲率矣。」何解「賦」爲財物，而孟子以爲「賦粟倍他日」，粟即財物也。倍他日者，倍乎稅畝之制也。倍之爲言大略

之辭。賈逵、杜預解左傳，以賦爲軍制，誤矣。用田賦，自是季氏之謀，特冉子不能救止其事，故夫子深責之。見凡爲人

臣，當以道事君，不可則止，亦冀季孫聞善言能改悟也。「鳴鼓」，謂擊鼓使鳴也。皇本「而附益之」「之」作「也」，「鳴鼓」

下無「而」字。○注：「周公，天子之宰，卿士。」○正義曰：周公封魯，元子嗣之，其次子世守采地，官於王朝爲卿士，春秋時

所稱周公、召公是也。此注知不然者，春秋內、外傳皆舉周公典籍，是夫子欲以周公所制賦法正季氏之失，故此文卽言

「富於周公」以譏之也。若泛指天子之宰，便爲迂遠，且與內、外傳所言周公不合。○注：「鳴鼓，聲其罪以責之。」○正義

曰：左莊二十九年傳：「凡師有鐘鼓曰伐。」晉語：「伐備鐘鼓，聲其罪也。」昭十七年傳：「日有食之，天子伐鼓于社，諸侯伐

鼓于朝。」杜注謂「天子責羣陰，諸侯自責」，是凡責讓多用鼓也。說文「攻，擊也。」此訓責者，引申之義。宋氏翔鳳發微

云：「春秋繁露曰：『大旱者，陽滅陰也。

滅陽也。陰滅陽者，卑勝尊也。日食亦然，皆下犯上，以賤傷貴，逆節也。故鳴鼓而攻之，朱絲而脅之，為其不義也。此

亦春秋之不畏強禦也。』按董生之言，知魯有季氏，世卿專政，祿去公室，攘奪克剝，而有用田賦之事。是亦卑勝尊，賤傷

貴，不義之至者，與季氏不能聽，冉有不能救，厥罪惟均，故鳴鼓而攻。若深疾冉有，實正季氏之惡」

18　柴也愚，【注】弟子高柴，字子羔。愚，「愚直」之愚。由也喭。【注】鄭曰：「子路之行，失於畔喭。」參也魯，【注】孔曰：「魯，鈍也。曾子性遲鈍。」師也

辟，【注】馬曰：「子張才過人，失在邪辟文過。」○師也辟，朱子集注：「辟，便辟也。謂習於容止，少誠實也。」案：便辟猶盤辟。武氏億

羣經義證：「案墨子『再拜便僻』，是便僻與再拜連文，即漢書何武傳『見所舉者，紮辟雅拜。』服虔曰：『行禮容拜也。』儒林

傳注：『蘇林曰：「張氏不知經，但能盤辟為禮容。」』皆可證。竊謂愚、魯近狷，辟、喭近狂，〔一〕故夫子願與之

大戴禮五帝德云：「孔子曰：『吾欲以容貌取人，於師也改之。』」案：荀子非十二子云「禹行而舜趨，子張氏之賤儒也。」

進於禮樂也。其後四子德成學立，故子貢答衞將軍文子，咸稱其美行矣。皇本「辟」作「僻」，此依馬注誤改。「喭」，書無

逸疏引作「唁」。阮氏元校勘記：「說文有唁無喭，喭乃唁之俗字。」○注「弟子」至「之愚」。○正義曰：弟子列傳「高柴字子

羔，少孔子三十歲。」子羔長不盈五尺，受業孔子，孔子以為愚。」集解引鄭玄曰「衞人」。子羔亦稱季羔，見左傳。檀弓作

〔一〕「辟」原誤作「師」，據經文及文義改。

「子羔」。「羔」與「羊」同。 家語作「子高，齊人，少孔子四十歲」。高既爲氏，不當又爲字。「三十」、「四十」，積畫相亂。「衛」、

「齊」二說亦異，當以鄭氏爲是。「愚直」，謂如古之愚者直也。○注：「魯，鈍也。」○正義曰：説文云「魯，鈍詞也。論語

曰『參也魯。』」段氏玉裁注「左傳『魯人以爲敏』，謂鈍人也。釋名曰：『魯，魯鈍也。』國多山水，民性樸鈍。按『椎魯』、

『鹵莽』皆即此。」○注：「子張才過人，失在邪僻文過。」○正義曰：注以「僻」釋「辟」，非是。 説文作「僻」，但邪僻文過，乃小

人怙惡之行，不可以儗子張。○注：「子路之行，失於畔喭。」「叛喭不恭。」「叛喭」與「畔喭」同。○正義曰：釋文云「畔喭」，皇本釋文所見本並作「呔喭」。書無

逸云：「乃逸乃諺。」僞孔傳：「叛諺不恭。」焦氏循論語補疏：「大雅皇矣『無然畔援』，箋云：『畔援，跋

扈也。」韓詩云：「武强也。」漢書敍傳注作「無然畔換」。文選魏都賦云：「雲撤叛換。」劉淵林注：「叛換，猶恣睢也。」換、援、

諺，聲近相通。」子曰：「回也其庶乎，屢空。賜不受命，而貨殖焉，億則屢中。」【注】言回庶幾聖道，雖

數空匱而樂在其中。 賜不受教命，唯財貨是殖，億度是非，蓋美回所以勵賜也。一曰屢猶每也，空猶虛中也。以聖人之

善，道教數子之庶幾，猶不至於知道者，各内有此害。 其於庶幾每能虛中者，唯回懷道深遠。不虛心不能知道，子貢雖無

數子之病，然亦不知道者，雖非天命而偶富，亦所以不虛心也。 正義曰：蘇氏秉國四書求是云：「其

庶乎，未明指其所庶若何，以下文『不受命』對觀之，蓋即指受命而言。」案：蘇說是也。命謂祿命也。古者四民，各習其

業，未有兼爲之者，凡其所業，以爲命所受如此也。子貢學於夫子，而又貨殖，非不受命而何？俞氏樾平議：「古者商賈皆

官主之。 故呂氏春秋上農篇曰：『凡民自七尺以上，屬諸三官，農攻粟，工攻器，賈攻貨。』以周禮考之，質劑掌於官，

純制掌於官，貨賄之璽節掌於官。 下至春秋之世，晉則絳之富商韋藩木楗以過於朝，鄭則商人之一環，必以告君大夫，蓋

猶皆受命於官也。若夫不受命於官，而自以其財市賤鬻貴，逐什一之利，是謂『不受命而貨殖』。管子乘馬篇曰「賈知賈之

貴賤，日至於市，而不爲官賈。』此其濫觴與？蓋不屬於官，即不得列於太宰之九職，故不曰『商賈』，而曰『貨殖』。子貢以

聖門高弟，亦復爲之，陶朱、白圭之徒，由此起也。

案：俞說亦近理。若然，則「其庶乎」仍謂庶幾聖道也。太史公以貨殖立傳，而首列子貢，有開必先，在子貢固不得而辭也。

殖，謂居貨財以生殖也。億，度也。皇本「億」作「意」。漢書貨殖傳、漢陳度碑引並作「意」字異義同。韋昭解「殖，長也。」子貢貨

於仲尼，退而仕衞，發貯鬻財曹、魯之閒，七十子之徒，最爲饒。而顏淵簞食瓢飲，在于陋巷。子贛結駟連騎，束帛之幣，

聘享諸侯，所至國君無不分庭與之抗禮。然孔子賢顏淵而譏子贛曰：『回也，其庶乎，屢空。賜不受命，而貨殖焉，意則屢

中。』班傳全引此文，而以「賜不受命」二句爲孔子所譏，是「意則屢中」即承上「貨殖」言。論衡知實篇：「賜不受命，而貨

殖焉，億則屢中」，罪子貢善居積，意貴賤之期，數得其時，故貨殖多，富比陶朱。又云「子貢善意，以得貨利。」蓋論衡以

「意貴賤之期」解「億」字，「數得其時」解「數」；「數」解「屢」字，「得其時」解「中」字，此漢人解誼之最顯然可據者。皇疏引殷仲堪

曰：『不受矯君命。』江熙曰：『賜不受濁世之榮。』以「不受命」爲辭祿，與貨殖傳子貢仕衞不合，非也。○注「言回」至「心

也」。○正義曰：爾雅釋言「庶幾，尚也。」又云「庶，幸也。」易繫辭傳「顏氏之子，其殆庶幾乎？」謂庶幾於道也。詩節南

山「不宜空我師」，毛傳「空，窮也。」引申之，凡貧窮無財者，亦謂之空。史記伯夷列傳「然回也屢空，糟糠不厭。」鹽鐵論

地廣云「夫賤不周知，貧不妨行。顏淵屢空，不爲不賢，孔子不容，不爲不聖。」後漢賈逵傳「帝謂馬防曰：『賈逵母病，

此子無人事於外，屢空，將從孤竹之子於首陽矣。』是漢人解『屢空』皆爲空匱，注前說是也。「財貨」者，說文「貨，財

也。」「億度是非」者，謂於事理之是非能先億度之也。皇疏云：「故左傳『邾隱公朝魯，執玉高，其容仰』；魯定公受玉卑，其

容俯。」子貢曰：「以禮觀之，二君皆有死亡。君爲主，其先亡乎』？是歲，定公卒。仲尼曰：『賜不幸言而中，是使賜多言者

也。』」此憶中之類也。」案：漢書匡衡等傳贊「漢興，推陰陽之災異者，假經設誼，依託象類，或不免乎『億則屢中』。」此明

謂億度事理，注說亦非無本。

19　子張問善人之道。子曰：「不踐迹，亦不入於室。」【注】孔曰：「踐，循也。言善人不但循追舊迹

而已，亦少能創業，亦不入於聖人之奧室。」　正義曰：孔氏廣森經學巵言：「問善人之道，則非問何如而可以爲善人，乃

問善人當何道以自處也。故子告以善人所行之道，當效前言往行，以成其德，譬諸入室，必踐陳涂堂戶之跡，而後循循然

至也。」案：孔說是也。「踐迹」者，謂學禮樂之事也。善人質美未學，故必進於禮樂，乃可入室。漢書刑法志：「孔子曰：

『如有王者，必世而後仁。善人爲國百年，可以勝殘去殺矣』言聖王承衰撥亂而起，被民以德教，變而化之，必世然後

道成焉。至於善人，不入於室，然猶『百年勝殘去殺』。據志此言，以善人指諸侯言。上篇言「聖人」、「善人吾不得見之」，彼

言「善人」，義亦同也。王者以德教化民，制禮作樂，功致太平。若善人爲邦百年，仍不能與禮樂之事，故僅可勝殘去殺，

若仁道猶未能成，所謂「不入於室」也。漢志所云，於義亦通。釋文：「迹，本亦作跡。」說文：「迹，步處也。蹟，或從足責。

速，籀文迹，从束。」

子曰：「論篤是與？君子者乎？色莊者乎？」【注】【論篤】

者，謂口無擇言。「君子」者，謂身無鄙行。「色莊」者，不惡而嚴，以遠小人。言此三者，皆可以爲善人。　正義曰：邢

疏云：「此亦善人之道也。故同爲一章，當是異時之語，故別言『子曰』也。」案：夫子言「善人不得見之」，及此言及「善人」，舉所見論篤、君子、色莊三者以當之。蓋此三者，皆可謂之善人。然容有似是而非者與乎其間，故但爲疑辭。或言「與」，或言「乎」者，文法之變。○注「論篤」至「善人」。○正義曰：「口無擇言」「身無擇行」，約孝經文。「擇」與「斁」同，敗也。彼作「擇行」，謂無敗行。

20 子路問：「聞斯行諸？」【注】包曰：「賑窮救乏之事。」子曰：「有父兄在，如之何其聞斯行之？」【注】孔曰：「當白父兄，不得自專。」冉有問：「聞斯行諸？」子曰：「聞斯行之。」公西華曰：「由也問『聞斯行諸』，子曰『有父兄在』，求也問『聞斯行諸』，子曰『聞斯行之』。赤也惑，敢問。」【注】孔曰：「惑其問同而答異。」子曰：「求也退，故進之；由也兼人，故退之。」【注】鄭曰：「言冉有性謙退，子路務在勝尚人，各因其人之失而正之。」

正義曰：觀公西華之問，冉有亦當有父兄在，而夫子答之與答子路異，此赤所以惑也。夫聞義卽當力行，君子善則歸親，苟有所爲而合於義，稱父母或兄之命焉可也。若必待稟命，而或因急遽而未合於義，不得行，是亦奚得爲義？但子路有聞卽行，其中有宜稟命父兄而迫不能待，不特失承順之道，並其所行或因急遽而阻，爲之不勇耳，夫子所以抑之也。至冉有固自言說子之道，而以「力不足」自諉者，不患其不稟命，但慮其逡巡退縮，而不合於義，此夫子所以進之？二子之問，非在一時，而公西華之窺聖人，有以得其異同，亦可謂善學者矣。「如之何其聞斯行之？」皇本「行之」下有「也」字。○注「賑窮救乏之事。」○正義曰：義事多端，注必指賑窮救乏者，舉所重言之。錢氏大昕潛研堂文集「曲禮

『父母在，不許友以死，不有私財。』檀弓：『未仕者不敢稅人，如稅人，則以父兄之命。』注云：『不專家財也。』白虎通云：『朋友之道，親存不得行者二：不得許友以其身，不得專通財之恩。友饑，則白之於父兄，父兄許之，乃稱父兄與之，不聽卽止。故論語曰：「有父兄在，如之何其聞斯行之也？」』包咸之說，蓋出於此。吳志全琮以父命『齎米數千斛，到吳市易』，琮悉以賑贍大夫『空船而還』。裴松之引論語『有父兄在』之文，謂『琮輒散父財，誠非子道』，亦用『包說』。○注『言冉』至『正義』。○正義曰：『謙退』者，『謙』與『慊』同，不足也。冉有，子路，各有所失，夫子教之，亦因其所失正之，不能同也。學記云：『學者有四失，教者必知之：人之學也，或失則多，或失則寡，或失則易，或失則止。此四者，心之莫同也。知其心，然後能救其失也。教也者，長善而救其失者也。』

21 子畏於匡，顏淵後。【注】孔曰：『言與孔子相失，故在後也。』子曰：『吾以女爲死矣。』曰：『子在，回何敢死？』【注】包曰：『言夫子在，己無所敢死也。』　正義曰：曲禮云：『父母在，不許友以死。』顏子事夫子猶父，故云『子在，回何敢死』？呂氏春秋勸學篇：『曾子曰：「君子行於道路，其有父者可知也，其有師者可知也。」曾點使曾參，過期而不至。人皆見曾點曰：「無乃畏耶？」曾點曰：「彼雖畏，我存，夫安敢畏？」孔子畏於匡，顏淵後。孔子曰：「吾以汝爲死矣。」顏淵曰：「子在，回何敢死？」顏回之於孔子也，猶曾參之於父也。』此周、秦人解誼之最古者。蓋顏子隨夫子行，忽遇匡人之難，相失在後，夫子必心爲望之，望之而不至，則疑其爲匡人所殺。雖在顏子必不輕身赴鬭，如子路之慍怒奮戟，然亂離之時，或不幸而死於非命，此亦人事所恒有。及後顏子來見，夫子喜出望外，故直道心之所疑，初不料

顔子之未死也。至顔子之對夫子曰「子在，囘何敢死？」夫夫子遇難而曰「子在」，何也？蓋以夫子狀類陽
虎而誤圍之，非真欲殺夫子。此直俟其細詢踪跡，審其動靜，自足知之。書傳言「夫子弦歌不輟，曲三終」，而匡人解甲，忠
信篤敬，蠻貊可行。此豈陽虎之所能爲者？蓋不待夫子自辨，而聖德光箸，匡人已知決非陽虎矣。夫子之不輕於一死，忠
顔子蓋真知之，故曰「子在」。而因子在不敢就死，自必潜身遠害，或從他道迂行，此其所以相失在後也。惟知子在，故顔
子獨後，;惟顔子獨後，而夫子又疑爲死。聖賢往迹及其心事，可按文而得之。他説以「死」爲「先」字之誤，或以「子在」爲
「在圍中」，「死」爲「赴鬭」，皆不合。

22 季子然問：「仲由、冉求可謂大臣與？」【注】孔曰：「子然，季氏子弟。自多得臣此二子，故問之。」子
曰：「吾以子爲異之問，曾由與求之問。【注】孔曰：「謂子問異事耳。則二人之問，安足大乎？」所謂大
臣者，以道事君，不可則止。今由與求也，可謂具臣矣。」【注】孔曰：「言備臣數而已。」曰：「然則從
之者與？」子曰：「弑父與君，亦不從也。」【注】孔曰：「問爲臣皆當從所欲。言二子雖從其主，亦不與爲大逆。」
正義曰：釋文云：「思，古文臣字，本今作臣。」此古文出六朝時所製。「大臣」者，謂公卿大夫爲諸侯佐者也。「異」者，謂
異人也。若顔淵、仲弓之類。「曾由與求之問」「曾」猶乃也。見王氏引之經傳釋詞。「以道事君，不可則止」者，謂事君當
以正道。若君所行有過失，卽以道諫正之。「止」謂去位不仕也。曲禮云：「爲人臣之禮，不顯諫，三諫而不聽，則逃之。」白虎
通諫諍篇：「諸侯之臣，諍不從得去何？以屈尊伸卑，孤惡君也。」並言大臣事君之法。劉敞春秋意林：「具臣者，其位下，

其責薄，小從可也，大從罪也。大臣者，其任重，其責厚，小從罪也，大從惡也。」包氏慎言溫故錄云：「韓詩外傳云：『大夫有

靜臣三人，雖無道不失其家。』依此則二子事季，亦能匡正以道，故季子然以大臣許之，而夫子斥之者，以其不能以去就爭

曰：有謂謂靜臣者，其國昌。』」季氏爲無道，僭天子，舞八佾，旅泰山，以雍徹，然而不亡者，以有冉求、季路爲宰臣也。故

也。〈公羊莊二十四年『曹羈』下傳云：「三諫不從，遂去之』君子以爲得君臣之義也。」注云：『孔子曰：『所謂大臣者，以道事

君，不可則止。』此之謂也。不從得去者，仕爲行道，道不行，義不可素餐，所以申賢者之志，孤惡君也。」夫二子非黨惡之

臣，然不能直伸己志，折奸人僭竊之萌，故曰「具臣」。張栻論語解：「或曰：『弑父與君亦不從』，何必由、求而能之？曾不知

順從之臣，其始也，惟利害之是狥而已，馴至蹉跌，以至於從人弑君者多矣。如荀彧、劉穆之之徒，其始

從曹操、劉裕之時，亦豈遂欲弑父與君哉？惟其漸浸順長而勢卒至此耳。」案：夫子此言，明二子尚能守正，亦所以警季

氏，使無自陷大逆也。○注「子然，季氏子弟」。○正義曰：宋氏翔鳳發微云：『子然公順，

多略。』知季子然亦弟子之一。」戴氏望論語注：「疑子然即季襄。」○注「謂子」至「大平」。○正義曰：注以「異」爲異事，

「曾」爲則，並不合。○注「言備臣數而已」。○正義曰：說文云：「具，共置也。」廣雅釋詁：「具，備也。」大夫家臣，當有員

數，此二子仕季，亦但備數任職事，不能如大臣能匡正人主也。

23

子路使子羔爲費宰。子曰：「賊夫人之子。」【注】包曰：「子羔學未熟習，而使爲政，所以爲賊害。」

子路曰：「有民人焉，有社稷焉，何必讀書，然後爲學？」【注】孔曰：「言治民事神，於是而習之，亦學也。」

〈漢書翟方進傳：「爲具臣以全身。」〉

子曰：『是故惡夫佞者。』【注】孔曰：『疾其以口給應，遂己非而不窮。』　正義曰：史記弟子傳作「使子羔為費

宰」。論衡藝增篇亦作「郈宰」。戴氏望說：「史記『費』字，後人所增。張守節正義引括地志，釋『郈』在鄆城宿縣，未言費

所在，知所見本無『費』字。漢地理志東平國無鹽縣有郈鄉，今山東東平州東境也。子路以墮郈後，不可無良宰，故欲任

子羔治之。」案：戴說頗近理，然論語集解亦不釋郈，則包、周、馬、鄭諸家所據本皆作費，豈當時已文誤，莫之能正耶？所

當闕疑，各就文解之也。「有民人」者，民謂庶人在官，人謂羣有司，皆所以佐宰治事也。「有社稷」者，祭法云：「大夫以

下，成羣立社，曰置社。」鄭注：「大夫不得特立社，與民族居，百家以上則共立一社，今時里社是也。」「稷」者，穀神。白虎

通社稷篇：「人非土不立，非穀不食。土地廣博，不可徧敬也。五穀衆多，不可一一而祭也。故封土立社，示有土也。稷，

五穀之長，故立稷而祭之也。」稷者得陰陽中和之氣，而用尤多，故為長也。歲再祭之何？春求秋報之義也。」夏氏炘學禮

管釋：「社稷，皆祀土神也。土爰稼穡，社與稷不能分而為二，言稷必兼言社，言社不必言稷。鄭氏所謂稷

者，社之細是也。社稷共祀於一壇，並無稷壇。自王莽官社之外復增官稷，光武州治之社無稷，

而後世遂社稷分壇，失古義矣。」案：天子諸侯，行禮於社甚多。白虎通祇舉求報言者，以社稷皆土神，求報是其正祭，不

煩廣說他事也。大夫祭社稷，亦是春求秋報，凡舉民事時皆同矣。「讀書」者，說文云：「讀，誦書也。」「書」者，詩、書、禮、

樂之統名也。於時世卿持祿，不由學進，故子路言仕宦亦不以讀書為重也。韓詩外傳：「哀公問於子夏曰：『必學然後可以

安國保民乎？』子夏曰：『不學而能安國保民者，未之有也。』」即夫子此言之旨。左氏傳：「子皮欲使尹何為邑。子產曰：

『未知可否？』子皮曰：『願，吾愛之，不吾叛也。使夫往而學焉，夫亦愈知治矣。』子產曰：『不可。人之愛人，求利之也。今

吾子愛人則以政，猶未能操刀而使割也。子之愛人，傷之而已，其誰敢求愛於子？僑聞學而後入政，未聞以政學者也。若果行此，必有所害。」與夫子此語意同。○注：「所以爲賊害。」○正義曰：說文云：「賊，敗也。」「敗」「害」義近。

○注「疾其」至「知窮」。○正義曰：上篇言佞事云：「禦人以口給。」給謂應之速，如供給者也。「遂」，猶成也。「窮」謂理窮也。

24 子路、曾晳、冉有、公西華【注】孔曰：「晳，曾參父，名點。」侍坐。子曰：「以吾一日長乎爾，毋吾以也。【注】孔曰：「言我問女，女無以我長，故難對。」居則曰：『不吾知也！』【注】孔曰：「女常居，云人不知己。」如或知爾，則何以哉？」【注】孔曰：「如有用女者，則何以爲治？」子路率爾而對曰：【注】率爾，先三人對。「千乘之國，攝乎大國之間，加之以師旅，因之以饑饉，【注】包曰：「攝，迫也。迫於大國之間。」由也爲之，比及三年，可使有勇，且知方也。」【注】方，義方。夫子哂之。【注】馬曰：「哂，笑。」

○正義曰：「侍坐」者，謂四子侍於夫子坐側也。上篇或言「侍」，或言「侍側」，此獨言「侍坐」，明四子亦坐也。子路少夫子九歲，冉有少夫子二十九歲，公西華少夫子四十二歲，惟曾晳年無考，其坐次在子路下，是視子路年稍後。夫子長於四子，不欲多引年，故謙言「一日」也。「毋吾以」者，「毋」與「無」同，皇本作「無」。「以」，用也。言此身既差長，已衰老，無人用我也。○釋文云：「吾以」，鄭本作「已」。鄭謂「毋以我長之故，已而不言」。夫子自言身老，若四子則年力未衰，宜爲世用，故就其平居所發論誘之盡言，以觀其才志何如耳。「率爾」，皇本作「卒爾」，注同。莊子人間世注：「率然附之。」

釋文：「率，本又作卒。」是「率」、「卒」二字通用。「加之以師旅」者，謂己國有征討及他國來侵伐者也。「加」者，益也。說文云：「二千五百人爲師，從帀從自。自四帀衆意也。」「軍之五百人爲旅，從放從从。」周官小司徒：「五人爲伍，五伍爲兩，四兩爲卒，五卒爲旅，五旅爲師，五師爲軍。以起軍旅，以作田役，以比追胥，以令貢賦。」鄭注：「伍、兩、卒、旅、師、軍，皆衆之名。兩，二十五人；卒，百人；旅，五百人；師，二千五百人；軍，萬二千五百人。此皆先王所因農事而定軍令者也。」「因之以饑饉」者，老子儉武篇云：「師之所處，荊棘生焉；大軍之後，必有凶年。」所謂因也。爾雅釋天云：「穀不熟爲饑，疏不熟爲饉。」郭注：「凡草菜可食者，通名爲蔬。」邵氏晉涵正義：「穀梁襄二十四年傳云：[一]『一穀不升謂之嗛，二穀不升謂之饑，三穀不升謂之饉，四穀不升謂之康，五穀不升謂之大饑，又謂之大侵。』此以穀入多寡分立差等，兼取荒饉爲名，其實五者皆爲饑也。墨子七患篇：『一穀不收謂之饉，二穀不收謂之饑。』墨子以五穀不收爲饑，合於雅訓矣。」案：穀不熟，疏不熟皆可名饉。爾雅及穀梁、墨子各具一義。釋文：「饑，鄭本作飢。」說文：「飢，餓也。」義稍別，今經傳通用。「由也爲之」者，爲，治也。「比及三年」者，比，近也。見廣雅釋詁。周官小司徒云：「乃頒比法於六鄉之大夫，[二] 使各登其鄉之衆寡、六畜、車輦，辨其物，以歲時入其數，以施政教，行徵令。及三年，則大比。大比則受邦國之比要，乃會萬民之卒伍而用之。」是三年乃大比之期。又書言「三載考績」三考凡九年，乃行黜陟。子路言甫及三年，初奏績之時已有成功。蓋子路長於治軍旅，故夫子亦言「千乘之國，可使治賦」也。○注「晳，曾參父，名點。」○正義曰：弟子列傳說文：「驪，雖晳而黑也。」從黑，箴聲。古人名驪字晳。弟子列傳『曾葴字晳，奚容箴字子晳』，又狄黑晳。」曾參父。

〔一〕「二」字原脫，據穀梁傳補。　〔二〕「鄉」原誤作「卿」，據周禮改。

字晳。』藏、籛皆藏之省。《論語》『曾晳名點』，則同音叚借字也。』○注『言我問女，女無以我長，故難對。』○正義曰：注意

『吾以』二字爲倒詞，於文未順，又難對之義，非經所有，並非是。○注『率爾，先三人對。』○正義曰『率』，輕速之意。

孟子梁惠王篇』卒然問曰』，卒、率義同。曲禮『侍於君子，不顧望而對，非禮也。』注云『禮尚謙也。不顧望，若子路率爾而對。』案：四子以子路爲年長，自當先對。但亦當顧望，不得急遽先三人也。又其言自負太甚，故夫子以爲不讓。○注…

『攝，迫也。』○正義曰：迫謂迫近也。《焦氏循補疏》『荀子禮論云『其立哭泣哀戚也』，不至於隘攝。』楊倞注『隘，窮也。攝

猶戚也。』此『戚』即『慼』字，窮慼與迫同。《楚辭哀時命》『衣攝葉以儲與兮』，王逸章句云『攝葉，不舒貌。』迫慼，故不舒。」

○注『方，義方。』○正義曰：《廣雅釋詁》『方，義也。』鄭注此云『方，禮法也。』禮法即是義。漢書禮樂志引此句解之云…

『教以禮誼之謂也』。與鄭注及此注同。司馬法云『古之教民，必立貴賤之倫。經使不相陵，德義不相踰，材技不相掩，勇力

不相犯，故力同而意和也。』是其義也。○注『哂，笑』○正義曰：曲禮『笑不至矧』，鄭注『齒本曰矧，大笑則見。』釋文…

『矧，本又作哂。』是『哂』與『矧』同。《說文》『弞，笑不壞顏曰弞』。從欠，引省聲。』說文無『哂』字，作『弞』

爲正，『矧』是叚藉。凡笑以至矧爲度，過此則壞顏，且失容，故曰『笑不壞顏』，非微笑之謂。曾晳亦以夫子有異常笑，故

問之爾。」「求！爾何如？」對曰：「方六七十，如五六十，【注】求性謙退，言欲得方六七十，如五六十里小國，

治之而已。 求也爲之，比及三年，可使足民。如其禮樂，以俟君子。」【注】孔曰：「求自云能足民而已。

謂之爾。 若禮樂之化，當以待君子，謙也。」 正義曰『爾何如』者，謂其志何如也。『方六七十，如五六十里』者，謂國之四竟，

以正方計之，有此數也。『如五六十里』者，王氏引之《經傳釋詞》云『如猶與也，及也。『方六七十，如五六十』、『宗廟之事，

如會同」，如字並與『與』同義。書堯典曰：『脩五禮、五玉、三帛、二生、一死贄，如五器。』儀禮鄉飲酒禮：『公如大夫入。』史記虞卿傳：『趙王問樓緩曰：「予秦地如毋予，孰吉？」』新序善謀篇『如』作『與』，是其證。『如』、『與』聲相近，故『如』訓爲『與』，『與』亦可訓爲『如』。」『足民』者，謂使民地財用足也。亦待三年者，漢書食貨志云：『三年耕，則餘一年之畜。衣食足而知榮辱，廉讓興而爭訟息，故三載考績。』然則足民亦須以三年計之也。皇本『民』下有『也』字。○注『求性』至『而已』。

○正義曰：冉求能治大國，而祇言小國，是其性謙退也。王制、孟子皆言『公侯方百里，伯七十里，子男五十里』。周官大司徒云『公五百里，侯四百里，伯三百里，子二百里，男百里』。與王制、孟子不同。蓋周官言封域，王制、孟子專就出稅之田言耳。春秋時，列國兼併，小國見侵削，不能如制，故有此六十里之國。

赤！爾何如？」對曰：「非曰能之，願學焉。宗廟之事，如會同，端章甫，願爲小相焉。【注】鄭曰：『我非自言能，願學爲之。宗廟之事，謂祭祀也。諸侯時見曰會，殷頫曰同。端，玄端也。衣玄端，冠章甫，諸侯日視朝之服。小相，謂相君之禮。』

正義曰：『宗廟之事』，鄭注指祭祀。胡氏紹勳拾義云：『宗廟之事，祭祀在其中，獨此經祀不得指祭祀，宜主朝聘而言。下言『如會同』者，會同不在廟而在壇，舉『宗廟』不言『朝聘』，舉『會同』不言『壇坫』，皆互文見義。如『不見宗廟之美，百官之富』，言『宗廟』可該禮器，『會同』可該朝廷也。』案：胡說是也。大夫士助祭，無用端服者，則宗廟爲朝聘可知。如『會同』者，如，猶與也。金氏鶚禮說：『案會同之禮，非必諸侯會同於天子也。左襄四年傳云：「文王，兩君相見之樂也。」杜注以『諸侯會同』解『兩君相見』。孔疏云：『朝而設享，是亦二君會同，故以會同言之。』是『會同』二字本義，原止二人相合。曲禮云：『諸侯相見于郤地曰會。』爾雅釋詁云：『會，合也。』又云：『會，對也。』說文云：『同，合會也。合，合口也。』』春秋所書『公會某

君于某」，皆兩君相見也。相見于卻地，可謂之會，則相見於宗廟之中，亦可謂之會矣。此會同之小者也。至於十餘君聚會，不于廟而于壇，則會同之大者也。左定四年經云：『公會劉子、晉侯、宋公、蔡侯、衞侯、陳子、鄭伯、許男、曹伯、莒子、邾子、頓子、胡子、滕子、薛伯、杞伯、小邾子、齊國夏于召陵。五月，公及諸侯盟于皋鼬。』傳云：『衞子行敬子言於靈公曰：會同難，嘖有煩言，莫之治也。』此十餘君聚會稱會同之證。十餘君聚會，所謂『嘖有煩言』者，必貴有言語之才以爲相，若兩君相見，則長於禮樂者可爲相也。公西華志於禮樂，則其所謂『會同』者，必指兩君相見言之。」又云：「兩君相見，自在宗廟之中。爲諸侯之事，故曰『宗廟會同』，非諸侯而何」？自注宗廟之事不一，而會同其一事也，故曰『宗廟之事，如會同』。如字乃指點詞，非更端詞。」案：金說是也。左僖八年傳云：「不赴於同」。春秋繁露竹林篇：「會同之事，大者主小。」又云：「齊頃公卽位九年，未嘗肯一與會同之事。」王道篇：「諸侯會同，賢爲主，賢賢也。」據此諸文，明列國會盟稱會同也。惟「如」字作指點詞，與王氏訓「與」者義異。愚以下文言『宗廟會同』，明宗廟有專指之事。則「如」訓爲「與」，王義自優，而宗廟之事，必如胡氏以爲朝聘，乃合經旨。

「端章甫」者，鄭君注爲「諸侯視朝之服」，然此是相者所服，於諸侯無涉。說文云：「褍，衣正幅。從衣，耑聲。」段氏玉裁注：「凡衣及裳，不邪殺之幅曰褍。」左傳「端委」。杜注：「禮衣端正無殺，故曰端。」今案：「褍」是正幅之名，故說文巾部「褍」下曰「正褍裂」。今經傳皆作「端」，自是同音段借。凡朝祭之服，皆用正幅，通得端名，故樂記言「魏文侯端冕而聽古樂」，是祭服名端也。左傳言「太伯端委以治周禮」，是朝服名端也。胡氏紹勳拾義：「古時布廣二尺二寸。端用正幅，衣形正方，自袞鷩至玄端服不同，而其爲端則同，何論朝服也？周禮司服：「士之服，自皮弁而下如大夫之服。其齊服，有玄端素端。」康成注云：『端者，取其正也。』士之衣袂，皆二尺二寸

而屬幅，是廣袤等也。其袪尺二寸，大夫已上侈之。侈之者，蓋半而益一。半而益一，則其袂三尺三寸，袪尺八寸。賈氏疏

云：「其袪尺二寸，據玉藻『深衣之袪尺二寸』而言也。」陳氏禮書云謂之端，則衣袂與袪廣袤等矣，無大夫士之辨也。果

士之袪殺於袂尺，非端也。大夫之袂，侈以半而益一，亦非端也。」夏氏炘學禮管釋又謂「男子五冕服、五衰服皆端，惟弔

服弁絰侈袂，婦人服侈袂」，亦以鄭氏爲誤。案大夫以上侈袂，鄭君此說，必非無據。侈袂謂侈於士之袂一尺一寸也。蓋

士之袂，以布一幅爲之。大夫以上之袂，加半幅布，故曰「半而益一」。然袂雖侈，仍用正幅，何妨得有端名？陳、夏二君

之疑，殊所未曉。釋名釋衣服云「玄端，其袖下正直端方，與要接也」。此亦舉玄端以例其餘耳。朝服是緇衣素裳，玄端

則玄衣，而裳無定色。緇、玄色近，加半幅布，玄是六人之黑，故禮或稱朝服爲玄端，而冠亦同用玄色，謂之玄冠。其

不同者，惟裳與韠諸飾。　士冠禮「玄端，玄裳、黃裳、雜裳可也，緇帶爵韠」。注云「玄端，即朝服之衣，易其裳耳。上士玄

裳，中士黃裳，下士雜裳，前玄後黃」。胡氏培翬正義「玄裳、黃裳、雜裳三等裳，以配玄端，乃士服。特牲饋食記云：『玄

端，玄裳、黃裳、雜裳可也，皆爵韠。』與此同」。又云「若大夫以上則有異，大夫玄端用素裳，天子、諸侯用朱裳也」。金氏榜

禮箋解士冠禮云「玄端三裳，主論列其服，非差次所服之人。『可也』云者，謂唯其所服服之，不定之辭也。上經『爵弁服

纁裳，皮弁服素積』，皆上下通服，則玄端、玄裳、黃裳、雜裳明不專爲士設。經記說玄端服，唯見此三裳，然則服玄端者，

無異裳，蓋可知也。　玉藻『韠，君朱，大夫素，士爵韋。』乃言玄端之韠色不同，猶冕弁服之有韎韐、赤韍，與裳無涉。」其說

雖與鄭異，蓋可知也。　蓋韠固從裳色，然亦取其相近。如朱色淺黑，則近於玄，淺赤則近於黃，素色淺白，亦近於黃。

凡色之相近，皆可配以爲用，不必裳、韠同用一色也。　荀子哀公篇「端衣、玄裳、絻而乘路者，志不在於食葷。」云「絻而乘

路」，則爲天子冕服，蓋冕服亦通名端。當用纁裳，而云「玄裳」，纁，玄色近，玄卽纁也。天子冕服有玄裳，則玄裳非但爲

上士所服矣。朝聘會同擯相之服，經無明文，舊說謂「君臣同服」。聘禮賓主既同用皮弁，則擯介亦當用皮弁，而賓與會

同皆爲皮弁可知。此於經無徵，直以意爲之說。案：士冠禮：「主人玄端爵韠，擯者玄端，賓如主人服，贊者玄端從之。」賈

疏云：「擯者不言『如主人服』，別言『玄端』，則與主人不同可知。」然則主人玄端爲士之正服，擯者玄端爲朝服。合之論語

此文，有朝聘會同，則凡士之爲擯者，自助祭外，皆用朝服，而非皮弁可知。然朝服當云「委貌」，今云「章甫」者，以章甫與

委貌同爲玄冠也。郊特牲、士冠記並云：「委貌，周道也；章甫，殷道也；毋追，夏后氏之道也。」鄭注士冠記云：「委猶安

也，言所以安正容貌。章，明也。甫或父。毋，發聲也。追，猶堆也。夏后氏質，以其形明之。

三冠皆所服以行道也，其制之異同未之聞。」白虎通紼冕云：「所以謂之委貌何？周統十一月爲正，萬物始萌小，故爲冠飾

最小，故曰委貌。委貌者，言委曲有貌也。」殷統十二月爲正，其飾微大，故曰章甫。章甫者，尚未與極其本相當也。夏統

十三月爲正，其飾最大，故曰毋追。毋追者，言其追大也。」案：此則三代冠制稍有大小之差，班言其形，鄭君兼釋其義，互

相備耳。周用六代禮樂，當時本有章甫，爲大夫士之冠，故夫子冠章甫之冠。魯人誦孔子，亦云「袞衣章甫」，及此子華，

又言「端章甫」，皆當時禮冠用章甫之證。若當時未有此制，而夫子與子華乃舍周之委貌，而服殷冠，是畔民也。乃解者

疑其與禮不合，又以子華爲謙。夫子華能爲大相，而謙言「小相」可也。未有舉其禮服，而亦謙不敢用，且未聞以前代之

制，而用爲謙言，此亦理之未可達矣。「小相」者，言諸侯有宗廟會同之事，己爲小相，佐助君也。上篇夫子曰「赤也，束

帶立於朝，可使與賓客言也。」與賓客言，是大相之事，則赤言「小相」爲謙可知。　大戴禮衞將軍文子篇：「子貢曰：『志通而

好禮，擯相兩君之事，篤雅其有禮節也，是公西赤之行也。孔子曰：「禮儀三百，可勉能也；[一]威儀三千，則難也。」公西

亦問曰：「何謂也？」孔子曰：「貌以擯禮，禮以擯辭，是之謂也。」

子欲學賓客之禮者，於赤也。」觀此，則子華爲相，是自道其實。孔子之語人也曰：「當賓客之事則通矣。」謂門人曰：「二三

子之禮，端章甫爲諸侯之服。夫赤自思爲諸侯，其妄已甚，而會同之禮，諸侯當服裨冕，不聞用玄端章甫，宜閻氏若璩四書

釋地又續，凌氏廷堪禮經釋例皆斥其謬也。○注「宗廟」至「之禮」。○正義曰：注以宗廟之事爲諸侯廟祭，而解「會同」爲

諸侯時見殷見，則皆見天子之禮。周官大宰：「大朝覲會同。」注「大會同，或於春朝，或於秋覲，舉春秋則冬夏可知。」疏

云：「大會雖無常期，當春來即是春朝，當秋來即是秋覲，當夏來即是夏宗，當冬來即是冬遇。若大同則有常期。春，東方

六服盡來。秋冬，夏，西方六服盡來。」秋冬，司農云：「舉春秋，即冬夏可知」者，經直云「大朝覲」，不言「宗」、「遇」，有宗遇可

知。』在國行朝禮訖，乃皆爲壇於國外而命事焉。」又大宗伯：「時見曰會，殷見曰同。」注「時見者，言無常期。諸侯有不順

服者，王將有征討之事，則既朝覲，王爲壇於國外，合諸侯而命事焉。春秋傳曰：『有事而會，不協而盟。』是也。殷覿來

也。十二歲，王如不巡守，則六服盡朝，朝禮既畢，王亦爲壇，合諸侯以命政焉。所命之政，如王巡守，殷見四方，四時分

來，終歲則徧」。疏云「若不當朝之歲，則不須行朝覲於國中，直壇朝而已。其當朝之歲者，則於國中春夏行朝宗於王朝，

受享於廟，秋冬則一受之於廟也。」大行人云：「十二歲，王乃巡守殷國。」者王無故則巡守，若王有故，六服衆皆同來。」是

其禮也。凌氏曙典故叕云：「案鄭注云云，蓋宗廟一事也，會同二事也，端章甫謂視朝，三事也。三者皆須相禮，或專地，

〔一〕「能」字原脱，據大戴禮記解詁補。

或舉事，或舉服。古人文法互見如此。案：此鄭誤注，今不用也。小相，在主國曰擯，賓國曰介，擯介統謂之相。邢疏曰：

「聘禮云：『卿爲上擯，大夫爲承擯，士爲紹擯。』玉藻云：『君入門，介拂闑，大夫中棖與闑之間，士介拂棖。』則卿爲上介。」案：依鄭，大

夫爲次介，士爲末介也。此云『顧爲小相』者，謙不敢爲上擯，上介之卿，顧爲承擯、紹擯，次介、末介之大夫士耳。案：依鄭

注，兼有朝祭之相。雜記云：『大夫冕而祭於公，士弁而祭於公』，此廟中之相也。諸侯視朝亦有相可知。周官大宰「贊聽

治」是大相，「小司寇」「擯外朝」，司士「擯治朝」，太僕「正服位」，皆小相。則諸侯視朝之相無明文。

瑟希，【注】孔曰：「思所以對，故音希。」鏗爾，舍瑟而作，對曰：「異乎三子者之撰。」【注】孔曰：「置瑟起

對。撰，具也，爲政之具。」鏗者，投瑟之聲。子曰：「何傷乎？亦各言其志也。」【注】孔曰：「各言己志，於義無

傷。」曰：「莫春者，春服既成，冠者五六人，童子六七人，浴乎沂，風乎舞雩，詠而歸。」【注】包曰：

「莫春者，季春三月也。春服既成，衣單袷之時。我欲得冠者五六人，童子六七人，浴乎沂水之上，風凉於舞雩之下，歌詠

先王之道，而歸夫子之門。」夫子喟然歎曰：「吾與點也。」【注】周曰：「善點獨知時。」 正義曰：朱子集注云：

「四子侍坐，以齒爲序，則點當次對。以方鼓瑟，故夫子先問求、赤，而後及點也。」「鼓瑟希」者，說文云：『鼓，郭也。从中

又，又象其手擊之也。」周官：「小師掌教鼓、鼗、柷、敔、塤、簫、管、弦歌。」注：「出音曰鼓」，此字虛實兩義，毛晃、岳珂並分

「鼓舞」字從鼓，「鐘鼓」字從鼓，非也。方氏觀旭偶記：「爾雅釋樂云：『徒鼓瑟謂之步。』注謂『獨作之』。曾點但鼓瑟，未有

口歌。」又云：「少儀云：『侍坐，弗使不執琴瑟。』則點之侍坐鼓瑟，必由夫子使之。」其說並是。「鏗爾」，玉篇引作「摼爾」，

廣雅釋言：「摼，擊也。」「挗」與「摼」同。說文小徐本「摼」下云：「讀若論語『鏗爾，舍琴而作』」。大徐本作「舍瑟」。段氏玉裁

注依小徐本改正。又「顨」下引此文，段氏亦改「舍琴」。其說云：「論語釋文云：『鏗，苦耕反。投琴聲。』是則陸氏本作『舍琴而作』，下文『本今作瑟』者，後人所增語。廣韻曰：『摼，琴聲。口莖切。』玉篇曰：『摼，口耕切，琴聲。』引論語『摼爾舍琴而作。』案：由段所引，是古本皆作「琴」字。此文孔注云「投瑟之聲」，「投瑟」必「投琴」之誤。釋文所云「投琴」，即本孔

而對，夫子復令之坐是也。蓋君子有問於己，皆當起對，對畢就坐。若然，此三子承夫子之問，並應作而後對。前不言者，從可知也。君子問六言六蔽，子路起

事，當如前之敬。

注也。作，起也。曲禮云：「侍坐於君子，君子問更端，則起而對。」鄭注：「離席對，敬異事也。」若對未畢，君子詔己坐，亦得坐。若夫子問六言六蔽，子路起

讀曰「詮」，詮之言善也。案：廣韻曰：「詮，善言也。」本鄭義。陳氏鱣古訓曰「鄉飲酒禮『遵者降席』注：『今文遵爲僎，或爲全。」是全、僎本通，故讀僎爲詮，非改字也。」案：鄭以點爲謙言，故夫子云「何傷」以解之。若僎孔訓爲「爲政之具」，是正點自負，有異三子，視子路之率爾更有甚矣。以此知鄭義精審，多若此也。釋文云：「亦各言其志，一本作『亦各言其志也。」今皇、邢本皆有「也」字。「莫春者」，舉時所值言之。釋文本亦無「暮春」。皇本「冠者」上有「得」字。說文無「暮」字，「舜」下云「日且冥也」，從日在茻中。」引申爲遲晚之訓，故此春盡言莫春也。儀禮鄭目錄云：「童子任職居士位，年二十而冠。故曲禮云：『二十日弱冠。』」白虎通紼冕云：「所以有冠者何？冠者，幓也，所以幓持其髮也。人懷五常，莫不貴德示成，禮有脩飾文章，故制冠以飾首，別成人也。禮所以十九見正而冠者何？漸二十之人耳。男子陽也，成於陰，故二十而冠。」「童子」者，人年十五以上爲成童，此則未冠者也。「浴乎沂，風乎舞雩，詠而歸」者，鄭注云：「沂水出沂山，沂水在魯城南。雩壇在其上。鎮，鎮酒食也。魯讀『鎮』爲『歸』，今從古。」案：水經泗水注：「沂水出魯城東南尼丘山西

北〔一〕，平地發泉，流經魯縣故城南。沂水北對稷門，亦曰雩門。門南隔水有雩壇，壇高三丈，曾點所欲風舞處也。」尼丘山

即鄭注所云「沂山」。此水在魯城東南，歷城南西，右注泗水，鄭注止云「魯城南」者，就雩壇所在言之。顧氏棟高春秋大事

表曰：「沂水在今曲阜縣南二里，西入滋陽縣境，合于泗水，論語所謂『浴乎沂』即此。齊亦有沂水，今沂州府沂水縣西北一

百七十里，雕崖山接蒙陰縣界，南流至江南宿遷縣北，匯為駱馬湖，又南入運河。書『淮、沂其乂』是也。又出武陽之冠石

山者，亦謂之沂水，在今兗州府費縣，俗呼小沂水。哀二年『取沂西田』是也。」案：齊之沂水在東，故齊乘以魯沂為西沂水

也。雩壇者，雩時為壇設祭於此，有樂舞，故曰舞雩。爾雅釋訓：「舞號，雩也。」周官司巫云：「若國大旱，則帥

求雨之聲。」說文：「雩，夏祭樂于赤帝，以祈甘雨也。從雨，于聲。羽，或從羽，雩，羽舞也。」周官女巫疏引春秋考異郵云：「雩者，吁嗟

巫而舞雩。」又女巫云：「旱暵則舞雩。」舞師云：「教皇舞，帥而舞旱暵之事。」注云：「旱暵之事，謂雩也。」鄭司農云：「皇舞，

蒙羽舞。』玄謂皇析五采羽為之，亦如帗。』是雩祭有樂舞也。雩壇在沂水上，鄭自舉目見言之。水經言「壇高三丈」，其遺

蹟也。「饋為饋酒食」者，周官大宗伯：「以饋食享先王。」鄭注：「言饋食者，著有黍稷。」然則雩祭或亦用黍稷與！鄭君此

處注，雖殘佚不完，然以「饋」訓酒食觀之，當以雩祭有酒食事矣。「饋」「歸」字通用，魯論作「歸」，依本字釋之，少儀「燕

遊日歸」是也。史記弟子列傳「詠而歸」，徐廣曰「一作『饋』。」史公采古文論語，當本作「饋」，徐廣所見一本是也。論衡雩

明雩篇解此文云：「魯設雩祭於沂水之上。『暮』者，晚也。『春』謂四月也。『春服既成』，謂四月之服成也。『冠者』、『童子』，

雩祭樂人也。『浴乎沂』，涉沂水也，象龍之從水中出也。『風乎舞雩』，風，歌也。『詠而饋』，詠歌饋祭也，歌詠而祭也。說論

〔一〕原重「山」字，據水經注刪。

之家，以為浴者，浴沂水中也。風，乾身也。

審矣。

春秋左氏傳曰：『啟蟄而雩。』又曰：『龍見而雩。』啟蟄、龍見，皆二月也。春二月雩，秋八月亦雩。春祈穀雨，秋祈穀

實。當今靈星，秋之雩也。春雩廢，秋雩在，故靈星之祀，歲雩祭也。孔子曰『吾與點也』善點之言，欲以雩祭調和陰陽，

故與之也。」案：論衡說與鄭君同異不可知。宋氏翔鳳發微：「按王仲任說論語此條最當。其云『說論之家』，當指魯論，當

時今文魯論最盛也。其以雩在正歲二月，則非。蒼龍昏見東方，在正歲四月，始舉雩祭，故左傳『龍見而雩』，杜注以為『建

已』。若啟蟄，則夏正郊天而非雩。論語『暮春』，春盡為暮，已將四月，故云『春服既成』，言時已暖也。然建已之月，亦不可

浴水中而風乾身也。浴沂，言被濯於沂水，而後行雩祭。蓋三子者之僎，禮節民心也。點之志，由鼓瑟以至風舞詠饋，樂和民

聲也。樂由中出，禮自外作，故孔子獨與點相契。唯樂不可以偽為，故曾皙託志於此。孔子問『如或知爾，則何以哉？』

何以，言何以治？若以魯論所說，則有遺世之意，不特異三子，並與孔子問意反矣。」又云：「公羊桓五年經：『秋大

雩。』注：『使童男女各八人，舞而呼雩，故謂之雩。』疏云：『論語「冠者五六人，童子六七人」，與此異者，彼言「暮春者，春服

既成」，明魯人正雩，故其數少，復不言男女。今此皆見於經，非正雩也。凡愚見雩者，皆為旱甚而作，故其數多，又兼男女

矣。是以司巫職云「若大旱，則帥巫而舞雩」是也。』春秋說云「冠者七八人，童子八九人」者，蓋是天子雩也。』又周官司

巫疏云：「若四月正雩，非直有男巫女巫，按論語曾皙云：「春服既成，童子六七人，冠者五六人。」兼有此等。」又禮記月令：

『仲夏大雩帝，用盛樂。』注：『雩，吁嗟求雨之祭也。雩帝，為壇南郊之地，雩五精之帝，配以先帝也。自鞉鞞至柷敔皆作

曰盛樂，凡他雩用歌舞而已。』天子雩上帝，諸侯以下雩上公。』疏云：『正雩則非惟歌舞，兼有餘樂，故論語云「舞雩，詠而

歸」是也。」以上三事，皆明『論語』『舞雩』爲雩祭。今案：宋說雩在正歲四月，非二月，甚是。又以浴爲祓濯，亦較『論衡』「涉

水」之訓爲確。

月令：「仲夏之月，令有司爲民祈祀山川百源，大雩帝，用盛樂，乃命百縣雩祀百辟卿士有益於民者，以祈

穀實。」此以雩正祀在五月，不在四月。鄭注以爲禮文有失，又云：「凡周之秋三月之中而旱，亦修雩禮以求雨。」則謂秋時

因旱得用雩禮，若不旱，則不雩，與春秋書秋雩之義合。而論衡謂周人一歲再祀，春以二月，秋以八月，是謂秋有雩爲正

祀，則以漢禮誤解周制也。又『鄭注月令謂「周冬及春夏雖旱，禮有禱無雩」。此說四月正雩之外，若冬春夏有旱，但用禱

不雩，惟秋旱得用雩禮。而董氏春秋繁露求雨篇備列春、夏、季夏、秋、冬雩祭之法，或董氏言旱甚則然。鄭君言春、夏、

冬用禱者，指小旱言之，若旱甚，亦是用雩禮也。沈氏濤孔注辨僞解「龍見而雩」云：「案古以角、亢爲龍，以星度考之，龍

星昏見，蓋在三月。春秋左氏傳：『凡土功，龍見而畢務。』注：『謂今九月，周十一月，龍星角、亢，晨見東方。』周語單子曰：

『夫辰角見而雨畢。』注曰：『辰角，亢、氐之間也。』注曰：『辰角，大辰蒼龍之角。角，星名也。見者，朝見東方建戌之初，寒露節也。』『天根見而水涸。』

注曰：『天根，亢、氐之間也。』注曰：『謂寒露雨畢之後五日，天根朝見。』『本見而草本節解』。注曰：『本，氐也。謂寒露之後十日，

陽氣盡。』『駟見而隕霜。』注曰：『駟，天馬房星也。謂建戌之中，霜始降。』『火見而清風戒寒』。注曰：『謂霜降之後，

蒼龍諸星皆在九月朝見，每差五日，其在三月昏見亦然。故左氏傳梓慎曰：『火見，〔一〕於夏爲三月，於商爲四月，於周爲

五月。』三月火見，豈容龍見反在四月？夏小正：『四月，初昏，南門正。』大衍議謂『立夏在井四度，昏角中，南門右星入角，

距西五度』；左星入角，距東六度？是四月角星昏中，非初見也。詩周頌噫嘻序：『春夏祈穀於上帝也。』箋曰：『月令孟春

〔一〕『見』，左昭十七年傳作『出』。

「祈穀於上帝」,夏則「龍見而雩」是與?」正義曰:「言「是與」者,爲若不審之辭。」是鄭亦以四月雩祭,經無明文,疑不能

定。考漢舊儀,夏則龍星見而始雩。蓋漢以四月爲正雩,故服,鄭因之。據左傳「龍見」,此經「暮春」,則周之雩月,夏正

三月也。」今案:沈說甚覈。然左傳郊、雩、嘗、烝、備列四時之祭,則雩之正祭自在四月。沈君以龍見在三月固是,然三月

初見,至四月祭之,未爲不可。經云「龍見」,非云「始見」。月令且云「仲夏大雩」,而謂「周無夏雩」,豈其然乎?詩序「春夏

祈穀」,鄭以夏無祈穀,故舉雩祀當之,亦是暗據月令「仲夏大雩」之文,而又未能定,故云「與」以疑之,非疑夏無雩祭也。

至沈君以「浴乎沂」爲浴土龍,點言志爲欲逐季氏,即昭二十五年秋七月上辛、季辛兩雩,此皆附會,於義遠隔,今並削之,

不欲滋後世之疑也。予友柳氏興恩解此文,亦從論衡,云「春服既成」,謂雩時所服」也。 國語楚語:「在男曰覡,在女曰

巫。是使制神之處位次主,而爲之牲器時服。」韋昭解:「時服,四時服色所宜。」又春秋繁露求雨篇言春雩之制,「祝服蒼

衣,小童八人,服青衣而舞之」是也。今案:由繁露文觀之,此「冠者」疑即類,「童子」即雩舞童子也。「五六人」者,或五

人,或六人也。「六七人」者,或六人,或七人也。 太平御覽禮儀部:「漢舊儀曰:『禮后稷於東南,常以八月祭,舞者七十二

人,冠者五六三十人,童子六七四十二人,爲民祈農報功。』」然則冠者、童子,皆是舞人。而五六、六七,則合七十二之

數。 又晉張協洛禊賦「童冠八九」,八九亦合七十二人。 疑漢、晉時禊之制,本用七十二人,而遂以論語所云「五六」、

「六七」以巧合之也。 又漢唐扶頌四遠,童冠摳衣受業,五六、六七,化導若神,此以童冠爲曾點弟子,是魯論之說。而隸

釋載員興宗答洪丞相書指七十二子,失之遠矣。 宋氏翔鳳發微云:「詠是歌詩,所歌蓋絲衣篇也。 毛詩篇義曰:『絲衣,繹

賓尸。』高子曰:『靈星之尸也。』」論衡以靈星爲龍星,龍與靈聲之轉。 漢書郊祀志:「高祖詔御史,令天下立靈星祠。」張晏

日：「龍星左角曰天田，則農祥也。晨見而祭之。」論衡祭意篇曰：「靈星之祭，祭水旱也，於禮舊名曰雩。〔一〕雩之禮，爲民祈穀實也。春求雨，秋求實，一歲再祀，蓋重穀也。」張晏以爲農祥晨見而祭，王充以爲二月祭，並非稷正。要之，靈星之祭，即左傳「龍見而雩」。零祭有壇，春以二月，秋以八月。蔡邕獨斷『壇謂築土起堂。』何休公羊莊三年傳注：「土基三尺，土階三等，曰壇。」故絲衣篇曰：「自堂徂基。」又云：「自羊徂牛，鼐鼎及鼒，兕觥其觩，旨酒思柔。」皆饋酒食之事。則高子之說，當是詩古文家舊說也。今案：靈星一歲再祀，乃是漢制，宋君亦誤以爲周禮。竊以古論解此節爲雩祀，自是勤恤愛民之意。其時或值天旱，未行雩禮，故點即時言志，以諷當時之不勤民者。曾點疾時禮教不行，欲修之，孔子善焉，論語所謂「浴乎沂，風乎舞雩之下」。以浴沂，風舞雩爲禮教，正與論衡所云「調和陰陽」之旨合。乃漢人解此文，又誤會古論之義，以禊當舞雩。月令：「季春，天子始乘舟。」蔡邕章句：「乘舟，禊於名川也。」家語弟子解：「攜朋接黨，童冠八九。」論語「暮春者，浴乎沂」，今三月上巳，祓禊於水濱，蓋出於此。張協洛禊賦：「顧新服之既成，將祓除於水濱。」晉書束晳傳言『周公卜成洛邑』，因流水以泛酒。秦昭王三月上巳，置酒河曲。」出吳均續齊諧記，不足爲據。亦同蔡氏章句之說。沈氏濤十經齋文集云：「考祓禊之禮，於古無徵。宋書禮志、續漢志注補引韓詩曰：『鄭國之俗，三月上巳，之溱、洧兩水之上，招魂續魄，秉蘭草，』祓除不祥。』蓋鄭舉漢法以況周制。西京雜記載：『戚夫人正月上辰，出池邊盥濯，食蓬餌，以被襖邪，三月上巳，張藥於流水。』注：「歲時祓除，如今三月上巳如水上之類。』則亦以爲溱、洧之淫俗，非鄹、洛之盛典。周禮女巫『掌歲時祓除釁浴』，續漢禮儀志：『是月上巳，官民皆絜於東流水上，曰洗濯祓除，去宿垢，爲大絜。』是

〔一〕「名」字原誤作「文」，據論衡改。

西漢始於宮闈，東京則沿爲民俗。古袚禊皆除惡之祭。女巫之『袚除』，即女祝之『禬禳』，禮月令：『九門磔禳，以畢春

氣。』注謂『昂有積尸大陵之氣，伏則厲鬼隨而出行，磔牲以禳於四方之神，所以畢止其災。』周禮男巫：『春招弭，以除疾病。』

注：『招，招福也。弭讀爲敉，敉，安也，安凶禍也。招弭皆有祀衍之禮。』杜篤袚禊賦謂『巫咸之徒，秉火祈福』，猶存古制。

魏、晉以後，但以絲竹觴詠爲樂，而蔡邕、張協之徒，且以論語『舞雩』當之，匪特義異古訓，抑更事乖前典。案：沈說是也。

月令『磔禳』，即春儺之禮。後世『祓禊』，即其遺俗，與舞雩爲請雨祈穀寔者各別。此則蔡、張誤會古論之旨，妄以『祓禊』

當『舞雩』也。○注：『思所以對，故音希。』○正義曰：說文云：『稀，疏也。』稀從希聲，希有鮮少之義。蓋闇聞夫子問己，而

思所以對，故皷琴略緩，而其音稀疏也。○注『置瑟』至『之聲』。○正義曰：注以『置』訓『舍』，『起』訓『作』，故云『置瑟起

對』也。說文：『僎，具也。』『僎』與『撰』同。周官大司馬『撰車徒』，謂具車徒也。具者，備也。『鏗爾，投瑟之聲』者，投亦

置也。『投瑟』，當作『投琴』。○注『包曰』至『之門』。○正義曰：筆解引此注作『孔曰』。『莫春爲季春三月』者，莫，晚也。

季，少也。凡四時首月爲孟，次月爲仲，末月爲季。此三月是春末月，故言『季春三月』也。周正建子，以十一月爲歲首，

而仍用夏令，則莫春謂建辰月矣。○正義曰：『單袷』者，夏小正云：『二月，往薿黍，禪。』『禪』與『單』同。玉藻云：『禪爲絅。』凡衣有

裏曰袷，無裏曰禪。說文云：『袷，衣無絮。』史記匈奴傳：『服繡袷綺衣。』注引字林，與說文同。今人稱袷衣，亦袷之轉聲。

凡單袷皆是春服，故注舉以言之。『風涼於舞雩之下』者，言魯人時正舞雩，點往其下，得風涼適體也。後漢書仲長統

傳〔一〕：『仲長統欲卜居清曠，以樂其志，論之曰：「諷於舞雩之下，詠歸高堂之上。」』與此包注意同爲魯論說也。惟『風』

〔一〕『仲長統傳』原誤作『王符傳』，據後漢書改。

字作「諷」，或係叚借。李賢注以古論之義解之，非也。○注「善點獨知時」。○正義曰：皇疏引李充云「善其能樂道之

時，逍遙游泳之至也」。三子者出，曾晳後。曾晳曰：「夫三子者之言何如？」子曰：「亦各言其志也

已矣。」曰：「夫子何哂由也？」曰：「爲國以禮，其言不讓，是故哂之。」【注】包曰：「爲國以禮，禮貴讓，

子路言不讓，故笑之。」「唯求則非邦也與？」「安見方六七十如五六十而非邦也者？」「唯赤則非邦

也與？」「宗廟會同，非諸侯而何？」【注】孔曰：「明皆諸侯之事，與子路同。徒笑子路不讓。」赤也爲之小，

孰能爲之大。」【注】孔曰：「赤謙言『小相』耳，誰能爲大相？」　正義曰：「夫子何哂由也」，皇本「夫子」作「吾子」。曰

十，安見非邦？宗廟會同，皆諸侯之事，安見不能爲大相？而二子之言皆讓，故無可譏議也。「安見」，釋文作「焉見」，云：

「焉，於虔反，本今無此字。」盧氏文弨攷證曰：「古焉、安二字通用。」禮記三年問「焉」字，荀子禮論篇皆作「安」。校者不

知，因云「今本無」。釋文又云：「宗廟會同，本或作『宗廟之事如會同』」，非。諸侯而何，一本作『非諸侯如之何』。」皇本、唐

石經初刻，均與釋文一本同。又皇本「小」、「大」下各有「相」字。

祗言能仕方六七十如五六十之小地，赤祗言能爲小相，則所言皆讓，與子路異，故夫子反言以明之。言方六七十如五六

爲國以禮」。「曰」上有「子」字。「唯求」「唯赤」二語，皇、邢疏皆謂「夫子語」，是也。夫子以求、赤所言，皆爲邦之事，而求

論語正義卷十五

顔淵第十二　集解

凡二十四章　　　正義曰：釋文云「子路無宿諾，或分此爲別章。」

1 顔淵問仁。子曰：「克己復禮爲仁。　正義曰：「克」，皇本作「剋」。

一日克己復禮，天下歸仁焉。【注】馬曰：「克己，約身。」孔曰：「復，反也。身能反禮，則爲仁

矣。」一日克己復禮，天下歸仁焉。【注】馬曰：「一日猶言歸，況終身乎？」爲仁由己，而由人乎哉？【注】

孔曰：「行善在己，不在人也。」　正義曰：「克己復禮，所以爲仁。」「爲」猶事也，謂用力於仁也。下句

「爲仁由己」義同。左昭十二年傳言楚右尹革，諷靈王以祈招之詩「王揖而入，饋不食，寢不寐，不能自克，以及于難」仲

尼曰：「古也有志：『克己復禮，仁也。』信善哉！楚靈王若能如是，豈其辱于乾谿？」是「克己復禮爲仁」乃古成語，而夫子

引之。『禮記哀公問：「百姓歸之名，謂之君子之子。」則歸亦祇是名謂之義。　先教諭云：『漢長安令楊興説史高「將軍誠召

求篇：「一日克己復禮，天下歸仁」者，言己誠爲仁，人必知之，故能歸仁，己得成名也。言「天下」者，大之也。　毛氏奇齡稽

置幕府，學士歸仁」。後漢和帝皇太后詔稱「大尉鄧彪海内歸仁，爲羣賓首」。言甚夸大，而不嫌於僭悖者，祇稱名也。」今

案：漢書王莽傳贊：「宗族稱孝，師友歸仁。」後漢書郎顗傳：「昔顏子十八，天下歸仁。」並以「歸仁」爲稱仁。　禮記禮器云：

「故君子有禮，則外諧而內無怨。故物無不懷仁，鬼神饗德。」鄭注以「懷仁」即「歸仁」。「懷」、「歸」

至「仁矣」。○正義曰：爾雅釋詁：「克，勝也。」又「勝，克也」。轉相訓。此訓「約」者，引申之義。顏子言夫子「博我以文，約我

以禮」。「約」如「約束」之約。「約身」猶言修身也。後漢書安帝紀：「夙夜克己，憂心京京。」鄧皇后紀：「接撫同列，常克己以

下之。」祭遵傳：「克己奉公。」何敞傳：「宜當克己，以醻四海之心。」凡言「克己」，皆如約身之訓。法言謂「勝己之私之謂

克」，此又一義。劉炫援以解左傳「克己復禮」之文，意指楚靈王多嗜慾，誇功伐而言。乃邢疏即援以解論語。朱子集注

又直訓「己」爲「私」，並失之矣。「復」，反也。「復」者，反猶歸也。吾將有所視、聽、言、動，而先反乎禮，謂之復禮。非謂己先有私，

己先無禮，至此乃復也。

非禮勿聽，非禮勿言，非禮勿動。」顏淵曰：「請問其目。」【注】鄭曰：「此四者，克己復禮之目。」顏淵曰：「回雖不敏，請事斯

語矣。」【注】王曰：「敬事此語，必行之。」

正義曰：「勿」者，禁止之辭。視、聽、言、動，皆在己不在人，故爲仁由己，不

由人也。「動」猶行也，謂所行事也。【禮中庸云：「齊明盛服，非禮不動，所以修身也。」蓋視、聽、言、動，古人皆有禮以制之，

若曲禮、少儀、內則諸篇及賈子容經所載，皆是其禮。惟能克己復禮，凡非禮之事，所接於吾者，自能有以制吾之目而勿

視，制吾之耳而勿聽，制吾之口而勿言，制吾之心而勿行。所謂克己復禮者如此。春秋繁露天道施篇：「夫禮，體情而防亂

者也。」民之情，不能制其欲，使之度禮。目視正色，耳聽正聲，口食正味，身行正道，非奪之情，所以安其情也。」周語單子

論晉侯事曰：「步、言、視、聽、必皆無謫，則可以知德矣。視遠，日絕其義；言爽，日反其信；聽淫，日離

其名。夫目以處義，足以踐德，口以庇信，耳以聽名，故不可不慎也。」然則視、聽、言、動，古人皆致慎之，所以勉成德行，而

不使不仁者加乎其身也。【樂記云:「是故君子反情以和其志,比類以成其行。姦聲亂色,不留聰明,淫樂慝禮,不接心

術;惰慢邪辟之氣,不設於身體。使耳、目、鼻、口、心知、百體,皆由順正,以行其義。」即此文所嚴非禮諸事也。○「知

其必有條目,故請問之。」○正義曰:「目」者,如人目有所識別也。凡行事撮舉總要謂之目。注言「條目」者,非止一目,當

其細數,若木枝條也。古人爲學,皆有數記,所以備循習,戒遺忘。故此注言「條目」,知必有之也。鄭注云「欲知其要。

顏回意以禮有三百三千,卒難周備,故請問其目。」是目爲事之要。《周官籥人》:「四曰巫目。」注云「目,謂事衆,籥其要所

當也。」亦訓「目」爲「要」。

2 仲弓問仁。子曰:「出門如見大賓,使民如承大祭。【注】包曰:「在邦爲諸侯,在家爲卿大夫。」仲弓曰:「雍雖不

敏,請事斯語矣。」　　正義曰:《史記弟子傳》作「仲弓問政」,馮氏登府異文考證以爲古論,然前後章皆是問仁,不應

不欲,勿施於人。在邦無怨,在家無怨。」【注】包曰:「爲仁之道,莫尚乎敬。」己所

此爲問政,史記誤也。「出門」,謂出大門,與人相接晤時也。「如見大賓」,見謂往迎賓也。賓位尊於己,故稱大也。凡迎賓之

禮,賓降等者於門内,賓敵者或尊者皆於門外。此言「出門」,又言「大賓」,故知是尊於己也。「承」者,《說文》云「承,奉也,

受也。」「如見大賓」,言仁者能敬畏人,故能愛人也。《左傳》三十三年傳:「晉臼季曰:『臣聞之,出門如

賓,承事如祭,仁之則也。』」亦古有此語,而臼季及夫子引之。傳言「承事」,此言「使民」,文略不同。「施」猶加也。《韓詩外

〔一〕「見」原誤作「承」,據經文改。

傳：「己惡饑寒焉，則知天下之欲衣食也」，己惡勞苦焉，則知天下之欲安佚也」，己惡衰乏焉，則知天下之欲富足也。知此三者，聖王所以不降席而匡天下。故君子之道，忠恕而已矣。」由外傳此言觀之「己所不欲，勿施於人」，則己所欲，必又當施諸人。故孟子言仁者「得民之心有道，所欲與之聚之，所惡勿施爾也」是也。翟氏灝考異：「管子小問篇引語曰：『非其所欲，勿施於人，仁也。』是『勿施』二句亦古語。在邦謂仕於諸侯之邦，在家謂仕於卿大夫家也。觀下篇子張問士，夫子告以在邦在家可證。　包注以在邦指諸侯，在家指卿大夫，失之矣。在邦、在家無怨者，言仁者愛人，故人亦愛之，無可復怨也。」

3　司馬牛問仁。子曰：「仁者，其言也訒。」【注】孔曰：「訒，難也。牛，宋人，弟子司馬犂。」曰：「其言也訒，斯謂之仁矣乎？」子曰：「爲之難，言之得無訒乎？」【注】孔曰：「行仁難，言仁亦不得不難。」

正義曰：釋文：「訒或作仞。」案：「仞」是叚借字，汗簡引古論作「軔」。鄭注云：「訒，不忍言也。」此注文不備，莫曉其義。包氏慎言溫故錄：「公羊宣八年〔一〕『冬十月己丑，葬我小君頃熊，雨不克葬。』庚寅，日中而克葬。』傳『而者何？難也。乃者何？難也，曷爲或言而，或言乃？乃難乎而也。』注『孔子曰：「其爲之也難，言之得無訒乎？」』皆所以起孝子之情也。』案：依何氏意，似訒者謂其辭之委曲煩重，心有所不忍，而不能徑遂其情，故言之亦多重難。鄭注云『訒，不忍言也。』說與何氏同。　牛之兄桓魋，有寵於宋景公，而爲害於公，牛憂之，情見乎辭，兄弟怡怡，不以義傷恩也。而魋之不共，上則禍國，

〔一〕「八」原誤作「七」，據公羊傳改。

下致絕族，爲之弟者，必須涕泣而道。徐遵明公羊疏申解論語云：「言難言之事，必須而訒言之。」蓋訒而言，正所以致其不忍之情，故夫子以爲仁。」案：包説或得鄭義。若然，則「爲之」猶言處之也。「斯謂之仁矣乎」，皇本「斯」下有「可」字，「矣乎」上有「已」字。○注：「訒，難也。」案：説文：「訒，頓也。」「頓」與「鈍」同。此訓難者，引伸之義。荀子正名篇：「外是者謂之訒。」楊倞注：「訒，難也。」犁爲宋桓魋弟，故曰宋人。史記仲尼弟子傳：「司馬耕，字子牛。」是牛名耕，不名犂，此注不知何本。○注「行難，言仁亦不得不難。」○正義曰：此以「言」爲言仁，則上文「其言也訒」，謂仁者不輕言仁也。皇疏引江熙曰：「禮記云『仁之爲器重，其爲道遠，舉者莫能勝也，行者莫能致也。勉於仁者，不亦難乎？』夫易言仁者，不行之者也。行仁然後知勉仁爲難，故不敢輕言也。」案：此注亦通。

4 司馬牛問君子。子曰：「君子不憂不懼。」【注】孔曰：「牛兄桓魋將爲亂，牛自宋來學，常憂懼，故孔子解之。」曰：「不憂不懼，斯謂之君子已乎？」子曰：「內省不疚，夫何憂何懼？」【注】包曰：「疚，病也。」

正義曰：皇本作「斯可謂君子已乎？」○注「牛兄」至「解之」。○正義曰：「不憂不懼」，即仁者不憂、勇者不懼之義。注謂牛憂懼，夫子以不憂不懼解之。夫桓魋謀亂，有覆宗絕世之禍，牛爲之弟，豈得漠然無動於心？孟子謂「越人關弓射我，我談笑而道之」，其兄關弓而射我，則已垂涕泣而道之。」如此乃爲親親，乃爲仁。今牛因兄爲亂，常致憂懼，乃人倫之變，人情之所萬不能已者，而夫子解以「不憂不懼」，是教牛以待越人者待兄也。悖義傷教，遠失此經之旨。云「自宋來學」者，據桓魋未作亂，司馬牛來學於夫子時也。○注：「疚，病也。」○正義曰：「疚，病」，爾雅釋詁文。禮

中庸云：「故君子內省不疚，無惡於志，君子之所不可及者，其惟人之所不見乎？」鄭注：「疚，病也。君子自省，身無惡病。」

5 司馬牛憂曰：「人皆有兄弟，我獨無。」【注】鄭曰：「牛兄桓魋行惡，亡無日，我為無兄弟。」子夏曰：「商聞之矣：死生有命，富貴在天。君子敬而無失，與人恭而有禮，四海之內皆兄弟也，君子何患乎無兄弟也？」【注】包曰：「君子疏惡而友賢，九州之人，皆可以禮親。」

錢氏大昕潛研堂集：「此文自『死生有命』至『四海之內皆兄弟也』，皆子夏述所聞之言。蓋牛以無兄弟為憂，故引『四海皆兄弟』之文為證，乃以『何患無兄弟』足成之。若但云『死生有命，富貴在天』，則與無兄弟之憂何與焉？」案：錢說是也。論衡命祿〔一〕、辨祟篇引此文，皆作孔子語可證。戴氏望注云：「牛以魋故，喪其世祿，出奔他國，故稱天言命，以寬牛之憂。論明有命當順受，其正在天，非人所能為。」李氏惇羣經識小：「案向魋既奔衞，牛致邑與珪而適齊。及魋復奔齊，牛復致邑而適吳，吳人惡之而反，趙簡子召之，陳成子亦召之，因過魯而卒於魯郭門之外。此憂想當其時，故死生富貴，子夏以解其意，未幾而卒，則或以憂而死矣。」「有命」謂祿命也。「有命」、「在天」，互文見義。『敬而無失』，謂修己以敬，無所放失也。大戴禮曾子制言上：『曾子門弟子或將之晉』，曰：『吾無知焉。』曾子曰：『何必然！往矣。有知焉謂之友，無知焉謂之主。且夫君子執仁立志，先行後言，千里之外，皆為兄弟。苟是之不為，則雖汝親，庸孰能親汝乎？』」言四海之內皆與吾親，如兄弟也。「四海之內皆兄弟」，言四海之內皆兄弟也，君子「敏其行，修其禮，千里之外，親如兄弟。若行不敏，禮不合，對門不

〔一〕「命祿」二字原誤倒，據論衡乙正。

通矣。」並與此文之義相發。皇本「皆」下有「爲」字。阮氏元校勘記:「鹽鐵論和親章及文選蘇子卿古詩注並引此文,有『爲』字。」○注:「牛兄桓魋行惡死亡無日,我爲無兄弟。」○正義曰:邢疏云:「案哀十四年左傳云:『宋桓魋之寵,害於公,公將討之。未及,魋先謀公,公知之,召皇司馬子仲及左師向巢,以命其徒攻桓氏。』向魋遂入於曹以叛。民叛之。而奔衛,遂奔齊。』是其行惡死亡之事也。」案:魋弟尚有子頎、子車並黨惡,魋兄向巢伐魋不克,欲質大夫以入,不能,亦入于曹,後遂來奔,故曰「我爲無兄弟」,明不專指魋一人言之。○注「君子」至「禮親」。○正義曰:注以與人雖當恭而有禮,然人不皆賢,又牛正以兄弟不賢爲憂,故以「疏惡」「友賢」言之。「九州」者,周仍夏制,有九州,見職方氏。注以經言「四海」嫌有四夷荒遠,故但舉中國,以「九州」言之。

6　子張問明。　子曰:「浸潤之譖,膚受之愬,不行焉,可謂明也已矣。【注】鄭曰:「譖人之言,如水之浸潤,漸以成之。」馬曰:「膚受之愬,皮膚外語,非其內實。」浸潤之譖,膚受之愬,不行焉,可謂遠也已矣。」【注】馬曰:「無此二者,非但爲明,其德行高遠,人莫能及。」

正義曰:「明」者,言任用賢人,能不疑也。荀子解蔽篇:「傳曰:『知賢之謂明。』」春秋繁露五行五事篇:「視曰明。明者知賢不肖者,分明黑白也。」漢書五行志:「故堯、舜舉賢而命之朝,遠四佞而放諸壄。孔子曰:『浸潤之譖,膚受之愬,不行焉,可謂明矣。』觀班志所言,是明謂知人。周書諡法解:「譖訴不行曰明。」然則夫子答子張亦是舉明諡告之矣。說文:「譖,愬也。從言,晉聲。訴,告也。從言,㡿聲。𧪜,訴或從言朔。愬,訴或從朔心。」五行志引論語「愬」作「訴」,當爲「訴」或「𧪜」。「遠」者,言明之所及者遠,凡民情事,無不周知也。

漢書劉向傳：「讒邪之所以並進者，由上多疑心，既已用賢人而行善政，如或譖之，則賢人退而善政還。夫執狐疑之心者，來讒賊之口；持不斷之意者，開群枉之門。讒邪進則衆賢退，群枉盛則正士消。」由此言觀之，凡人君信譖愬之言，皆由君心多疑所致，多疑即是不明也。荀子致士篇：「衡聽、顯幽、重明、退姦、進良之術，朋黨比周之譽，君子不聽；；殘賊加累之譖，君子不用；；隱忌雍蔽之人，君子不近；；貨財禽犢之請，君子不許。凡流言、流說、流事、流謀、流譽、流愬，不官而衡至者，君子慎之。」是衡聽、顯幽，乃絕譖愬之萌。漢書梅福傳：「博覽兼聽，謀及疏賤，令深者不隱，遠者不塞，所謂『辟四門、明四目』也。」如此，則讒賊奚由而至，即有一二宵小，妄施譖愬，而人君知人之明終不可揜掩之也。○注「譖人」至「內實」。○正義曰：說文「浸」本水名，此作「浸」，即「浸」之省。廣雅釋詁：「寖，漸也。浸，積也。潤，益也。漬也。」漢書高五王傳：「事浸淫聞於上。」顏師古注：「浸淫，猶言漸染也。」此言「譖」者，徐徐用言來說己，如水漸漬，久之生潤濕，令人常不覺也。「皮膚外語」，非其內實，故曰「膚受」。以其在外所受，非內實如此。文選東京賦：「末學膚受。」注：「膚受，謂皮傅之，不經于心匈。」即馬義也。愬者本無情實，而徒爲皮膚外語，故曰「膚受」。說文：「膚，籀文臚。膚，皮也。」釋名釋形體：「膚，布也，布在表也。」陳氏鱣古訓曰：「後漢戴憑傳注：『論語孔子曰：「膚受之訴。」』注云：『謂受人之訴辭，皮膚之，不深知其情核也。』按此與馬說小異，似是鄭注。」今案皇疏亦謂「馬此注與鄭不類」，而未引鄭注之文。今戴憑傳注以「受」爲聽者所受，後漢張法滕馮度楊傳論：「膚受之言互及。」李賢注：「謂得皮膚之言而受之，不知其情核者也。」正戴憑傳注所引論語注之義。此與馬注以膚受爲喻言不同，故皇氏、陳氏皆各辨之。然聽者既已受之，奚有不行之明？終是馬義勝也。

7 子貢問政。子曰：「足食，足兵，民信之矣。」子貢曰：「必不得已而去，於斯三者何先？」曰：「去兵。」子貢曰：「必不得已而去，於斯二者何先？」曰：「去食。自古皆有死，民無信不立。」【注】孔曰：「死者，古今常道，人皆有之。治邦不可失信。」 正義曰：「足食」者，〈禮王制〉云：「冢宰制國用，必於歲之杪。五穀皆入，然後制國用。用地小大，視年之豐耗。以三十年之通制國用，量入以爲出」又云：「國無九年之蓄曰不足，無六年之蓄曰急，無三年之蓄曰國非其國也。」荀子〈富國篇〉云：「足國之道，節用裕民，而善臧其餘。」是也。「足國」者，是足由於能制國用，有餘蓄，則臧穀以備凶荒。 〈周官倉人〉云：「掌粟入之臧，有餘則臧之，以待凶而頒之」是也。「足兵」者，說文云：「兵，械也。从廾持斤，并力之貌。」〈周官司右〉「五兵」注引司馬法曰：「弓矢圍，殳矛守，戈戟助。」兵本戰器，因而執兵之人亦曰兵。 〈左隱四年〉「諸侯之師，敗鄭徒兵。」又〈襄元年〉注「敗其徒兵於洧上」皆謂士卒也。此文「足兵」、「去兵」，兼有兵器與人。 〈顧氏炎武日知錄〉謂「以執兵之人爲兵，始於秦、漢」，非也。 〈春秋穀梁傳〉「天子有六軍，諸侯上國三軍，次國二軍，下國一軍。」〈金氏鶚禮說〉「天子六軍，出于六鄉；大國三軍，出于三鄉。孔仲達〈成元年『丘甲』疏〉云：『古者天子用兵，先用六鄉；三鄉爲正卒，三遂爲副卒，鄉遂出兵而不出車，都鄙出車而不出兵。』蓋家出一人爲兵也。又三遂亦有三軍，三遂爲正不足，取六遂；六遂不足，取都鄙及諸侯。若諸侯出兵，先盡三鄉三遂，然後偏徵境內。」〈賈公彥小司徒疏〉亦云：『大國三軍，次國二軍，小國一軍，皆出于鄉遂。猶不止，偏境出之。』今案：兵制咸有定額，所以患不足者，容民貧寡，不及出軍之數。又平時武事多未講，車甲朽頓，備防不設，此雖空有兵籍，實則不足。觀公孫輒言『魯有名而無情』而『晉車千乘』；「衛車甫及其半」；皆由兵不足之故。故「騋牝三千」，詩人以美衛文「公車千乘，公徒三萬」閟宮又美魯僖，可

見當時兵多不能足也。「民信之」者,「民」字當略讀。「信」謂上予民以信也。大戴禮注言云:「其禮可守,其信可復,其跡可履。其於信也,如四時春秋冬夏;」其博有萬民也,如飢而食,如渴而飲。下土之人信之夫」[一]暑熱凍寒,遠若邇,非道邇也,及其明德也。是以兵革不動而威,用利不施而親,此之謂明王之守也。折衝乎千里之外,此之謂也。」又晉語箕鄭封晉文公曰:「信於君心,信於名」[二],信於令,信於事。信於君心,則美惡不踰;信於名,則上下不干;信於令,則時無廢功;信於事,則民從事有業。」咸以信爲政要,故夫子言「道千乘之國」,亦云「敬事而信」也。「民信之」與「足食」「足兵」爲三政,故子貢言於斯三者。鄭注云:「政有此三者,則國彊也。」言「國彊」者,明夫子此言爲國貧弱言之。若本彊國,但須民信之,不煩言「足食、足兵」矣。不得已而去者,言三者本不宜去,若不得已,如國凶札禍裁之類,政不及備者乃去也。「去兵」謂去力役之征。周書糴匡解:「年饑則兵備不制。」又云:「男守疆,戎禁不出。」是凶歲去兵。其時雖輕徭薄賦,然食政猶未去,所謂「凶年則寡取之」者也。去兵而有食與信,與民固守,自足立國。「去食」者,謂去兵之後,勢猶難已。凡賦稅皆蠲除,周官均人所謂「凶札,則無力政,無財賦,不收地守地職」。又發倉廩以振貧窮,周書大匡解:「農廩分鄉,鄉命受糧,成年不償,信誠匡助,以輔殖財。」是凶荒去食也。若信則終不可去,故曰「自古皆有死,民無信不立」,明去兵、去食,極其禍難,不過人君國滅身死,然自古人皆有死,死而君德無所可譏,民心終未能忘,雖死之日,猶生之年,況民戴其上,如手足之衛身,子弟之衛父兄,雖值危難,其猶可以濟。是故信者,上所以治民之準也。苟無信,雖足兵、足食,猶不能守,況更值不得已?而兵食皆將去之乎?晉語云:「晉饑,公問於箕鄭曰:『救饑何以?』對曰:『信。』」又云:「於是乎

[一]「信之」下原衍「若」字,據大戴禮記解詁刪。

[二]「名」原誤作「民」,據國語改。

民知君心，貧而不懼，藏出如入，何匱之有？可知信能立國，雖箕鄭亦知此義矣。鄭此注云：「言人所特急者，食也。自古皆有死，必不得已，食又可去也。」「民無信不立」言民所最急者，信也。皇疏引李充曰：「朝聞道，夕死，孔子之所貴。捨生取義，孟軻之所尚。自古有不亡之道，而無有不死之人，故有殺身非喪己，苟存非不亡己也。」皇本「民信」上有「令」字。

釋文「『於斯三者』一讀，『而去於斯』爲絕句。」又「去兵」下「子貢曰」，皇本無「子貢」二字，「無信」作「不信」。

8 棘子成曰：「君子質而已矣，何以文爲？」【注】鄭曰：「舊說云：棘子成，衛大夫。」子貢曰：「惜乎！夫子之說君子也，駟不及舌。虎豹之鞟，猶犬羊之鞟。」【注】鄭曰：「惜乎，夫子之說君子也，過言一出，駟馬追之不及。」文猶質也，質猶文也。【注】孔曰：「皮去毛曰鞟。虎豹與犬羊別，今使文質同者，何以別虎豹與犬羊耶？」

正義曰：「棘子成」，皇本「成」作「城」。「何以文爲」，「爲」用也。「以」用也。「爲」語助辭。說見王氏引之經傳釋詞。下篇「雖多亦奚以爲」「何以伐爲」「無以爲也」，訓義並同。　夫子言「文質彬彬，然後君子」，棘子成聞其語，妄以君子但當尚質，不必用文，故子貢惜其說君子爲易言，雖追悔之，無及於舌也。「文猶質，質猶文」者，質無本不立，無文不行，是文、質皆所宜用，其輕重等也。「虎豹」「犬羊」皆獸名。鄭注云：「鞟，革也。革者，皮也。」詩載馳正義引說文：「鞟，革也。」今本說文作「鞹」，云：「皮去毛也。」此文「鞟」爲「革」，凡去毛不去毛，皆得稱之，不必專主去毛一訓。周易象下傳：「大人虎變，其文炳也」；「君子豹變，其文蔚也。」然「鞟」爲「革」，喻文，「犬羊之鞟」喻質。虎豹、犬羊，其皮各有所用，如文質二者不宜偏有廢置也。皇本作「鞹」，說文亦引作「靴」。又「犬羊之鞟」下，皇本有「也」字。

○注:「舊說云:『棘子成,衞大夫。』」○正義曰:稱「舊說」者,箸所自也。漢書古今人表、三國志秦宓傳作「革子成」,「棘」、

「革」通用。如詩「匪棘其欲」,禮器作「匪革其猶」。列子湯問篇「殷湯問於夏革」,莊子逍遙游「湯之問棘也」,皆可證。莊

子釋文引李云:『湯時賢人。』又云:『是棘子。』鹽鐵論相刺篇:『紂之時,內有微、箕二子,外有膠鬲、棘子。』〔一〕疑棘子

本股人,衞居股都,棘子成卽棘子後也。知爲大夫者,以子夏云「夫子」,當時稱大夫皆爲夫子也。○注「惜乎」至「不及」。

○正義曰:說文云:『駟,一乘也。』○注「皮去」至「羊耶」。○正義曰:注以「文猶質」、「質猶文」即說棘子,故解爲「文質同」。謂棘子

馬不能及,不可得悔也。」詩清人箋「駟,四馬也。」言出於舌,過誤一成,雖駕馬追之,亦無及也。緇衣注云「文質同」。然棘子棄文用質,非有文質同之見,注此義失之。

成同文於質,無所分別,故喻以虎豹、犬羊,咸去毛則皮亦無所別也。

9　哀公問於有若曰:「年饑,用不足,如之何?」有若對曰:「盍徹乎?」【注】鄭曰:「盍,何不也。

周法:什一而稅謂之徹。徹,通也。爲天下之通法。」曰:「二,吾猶不足,如之何其徹也?」【注】孔曰:「二謂什

二而稅。」對曰:「百姓足,君孰與不足?百姓不足,君孰與足?」【注】孔曰:「孰,誰也。」　正義曰:釋文

云:「饑,鄭本作飢。」舊有一說云:哀公十二年、十三年,皆有螽,連年用兵於邾,又有齊警,此所以年饑而用不足。愚謂

此問當在十二年用田賦之前,故云「二吾猶不足」,明據宜公稅畝爲用二也。但哀公十二年以前,春秋未書年饑,疑當是穀

收歉薄,未至成災,抑因用不足,故爲此言。若在哀十二年後,則與「二吾猶不足」之文不合,殆未然也。俞氏正燮癸巳

〔一〕「外」下「有」字原脫,據鹽鐵論補。

類稿:「哀公言『年饑,用不足』,用者,布縷之征,力役之征。民有食而後能輸賦役,有若請留民食以裕國用。蓋徹者,米粟之征。言徹,則年饑之民庶足食,君與不足用也。」亦言民足食則賦役之用供,故爲豐財之禮。宣公十五年:『初稅畝。』左傳云:『非禮也。穀出不過藉,以豐財缺,不足用耳。大司徒『荒政十二』:『二曰薄征。』故有若於饑年言徹足用,此籌國老謀至計,蓋用非米粟也,徹非賦役也。」「百姓」者,說文云「姓,人所生也。」民不一姓,故稱百焉。「百姓足,君孰與不足」者,言貨財皆出於民,百姓足用,君亦足用也。「百姓不足,君孰與足」者,言百姓不足用,君亦不足也。「與」,「如取與」之與。漢書谷永傳「與」作「予」通用字。荀子富國篇:「下貧則上貧,下富則上富。故田野縣鄙者,財之本也;垣窌倉廩者,財之末也;……百姓時和,事業得敘者,貨之源也;……等賦府庫者,貨之流也。故明主必謹養其和,節其流,開其源,而時斟酌焉。潢然使天下必有餘,而上不憂不足。如是,則上下俱富,交無所藏之,是知國計之極也。故禹十年水,湯七年旱,而天下無菜色者,十年之後,年穀復熟,而陳積有餘,是無它故焉,知本末源流之謂也。」淮南子主術訓:「夫民之爲生也,一人蹠耒而耕,不過十畝。中田之獲,歲之收,不過畝四石。妻子老弱,仰而食之。時有澇旱災害之患,無以給上之徵賦、車馬、兵革之費,由此觀之,則人之生惘矣。夫天地之大計:三年耕而餘一年之食,率九年而有三年之畜,十八年而有六年之積,二十七年而有九年之儲,雖澇旱災害之殃,民莫困窮流亡也。故國無九年之畜謂之不足,無六年之積謂之憫急,無三年之畜謂之窮乏。故有仁君明王,其取下有節,自養有度,則得承受於天地,而不離饑寒之患矣。若食主暴君撓於其下,侵漁其民,以適無窮之欲,則百姓無以被天和而履地德矣。」二文並足發明此文之旨。說苑政理篇:「魯哀公問政於孔子。對曰:『政有使民富。』哀公曰:

『何謂也？』孔子曰：『薄賦斂，則民富矣。』公曰：『若是，則寡人貧。』孔子曰：『詩云「凱悌君子，民之父母。」未見其子富而父母貧者也。』與此章問答正同。○注『周法』至『通法』。○正義曰：邢疏云『公羊傳曰「古者什一而藉。什一者，天下之中正也。多乎什一，大桀小桀；寡乎什一，大貉小貉。什一者，天下之中正也。什一行而頌聲作矣。」穀梁傳亦云「古者什一而藉。」孟子云「夏后氏五十而貢，殷人七十而助，周人百畝而徹，其實皆什一也。」趙岐注云：「民耕五十畝者，貢上五畝；耕七十畝助者，以七畝助公家；耕百畝而徹者，徹取十畝以爲賦。雖異名而〔一〕多少同，故云皆什一也。」書傳云「十一者多矣」，故杜預云「古者公田之法，十取其一。舊法既已十畝取一矣，春秋魯宣公十五年『初稅畝』，又履其餘畝，更復十收其一，乃是十取其二，故此哀公曰『二，吾猶不足』，謂十畝內取二，猶尚不足。則從宣公之後，遂以十二爲常，故曰初。言初稅十二，自宣公始也。」諸書皆言十一而稅，而周禮載師云「凡任地，近郊十一，遠郊二十而三，甸稍縣都皆無過十二，漆林之征二十而五」者，彼謂王畿之內所共多，故賦稅重，諸書所言「什一」，皆謂畿外之國。故此鄭玄云：「什一而稅謂之徹。」徹，通也。爲天下之通法，言天下皆什一耳，不言畿內亦什一也。』詩甫田孔疏云『周制有貢有助。助者，九夫而稅一夫之田；貢者，什一而貢一夫之穀。通之二十夫而稅二夫，是爲什中稅一也。故冬官匠人注廣引經傳而論之云：「周制畿內，用夏之貢法，稅夫，無公田。邦國用殷之助法，制公田，不稅夫。貢者，自治其所受田，貢其稅穀。助者，借民之力，以治公田，又使收斂焉。諸侯謂之徹者，通其率以什一爲正。孟子云『野九夫而稅一，國中什一』，是邦國亦異外內之法耳。」是鄭解通率爲什一之事也。』孟子又云『方里而井，井九百畝，其中爲公田。八家皆私百畝，同養公田。

〔一〕『而』原誤作『義』，據孟子趙岐注改。

公事畢，然後敢治私事，所以別野人也。』是說助法井別一夫以入公也。云『別野人』者，別野人之法，使與國中不同也。助法既言百畝爲公田，則使自賦者，明是自治其田，貢其稅穀也。助則九而助一，貢則什一而貢一，通率爲什一也。如鄭之言，邦國亦異外內，則諸侯郊內貢，郊外助。而鄭正言畿內用貢法〔一〕邦國用助法，以爲諸侯皆助者，以諸侯郊內之地少，郊外助者多，故以邦國爲助，對畿內之貢爲異外內也。史傳說助貢之法，惟孟子爲明。鄭據其言，以什一而徹爲通外內之率，理則然矣。而食貨志云『井方一里，是九夫。八家共之，各受私田百畝，公田十畝〔二〕是爲八百八十畝，餘二十畝爲廬舍。』其言取孟子爲說，而失其本旨。班固既有此言，由是羣儒遂謬。何休之注公羊，范寧之解穀梁，趙岐之注孟子，宋均之說樂緯，咸以爲然，皆義異於鄭，理不可通。何則？言『井九百畝，其中爲公田』，則中央百畝，共爲公田，不得家取十畝也。又言『八家皆私百畝』，則百畝皆屬公矣，何得復以二十畝爲廬舍也？言『同養公田』，是八家共理公事，何得家分十畝各自治之也？若家取十畝各自治之，安得謂之『同養』也？若二十畝爲廬舍，則家二畝半亦入私矣。則家別私有百二畝半，何得爲八家皆私百畝也？此皆諸儒之謬。鄭於匠人注云『野九夫而稅一』，此箋云『井稅一夫，其中百畝』，是鄭意無家別公田十畝及二畝半爲廬舍之事。

法爲諸侯郊內貢，郊外助，因訓徹爲通，近儒亦不從之，而多以趙岐孟子注爲然。劉熙注孟子云『家耕百畝，徹取十畝以爲賦也。』與趙岐義同。案：說文則『徹』本訓通，『勞』下云『發也』。趙『劉』以『徹』爲取，或訓『勞』之㬪字。然孟子云『徹者，徹也』，就本字爲訓，似不煩㬪藉，則鄭義爲長。

司稼職云〔三〕「巡野觀稼」。以年之上下出斂法。

姚氏文田求是齋稿

〔一〕「貢」原誤作「夏」，據毛詩孔疏改。

〔二〕「公田」下原衍「八」字，據漢書食貨志上刪。

〔三〕「司稼」原誤作「稼人」，據周禮改。

謂「斂法卽徹法」。蓋徹無常額，惟通豐凶及君民計之，合百畝，而以十畝之入爲稅，此「徹」訓通之義。鄭君但言「通率什

一」者，欲明徹制與貢、助相通。其取於民，無不通計可知。至郊內貢、郊外助，不獨文見孟子，卽以載師「任地」證之，王畿

內外，既斂法各異，則謂諸侯郊內、郊外、斂法不同，亦奚疑也？後漢書陸康傳「夫什一而稅，周謂之徹。徹者，通也。言其

法度可通萬世而行也。」此與鄭君訓同義異，且未言徹制何若，其義終難明也。○注「孔曰『二謂什二而稅。』」○正義曰：

公稅畝之事，至哀公遂有子之諫，復用田賦，比什二爲益重。宜乎至孟子時，亟亟以薄賦斂爲仁政也。

匠人疏引此注作「鄭曰」，或鄭亦有注，而偏孔襲之。據鄭上注云「周制什一而稅。」則此「二」爲什而取二矣。此卽指宜

10 子張問崇德辨惑。【注】孔曰：「辨，別也。」子曰：「主忠信，徙義，崇德也。」【注】包曰：「徙義，見

義則徙意而從之。」愛之欲其生，惡之欲其死。既欲其生，又欲其死，是惑也。【注】包曰：「愛惡當有

常，一欲生之，一欲死之，是心惑也。」『誠不以富，亦祇以異。』」【注】鄭曰：「此詩小雅也。祇，適也。言此行誠不

可以致富，適足以爲異耳。取此詩之異義以非之。」　正義曰：吳氏嘉賓說：「克己復禮，崇德辨惑，皆古之言也。古訓

多協韻，以便蒙誦。」案：「崇德」者，爾雅釋詁：「崇，高也。」謂於人之有德，尊崇之也。「主忠信」者，鄭於學而篇注云：「主，

親也。」言於忠信之人親近之也。愛之欲其生，惡之欲其死」者，言其人非有可愛可惡之實，己但任情愛惡之也。先從叔

丹徒君騈枝曰：「愛之欲其生，惡之欲其死，猶之進人若將加諸膝，退人若將隊諸淵，皆形容譬況之辭。既欲其生，又欲其

死，覆舉上文而迫筦其詞，以起惑字，非兩意也。」又云：「人情之偏，愛惡爲甚。內無知人之明，外有毀譽之蔽，鮮有能至

當而不易者。」謹案：樂記云：「著則賢不肖別矣，著猶明也。」孔疏云：「所好得其善，所惡得其惡，則賢不肖自然分別矣。」今此忽愛忽惡，是好惡未著，故賢不肖亦不能辨，非惑而何？釋文云：「惑，本亦作或。」案說文：「惑，亂也。」「或」、「爲古今字。」皇本「崇德也」無「也」字，「誠」、「成」亦通用。○注「辨，別也。」○正義曰：「辨、別」亦常訓也。說文：「辨，判也。」判、別義同。「愛之欲其生」三句下各有「也」字。則能有常，不至變異也。「一欲生之」「一欲死之」，謂一念欲生之，一念欲死之。此總釋經文「愛之欲其生」四句之意。漢書王尊傳公乘興等訟王尊曰：「尊以京師廢亂，羣盜並興，選賢徵用，起家爲卿，賊亂既除，豪猾伏辜，即以佞巧廢黜。一尊之身，三期之間，乍賢乍佞，豈不甚哉！」孔曰：「『愛之欲其生，惡之欲其死』，是惑也。」觀此文所引，其義益明。○注「此詩」至「非之」。○正義曰：詩關雎疏引此注首句云：「此詩小雅『我行其野』之句也。」文較備。「祇、適」毛傳文。鄭彼箋云：「女不以禮爲室家成事，不足以得富也。女亦適以此自異於人道，言可惡也。」「不足以得富」，即此注「不可以致富」，惟「成」、「誠」二字各就文爲訓，其實毛詩作「成」，亦「誠」之叚借。自異人道即是惑，故取其義，以非此之惑也。

11

齊景公問政於孔子。孔子對曰：「君君，臣臣，父父，子子。」【注】孔曰：「當此之時，陳恒制齊，君不君，臣不臣，父不父，子不子，故以對。」公曰：「善哉！信如君不君，臣不臣，父不父，子不子，雖有粟，吾得而食諸？」【注】孔曰：「言將危也。」陳氏果滅齊。」正義曰：景公名杵臼，莊公異母弟，見史記齊太公世家。周書謚法解：「布義行剛曰景。」君君、臣臣、父父、子子，言君當思所以爲君，臣當思所以爲臣，父當思所以爲父，子當思所

以爲子，乃深察名號之大者。白虎通三綱六紀篇：「君臣者，何謂也？君，羣也，下之所歸心。臣者，繵堅也，屬志自堅固。

父子者，何謂也？父者，矩也，以法度教子。子者，孳孳無已也。故孝經曰：『父有爭子，則身不陷於不義。』此君、臣、父、

子稱名之實也。呂氏春秋處方篇：『凡爲治必先定分，君、臣、父、子、夫、婦，六者當位，則下不踰節，而上不苟爲矣；少不

悍辟，而長不簡慢矣。』又云：『同異之分，貴賤之別，長幼之義，此先王之所愼，而治亂之紀也。』左昭二十六年傳：『齊侯與

晏子坐於路寢。公歎曰：『美哉室！其誰有此乎？』晏子所言，正與夫子答齊侯意同。阮氏元校勘記云：『皇本、高麗本

不亡，則國其國也已。』公曰：『善哉！是可若何？』對曰：『唯禮可以已之。在禮，家施不及國。』又曰：『君令臣共，父慈子

孝，兄愛弟敬，夫和而義，姑慈婦聽，禮之善物也。君令而不違，臣共而不貳，父慈而敎，子孝而箴，兄愛而友，弟敬而順，夫和而

義，妻柔而正，姑慈而從，婦聽而婉，禮之善物也。』晏子所言，正與夫子答齊侯意同。阮氏元校勘記云：『皇本、高麗本

『吾』下有『豈』字。　釋文出『吾焉得而食諸』云：『本亦作『焉得而食諸』。『豈』『焉』義皆相近？疑

尼世家及漢書武五子傳並作『豈』，與皇本合。太平御覽二十二引『吾惡得而食諸』。『焉』，於虔反。本今作『吾得而食諸』。』案：史記仲

今本『吾』下有脫字。』○注：『當此之時，陳恒制齊。』○正義曰：黃氏式三後案引狄惺菴曰：『孔子至齊，在景公三十一年，

乃爲陳恒。』案：狄說本孔子世家。觀此，益知僞孔之謬。○注：『言將危也，陳氏果滅齊。』○正義曰：顏師古漢書武五子

當魯昭公二十五年。踰年，即反魯。是時陳氏爲武子開，字子彊，見昭二十六年左傳。無字之子，乞卒，子代之，

傳言：『父子、君臣之道不立，則國必危亡。倉廩雖多，吾不得食也。』即此注『將危』之意。　陳氏至太公和遷齊康公海上，

自立爲齊侯，是陳氏滅齊也。　景公時，其兆已見，故注云然。

12　子曰：「片言可以折獄者，其由也與？」【注】孔曰：「片，猶偏也。」聽訟必須兩辭以定是非，偏信一言以

折獄者，惟子路可。」　正義曰：釋文引鄭注云：「片，半也。」魯讀折爲制，今從古。」御覽六百三十九引鄭注云：「片讀爲

半，半言爲單辭。折，斷也。　惟子路能取信，所言必直，故可令斷獄也。」案：說文：「片，判木也。從半木。」「片」一音

之轉，故鄭注即讀「片」爲「半」。　漢書李陵傳：「令軍士人持一半冰。」注引如淳曰「半讀曰片」，此其證也。「片」既讀「半」，

義亦從之。故釋文所載「片，半」之訓，即是檃括鄭義，非鄭別有注也。「半言爲單辭」者，書呂刑云：「明清于單辭。」民之

亂，罔不中，聽獄之兩辭。」是獄辭有單、有兩。兩者，兩造具備也。單則一人具辭。「折斷」者，說文：「斨，斷也。從斤鐺艸。譚長說：折，篆文斨從

手。」「魯讀折爲制，今從古」者，呂刑「制以刑」，墨子尚同中篇引作「折則刑」，是「折」「制」字通。說文：「刜，裁也。從刀

未。制，古文制如此。」此與「折斷」音訓相近。廣雅釋詁：「制，折也。」大戴禮保傅篇「不中于制獄」，即折獄也。鄭以作

「折」，「制」義同，而古論出自壁中，無煩改讀，故定從古也。「惟子路能取信」者，言子路忠信，能取信於人也。說文：「獄，确也。從狱從言。二

犬所以守也。」鄭異義駁云：「獄者，埆也。」囚證於角核之處。周禮謂之圜土。」此云「斷獄」謂決斷獄中所訟事也。毛氏奇

齡四書改錯：「古折民獄訟，必用兩辭，故周官司寇『以兩劑禁民獄』。先取兩券而合之，使兩造獄詞各書其半，即今告牒與

訴牒也。　及聽獄後，復具一書契而兩分之，使各錄其辭，答之于其中，即今兩造兩口供也。是折獄之法，前券後契，必

得兩具，券不兩具，即謂之單詞。單詞不治，如司寇禁凡不賚券，即自坐不直，不俟上于朝而遽斥之是也。契不兩具，則

謂之不能舉契，亦不治，如春秋晉聽王訟，『王叔氏不能舉其契，王叔奔晉』是也。是半券半契，總無折理，惟子路明決，單辭可斷，在他人豈能之？」案：毛說與鄭義略同。然鄭言「子路能取信，故所言必直」，本非誣控，故無須對質如此，乃可令斷獄。明子路以忠信感人，不止如毛氏所云「明決」已也。原鄭之意，亦以片言折獄，不可爲法，故若所言必直，方可令斷獄，否則仍須兩辭矣。孔穎達書呂刑疏引此文說之云：「子路行直聞於天下，不敢自道其長，妄稱彼短。得其單辭，即可斷獄者，惟子路爾，凡人少能然也。」此與論語皇疏所載孫綽說同。焦氏循補疏卽依爲說，義涉迂曲，所不敢從。

子路無宿諾。【注】宿，猶豫也。子路篤信，恐臨時多故，故不豫諾。

正義曰：說文「宿，止也。」引申之有久義。漢書韓安國傳：「孝文寤於兵之不可宿。」注：「宿，久留也。」「諾」者，應也。子路有聞卽行，故無留諾。其於折獄亦然。蓋折獄一定，即予開釋，不使訟者受羈累之苦。此子路忠信之事，故記者類記於此。大戴禮子張問入官篇：「行事勿留」。注：「凡行政事，勿稽留之」。即此義。釋文云：「子路無宿諾，或分此爲別章。」文選江淹雜體詩注引上有「子曰」字，與釋文所載或本合。然夫子口中不應稱「子路」，或本非。○注「宿猶」至「豫諾」。○正義曰：管子地圖篇：「宿定所征伐之國。」注：「宿猶先也。」公羊桓元年傳注：「宿者，先誠之辭。」並與豫義相近。毛氏奇齡四書改錯：「集解作『不豫諾』，謂不先許也，正所謂『然諾不苟』者，急則輕諾矣。據左傳小邾射要子路盟，而子路辭之，是不許諾也。及季康子使冉有謂曰：『千乘之國，不信其盟，而信子之言，子何辱焉？』對曰：『魯有事於小邾，不敢問故，死城下可也。彼不臣，而濟其言，是義之也，由弗能。』是終不許諾也。此正不豫諾之證。」案：此注亦通，但與折獄事無涉，故不用以釋經。

13 子曰：「聽訟，吾猶人也。」【注】包曰：「與人等。」必也使無訟乎！【注】王曰：「化之在前。」 正義

曰：「聽訟」者，言聽其所訟之辭，以判曲直也。周官小司寇云：「以五聲聽獄訟，求民情。一曰辭聽，二曰色聽，三曰氣聽，

四曰耳聽，五曰目聽。」此皆聽訟之法。「吾猶人」者，言己與人同，但能聽訟，不能使無訟也。禮記大學云：「子曰：『聽訟，

吾猶人也，必也使無訟乎！』無情者不得盡其辭，大畏民志。』」鄭注：「情猶實也。無實者多虛誕之辭，聖人之聽訟與人同

耳。必使民無實者不敢盡其辭，大畏其心志，使誠其意不敢訟。」大戴禮禮察篇：「凡人之知，能見已然，不能見將然。禮

者，禁將然之前，而法者，禁於已然之後。是故法之用易見，而禮之所爲生難知也。若夫慶賞以勸善，刑罰以懲惡，先王

執此之正，堅如金石，行此之信，順如四時，處此之功，無私如天地。爾豈顧不用哉？然如曰禮云禮云，貴絕惡於未萌，

而起敬於微眇，使人日徙善遠罪，而不自知也。」孔子曰：『聽訟，吾猶人也。必也使無訟乎！』此之謂也。」潛夫論德化篇：

「是故上聖故不務治民事，而務治民心，故曰：『聽訟，吾猶人也，必也使無訟乎！』導之以德，齊之以禮，務厚其情而明則

務義，民親愛則無相害傷之意，動思義則無姦邪之心。夫若此者，非律之所使也，非威刑之所彊也，此乃教化之所致。」二

文並言無訟由於德教，此最是難能，正如勝殘去殺，必俟百年。王者必世而後仁，皆須以歲年，非可一朝能者，故祇言『必

也』以期之。 顏師古漢書賈誼傳注：「言使吾聽訟，與衆人等，然能先以德義化之，『使其無訟』。」又 酷吏傳注：「言使我獄訟，

猶凡人耳。然而立政施德，則能使其絕於爭訟。」〇注「與人等。」〇正義曰：言聽訟

吾與人同，無異能異法也。 史記孔子世家云：「孔子在位聽訟，文辭有可與人共者，弗獨有也。」是「與人等」可知。

14 子張問政。子曰：「居之無倦，行之以忠。」【注】王曰：「言爲政之道，居之於身，無得懈倦，行之於民，必以忠信。」

正義曰：北堂書鈔三十六引鄭此注云：「身居正位，不可懈卷。」是鄭以「居」爲「居位」「卷」即倦之省。釋文云：「倦亦作券。」鄭攷工記注：「券，今倦字也。」疑書鈔所引鄭注本是「懈券」，轉寫作「懈卷」也。詩假樂云：「不懈于位」，民之攸暨。」管子形勢解「解惰簡慢，以之事主則不忠，以之起事則不成。」〇注：「行之於民，必以忠信。」〇正義曰：大戴禮子張問入官云：「故不先以身，雖行必鄰也；不以道御之，雖服必強矣。故非忠信，則無可以取親於百姓矣，外內不相應，則無可取信者矣。」

15 子曰：「博學於文，約之以禮，亦可以弗畔矣夫！」【注】鄭曰：「弗畔，不違道。」

正義曰：釋文云：「博學於文，一本作『君子博學於文』。」案：皇本有『君子』，皆因前篇致誤。

16 子曰：「君子成人之美，不成人之惡。小人反是。」

正義曰：穀梁隱元年傳「春秋成人之美，不成人之惡。」大戴禮曾子立事篇：「君子己善，亦樂人之善也；己能，亦樂人之能也。君子不說人之過，成人之美，存往者，在來者，朝有過夕改則與之，夕有過朝改則與之。」孔氏廣森補注：「彼有過者，方畏人非議，我從而爲之辭說，則彼將無意於改，是成人之惡矣。故君子不爲也。」

17

季康子問政於孔子。 孔子對曰：「政者，正也。 子帥以正，孰敢不正？」【注】鄭曰：「康子，魯上卿，諸臣之帥也。」

正義曰：「子帥以正」，趙岐孟子章指、史記平津侯主父列傳贊引此文，並作「子率而正」。 皇本亦作「而正」。說文：「㲺，先道也。」經傳省作「率」，叚借作「帥」。帥，佩巾也。別一義。 大戴禮哀公問篇：「公曰：『敢問何謂爲政？』孔子對曰：『政者，正也。 君爲正，則百姓從政矣。 君之所爲，百姓之所從也，君所不爲，百姓何從？』」又注篇：「上者，民之表也。 表正，則何物不正？ 故君先立於仁，則大夫忠而士信，民敦、工樸、商愨、女憧、婦悾悾。」並與此章義相發。 ○注「康子，魯上卿，諸臣之帥也。」○正義曰：魯有三卿，季孫爲司徒，是上卿，故爲諸臣之帥。 言此者，明帥諸臣同歸於正，百姓孰敢不正也。 史記平津侯主父列傳贊：「夫三公者，百寮之率，萬民之表也。 未有樹直表而得曲影者也。」即此注義。

季康子患盜，問於孔子。 孔子對曰：「苟子之不欲，雖賞之不竊。」【注】孔曰：「欲，多情慾。 言民化於上，不從其令，從其所好。」 正義曰：說文云「盜，私利物也」。左文十八年傳「竊賄爲盜」。當康子時，魯國多盜，故康子患之。 「雖賞之不竊」者，說文：「賞，賜有功也」。盜自中出曰竊。 上言「盜」，此言「竊」者，互相訓。 說苑貴德篇：「周天子使家父毛伯求金於諸侯，春秋譏之。 故天子好利，則諸侯貪。 諸侯貪，則大夫鄙。 大夫鄙，則庶人盜。 上之變下，猶風之靡草也。」然則民之竊盜，正由上之多欲，故夫子以「不欲」勗康子也。 荀子君子篇：「聖王在上，分義行乎下，則士大夫無流淫之行，百吏庶人無怠慢之事，衆庶百姓無姦怪之俗，無盜賊之罪，莫敢犯大上之禁。 天下曉然皆知夫盜

竊之人不可以爲富也，〔一〕皆知夫賊害之人不可以爲壽也，皆知夫犯上之禁不可以爲安也。由其道，則人得其所好

焉；不出其道，則必遇其所惡焉。是故刑罰蕃省而威行如流。」與此章義相發。張栻論語解引張橫渠曰：「假設以子不欲

之物，賞子使竊，子必不竊。故爲政者，先乎足民，使民無所不欲，而盜心息矣。蓋盜生於欲之不足，使之足乎

此，則不欲乎彼，此古人弭盜之原也。」案：此說卽孟子「民有菽粟如水火，焉有不仁」之意，於義亦通。皇本「不欲」上無

「之」字。○注「欲多」至「所好」。○正義曰：欲生於情，故說文云：「情，人之陰氣有欲者也。」「欲」字說文不載。此云「情

慾」者，從俗作之。邢疏云：「大學曰『堯』舜率天下以仁，而民從之；『桀』紂率天下以暴，而民從之。其所令反其所好，

而民不從。」注云：「言民化君行也。君若好貨，而禁民淫於財利，不能正也。」案：緇衣篇亦云：「下之事上也，不從其所

令，從其所行。上好是物，下必有甚者矣。」

19 季康子問政於孔子曰：「如殺無道，以就有道，何如？」【注】孔曰：「就，成也。欲多殺以止姦。」

孔子對曰：「子爲政，焉用殺？子欲善而民善矣。君子之德風，小人之德草。草上之風，必

偃。」【注】孔曰：「亦欲令康子先自正。偃，仆也。加草以風，無不仆者，猶民之化於上。」正義曰：說文「殺，戮也。」

釋名喪制云：「罪人曰殺。殺，竄也。埋竄之，使不復見也。」「子爲政，焉用殺」者，言子爲政，當以德化民，不當先用殺也。

說苑政理篇引此經說之云：「王者尚其德而布其刑，霸者刑德並湊，彊國先刑而後德。」鹽鐵論疾貪篇：「百姓不治，有司之

〔一〕「皆」字原脫，據荀子補。

罪也。

春秋刺譏不及庶人，責其率也。」又云：「政教闇而不著，百姓顚蹶而不扶，猶赤子臨井焉，聽其入也。若此，則何以

爲民父母？故君子急於教，緩於刑。」又申韓篇：「所貴良吏者，貴其絕惡於未萌，使之不爲非，非貴其拘之囹圄而刑殺之

也。」皆言民上不貴用殺也。「子欲善而民善」者，言子苟欲善，雖無道之民，亦化而爲善，復申言不必用殺之效也。賈

誼新書大政下云：「王者有易政而無易國，有易吏而無易民。故因是國也而爲安，因是民也而爲治。」又云：「故君能爲善，

則吏必能爲善矣。吏能爲善，則民必能爲善矣。」是其義也。「君子之德風，小人之德草」者，邢疏：「此爲康子設譬也。在

上君子，爲政之德若風；在下小人，從化之德如草。」韓詩外傳：「傳曰：『魯有父子訟者，康子欲殺之。』孔子曰：『未可殺也。

夫民爲不善，則是上失其道。上陳之教而先服之，則百姓從風矣。』」疑父子訟卽此康子所指「無道」之事。然荀子宥坐則

在夫子爲司寇時，傳聞異辭，要亦爲此文合證也。皇本「德風」「德草」下並有「也」字。釋文云：「尚，本或作上。」案：孟子

滕文公篇亦作「尚」。○注「偃仆」至「於上」。○正義曰：趙注孟子云：「偃，伏也。」「仆」「伏」義同。趙云：「尚，加也。」以風

加草，莫不僵伏也。此注云「加草以風」，亦訓「上」爲加也。說苑君道篇：「夫上之化下，猶風靡草，東風則草靡而西，西風

則草靡而東。」

20 子張問：「士何如斯可謂之達矣」？子曰：「何哉，爾所謂達者」？子張對曰：「在邦必聞，

在家必聞。」【注】鄭曰：「言士之所在，皆能有名譽。」子曰：「是聞也，非達也。夫達也者，質直而好義，

察言而觀色，慮以下人。【注】馬曰：「常有謙退之志，察言語，見顏色，知其所欲，其知慮常欲以下人。」在邦必

達，在家必達。【注】馬曰：「謙尊而光，卑而不可踰。」夫聞也者，色取仁而行違，居之不疑。【注】馬曰：

「此言佞人假仁者之色，行之則達，安居其僞而不自疑。」任邦必聞，在家必聞。【注】馬曰：「佞人黨多。」正義

曰：「達」者，通也。通於處人，處己之道，故行之無所違阻，所謂「忠信篤敬，蠻貊可行」，卽達義也。「在邦」「在家」者，謂士

之仕於邦家者也。「質直而好義」者，謂達者之爲人樸質正直，而行事知好義也。「察言而觀色，慮以下人」者，言心存敬

畏，不敢忤慢人也。如此，則攸往咸宜，雖不求名譽，名必歸之。「大戴禮曾子制言上」：「弟子問於曾子曰：『夫士何如則可

以爲達矣？』曾子曰：『不能則學，疑則問，欲行則比賢，雖有險道，循行達矣。』」今之弟子，病下人，不知事賢，恥不知而又

不問，欲作則其知不足，是以惑闇，惑闇終其世而已矣。[一]是謂窮民也。」曾子之論達，與夫子略同，皆謂謹身篤行，不

求聲聞者也。若夫聞者，多是虛僞，故以仁之美德而色取之，不願其行違也，身居於仁，而若無所疑也。如此以得名譽，

是之謂聞。荀子宥坐篇：「孔子爲魯攝相，朝七日而誅少正卯。門人進問曰：『夫少正卯，魯之聞人也，夫子爲政而始誅

之，得無失乎？』孔子曰：『人有惡者五，而盜竊不與焉。一曰心達而險，二曰行僻而堅，三曰言僞而辯，四曰記醜而博，五

曰順非而澤。此五者，有一於人，則不得免於君子之誅，而少正卯兼有之。故居處足以聚徒成羣，言談足以飾邪營衆，強

足以反是獨立，此小人之桀雄也，不可不誅也。』」觀此，則闇乃聖人所深惡。漢書王莽傳贊：「王莽始起外戚，折節力行，

以要名譽，宗族稱孝，師友歸仁。及其居位輔政，成，哀之際，勤勞國家，直道而行，動見稱述。豈所謂『在家必聞，在國必

聞』？『色取仁而行違』者耶？」以莽之姦邪，亦是好爲聞人，故讒說殄行，不免震驚朕師也。子張堂堂，難與爲仁，夫子恐其

〔一〕「惑闇」二字原不重，據大戴禮記解詁補。

於仁亦是色取，故於聞者亟斥之，且恐其以聞即爲達也。皇本「夫達」、「夫聞」下無「也」字。○注「常有」至「下人」。○正義曰：「謙退」者，言達者常有謙退之志，故能察言觀色，更下人也。「知其所欲」者，言於人既察觀而知之，當順情以施也。○正「志慮」者，志之所慮也。察言觀色，不敢有加於人，所謂「君子無眾寡、無小大、無敢慢」者也。俞氏樾平議云：「按廣雅釋訓曰『無慮，都凡也。』慮即無慮，亦猶大氐也。慮以下人之慮，乃無慮之慮，言察言觀色」亦或止言「慮」。賈誼傳：『慮無不帝制而天子自爲者。』漢書食貨志曰：『天下大氐無慮皆鑄金錢矣。』『無慮』與『大氐』同，古人自有複語耳。大氐以下人也。」馬以『志慮』說之，非是。太玄玄瑩篇『故君子内正而外馴，每以下人。』其句法即本之此。」案：俞說甚是，然馬注亦未誤，此當並存。○注：「謙尊而光，卑而不可踰。」○正義曰：此易謙卦象辭。尊者，卑約也。曲禮云：「故君子恭敬，撙節退讓以明禮。」荀子仲尼篇：「恭敬而僔。」楊倞注：「僔與撙同，卑退也。」尊、撙音義並同。○注：「佞人黨比周，故能在家在國皆有名譽。」即本馬義。此解邦家必聞之故，言所稱譽之者，皆是佞黨，若君子則眾好必察，不致爲所惑也。顏師古王莽傳注：「朋黨比周，故能在家在國皆有名譽。」即本馬義。

21　樊遲從遊於舞雩之下，【注】包曰：「舞雩之處，有壇墠樹木，故下可遊焉。」曰：「敢問崇德、脩慝、辨惑。」【注】孔曰：「慝，惡也。脩，治也。治惡爲善。」子曰：「善哉問！先事後得，非崇德與？【注】孔曰：「先勞於事，然後得報。」攻其惡，無攻人之惡，非脩慝與？一朝之忿，忘其身，以及其親，非惑與？」

正義曰：言『舞雩之下』者，明時魯雩祭，樊遲從夫子往遊其下也。「崇德、脩慝、辨惑」者，此當是雩禱之辭。以德、慝、

惑爲韻，如湯禱、桑林，以六事自責也。「攻其惡，無攻人之惡」者，攻猶責也。春秋繁露仁義法篇解此文謂「君子以仁造

人，義造我」，所謂「躬自厚而薄責於外」也。「忿」者，廣雅釋詁云「怒」也。「以及其親」者，春秋桓二年「宋督弒其君與夷

及其大夫孔父。」公羊傳云「及者何？累也。」論衡明雩篇「樊遲從遊，感雩而問，刺魯不能崇德而徒雩也。」戴氏望論語

注云：「春秋昭廿五年：『秋七月上辛，大雩。季辛，又雩。』傳曰：『又雩者，非雩也。聚衆以逐季氏也。』」樊遲從遊，有感昭

公孫齊之事，因以發問。事，勤也。先勤求賢者，任之以政，乃能得民。昭公不用子家羈，失民失政，以致出奔，是不能崇德

也。子家駒曰：『諸侯僭於天子，大夫僭於諸侯。』公曰：『吾何僭乎哉？』」是攻人之惡，不知攻其惡也。『昭公不從其言，終

弒之而敗焉，走之齊。』是不忍一朝之忿，忘身以及宗廟，惑之甚也。時哀公亦欲去三家，故微其辭以危其事。」案：戴氏此

說，本之宋氏翔鳳發微，與論衡刺魯之義極合。皇本「無攻人之惡」「無」作「毋」。○注：「舜雩之處，有壇墠樹木。」○正

義曰：禮祭法注云：「封土曰壇，除地曰墠。」又「雩宗」注云：「水旱壇。」月令「雩帝」注云：「爲壇於南郊之旁。」水經泗水注

言：「魯雩壇高三丈，在魯縣故城南，雩門之外。」此注兼言「墠」者，壇外平地，時亦除治之，即爲墠也。知有樹木者，周官

大司徒言「設社稷之壝，樹之田主，各以其野之所宜木」。社稷是壇，有所宜之木，此雩壇亦當有樹木可知。○注：「墠，惡

也。脩，治也。」○正義曰：左傳十五年傳：「於是展氏有隱慝焉。」杜注：「隱惡，非法所得。」周官環人「察軍慝」注：「慝，惡

也。」「脩」與「修」同。廣雅釋詁：「修，治也。」此常訓。○注說非。解「後」字爲自然

之辭，尤不合。

22　樊遲問仁。子曰：「愛人。」問知。子曰：「知人。」樊遲未達。子曰：「舉直錯諸枉，能使枉者直。」【注】包曰：「舉正直之人用之，廢置邪枉之人，則皆化爲直。」樊遲退，見子夏曰：「富哉言乎！鄉也吾見於夫子而問知，子曰：『舉直錯諸枉，能使枉者直。』何謂也？」子夏曰：「富哉言乎！【注】孔曰：「富，盛也。」舜有天下，選於衆，舉皋陶，不仁者遠矣。湯有天下，選於衆，舉伊尹，不仁者遠矣。」【注】孔曰：「言舜、湯有天下，選擇於衆，舉皋陶、伊尹，則不仁者遠矣，仁者至矣。」

正義曰：大戴禮王言篇「孔子曰：『仁者莫大於愛人，知者莫大於知賢。』」荀子子道篇[一]「子貢對夫子問曰：『知者知人，仁者愛人。』」自世卿專國，其君雖知人而不能官人。遲之未達，職此之由。是愛人、知人爲仁知之大用。「樊遲未達」者，宋氏翔鳳發微云：「遲未達，當更有問辭，今無文者，略也。」「舉直錯諸枉，能使枉者直」者，言舉爾所知之直者，錯諸枉者之上，卽是知人也。「錯」，釋文引「或本作措」。樊遲又未達夫子所言之理，不敢復問，故退見子夏告之也。「鄉」，皇本作「嚮」。釋文：「鄉，又作嚮，同。」說文云：「嚮，不久也。」不久者，言日近也。阮氏元校勘記：「嚮正字，嚮俗字，鄉叚借字。」「富哉言乎」，皇本「言」上有「是」字。鄭注云：「皋陶爲士師，號曰庭堅。」案：書舜典「命皋陶曰『汝作士』。」孟子盡心上[二]亦云：「皋陶爲士。」不名士師也，疑「師」字誤衍。周官有「士師」，屬大司寇，以下大夫爲之。左文五年傳「皋陶庭堅」，杜注：「庭堅卽皋陶字。」是皋陶號庭堅也。又十八年傳高陽氏才子八人，有庭堅。「伊尹」，湯臣。說文「伊」字注：「殷聖人阿衡，尹治天下者。從人從尹。」疑「伊」是氏，「尹」是名。說文所云「尹治」者，就文說之。若白虎通說「顓頊、帝嚳、堯、

〔一〕「子道」原誤作「君道」，據荀子改。

〔二〕「盡心」原誤作「萬章」，據孟子改。

舜，皆有聖德之義」是也。鄭注尚書謂「伊尹名摯」與孫子用間篇合。

貢知孔子之意，必堯、舜、禹、湯之爲君，而後能盡用人之道，以垂百世之法。故言選舉之事曰云云。摯爲名，則尹爲字，可信也。宋氏翔鳳發微云：「子

說：「當春秋時，廢選舉之務，置不肖於位，輒退絶之，以生過失，至於君臣忿爭出奔，國家之所以昏亂，社稷之所以危亡，公羊隱元年何休

之，必奪君子威權。故皆錄之。」隱三年何休說：「禮，公卿大夫士，皆選賢而用之。卿大夫任重職大，不當世，爲其秉政久，恩德廣大，小人居

故尹氏世，立王子朝，齊崔氏世，弒其君光。君子疾其末，則正其本，見譏於卒者，亦不可造次無故

驅逐，必因其過卒絶之。明君案見勞授賞，則衆舉不能進無功，案見惡行誅，則衆讒不能退無罪。」此春秋譏世卿之義。

蓋卿大夫世，則舉直錯枉之法不行，有國者宜以不知人爲患，故子夏述舜舉皋陶，湯舉伊尹，皆不以世而以賢，以明大法。

漢書王吉言：「堯、舜不用三公九卿之世，而舉皋陶、伊尹，不仁者遠。今俗吏得任子弟，率多驕驁，不通古今，至於積功治

人，無益於民，此伐檀所爲作也。宜明選求賢，除任子之令。」即論語之義。「富哉言乎」，備也。必如舜舉皋陶，湯舉

伊尹，而後用人之法備。○注「舉正」至「爲直」。○正義曰：左襄七年傳：「正直爲正，正曲爲直。」漢書劉向傳：「能正人之曲

曰直。」曲者，枉也。枉爲直者所正，其必皆化爲直可知。○注「言舜」至「至矣」。○正義曰：「選」、「擇」常訓。「不仁者遠」，

言不仁之人，自知枉曲，皆遠去也。左宣十六年傳：「晉侯請于王，以黻冕命士會將中軍，且爲大傅。於是晉國之盜逃奔

于秦。羊舌職曰：『吾聞之：禹稱善人，不善人遠。此之謂也夫！』」杜注：「稱，舉也。」小明詩傳：「向上封事曰：『故賢人

在上位，則引其類而聚之於朝，在下位，則思與其類俱進。故湯用伊尹，不仁者遠，而衆賢至，類相致也。』」即此注「不仁

者遠，仁者至」之義。其不仁既知遠去，必亦化而爲善，故能使枉者直也。

其羞惡之心，使之自悟也。皇本「而」下有「以」字、「道」作「導」、「不可」作「否」。

道，導之不見從則止。必言之，或見辱。　正義曰：責善，朋友之道也。然不可則宜止，不復言，所以全交，亦所以養

23　子貢問友。子曰：「忠告而善道之，不可則止，毋自辱焉。」【注】包曰：「忠告以是非，告之以善

24　曾子曰：「君子以文會友，【注】孔曰：「友以文德合。」以友輔仁。」【注】孔曰：「友相切磋之道，所以輔

成己之仁。」　正義曰：「文」謂詩、書、禮、樂也。「以文會友」謂共處一學者也。爾雅釋詁：「輔，俌也。」引伸之，有佐

訓。禮學記云：「大學之教也，時教必有正業，退息必有居學。故君子之於學也，藏焉修焉，息焉遊焉。夫然，故安其學而

親其師，樂其友而信其道，是以雖離師輔，而不反也。」說苑說叢篇：「賢師良友在其側，詩、書、禮、樂陳于前，棄而爲不善

者鮮矣。」○注：「友以文德合。」○正義曰：「文德」者，言所學文皆在德也。爾雅釋詁：「會，合也。」亦常訓。

子路第十三　集解

凡三十章

1　子路問政。子曰：「先之勞之。」【注】孔曰：「先導之以德，使民信之，然後勞之。易曰：『說以使民，民忘其勞。』」請益。曰：「無倦。」【注】孔曰：「子路嫌其少，故請益。曰『無倦』者，行此上事，無倦則可。」　正義曰：禮月令云：「以道教民，必躬親之。」大戴禮子張問入官篇「故躬行者，政之始也。」又云：「君子欲政之速行也者，莫若以身先之也」，欲民之速服也者，莫若以道御之也。」皆言政貴身先行之，所謂「其身正，不令而行」是也。釋文：「勞，孔如字」，鄭力報反。陳氏鱣古訓曰：「鄭讀若郊勞之勞者，即孟子『放勳曰「勞之來之」』意也。」案「勞之」者，勸勉民使教率，不用刑趨勢迫也。「無倦」，釋文作「毋倦」。胡炳文四書通曰：「子張堂堂，子路行行，皆易銳於始而怠於終，故答其問政，皆以『無倦』告之。」○注「先導」至「其勞」。○正義曰：下篇子夏曰「君子信而後勞其民」，子張問政，夫子告以「擇可勞而勞之」，即此注所云「勞之」也。魯語敬姜曰：「昔聖王之處民也，擇瘠土而處之，勞其民而用之，故長王天下。夫民勞則思，思則善心生；逸則淫，淫則忘善，忘善則惡心生。沃土之民不材，逸也。」[一]瘠土之民莫不嚮義，勞也。」又曰：「君子勞

〔一〕「逸」原誤作「淫」，淫則忘善，忘善則惡心生。沃土之民不材，逸也。」[一]瘠土之民莫不嚮義，勞也。」又曰：「君子勞

〔一〕「逸」原誤作「淫」，據國語改。

心，小人勞力，先王之訓也。自上以下，誰敢淫心舍力？」並言政尚勞民之誼。孔注此文雖與鄭異，亦得通也。「導之以

德」爲政篇文。引易者，兌象傳文。○注：「子路嫌其少，故請益。」○正義曰：曲禮「請益則起。」注：「益謂受說不了，欲

師更明說之。」「不了」謂說有未盡，故此注以爲嫌少也。

2 仲弓爲季氏宰，問政。子曰：「先有司，【注】王曰：「言爲政當先任有司，而後責其事。」赦小過，

舉賢才。」曰：「焉知賢才而舉之？」曰：「舉爾所知。爾所不知，人其舍諸？」【注】孔曰：「女所知

者，人將自舉其所知，則賢才無遺。」

正義曰：「宰」者，大夫家臣及大夫邑長之通稱。皇疏獨謂「仲弓將往費爲季氏邑

宰」，則以夫子所言得專刑賞，任人當爲邑宰事也。「有司」者，宰之屬。言先有司信任之，使得舉其職也。呂氏春秋審

分覽：「凡爲善難，任善易。奚以知之？人與驥俱走，則人不勝驥矣；居於車上而任驥，則驥不勝人矣。人主好治人官之

事，則是與驥俱走也，必多所不及矣。」又云：「人主之車，所以乘也。察乘物之理，則四極可有，不知乘物而自怵悍，奪

其智能，多其教詔，而好自以，若此，則百官恫擾，少長相越，萬邪並起，權威分移，不可以卒，不可以教，此亡國之風也。」

觀此，是凡爲政者，宜先任有司治之，不獨邑宰然矣。「赦小過」者，爾雅釋詁：「赦，舍也。」説文：「赦，置也。」有司或有小

過，所犯罪至輕，當宥赦之，以勸功襃化也。言小過赦，明大過亦不赦可知。「賢才」謂才之賢者。有賢才，可自辟舉，爲

己輔佐。若有盛德之士，更升進之，不敢私蔽之也。皋陶曰：『在知人。』禹曰：『惟帝其難之。』此『爲知賢才』之慮也。如舜舉皋陶，湯舉伊尹，皆『舉爾所知』

宋氏翔鳳發微云：「自世卿大夫，而舉賢之政不行，故仲弓獨質其

疑，以求其信。

經悟。

也。不仁者遠，則仁者感進。易曰：『拔茅茹以其彙，征。』此『爾所不知，人其舍諸』之說也。是先有司者，必以舉賢才爲

本，舉賢才者，必以知其人爲要。」○注：「言爲政當先任有司，而後責其事。」○正義曰：此謂先任以官，而後予之以事，非

3 子路曰：「衞君待子而爲政，子將奚先？」【注】包曰：「問往將何所先行。」子曰：「必也正名

乎！」【注】馬曰：「正百事之名。」 正義曰：「衞君」者，出公輒也。「待」者，下篇「齊景公待孔子」，史記孔子世家作「止

孔子」，魯語「其誰云待之」，說苑正諫作「止之」，是「待」、「止」同義。時孔子在衞，爲公養之仕，知衞君將留用孔子，故子

路舉以問也。 史記孔子世家：「是時，衞公輒父不得立，在外，諸侯數以爲讓。而孔子弟子多仕于衞，衞君欲得孔子爲政。

子路曰：『衞君待子而爲政』云云。」是正名指蒯聵之事，此必古論家說，受之安國者也。正名者何？正世子之名也。春

秋：『哀二年夏，晉趙鞅帥師納衞世子蒯聵于戚。』孔疏：「世子者，父在之名。」蒯聵父既死矣，而稱世子者，晉人納之，世子

告之，是正世子以示宜爲君也。春秋以其本是世子，未得衞國，無可褒貶，故因而書世子耳。據此，是世子之稱，春秋不

以爲非而存之。則此「正名」，即世子之名可知。全氏祖望鮚埼亭集正名論曰：「孔子以世子稱蒯聵，則其嘗爲靈公所立

無疑矣。觀左傳累稱爲『太子』，固有明文矣。不特此也，其出亡之後，靈公雖怒，而未嘗廢之也。靈公欲立公子郢而郢

辭，則靈公有廢之之意而不果，又有明文矣。惟蒯聵未嘗爲靈公所廢，特以得罪而出亡，則聞喪而奔赴，衞人所不可拒也。

蒯聵之歸有名，而衞人之拒無名也。況諸侯之子得罪於父而仍歸者，亦不一矣。晉之亂也，夷吾奔屈，重耳奔蒲，及奚齊、

卓子之死，夷吾兄弟相繼而歸，不聞以得罪而晉人拒之也。然則於蒯聵何尤焉？故孔子之正名也，但正其世子之名而

已。既爲世子，則衛人所不可拒也。」全氏此論，實先得我心所欲言。愚謂春秋之義，世子繼體以爲君，爲輒計者，內迫於

南子，不能迎立蒯聵，則惟如叔齊及公子郢之所爲，遜避弗居斯已耳。乃輒儼然自立，當時必援無適子立適孫之義，以王

父命爲辭，是輒不以世子予蒯聵。觀於公子郢之言，「有亡人之子輒在」，「忠貞如子郢，在輒未立時，已不敢以世子稱蒯聵，

則輒既立後，假以王父之命，其誰敢有稱蒯聵爲世子者？所以蒯聵入戚，衛命石曼姑同齊國夏帥師圍戚，明是待蒯聵以

寇仇，其不以世子稱蒯聵審矣。太史公自序云：「南子惡蒯聵，子父易名。」謂不以蒯聵爲世子，而輒繼立也。名之顛倒，

未有甚於此者。夫子亟欲正之，而輒之不當立，不當與蒯聵爭國，顧名思義，自可得之言外矣。穀梁哀二年經注：「鄭君

曰『蒯聵欲殺母，「靈公廢之」，是也。若君薨，有反國之道，當稱『子某』，如齊子糾也。今稱「世子」，如晉存，是春秋不與蒯

聵得反立明矣。江熙曰：『鄭世子忽反正，有明文，子糾但於公子爲貴，非世子也。』又傳曰：「納者，內弗受也。帥師而後

納者，有伐也。何用弗受也？以輒不受也，以輒不受父之命，受之王父也。信父而辭王父，則是不尊王父也。其弗受以

尊王父也。」注：「寧不達此義。江熙曰：『齊景公廢世子，世子還國書「篡」，若靈公廢蒯聵立輒，則蒯聵不得稱曩日世子

也。稱蒯聵爲「世子」，則靈公不命輒審矣。此矛盾之喻也。然則從王父之言，傳似失矣。經云「納衛世子」，「鄭世子忽

復歸于鄭」，稱「世子」，明正也。明正，則拒之者非也。」案：范寧經傳兩注，皆引江熙說是也。

卒後，亦稱「世子」，則謂『君薨稱世子，無反國之道』，非矣。竊謂以王父命辭父命，乃衛輒所據之義，其意以父得罪王父，

雖其子，得申王父之命以辭父也。不知王父之命，固行之於父，而辭父之命，豈爲子者所忍言？〔哀三年經：「齊國夏、衛石

曼姑帥師圍戚。」此明是衛爲兵主，而先「國夏」者，當是夫子特筆。蓋蒯瞶得罪於父，暨父死而又爭國，不可以莫之討也，

故託於齊國夏以爲伯討，以正蒯瞶之罪，而又存蒯瞶世子之名於春秋，以正輒之罪，所以兩治之也。《春秋繁露》玉英篇：

「謂一元者，太始也。知元年志者，大人之所重，小人之所輕。是故治國之端在正名。名之正，興五世，五傳之外，美惡乃

形，可謂得其真矣，非子路之所能見。則衛輒雖如公羊說，亦是受之靈公，而非其位。非其位則危，故夫人正名之旨，必非子路所能見。董

君〔一〕而自卽之，春秋危之，吳王僚是也。」案：仲舒以正名當先正始，而引宋繆公，吳王僚說之。非其位不受，不受之先

其位，爲春秋所危。則衛輒危之，宋繆公受之先君而非

生此論，未爲誤也。惲氏敬先賢仲子廟立石文曰：「衛出公未嘗拒父也，衛靈公生于魯昭公二年，其卒年四十七。而蒯瞶

爲其子，出公爲其子之子。蒯瞶先有姊衛姬，度出公之卽位也，內外十歲耳。二年，蒯瞶入戚，三年春圍戚，衛之臣石曼

姑等爲之，非出公也。」夏氏炘衛出公輒論亦云：「靈公薨時，輒至長年十餘歲耳。以十餘歲之童子卽位，則拒蒯瞶者，

非輒也。蒯瞶有殺母之罪，斯時南子在堂，其不使之入明矣。及輒漸長，而君位之定已久，勢不可爲矣。

考蒯瞶於靈公四十二年入居於戚，及至出公十四年，始與渾良夫謀入，凡在戚者十五年，此十五年中，絕無動靜，則輒之

以國養可知。孔子於輒之六年，自楚至衛，輒年可十七八歲，有欲用孔子之意，故子路曰『衛君待子而爲政。』孔子以父居

於外，子居於內，名之不正，莫甚於此，故有正名之論。而子路意輒定位已久，且以國養父，未爲不可，故以子言爲迂。其

後孔子去衛，而果有孔悝之難。甚矣！聖人之大居正，爲萬世人倫之至也。孟子曰『孔子於衛孝公，公養之仕。』先儒謂

〔一〕「不受」二字原不重，據春秋繁露補。

孝公卽出公輒。孔子在衛凡六七年，輒能盡其公養，則此六七年中，必有不忍其父之心，孔子以爲尚可與爲善，而欲進之以正名，惜乎優柔不斷，終不能用孔子耳。　設也，輒果稱兵拒父，而孔子猶至衛，且處之六七年，何以爲孔子。」案：惲氏、夏氏此言，亦屬持平，故附箸之。○注「問往將何所先行」。○正義曰：往，謂往居位也。○注「正百事之名」。○正義曰：禮祭法云「黃帝正名百物」。「百物」卽百事。　左氏傳曰「唯器與名，不可以假人。」此指稱謂與爵位之名。穀梁僖十九年傳「梁亡，鄭棄其師，我無加損焉，但正其名而書之爾。」韓詩外傳「孔子侍坐於季孫，季孫之宰通曰：『君使人假馬，其與之乎？』孔子曰：『吾聞君取於臣謂之取，不曰假。』季孫悟，告宰通曰：『今以往，君有取謂之取，無曰假。』孔子正假馬之言，而君臣之義定矣。論語曰「必也正名乎！」春秋繁露深察名號篇「孔子曰『名不正，則言不順。』[一]名物如其真，不失秋毫之末。故名『貫石』，則後其『五』，言退鶂，則先其『六』，聖人之謹於正名如此。」毛氏奇齡稽求篇「漢藝文志『名家者流，蓋出於禮官。古者名位不同，禮亦異數。孔子曰『必也正名乎！』凡辨名所在，不可苟爲釰析，且從來有名家書，如鄧析、尹文子、公孫龍、毛公諸篇，俱以堅白同異、辨名義爲辭，此則名家之說之所由著也。　若漢後儒者，猶尚名，曰名物，曰名義，曰名象，而浸尋失真。　至晉時魯勝注墨辨一書，深論名理，謂『名者，所以列同異，明是非，道義之門，政化之準繩也。其序尚存晉史，約四五百言，極言隱顯、虛實、同異、真似之辨，亳釐織悉，皆有分剖。[三]其文甚著。　則是稱名之名，祇是一節，而百凡事物，莫非是名」。鄭此注云「正名謂正書字也。古者曰名本，而荀卿、莊周輩皆非之，然終不能易其論也」。墨子著辨經以立

〔一〕「孔子曰」以下十字，乃實性篇文，錯簡在此。

〔二〕其文甚著。

〔三〕「剖」原誤作「部」，據論語稽求篇改。

名,今世曰字。禮記曰:「百名已上,則書之於策。」孔子見時教不行,故欲正其文字之誤。陳氏鱣古訓曰:「周禮外史『掌達書名於四方』,注:『古曰名,今曰字,使四方知書之文字,得能讀之。』賈疏:『古者文字少,直曰名,後代文字多,則曰字。字者,滋也。滋益而生,故更稱曰字。正其名字,使四方知而讀之也。』大行人『九歲屬瞽史,諭書名』,注:『書名,書之字也。古曰名。聘禮曰「百名以上」。』此注引禮記者,聘禮記文。彼云『百名以上書於策,不及百名書於方』,注:『名,書文也。今謂之字」,賈疏引此注,以證是文字通謂之名。』臧氏庸鄭注輯本釋云:「孔子書字,必從保氏所掌古文為正,病時不行,故衛君待子為政,而子以是為先也。君子於其所不知,蓋闕如也,即史闕文之意。說文解字敍引此二句,是君同以『文字。」又云:「正名,乃為政之本,與刪詩書、定禮樂,同一垂教萬世,不可以空言視之也。敍云:『孔子曰「必也正名乎!」名謂書字』云云。釋文敍同。是隋以前俱鄭學。」梁氏玉繩庭立紀聞引魏書世祖造新字有『三豕』之文,非夫大聖至明,孰能原析之乎?論語:『名不正,則言不順。』易稱『失之毫釐,差以千里』。故糾其繆曰:正汇氏文字表,北齊書儒林傳李鉉字辨,俱引孔子語。 今案:風俗通正失篇:『樂正后夔有「一足」之論,『晉師己亥渡河』隋經籍志小學類『正名一卷』,失也。」亦與鄭同。蓋正文字是正名之一端,鄭君此義,亦馬注『百事』所得包也。然馬注古論而但渾言『百事』,不用世家,依衛事言之,則與安國旨趣稍異,抑別有注,為集解所刪佚耶?若鄭氏固篤信公、穀「以王父命辭父命」之說,宜其解「正名」不及衛父子爭國事也。

子路曰:「有是哉,子之迂也!奚其正?」【注】包曰:「迂猶遠也。言孔子之言遠於事。」子曰:「野哉由也!」【注】孔曰:「野猶不達。」君子於其所不知,蓋闕如也。【注】包曰:「君子於其所不知,當闕而勿據,今由不知正名之義,而謂之迂遠。」名不正,則言不順;言不順,則事不成;事不成,則

禮樂不興，；禮樂不興，則刑罰不中；刑罰不中，則民無所措手足。【注】孔曰：「禮以安上，樂以移風。

二者不行，則有淫刑濫罰。」故君子名之之必可言也，言之必可行也。【注】王曰：「所名之事，必可得而明言，所

言之事，必可得而遵行。」君子於其言，無所苟而已矣。　正義曰：釋文云「迂，鄭本作于」云：「于，狂也。」

案：文王世子「況于其身以善其君乎」？鄭注：「于讀爲迂。」又檀弓「于則于」，孔疏「于音近迂。迂是廣大之義。」莊子應帝

王：「其卧徐徐，其覺于于。」司馬彪注：「于于，無所知貌。」是「于」、「迂」義近，字亦通用。鄭以「正名」爲正文字，而訓「于」

爲狂，狂者，疎闊之意。或鄭亦讀此「于」爲迂也。校釋文者，或以「狂」爲「枉」之誤，或以「狂」爲「往」之誤，均須改字，殆未

然矣。「蓋闕如」者，段氏玉裁說文敍注云：「論語言如，或單字，李如、藰如是；或重字，申申如、夭夭如是；或疊韵雙聲

字，踧踖如、鞠躬如、蓋闕如是。蓋舊音如割。」漢書儒林傳曰：「疑者丘蓋不言。」蘇林曰：「不言者，不言所不知之意

也。」〔一〕如淳曰：「齊俗以不言所不知爲丘蓋。」〔二〕「丘蓋」，荀卿書作「區蓋」。丘、區、闕三字雙聲。」宋氏翔鳳過庭錄…

「荀子大略篇：『言之信者，在乎區蓋之間。疑則不言，未問則不立。』漢書儒林傳『疑者丘蓋不言。』『丘』古音同區，『丘

蓋』即區蓋。『區』、『闕』聲之轉。論語之『蓋闕』，即荀子之『區蓋』，爲未見闕疑之意。故曰『蓋闕如也』，與『踧踖如也』同

辭。讀論語以『闕如』連文者，非也。」「刑罰不中」者，周官職金「掌受士之金罰、貨罰」，注「罰，罰贖也。」說文：「刑，罰辠

也。罰，辠之小者。」「罰」是小辠，則「刑」爲辠大可知。釋文云：「中，丁仲反。」鄭司農云：「中者，刑罰之中也。」今案：後漢書梁統傳…

所重者中。　呂刑一篇言中者十。　周禮鄉士「獄訟成，士師受中」。鄭司農云：「中，丁仲反。」鄭司農云：「中者，刑罰之中也。」

〔一〕漢書儒林傳注作「丘蓋不言，不知之意也」。

〔二〕漢書儒林傳注作「齊俗以不知爲丘」。

「上言曰『經曰「爰制百姓于刑之衷」。』孔子曰『刑罰不衷，則民無所厝手足。』衷之爲言，不輕不重之謂也。」「衷」與「中」古字通。「無所錯手足」者，「錯」，皇本作「措」。釋文「錯，本又作措。」說文「措，置也。」「措」本字，「錯」假借字。皇疏云：「刑罰既濫，故下民畏懼。刑罰之濫，所以跼天蹐地，不敢自安，是無所自措立手足也。」案「事不成」、「禮樂不興」、「刑罰不中」，皆推言「名不正，則言不順」之失。「言」者，所以出令布治也。呂氏春秋審分覽：「夫名多不當其實，而事多不當其用者，故人主不可以不審名分也。今有人於此，求牛則名馬，求馬則名牛，所求必不得矣。而因用威怒，有司必誹怨矣，牛馬必擾亂矣。百官，衆有司也；萬物，羣牛馬也。不正其名，不分其職，而數用刑罰，亂莫大焉。故名不正，則人主憂勞勤苦，而官職煩亂悖逆矣，國之亡也，名之傷也，從此生矣。」呂覽此言名不正，則刑罰失亂，與此文意同。黃氏式三後案云：「王道不外彝倫，而家人莫重於父子。孟子曰『人人親其親，長其長，而天下平。』又曰『瞽瞍底豫，而天下之爲父子者定。』王者本孝出治，而家人亦阻室而不成矣。治國者，不正一家父子之名，而欲正一國之父子，無諸己而求諸人，則一己多忌諱之私，而事之不成甚矣。故治世之要務，在彝倫攸敍。三者失，而事之不成矣。禮莫大於父子之序，樂莫大於父子之和，刑罰莫大於不孝。○注「迂猶遠也」。○正義曰：說文「迂，避也。」此云「猶遠」者，引申之義。呂覽先己篇：「寡人以爲迂言也。」高誘注：「迂，遠也。」○注「孔曰」至「濫罰」。○正義曰：皇本作「包咸」者，孝經云「安上治民，莫善於禮；移風易俗，莫善於樂。」樂記「樂也者，聖人之所樂也。而可以善民心，其感人深，其移風易俗，故先王著其教焉。」

4 樊遲請學稼。子曰：「吾不如老農。」請學爲圃。曰：「吾不如老圃。」【注】馬曰：「樹五穀曰稼，樹菜蔬曰圃。」樊遲出。子曰：「小人哉，樊須也！上好禮，則民莫敢不敬；上好義，則民莫敢不服；上好信，則民莫敢不用情。【注】孔曰：「情，情實也。言民化於上，各以實應。」夫如是，則四方之民，襁負其子而至矣，焉用稼？」【注】包曰：「禮義與信，足以成德，何用學稼以教民乎？負者以器曰襁。」

正義曰：說文云：「農，耕人也。」今字作「農」，隸變。漢書食貨志：「闢土植穀曰農。」當春秋時，世卿持祿，廢選舉之務，賢者多不在位，無所得祿，故樊遲請夫子學稼、學圃，蓋諷子以隱也。書無逸云：「知稼穡艱難，則知小人之依。」又云：「舊爲小人，爰暨小人。」是小人即老農、老圃之稱。孟子滕文公篇「有大人之事，有小人之事」，與此同也。古者四民各有恒業，非可見異而遷。若士之爲學，則由成己以及成物，「己欲立而立人」，「己欲達而達人」。但當志於大人之事，而行義達道，以禮、義、信自治其身，而民亦觀化而至，安用此學稼、學圃之事，徒潔身而廢義哉！孝經曰：「君子言思可道，行思可樂，德義可尊，作事可法，容止可觀，進退可度，以臨其民。故能成其德教，而行其政令。」是上好禮，則民咸知敬也。荀子王霸篇：「之所與爲之者之人，則舉義士也；之所以爲布陳於國家刑法者，則舉義法也；主之所極然帥羣臣而首鄉之者，則舉義志也。如是，則下仰上以義矣，是綦定也。」是上好義，則民服也。禮運曰：「故天不愛其道，地不愛其寶，人不愛其情。則是無故，先王能修禮以達義，體信以達順故。此順之實也。」晉語箕鄭曰：「信於君心，則美惡不踰；信於令，則時無廢功；信於事，則民從事有業。」愛者隱也，人不隱其情，由於上能修禮體信。是上好信，則民莫敢不用情也。皇本「請學爲圃」下有「子」字。「襁負」，釋文云：「繦，居丈反，又作襁，同。」張參五經

文字曰:「作襁非.」段氏玉裁說文注云:「五經文字襁非也,古繈、緥字從糸,不從衣.說文『襁』字,乃淺人妄增.」○注「樹五穀曰稼,樹菜蔬曰圃.」○正義曰:「樹」與「尌」同,謂種植也.「五穀」禾、黍、稷、稻、麥也.詩伐檀傳「種之曰稼.」周官司稼注「種穀曰稼.」是凡樹穀曰稼也.

說文:「圃,所以種菜曰圃.」周官大宰「九職」「二曰園圃,毓草木」.注「樹果蓏曰圃.」蓏兼有菜蔬.

禮記射義注云:「樹菜蔬曰圃.」與此訓同.○注「情實」.○正義曰:「情者,好惡之誠,無所欺隱,故曰情實.下篇「如得其情」,亦謂所犯罪之實也.」○注「禮義」至「曰襁」.○正義曰:注以學圃爲因教民,是逆探下文爲此語,殆未然也.「負者」乃「負子」之譌.弟子傳集解引作「負子之器曰襁」,皇疏引注亦作「負子」.又引李充曰「負子以器」,則「負者」乃「負子」之譌.說文:「繈,緥也.」段注『呂覽明理篇「道多繈緱」,高注「繈,襁格上繩也.」〔一〕又直諫篇注:「繈,襁格繩.」襁即繈,格即絡,襁褓爲絡,以負之於背,其繩謂之繈.又引後漢書清河孝王慶傳注:「以繒帛爲之.」皇疏云:「以竹爲之.」或云以布爲之.今蠻夷猶以布杷裹兒負之背也.」皆各據所見言之.小兒繈兼有絡繩,蓋統名繈,後起之義也.史記魯周公世家「成王少在強葆之中.」索隱曰:「強葆即襁褓,假借用之.」案:顏師古漢書宣紀注:「襁,即今之小兒繈也.」博物志云『繈縷爲之,廣八寸,長二尺』,乃謂其絡,未及其繩也.

5 子曰:「誦詩三百,授之以政,不達;使於四方,不能專對;雖多,亦奚以爲?」【注】專,猶獨也.

正義曰:「誦詩」者,周官大司樂「以樂語教國子興、道、諷、誦、言、語」.注「倍文曰諷,以聲節之曰誦.」謂但以

〔一〕「格」字原脫,據說文段注及呂覽高注補.

樂聲節之,不用樂也。墨子公孟篇:「誦詩三百,弦詩三百,歌詩三百,舞詩三百。」是學詩有誦、弦、歌、舞之法。此但及誦

詩者,主於口讀,尋繹其義恉也。〈毛詩序〉云:「先王以是經夫婦,成孝敬,厚人倫,美教化,移風俗。」是詩之理可通政事,故

宜達也。「使於四方能專對」者,謂得詩溫柔敦厚之教,則能應對賓客也。〈閻氏若璩釋地又續〉:「聘

禮,大夫受命,不受辭,出竟有可以安社稷、利國家者,則專之可也。」案:〈漢書王莽傳〉「選儒生能顓對者」,注曰:「顓與專

同。專對,謂應對無方,能專其事。」〈聘記〉云:「辭無常,孫而說。」注云:「孫,順也。大夫使受命,不受辭,辭必順且說。」疏

云:「謂受君命,聘于鄰國,不受賓主對答之辭。必不受辭者,以其口及,則言辭無定準,故不受之也。」此即專對之義。

「孫而說」,亦所習於詩教然也。〈韓詩外傳〉:「齊景公使人於楚,楚王與之上九重之臺,顧使者曰:『齊有臺若此乎?』使者

曰:『吾君有治位之坐,土階三等,茅茨不翦,樸橡不斲者,猶以謂爲之者勞,居之者泰,吾君惡有臺?』若此者,使者可謂

不辱君命,其能專對矣。」此事正可舉證。鄭注云:「誦習此道,不能爲用,雖多,亦奚以爲也?」案:「多」謂詩三百也。〈黃氏

式三後案以「多」指未刪之詩,誤。○〈注〉「專,猶獨也。」○〈正義〉曰:〈左襄十九年傳〉服注:「專,獨也。」此常訓。胡炳文〈四書

通〉:「古者遣使,有正有介。正使不能達,則介使助之。如正使自能致辭,不假衆介之助,是謂能專對。」即此「專」訓「獨」之

義。〔一〕閻氏若璩釋地又續非云:「果爾?先王遣聘,只使者一人足矣。胡爲而從以上介及衆介耶?蓋應對之事,使

者固多,而上介、次介、末介,亦非嘿無語者,〈聘禮一篇可見。〕

〔一〕「專」原誤作「助」,據經注及文義改。

6 子曰：「其身正，不令而行；其身不正，雖令不從。」【注】令，教令也。

正義曰：漢書公孫弘傳：「上古堯、舜之時，不貴爵賞而民觀善，不重刑罰而民不犯，躬率以正而遇民信也。末世貴爵厚賞而民不勸，深刑重罰而姦不止，其上不正，遇民不信也。」淮南子主術訓：「是故有諸己不非諸人，無諸己不求諸人，所立於下者不廢於上，所禁於民者不行於身。所謂亡國，非無君也，無法也。變法者，非無法也，有法者而不用，與無法等。是故人主之立法，先自爲檢式儀表，故令行於天下。」孔子曰云云。故禁勝於身，則令行於民矣。同言而民信，信在言前也。同令而民化，誠在令外也。聖人在上，民遷而化，情以先之也。動於上，不應於下者，情與令殊也。」孔子曰云云。先王之所以拱揖指揮，而四海賓者，誠德之治，已形於外。故詩曰『王猶允塞，徐方既來』，此之謂也。諸文並足發明此章之旨。○注：

「令，教令也。」○正義曰：說文云：「令，發號也。」鹽鐵論詔聖篇：「令者，教也，所以導民人。」

7 子曰：「魯、衛之政，兄弟也。」【注】包曰：「魯，周公之封；衛，康叔之封。周公、康叔，既爲兄弟，康叔睦於周公，其國之政，亦如兄弟。」 正義曰：皇本無「也」字。○注「魯周」至「兄弟」。○正義曰：史記世家：「周公旦者，周武王弟也。衛康叔名封，周武王同母少弟也。」左定六年傳〔一〕：「公叔文子曰：『大姒之子，惟周公、康叔爲相睦也。』」是周公、康叔爲兄弟最睦也。方氏觀旭偶記：「包注不就衰亂言。案：左氏定四年傳『皆啟以商政』注『皆魯、衛也。』」

〔一〕〔六〕原誤作「五」，據左傳改。

又夫子嘗言『魯一變至於道』，而五至衞國，則有『三年有成』之語。又論子賤而以魯爲多君子，與季札稱『衞多君子』，辭

轍。齊大陸子方曰：『何以見魯、衞之士？』並見二國之政俗，末世猶賢於他國。更證之漢書馮奉世傳人歌立與野王曰：

『大馮君，小馮君，兄弟繼踵相因循，聰明賢知惠吏民，政如魯、衞德化均。周公、康叔猶二君』，『政如魯、衞』二句，正用

魯論語。漢世之解如此。』今案：方說深得經注之意。朱子集注就衰世言，則語涉詼諧，非其理矣。

8　子謂衞公子荊，『善居室。【注】王曰：『荊與蘧瑗、史鰌並爲君子。』始有，曰：『苟合矣。』少有，

曰：『苟完矣。』富有，曰：『苟美矣。』　正義曰：云『衞公子荊』者，金氏文淳蛾術篇謂『魯亦有公子荊，哀公庶子。

見左哀二十五年傳。故論語特加衞以別白之』是也。『善居室』者，皇疏云：『居其家能治，不爲奢侈，故曰善也。』『有』者，

有財也。列子說符篇『羨施氏之有。』張湛注：『有，猶富也。』公子荊仕衞得祿，終致富有。『苟』者，誠也，信也。『合』者，

言己合禮，不以儉爲嫌也。『完』者，器用完備也。『美』者，盡飾也。公子荊處衞富庶之時，知國奢當示之以儉，又深習驕盈

之戒，故言『苟合』、『苟完』、『苟美』。言其意已足，無所復歉也。○注：『荊與蘧瑗、史鰌並爲君子。』○正義曰：左氏傳『吳

公子札適衞，說蘧瑗、史狗、史鰌、公子荊、公叔發、公子朝，曰：『衞多君子，未有患也。』此注所本。

9　子適衞，冉有僕。【注】孔曰：『孔子之衞，冉有御。』

子曰：『庶矣哉！』【注】孔曰：『庶，衆也。言衞人衆

多。』冉有曰：『既庶矣，又何加焉？』曰：『富之。』曰：『既富矣，又何加焉？』曰：『教之。』　　　正義

曰「冉有」，皇本作「冉子」。阮氏元校勘記：「春秋繁露仁義法篇、論衡問孔篇、風俗通義十反卷，並作冉子。」說苑建本篇：

「子貢問為政。孔子曰：『富之。既富，乃教之也。』」與此問答略同，或傳聞之異。孫氏奇逢四書近指：「漢荀悅云：人不畏死，

不可懼以罪；人不樂生，不可勸以善。故在上者，先豐民財，以定其志，是謂養生。禮教榮辱，以加君子，化其情也；桎

梏鞭朴，以加小人，化其形也。若教化之廢，推中人而墜於小人之域，教化之行，引中人而納於君子之塗，是謂章化。」」按

悅此語，與孔子富教之說相發明。今案：管子治國云「凡治國之道，必先富民。民富則易治也，民貧則難治也。奚以知

其然也？民富則安鄉重家；安鄉重家，則敬上畏罪；敬上畏罪，則易治也。民貧則危鄉輕家；危鄉輕家，則敢陵上犯

禁；陵上犯禁，則難治也。」亦言為政宜先富民也。 孟子梁惠王篇「是故明君制民之產，必使仰足以事父母，俯足以畜妻

子，樂歲終身飽，凶年免於死亡，然後趨而之善，故民之從之也輕。」明富民當制民之產，民得恒產，乃易教也。 荀子大略

篇「不富無以養民情，不教無以理民性。故家五畝宅，百畝田，務其業而勿奪其時，所以富之也。 立大學，設庠序，修六

禮，明十教，所以道之也。」詩曰：『飲之食之，教之誨之。』王事具矣。」○注「孔子之衛，冉有御。」○正義曰：說文云「僕，

給事者。」御車亦以給事，故通稱僕。周官有「大僕」「戎僕」。○注「庶，衆也。」○正義曰：「庶、衆」爾雅釋詁文。說文：

「庶，屋下衆也。」

10　子曰：「苟有用我者，期月而已可也，三年有成。」【注】孔曰：「言誠有用我於政事者，期月而可以

正義曰：史記孔子世家云「靈公老，怠於政，不用孔子。孔子喟然歎曰：『苟有用我者，

行其政教，必三年乃有成功。」

昔月而已』,三年有成。』是此語爲在居衛時,故次於適衛章之後。 當春秋時,魯、衛之政,尚爲兄弟,故夫子去魯後,獨久居衛,顧治之也。 説文:「稘,復其時也。」從禾,其聲。 期,會也。 從月,其聲。」訓義略同。 會者,合也。 復其時,仍合於此月也。 積月成年,故周年謂之期年,又謂之期月,言十二月至此一合也。 漢書食貨志:「民三年耕,則餘一年之畜。衣食足而知榮辱,廉讓生而争訟息。 故三載考績。 孔子曰『苟有用我者,期月而已可也』『三年有成。』成此功也。」然則三年有成,兼有富教之術。 故上章載夫子與冉有語,備文見之。 凡善人王者,不外此術也。

11 子曰:『善人爲邦百年,亦可以勝殘去殺矣。』【注】王曰:「勝殘,勝殘暴之人,使不爲惡也。去殺,不用刑殺也。」誠哉是言也。」【注】孔曰:「古有此言,孔子信之。」 正義曰:鄭注云:「善人居中,不踐迹,不入室也。上不及王者,下不同時君,故言中也。此人爲政,不能早有成功,百年乃能無殘暴之人。」案「居中」者,對下「王者」言之。上篇言「善人之道,不踐迹,亦不入於室」,此注本之。 而以入室喻王者,漢書刑法志:「孔子曰『如有王者,必世而後仁』。善人爲國百年,可以勝殘去殺矣。」言聖王承衰撥亂而起,被民以德教,變而化之,必世然後仁道成焉。 至於善人不入於室,然猶百年勝殘去殺矣。 此爲國者之程式也。」並謂善人既未入室,不能早有成功,故必期之百年也。 ○注「勝殘」至「殺也」。 ○正義曰:説文:「殘,賊也。」孟子梁惠王篇「賊義者謂之殘。」言善人爲邦百年,殘暴之人不能盡絶,但其政治足以勝之,使不爲惡,故亦不至用刑殺也。 殺是重刑。 言「去殺」明諸輕刑未能免矣。

12 子曰：「如有王者，必世而後仁。」【注】孔曰：「三十年曰世。如有受命王者，必三十年仁政乃成。」

正義曰：戚、宋翔本鄭注云：「周自太王、王季、文王、武王，賢聖相承四世。」又云：「周道至美，武王伐紂，至成王乃致太平，由承殷紂散化之後故也。」案：御覽四百十九引鄭此注又云：「聖人受命而王，必父子相承，而後天下之民能仁也。」鄭以周之王業，肇基大王，歷三世至武王，受命而有天下。武王承大亂之後，勝殷未久而崩，至成王六年，乃制禮作樂，功致太平。由成王上溯大王，多有歷年，則以周承殷紂之後，俗敝已久，難可卒化，與尋常受命而王，其事勢有不同也。云「必父子相承」者，以三十年未必適當一君，故兼父子計之。荀子大略篇：「文王誅四，武王誅二，周公卒業，至成、康則案無誅已。」亦謂成王時，民已能仁，故無誅也。包氏慎言溫故錄：「漢書食貨志云：『三年耕則餘一年之畜，衣食足而知榮辱，廉讓興而爭訟息，故三載考績。三考黜陟，餘三年食，進業曰登。再登曰平，餘六年食。三登曰太平，二十七歲，餘九年食。然後以德化流洽，禮樂成焉。故曰「如有王者，必世而後仁」，繇此道也。』案：依志言『必世後仁』，蓋謂養而後教。故王者初起，必先制民之田里，教樹畜，使民家給人足，然後以德教，變而化之，必世然後仁道成焉。飢寒並至，雖堯、舜在上，不能使民無寇盜；貧富兼并，雖皋陶制法，不能使彊不凌弱。刑法志亦引此經解之云：『言王者乘衰撥亂而起，被民以德教，變而化之，必世然後仁道成焉。』義亦略同。」案：包說乃探原之論，可補鄭義。○注「三十」至「乃成」。○正義曰：漢書平當傳引此文解之云：「三十年之間，道德和洽，制禮興樂，災害不生，禍亂不作。」是世為三十年也。「受命」者，受天命也。「仁政乃成」者，言民化於仁，是上之仁政有成功也。

13 子曰：「苟正其身矣，於從政乎何有？不能正其身，如正人何？」

正義曰：「政」者，正也。

言爲政當先正其身也。皇疏云：「其身不正，雖令不從，故『如正人何』也。」

14 冉子退朝。【注】周曰：「謂罷朝於魯君。」子曰：「何晏也？」對曰：「有政。」子曰：「其事也。如有政，雖不吾以，吾其與聞之。」【注】馬曰：「政者，有所改更匡正。事者，凡行常事。如有政，非常之事。我爲大夫，雖不見任用，必當與聞之。」

正義曰：冉子即冉有。稱「子」者，箸其爲師也。「晏」者，說文云「晏，天清也。」此文訓曰暮，當是引申之義。解者謂「晏」爲「旰」之叚借，亦通。毛氏奇齡稽求篇：「凡朝無晏退之禮，晏則必問。國語『范文子暮退於朝。武子曰：「何暮也？」與子問正同。』方氏觀旭偶記：『禮玉藻云：「揖私朝，煇如也；登車則有光矣。」注「揖其臣乃行。」玉藻又云：「朝，辨色始入。」』案：先視私朝，然後朝君，猶當辨色之時，則家臣之退，自然宜蚤，此子所以問冉有退朝之晏。」○注：「周曰『謂罷朝於魯君。』」○正義曰：釋文云：「周生烈曰：『君之朝。』」是此「周」爲周生也。鄭注云：「朝於季氏之私朝。」與周生異。方氏觀旭偶記：「案左氏哀十一年傳『季孫使冉子從於朝，俟於黨氏之溝。』可見家臣從大夫之公朝，僅得俟於朝中之地，無朝魯君之事。其朝於大夫之私朝者，左氏襄三十年傳『鄭伯有嗜酒，朝至，未已。』朝者也。從鄭説是。」陳氏鱣古訓謂「其事，其字即指季氏」。自餘若閻氏若璩、毛氏奇齡、宋氏翔鳳，皆以鄭注爲然。魯語云：「公父文伯之母如季氏，康子在其朝，與之言，弗應，康子辭於朝而入。」注云：「辭其家臣。」是其證。魯語云：「自卿以下，合官職於外朝，合家事於内朝。」韋注：「外朝，君之公朝也。内朝，家朝也。」此冉子退朝，即是大夫内朝，在正

寢門外。○[注]「政者」至「聞之」。○[正義]曰：馬以政大事小，而政亦是事，故云「非常之事，故或有改更臣

正，當集衆卿大夫並議之。夫子反魯，雖不見用，然猶從大夫之後，故云「我為大夫，當與聞之」。左哀十一年傳：「季氏欲以

田賦，使冉有訪諸仲尼曰『子為國老，待子而行。』」是其證也。鄭注云「君之教令為政，臣之教令為事也。故云「其事

也」。與馬注異。左昭二十五年傳：「為政、事、庸、力、行、務，以從四時。」杜注「在君為政，在臣為事。」是政、事各別。魯

語所云「官職」，謂政也；所云「家事」，謂事也。但政、事對文異，散文亦通。故仲弓為季氏宰問政，而詩亦言「王事」是

政、事不分別也。揆鄭之意，當以政、事有公、私之別，故夫子辨之，亦正名定分之意。若以政大事小，則無與於名分，非

其義矣。魏書高閭傳解此文云：「政者，君上之所施行合於法度，經國治民之屬皆謂之政。臣下奉教承旨，作而行之謂之

事。」此與鄭義又異。然承奉君教，仍是君事，於義非也。

15 定公問：「一言而可以興邦，有諸？」孔子對曰：「言不可以若是，其幾也。[注]王曰：「以

其大要一言，不能正興國。幾，近也。有近一言可以興國。」人之言曰：『為君難，為臣不易。』」如知為君之

難也，不幾乎一言而興邦乎？[注]孔曰：「事不可以一言而成。如知此，則可近也。」 [正義]曰：皇本「如知為

君」下無「之」字。韓詩外傳：「傳曰：言為王之不易也。大命之至，其太宗、太史、太祝，斯素服執策，北面而弔乎天子曰：

『大命既至矣，如之何憂之長也？』授天子策一矣。曰：『敬享以祭，永主天命，畏之無疆，厭弱無敢寧。』授天子策二矣。

曰：『敬之，夙夜伊祝，厭弱無怠，萬民望之。』授天子策三矣。曰：『天子南面受於帝位，以治為憂，未以位為樂也。』

詩曰：「天難諶斯，不易惟王。」○注「以其」至「興國」。○正義曰：一言衹是大要，不能正興國，此釋「言不可以若是」

之文也。「幾、近」，爾雅釋詁文。易「月幾望」，詩「維其幾矣」，「幾」並訓近。此謂有一言近於興國也。王氏若虛論語

辨惑：「其幾也」三字，自爲一句。一言得失，何遽至於興喪？然有近之者。」孟氏夢恂四書辨疑：「經文兩『其幾也』，皆

三字爲句，舊注文亦是作兩句説。」曰：「一言而喪邦，有諸？」孔子對曰：「言不可以若是，其幾也。

人之言曰：『予無樂乎爲君，唯其言而莫予違也。』【注】孔曰：「言無樂於爲君，所樂者，唯樂其言而

不見違。」如其善而莫之違也，不亦善乎？如不善而莫之違也，不幾乎一言而喪邦乎？」【注】

孔曰：「人君所言善，無違之者，則善也。所言不善，而無敢違之者，則近一言而喪國。」正義曰：「違」者，背也。

言臣下不從君言，有所違背也。周語云：「故天子聽政，使公卿至於列士獻詩，瞽獻典，史獻書，師箴，瞍賦，矇誦，

百工諫，庶人傳語，近臣盡規，親戚補察，瞽史教誨，耆艾脩之，而後王斟酌焉，是以事行而不悖。」是爲君冀有人諫

靜，不嫌有予違也。吳語云：「申胥曰：『今王播棄黎老，而近孩童焉比謀。』曰：『余令而不違。』夫不違，乃違也，夫不

違，亡之階也。』」韓非子外儲説：「晉平公與羣臣飲，飲酣，乃喟然歎曰：『莫樂爲人君，惟其言而莫之違。』師曠侍坐於

前，援琴撞之。曰：『啞！是非君人者之言也。』」皆以言莫予違，則讒諂所違，禍患所伏，懼忠鯁之

而人莫之告。自古喪國之禍，多由於此。陸敬輿所謂『天下大慮，在於下情不通』，所謂『忽於戒備，逸於居安，

怫心，甘諛詐之從欲，不聞其失，以致大失』也。」

16 葉公問政。子曰：「近者說，遠者來。」正義曰：釋文「葉，舒涉反。本今作葉。」盧氏考證以「葉」爲「唐人避諱所改，本今作『葉』，則宋人校語是也。」韓非子難篇「葉公子高問政於仲尼，仲尼曰『政在悦近而來遠』。」又曰：「葉都大而國小，民有背心」，則宋人校語是也。墨子耕柱篇「葉公子高問政於仲尼曰：『善爲政者若之何？』仲尼對曰：『善爲政者，遠者近之，而舊者新之。』」語異義同。管子版法解：「凡眾者，愛之則親，利之則至。」又云：「愛施俱行，則說君臣，說朋友，說兄弟，說父子。愛施所設，四固不能守。」又云：「愛施之德，雖行而無私。內行不修，則不能朝遠方之君。是故正君臣、上下之義，飾父子、兄弟、夫婦之義，飾男女之別，別疏數之差，使君德臣忠，父慈子孝，兄愛弟敬，禮義章明。如此，則近者親之，遠者歸之。」

17 子夏爲莒父宰，問政。【注】鄭曰：「舊說云莒父，魯下邑。」子曰：「無欲速，無見小利。欲速，則不達；見小利，則大事不成。」【注】孔曰：「事不可以速成。而欲其速，則不達矣。小利妨大，則大事不成。」正義曰：爾雅釋詁：「速，急也。」此常訓。大戴禮子張問入官篇「故君子蒞民，不道以遠。」又云：「道以數年之業，則民疾，疾則辟矣。」注云：「使成數年之業，則民困矣。」荀子致士篇「臨事接民而以義變應，寬裕而多容，恭敬以先之，政之始也；然後中和察斷以輔之，政之隆也；然後進退誅賞之，政之終也。故一年與之始，三年與之終。」並言爲政不可欲速也。「利」謂便國益民也。爲政者見有大利，必宜興行，但不可見於小耳。大戴禮四代篇「好見小利妨於政。」呂覽勸勳篇：「利不可兩，忠不可兼。不去小利，則大利不得；不去小忠，則大忠不至。故小利，大利之殘也；小忠，大忠之賊也。」並

與此文義相發。釋文：「毋欲，音無。本今作無。」皇本上字作「毋」，下字作「無」。○注：「舊說云莒父、魯下邑。」○正義曰：

稱「舊說」者，箸所自也。春秋定公十四年「城莒父及霄」。杜注「莒父、魯邑。公叛晉，助范氏，故懼而城二邑。」閻氏若

璩釋地：「是時荀寅、士吉射據朝歌，晉人圍之，魯與齊、衞謀救之。朝歌在魯正西，將八百里。則莒父屬魯之西鄙。」此亦

據杜注約略言之。其實杜氏備晉之說，本屬臆測，難爲據也。顧氏棟高春秋大事表「莒係以『父』，魯人語音，如梁父、亢

父、單父是也。今爲沂州府莒州地。」山東通志云「莒始封在萊州府高密縣東南，乃莒子之都，而子夏所宰之莒父也。春

秋時，莒子遷於城陽。漢始封劉章爲城陽王，置莒縣，即今青州府之莒州。莒父之邑，蓋以莒子始封得名耳。」案：通志與

大事表異，通志較可據。

18 葉公語孔子曰：「吾黨有直躬者，【注】孔曰：「直躬，直身而行。」其父攘羊，而子證之。」【注】周

曰：「有因而盜曰攘。」孔子曰：「吾黨之直者異於是：父爲子隱，子爲父隱。直在其中矣。」【注】正義

曰：說文云「證，告也。」韓非子五蠹篇「楚之有直躬，其父竊羊而謁之吏。令尹曰：『殺之。』以爲直于君而屈于父，執而罪

之。」呂氏春秋當務篇「楚有直躬者，其父竊羊而謁之上，上執而將誅之。直躬者請代之，將誅矣，告吏曰：『父竊羊而謁

之，不亦信乎？父誅而代之，不亦孝乎？信且孝而誅之，國將有不誅者乎？』荊王聞之，乃不誅也。孔子聞之曰：『異哉！

直躬之爲信也，一父而載取名焉。』故直躬之信，不若無信。」高誘注：「謁，告也。」宋氏翔鳳過庭錄「兩書所記，一誅一不

誅，異者。蓋其始，楚王不誅，而躬以直聞於楚，葉公聞孔子語，故當其爲令尹而誅之。」案：宋說是也。鄭此注云：「攘，盜

也。我鄉黨有直人名弓，父盜羊則證其罪。」據注，是鄭本作直弓，必出古、魯、齊異文。隸續陳寔殘碑「寔字仲躬」史傳

雜書蔡中郎集並作仲弓，是「躬」「弓」古多通用。鄭以弓為人名。高誘淮南氾論訓注亦云：「直躬，楚葉縣人也。」躬蓋

名其人，必素以直稱者，故稱直躬。直舉其行，躬舉其名。偏孔以為直身而行，非也。「隱

者，說文云「蔽也」。檀弓云：「事親有隱而無犯。」鄭注「隱謂不稱揚其過失也。」蓋子之事親，當時微諫，諭父母於道，不致

有過誤。若不幸而親陷不義，亦當為諱匿。公羊文十五年「齊人來歸子叔姬」閔之也。父母之于子，雖有罪，猶若其不

欲服罪然。」何休注引此文，說之云「所以崇父子之親」是也。鹽鐵論周秦篇：「父母之於子，雖有罪，猶匿之。豈不欲

罪？『子為父隱，父為子隱』，未聞父子之相坐也。」漢宣詔曰：「自今子匿父母，妻匿夫，孫匿大父母，皆勿坐。其父母匿

子，夫匿妻，大父母匿孫，殊死皆上請。」足知漢法凡子匿父母等，雖殊死皆勿坐；父母匿子等，殊死以下，皆勿請。蓋

皆許其匿可知。皇疏云「今王法則許期親以上，得相為隱，不問其罪」是也。白虎通諫諍篇：「君不為臣隱，父獨為子隱

何？」以為父子一體，榮恥相及。」明父子天屬，得相隱，與君臣異也。程氏瑤田論學小記：「人有恆言，輒曰『一公無私』此

非過公之言，不及公之言也。此一視同仁，愛無差等之教也。其端生於意，必、固、我，而其弊必極於父攘子證，其心則陷

於欲博大公之名，天下之人，皆枉己以行其私矣。而此一人也，獨能一公而無私，果且無私乎？聖人之所難。若人之所

易，果且易人之所難乎？果且得謂之公乎？公也者，親親而仁民，仁民而愛物，有自然之施焉，自然之等級，自然之界限，

行乎不得不行，止乎不得不止，時而子私其父，時而弟私其兄。自人視之，若無不行其私者，事事生分別也，人人生分別

也。無他，愛之必不能無差等，而仁之不能一視也。此之謂公也，非『一公無私』之謂也。儀禮喪服傳之言『昆弟』也，曰

『昆弟之道無分，然而有分者，則辟子之私也。子不私其父，則不成其子』。孔子之言直躬也，曰『父爲子隱，子爲父隱，直

在其中』，皆言以私行其公。是天理人情之至，自然之施爲，等級界限無意必固我於其中者也。如其不私，則所謂公

者，必不出於其心之誠然。不誠，則私焉而已矣。」〇注「有因而盜曰攘。」〇正義曰：高誘淮南注云「凡六畜自來而取

之，曰攘也」。即此注「有因而盜」之義。爾雅釋詁「儴、仍、因也。」郭注皆謂「因、緣」。案「儴」與「攘」同。樊孫引此文釋之

云：「因來而盜曰攘。」

19 樊遲問仁。子曰：「居處恭，執事敬，與人忠。雖之夷狄，不可棄也。」【注】包曰：「雖之夷

狄，無禮義之處，猶不可棄去而不行。」 正義曰：「居處」謂所居之處。「執」猶行也。此章所言，亦「克己復禮爲仁」之

意。「恭」、「敬」說文俱訓「肅」。爾雅釋詁「恭、敬也。」二字訓同，此對文稍異。漢書五行志「內曰恭，外曰敬。」

20 子貢問曰：「何如斯可謂之士矣」？子曰：「行己有恥，【注】孔曰：「有恥者，有所不爲。」使於四

方，不辱君命，可謂士矣。」曰：「敢問其次。」曰：「宗族稱孝焉，鄉黨稱弟焉。」曰：「敢問其次。」

曰：「言必信，行必果，硜硜然小人哉！抑亦可以爲次矣。」【注】鄭曰：「行必果，所欲行必果敢爲之。硜

硜者，小人之貌也。抑亦其次，言可以爲次。」 正義曰：「士」謂已仕者也。聘使之事，士爲擯相，故言「使於四方」。又

子貢問今之從政，從政者，士之從仕於大夫而爲政也。「行己有恥」者，皇疏云「言自行己身，恒有可恥之事，故不爲也。」

曾子制言上：「夫行也者，行禮之謂也。」又曰：「故君子不貴興道之士，而貴有恥之士也。夫有恥之士，富而不以道，則恥

之；貧而不以道，則恥之。」皆言士所恥事也。「不辱君命」者，君命已出，使當守禮達辭，不使君命見淩辱也。毛詩序云

皇皇者華，言臣出使，能揚君之美，延其譽于四方。則爲不辱命也。聘義云：「使者聘而誤，主君弗親饗食也，所以愧厲之

也。」「誤」者，謂失禮儀應對之節。當春秋時，最重邦交，故能不辱命，乃爲士之上矣。「宗族」者，白虎通宗族篇「宗者何

謂也？宗者，尊也。爲先祖主者，宗人之所尊也。大宗率小宗，小宗率羣弟，通其有無，所以紀理族人者也。族者何

也？族者，湊也，聚也，謂恩愛相流湊也。上湊高祖，下至玄孫，一家有吉，百家聚之，合而爲親，生相親愛，死相哀痛，有

會聚之道，故謂之族。」「稱」與「偁」同。説文：「偁，揚也。」廣雅釋詁「偁，譽也。」今經典通用「稱」字，稱，銓也。別一義。

趙氏佑溫故録：「此以鄉舉里選之法言。周禮自比、閭、族、黨、六鄉、六遂皆立學。鄉師、鄉大夫『各受教法於司徒，以教

其所治，考其德行道藝』，黨正『各掌其黨，以屬民，正齒位』，族師『掌書其孝友睦婣有學者』，以次而升于大學。士之造

就，必由此爲正。案春秋之時，卿大夫皆世官，選舉之法已廢，此文所言猶是舊法，故子貢復問『今之從政』，明前所舉皆

是昔時有然也。」稱孝稱弟，即孟子所謂『一鄉之善士』，此雖德行之美，然孝弟爲人所宜盡，不必待學而能。故夫質性之

善者，亦能行之，而非爲士職分之所盡也，故以爲次。荀子子道篇以『人孝出弟』爲『人之小行』『志以禮安，言以類從』爲

儒道之極，與此章義相發。志以禮安，則知所恥；言以類從，則能出使不辱君命矣。『言必信，行必果』，謂不度於義，而

但守小忠小信之節也。孟子離婁篇『孟子曰：「大人者，言不必信，行不必果，唯義所在。」』明大人言行皆視乎義。義所

在，則言必信，行必果；義所不在，則言不必信，行不必果。反是者爲小人。趙岐孟子注云：「大人仗義，義有不得必信其

言，子爲父隱也。有不能得果行其所欲行者，[一]若親在不得以其身許友也。」「硁硁」，孟子公孫丑下「悻悻然見於其面。」趙注引此文作「悻悻」。孫奭音義：「悻悻，字或作悻悻。」案：「悻」「硁」同，論語作「悻」，當出齊、古異文。○注「行必至」。○正義曰：「悻悻」與「悾」同。蒼頡篇：「悾，愨也。」「愨」即「愨」字。皇本作「必敢爲之」，「必」下脫「果」字，「硁硁」堅確之意。小人賦性愚固，故有此貌。下篇「鄭哉硁硁乎」，義異訓同。史記樂書「石聲硁」，樂記作「石聲磬」。說文「磬，古文從巠。」是「硁」即「磬」字。釋名釋樂器「磬，罄也。其聲磬磬然堅緻也。」莊子至樂篇「硜硜乎如將不得已」釋文引李云：「趣死貌。」本又作脛脛。玉篇「硻，口耕切，別作硁。」漢書楊敞傳「脛脛者未必全也。」師古曰「脛脛，直貌也。」爾雅釋詁「鞏、固也。」郝氏懿行義疏「鞏轉爲窬。玉篇「窬，口耕切，別作硁。」是脛、脛、鞏、窬並與脛同。」抑亦其次」，注是槩括經文。孔氏廣森經學巵言「疑鄭所據本如此」，非也。

曰：「今之從政者何如？」子曰：「噫！斗筲之人，何足算也？」【注】鄭曰：「噫，心不平之聲。筲，竹器，容斗二升。算，數也。」

正義曰「斗筲之人」，言今之從政，但事聚斂也。釋文云：「算，本或作筭。」說文「筭，長六寸，計曆數者。從竹從弄。算，數也。從竹從具。此當出齊，古異文。漢書公孫賀傳贊「斗筲之徒，何足選也？」鹽鐵論雜論作「何足算哉」，「選」、「算」一聲之轉。讀若算。詩柏舟「不可選也」，朱穆絕交論作「不可算也」。周官大司馬：「撰車徒。」鄭注：「撰讀曰算。算車徒，謂數擇也。」是「選」「算」音近通用。○注「噫心」至「數也」。○正義曰「噫」是歎聲。心有所不足，故不能平也。「斗」「筲」皆器名。說文「斗，十升也。象形，有柄。」鄭以「斗」是量名，人所共知，故不具釋。或鄭亦有注，集解删佚之耳。「筲」字從竹，故云「竹器」。儀禮既夕

[一]「者」下原衍「義」字，據孟子趙注删。

[二]「算」原誤作「選」，據鹽鐵論改。

云「筥，黍、稷、稻、麥。」下文又有「菅筥」，以菅草爲之。亦得名筥者，草竹同類也。鄭彼注云「筥，舂種類也。」其容蓋與

篚同一觳。」賈疏云「豆實三而成觳。」昭三年「晏子云『四升曰豆。』」則觳受斗二升，此「筥」與「觳」同，盛黍稷約同之。

案：說文「筥」下云「飯筥也。受五升，从竹，稍聲。秦謂筥曰籍。」「籍」下云「一曰飯器，容五升。」「筥，筲也。从竹，呂

聲。」方言「籍，南楚謂之筲，趙、魏之郊謂之筲籍。」郭曰「籍，盛餅筥也。」「今建平人呼筥音鞭鞘。」「籍」即「筲」字。「筥」即

「籍」字。說文「筥、籍」據段說「籍」當作「籍」。士昏禮鄭注云「筲形蓋如今之筥、莒蘆。」「莒蘆」即「筲籍」。說文「口

盧，飯器。以柳爲之，象形。筲，口或从竹，去聲。」又廣雅釋器「蛦峡，筥籍也。」太平御覽引纂文云「蛦峡，大筥也。」據

此，則筥、籍、莒蘆、蛦峡，皆即筥之異名，用以盛飯，故與「斗」連稱。而「籍」本爲飯帚，又爲箸桶，皆是別義，與論語無涉，

惟許、鄭言「筥」容數各異。宋氏翔鳳過庭錄以爲「論語先言『斗』，後言『筥』」，筥量宜更小於斗，則作五升爲是。既夕用

筥，禮亦殺，不必定容斗二升。」今案後漢書禮儀志更云「筥八，盛容二升」，或後世大小異制。若顏師古漢書公孫賀等傳

贊注，及文選王命論注引漢書音義，並以筥受一斗，則謂筥，斗同量，非矣。「算、數」，爾雅釋詁文。說文云「數，

計也。」

21 子曰：「不得中行而與之，必也狂狷乎！【注】包曰：「中行，行能得其中者。言不得中行，則欲得狂

狷者。」狂者進取，狷者有所不爲也。」【注】包曰：「狂者，進取於善道；狷者，守節無爲。欲得此二人者，以時多

進退，取其恒一。」　正義曰：淩氏鳴喈論語解義云：「中行者，依中庸而行者。在易復四、益三、四稱『中行』，謂乎中以

行,可與之自治治人也。平化萬邦,中庸鮮能,故不得隱怪,鄉原又不可與,故必也狂狷乎。』案:『說文無「狷」字,「獧」下云:「疾跳也。」一曰急也。』段氏玉裁注云:『論語「狷」,孟子作「獧」,其實當作「懁」。今案「愳」與「急」同。大徐別增「狷」篆,非。』又心部:「懁,恐也。從心,罥聲,讀若絹。』段注:『論語「狷」,孟子作「獧」。』今案「愳」與「急」同。獧者性褊急,則有所不爲也。

謹畏不爲也。孟子盡心下:『萬章問曰:『孔子在陳,何思魯之狂士?』孟子曰:『孔子「不得中道而與之,必也狂獧乎!狂者進取,獧者有所不爲也」。』何以謂之狂也?』曰:『其志嘐嘐然,曰「古之人,古之人」。』夷考其行,而不掩焉者也。狂者進取,獧者能不爲不善,故思之也。嘐嘐,志大言大者也。重言「古之人」,欲慕之也。狂者能進取,獧者能不爲不善,時無中道之人,以狂獧次善者,故思之也。嘐嘐,志大言大者也。重言「古之人」,欲慕之也。考察其行,不能揜覆其言,是其狂也。屑,絜也。既不能得狂者,欲得有介之人,能恥賤污行不絜者,則可與言矣。是獧人次於狂者也。」後漢牧皮者,孔子之所謂狂矣。』孔子豈不欲中道哉?不可必得,故思其次也。『敢問何如斯可謂狂矣?』曰:『如琴張、曾皙、

書濁行傳序:『孔子曰:『與其不得中庸,必也狂狷乎。』此蓋失於周全之道,而取諸偏至之端者也。然則有所不爲,亦將有所必爲者矣。既云進取,亦將有所不取者矣。』〇注「狂者」至「恒」。〇正義曰:『左氏傳「曹子滅曰:『前志有之曰:「聖達節,次守節,下失節。」」』狷者慎守一節,雖不能進取,亦自不爲不善,故云「無爲」。『時多進退」謂無恒之人,或進或退也。禮中庸云:『道之不行也,我知之矣,知者過之,愚者不及也。』狂近知,狷近愚。彼言「道不行」,即謂中庸之道,故願與之也。知愚雖未得中,然皆可與之,此夫子所以思有恒也。「不

狂狷雖未得中道,然其性情恒一,使人知其所失,易反之於中道,故願與之也。禮中庸云:『道之不行也,我知之矣,知者過之,愚者不及也。』詩載馳正義引鄭此注云:『狂者仰法古制,不願時俗。』「仰法古制」,則孟子所稱狂者之言「古之人,古之人」也。「不

顧時俗」，言不顧時俗之所宜而合之也。 若鄉原，則閹然媚世，所謂「非之無舉，刺之無刺，同乎流俗，合乎污世」，與狂狷

者異矣。

22 子曰：「南人有言曰：『人而無恒，不可以作巫醫。』【注】孔曰：「南人，南國之人也。」鄭曰：「言巫醫不能治無恒之人。」善夫！」【注】包曰：「善南人之言也。」 正義曰：說文：「巫，祝也。 女能事無形，以舞降神者也。」公羊隱四年傳注：「巫者，事鬼神禱解，以治病請福者也。 男曰覡，女曰巫。」案：巫、覡對文異，散文通。 周官：「司巫，中士二人。 男巫無數，女巫無數，其師，中士四人。」是男女皆稱巫也。 說文：「醫，治病工也。」周官：「醫師，上士二人，下士二人。 食醫，中士二人。 疾醫，中士八人。 瘍醫，下士八人。」是巫醫皆以士爲之，世有傳授，故精其術，非無恒之人所能爲也。 楚語：「古者民神不雜。 民之精爽不攜貳者，而又能齊肅衷正，其智能上下比義，其聖能光遠宣朗，其明能光照之，其聰能聽徹之，如是，則明神降之，在男曰覡，在女曰巫。 是使制神之處位次主，而爲之牲器時服。」楊泉物理論：「夫醫者，非仁愛不可託，非聰明達理不可任，非廉潔淳良不可信。 古之用醫，必選名姓之後，其德能仁恕博愛，其智能宣暢曲解，知天地神祇之次，明性命吉凶之數，處虛實之分，定順逆之理，原疾量藥，貫微達幽。」觀此，則巫醫皆抱道懷德，其智能學徹天人。 故必以有恒之人爲之解者，或以巫醫爲賤役，非也。 禮記緇衣云：「子曰：『南人有言曰：「人而無恒，不可以爲卜筮。」古之遺言與？ 龜筮猶不能知也，而況於人乎？ 詩云：「我龜既厭，不我告猶。」兌命曰：「爵無及惡德，名立而正，事純而祭祀，是爲不敬。 事煩則亂，事神則難。」易曰：「不恒其德，或承之羞。 恒其德貞，婦人吉，夫子凶。』」鄭注云：「猶，

道也。言褻而用之，龜厭之，不告以吉凶之道也。惡德，無恒之德。純猶皆也。言君祭祀，賜諸臣爵，毋與惡德之人也。

民將立以爲正，言倣傚之疾〔一〕。事皆如是，而以祭祀，是不敬鬼神也。惡德之人，使事煩，事煩則亂。使事鬼神，又難以

得福也。案：緇衣與論語，文異意同，當由記者各據所聞述之。龜曰卜，蓍曰筮，二者皆有守職，宜以有恒之

人爲之。無恒之人，不常厥性，故雖以龜筮之先知，猶不能知其爲人，而況於凡人乎？夫龜筮既厭其人，不告以卦兆吉

凶，而其所以不可爲卜人，筮人也。下文引詩言，正以無恒之人，雖欲褻用之而不可得，是不可爲卜筮明矣。又下文引說

命言惡德之人不可事神，故云「事神則難」。此正不可爲卜筮之證。以其文略與論語同，故其釋之，可互明也。金樓子立

言篇引論語作「不可卜筮」，此誤以緇衣文合論語。支允堅異林又疑「巫」即「筮」字，古通用，尤妄說。○注「南人」至「之

人」。○正義曰：南人，爲南國之人，猶詩言「東人」「西人」之比。禮記疏以爲「殷掌卜之人」，未知所本。「巫醫不能治無恒

之人」，言巫醫之事，皆能治疾，獨不能治無恒之人，不可以作巫醫。言不能以巫醫自治，必不能爲人治疾也。「巫醫不能

衣注云：「不可爲卜筮，言卦兆不能見其情，定其吉凶也。」「不能見其情，定其吉凶」，正言龜筮不能知無恒之人也。與此

注可互證。「不恒其德，或承之羞。」【注】孔曰：「此易恒卦之辭。言德無常，則羞辱承之。」子曰：「不占而已

矣。」【注】鄭曰：「易所以占吉凶，無恒之人，易所不占。」正義曰：皇疏云：「羞辱必承，而云或者，或，常也，言羞辱常

承之也。」詩：『無不爾或承。』鄭曰：『或，常也。』老子：『湛兮似或存。』河上公注：『或，常也。』」案：易象傳云「不恒其德，无

所容也。」言無恒之人，无所容身，將承羞辱也。後漢書馬援傳注：「恒卦巽下震上。」鄭玄注云：「巽爲進退，不恒其德之

〔一〕「疾」下原衍「是」字，據禮記鄭注刪。

象。又互體爲兌，兌爲毀折，後或有羞辱也。」張氏惠言周易虞氏義：「恒九三：『不恒其德，或承之羞，貞吝。』卦變成益

三，上失位，三宜立不易方，則上亦不變而既濟定，所謂『聖人久於其道，而天下化成』也。乾爲德，坤爲恥，三不守乾，則

二四與爲坤，故或承之羞。至承羞而後貞，雖正猶吝。」此鄭、虞易義以互體解之也，惟張氏以「或」指二四，與皇疏訓常不

同，似皇疏說勝。○注「易所」至「不占」。○正義曰：説文云「占，視兆問也。」周官占人注：「占蓍龜之卦兆吉凶。」無恒之

人，有凶無吉，故云「或承之羞，貞吝。」吝者，羞也。○正義曰：惟無恒，雖貞而終吝，故易亦不占之也。婦人貞吉之行，以恒爲

夫子凶。」此則有恒之人吉凶皆占之。象傳云「婦人貞吉，從一而終。」夫子制義，從婦凶也。六五云「恒其德貞，婦人吉，

吉。義者，宜也。「言不必信，行不必果，惟義所在。」夫子制義，而從婦人之貞壹，雖恒德亦爲凶也，此別是一義，所謂「易

無達占」也。鄭注緇衣以「夫子凶」爲無恒之人，誤。

23 子曰：「君子和而不同，小人同而不和。」【注】君子心和，然其所見各異，故曰「不同」。小人所嗜好者

則同，然各爭利，故曰「不和」。　正義曰：和因義起，同由利生。義者宜也，各適其宜，未有方體，故不同。然不同因乎

義，而非執己之見，無傷於和。利者，人之所同欲也。民務於是，則有爭心，故同而不和。此君子、小人之異也。鄭語史

伯曰：「今王去和而取同。夫和實生物，同則不繼。以他平他謂之和，故能豐長而物生之；若以同裨同，盡乃棄矣。故先

王以土與金、木、水、火雜，以成百物。是以和五味以調口，剛四支以衞體，和六律以聰耳，正七體以役心，平八索以成人，

建九紀以立純德，合十數以訓百體。出千品，具萬方，計億事，材兆物，收經入，行姟極。故王者居九畡之田，收經入以食

兆民。周訓而能用之，和樂如一。夫如是，和之至也。於是乎先王聘后於異姓，求財於有方，擇臣取諫工而講以多物，務

和同也。聲一無聽，物一無文，味一無果，物一不講。王將棄是類也，而與剸同。天奪之明，欲無弊，得乎？」左昭二十年

傳｜齊侯論子猶云：『惟據與我和夫？』晏子對曰：『據亦同也，焉得爲和？』公曰：『和與同異乎？』對曰：『異。和如羹焉。

水、火、醯、醢、鹽、梅，以烹魚肉，燀之以薪，宰夫和之，齊之以味，濟其不及，以洩其過。君子食之，以平其心。君臣亦然。

君所謂可而有否焉，臣獻其否以成其可；君所謂否而有可焉，臣獻其可以去其否。是以政平而不干[一]民無爭心。先

王之濟五味、和五聲也，以平其心，成其政也。聲亦如味，一氣、二體、三類、四物、五聲、六律、七音、八風、九歌，以相成

也。清濁、小大、短長、疾徐、哀樂、剛柔、遲速、高下、出入、周疏，以相濟也。君子聽之，以平其心，心平德和。今｜據不然，

君所謂可，｜據亦曰可；君所謂否，｜據亦曰否。若以水濟水，誰能食之？若琴瑟之專壹，誰能聽之？同之不可也如是。』」

24　子貢問曰：「鄉人皆好之，何如？」子曰：「未可也。」「鄉人皆惡之，何如？」子曰：「未可

也。不如鄉人之善者好之，其不善者惡之。」【注】孔曰：「善人善己，惡人惡己，是善善明，惡惡著。」　正

義曰：｜公羊｜莊十七年傳注引此文，｜徐彥疏：『「一鄉之人，皆好此人，此人何如？」子曰：「未可卽以爲善。」何者？此人或者行與

衆異，或孤特矣。不若鄉人之善行者善之，惡行者惡之。』與善人同，復與惡人異，道理勝於前，故知是『實善』云云之説，備

〔一〕「平」原誤作「成」，據左傳改。

於鄭注。」案：疏依鄭馬説，則「朋黨」「孤特」亦皆鄭注之義，宋氏輯本止取「與善人同」以下四句，非也。○注「善人」至「惡著」。○正義曰：善人善己，惡人惡己，是此人真善，而我之善善明也。反是而善人惡己，惡人善己，是此人真惡，而我之惡惡著也。

25　子曰：「君子易事而難説也。【注】孔曰「度才而官之。」小人難事而易説也。説之雖不以道，説也；及其使人也，器之。【注】孔曰「不責備於一人，故易事。」説之不以道，不説也；及其使人也，求備焉。」

正義曰：「君子」、「小人」，皆謂居位者。釋文云：「説，音悦。」謂投以所好也。「説之不以道」四句，即申釋易事難説之故。蓋不可説以非道，所以難説；使人器之，所以易事也。君子説之不以其道，則不説也。不以其道即是佞媚，即是妄説。禮記曲禮云：「禮不妄説人。」鄭注：「爲近佞媚也。」故曰「君子難説，説之不以道，不説也。」孔疏以「言説」解之，非矣。荀子大略篇：「知者明於事，達於數，不可以不誠事也。」○注「不責備於一人，故易事。」○正義曰：篇云：「周公謂魯公曰『無求備於一人。』」求，即責也。説苑雜言篇：曾子曰：「夫子見人之一善，而忘其百非，是夫子之易事也。」○注「度才而官之。」○正義曰：易事也。

26　子曰：「君子泰而不驕，小人驕而不泰。」【注】君子自縱泰，似驕而不驕；小人拘忌，而實自驕矜。○正義曰：焦氏循補疏「案泰者，通也。君子所知所能，放而達之於世，故云『縱泰似驕』，然實非驕

也。小人所知所能，匿而不露，似乎不驕，不知其拘忌正其驕矜也。君子不自矜，而通之於世；小人自以爲是，而不據通之於人。此驕泰之分也。今案「泰」訓「通」，見易序卦傳。漢書劉向傳「泰者，通而治也。」堯曰篇云：「〔一〕君子無衆寡，無小大，無敢慢，斯不亦泰而不驕乎？」衆寡、小大，則君子達之於世也，皆無敢慢，則無驕可知。

27　子曰：「剛、毅、木、訥近仁。」【注】王曰：「剛，無欲；毅，果敢；木，質樸；訥，遲鈍。有斯四者，近於仁。」注「剛無」至「於仁」。○正義曰：上篇言申棖欲不得爲剛，是剛爲無欲也。果敢謂作事見義必爲，故曾子言士當弘毅也。中庸言「力行近乎仁」，「力行」即謂剛毅也。漢書周䤲傳「勃爲人木強敦厚。」張周傳贊「周昌，木強人也。」酷吏傳「尹齊木強少文」，顏師古以爲「強直如木石」，是謂「木」爲樸質無文也。「訥」即「訥於言」之訥，故曰「仁者其言也訒。」注云「遲鈍」，謂其言遲鈍，不致妄說也。後漢書吳漢傳論引此文，李賢注云「訥，忍於言也」，是也。李又云「四者皆仁之質，若加文，則成仁矣，故曰近仁。」案「加文」者，謂文以禮樂也。

28　子路問曰：「何如斯可謂之士矣？」子曰：「切切偲偲，怡怡如也，可謂士矣。【注】馬曰：「切切偲偲，相切責之貌；怡怡，和順之貌。」朋友切切偲偲，兄弟怡怡。」　正義曰：朋友以義合，兄弟以恩合，處之各有所宜，此盡倫之事，非凡民不學者所能，故如此乃可稱士也。「斯可謂之士矣」，皇本無「之」字。釋文：「偲音絲」，本

〔一〕「堯曰」原誤作「子張」，據論語改。

又作愢。集韵云「偲,或作愢。」則「偲」「愢」二字。「切切偲偲,怡怡如也,可謂士矣」,夫子總言之。記者恐人不明,故釋之曰「朋友切切偲偲,兄弟怡怡。」所謂「七十子之大義」也。皇本「兄弟怡怡」句末,有「如也」二字。高麗本同。阮氏元校勘記「文選求通親親表注、初學記十七、藝文類聚二十一、太平御覽四百十六引此文,並有『如也』二字。」大戴禮曾子立事篇「官中雍雍,外焉肅肅,兄弟憘憘,朋友切切,遠者以貌,近者以情,友以立其所能,而遠其所不能。苟無失其所守,亦可與終身矣。」「憘」與「怡」音義略同。案:孟子言父子「不責善」,「責善,朋友之道也。父子責善,賊恩之大者」。合夫子此語觀之,是兄弟亦不可責善,當時諷諭之于道,乃得宜也。○注「切切」至「之貌」。

○正義曰:説文云「切,刌也。」引申之,凡以物相摩按謂之切,故切有責訓。後漢書陳忠傳注「切,責也。」竇憲傳注「切,敬也。」「敬」與「儆」同,謂儆戒也。説文云「怡,和也。」鄭注云「切切,猶勤勤也,鄭與馬同也。」勤勤,亦責勉之義。爾雅釋訓「切切,勤競貌。」「丁丁嚶嚶,相切直也。」郭注以為「喻朋友切磋相正」。廣雅釋訓「切切,敬也。」毛詩常棣傳「兄弟尚恩,怡怡然,朋友之交以義,切切節節然。」孔疏云「怡,和也。台,樂也。和、樂義同。朋友之交則以義,其聚集則熙熙然。切切節節者,皆切磋勉勵之貌。論語云:『朋友切切偲偲,兄弟怡怡。』此『熙熙』當彼『怡怡』,『節節』當彼『偲偲』也。定本『熙熙』作『怡怡』,『節節』作『偲偲』,依論語則俗本誤。」此疏所載傳言甚明晰,但「熙」、「怡」義同,「節」、「偲」聲轉,俗本亦不誤。解者因疑「節節熙熙」是古論語,「切切怡怡」是魯論語,説亦近之。「節」者,限制也。荀子彊國篇「内節於人。」注云「節即謂限禁也。」朋友相勉,不使爲非,其告語節節然有所限制也。詩卷阿疏引白虎通説「鳳雄鳴曰節節」,亦狀其聲之

相似。

29 子曰：「善人教民七年，亦可以卽戎矣。」【注】包曰：「卽，就也；戎，兵也。言以攻戰。」 正義曰：

朱子集注云：「教民者，教之以孝弟、忠信之行，務農講武之法。」吳氏嘉賓說：「七年，謂其久也。凡以數爲約者，皆取諸

奇，若一、若三、若五、若七、若九。九者，數之究也。古人三載考績，三考而後黜陟，皆中間一年而考，五年則再考，七年

則三考。故三年爲初，七年爲終。記曰：『中年考校。』」○注「卽，就也。戎，兵也。言以攻戰」。○正義曰：「卽、就」，此常

訓。說文：「戎，兵也。从戈从甲。」今作「戎」，隸省。御覽二百九十六引鄭此注云：「可就兵攻戰也。」與包義同。

30 子曰：「以不教民戰，是謂棄之。」【注】馬曰：「言用不習之民，使之攻戰，必破敗，是謂棄之。」 正義

曰：「棄」謂絕去之也。穀梁僖二十三年傳：「宋公茲父卒，茲父之不葬，何也？失民也。其失民何也？以其不教民戰，則

是棄其師也。爲人君而棄其師，其民孰以爲君哉？」據彼文，則此言「棄之」，亦謂棄其師也。孟子告子下「魯欲使慎子爲

將軍」。孟子曰：「不教民而用之，謂之殃民。」與此同意。○注「言用」至「棄之」。○正義曰：「習」謂肄習之也。范寧穀梁

集解：「何休曰：『所謂教民戰者，習之也。』」公羊桓六年傳：「秋八月壬午，大閱。大閱者何？簡車徒也。何以書？蓋以罕

書也。」何休注：「孔子曰：『以不教民戰，是謂棄之。』」故比年簡徒謂之蒐，三年簡車謂之大閱，五年大簡車徒謂之大蒐。存

不忘亡，安不忘危。」徐彥疏云：「何氏之意，與鄭別。」宋氏翔鳳輯本鄭論語注謂「何以教民爲習戰，而疏謂『何與鄭別』」，則

鄭謂教民以禮義，不謂教民習戰也。愚謂鄭注今已亡，無由知其說，然古人教戰，未始不教以禮義。觀子犯對晉文語，雖霸國急用其民，亦必示之義、信與禮，而後用之。故白虎通三教篇云：『教者，效也。上爲之，下效之。故孝經曰：「先王見教之可以化民。」』論語曰：『不教民戰，是謂棄之。』則言『教』，而二者已賅之矣。周官大司馬：『中春教振旅，司馬以旗致民，平列陳，如戰之陳。』鄭注：『兵者，守國之備。孔子曰：「以不教民戰，是謂棄之。」兵者凶事，不可空設，因蒐狩而習之。凡師出曰治兵，入曰振旅，皆習戰也。四時各教民以其一焉。』觀此，則鄭與何同。公羊疏所云「何與鄭別」，或鄭別有一說，非如宋君所測也。

憲問第十四　集解

凡四十四章

1　憲問恥。　子曰：「邦有道，穀；【注】孔曰：「穀，祿也。邦有道，當食祿。」邦無道，穀，恥也。」【注】孔

曰：「君無道而在其朝，食其祿，是恥辱。」　正義曰：憲不稱氏，疑此篇即憲所記。吳氏嘉賓說：「憲之狷介，雖邦有道，

且不願祿，觀其辭子之粟可見也。故曰『邦有道，穀。』廣之也。」○注「邦有道，當食祿。」○正義曰：泰伯篇「子曰『天

下有道則見。』又曰『邦有道，貧且賤焉，恥也。』」「邦有道，穀」「邦有道，當食祿。」○正義曰：馬曰：「克，好勝

人；伐，自伐其功；　怨，忌，小怨，欲，貪欲也。」子曰：「可以爲難矣，仁則吾不知也。」【注】【注】包曰：「四者行之難，

未足以爲仁。」　正義曰：史記弟子列傳「克伐」上有「子思曰」三字。「可以爲仁矣」「矣」與「乎」同義。管子法法云：「行

有難而非善者。」又云「行必思善，不苟爲難。」荀子不苟篇：「君子行不貴苟難，唯其當之爲貴。」○注「克好」至「小怨」。○

正義曰：說文「克，肩也。」謂以肩任事也，引申之有勝義。爾雅釋詁：「剋，勝也。」「剋」與「克」同。說文「忌，憎惡也。」詩

臓印傳:「忌，怨也。」展轉相訓，故「怨」亦爲「忌」。但「怨」有悲怒之意，「忌」則祇心有所諱惡，故爲小怨也。注文「怨」、

「忌」當讀斷。○注「包曰」至「爲仁」。○正義曰:史記集解引此注作「鄭曰」阮氏元論仁篇:「此但能無損於人，不能有益

於人，未能立人，達人，所以孔子不許爲仁也。」案:四者不行，已近忠恕，但可以求仁，不可遽謂仁也。

者，故孔子警之。」

2 子曰:「士而懷居，不足以爲士矣。」【注】士當志道，不求安，而懷其居，非士也。 注「士當」至「士

也。」○正義曰:士志仁義，大人之事備，不得但懷居，惟耽樂之是從也。左傳二十三年傳〔一〕「懷與安，實敗名。」吳氏英

經句説:「士初生時，設弧於門左，爲將有事於四方也。脊力方剛，經營四方，士之志也。若繫戀所居，乃偷安而無意人世

3 子曰:「邦有道，危言危行;【注】包曰:「危，厲也。邦有道，可以厲言行也。」邦無道，危行言孫。」

【注】孫，順也。厲行不隨俗，順言以遠害。 正義曰:行貴有恒，不以有道無道異也。戴氏望注曰:「正行以善經，言孫

以行權。」○注「危，厲也。」○正義曰:詩民勞傳:「厲，危也。」展轉相訓，故「危」亦爲「厲」。廣雅

釋詁:「厲，高也，上也。」邦有道，得行其志，申其説，故可厲言行也。 鄭注云:「危猶高也。據時高言高行者皆見危，故以

爲諭也。」案:説文:「危，在高而懼也。」莊子盜跖篇:「去其危冠。」李注「危，高也。」凡高多致險，故又有險難之義。鄭所

〔一〕二原誤作「三」，據左傳改。

云「高言高行皆見危」者，此「危」謂危難也。高言高行，皆見危難，注兼二義，爲引申矣。「諭」猶言也。鄭與包意亦當同。

錢氏坫後錄云「孫星衍曰『廣雅「危，正也」。釋此爲長。』」〇注：「順言以遠害。」〇正義曰「順言」者，無所違犯也。荀子

臣道篇：「迫脅於亂時，窮居於暴國，而無所避之，則崇其美，揚其善，違其惡，隱其敗，言其所長，不稱其短，以爲成俗。」

繁露楚莊王篇：「義不訕上，智不危身，故遠者以義諱，近者以智畏。畏與義兼，則世逾近而言逾謹矣。此定，哀之所以微

其辭，以故用則天下平，不用則安其身，春秋之道也。」二文與此注義相發。漢，明之末，學者知崇氣節，而持之過激，釀爲

黨禍，毋亦昧於遠害之旨哉。

　　4　子曰：「有德者必有言，有言者不必有德。【注】德不可以億中，故必有言。仁者必有勇，勇
者不必有仁。」

正義曰：德不以言見，仁不以勇見，而此云「必有」者，就人才性所發見推之也。法先
王，順禮義，黨學者，然而不好言，不樂言，則必非誠士也。故君子之於言也，志好之，心安之，樂言之。故君子必辨。」又曰：
「故仁言大矣，起於上所以道於下，正令是也。起於下所以忠於上，謀救是也。故君子之行仁也無厭。」又性惡篇：「仁之
所在，無貧窮；仁之所亡，無富貴。天下知之，則欲與天下同苦樂之〔二〕天下不知之，則傀然獨立天地之間而不畏，是
上勇也。」二文並足發明「德必有言，仁必有勇」之旨。　若夫有言者或但口給以禦人，勇者或但逞血氣之彊，故知有言者不
必有德，勇者不必有仁也。〇注：「德不可以億中，故必有言。」〇正義曰：邢疏云「德不可以無言億中，故必有言也。」案：

　〔一〕「樂」字原脫，據荀子補。
　〔二〕「勇者不必有仁也」也。

注義甚晦，邢疏解之，亦不憭。

5　南宮适問於孔子曰：「羿善射，奡盪舟，俱不得其死然。【注】孔曰：「适，南宮敬叔，魯大夫。羿，有窮國之君，篡夏后相之位，其臣寒浞殺之。因其室而生羿，羿多力，能陸地行舟，爲夏后少康所殺。此二子者，皆不得以壽終。」禹、稷躬稼而有天下。」夫子不答。【注】馬曰：「禹盡力於溝洫，稷播百穀，故曰『躬稼』。禹及其身，稷及後世，皆王。適意欲以禹、稷比孔子，孔子謙，故不答也。」南宮适出，子曰：「君子哉若人！尚德哉若人！」【注】孔曰：「賤不義而貴有德，故曰君子。」

正義曰：南宮者，氏也。閻氏若璩釋地續：「古者命士以上，父子皆異宮，故儀禮言『有東宮，有西宮，有南宮，有北宮。』世之氏某宮者，應各以所居之宮。應劭『或氏於宮』，正謂此。」釋文：「适，本又作括。」說文羽部：「羿，羽之羿風，亦古諸侯也。一曰射師。從羽，幵聲。」弓部：「𢎯，帝嚳𢎯官，夏少康滅之。從弓，幵聲。」「羿」、「𢎯」二字，今作「羿」，隸體省變。許所據論語，當出安國古文。論語曰：「𢎯善𢎯。」案「羿」、「𢎯」二字，「𢎯」舊音工到反。其以「𢎯」爲帝嚳時射官之名，則意羿之後世襲其職。凡在堯時，在夏少康時，所稱之羿，皆是舉其官矣。「奡」，說文夰部引作「湯」。漢書天文志注引晉灼曰：「湯猶盪滌也。」古「盪滌」字祇作「湯」，楚辭天問注引「羿」作「澆」，此聲近通用字。「盪」，說文疒部所無也。顏氏炎武日知錄：「竹書紀年『帝相二十七年，澆伐斟鄩，大戰於濰，覆其舟滅之。』古『盪滌』字祇作『湯』，楚辭天問：『覆舟斟鄩，何道取之？』正謂此也。」又云：「古人以左右衝殺爲盪陣，其銳卒謂之跳盪，別帥謂之盪主。晉書載紀：『隴上健兒歌曰：「丈八蛇矛左右盪，十盪十決無當前。」』」盪舟蓋兼此義，與蔡姬之乘舟蕩公者不同。」凌氏鳴喈解義：「适疾時君好力

戰，不修民事而問，夫子爲尊者諱，故不答。夫子善其不斥言時事，得古人援古諷今之義，知有天下以德服，不以力服

也。○注「适南」至「壽終」。○正義曰：注以「适爲南宮敬叔」誤。辨見公冶長疏。左襄四年傳：「魏絳曰：『昔有夏之方衰

也，后羿自鉏遷于窮石，因夏民以代夏政。恃其射也，不修民事，而淫於原獸，棄武羅、伯因、熊髡、龍圉，而用寒浞。

浞，伯明氏之讒子弟也。伯明后寒棄之，夷羿收之，信而使之，以爲己相。浞行媚于內，而施賂于外，愚弄其民，而虞羿于

田。樹之詐慝，以取其國家，外內咸服。羿猶不悛，將歸自田，家衆殺之，以食其子，其子不忍食諸，死于窮門。靡奔有

有鬲氏。浞因羿室，生澆及豷。恃其讒慝詐偽，而不德于民，使澆用師，滅斟灌及斟尋氏。處澆于過，處豷于戈。

鬲氏收二國之燼，以滅浞而立少康。少康滅澆于過，后杼滅豷于戈，有窮由是遂亡。』又哀元年傳：『伍員曰：「昔有過澆

殺斟灌，以伐斟鄩，滅夏后相，后緡方娠，逃出自竇，歸于有仍，生少康焉，爲仍牧正，惎澆能戒之。澆使椒求之，逃奔有

虞，爲之庖正，以除其害。虞思於是妻之以二姚，而邑諸綸，有田一成，有衆一旅，能布其德，而兆其謀，以收夏衆，撫其官

職。使女艾諜澆〔一〕，使季杼誘豷。遂滅過、戈，復禹之績，祀夏配天，不失舊物。」』此其事也。注以羿爲澆，甚是。而

「陸地行舟」，似假書益稷所云「罔水行舟」語附合之，此則誤解書及論語之義矣。吳仁傑兩漢刊誤補遺：「陶、唐、夏后氏

各有一羿。」孟氏書：『逢蒙學射於羿，思天下惟羿爲愈己，乃殺羿。』此堯時羿也。寒浞虞羿于田，殺而亨之，此有窮后羿

也。二人俱嘗爲射官，又皆不得其死，故世或以爲一人，正自不然。而羿亦非所謂澆者，羿在禹、稷之前，與堯時羿並世。

書稱『毋若丹朱傲，惟慢遊是好，傲虐是作，罔水行舟，朋淫于家』。按此文上云『丹朱傲』，下又云『傲虐』，傲雖凶德，一言

〔一〕「諜」原誤作「謀」，據左傳改。

足以盡之，何至申言之乎？陸德明于『丹朱傲』云：『字又作奡。』乃知丹朱、奡爲兩人名。『朋淫』云者，指此兩人言之。南宮

适言『奡盪舟』，則『罔水行舟』之事。奡在禹前，故舉之以戒舜。南宮适舉之，亦先奡而後禹、稷也。』案：如吳說，是

以論語之奡，即堯時羿也。王應麟困學紀聞：『說文：「奡，嫚也。」引虞書「若丹朱奡」，論語「奡盪舟」。按書有『罔水行舟』

之語，則『奡盪舟』者，恐即謂丹朱。』二說並與偁孔異。孫氏志祖讀書脞錄、李氏惇羣經識小、趙氏翼陔餘叢考，並從吳說。

梁氏玉繩漢書古今人表考不從吳氏、王氏之說，謂「澆」「羿」、「奡」三字古多通借，則以論語之奡，即人表所載第九列

之羿、浇、奡也。周氏柄中典故辨正亦云：「逄蒙殺羿之羿，乃是有窮之君。春秋傳所謂『家衆殺之』者，堯時之羿。淮南

子稱其有功於天下，死爲宗布，人皆祀之，無不得其死之說。傲之爲羿，古字通用。說文：「羿，嫚也。」引書『若丹朱羿』，

並不是人名。至南宮适之問意，本在禹、稷，故語分賓主，非以時代先後爲序也。斗南既以丹朱、羿爲兩人，指爲羿、羿之

竹書『帝相二十七年，澆伐斟鄩，大戰於濰，覆其舟滅之』。此奡盪舟之事，即古人以左右衝殺爲盪陣之義也。孔氏於尚書、

論語俱以『陸地行舟』解之，遂啓後誤。夫丹朱非不得其死者，而謂羿即丹朱，豈可通乎？今案：梁、周二說皆是，而周說

尤辨。孔氏廣森經學卮言：「丹朱與敖是二人，敖即象也。

帝繫曰：『瞽叟產重華及產象敖。』象爲人傲很，因以爲號，若共

工稱康回，鉉稱橋杌之比。漆書古文作『敖』。論語『奡盪舟』，即所謂『罔水行舟』者也。自注：『管子曰「若敖之在堯」，

劉景昇與袁譚書曰：『昆弟相嫌，未若重華之于象敖。』今案：象固稱敖，然堯典言「象傲克諧」，則象後亦感化爲善，故封

仁也。

易繋辭傳：「小人以小善爲无益而弗爲也，以小惡爲无傷而弗去也，故惡積而不可掩，罪大而不可解。」是小人必無有

義曰：仁道難成，故以令尹子文之忠、陳文子之清，猶不得爲仁，即克伐怨欲不行，亦言「不知其仁」，故雖君子有不仁也。

6 子曰：「君子而不仁者有矣夫，未有小人而仁者也。」【注】孔曰：「雖曰君子，猶未能備。」 正

常，而小人道其怪。」

孔子」，誤。○注「賤不義而貴有德，故曰君子。」○正義曰：「不義者不得其死，有德者皆有天下，此天道福善禍淫。」适兩

舉之，是賤不義而貴有德也。若夫不義者不得禍，或反得福，有德者不得福，或反得禍，變數也。君子不以變數疑常數，

故荀子榮辱篇云：「仁義德行，常安之術也，然而未必不危也；汙僈突盗，常危之術也，然而未必不安也。故君子道其

五穀之長，故以名官，稱后稷焉。」案：适之言，乃降祥降殃之理，其稱「禹、稷」，正以諷時君當盡心民事也。適謂「以禹、稷比

事，故曰「躬稼」也。舜典：「帝曰『棄，黎民阻飢，汝后稷播時百穀。』」鄭注：「時讀曰蒔。」此注云：「播殖，即播蒔也。稷者，

書皋陶謨云：「禹曰：『予濬畎澮，距川，暨稷播，奏庶艱食鮮食，烝民乃粒。』」禹貢亦言「辨土作貢」，是禹治水兼及農

箸其文於「讀若傲」之下。則論語與書義異，許氏固不誤也。○注「禹盡」至「答也」。○正義曰：「盡力溝洫」，泰伯篇文。

證。故下云「讀若傲」，明「羿」、「傲」一也。又下引論語「羿湯舟」，此兼存異義，謂古論叚羿爲澆，與「羿、嫚」之義無涉，故

之有庫，富貴終身，何爲有不得其死之事？則知孔說亦誤也。說文「羿」、「嫚」，是本訓。其引書「丹朱羿」，正爲「羿、嫚」之

7 子曰:「愛之,能勿勞乎? 忠焉,能勿誨乎?」【注】孔曰:「言人有所愛,必欲勞來之;有所忠,必欲教誨之。」

○正義曰:此爲勞者,誨者表也。不欲愛,即勿勞;不能忠,即勿誨。故夫言者既竭懷以達誠,聞者亦宜原心以容直也。○注「言人」至「誨之」。○正義曰:說文云:「劺,勞勑也。」今通用行來字。王氏引之經義述聞解此文云:「呂氏春秋高注:『勞,勉也。』『勉』與『誨』義相近,故勞、誨並稱。鹽鐵論授時篇:『縣官之於百姓,若慈父之於子也,忠焉能勿誨乎?愛之而勿勞乎?』『而』與『能』古字通。白虎通義:『臣所以有諫君之義何?盡忠納誠也。論語曰「愛之能勿勞乎?忠焉能勿誨乎?」』襄二十七年左傳:『子產賦隰桑。』自注小雅隰桑篇:『心乎愛矣,遐不謂矣。』箋:『謂勤也。』趙孟曰:『武謂受其卒章。』杜注曰:『趙武欲子產之見規誨。』孔子曰:「愛之能勿勞乎?忠焉能勿誨乎?」此注之義。」案:王說足以發明此注之義。然『勞來』與『規誨』意似重,竊疑『勞』當訓『憂』。淮南精神訓:『竭力而勞萬民。』氾論訓:『以勞天下之民。』高誘注並云:『勞,憂也。』又里仁篇「勞而不怨」,即「憂而不怨」,憂者,勤思之也,正此處確詁。

8 子曰:「爲命,裨諶草創之,【注】孔曰:「裨諶,鄭大夫氏名也。謀於野則獲,謀於國則否。鄭國將有諸侯之事,則使乘車以適野,而謀作盟會之辭。」世叔討論之,行人子羽修飾之,東里子產潤色之。」【注】馬曰:「世叔,鄭大夫游吉也。討,治也。裨諶既造謀,世叔復治而論之,詳而審之。行人,掌使之官。子羽,公孫揮。子產居東里,因以爲號。更此四賢而成,故鮮有敗事。」

正義曰:「裨」,鄭本作「神」。見羣經音辨4部。鄭司農周官大祝注、後漢書皇后紀下注引風俗通,並作「卑諶」。漢書古今人表作「卑湛」。凡作「卑」,與鄭本合。「湛」、「諶」通用字。江氏

聲。論語竢質：「裨諶、裨竈，當卽一人。『諶』當從火作『煁』。毛詩傳：『煁，烓竈也。』則名竈字煁矣。左傳於襄三十一年

再見裨諶，以後但有裨竈，與子產相終始，而裨諶更不見。考其論議，正是一人也。」『草創』者，釋文云：『創依說文，此是

『創瘢』之字當作剏。』案：說文：「剏，造法剏業也。從井，刅聲，讀若創。」是『創』、『剏』音同，故論語、段以『創』爲

『剏』也。「草」，言始制之，若草蕪雜也。史記屈原列傳：「屬草藁未定。」「修飾」者，朱子集注云：「謂增損之。」蓋以「增」

訓「飾」，以「損」訓「修」也。「潤色」者，廣雅釋詁：「潤、飾也。」謂增美其辭，使有文采可觀也。鄭之爲命，皆子產主之。其

裨諶、世叔、子羽，皆子產所使。稱東里者，美之，故詳之。書呂刑云：「表厥宅里。」○注「謀於」至「之辭」。○正義曰：左

襄三十一年傳：「子產之從政也，擇能而使之：馮簡子能斷大事；子大叔美秀而文；公孫揮能知四國之爲，而辨於其大

夫之族姓、班位、貴賤、能否，而又善爲辭令；裨諶能謀，謀於野則獲，謀於邑則否。鄭國將有諸侯之事，子產乃問四國之

爲於子羽，且使多爲辭令，與裨諶謀以適野，使謀可否，而告馮簡子使斷之，事成，乃授子大叔使行之，以應對賓客，是以

鮮有敗事。北宮文子所謂有禮也。」並此注所本。惟傳言子羽、裨諶同是草創，子大叔則受而應對，與論語敘述稍異耳。

「謀於野」、「謀於邑」，謂謀於野之人、邑之人也。子大叔卽世叔，「世」「大」通用，如世子亦稱大子之比。「謀作盟會之

辭」，此釋爲命文也。周官大祝：「二曰命。」注：「鄭司農云：『命，論語所謂爲命。』公羊莊十九年傳：「聘禮，大夫受命不受

辭。」「命」者，凡聘問會盟所受於主國之命，其語皆有一定。故聘記云「辭無常」，明命有常也。左傳言子產使子羽多爲辭

令，則於禮命之外，更多爲辭以爲之備，卽論語所言「爲命」者，得兼有之也。鄭注云「討論整理。」「理」，亦治也。

今…販之子。見左襄二十二年傳。「討、治」，本說文。謂整比其辭而治之也。邢疏云：「游

『周禮秋官有大行人、小行人,皆大夫也,掌諸侯朝覲宗廟會同之禮儀,及時聘會同之事。則諸侯之行人亦然。故云「掌使之官」,謂掌其賓使之官也。公孫揮「揮」與「翬」同,故字子羽,若魯大宰翬字羽父也。「東里」,里名。列子仲尼篇:「鄭之圃澤多賢,東里多才。」多才即謂子產之屬。「因以爲號」者,謂人以是號之也。

9 或問子產。子曰:「惠人也。」【注】孔曰:「惠,愛也。子產古之遺愛。」問子西。曰:「彼哉!彼哉!」【注】馬曰:「子西,鄭大夫。彼哉彼哉,言無足稱。或曰楚令尹子西。」問管仲。曰:「人也。【注】猶詩言所謂『伊人』。奪伯氏駢邑三百,飯疏食,没齒無怨言。」【注】孔曰:「伯氏,齊大夫。駢邑,地名。齒,年也。伯氏食邑三百家,管仲奪之,使至疏食,而没齒無怨言,以其當理也。」

正義曰:荀子大略篇:「子謂子產惠人也,不如管仲。管仲之爲人,力功不力義,力知不力仁,野人也,不可以爲天子大夫也。」與此文褒貶不同,蓋傳聞之異。詩匪風疏引鄭注論語云「人偶,同位人偶之辭」,莫知所屬,近輯本皆列入「人也」之下。宋氏翔鳳過庭録云「以非常之人,偶然得之,謂之人偶。言同是在位,而管仲爲非常人,故曰『同位人偶之辭』」。鄭注聘禮曰「每門輒揖者,以相人偶爲敬」。又注中庸曰:「人也,讀如『相人偶』之人。」言相尊敬,故曰「相人偶也」。此蓋漢時常言。賈誼新書匈奴篇曰:『胡貴人更進,得佐酒前上』,時人偶之。』亦謂尊異也。」阮氏元論仁篇:「人偶,猶言爾我親愛之辭。」孟子曰:『仁也者,人也。』謂仁即人之也。論語『問管仲。曰:「人也。」』鄭氏注曰:『人偶同位之辭。』此乃直以『人也』爲『仁也』。」案:鄭注大射儀、公食大夫禮及箋詩匪風,皆有『人偶』之語。宋、阮二家釋之各異,以阮説爲近。禮表記云「仁者,人也」。注「人也,謂施以仁恩也」。釋名釋形

體:「人,仁也。」仁,生物也。」是人有仁訓。鄭以管仲與同位皆相親愛,而伯氏以罪見奪,非管仲有私忿,故不失爲仁。朱氏彬經傳考證:「孔子於子產稱其惠,於管仲稱其仁。觀伯氏之沒齒無怨,則仲之仁可知。故子路、子貢疑其非仁,而孔子特信之。」案:朱說與阮同,並鄭義也。 釋文:「疏,本今作疏。」皇本同。 ○注:「惠,愛也。子產,古之遺愛。」○正義曰:左昭二十年傳:「及子產卒,仲尼聞之,出涕曰『古之遺愛也。』」○注「子西」至「子西」。○正義曰:鄭子西卽公子駟之子公孫夏,楚子西卽公子申,二人俱字子西,故注兼存其義。 實則鄭子西無行事可稱,楚子西有遜國之美德,昭王復國,改紀其政,亦有大功,故或人問之也。「彼」者,爾汝之稱。子西雖功足錄,然以囊瓦之貪庸,不能啓悟昭王使早黜退之,知孔子大聖,又沮昭王封之。其後召白公至,喪身禍國,斯其智仁皆無可紀,故注以爲無足稱也。 楚令尹子西之治國,足以招亂,故孔子思遠去之,與公羊言『趯駕』語意同。 蓋魯、齊兩論也。 廣韻五真:『彼,哀也。論語云「子西彼哉」,言子西不若子產治政之有遺愛,則謬甚。 坤蒼曰:「彼,邪也。」「邪」「衰」一字,「衰」與「哀」形最相近,故廣韻傳寫之本遂誤作「哀」。而宋君卽就而通之者也。 王氏念孫廣雅疏證謂「論語作彼,於義爲長」。然「彼、衰」之訓,以論子西,不免太過,廣韻

魯之列,當軸處中,括囊不言,容身而去,彼哉彼哉」亦是以「彼哉」爲無足稱也。 宋氏翔鳳過庭錄:「公羊傳:『陽虎曰:曰「彼哉」,再言之者〔一〕切遽意。眊而曰:『彼哉彼哉!』趯駕。既駕,公斂處父帥師而至。』何休注:『望見公斂處父帥師,而「夫孺子得國而已,如丈夫何?」彼哉,言彼地不可久處,禍將及也。 廣韻所載,蓋古文論語之遺。」案:宋君前說,依公羊解之,可備一義,後說

〔一〕「者」原誤作「曰」,據公羊傳注改。

所引，未可據也。○注：「猶詩言所謂伊人。」○正義曰：皇本作「鄭注」，誤。所謂「伊人」，詩蒹葭，白駒，皆有其文。鄭箋

「伊當作繄，繄猶是也。」○詩云「伊人」，皆說賢人。○注以管仲為夫子所賢，故以詩言譬之。○注「伯氏」至「理也」。○正義

曰：鄭注云：「伯氏，齊大夫。駢邑三百家，齊下大夫之制。」此偽孔所本。皇疏云「伯氏名偃」未詳所出。荀子仲尼篇言

「齊桓公立管仲為仲父，與之書社三百，而富人莫之敢距也。」「書社三百」，即駢邑三百，「富人」即伯氏，古以禄多為富也。

易訟九二云「其邑人三百戶。」鄭注：「小國之下大夫，采地方一成，其定稅三百戶也。」鄭以大國下大夫與小國

下大夫同制，故此注以「三百家」為齊下大夫也。雜記注云「諸侯之大夫，邑有三百戶之制」，是不分大國小國。彼疏引熊

氏云：「下大夫三百」，一成之地也。一成所以三百家者，一成九百夫，宮室，涂巷，山澤三分去一，餘有六百夫地，又不易

再易，通於一家，而受二夫之地，是定稅三百家也。」孔氏廣森經學卮言「左傳襄二十七年『唯卿備百邑』，百邑者，四百井

也。井十為通，通十為成。四百井者，四成也。成出革車一乘，四成者，四乘之地也。蓋侯國上卿采地如是。」今案：大夫

一成，卿四成，近於「卿禄四大夫」之文。諸家皆從鄭說，若然，則「書社三百」，謂書駢邑社中之人三百家也。孔云「駢邑

地名」者，說文：「邢，地名。」段氏玉裁注「前志齊郡臨朐，應劭云『有伯氏駢邑』。後志齊郡臨朐，有古邢邑。」按春秋莊元

年：「齊師遷紀郱、鄑、郚。」杜云「郱在東莞臨朐縣東南。」齊取其地。然則伯氏駢邑即此地。駢即邢字。今山東青州府

臨朐縣東南有郱城是也。「齒、年」，廣雅釋詁同。焦氏循補疏：「天官大宰『八柄』『六曰奪，以馭其貧。』注云『奪謂臣有

大罪，沒入家財者。』蓋伯氏時有罪，管仲没其家財，故注云『當理』。廣雅：『理，治也。』治獄之官名理，當理謂治獄得當也。

此管氏所以為法家之冠矣。」經學卮言亦云「此奪，義如八枋之奪。蓋伯氏有罪，管仲削其邑，非奪以自益之謂也。」今

案：『論語言「奪伯氏」以自奪爲文，蓋管仲執政，桓公奪邑以與管仲，無異於仲之自奪也。特其奪當理，故能使伯氏不怨。

管子正篇：「制斷五刑，各當其名，罪人不怨，善人不驚，曰刑。」

10 子曰：「貧而無怨，難；富而無驕，易。」　正義曰：習鑿齒漢晉春秋：「昔管仲奪伯氏駢邑三百，沒齒

而無怨言，聖人以爲難。」焦氏循補疏謂「習氏所引，連下『貧而無怨』爲一章。若然，則無怨、無驕謂使之無怨無驕也。孟

子謂「制民之產，仰足事父母，俯足畜妻子，然後驅而之善，故民之從之也輕」。驅而之善，則無驕也。輕者，易也。言此

者，明在位者當知小人之依，先其難者，後其易者，富之而後教之也。

11 子曰：「孟公綽爲趙、魏老則優，不可以爲滕、薛大夫。」【注】孔曰：「公綽，魯大夫。趙、魏皆晉

卿。家臣稱老。公綽性寡欲，趙、魏貪賢，家老無職，故優。滕、薛小國，大夫職煩，故不可爲。」　正義曰：釋文「綽，本又作

綷。」汗簡引古論同。說文：「綽，緩也。」「優」者，饒也。亦見說文。皇本「夫」下有「也」字。漢書薛宣傳「頻

陽縣北當上郡、西河，爲數郡湊，多盜賊。其令平陵薛恭本縣孝者，功次稍遷，未嘗治民，職不辦。而粟邑小，辟在山中，

民讙樸易治。令鉅鹿尹賞久郡用事吏，宜即以令奏賞與恭換縣。二人視事數月，而兩縣皆治。宜因移書勞勉之曰：『昔孟

公綽優於趙、魏，而不宜滕、薛，故或以德顯，或以功舉。』是言爲趙、魏老當以德，爲滕、薛大夫當以才，故能有功。集

注引楊氏曰：「知之弗豫，枉其才而用之」，則爲棄人矣。此君子所以患不知人也。」○注「公綽」至「可爲」。○正義曰：史記

仲尼弟子列傳：「孔子之所嚴事於魯孟公綽。」是孟公綽爲魯人。云「大夫」者，以意言之。趙之先與秦同姓嬴，至造父始封於趙，今直隸趙州地，其後入晉，仕爲卿。魏，國名。括地志：「魏故國在芮城縣北五里，今解州芮城縣河北故城是也。」晉滅魏，以其地賜大夫畢魏，因以爲氏，子孫亦仕晉執政，故曰「趙魏皆晉卿」也。士昏禮「授老鴈」，注云：「老，羣吏之尊者。」賈疏云：「大夫家臣稱老，是以喪服公士大夫以貴臣爲室老。〔一〕春秋傳云『執臧氏老』，禮記云『大夫室老』，皆是。」是家臣稱老也。下章言「公綽之不欲」，是性寡欲也。「貪賢」者，言務多賢也。皇疏云：「趙、魏賢人多，職不煩雜，故家臣無事，所以優也。」滕、薛，二國名。滕，周文王子錯叔繡之後。薛，任姓，奚仲之後。彙纂云：「今兗州府滕縣西南十五里，有古滕城，卽滕國也。」又云：「薛城在滕縣南四十里。」

12 **子路問成人。** 子曰：「**若臧武仲之知，**【注】馬曰：「魯大夫臧孫紇。」**公綽之不欲，**【注】馬曰：「孟公綽。」**卞莊子之勇，**【注】周曰：「卞邑大夫。」**冉求之藝，文之以禮樂，亦可以爲成人矣。**【注】孔曰：「加之以禮樂文成。」

正義曰：說苑辨物篇：「顏淵問於仲尼曰『成人之行何若？』子曰『成人之行，達乎情性之理，通乎物類之辨，知幽明之故，睹遊氣之源，若此而可謂成人。既知天道，行躬以仁義，飭躬以禮樂。夫仁義禮樂，成人之行也。』」是成人爲成德之人，最所難能。此告子路，但舉魯四人，是降等論之，故言「亦可」也。禮器云：「禮也者，猶體也。體不備，君子謂之不成人。設之不當，猶不備也。」左氏傳：「子大叔曰：『人之能自曲直以赴禮者，謂之窮神知化，德之盛也。』」是成人謂之成德。禮禮器云：「禮也者，猶體也。」

〔一〕「士」原誤作「食」，據儀禮賈疏並參喪服改。

成人。』是備禮樂乃可爲成人。於時四子已出仕，未嘗學問，若能文以禮樂，是亦後進於禮樂者也。○注『魯大夫臧孫

紇。』○正義曰：『武仲，文仲之子，紇其名。』○注『卞邑大夫。』○正義曰：『左傳十七年「會于卞。」杜注「魯國卞縣。」王氏

墁地理考：「卞在今兗州府泗水縣東五十里。」是卞爲魯邑也。荀子大略篇：「齊人欲伐魯，忌卞莊子，不敢過卞。」是莊子仕

卞爲大夫也。周氏柄中典故辨正云：「路史國名紀、氏族大全並以卞爲莊子之姓，蓋曹叔振鐸之後，支庶食采於卞，因以

爲氏。然卞非曹國之地。鄭樵通志嘗辨之，則知卞姓之說誤也。」韓詩外傳：「卞莊子善事母，母無恙時，三戰而三北，交

游非之，國君辱之。及母死三年，魯興師伐齊，莊子請從。遂赴敵，獲一甲首而獻之曰：『此塞一北。』又入獲一甲首而獻

之曰：『此塞再北。』又入獲一甲首而獻之曰：『此塞三北。』將軍止之。莊子曰：『三北以養母也，是子道也。今士節小具而

塞責焉。吾聞之：節士不以辱生。』遂反敵殺數十人而死。」新序義勇略同。史記陳軫傳言卞莊子有刺虎事，國策秦策作

「管莊子」「管」「卞」古字通用，皆言莊子勇事也。孔氏廣森經學卮言：「卞莊子始末，不見於左傳，疑即孟莊子也。襄公

十六年：「齊侯圍成，孟孺子速徼之。」齊侯曰：『是好勇，去之以爲之名。』速遂塞海陘而還。」是孟莊子有勇名。或嘗食采

於卞，因以爲號，若合左師、苦成叔之比。卞本魯邑，「弁人有其母死，而孺子泣者。」即此卞也。左傳『齊歸孟穆伯

之喪，卞人以告。』則卞爲孟氏之私邑，非無稽言。」自注：「楚語『魯有弁、費』謂孟孫、季孫也。冕弁之『弁』篆體作卉，隸

變作六，因變成卞。故漢書杜欽傳『小弁』作『小卞』，東方朔傳以卞莊子爲弁嚴，其實弁、卞一字。」周氏柄中典故辨正引

江永說略同。案：孟莊子以孝稱，而外傳言「莊子善事母」，亦一證也。惟外傳言莊子赴敵而死，又荀子言「齊侯不敢過

卞」，與左傳「齊侯圍成」「去之」之文不同，並傳聞之異。鄭注此云「秦大夫」不用周說。原鄭之意，當以陳軫對秦惠王言

「管莊子」,則卜莊子爲秦人。●王氏鏊四書地理考「陳軫說君,不必定引本國之人,從魯爲長。」○注「加之以禮樂文成。」

○正義曰：言加以禮樂,乃得成文,故曰「文之以禮樂」。曰「今之成人者何必然。見利思義,【注】馬曰：義然後取,不苟得。」見危授命,久要不忘平生之言,亦可以爲成人矣。【注】孔曰：「久要,舊約也。平生,猶少時。」

正義曰：皇邢疏以曰爲夫子語,文選曹植責躬詩注,沈約別范安成詩注引此文「曰」上有「子」字,蓋夫子移時復語也。集注引胡說,獨以爲子路言,於義似較長。「授命」,猶言致命。曲禮云「臨財毋苟得,臨難毋苟免」。案：此皆謂忠信之人也,雖未文以禮樂,亦可次於成人。○注「久要,舊約也。平生,猶少時。」○正義曰：廣雅釋言「要,約也。」周官小宰「八曰聽,出入以要會。」鄭司農注「要會,謂計最之簿書。月計曰要,歲計曰會。」宰夫「掌官法以治要。」注「古者凡有約,則書其文於簿書,故謂要爲約也。」「平生」猶言平時,注言「少時」者,以久要或由少及老也。皇疏云「言成人平生期約雖久,至今不得忘少時之言。」

13 子問公叔文子於公明賈曰：「信乎,夫子不言,不笑,不取乎?」【注】孔曰：「公叔文子,衞大夫公孫拔,文諡。」公明賈對曰：「以告者過也。夫子時然後言,人不厭其言;樂然後笑,人不厭其笑;義然後取,人不厭其取。」子曰：「其然?豈其然乎?」【注】馬曰：「美其得道,嫌不能悉然。」正義曰：公明賈,疑亦衞人,公明氏,賈名也。「時」謂時當言也。「其然」者,左襄二十三年傳「申豐對季武子曰『其然。』」杜注「其然猶必爾。」義與此同。皇疏云「其然者,然如此也。言今汝所說者,當如此也。」云「豈其然乎」者,謂人所傳不言,不

笑、不取，豈容如此乎？皇本「其言」「其笑」「其取」下俱有「也」字。○注「公叔」至「文謚」。○正義曰：子，衛獻公之孫，名拔，或作「發」。孔疏「按世本『衛獻公生成子當，當生文子拔。』拔是獻公孫也。或作發者，以左傳作「發」，故云。」案：據檀弓公叔文子謚貞惠文子，而止稱文者，鄭彼注云「不言貞惠者，文足以兼之。」○注「美其得道，嫌不能悉然。」○正義曰：皇疏以此注爲第二說，是疏不從此注。

14　子曰：「臧武仲以防求爲後於魯，雖曰不要君，吾不信也。」【注】孔曰：「防，武仲故邑。爲後，立後也。魯襄公二十三年，武仲爲孟氏所譖，出奔邾，自邾如防，使爲大蔡納請，曰『紇非能害也，知不足也，非敢私請，苟守先祀，無廢二勳，敢不辟邑』乃立臧爲，紇致防而奔齊。此所謂要君。」○正義曰：汪氏烜詮義「以者，不當以也。於魯者，絕武仲於魯也。」案：要，約也，言約君如己所求也。表記：「子曰：『事君三違而不出竟，則利祿也。人雖曰不要君，吾弗信也。」與此言「要君」義同。孝經五刑章：「要君者無上。」○注「防武」至「要君」。○正義曰：顧氏棟高春秋大事表：「隱九年：『公會齊侯于防。』杜注：『在瑯琊華縣東南。』按魯有兩防，此所謂東防也，在今費縣東北六十里，世爲臧氏食邑，臧紇以防求後卽此。隱十年『取防』，此所謂西防也。杜注：『高平昌邑縣西南有西防城。』宋防既爲魯有，欲別於臧氏之防，故謂之西防。在今兗州府金鄉縣西北。又昭五年：『莒牟夷以防來奔。』杜注：『莒邑城陽平昌縣西南有防亭。』今青州府安邱縣西南六十里，有故平昌防亭。」按：如顧說，是魯有三防。定五年傳：「季孫還，未至，卒于房。」顧氏炎武左傳杜解補正謂此卽近費之防，史、漢「防」「房」二字多通用也。「立後」者，謂立爲己後。禮云「爲人後者爲之子」是也。左

氏傳載此事云：「孟孫惡臧孫，季孫愛之。孟孫卒，臧孫入哭，甚哀，多涕。孟氏閉門，告于季孫曰：『臧氏將爲亂，不使我葬。』季孫不信。臧孫聞之，戒。冬十月，孟氏將辟，藉除於臧氏。臧孫使正夫助之，除於東門，甲從己」而視之。孟氏又告季孫。季孫怒，命攻臧氏。乙亥，臧紇斬鹿門之關以出，奔邾。」是武仲爲孟孫所譖也。「自邾如防」以下，皆傳文。臧爲，武仲之異母兄宣叔娶于鑄所生者也。「大蔡」，龜名。「二勳」謂文仲、宣叔。

15　子曰：「晉文公譎而不正，【注】鄭曰：「譎者，詐也。」謂召天子而使諸侯朝之。仲尼曰：『以臣召君，不可以訓。故書曰：『天王狩于河陽。』」是譎而不正也。」齊桓公正而不譎。」【注】馬曰：「伐楚以公義，責包茅之貢不入，問昭王南征不還，是正而不譎也。」　正義曰：晉者，國名，周成王弟叔虞所封也。文公，名重耳。齊桓公，名小白。王氏引之經義述聞：「說文：『譎，權詐也。』訓詐則爲惡德，訓權則亦可爲美德。毛詩序曰：『主文而譎諫，言之者無罪，聞之者足以戒。』鄭注曰：『譎諫，詠歌依違，不直諫。』春秋繁露玉英篇：『諸侯在不可以然之域者，謂之大德，大德無踰閑者；諸侯在可以然之域者，謂之小德，小德出入可也。權，譎也，尚歸之，以奉鉅經耳。昔管仲以權譎伯撥亂，蔡足譎權。』安平相孫根碑：『今砥砥然奉鉅經。』是也。　論語『晉文公譎而不正，齊桓公正而不譎』，譎權者，謂之小德，小德出入可也。言晉文能行權而不能守經，齊桓能守經而不能行權，各有所長，亦各有所短也。鹽鐵論論儒篇：『今砥砥然守一道，引尾生之意，即晉文之譎諸侯以尊周室，不足道，而管仲蒙恥辱以存亡，不足比也。』遵道篇：『晉文公譎而不正，齊桓公正而不譎，所由不同，俱歸於霸。』漢書鄒陽傳：『魯哀姜薨于夷。孔子曰「齊桓公法而不譎」，以爲過也。』顏注曰：

『法而不譎者,言守法而行,不能用權以免其親也。』『法』與『正』同義。法而不譎,古人以爲齊桓之過,則守正爲齊桓之所長,權譎爲齊桓之所短,較然甚明。然則晉文公譎而不正,亦是嘉其譎,而惜其不正可知矣。淮南繆稱篇『至德,小節備,大節舉。齊桓舉而不密,晉文密而不舉。』高注云:『齊桓有大節,小節疏也。晉文有小節,大節廢也。』語義與此相似,皆謂各得其一偏也。不然,則經但云『晉文公譎』『齊桓公正』,其義已明,何須又言『不正』、『不譎』乎?』宋氏翔鳳發微云:『鄒陽傳作『齊桓公法而不譎。』『法』,古文作『佥』,是班書所引『法而不譎』爲魯論語。今作『正』者,蓋古論語本作『佥』。後人罕見『佥』字,就法有正義,遂改『佥』爲『正』。按兩『正』字當作『佥』同法。法者,聖人之經法也。譎者,聖人之權衡也。善用則爲權,不善用譎則爲詐。故許君以權詐兩義解譎,此譎字當以權爲義。』案:王、宋說同。惟宋以『正』當作「佥」,作「佥」爲後人所改,此近臆測。應劭風俗通「春秋說齊桓、晉文、秦繆、宋襄、楚莊是五霸也。齊桓九合一匡,率成王室,責彊楚之罪,復菁茅之貢。晉文爲踐土之會,修朝聘之禮,納襄冠帶,翼戴天子。孔子稱『民到於今受其賜』。又曰:『齊桓正而不譎,晉文譎而不正。』至於三國,既無歡譽一言。而繆公、襄公、莊王皆無興微繼絕,尊親王室之功。』是以譎正爲歡譽,漢人久見及此。先晉文後齊桓者,明行事終歸正也。楊慎丹鉛錄曰:『文公之功多於桓公,罪亦多於文公,事速於桓公。義則害於桓公,名盛於桓公,實則衰於文公也。春秋不以功蓋罪,不以事掩義。桓公得江、黃而不用以伐楚,文公則謂非致秦不足與楚爭,楚抑而秦興矣。此桓公之所不肯爲者也。桓公會則不遍三川,盟則不加王人,文會幾内則伉矣,盟于虎則悖矣。此桓公之所不敢爲者也。桓公寧不得鄭,不納子華,懼其獎臣抑君,不可以訓,文公爲元咺執衛侯,則三綱五常於是廢矣。觀此,則吾夫子正譎之論,孟子獨表桓公

五禁，而不及晉文，余謂文非桓匹，豈一人之私言乎？」楊氏此論，尤能持平。蓋譎雖爲權，然君子行事，以正爲先，必以正

不行，乃始用權。故如城濮之戰，不厭其用譎；若衡雍召王及執衛侯之類，此亦安用譎爲耶？大約文公求霸過莒，殊爲

可疑。左氏內外傳謂文公生十七年而亡，又十九年反國，實止三十六歲，又八年而薨。而史記晉世家言文公奔狄時，年

已四十三，又十九歲反國，年六十二。何休公羊注亦云：「時晉文公年老，恐霸功不成。」春秋僖二十八年：「夏五月，盟于踐土。」

後書「公朝于王所。冬，會于溫。天王狩于河陽」。左傳云：「晉師還，至于衡雍，作王宮于踐土。會于溫，討不服也。是會

也，晉侯召王[一]以諸侯見，且使王狩。」是晉文用譎詐之事也。仲尼云云，見左傳。范寧於穀梁「會踐土」注云：「所謂譎

而不正」，亦同鄭說。○注「伐楚」至「譎也」。○正義曰：桓行事類此者多，馬據一端言之。左僖四年傳：「楚貢苞茅而不

入，王祭不共，無以縮酒，寡人是徵。昭王南征而不復，寡人是問。」此齊責楚之辭，以王事爲言，故近正也。穀梁僖四年

傳：「侵蔡而蔡潰，以桓公爲知所侵也。不土其地，不分其民，明正也。」楊疏：「論語稱『齊桓公正而不譎』，指謂伐楚。此

侵蔡亦言正者，伐楚是責正事大，故馬、鄭指之。其實侵蔡不土其地，不分其民，亦是正事，故傳言正也。」據此疏，則鄭亦

有注，與馬同。

　子路曰：「桓公殺公子糾，召忽死之，管仲不死。」曰：「未仁乎？」【注】孔曰：「齊襄公立，無常

[一]「召」原誤作「朝」，據僖二十八年左傳改。

鮑叔牙曰：「君使民慢，亂將作矣。」奉公子小白出奔莒。襄公從弟公孫無知殺襄公，管夷吾、召忽奉公子糾出奔魯。齊人殺無知，魯伐齊，納子糾。小白自莒先入，是爲桓公，乃殺子糾，召忽死之。」

子曰：「桓公九合諸侯，不以兵車，管仲之力也。如其仁，如其仁。」

【注】孔曰：「誰如管仲之仁。」

正義曰：管子大匡篇[一]：「齊僖公生公子諸兒、公子糾、公子小白。僖公卒，以諸兒長得爲君，是爲襄公。其母衛女也。」左昭十三年傳：「齊桓、衛姬之子，有寵于僖。」則公子糾與桓公爲異母昆弟也。史記齊世家、封禪書並云：「襄公弟次糾，其母魯女也。次弟小白，其母衛女也。」周、秦、漢人言糾兄桓弟，自管子、史記外，若莊子、荀子、韓非子、越絕書、說苑皆如此。即公羊以桓公爲篡，穀梁以桓公爲不讓，亦以糾是桓兄，序當立也。惟漢薄昭上淮南王長書言「齊桓殺其弟以反國」，則以漢文是兄，淮南王是弟，不敢斥言殺兄，故改兄作弟。顏師古注引韋昭曰：「子糾，兄也。」言弟者，諱也。是也。「曰未仁乎」，此起子路問詞，故加「曰」字。皇疏以爲時議，非也。九合者，合，會也，謂合諸侯也。左氏傳言晉悼公「八年之中，九合諸侯」。又祁午謂趙文子「再合諸侯[二]，三合大夫[三]」皆計實數，與此文同。管子小匡云：「兵車之會六，乘車之會三。」史記齊世家、封禪書並云：「兵車之會三，乘車之會六。」與管子互異，均以大概言之。穀梁莊二十七年傳：「衣裳之會十有一，未嘗有歃血之盟也，信厚也。兵車之會四，未嘗有大戰也，愛民也。」論語言「九合不以兵車」，則爲衣裳之會。解者莫知所指，鄭氏此處亦無注，惟釋穀梁廢疾畧存其義，而考柯會在莊十三年冬，鄭不數柯，而以明年爲始，則以十四年郵會始也。十五年又會鄆，十六年盟幽，二十七年又盟幽，僖元年會檉，五年會首止，七年盟

〔一〕「大」原誤作「小」，據管子改。

〔二〕〔三〕原誤作「五」，據昭元年左傳改。

寧母，九年會葵丘。是葵丘以前，止有七合，並葵丘數之，亦止有八耳。其二年會貫，三年會陽穀，鄭不據之者，穀梁疏引

劉炫以爲貫與陽穀非管仲之功。劉意以穀梁傳言「貫之盟」有江、黃，管仲謂爲近楚遠齊，齊不能救則無以宗諸侯。桓公

不聽，遂與之盟，其後楚伐江滅黃，桓公不能救，故君子閔之。又陽穀之會，亦有江、黃。二會非管仲意，故鄭數九合，去

貫與陽穀。此劉申釋鄭氏，以意知之也。　愚案：鄭注論語「一匡天下」，以陽穀指一匡。一匡是管仲功，可有陽穀，豈九合

不可有陽穀耶？九合去陽穀，則鄭以一匡爲陽穀，先自矛盾。竊謂江、黃遠來就盟，正是管仲之力。其後齊不能救，雖爲

桓失，不得因此而謂貫與陽穀非爲衣裳之會也。反覆思之，疑穀梁疏所引釋廢疾「去貫與陽穀」五字，當是誤衍，疏家不

能辨正，而一匡指陽穀，亦並載其義，而不知正與九合去陽穀之言相背，此疏家之失，非鄭指也。若然，鄭數兩鄄、兩幽、

檉、貫、陽穀、首戴、寧母，正符九合之數。　鄄會在柯後一年，寧母在葵丘前二年，故云「自柯之明年，葵丘以前，已有九合」

也。今就穀梁爲鄭疏之。傳云「莊公十三年春，齊人、宋人、陳人、蔡人、邾人會于北杏。是齊侯、宋公也，其曰人何也？

始疑之。何疑焉？」傳又云「桓非受命之伯也，將以事授之者也。曰：可矣乎？未乎？舉人，衆之辭也。」是北杏之會，諸侯尚未許

桓爲伯也。　傳云「冬，公會齊侯，盟于柯。曹劌之盟也，信齊侯也。　桓盟雖內與，不日，信也。」范寧集解：「桓公之信，

著於天下，自柯之盟始。」其明年會鄄，又明年會鄄，皆謀推齊爲伯。又明年「同盟于幽」，經書「同」，則成爲伯矣。二十

七年又「同盟于幽」，傳云「于是而後授之諸侯也。　齊侯得衆也。　桓會不致，安之也。　桓盟不日，信之也。信其信，仁其

仁。」觀此，則桓伯始於柯而成於鄄，故鄭亦不數柯，而云「柯之明年」，則明指九合爲始矣。　呂氏春秋貴信篇言柯之盟，齊不

「莊公與曹劌皆懷劍劫盟」云云。下云「夫九合之而合，壹匡之而聽，〔一〕皆從此生矣。」新序雜事篇亦云「柯之盟，齊不

倍盟，天下諸侯翕然而歸之。爲鄄之會、幽之盟，諸侯莫不至焉。爲陽穀之會、貫澤之盟，遠國皆來。」又云「九合諸侯，

一匡天下，功次三王，爲五伯長，本信起乎柯之盟也。」皆以九合在柯後，知鄭說非無據矣。至貫之盟，左傳云「服江、黃

也」公羊傳謂「江人黃人不召而至」，雖穀梁傳有「楚伐江滅黃，齊不能救，君子閔之」之言，然閔其不能救，非不肯救也，

且以哀江、黃之服德而無援也。此固無損於齊伯。至陽穀之會，左傳曰「謀伐楚也。」公羊曰「無障谷，無貯粟，無易樹

子，無以妾爲妻。」穀梁曰「桓公委端搢笏而朝諸侯，諸侯皆諭乎桓公之志。」此桓盛會，亞於葵丘，九合當數之無疑矣。至

煙謀救鄭，首戴謀寧周，寧母謀伐鄭，皆無異辭。至葵丘爲桓極盛，亦於是始衰，故鄭不數葵丘，已有九也。自鄭釋廢疾

傳寫有「去貫與陽穀」五字，而申鄭者遂不得其解。今綜各說，以附於後。穀梁疏引劉炫謂有洮與葵丘，以當貫、陽穀之

數，且以穀傳洮會兵車爲誤。李賢後漢書延篤傳注同，用劉說也。凌氏曙典故覈亦從其說，謂洮會在僖八年，明年會

葵丘，葵丘以前皆衣裳，用管仲也。葵丘以後用兵車，管仲死也。案：穀梁言洮會爲兵車，合於鹹、牡丘、淮爲四會。左傳

云「會于洮，謀王室也。」襄王定位而後發喪。」其時叔帶作難，襄王懼不立，不發喪而告難于齊。桓公奉王命以兵車會諸

侯謀之」，此正理之所宜，何乃以爲傳誤？且究是傳誤，亦爲劉義，非康成有傳誤之言，此一說也。范寧解十三年會北杏

十四年會鄄，十五年又會鄄，十六年會幽」，二十七年又會幽」，僖元年會檉，二年會貫，三年會陽穀，五年會首戴，七年會寧

母，九年會葵丘，凡十一會。論語皇疏引范注謂「鄭不取北杏及陽穀，爲九會」，則有貫與葵丘，又一說也。陸氏論語釋

文云：「范寧注云：『十三年會北杏，又會柯，十四年會鄄，十五年又會鄄，十六年會幽，二十七年又會幽，僖元年

〔一〕「聽」原誤作「匡」，據呂氏春秋改。

會檉，二年會貫，三年會陽穀，五年會首戴，七年會寧母。』凡十一會。鄭不取北杏及陽穀爲九。』則有柯、貫二會，又

一說也。盧氏文弨釋文攷證從陸氏而小變其說云：『穀梁疏引鄭釋廢疾云：「去貫與陽穀」，或云：「與猶數也，言數陽

穀，故得爲九也。』僖九年『盟于葵丘』，疏云：「論語「一匡天下」，鄭不據之，而指陽穀者，鄭據公羊之文，故指陽穀。』

然則鄭注不數貫而數陽穀，陸言鄭有貫無陽穀，互誤。』陳氏鱣古訓畧同，則有柯、陽穀二會，又一說也。案：北杏在

柯會前，北杏安得數之？其數柯與葵丘，顯與鄭義不合。又鄭論語此文無注，盧誤記有注。凡諸述鄭之云，未

符厥指。至穀梁疏又列二說：「或云『葵丘會、盟異時，故分爲二。』或取公子結與齊桓、宋公盟爲九。先師劉炫難之云，

『若以葵丘之盟，盟、會異時而數爲二，則首戴之會亦可爲二也。離會不數，郱盟去公子結，則惟有齊、宋二國之會，

安得數之？』是前二說皆劉難，楊疏所不從矣。若劉敞意林以始終淮爲九。萬斯大學春秋隨筆以莊二十七年會幽，

並檉、貫、陽穀、首止、寧母、洮、葵丘、鹹爲九。〔一〕異義錯出，難可通曉，後之學者，當無爲所惑矣。朱子集注以「九」與「糾」通，

與左僖二十六年傳桓公「糾合諸侯」文同。〔二〕羅泌路史以第九次合諸侯專指葵丘。呂氏春秋勿躬篇：「桓公令五子皆任其事，以

用也。桓公假仁義以服諸侯，諸侯皆來就桓會盟，不用兵車驅迫之也。新序雜事篇：「夫管仲能知人，桓公能任賢，所以九合諸

受令於管子，十年九合諸侯，一匡天下，皆夷吾與五子之能也。』然則管仲能知人用人，成此伯功，所以論語歸美管仲也。「如其仁」者，王氏引之

侯，一匡天下，不用兵車，管仲之功也。」此訓最當。蓋不直言「爲仁」，而言「如其仁」，明專據功業言之，穀梁傳所云「仁其仁」者也。胡

經傳釋詞：「如，猶乃也。」

〔二〕二六原誤作「九」，據左傳改。

氏紹勳拾義據廣雅釋言訓「如」爲「均」，亦通。俞氏樾諸子平議謂「法言是擬論語，其中所云『如其富，如其富』；『如其智』；『如其襄，如其襄』，皆不予之辭。則『如其仁，如其仁』，蓋不許其仁也。言管仲但論其事功可也，不必論其仁也」。俞君此說，深得揚子之意，其與論語本旨，不必合也。鄭注云：「重言『如其仁』者，九合諸侯，功齊天下，此仁爲大，死節，仁小者也。」○注「齊襄」至「死之」。○正義曰：「襄公立，無常」至「出奔魯」，見左莊八年傳。襄公，僖公之子。公孫無知，則僖公母弟夷仲年所生之子，故此注以無知爲襄公從弟也。無知弑襄公，遂自立。左傳云：「九年春，齊人雍廩殺無知。公及齊大夫盟于蔇，齊無君也。夏，公伐齊，納子糾，桓公自莒先入。秋，師及齊師戰于乾時，我師敗績。鮑叔帥師來言曰：『子糾，親也，請君討之。管、召，讎也，請受而甘心焉。』乃殺子糾於生竇。召忽死之。管仲請囚，鮑叔受之，及堂阜而稅之。」史記齊世家：「小白少好善，大夫殺無知，高、國陰召小白，魯亦發兵送子糾，後管仲別將兵遮莒道，射中小白帶鉤。小白佯死，管仲使報魯，魯送糾者行遲，六日至齊，小白已入，立爲桓公。桓公戴溫車中馳行，又有高、國應，故得先入立。」管子大匡篇：「齊請管仲，召忽於魯，魯君乃遂束縛管仲與召忽。管仲謂召忽曰：『子懼乎？』召忽曰：『何懼乎？吾不蚤死，將胥有所定也。今既定矣，令子相齊之左，必令忽相齊之右，雖然，殺君而用吾身，是再辱我也。子爲生臣，忽爲死臣，子其勉之。』乃行入齊境，自刎而死。管仲遂入。君子聞之曰『召忽之死也，賢其生也。管仲之生也，賢其死也。』」

17 子貢曰：「管仲非仁者與？桓公殺公子糾，不能死，又相之。」子曰：「管仲相桓公，霸

諸侯,一匡天下,【注】馬曰「匡,正也。天子微弱,桓公帥諸侯以尊周室,一正天下。」民到于今受其賜。【注】

受其賜者,爲不被髮左衽之惠。微管仲,吾其被髮左衽矣。【注】馬曰「微,無也。無管仲,則君不君,臣不臣,

皆爲夷狄。」

正義曰:左昭九年傳「管仲諸囚,鮑叔受之,及堂阜而稅之。歸而以告曰『管夷吾治於高傒,使相可

也。』公從之。」列子力命篇:「桓公遂召管仲。魯歸之,齊鮑叔牙郊迎,釋其囚。桓公禮之,而位於高、國之上,鮑叔牙以身

下之,任以國政,號曰仲父。」是管仲相齊事也。鄭注云:「天子衰,諸侯興,故曰霸。」霸者,把也,言把持王者之政教,故其

字作伯,或作霸也。」案:説文:「伯,長也。」諸侯受命爲一州諸侯之長,謂之州伯,又謂之方伯。伯轉聲爲霸,故其字亦作

『霸』。白虎通號篇:「霸者,伯也,行方伯之職,會諸侯,朝天子,不失人臣之義,故聖人與之,非明王之法不張。霸猶迫也,

把也,迫脅諸侯,把持其政。」然則霸者,諸侯之長,所以爲政之名也。把持者,固守之意,固守王者之政教,以令於諸侯,

此中王爲西伯,不嫌稱聖也。春秋時,如齊桓、晉文,先未受命,恃其國彊,迫脅諸侯,雖後亦序之爲伯,然伯道未純,故聖

門,羞稱之。鄭此注謂「天子衰,諸侯興,故曰霸」者,即據周五霸皆當衰世言之也。「吾」者,吾中國也。「被髮」者,皇疏

云:「被髮,不結也。」禮「男女及時,則結髮於首,加冠笄爲飾。戎狄無此禮,但編髮被之體後也。」左僖二十二年傳[一]

「初,平王之東遷也,辛有適伊川,見被髮而祭於野者,曰『不及百年,此其戎乎!其禮先亡矣。』是被髮爲戎狄俗也。「左

衽」者,説文:「衽,衣衿也。衿,交衽也。」蒼頡解詁:「衽,衣襟也。」「衿」「襟」一字。聲類:「襟,交領也。」「交領」即交衽,

蓋衣領下屬於衣前右幅,通稱爲衽、爲衿、爲襟。必言「交」者,謂領兩頭相交,周人頤也。領右,則衣前幅掩向右;領左,

〔一〕上「二」原誤作「三」,據左傳改。

則衣前幅掩向左。中夏禮服皆右衽，深衣則用對襟，對襟用直領，故鹽鐵論散不足篇及釋名釋衣服所云「直領」，即指深

衣而言。戎狄無禮服，亦無深衣，止隨俗所好服之，而多是左衽，故夫子舉爲言也。

考皆據玉藻「衽當旁」釋此文。彼「衽是掩縫之用，長二尺五寸，綴之右腋之裳端，以垂於下」，此深衣之制。然江考朝服、

祭服、喪服，左右皆有衽，即深衣之裳左旁亦有衽。玉藻所云「續衽鉤邊」者，江謂「在左旁縫之以合前後」。則凡裳無不左

衽，而何夷夏之別乎？是知玉藻之「衽當旁」，與論語「左衽」名同實異，論語當用說文、蒼頡、聲類諸訓解之矣。漢書韋賢

傳引劉歆說謂：「周自幽王後，南夷與北夷交侵，中國不絕如綫。」是故弃桓之過而錄其功，以爲伯首。」案：被髮左衽，乃戎狄之俗，楚雖南夷，未有此制，歆之言亦趁辭耳。毛

本「衽」作「祍」，係俗體。○注「匡正」至「天下」。○正義曰：爾雅釋言「皇，匡，正也。」詩六月「以匡王國」，謂正王國也。毛

傳云：

周自東遷，王室微弱，天子之尊，與諸侯無異。齊桓率諸侯，令天下，知尊周室，故曰一正天下。馬氏統論桓功，當訓「一」

爲皆也。　鄭注以「一匡」指陽穀。　穀梁疏謂「鄭據公羊」。案：公羊僖三年：「秋，齊侯、宋公、江人、黃人會于陽穀。」穀梁傳亦云：「桓公委端搢笏而朝諸侯，諸

「此大會也」，易爲末言爾？　桓公曰：『無障谷，無貯粟，無易樹子，無以妾爲妻。』

侯皆論乎桓公之志。」志者，志在尊周室也。此桓大會，故鄭指之。後葵丘之會，壹明天子之禁，穀梁傳及孟子並言其盛。

而鄭解「一匡」不據之者，公羊傳言「葵丘之盟，桓公震而矜之」，叛者九國」。桓伯之衰自此始。

也。以義言之，馬、鄭說皆通。然「一匡」「九合」「一」字、「九」字，皆是計數，則鄭義爲長。　漢書郊祀志注「一匡天下」，謂鄭依公羊爲言，故不指葵丘

定襄王爲天子之位也。　一說謂陽穀之會，令諸侯云云，天下皆從，故云一匡者也。」一說指鄭注前說，則六朝人解義。○

注「微無」至「夷狄」。○正義曰：「微、無」，常訓，見詩式微傳。漢書匈奴傳「苟利所在，不知禮義。」傳贊云「夷狄之人，貪

而好利，被髮左袵，人面獸心，其與中國殊章服，異習俗，飲食不同，言語不通」，故知其人君不君，臣不臣也。〈注言此者，

見夷狄入中國，必用夷變夏，中國之人，既習於被髮左袵之俗，必卒滅棄禮義，馴至不君不臣也。豈若匹夫匹婦之

爲諒也，自經於溝瀆而莫之知也。」【注】王曰：「經，經死於溝瀆中也。管仲、召忽之於公子糾，君臣之義未正

成，故死之未足深嘉，不死未足多非。死事既難，亦在於過厚，故仲尼但美管仲之功，亦不言召忽不當死。」正義曰：

顏師古漢書敍傳注：「凡言匹夫匹婦，謂凡庶之人，一夫一婦，當相配匹。」宋氏翔鳳發微云：「中論知行篇云『召忽伏節死

難，人臣之美義也。仲尼比爲匹夫匹婦之爲諒矣。後漢書劭傳劭議曰：『召忽親死子糾之難，而孔子曰「經於溝瀆，人

莫之知也。」則漢儒皆以『經於溝瀆』爲召忽事。子罕篇云：『匹夫不可奪志。』則匹夫者，所謂獨行之士，惜一己之節，不顧

天下者也，非以匹夫爲賤而非之。諒者，説文：『諒，信也。』爾雅釋詁：『亮，信也。』『亮』與『諒』同。史記作『笙瀆』。集解賈逵曰：『魯地句瀆

賤其言，是之謂諒。」索隱按鄒誕生本作『莘瀆』。『莘』、『笙』聲相近，笙如字，瀆音豆。論語作『溝瀆』，蓋後代聲轉而字異，故諸文不同。桓

十二年：『公會宋人、燕人盟于轂丘。』杜注：『轂丘，宋地。』左傳作『盟于句瀆之丘』，杜注『句瀆之丘，即轂丘也。』水經濟

水注：『濮水又東，與句瀆合，句瀆首受濮水，枝渠于句陽縣東南，逕句陽縣故城南。』春秋之轂丘，左傳以爲句瀆之丘矣。

縣處其陽，故縣氏焉。按句陽故城在今曹州府治北三十里，即轂丘也。 則在春秋爲曹地，其境與魯相錯，亦得有魯地。又

左傳哀六年：『齊陳乞豹于句瀆之丘。』或其時曹將亡，齊亦侵其地而有之。要之，生竇、笙瀆、句瀆與溝瀆是一地，而齊、

魯、曹、宋填地相接，各得有其一隅，復以聲轉而異其字也。」按論語言召忽「經死溝瀆」，而管子大匡言「入齊境，自刎而

死，傳聞各異。莫之知者，言無功績為人所知也。○注「經」至「當死」。○正義曰：晉語「申生雉經」，史記田單傳「遂經

其頸於樹枝」，索隱：「經猶繫也。」荀子彊國篇「敕經而引其足也。」楊倞注：「經，縊也。」「經死於溝瀆中」，此以溝瀆為田

間水道。爾雅釋地：「水注谷曰溝，注澮曰瀆」是也。說苑善說篇：「管子者，天子之佐，諸侯之相也。死之則不免為溝中

之瘠。」與此注合，皆不以溝瀆為地名也。管仲、召忽，舊為子糾之傅。雖糾於次當立，而未即位而死，君臣之義尚未正

成，故仲雖不死，未足多非也。管子大匡云：「召忽曰『百歲之後，犯吾君命，而廢吾糾也，雖得天下，吾不生

也。兄與我齊國之政也，受君令而不改，奉所立而不濟，是吾義也。』管仲曰：『夷吾之為君臣也，將承君命，奉社稷，以持

宗廟，豈死一糾哉？夷吾之所死者，社稷破，宗廟滅，祭祀絕，則死之。』非此三者，則夷吾生。夷吾生，則齊國利；夷吾

死，則齊國不利。』觀此，則二子之死與不死，各自有見。仲志在利齊國，而其後功遂濟天下，使先王衣冠禮樂之盛，未淪

於夷狄。故聖人以仁許之；且以其功為賢於召忽之死矣。然有管仲之功，則可不死；若無管仲之功，而背君事讎，貪生

失義，又遠不若召忽之為諒也。

18 公叔文子之臣大夫僎，與文子同升諸公。【注】孔曰：「大夫僎，本文子家臣，薦之使與己並為大

夫，同升在公朝。」子聞之，曰：「可以為文矣。」【注】孔曰：「言行如是，可謚為文。」 正義曰：毛氏奇齡四書賸

言：「臣大夫，即家大夫也。其曰『同升諸公』，則家臣升大夫之書法耳。 左傳：『子伯季子，初為孔氏臣，新登于公。』又經

問引先仲氏説謂「臣大夫」三字不分。〔檀弓〕:「陳子車死於衞，其妻與其家大夫謀以殉葬。」蓋仕於家曰家大夫，仕於邑曰邑大夫，而統爲臣大夫。閻氏若璩〔四書釋地畧〕同。今案:家臣之中，爵秩不同，尊者爲大夫，次亦爲士。故此別之云大夫僕，明僕爲家臣中之爲大夫者也。漢書古今人表作「大夫選」，則漢人讀不以大夫連「臣」字也。「僕」「選」通用字。〔釋文〕云:「僕，本又作撰。」先進篇「異乎三子者之撰」，鄭作「僕」，是「僕」、「撰」亦通用也。錢氏坫〔論語後録〕:「案周書謚法文有六等:稱『經天緯地』『道德博厚』『學勤好問』『慈惠愛民』『愍民惠禮』『錫民爵位』，並無『修制交鄰』『不辱社稷』等例。〔檀弓〕:『公叔文子卒，其子戍請謚於君。君曰:「夫子聽衞國之政，修其班制，以與四鄰交。衞國之社稷不辱，不亦文乎?」』靈公之論，不本典制，故夫子舉前升佚事以合之。意深矣。」○注「薦之」至「公朝」。○正義曰:注意以僕因文子薦之，同升於公爲大夫，經言「大夫僕」者，從後書之。李賢〔後漢吴良傳〕注:「文子家臣名僕，操行與文子同，文子乃升進之於公，與之同爲大夫。」即本注義。

19 子言衞靈公之無道也，康子曰:「夫如是，奚而不喪?」孔子曰:「仲叔圉治賓客，祝鮀治宗廟，王孫賈治軍旅。夫如是，奚其喪?」【注】孔曰:「言雖無道，所任者各當其才，何爲當亡?」正義曰:「子言」者，謂子與康子言及之也。周書謚法解「亂而不損」「好祭鬼神」皆曰「靈」。衞靈之謚，當取「亂而不損」矣。朱子集注云:「喪，失位也。」案:皇本作「子曰」。李賢後漢書明帝紀注亦是「曰」字，邢本從鄭作「子言」。釋文云:「子曰衞靈公之無道也，一本作子言，鄭本同。」案:皇本作「子曰」。李賢後漢書明帝紀注亦是「曰」字，邢本從鄭作「子言」「言」字是也。又「無道」下，皇本有「久」字，然考疏文無「久」字，此後人所增。

20 子曰：「其言之不怍，則爲之也難。」【注】馬曰：「怍，慙也。內有其實，則言之不慙，積其實者爲之

難。」 正義曰：皇本作「則其爲之難」。大戴禮曾子立事篇盧注引『其言之不作，其後爲之難。』嚴氏杰校云：『所引論語，

當讀如史記『作作有芒』之作。」、包氏慎言溫故錄：『案作，起也。勇於有爲者，其言必有振厲奮起之色。言不奮起，則行必

觀望，故曰『爲之也難』。」案：盧引論語，未知何本。或「作」即是「怍」之誤。嚴、包二君，但就說文說之。○注「怍慙」至「之

難。」○正義曰：說文「怍，慙也」。誰，慙語也。」段注謂論語此文當作「誰。」今通用「怍」字。已所能爲，即是「內有其實」。

皇疏引王弼曰：『情動於中而外形於言，情正實，而後言之不怍。』此即馬義。後漢書皇甫規傳論：『孔子稱「其言之不怍，

則其爲之也難」。察皇甫規之言，其心不怍哉。夫其審己則干祿，見賢則委位。故干祿不爲貪，而委位不求讓；稱己不疑

伐，而讓人無懼情。故能功成於戎狄，身全於邦家也。』此引文以「不怍」爲美詞，與馬義合。曾子立事云：「是故君子出言

以鄂鄂，行身以戰戰，亦殆免於戾矣。」盧注：「鄂鄂，辨屬也。」窃謂「辨屬」即「不怍」之意；「戰戰」即「爲之也難」之意。

21 陳成子弒簡公。孔子沐浴而朝，告於哀公曰：「陳恒弒其君，請討之。」【注】馬曰：「成子，

齊大夫陳恒也。將告君，故先齊，齊必沐浴。」公曰：「告夫三子。」【注】孔曰：「謂三卿也。」孔子曰：「以吾從

夫之後，不敢不告也。君曰『告夫三子』者。」【注】馬曰：「我禮當告君，不當告三子，君使我往，故復往。」之

三子告，不可。孔子曰：「以吾從大夫之後，不敢不告也。」【注】馬曰：「孔子由君命之三子告，不可，故

復以此辭語之而止。」 正義曰：左哀十四年傳：「齊陳恒弒其君壬於舒州。」孔丘三日齊，而請伐齊。三公曰：『魯爲齊

弱久矣，子之伐之，將若之何？』對曰：『陳恒弑其君，民之不與者半。以魯之半加齊之半，可克也。』公曰：『子告季孫。』孔

子辭，退而告人曰：『吾以從大夫之後也，故不敢不言。』」與此文畧同。　壬卹簡公名。周書謚法解「一德不懈」，「平易不

訾」，皆曰「簡」。此當取「平易不訾」爲證也。　公羊僖元年傳「上無天子，下無方伯，天下諸侯，有爲無道者，臣弑君，子弑

父，力能討之，則討之可也。」白虎通誅伐云「論語曰『陳恒弑其君，孔子請討之』王者諸侯之子，篡弑其君而立，臣下得

誅之者，廣討賊之義也。」春秋傳曰「臣弑君，臣不討賊，非臣也。」顧氏棟高春秋大事表「魯之兵權在三子，三子之兵權

在家臣。觀陽貨，弗擾且能以其衆畔，而冉求、季路獨不可出其兵以仗義討賊乎？孔子能使由、求墮費、郈，而三子靡然

聽從，豈孔子當日奉魯君之命，命家臣出其卒，而三子敢或梗令乎？誠得哀公一言聽許，委夫子以兵權，空魯國之甲，使

家臣將之，此時子路雖仕衞，而冉有自在，加以樊遲、有若，皆勇銳之士，移檄遠近，聲罪致討，四鄰諸侯，必有聞風響應，

縱不能梟陳恒之首，亦當誅當日之推刃於齊君者，而更定其嗣。如此，則國威可振，周道可興矣，豈空言而不可見諸實事

者哉？」案：魯自四分公室，兵衆皆在三家，誠使哀公奮發有爲，許夫子之請討，則奉辭伐罪，夫子必能得之三子，而大服齊

人，則一舉而兩國之權奸皆有所顧忌，斯亦亂世之一治也，惜乎哀公之終不能用孔子也。　吳氏嘉賓說謂「春秋絶筆於

獲麟，卽以是年夏有陳恒執君弑君之事，當時無一人敢正其罪，故弗忍更書之。」其說未爲無理矣。　魯三家與齊陳氏情事

相同，故不可夫子之請。然魯君臣釁隙雖深，終不敢一加刃於其君，未始非夫子之清議有以維持之也。此春秋之作，所

爲不能以已也。　釋文：「弑，本又作殺，同音試。」案：皇本作「殺」。「告夫三子」唐石經、皇本、高麗本「三」上有「二」字。考

文引足利本同。下「告夫三子者」「之三子告」並同。　釋文云「『之三子告』本或作『二三子告』，非也。」第二節「不敢不告

也」，皇本無「也」字。○注「成子」至「沐浴」。○正義曰：史記「田敬仲完世家〔一〕」「田常卒，常諡爲成子。」是成子即陳恒諡也。其世家上文云「齊人歌之曰：『嫗乎采芑，歸乎田成子！』」此史家從後記之，或「成」字誤衍爾。禮於常朝不齊，此重其事，故先齊也。○注據左傳「三日齊」爲言，明此文「沐浴」亦因齊而設。故玉藻云「將適公所，宿齊戒，居外寢，沐浴。」是見君齊必沐浴也。說文云：「沐，濯髮也。浴，洒身也。」○注「我禮」至「復往」。○正義曰：注意謂夫子此語是退而語人也。「不當告三子」者，言臣當統於君也。「君使往，復往」者，示君命已不敢逆也。

矣。

22　子路問事君，子曰：「勿欺也，而犯之。」【注】孔曰：「事君之道，義不可欺，當能犯顏諫爭。」

皇本「也」作「之」。○注「事君」至「諫爭」。○正義曰：注以「勿欺」即謂能犯顏諫爭也。孟子言「齊人莫其君何足語仁義，是爲不敬」又言「謂其君不能者，是賊其君」與此言「欺」同也。子路仕季氏，夫子恐其爲具臣，又季氏伐顓臾，子路力未能諫止，故此告子路以「勿欺」。而又嫌其意不明，故更云「而犯之」。禮檀弓云：「事君有犯而無隱。」若隱即爲欺矣。

23　子曰：「君子上達，小人下達。」【注】本爲上，末爲下。

正義曰：達，通也。論語比考讖「君子上達，與天合符。」言君子德能與天合也。○注：「本爲上，末爲下。」○正義曰：皇疏「上達者，達於仁義也。下達謂達於財利，

〔一〕「田敬仲完世家」原誤作「齊世家」，據史記改。

所以與君子反也。」案：禮大學云：「德者，本也」；財者，末也。」

24 子曰：「古之學者爲己，今之學者爲人。」【注】孔曰：「爲己，履而行之；爲人，徒能言之。」〇正義曰：「徒能言之」，謂己但能稱說，以求知於人也。荀子勸學篇：「君子之學也，入乎耳，箸乎心，布乎四體，形乎動靜，端而言，蠕而動，一可以爲法則。小人之學，入乎耳，出乎口。口、耳之間則四寸耳，曷足以美七尺之軀哉？」又云：「古之學者爲己，今之學者爲人。君子之學也，以美其身；小人之學也，以爲禽犢。」楊倞注：「禽犢，饋獻之物也。」北堂書鈔引新序云：「齊王問墨子曰：『古之學者爲己，今之學者爲人，何如？』對曰：『古之學者，得一善言，以附其身；今之學者，得一善言，務以悅人。』」又後漢桓榮傳論「孔子曰『古之學者爲己，今之學者爲人。』爲人者，憑譽以顯揚；爲己者，因心以會道。」邢疏引作「顯物」，謂顯之於物也。諸文並與此注義合。

25 蘧伯玉使人於孔子。【注】孔曰：「伯玉，衛大夫蘧瑗。」孔子與之坐而問焉，曰：「夫子何爲？」對曰：「夫子欲寡其過而未能也。」【注】言夫子欲寡其過，而未能無過。使者出。子曰：「使乎！使乎！」【注】陳曰：「再言『使乎』者，善之也。言使得其人。」

正義曰：孔子於衛，主蘧伯玉，此時孔子去衛，伯玉使人來。〇注「伯玉，衛大夫蘧瑗。」〇正義曰：陳留風俗傳：「長垣縣有蘧伯玉鄉，有蘧伯玉冢。一曰新鄉有蘧亭。」疑蘧本以邑氏也。呂覽召類注：「伯玉，衛大夫，蘧莊子無咎之

…子瑗，謚曰成子。」

○注「言夫子欲寡其過，而未能無過也。」○正義曰：莊子則陽篇「蘧伯玉行年六十而六十化」，未嘗不始於之，而卒詘之以非也。未知今之所謂是之非五十九非也。」淮南子原道訓「蘧伯玉年五十而知四十九年非。」觀此，是伯玉欲寡過而常若未能無過，亦是實語，其平居修省不自滿假之意可見。使者直對以實，能尊其主，非祗爲謙辭。

○注「再言『使乎』者，善之也。言使得其人。」○正義曰：段氏玉裁經韵樓集「使乎使」三字逗，下二「乎」字爲永歎之辭，與此注違，亦未必合經旨。漢書藝文志「子曰『誦詩三百』，使於四方，不能專對」孔子曰『使乎』，言其當權事制宜，受命而不受辭。」亦以此言「寡過」「未能」非爲所受之辭，故爲使得其人也。論衡問孔篇「孔子曰…『使乎！使乎！』」非之也。說論語者曰：「非之者，非其代人謙也。」此當時駁義，不足信。

26　子曰：「不在其位，不謀其政。」曾子曰：「君子思不出其位。」【注】孔曰「不越其職。」　正義曰：毛氏奇齡稽求篇「夫子既言位分之嚴，故曾子引夫子贊易之詞以爲證。此與牢曰『子云：吾不試故藝』正同。」又曰：「思不出位」，係艮卦象辭。世疑象傳多『以』字，或古原有此語，而夫子引以作象辭。曾子又引以證『不在其位』之語，故不署『象曰』、『子曰』二字，亦未可知。」案：禮中庸云「君子素其位而行，不願乎其外。素富貴，行乎富貴；素貧賤，行乎貧賤；素夷狄，行乎夷狄；素患難，行乎患難。君子無人而不自得焉。在上位，不陵下；在下位，不援上。正己而不求於人，則無怨。上不怨天，下不尤人。」鄭注「不願乎其外，謂思不出其位也。」與此章義相發。

27　子曰：「君子恥其言而過其行。」

正義曰：此與里仁篇「古者言之不出，恥躬之不逮」，語意正同。

禮雜記云：「有其言而無其行，君子恥之。」表記云：「君子恥有其辭而無其德，有其德而無其行。」亦此意。皇本「而」作「之」，「行」下有「也」字。

28　子曰：「君子道者三，我無能焉：仁者不憂，知者不惑，勇者不懼。」子貢曰：「夫子自道也。」

正義曰：「自道」者，言夫子身能備道也。孟子引子貢語，以夫子「仁且知」爲「既聖」，皆所謂「知足知聖」也。

29　子貢方人。【注】孔曰：「比方人也。」子曰：「賜也賢乎哉？夫我則不暇。」【注】孔曰：「不暇比方人也。」

正義曰：釋文云：「方人，鄭本作謗，謂『言人之過惡』。」盧氏文弨考證：「古論『謗』字作『方』，蓋以聲近通借。」子貢言人過惡，故子曰『賜也賢乎哉』，言汝己身果皆賢乎！而謗人也，夫我則不暇謗人而自治也。」孫氏志祖讀書脞錄説此文云：『左傳』『庶人謗』，正義云：『謗謂言其過失，使在上聞之而自改，亦是諫之類也。』昭四年傳：『鄭人謗子産。』國語：『屬王虔，國人謗王。』皆是言其實事，謂之爲謗。但傳聞之事，有實有虛，或有妄謗人者，今世遂以謗爲誣類，是俗易而意異也。」案：三國志王昶傳昶戒子書曰：「夫毀譽，愛惡之原，而禍福之機也。是以聖人慎之。孔子曰：『吾之於人，誰毀誰譽，如有所譽，必有所試。』又曰：『子貢方人。賜也賢乎哉？我則不暇。』以聖人之德，猶當如此，況庸庸之徒而輕毀譽哉？」[一]以方人爲毀，是亦讀「方」爲「謗」，用鄭義也。「暇」者，説文云「閒也」。皇本作「賜也賢乎我夫哉，我則不暇」，文

〔一〕「徒」原誤作「德」，據三國志改。

有誤。〇注「比方人也」。〇正義曰:莊子田子方篇:「魯多儒者,少爲先生方者。」是「方」訓比也。學以相備而成,故朋友切磋,最爲學道之益。夫子嘗問子貢與回孰愈?又子貢問子張、子夏孰愈?夫子亦未斥言不當問,是正取其能比方人也。此文何反譏之?注說誤。

能也」。

30 子曰:「不患人之不己知,患其不能也。」【注】王曰:「徒患己之無能也。」 正義曰:皇本作「患己無能也」。

31 子曰:「不逆詐,不億不信,抑亦先覺者,是賢乎!」【注】孔曰:「先覺人情者,是寧能爲賢乎?或時反怨人。」 正義曰:漢書翟方進傳:「上以方進所舉應科,不得用逆詐廢正法。」顏師古注:「逆詐者,謂以詐意逆猜人也。」大戴禮曾子立事篇:「君子不先人以惡,不疑人以不信。」與此文意同。「先覺」者,詐與不信,未容施行,已覺之也。荀子非相篇:「聖人何以不欺,曰:瞍人者,以己度者也。故以人度人,以情度情,以類度類,以說度功,古今一度也。類不悖,雖久同理,故鄉乎邪曲而不迷,觀于雜物而不惑,以此度之。」〇注「先覺」至「怨人」。〇正義曰:注以「先覺」即逆億,故云「是安能爲賢乎」?「反怨人」,皇疏謂「反受怨責」非也。釋文云:「怨,本或作冤。」盧氏文弨考證:「古怨與冤通。」

32　微生畝謂孔子曰：「丘何爲是栖栖者與？無乃爲佞乎？」【注】包曰：「微生，姓，畝名。」孔子曰：「非敢爲佞也，疾固也。」【注】包曰：「病世固陋，欲行道以化之。」

正義曰：微生稱夫子名，當以齒長故也。釋文云：「丘何」，或作「丘何爲」，鄭作『丘何是』，本或作『丘何爲是』。」「栖栖者」，邢疏云：「猶皇皇也。」案：説文：「西，鳥在巢上也。象形。日在西方而鳥棲，故因以爲東西之西。棲，棲或作木妻。」「棲」與「栖」一字，則「栖」亦「西」或體也。詩「可以棲遲」，漢嚴發碑作「西遲」。毛傳：「棲遲，遊息也。」凡人行緩急，皆得言棲。文選班固答賓戲曰：「棲棲遑遑，孔席不煓。」李善注：「棲遲，不安居之意也。」詩六月云：「六月棲棲。」毛傳：「棲棲，簡閱貌。」義亦同。夫子周流無已，不安其居，所至皆以禮義之道陳說人主，微生疑夫子但爲口才以說時君，故曰佞也。「孔子曰」，皇本「曰」上有「對」字。○注：「微生姓，畝名。」○正義曰：漢書古今人表作「尾生畝」，師古曰：「卽微生畝也。」畮，古畝字。○注：「微生一人，畝名。」高字。　愚未敢以爲然。○注：「病世固陋，欲行道以化之。」○正義曰：「固陋」者，昧於仁義之道，將以習非勝是也。夫子欲行道以化之，不得不干人主。此自明栖栖之意。呂氏春秋愛類篇：「賢人之不遠海內之路，而時往來乎王公之朝，非以要利也，以民爲務者也。」

33　子曰：「驥不稱其力，稱其德也。」【注】鄭曰：「德者，調良之謂。」　正義曰：太平御覽四百三引鄭注云：「驥，古之善馬。德者，謂有五御之威儀。」與此注異。　當云：「驥，古之善馬。德者，調良之謂，謂有五御之威儀。」集解節引此注，文不備耳。説文云：「驥，千里馬也。」莊子馬蹄篇釋文：「驥，千里善馬也。」謂驥一日行千里，此其力也。周官

保氏職「五馭」，鄭司農云：「五馭：鳴和鸞，逐水曲，過君表，舞交衢，逐禽左。」此謂御者之容。驥馬調良，能有其德，故爲

善馬。人之稱之當以此。

34

或曰：「以德報怨，何如？」子曰：「何以報德？以直報怨，以德報德。」【注】德，恩惠之德。

正義曰：「報」者，廣雅釋言：「報，復也。」玉篇：「報，酬也，答也。」朱子集注云：「或人所稱，今見老子書。」案：道德經恩

始章：「大小多少，報怨以德。」此朱子所指。禮表記「子曰『以德報怨，則寬身之仁也』，以怨報德，則刑戮之民也。」又曰：

『以德報德，則民有所勸；以怨報怨，則民有所懲。」與此章義相發。「寬身之仁」，所謂厚於仁者也。雖是寬仁而不可爲

法，故此告或人以報怨之道宜以直也。以直不必不怨，故表記又云「以怨報怨矣。」吳氏嘉賓說「以直者不匿怨而已。人

之性情，未有不樂其直者，至於有怨，則欲使之含忍而不報。夫含忍而不報，則其怨之本固未嘗去，將待其時之可報而報

之耳。至於蓄之久而一發，將至於不可禦，或終于不報，是其人之於世，必以浮道相與，一無所用其情者，亦何所取哉？

以直報怨，凡直之道非一，視吾心何如耳。吾心不能忘怨，報之直也，既報則可以忘矣。苟能忘怨而不報之，亦直也，雖

不報，固非有所匿矣。怨期於忘之，德期於不忘，故報怨者曰『以直』，欲其心之無餘怨也。報德者曰『以德』，欲其心之有

餘德也。其心不能忘怨，而以理勝之者，亦直以其心之能自勝也。直之反爲僞，必若教人以德報怨，是教人使爲僞也。

烏乎可？」

35 子曰：「莫我知也夫！」子貢曰：「何爲其莫知子也？」【注】子貢怪夫子言何爲莫知己，故問。子
曰：「不怨天，不尤人，【注】馬曰：「孔子不用於世而不怨天，人不知己，亦不尤人。」下學而上達，【注】孔曰：「下
學人事，上知天命。」知我者其天乎！」【注】聖人與天地合其德，故曰唯天知己。　正義曰：「莫我知」者，夫子歎己
不見用，由世人莫我知故也。　鄭注云：「尤，非也。」「尤」卽「訧」省。　夫子當衰周之世，天未欲平治天下，而但生德於己，正
使夫子立文垂制以教萬世，故儀封人言「天將以夫子爲木鐸」也。　包氏愼言溫故錄：「史記孔子世家」「哀公十四年春，狩
于大野。　叔孫氏車子鉏商獲獸，以爲不祥。仲尼視之，曰：『麟也。』取之。曰：『河不出圖，洛不出書，吾已矣夫！』顏淵死，孔
子曰：『天喪予！』及西狩獲麟，曰：『吾道窮矣！』喟然曰『莫我知也夫！』」子貢曰「何爲莫知子？」子曰「不怨天，不尤人，下
學上達，知我者其天乎！』據史記此文，莫知之歎，蓋發於獲麟之後。然則「不怨天」者，知天之以己制作爲後王法也。「不
尤人」者，人事之厄，天所命也。孔子在庶，而襃貶進退，王者所取則，故曰「下學而上達」。達，通也。　張衡應間曰：「蓋閒前
哲首務，務于下學上達，佐國理民，有云爲也。」是上達者，謂達於佐國理民之道。　史公自敍曰：「董生云：『周衰道廢，孔子
知言之不用，道之不行也，是非二百四十二年之中，以爲天下儀表，貶天子，退諸侯，討大夫，以達王事而已矣。』」又云
「仲尼悼禮樂廢崩，追修經術，以達王道，此上達之義也歟！　春秋本天以治人，知我者其惟春秋，罪我者其惟春秋，故曰：
『知我者其天乎！』」案：說苑至公篇「夫子行說七十諸侯，無定處，意欲使天下之民各得其所，而道不行。於是喟然而歎曰『天以至明
爲不可蔽乎，日何爲而食？地以至安爲不可危乎，地何爲而動？』天地而尚有動蔽，是故賢聖說於世而不得行其道，故災
采毫毛之善，貶纖介之惡，人事浹，王道備，精和聖制，上通於天而麟至，此天之知夫子也。

異並作也。夫子曰:「不怨天,不尤人,下學而上達,知我者其天乎?」亦以此節爲獲麟而發,「下學上達」爲作春秋本天之旨,學通於天,故惟天知之。論語撰考讖云:『下學上達,知我者其天乎?』通精曜也。」與說苑意同。蓋春秋本天治人,包說「夫子上達於佐國理民之道」,即是上通於天也。漢書五行志:「劉向以爲如人君下學而上達,災消而福興矣。」顏師古注:「上達,謂通於天道而畏威。」此雖譬引之辭,然亦謂人君精誠格天,則自降之福。是上達爲上通於天也。○注「聖人與天地合其德。」○正義曰:易文言傳文。

36 公伯寮愬子路於季孫。【注】馬曰:「愬,譖也。伯寮,魯人,弟子也。」子服景伯以告,【注】孔曰:「魯大夫子服何忌也。告,告孔子。」曰:「夫子固有惑志【注】孔曰:「季孫信讒,惠子路。」於公伯寮,吾力猶能肆諸市朝。」【注】鄭曰:「吾勢力猶能辨子路之無罪於季孫,使之誅寮而肆之。有罪既刑,陳其尸曰肆。」子曰:「道之將行也與,命也;道之將廢也與,命也。公伯寮其如命何?」【注】孔曰:「道之行否,當由天命,寮安能害也。」正義曰:說文「寮,從穴寮。」論語有公伯寮。」今作「寮」,九經字樣謂爲隷省。史記仲尼弟子列傳作「僚」,索隱引別本又作「繚」,作「遼」,並通用字。夫子,謂季孫。弟子列傳:「夫子固有惑志,僚也。」是「於公伯寮」四字當連上爲句,「僚」疑卽是疑子路。皇本「於公伯寮」下有「也」字。案:子路以忠信見知於人,不知寮何所得愬,而季孫且信之。朱子或問以爲「在隳三都、出藏甲之時」,說頗近理。當時必謂子路此舉,是彊公室、弱私家,將不利於季氏,故季孫有惑志。夫子言道「將行」「將廢」者,子路隳都,是夫子使之,今子路被愬,是道之將廢,而己亦不能安於魯矣。然行廢皆天所命,若天不廢道,雖寮有愬,季孫且

不聽之。若天未欲行道，此自命所受宜然，非關寮愬。言此者，所以慰子路而止景伯之憤也。張氏爾岐蒿庵閒話云：「人

道之當然而不可違者，義也；天道之本然而不可爭者，命也。貧富、貴賤、得失、死生之有所制而不可彊也，君子與小人

一也。命不可知，君子當以義知命矣。凡義所不可，即以爲命所不有也。故進而不得於命者，退而猶不失吾義也。小人

嘗以智力知命矣，力不能爭，則智邀之，智力無可施，而後謂之命也。君子以義安命，故其心常泰；小人以智力爭命，故

其心多怨。衆人之於命，亦有安之矣，大約皆知其無可奈何，而後安之者也。聖人之於命安之矣，實不以命爲準也，而

以義爲準，故雖力有可爭，勢有可圖，而退然處之，曰『義之所不可也。』義所不可，斯曰命矣。故孔子之於公伯寮，未嘗

無景伯之可恃也。於衛卿，未嘗無彌子瑕之可緣也。孟子之於臧倉，未嘗無樂正子之可力爲辨而重爲請也，亦曰義所

不在耳。義所不在，斯命所不有矣，故聖賢之於命，一於義者也。安義，斯安命矣。衆人之於命，不必一於義也，而命皆

有以制之。制之至無可奈何，而後安之。故聖賢之與衆人安命同也，而安之者不同也。」○注「伯寮，魯人，弟子也。」○

正義曰：公伯複姓，見廣韻。稱「伯寮」者，猶「治長」「馬遷」之比。弟子傳：「公伯僚，字子周。」不云魯人，或馬別也。

家語弟子解無公伯寮，有申繚字周。蓋以申繚一人，當申堂、公伯寮二人。臧氏庸拜經日記譏其僞造是也。明程敏政以寮

爲聖門孟臘，請罷其從祀。○正義曰：世本：「獻子蔑生孝伯，孝伯生惠伯、惠伯生昭伯，昭伯

生景伯。」則景是謚也。邢疏：「左傳哀十三年：［一］『吳人將囚景伯。景伯曰：「何也立後於魯矣。」』杜注云：「何，景伯名。」

然則景伯單名何，而此註云『何忌』，誤也。」漢魯峻石壁畫七十二子象有子服景伯。○注「吾勢」至「日肆」。○正義曰：……

〔一〕〔三〕原誤作「二」，據左傳及阮元論語校勘記改。

「勢力」者，言景伯是孟孫之族，當有勢力能與季孫言也。辨子路之無罪，欲令季孫知寮之愬，然後使季孫誅寮，以國之常刑殺之也。「陳其尸曰肆」者，說文：「肆，極陳也。」周官鄉士云：「協日刑殺，肆之三日。」又遂士云：「協日就郊而刑殺，各於其遂肆之三日。」縣士云：「協日刑殺，各就其縣肆之三日。」又掌戮云：「凡殺人者，踣于市，肆之三日。」惟殺于甸師氏者不肆，是周制殺人有陳尸三日之法。故左傳載楚殺令尹子南于朝，三日，子南之子棄疾請尸，亦以陳尸三日故也。鄉士疏引論語注云：「大夫於朝，士於市。」公伯寮是士，止應云『肆諸市』，連言朝耳。」此鄭注文，爲集解刪佚。論語注同。檀弓：「杞梁之妻曰：『君之臣不免於罪，則將肆諸市朝，而妻妾執。』」注：「肆，陳尸也。大夫以上於朝，士於市。」與論語注同。五刑三「大刑用甲兵，其次用斧鉞，中刑用刀鋸，其次用鑽笮，薄刑用鞭扑，以威民也。故大者陳之原野，小者致之市朝。」魯語云：次〔一〕是無隱也。」韋昭注：「其死刑，大夫以上尸諸朝，士以下尸諸市。三處：野、朝、市。」韋與鄭同。據左傳楚殺令尹子南于朝，又晉尸三郤于朝，明以職尊，故肆朝也。若晉尸雍子與叔魚于市，孔疏卽云「以其賤故也」其後董安于縊而死，趙孟尸諸市，亦以安于職卑。是鄭以大夫肆朝，士肆市有明徵矣。王制云：「刑人于市，與衆棄之。」無殺人于朝及肆朝之文，說者以王制爲殷禮。然周官鄉、遂、縣士及掌戮亦止言「肆市」，不言「肆朝」。且掌戮又云「唯王之同族與有爵者，則殺之于甸師氏。」有爵當謂大夫以上職尊者，與魯語及論語、左傳之文不同，說者多以爲疑。毛氏奇齡經問謂「刑士於市，刑大夫于甸師氏。而苟有重罪宜肆者，則士肆市，大夫肆朝，而士以下各于其地刑之肆之，未爲不可」。此說深爲得理。若然，則周官不言「肆朝」，或以事不經見，故不載之；抑後周所增制，非元公舊典也！又案：古人言「市朝」，有二解：

〔一〕「三」原誤作「之」，據國語改。

考工記「面朝後市，市朝一夫」，周官鄉師「以木鐸徇于市朝」，檀弓「遇諸市朝，不反兵而鬭」，奔喪「哭辟市朝」，孟子「若撻之于市朝」，史記孟嘗君列傳「日暮之後，過市朝者」，皆謂市中官治之所。司市云：「掌市之治教政刑，量度禁令，以次敘分地而經市。」注云：「次謂吏所治舍思次，介次也，若今市亭然。」此即是「市朝」與論語此文「市朝」為二，各別也。公伯寮是士，而廣韵稱為「魯大夫」，未知所本。

37 子曰：「賢者辟世，【注】孔曰：「世主莫得而臣。」其次辟地，【注】馬曰：「去亂國，適治邦。」其次辟色，【注】孔曰：「色斯舉矣。」其次辟言。」【注】孔曰：「有惡言乃去。」 正義曰：「辟」，皇本作「避」。說文：「避，回也。」蒼頡篇：「避，去也。」賢者所辟，有此四者，當由所遇不同。孟子告子下言「古之君子，所去三」亦云「其次」「其下」，與此文義同。呂氏春秋先識覽：「凡國之亡也，有道者必先去，古今一也。」高注引此文「辟色」作「避人」。子華子神氣篇亦言「違世」「違地」「違人」。後篇桀溺謂子路曰：「且而與其從辟人之士也，豈若從辟世之士哉？」「辟人」即「辟色」，當時兩稱之，高誘或亦隨文引之耳。 子華子以遠世為大上，遠地、遠人皆其次，似以優劣論之，與論語意不同矣。 管子宙合篇：「賢人之處亂世也，知道之不可行，則沈抑以辟罰，靜默以侔免。辟之也，猶夏之就清，冬之就溫焉，可以無及於寒暑之菑矣，非為畏死而不忠也。夫強言以為僇，而功澤不加，進傷為人君嚴之義，退害為人臣者之生，其為不利彌甚，故退身不舍端，修業不息版，以待清明。」○注：「世主莫得而臣」○正義曰：世主謂當世之主，明非一主也。儒行云：「儒有上不臣天子，下不事諸侯，雖分國如錙銖，不臣不仕。」○注：「有惡言乃去」○正義曰：惡言謂不善之言，或言有失禮也。子

曰：「作者七人矣。」【注】包曰：「作，爲也。爲之者凡七人，謂長沮、桀溺、丈人、石門、荷蕢、儀封人、楚狂接輿。」

正義曰：復稱「子曰」者，移時乃言也。作，如「見幾而作」之作。○注「作爲」至「接輿」。○正義曰：「作，爲」，常訓。「爲之者」謂爲辟世、辟地、辟色、辟言者也。七人所爲不同，此注無所分別，當以義難定故也。鄭注云：「伯夷、叔齊、虞仲辟世者，荷蓧、長沮、桀溺辟地者，柳下惠、少連辟色者，荷蕢、楚狂接輿辟言者也。七當爲十字之誤也。」皇疏引王弼曰：「七人，伯夷、叔齊、虞仲、夷逸、朱張、柳下惠、少連辟色者。」後漢書黃瓊傳注引注云，即王弼所本。陶潛羣輔錄數七人，前說本包，後說本孔子同時人。應劭風俗通十反篇「孔子嘉虞仲、夷逸，作者七人」，即王弼說。蓋鄭、王據孔子以前人，包據王、鄭，又改「七人」爲「十人」，世遠義失，難得而折衷焉。

38

子路宿於石門。晨門曰：「奚自？」【注】晨門者，閽人也。子路曰：「自孔氏。」曰：「是知其不可而爲之者與？」【注】包曰：「言孔子知世不可爲而彊爲之。」正義曰：「子路宿於石門」者，子路時自魯外出，晚宿石門也。鄭注云：「石門，魯城外門也。晨門，主晨夜開閉者。」此見後漢書蔡邕傳注。又張皓王龔傳論注引論語注：「晨，主守門者，晨夜開閉也。」文小異。外門，當謂郭門也。水經洙水注：「洙水北流，逕孔里，又西南，枝津出焉。又西南逕瑕丘城東，而南入石門。門右結石爲水門，跨於水上。」閻氏若璩釋地謂「此即子路宿處」是也。太平寰宇記「古魯城凡有七門，次南第二門名石門。」此似指城門，恐未然。周官司門是下大夫，又「每門下士二人」。賈疏謂下士是「在門開閉者。」故其職云「掌授管鍵以啟閉國門。」授者，下大夫授之下士。然則此「晨門」即謂下士在門開閉者矣。說文「晨，

早昧爽也。從臼辰。辰，時也。」爾雅釋詁：「晨，早也。」晨門職司晨夜之啟閉，故稱「晨門」。高士傳：「石門守者，魯人也。亦避居不仕，自隱姓名，爲魯守石門」。皇本「晨門」上重「石門」二字。「孔氏」猶言孔家，以居相近，人所習知，故不舉名字也。「知其不可而爲之者」，謂知世衰亂不可與共事，而猶冀已見用爲治之也。下篇夫子云「吾非斯人之徒與而誰與？天下有道，丘不與易也。」「易」者，治也。言丘之與易，正以天下無道之故。即此意。○注：「晨門者，閽人也。」○正義曰：周官「閽人，王宮每門四人」，注云：「閽人，司昏晨以啟閉者。」賈疏：「昏時閉門，則此名閽人也。晨時啟門，則論語謂之『晨門』也。皆以時事爲名耳。」案：閽人爲主宮門之稱，若司城郭諸門，則名司門。注以閽人例「晨門」，非謂「晨門」即閽人也。

39 子擊磬於衛，有荷蕢而過孔氏之門者，曰：「有心哉，擊磬乎」！【注】蕢，草器也。有心，謂契契然。既而曰：「鄙哉，硜硜乎！莫己知也，斯己而已矣。【注】此硜硜者，徒信己而已。言亦無益。深則厲，淺則揭。」【注】包曰：「以衣涉水爲厲。揭，揭衣也。言隨世以行己，若過水必以濟，知其不可，則當不爲。」子曰：「果哉！末之難矣。」【注】未知己志，而便譏己，所以爲果。末，無也。無難者，以其不能解己之道。

正義曰：「釋文『荷蕢，本又作河』。漢書古今人表作『何蕢』。説文：『何，儋也。』『何』本字。御覽五百七十六引論語注云『子擊磬者，樂也。蕢，草器也。荷夫蕢葉，別一義。説文：『奥，古文蕢』。漢書黃。論語有荷臾。」則許所見壁中文也。「孔氏」皇本作「孔子」。說文：「擊，支也。」「支」即「扑」字。又「磬，樂石也。象縣虡之形，殳擊之。籀文省爲殸。」孟子告子云：「我知其不爲蕢也。」趙注：「蕢，草器。」漢書

何武等傳贊「以一蕢障江、河」，顏師古注〔一〕：「蕢，纖草爲器，所以盛土也。」上篇言「爲山未成一簣」，「蕢」、「簣」同。注云「荷此器，賢人辟世」者，鄭注上章以「荷蕢」爲辟地，不爲辟世，或隨文變稱與？「有所病於世」者，病猶患也，憂也。禮樂記云「樂者，音之所由生也，其本在人心之感於物也。」夫子感時衰亂，其心一寓於音。荷蕢聞知其聲，故善之也。

「既」，終也，卒也。「樂者」，言荷蕢又有言也。「鄙哉硜硜者」，謂音也。釋名釋州國「鄙，否也。小邑不能遠通也。」趙岐孟子盡心注「鄙，狹也。」樂記云「其哀心感者，其聲噍以殺。」注云「噍，踧也。」踧猶踧踖，不安舒之貌。殺，減也。凡感於哀心，其聲衰減，抑而不揚，故荷蕢以爲鄙也。説文「硜，古文磬。」史記樂書「石聲硜」，今樂記作「磬」，然則磬是以聲名之矣。釋名釋樂器「磬，磬也。其聲磬磬然堅緻也。」「磬」與「磬」、「硜」並通。「莫己知」者，言人莫知夫子而用之也。翟氏灝考異云「世家繫此事於三至衛時。蓋靈公老，急於政，不用孔子，故荷蕢有莫己知之語。」釋文「莫己，音紀。下斯己同。」唐石經尚不誤。衛詩匏有苦葉文。荷蕢之言，亦天下有道則見，無道則隱之意。朱子集註讀「斯己」爲以，非是。「深則厲，淺則揭」者，言但當爲己，不必爲人，即孟子所云「獨善其身」者也。朱氏彬經傳考證「『果哉』六字爲句，自成韻語。末，無也，蔑也。言其所見小也。檀弓「末之卜也」，曾子曰『微與』，詞意皆相類。」戴氏望論語注云「果，信也。之，往也。信如其言，無所復往，行道難矣。」案：朱、戴說皆通。○注「有心，謂契契然。」○正義曰：詩大東云「契契寤歎，哀我憚人。」毛傳「契契，憂苦也。」廣雅釋訓「契契，憂也。」○注「硜硜者，……者，徒信己而已。言亦無益。」○正義曰：「此硜硜者，亦謂磬聲也。「徒信己」，即釋「斯己」二字，言夫子止可自信諸己

〔一〕「顏師古」原誤作「李賢」，據漢書注改。

人不能知而用之，故不能有益於人。○注「以衣」至「不爲」。○正義曰：

者，揭衣也。以衣涉水爲厲，繇膝以下爲揭，繇膝以上爲厲，包用第一義也。鄭注

云：「由膝以上爲厲。」「由膝以上」，與涉同。孫炎注爾雅云：「以衣涉水，濡褌也。」爾雅釋「厲，濡褌也」，此當本三家，別一義，亦得通也。詩毛傳云：「遭

涉水」，則鄭同包用第一義矣。　説文：「砅，履石渡水也。」引詩「深則砅」，即是「以衣

者，謂必以此法濟也。言夫子知世不可，而猶爲之？不能適深之宜。○注「未知」至「之道」。○正義曰：「果」與「倮」同。

時制宜，如遇水，深則厲，淺則揭矣。　後漢書張衡傳：「深厲淺揭，隨時爲義。」厲揭皆視時所宜，無一定也。

與易，是其不能忘天下，正以世亂不可以已耳。　出處之際，夫子以道爲衡，若但如涉水之厲揭，則亦無所難矣。　此正荷蕢

孫炎爾雅注：「果，決之勝也。」夫子以荷蕢所言，不知己志而輒譏己，是爲果也。　「末，無」，常訓。　夫子言天下有道，丘不

不能解夫子之道也。

40

孔曰：「高宗，殷之中興王武丁也。諒，信

也。　陰，猶默也。」　正義曰：「書云」者，伏生大傳説命篇「書曰『高宗梁闇，三年不言』」傳曰：「高宗居凶

廬，三年不言，此之謂梁闇。」是此書文在説命篇。　禮記喪服四制所引，亦其文也。　坊記篇：「高宗云『三年，其惟不言，言

乃讙。』」鄭注：「高宗，殷王武丁也。　名篇在尚書。」謂在尚書説命篇也。　稱高宗者，説命，高宗所作也。　江氏聲尚書集注

音疏未檢伏傳，遽以此文立高宗之訓一篇，誤矣。　楚語白公曰：「昔殷武丁能聳其德，至于神明，於是乎三年默以思道。卿

士患之，曰『王言以出令也，若不言，是無所稟令也』。武丁於是作書，曰『以余正四方，〔一〕余恐德之不類，茲故不言。』

如是而又使以象夢求四方之賢聖，得傅說。賈、唐云『書，說命也』。呂氏春秋重言篇：「人主之言，不可不慎。〔二〕高宗，

天子也，即位諒闇，三年不言。卿大夫恐懼患之。高宗乃言曰『以余一人正四方，余恐言之不類也，茲故不言。』」皆說命之

佚文。書無逸云『其在高宗時，舊勞於外，爰暨小人。作其即位，乃或亮陰，三年不言，言乃雍。』此本說命篇言高宗之

事。鄭注此云『諒闇，謂凶廬也。』其無逸注云『諒闇轉作梁闇。楣謂之梁，闇謂廬也。』又云『三年之禮，居倚廬，柱

楣。』注喪服四制云『諒古作梁。楣謂之梁，闇讀如「鶉鵪」之鵪。闇謂廬也。廬有梁者，所謂柱楣也。』如鄭此說，是伏傳

作「梁」用正字，作「亮」、作「諒」皆叚借。又漢書五行志，何休公羊注作「涼」，亦叚借也。『闇』從音，與「陰」聲最近。惠氏

士奇禮說：「葛洪曰『橫一木長梁于東墉下著地，以草被之。既葬則鄹去草，以短柱柱起長梁，謂之柱楣，楣亦名梁。既葬

泥之，障以蔽風。』愚謂古之庵，謂之廬也。釋名曰『草圓屋曰蒲，又謂之庵。庵，掩也，所以自覆掩也。』誅茅爲屋，謂之

翳屏，非庵而何？庵讀爲陰，猶南讀爲任，古今異音。廣雅『庵』與『廬』，皆舍也。倚廬不塗，既葬塗廬。塗近乎堊。釋名

曰『堊，亞也，次也。先泥之，次乃飾以白灰。』康成謂『堊室者，堊墼爲之』。蓋柱楣倚墼爲一偏，墼墼成屋爲兩下。然則

既葬除之，既練暨之，加堊，既祥又加黝，總謂之廬。故尚書大傳曰『高宗有親喪，居廬三年。』此之謂也。唐禮，小祥，毀

廬爲堊室。堊猶廬也，爲用毀哉？然則大夫居廬，士居堊室，何也？曰：非親且貴者不廬。廬，嚴者也。不言不笑謂之

嚴。百官備，百物具，不言而事行，非親且貴者乎？言而後事行，及身自執事而後行者，故不廬也。」案：白虎通喪服篇：

〔一〕「正」原誤作「王」，據國語改。

〔二〕「慎」原誤作「懼」，據呂氏春秋改。

「所以必居倚廬何？孝子哀，不欲聞人之聲，又不欲居故處，居中門之外，倚木爲廬，質反古也。不在門內何？戒不虞故也。故禮閒傳曰：『父母之喪，居倚廬。』於中門外東牆下戶北面，練居堊室，無飾之室。」又曰：「天子七日、公諸侯五日、卿大夫三日而服成，居外門內東壁下爲廬。」然則廬是倚木爲之，別以一木橫臥於地，以上承所倚之木，卽葛洪所謂「下著地」者也。孝子於所倚木兩旁出入，或以苫蔽其一旁耳。既葬，則以短柱將所橫臥於地之長梁柱起，若爲半屋然。則所謂柱楣者，謂有柱有楣也。梁閒以喪廬稱之，《文選閒居賦》注以爲「寒涼幽閒之處」，非古訓也。「三年」者，喪期也。「不言」者，不言政事也。《喪服四制》謂「百官備，百物具，不言而事行者，扶而起」。則謂天子諸侯居喪皆不言矣。四制又云：「斬衰之喪，唯而不對，齊衰之喪，對而不言。」此自卿大夫以下與賓客之禮。若《雜記》云「三年之喪，言而不語，對而不問」，此所言謂喪事。《喪大記》、《喪服四制》，既夕記並謂父母之喪，「非喪事不言」是也。《孟子·滕文公篇》文公居定公之喪，

「五月居廬，未有命戒」。五月者，定公葬時也。五月未有命戒，則既葬後有命戒，此時勢之異，非得已矣。若然，三年不言政事，乃天子居喪之禮，而《高宗諒闇「恐德不類，故不言」者，自辟孝名而承之以謙也。《大傳》云：「高宗有親喪，居廬三年。」然未嘗言國事，而天下無背叛之心者，何也？及其爲大子之時，盡以知天下人民之所好惡，是以雖不言國事也，知天下無背叛之心。」由《大傳》觀之，《高宗深悉民情，當時冢宰必亦能不失民好惡，故能守禮，不亟言也。《子張問「何謂」者，鄭注《檀弓》云：「時人君無行三年喪之禮，問有此與？怪之也。」則此言「何謂」，亦是怪而問之，以起夫子之教也。○注「高宗」至「默也」。○《正義》曰：喪服四制『《高宗諒闇，三年不言」，善之也。王者莫不行此禮，何以獨善之也？曰：《高宗者，《武丁；《武丁者，殷之賢王也。繼世卽位，而慈良於喪，當此之時，殷衰而復興，禮廢而復起，故善之。善之，故載之書中而高之，故

謂之高宗。殷本紀：「帝小乙崩，子帝武丁立。武丁修政行德，天下咸驩，殷道復興。」又漢書五行志云：「劉向以爲殷道既衰，高宗承敝而起，盡涼陰之哀，天下應之也。」是高宗爲殷之中興王，故孟子言「武丁朝諸侯，有天下矣。」馬融書注云：「亮，信也。陰，默也。爲聽於冢宰，信默而不言。」此偽孔所本。楚語言高宗云「於是乎三年默以思道。」此但釋「不言」之義。其不言在居喪時，故鄭從伏傳作「梁闇」，解爲「喪廬」，不用其師說也。

子曰：「何必高宗，古之人皆然。君薨，百官總己【注】馬曰：「己，百官。」以聽於冢宰三年。【注】孔曰：「冢宰，天官卿，佐王治者。三年喪畢，然後王自聽政。」

正義曰：「古之人皆然」，謂皆諒闇三年不言也。高宗之先，殷道稍衰，或不能守不言之禮，至高宗慈良於喪，故書載高宗深美之。「君薨」者，曲禮云：「天子死曰崩，諸侯曰薨。」鄭注：「自上顚壞曰崩薨，顚壞之聲。」說文：「薨，公侯殍也。」上得兼下，故此文稱君薨也。「百官」者，衆辭。「總己」猶言率己。說文云：「總，聚束也。」李賢後漢和帝紀注「百官總己之職事以聽於冢宰」是也。白虎通爵篇：「所以聽於冢宰三年者何？以爲冢宰職在制國之用，是以由之也。故王制曰：『冢宰制國用。』案：周官云：『乃立天官冢宰，使帥其屬而掌邦治，以佐王均邦國。』是平時邦治專掌於冢宰，而因喪攝政，則凡事皆當聽之。 白虎通止以財用爲言，於義隘矣。 書大傳「孔子曰：『古者君薨，王世子聽于冢宰三年，不敢服先王之服、履先王之位而聽焉。以民臣之義，則不可一日無君矣。不可一日無君，猶不可一日無天也。以孝子之隱乎，則孝子三年弗居矣。故曰：『義者彼也，隱者此也。』遠彼而近此，則孝子之道備矣。」○注「冢宰」至「聽政」。○正義曰：周官天官目錄云：「象天所立之官。冢，大也。宰者，官也。天者，統理萬物。天子立冢宰，使掌邦治，亦所以總御衆官，使不失職。」又「大宰，卿一人」，注云：「變冢言大，進退異名也。」百官總焉，則謂之冢。列職於王，則稱大。冢，大之上也，山

「項目冢。」又曲禮云:「天子建天官,先六大,曰大宰。」注:「此蓋殷時制也。」則天官之制,殷、周皆同。故此注但云「冢宰,天官卿」,即據周官釋之矣。「三年喪畢,然後聽政」者,明喪未畢,君不聽政也。孟子萬章篇:「舜相堯,二十有八載」堯崩,三年之喪畢,舜避堯之子於南河之南。」「舜薦禹於天,十有七年,舜崩,三年之喪畢,禹避舜之子於陽城。禹薦益於天,七年,禹崩,三年之喪畢,益避禹之子於箕山之陰。」夫不於堯、舜、禹始崩之時避政而去,而必俟三年之後,明三年之喪,王世子不言,而皆爲冢宰攝政也。其後如武王崩,周公攝政,亦是此禮。據閔予小子詩序,則嗣王除喪,初朝於廟。而成王此時,尚未能親政,故周公復攝行之。管、蔡所以疑周公者,正因成王除喪,猶聽政於周公故也。於禮天子諸侯在喪,皆自稱「子」,明子道未終也。白虎通爵篇:「春秋傳曰『天子三年然後稱王』者,謂稱王統事發號令也。論語曰云云。緣孝子之心,則三年不忍當也。三年除喪,乃即位統事,踐阼爲主,南面朝臣下,稱王以發號令也。」是言喪畢,然後王自聽政也。

41

子曰:「上好禮,則民易使也。」【注】民莫敢不敬,故易使。

正義曰:易象傳云:「上天下澤,履,君子以辨上下,定民志。」春秋繁露立元神云:「夫爲國,其化莫大於崇本。崇本則君化若神,不崇本則君無以兼人。無以兼人,雖峻刑重誅而民不從,是所謂驅國而棄之者也,患孰甚焉?」又曰:「是故郊祀致敬,共事祖禰,舉顯孝弟,表異孝行,所以奉天本也。秉耒躬耕,採桑親蠶,墾草殖穀,開闢以足衣食,所以奉地本也。立辟廱庠序,修孝悌敬讓,明以教化,感以禮樂,所以奉人本也。三者皆奉,則民如子弟,不敢自專,邦如父母,不待恩而愛,不須嚴而使。」

42　子路問君子。子曰：「修己以敬。」【注】孔曰：「敬其身。」曰：「如斯而已乎？」曰：「修己以安人。」【注】孔曰：「人，謂朋友九族。」曰：「如斯而已乎？」曰：「修己以安百姓。修己以安百姓，堯、舜其猶病諸！」【注】孔曰：「病猶難也。」

「安人」者，齊家也。【注】孔曰：「安百姓」，則治國平天下也。

正義曰：「君子」，謂在位者也。「修己」者，修身也。「以敬」者，禮無不敬也。易家人象傳云：「家人，女正位乎內，男正位乎外。」此安人之義也。

凡安人、安百姓，皆本於修己以敬，故曰「君子篤恭而天下平」。

43　原壤夷俟。【注】馬曰：「原壤，魯人，孔子故舊。夷，踞。俟，待也。踞待孔子。」子曰：「幼而不孫弟，長而無述焉，老而不死，是謂賊。」【注】賊謂賊害。以杖叩其脛。【注】孔曰：「叩，擊也。脛，腳脛。」

正義曰：「說文：『幼，小也。』釋名釋長幼：『幼，少也。』「不孫弟」者，言事長上不恭順也。「無述」者，言無德為人所稱述也。案：原壤母死，登木而歌，夫子若為弗聞而過之。及此夷俟，乃嚴責之者，母死登木而歌，乃罪惡之大者，誅彊之法，非袛以言相責，故惟若弗聞而過之，可全親故也。至此夷俟，不嫌重責。所云「不孫弟」，當即指登木而歌之事，所以隱責其不孝也。一寬之，一嚴之，聖人之仁至而義盡也。大戴禮曾子立事篇：「少稱不弟焉，恥也；壯稱無德焉，辱也；老稱無禮焉，罪也。」與此文畧同。○注「原壤」至「孔子」。○正義曰：檀弓云：「孔子之故人曰原壤，其母死，夫子助之沐椁。」是原壤為孔子故舊也。云「魯人」者，以意言之。「夷」、「踞」者，「夷」與「跠」同。廣雅釋詁：「跠，踞也。」王延壽魯靈光殿賦：『卻負載而踞跠。』「踞跠」連文同義。說文：『居，蹲也。蹲，居也。』段氏玉裁注謂『今人居處字，古袛作凥。

今人蹲居字，古祇作居」。又謂「古人跪與坐，皆郤著於席。而跪聳其體，坐下其脾若蹲。則足底著地，而下其脾，聳其郤，

曰蹲。其字亦作竣。原壤夷俟，謂蹲踞而待，不出迎也。」段氏此說，卽馬義也。爾雅釋詁『竣，待也。』『竣』與『俟』同。

穀梁莊八年傳『俟，待也。』此常訓。焦氏循補疏『案法言五百篇『如夷俟倨肆』，宋咸注云『皆驕倨之謂。』廣雅云『蹲、

跋、戻、啓、隸、踞也。』『夷俟』卽是『踞肆』。『俟』、『肆』音相近。『夷俟』猶『踞肆』，與『鞠躬』爲『鞠制』同。『鞠躬』雙聲也，

『夷俟』疊韵也。』案：焦說亦通。○注『賊謂賊害。』○正義曰：左文十八年傳『毁則爲賊。』荀子修身篇『保利非義謂之

至賊。』原壤放恣無禮，時人或競傚之，將爲世道害也。○注『叩，擊也。脛，腳脛。』○正義曰：說文無『叩』字，『攷』下云

『擊也。』卽此義。說文『脛，胻也。胻，脛耑也。』釋名釋形體『脛，莖也。直而長，似物莖也。』脛是人股之名。此云『腳

脛』者，謂脛之下近腳者也。

44

闕黨童子將命。【注】馬曰：「闕黨之童子將命者，傳賓主之語出入。」或問之曰：「益者與？」子曰：

「吾見其居於位也，【注】童于隅坐無位，成人乃有位。見其與先生竝行也。非求益者也，欲速成

也。」【注】包曰：「先生，成人也。竝行，不差在後，違禮。欲速成人者，則非求益也。」　正義曰：荀子儒效篇『仲尼居

於闕黨。闕黨之子弟罔不分，有親者取多，孝悌以化之也。』闕黨是孔子所居。漢書梅福傳『今仲尼之廟，不出闕里』，師

古曰：『闕里，孔子舊里也。』闕里卽闕黨。寰宇記云：『孔子家在魯故城中歸德門内，闕里之中，背洙面泗，矍相圃之東北，

所謂洙、泗之閒也。』是也。漢書古今人表作「歟黨童子」，「歟」「闕」聲形相近，未知誰是，其命名之義，不能深究。漢史

晨饗孔廟後碑「望見闕觀」，此指孔廟之闕觀。漢高帝以太牢祠孔子，當時廟貌用王侯制也。水經泗水注：「孔廟東南五

百步，有雙石闕，即靈光之南闕，北百餘步即靈光殿基。」〔一〕二者與闕里無涉。閻氏若璩混三者爲一，非也。說本宋氏

翔鳳四書釋地辨證。兗州府志滋陽縣東北一里有闕黨，此出後世傅會。「將命」者，此童子自爲黨人將命也。或疑爲「益

者」，疑爲求益也。「居於位」者，居於成人位也。鄭注云：「玉藻『無事則立主人之北，南面。』〔二〕謂童子侍長者，皆立而

不坐。今此童子儳居成人之位，不復面立，與禮異也。」皇本「命」下有「矣」字。○正義曰：據士相

見禮，請見用贄，賓主致辭，皆將命者達之。又云：「主人曰：『鄉者，吾子辱使某見，請還贄於將命者。』○注「將猶傳也。傳

命者，謂擯相也。」又「賓對曰：『某也非敢求見，請還贄於將命者。』主人對曰：『敢固辭。』賓對曰：『某不敢以聞，固以請於

將命者。』是賓主紹介皆稱「將命」，故鄭以擯相釋之。此注「傳賓主之語」，亦兼二者而言。○注「童子隅坐無位，成人

乃有位」者。○正義曰：「隅坐」，謂當隅處坐也。檀弓云：「曾子寢疾病，童子隅坐而執燭。」注：「隅坐，不與成人並。」疑童子

凡坐皆不當位中，與成人異也。○注「先生」至「益也」。○正義曰：爾雅釋親：「男子先生爲兄，後生爲弟。」曲禮記云：

兄既先己而生，故稱先生。注以「成人」解之者，正以先生先此童子而生，當爲成人也。年十六以上爲成人。

「五年以長，則肩隨之。」注云：「肩隨者，與之並行差退。」王制云：「父之齒隨行，兄之齒雁行。」並言成人之禮。「肩隨」即

雁行也。若童子，則卽五年之長及兄齒皆宜隨行，注所云「差在後也」。今此童子與先生並行，不差在後，用成人之禮，故

爲欲速成也。

〔一〕「百」字原脱，據水經注補。　　〔三〕「北南」二字原互倒，據禮記玉藻乙正。

衛靈公第十五　集解

凡四十九章　正義曰：釋文於君子不可小知章後，有「子曰『父在觀其志，父沒觀其行』」十字。又

鄭注曰：「古皆無此章。」今皇、邢本無此章，則集解本與鄭本異也。但皇、邢本祇四十二章，釋文亦止四

十三章。今云「四十九章」，「九」字誤，當作「三」。

1

衛靈公問陳於孔子。【注】孔曰：「軍陳行列之法。」孔子對曰：「俎豆之事，則嘗聞之矣。【注】

孔曰：「俎豆，禮器。」軍旅之事，未之學也。」【注】鄭曰：「萬二千五百人爲軍，五百人爲旅。軍旅末事，本未立，不可

教以末事。」明日遂行。　正義曰：説文：「陳，列也。」今經典多省作「陳」，釋文作「陳」。顏氏家訓書證篇謂「陳」字，始

見王羲之小學章，則晉時俗體也。「俎豆」者，朝聘禮所用也。新序五：「昔衛靈公問陳，孔子言『俎豆』，賤兵而重禮也。故

春秋曰：『善爲國者不師。』」史記孔子世家：「孔子將西見趙簡子，至於河乃還，而反乎衛，入主蘧伯玉家。他日，靈公問兵

陳。孔子曰：『俎豆之事則嘗聞之，軍旅之事未之學也。』明日，與孔子語，見蜚鴻，仰視之，色不在孔子。孔子遂行，復如

陳。夏，衛靈公卒。」此事在魯哀二年。孔子去衛，實因靈公問陳之故。其明日，又適遇靈公仰視蜚鴻，故去志益決。論

語記夫子去衛之本意，故但及問陳耳。左哀十一年傳：「孔文子之將攻大叔也，訪於仲尼。仲尼曰：『胡簋之事，則嘗學之矣，軍旅之事，未之聞也。』退，命駕而行。」與此事畧同。○注：「軍陳行列之法。」○正義曰：太公六韜有天陳、地陳、人陳、雲鳥之陳，皆軍行陳列之名。春秋時，諸侯多別制陳法，如鄭有魚麗，魯有支離，楚有荊尸類，皆是。○注「俎豆，禮器。」○正義曰：說文：「俎，禮俎也。」從半肉在且上。且，薦也。從几，足有二橫。一，其下地也。」明堂位：「俎，有虞氏以梡，夏后氏以嶡，殷以椇，周以房俎。」鄭注：「梡，斷木爲四足而已。嶡之言蹷也，謂中足爲橫距之象。椇之言枳椇也，謂曲橈之也。房謂足下跗也。上下兩間，有似於堂房。」聶崇義三禮圖：「案舊圖云：『俎長二尺四寸，廣尺二寸，高一尺。漆兩端亦中央黑。』」邢疏云：「皆司馬序官文也。」「本末」猶先後。本者謂先教民使得所養，知尊君親上之義也。本立乃教以兵事，則於蒐狩時習之，然後可以即戎，故軍旅爲末事也。○注「萬二」至「末事」。○正義曰：「萬二千五百人爲軍，五百人爲旅」子路篇「子曰『以不教民戰，是謂棄之。』」孟子告子下「孟子曰：「不教民而用之謂之殃民。殃民者，不容於堯、舜之世。」

2　在陳絶糧，從者病，莫能興。【注】孔曰：「從者，弟子。興，起也。」子路愠見曰：「君子亦有窮乎？」孔子曰：「君子固窮，小人窮斯濫矣。」【注】濫，溢也。君子固亦有窮時，但不如小人窮則濫溢爲非。○正義曰：孔子去衛如曹，曹不容，又之宋，遭匡人之難。又之陳，會吳伐陳，陳亂，故乏食。」子路慍見曰：「君子亦有窮乎？」○正義曰：說文：「糧，穀也。」周官廩人注：「行道曰糧，謂糒也。止居曰食，謂米也。」詩公劉「乃裹餱糧」，是糧爲行食。夫子時在道，故稱糧矣。鄭注云：「粮，糧

也。」本爾雅釋言。陳氏鱣古訓謂「古論作『糧』，鄭所注魯論作『粮』」，義或爾也。皇本作「粮」，係俗體。荀子宥坐篇：「孔

子南適楚，厄於陳、蔡之閒，七日不火食，藜羹不糝，弟子皆有饑色。」呂氏春秋慎人篇：「孔子窮於陳、蔡之閒，七日不嘗，

藜羹不糝，宰予備矣。」高誘注：「備當作憊。」憊，極也。」莊子讓王、韓詩外傳、說苑雜言並畧同。高注呂氏春秋連引問陳、

絕糧兩事，當時簡編相連，未有分別。而皇、邢本又以「明日遂行」屬此節之首，然以偽孔注觀之，兩事既非在一時，則不

得合爲一節，而「明日遂行」必屬上節無疑矣。「君子亦有窮乎」者，據天恒理言，君子當蒙福佑，不宜窮也。「固窮」者，言

窮當固守也。尸子曰：「守道固窮，則輕王公。」故君子博學、深謀、修身、端行，以俟其時。」即言「困窮」之義。易困象曰：「困，

剛揜也。險以說，困而不失其所亨，其惟君子乎」象曰：「澤无水，困，君子以致命遂志。」致命遂志，此君子所以能困窮

也。說文：「嫷，過差也。」引此文作「嫷」「嫷」「濫」字異義同。鄭注云「濫，竊也。」坊記「小人貧斯約，約斯盜。」小人貧

意不衰也，知禍福終始而心不惑也。」又云「君子亦有窮乎」者，君子之學，非爲通也，爲窮而不憂，困而

必至爲盜，故此注以竊言之。禮器注：「濫亦竊盜也。」是也。○正義曰：「興、起」，爾雅釋詁文。說文：「起，能立也。」「孔子

子固窮，小人窮則濫德，於是別也。易繫辭傳：「困，德之辨也。」鄭注：「辨，別也。」遭困之時，君

去衛如曹」云云，據世家則在定十四、十五兩年。至吳伐陳，陳亂，則在哀元年。世云：「孔子去衛過曹，去曹適宋，與

弟子習禮大樹下。宋司馬桓魋欲殺孔子，拔其樹。孔子去，適鄭，至陳，主司城貞子家。」然則去宋之後，尚有適鄭一節，

注不備耳。但由鄭至陳，不由蔡地，與「陳、蔡之閒」之文不合。又在宋遭桓魋之難，與匡人無涉，孔注並誤。世家又云：

「孔子遷於蔡三歲，吳伐陳，楚救陳，軍于城父。聞孔子在陳、蔡之閒，楚使人聘孔子。孔子將往拜禮，陳、蔡大夫謀曰：

『孔子賢者,所刺者皆中諸侯之疾。今者久留陳、蔡之間,諸大夫所設行皆非仲尼之意。今之楚,大國也,來聘孔子。孔子用於楚,則陳、蔡大夫用事危矣。』於是乃相與發徒役圍孔子於野,不得行,〔一〕絶糧。於是使子貢至楚。楚昭王興師迎孔子,然後得免。』是絶糧事,在哀公六年。此注不本之,而以為在哀元年,不知何本。江氏永鄉黨圖考據世家,孔子自陳遷于蔡,是為陳、蔡之間,在哀四年。其說較確。然世家亦可從,詳先進疏。惟世家言陳、蔡大夫合謀圍孔子,故致絶糧,全氏祖望經史問答辨之云:「陳事楚,蔡事吳,則讐國矣,安得二國之大夫合謀乎?」又云:「吳志在滅陳,楚昭至誓死以救之,陳之仕楚何如?感楚何如?而敢圍其所用之人乎?」全氏此辨極當。案:孟子云「君子之厄於陳、蔡之間,無上下之交也。」先進篇亦云:「從我於陳、蔡者,皆不及門也。」明因其時弟子未仕陳、蔡,無上下之交,故致困乏耳。此注以為困亂,亦近臆測,而世家更附會為陳、蔡大夫合謀圍孔子,更非是也。○注「濫溢」至「為非」。○正義曰:說文云「濫,氾也。」水氾濫則至潰溢,杜注左哀五年傳:「濫,溢也。」是也。「不如」,猶言不似。孟子梁惠王上:「孟子云『無恆産而有恒心者,惟士為能。若民,則無恆産,因無恒心。苟無恒心,放辟邪侈,無不為矣。』是小人窮則濫溢為非也。

3 子曰:「賜也,女以予為多學而識之者與?」對曰:「然,〔注〕孔曰:「然,謂多學而識之。」非與?」【注】孔曰:「問今不然。」曰:「非也,予一以貫之。」【注】善有元,事有會,天下殊途而同歸,百慮而一致,知其元則衆善舉矣。故不待多學而一知之。 正義曰:史記孔子世家言「孔子阨於陳、蔡,子貢色作。孔子曰:『賜,爾以予

〔一〕「行」原誤作「已」,據史記孔子世家改。

是爲多學而識之者與？』云云。是此節亦絕糧時問答語。阮氏元一貫說：「貫，行也。」此夫子恐子貢但以多學而識學聖

人，而不於行事學聖人也。夫子於曾子則直告之，於子貢則畧加問難而出之。卒之告子貢曰：『予一以貫之。』亦謂壹皆

以行事爲敎也，亦卽忠恕之道也。」今案：夫子言「君子博學於文」，又自言「默而識之」，是孔子以多學而識爲貴，故子貢答

曰「然」。然夫子又言：「文莫吾猶人，躬行君子，未之有得。」是聖門之敎，行尤爲要。中庸云「博學之，審問之，慎思之，明

辨之，篤行之。」學問思辨，多學而識之也，篤行，一以貫之也。荀子勸學篇：「君子博學而日參省乎己，則知明而行無過

矣。」又曰：「其數則始乎誦經，終乎讀禮，其義則始乎爲士，終乎爲聖人。」皆言能行之效也。否則徒博學而不能行，如誦

詩三百，而授政，使四方不能達，不能專對，雖多亦奚爲哉？至其所以行之，不外忠恕，故此章與詔曾子語相發也。○注

「善有」至「知之」。○正義曰：焦氏循補疏：「繫辭傳云：『天下何思何慮？天下同歸而殊途，一致而百慮。』韓康伯注云：『少

則得，多則惑，途雖殊，其歸則同，慮雖百，其致不二。苟識其要，不在博求，一以貫之，不慮而盡矣。』與何晏說同。易傳言

『同歸而殊途』，『一致而百慮』，何氏倒其文爲『殊途而同歸』，『百慮而一致』，則失乎聖人之恉。莊子引記曰：『通于一而萬事

畢。』此何、韓之說也。夫『通於一而萬事』，是執一之謂也，非一以貫之也。孔子以『一貫』語曾子，曾子卽發明之云『忠

恕而已矣。』忠恕者何？成己以成物也。孟子曰：『大舜有大焉，善與人同，舍己從人，樂取於人以爲善。』舜於天下之善，

無不從之，是眞一以貫之，以一心而同萬善，所以大也。一貫則爲聖人，執一則爲異端。董子云：『夫喜、怒、哀、樂之發，

與淸暖寒暑，其實一貫也。』四氣者，天與人所同也。天與人一貫，人與己一貫，故一貫者忠恕也。孔子爲不學，無常師，

無可無不可，異端反是。孟子以楊子爲我，墨子兼愛，子莫執中，而不知有當爲我，當兼愛之時也。爲楊者必斥墨，爲墨

者必斥楊，楊已不能貫墨，墨已不能貫楊，使楊子思兼愛之說不可廢，則恕矣，則不執一矣。聖人之道貫乎我，兼愛，執中者也。執一則人之所知，所行與己不合者皆屏而斥之，人主出奴，不恕不仁，道曰小而害曰大矣。『人之有技，若己有之』，保邦之本也。『己所不知，人其舍諸』，舉賢之要也。『知之爲知之，不知爲不知』，力學之基也。善與人同，則人之所知，所能，皆我之所知，所能，而無有異。惟事事欲出乎己，則嫉忌之心生。嫉忌之心生，則不與人同，而與人異。執兩端而一貫者，聖人也。執一端而無權者，異端也。記曰『夫言豈一端而已，夫各有所當也』。各有所當何？可以一端概之。史記禮書云：『人道經緯萬端，規矩無所不貫。』惟孔子無所不貫，以忠恕之道通天下之志，故無所不知，無所不能，非徒恃乎一己之多學而識也。忠恕者，絜矩也。絜矩者，格物也。物格而後致知，故無不知。由身以達乎家國天下，是一以貫之也。一以貫之，則天下之知皆吾之知，天下之能皆吾之能，何自多之有？自執其多，仍執一矣。』案：焦說亦是。

4 子曰：「由！知德者鮮矣。」【注】王曰：「君子固窮，而子路慍見，故謂之少於知德。」 正義曰，中庸之德，民所鮮能，故知德者鮮。○注「君子」至「知德」。○正義曰：『荀子宥坐載夫子厄於陳、蔡，答子路語畢，復曰：『居！吾語女。昔者公子重耳霸心生於曹，越王句踐霸心生於會稽，齊桓公小白霸心生於莒。故居不隱者思不遠，身不佚者志不廣。』佚與逸同，謂奔竄也。或卽此「知德」之義，但荀子語稍駁耳。

5 子曰：「無爲而治者，其舜也與？夫何爲哉？恭己正南面而已矣。」【注】言任官得其人，故無爲而治。

　正義曰：「恭己」者，修己以敬也。「正南面」者，正君位也。漢書王子侯表「下饗共己之治」，顏注引此文亦作「共己」云，「共讀曰『恭』」，此所見本異也。禮中庸云：「詩云：『不顯惟德，百辟其刑之。』是故君子篤恭而天下平。」呂氏春秋先己篇：「昔者先聖王成其身而天下成，治其身而天下治。故善響者不於響，於聲；善影者不於影，於形；爲天下者不於天下，於身。詩曰：『淑人君子，其儀不忒。其儀不忒，正是四國。』言正諸身也。故反其道而身善矣，行義則人善矣，樂備君道而百官已治矣，萬民已利矣。三者之成也，在於無爲。無爲之道曰勝天。」注：「天無爲而化，君能無爲而治，民以爲勝於天。」〇注：「言任官得其人，故無爲而治。」〇正義曰：注以恭己固可以德化，然亦因輔佐得人，乃成郅治。此注可補經義。漢書董仲舒傳：「對策曰：『堯在位七十載，迺遜于位以禪虞舜。堯崩，天下不歸堯子丹朱而歸舜。舜知不可辟，迺即天子之位，以禹爲相，因堯之輔佐，繼其統業，是以垂拱無爲而天下治。』」注：「三王之道，所祖不同，非其相反，將以捄溢扶衰，所遭之變然也。故孔子曰：『亡爲而治者，其舜虖！』改正朔，易服色，以順天命而已。其餘盡循堯道，何更爲哉？」此即謂舜因堯舊，任官得人也。大戴禮主言篇：「昔者舜左禹而右皋陶，不下席而天下治。」又曰：「昔者舜舉衆賢在位，垂衣裳恭己無爲而天下治。」詩卷阿云：「伴奐爾游矣，優游爾休矣。」鄭箋：「伴奐，自縱弛之意也。」新序雜事四〔一〕：「故王者勞於求人，佚於得賢。賢者既來，王以才官秩之，各任其職，則得伴奐而優游自休息也。孔子曰：『無爲而治者，其舜也與？恭己正南面而已。』言任賢故逸也。」並與此注義同。

〔一〕「四」原誤作「三」，據新序改。

6 子張問行。子曰：「言忠信，行篤敬，雖蠻貊之邦行矣。言不忠信，行不篤敬，雖州里行乎哉？【注】鄭曰：「萬二千五百家為州，五家為鄰，五鄰為里。行乎哉，言不可行。」立則見其參於前也，在興則見其倚於衡也，夫然後行。」子張書諸紳。【注】孔子曰：「紳，大帶。」

【注】包曰：「衡，軛也。言思念忠信。立，則常想見參然在目前。在興，則若倚車軛。」子張云云。

正義曰：史記弟子傳：「子張從在陳、蔡閒，因問行。孔子曰『言忠信』云云。是此問亦在絶糧時。翟氏灝考異以子張時年少為疑，過矣。「篤」與「竺」同，厚也，謂厚愛人也。荀子修身篇：「體恭敬而心忠信，術禮義而情愛人，橫行天下，雖困四夷，人莫不貴。」又説苑敬慎篇：「顏回將西遊，問於孔子曰：『何以為身？』孔子曰：『恭敬忠信，可以為身。恭則免於衆，敬則人愛之，忠則人與之，信則人恃之。人所愛，人所特，必免於患矣。』與此文義同。「蠻貊」者，説文云：「蠻，南蠻蛇種。貊，北方豸種。」孔子曰：『貊之為言惡也。』此「貊」作「貉」，係別體，説文所無也。「在興」謂在軍中也。戴氏震釋車云：「車式較內謂之興。」自注：「大車名箱。」「書諸紳」者，謂書夫子語於紳也。説文：「紳，箸也。」又序云：「箸於竹帛謂之書。」趙氏佑溫故錄：「據玉藻言帶之制，天子終辟，大夫辟垂，士率下辟。辟讀如字，即襞積之襞。率即綷，謂總緝也。終辟者，上下皆辟之。大夫止辟其垂者，即紳也。士辟其垂之末而已。紳之長三尺，則書諸紳亦剌文於其上與？或曰：紳有囊，蓋書而貯之。」皇本「參」下有「然」字，此誤依注增入，又「夫然行」句末有「也」字。○注「萬二千五百家為州」。○正義曰：弟子傳集解作「二千五百家為州」，此有「萬」字，衍也。周官大司徒：「五黨為州。」一黨五百家，五黨是二千五百家。鄭彼注及州長、內則注並云：「二千五百家為州。」此注亦當同。釋名釋州國云：「州，注也，郡國所注仰也。」○注「衡軛」至「車軛」。○正義曰：衡之言橫也，謂橫於車前。阮

氏元車制圖考説「衡與車廣等，長六尺四寸」是也。

衡兩旁下有曲木叉馬頸，謂之軶。衡軶本二物，注以「軶」釋「衡」，意

尚未晰。皇疏云「參猶森也。森森滿目於己前也。」釋文「參，所金反。」説文「參，

「森」音同，然「參」不訓「森」。皇疏所云，未必卽得注意。朱子集注云：「參讀如『毋往參焉』之參，言與我相參也。」王氏引

之經義述聞：「家大人曰『參字可訓爲直，故墨子經篇曰「參，直也。」論語「參於前」，謂相直於前也。呂氏春秋有始篇：

「夏至日行近道，乃參於上。」謂直人上也。淮南説山篇「越人學遠射，參天而發。」謂直天而發也。』自注『《鄘風柏舟》釋文

引韓詩曰「直，相當值〔一〕也。」』」二説皆視此注爲長。俞氏樾羣經平議又以「參」爲「厽」。玉篇曰「厽，尚書以爲參字。」

蓋西伯戡黎篇「乃罪多參在上」，古字作「厽」。説文厽部：「厽，絫坺土爲牆壁，象形。」尚書、論語並作「曑」，「厽」之言絫也，

言見其積絫於前也。其説亦有理，故附箸之。

7 子曰：「直哉史魚！邦有道，如矢；邦無道，如矢。【注】孔曰：「衞大夫史鰌，有道無道，行直如

矢。言不曲。」君子哉蘧伯玉！邦有道，則仕；邦無道，則可卷而懷之。」【注】包曰：「卷而懷謂不與時

政，柔順不忤於人。」　正義曰：韓詩外傳「正直者順道而行，順理而言，公平無私，不爲安肆志，不爲危激行。昔者衞

大夫史魚病且死，謂其子曰『我數言蘧伯玉之賢而不能進，彌子瑕不肖而不能退。爲人臣生不能進賢而退不肖，死不當

治喪正堂，殯我於室足矣。』衞君問其故，子以父言對。君造然召蘧伯玉而貴之，而退彌子瑕，徙殯於正堂，成禮而後去。

〔一〕「值」字原脱，據經典釋文補。

生以身諫，死以尸諫，可爲直矣。」此相傳史魚直諫之事，可爲論語此文證也。外傳又云：「外寬而內直，自設於隱括之中，直己不直人，善廢而不悒悒，蘧伯玉之行也。」是伯玉亦守直道，但不似史魚之直。人不問有道無道，又其出處，深合「有道則見、無道則隱」之義。視史魚爲更賢，故夫子以君子許之。外傳云「善廢而不悒悒」，即此所云「卷而懷之」也。儀禮公食大夫禮注：「卷，收也。」「懷」與「襃」同，藏也。下篇「懷其寶」訓同。「卷而懷之」，蓋以物喻。唐石經「懷之」作「懷也」。阮氏元校勘記「後漢書周黃徐姜申屠傳序亦作「也」。俞氏樾羣經平議以「也」字爲是，而訓「懷」爲歸，引詩匪風、皇矣毛傳爲證，亦通。○注「衞大」至「不曲」。○正義曰：鄭注云「史魚，衞大夫，名鰌。君有道無道，行常如矢直不曲也。」此偪孔所本。梁氏玉繩人表考：「案：杜譜列史鰌在雜人，蓋不得其族系。」而閻氏四書釋地又續以爲史朝之子，高氏姓名考亦云：「史魚，朝子。」並謂即檀弓之衞大史柳莊，不知何據。詩大東云「其直如矢」，亦以矢行最直，故取爲喻也。顏師古漢書貢禹傳注：「如矢，言其壹志。」謂志壹於直，不計有道無道。○注「卷而懷謂不與時政。」○正義曰：黃氏式三後案曰：「左傳襄公十四年，孫林父逐其君衎。二十六年，寧喜弒其君剽，蘧伯玉身遭其變，近關再出。或以伯玉爲無此事，而左氏爲誣。或以左氏有此事，而伯玉爲非。左氏信史也，伯玉賢大夫也，爲此説者，豈通論哉？孔子之再主伯玉家也，據史記在衞靈將卒之時，距襄公之十四年，年六十有七。則孫氏搆禍，伯玉年少，而名德既著，物望攸歸。孫氏奸雄，意欲收拾人心，藉以爲重。卒能進退裕如，全身遠害，此明哲之知幾也。逮夫衞衎奔剽立，孫寧專國，伯玉當此無道，必已卷而懷之，寧喜亦聽其從近關出也。伯玉之答孫林父曰『君制其國，誰敢奸之？』大義已懷懷矣。其答寧喜則曰：『瑗不得聞君之出，敢聞其人？』是出與人皆可付之不聞矣。包子良謂其『不與時政』者是也。」

潘氏德興養一齋集曰：「卷而懷之」，殆未仕也。

又曰：「未仕而國之卿大夫訪之，重其賢也。」案：黃、潘二說義同。竊以伯玉年少時已仕，及見獻公無道，乃更不仕，故難作得從近關出也。「不與時政」，即是避位而去。若但以為始未嘗仕，尚未盡然。

與夫獻公之暴，所謂邦無道時也。觀史魚之進伯玉，知伯玉固未嘗進矣。

8 子曰：「可與言而不與之言，失人；不可與言而與之言，失言。知者不失人，亦不失言。」

正義曰：中論貴言篇：「君子必貴其言。貴其言，則尊其身，尊其身，則重其道，重其道，所以立其教。言費則身賤，身賤則道輕，道輕則教廢。故君子非其人則弗與之言也，使辭足以達其智慮之所至，事足以合其性情之所安，弗過其任而強牽制也。苟過其任而強牽制，則將昏瞽委滯，而遂疑君子以為欺我也。不則曰『無聞知矣』〔一〕，非故也，明偏而示之以幽，弗能照也；聽寡而告之以微，弗能察也。故孔子曰『可與言而不與之言，失人；不可與言而與之言，失言。知者不失人，亦不失言。』夫君子之於言也，所致貴也，雖有夏后之璜、商湯之駟，弗與易也。今以施諸俗士，以為志誣而弗貴聽也，不亦辱己而傷道乎？是以君子將與人語大本之源，而談性義之極者，必先度其心志，本其器量，視其銳氣，察其墮衰，然後唱焉以觀其和，導焉以觀其隨。隨和之微，發乎音聲，形乎視聽，著乎顏色，動乎身體，然後可以發幽而步遠，功察而治微。於是平闓張以致之，因來以進之，審諭以明之，雜稱以廣之，立準以正之，疏煩以理之，疾」之字。中論貴言篇「君子必貴其言。」皇本、唐石經、宋十行本、岳珂本、足利本、高麗本「不與」下無「之」字。後漢安帝紀引亦無

〔一〕「無」原誤作「吾」，據中論改。

而勿迫,徐而勿失,雜而勿結,〔一〕放而勿逸,欲其自得之也。故大禹善治水,而君子善導人。導人必因其性,治水必因其勢,是以功無敗而言無弃也。荀卿曰:『禮恭然後可與言道之方。〔二〕有爭氣者,勿與辨也。』孔子曰:『惟君子然後能貴其言,貴其色,小人能乎哉?』」

9 子曰:「志士仁人,無求生以害仁,有殺身以成仁。」【注】孔曰:「無求生以害仁,死而後成仁,則志士仁人不愛其身也。」 正義曰:「志士」者,孟子滕文公篇:「志士不忘在溝壑」趙岐注:「志士,守義者也。」俞氏樾平議謂「志士」即知士,與「仁人」爲「知」、「仁」並舉,其說亦通。「害仁」,唐石經作「害人」,文選曹植贈徐幹詩注、太平御覽四百十九亦引作「人」,皆從唐石經而誤也。張栻解:「人莫不重於其生也,君子亦何以異於人哉? 然以害仁則不敢以求生,以成仁則殺身而不避,蓋其死有重於生故也。 夫仁者,人之所以生者也。 苟虧其所以生者,則其生也亦何爲哉? 然殺身不必盡刀鋸鑊。 舜勤衆事而野死,冥勤其官而水死,爲民禦大災、捍大患,所謂仁也。 以死勤事,即是殺身成仁。 苟自愛其身,則禹不胼胝,顏色不黧黑,黻氣不塞,足不偏枯,而水不平,民生不遂,田賦不能成,卽是不能成仁,則爲求生以害仁也。 夫聖賢之死不死,審乎仁不仁,非謂仁必死也,仲不死而相桓公,霸諸侯,一匡天下,民到于今受其賜,是成仁不必殺身。 謂『得正而斃』者,正此義也。」焦氏循雕菰樓文集云:「殺身成仁,解者引比干之諫、夷、齊之餓,固矣。 然殺身不必盡刀鋸鑊。非謂死則仁也。」

〔一〕「結」原誤作「給」,據中論改。

〔二〕「方」原誤作「致」,據中論及荀子改。

10

子貢問爲仁。子曰:「工欲善其事,必先利其器。居是邦也,事其大夫之賢者,友其士之仁者。」【注】孔曰:「言工以利器爲用,人以賢友爲助。」 正義曰:「爲仁」者,爲猶行也。「利其器」,漢書梅福傳作「屬其器」。惠氏棟九經古義以「利」爲古論,馮氏登府異文考證以「屬」爲魯論,二字訓義畧同也。言「居是邦」,則在夫子周遊時。曾子制言下:「凡行不義,則吾不事;不仁,則吾不長。奉相仁義,則吾與之聚麀。」所謂庸人者,不知選賢人善士,託其身焉以爲己憂。」然則所事所友,皆己德行之助,可資以砥屬,故宜慎選之也。皇疏云:「大夫貴,故云事;士賤,故云友也。大夫言賢,士言仁,互言之也。」案:皇本「仁者」下有「也」字。

11 顏淵問爲邦。子曰:「行夏之時,【注】據見萬物之生,以爲四時之始,取其易知。 正義曰:「爲邦」者,謂繼周而王,以何道治邦也。 呂氏春秋察今篇:「故治國無法則亂,守法而弗變則悖。悖亂不可以持國,世易時移,變法宜矣。譬之若良醫,病萬變,藥亦萬變,病變而藥弗變,嚮之壽民,今爲殤子矣。故凡舉事必循法以動,變法者因時而化,若此論則無過務矣。夫不敢議法者,衆庶也;以死守者,有司也;因時變法者,賢主也。」呂覽此言,正顏子問爲邦之意。千寶易雜卦注:「弟子問政者數矣,而夫子不與言三代損益,以非其任也。」回則備言王者之佐,伊尹之人也,故夫子及之焉。」○注「據見」至「易知」。○正義曰:見萬物之生,謂建寅月也。白虎通三正篇:「正朔有三何?本天有三統,謂三微之月也。明王者當奉順而成之,故受命各統一正也,敬始重本也。三微者,何謂也?陽氣始施黃泉,萬物動微而未著也。[一]

〔一〕「微」原誤作「發」,據白虎通改。

十一月之時，陽氣始養根株，黃泉之下，萬物皆赤。赤者，盛陽之氣也，故周爲天正，色尚赤也。十二月之時，萬物始牙而白，白者陰氣，故殷爲地正，色尚白也。尚書大傳曰：『夏以孟春月爲正，殷以季冬月爲正，周以仲冬月爲正。夏以十三月爲正，色尚黑，以平旦爲朔。殷以十二月爲正，色尚白，以雞鳴爲朔。周以十一月爲正，色尚赤，以夜半爲朔。』三正之相承，若順連環也。孔子承周之弊，行夏之時，知繼十一月正者，當用十三月也。』周書周月解：『夏數得天，百王所同。其在商湯，用師于夏，除民之災，順天革命，改正朔，變服殊號，一文一質，示不相沿，以建丑之月爲正，易民之視。亦越我周王，致伐于商，改正異械，以垂三統。至于敬授民時，巡守祭享，猶自夏焉，是謂周亦用夏時。』據周書此言，是周亦用夏時。乾鑿度云：『天道三微而成一著。』〔一〕夏時萬物始達，雖微而已著，故白虎通以爲『人得加功』也。禮鄉飲酒義，説『春之爲言蠢也，產萬物者聖也』，周月解：『凡四時成歲，有春、夏、秋、冬，各有孟、仲、季，以名十二。萬物春生、夏長、秋收、冬藏，天地之正，四時之極，不易之道。』是春主生物，爲四時始，寅月爲孟春，夏時用之。民既便於施功，故易得知之也。

車曰大輅。　左傳：『大輅越席，昭其儉也。』〔二〕正義曰：釋文：『輅，本亦作路。』説文：『輅，車軨前橫木也。』段注引應劭説『謂以木當胸以輓車』者卽此。又謂車名，本字自作路。案：釋名釋車：『天子所乘曰路。路亦車名也。謂之路者，言行于道路也。』是『路』爲車名。爾雅釋詁，舍人注：『路，車之大也。』此引申之義。〇注『殷車』至『儉也』。〇正義曰：禮明堂位：説『以木當胸以輓車』者卽此。又謂車名，本字自作路。

乘殷之輅，【注】馬曰：『殷車曰大輅。』

〔一〕『道』原誤作『氣』，據易緯乾鑿度改。

〔二〕『道』原誤作『輅』也；鈞車，夏后氏之輅也；大輅，殷輅也；乘輅，周輅也。』是歷代車制不同，名亦各異。此注『殷車曰

鸞車，有虞氏之輅也；

大路」，即據明堂位別之。鄭彼注云：「鸞車，有鸞和也」；「鉤車，有曲輿者也」；「大路，木路也」；「乘路，玉路也」。案：周官巾車言王五路，「木路」居末，最質，故知殷大路是木路也。鄭注巾車謂「玉路，以玉飾諸末」；「金路，以金飾諸末」；「象路，以象飾諸末，革路，輓之以革而漆之，無他飾；至木路，則不輓以革，漆之而已。」是「木路」最質，故亦稱素車也。郊特牲：「大路繁纓一就，先路三就，次路五就。」疏云：「殷則有三路，其世猶質，故以少質爲先。」如疏所言，是殷有三路。論語此文，當得兼之。引左傳者，桓二年文。服虔云：「大路，木路。」是據殷禮言之。「越席」者，結草爲席，置大路中以爲藉也，亦尚質之意。

服周之冕，【注】包曰：「冕，禮冠。周之禮文而備，取其黈纊塞耳，不任視聽也。」

注「冕禮」至「視聽」。○正義曰：注有脫文，當云「取其垂旒蔽明，紞纊塞耳，不任視聽也」。注言此者，欲言冕制之善，亦文備之一端也。大戴禮子張問入官篇：「古者冕而前旒，所以蔽明也；黈絖塞耳，所以弇聰也。」盧辯注：「禮緯含文嘉以懸紞垂旒，爲閑姦聲，弇亂色，令不惑視聽，則琱琫之設，兼此二事也。」孔氏廣森補注：「玉篇曰：『靘，黃色也』；紞，綖也。』以綿爲充耳，垂冕兩旁，其下綴玉謂之瑱，懸紞之纁謂之紞。天子玄紞，諸侯黃，大夫青，士素。」今案：「纊」、「絖」一字。宋書禮志「周監二代，典制詳密。弁師掌六冕，司服掌六服，設擬等差，各有其序。周之祭冕，纁采備飾，故夫子曰『服周之冕』，以『盡美』稱之。」

樂則韶舞。【注】韶，舜樂也。盡善盡美，故取之。

正義曰：俞氏樾羣經平議：「舞當讀爲武。周官鄉大夫『五日興舞』，論語八佾馬注引作『興武』，莊十年左傳經文『以蔡侯獻舞歸』，穀梁作『獻武』，皆古人舞、武通用之證。『樂則韶舞』者，則之言法也，言樂當取法韶武也。子於四代之樂，獨於韶武有盡美之論，雖盡善未盡善，微有低昂，然尚論古樂，韶之後卽及武，而夏、殷之樂不與焉，可知孔子之有取於武矣。夏時、殷輅、周冕，皆以時代先後爲次。若韶、舞專指舜樂，則當首及

之。惟韶、武非一代之樂，故列於後。且時言夏，輒言殷，冕言周，而韶舞不言虞，則非止舜樂明矣。」案：俞說是也。

孔子世家言「孔子絃歌詩，以求合韶、武、雅、頌之音」。韶、武並言，皆孔子所取也。武為周一代之樂，合文、武、

周公所作樂名之。說詳八佾疏。

放鄭聲，遠佞人。鄭聲淫，佞人殆。【注】孔曰：「鄭聲、佞人，亦俱能惑

人心，與雅樂、賢人同，而使人淫亂危殆，故當放遠之。」　正義曰：「放」者，罷廢之也。樂記云：「鄭音好濫淫志，宋

音燕女溺志，衛音趨數煩志，齊音敖辟喬志。此四者，皆淫於色而害於德，是以祭祀弗用也。」是四國皆有淫聲，此獨

云「鄭聲」者，亦舉甚言之。五經異義「魯論說，鄭國之俗，有溱、洧之水，男女聚會，謳歌相感，故云『鄭聲淫』。

左傳說煩手淫聲謂之鄭聲者，言煩手踯躅之聲使淫過矣。謹案：鄭詩二十一篇，說婦人十九矣，故鄭聲淫也。」案：白

虎通禮樂篇「樂尚雅何？雅者，古正也，所以遠鄭聲也。孔子曰『鄭聲淫』何？鄭國土地民人，山居谷汲，男女錯雜，

為鄭聲以相悅懌。」又漢書禮樂志云：「桑間濮上，鄭、衛、宋、趙之聲並出，內則致疾損壽，外則亂政傷民。庶民以為

利，列國以相閒。」皆以鄭聲為鄭國之聲，與魯論說同。其「煩手淫聲謂之鄭聲」，乃左傳別一義。服虔解誼據之，不

與魯論同也。又魯論舉溱洧一詩，以為鄭俗多淫之證，非謂鄭詩皆是如此。許氏錯會此旨，舉鄭詩而悉被以淫名，自後

遂以鄭詩混入鄭聲，而謂夫子不當取淫詩。又以序所云「刺時刺亂」者，改為「刺淫」，則皆許君之一言誤之矣。

「世亂則禮慝而樂淫，是故其聲哀而不莊，樂而不安，慢易以犯節，流湎以忘本，廣則容姦，狹則思欲，感條暢之氣，而滅平

和之德，是以君子賤之也。」周官大司樂：「凡建國禁其淫聲、過聲、凶聲、慢聲。」注：「淫聲：若鄭、衛也。」淫聲為建國所宜

禁，故此言「為邦」亦放之矣。　白虎通誅伐篇「佞人當誅何？為其亂善行，傾覆國政。韓詩內傳曰：『孔子為魯司寇，先誅

少正卯，謂佞道已行，亂國政也。佞道未行，章明遠之而已。』《論語曰：『遠佞人。』公羊莊十七年：「[一]齊人執鄭詹，書甚佞也。」何注：「孔子曰：『放鄭聲，遠佞人。』罪未成者，伯當遠之而已。」[二]與白虎通義合。《通鑑》孝元帝紀引荀悅曰：『子曰「遠佞人」，非但不用而已，乃遠而絕之，隔塞其源，戒之極也。」○注「鄭聲」至「遠之」。○正義曰：鄭聲與雅樂同，佞人與賢人同，是其能惑人也。惑於鄭聲則思淫亂，惑於佞人則當危殆。下篇子曰「惡鄭聲之亂雅樂也，惡利口之覆邦家者」。

「利口」即「佞人」，二者皆似是而非，故易惑人也。

12 子曰：「人無遠慮，必有近憂。」【注】王曰：「君子當思患而預防之。」 正義曰：皇本「人」下有「而」字。張栻《解》：「慮之不遠，其憂即至，故曰近憂。」○注「君子當思患而預防之。」○正義曰：邢疏云：「此《易·既濟象辭》也。」案：《繫辭》云：「安不忘危，存不忘亡，是以身安而國家可保也。」《荀子·大畧篇》：「先事慮事，先患慮患。先事慮事謂之接，接則事優成。先患慮患謂之豫，豫則禍不生。事至而後慮者謂之後，後則事不舉。患至而後慮者謂之困，困則禍不可禦。」又《仲尼篇》：「智者之舉事也，滿則慮嗛，平則慮險，安則慮危，曲重其豫，猶恐及其禍，是以百舉而不陷也。」皆言人宜遠慮也。

13 子曰：「已矣乎！吾未見好德如好色者也。」 正義曰：皇本無「乎」字。

〔一〕「七」原誤作「一」，據《公羊傳》改。

〔二〕「遠」原誤作「討」，據《公羊傳注》改。

賢而不舉，是爲竊位。

14　子曰：「臧文仲其竊位者與！知柳下惠之賢，而不與立也。」【注】孔曰：「柳下惠，展禽也。知

正義曰：文選陶徵士誄注引鄭注云：「柳下惠，魯大夫展禽，食采柳下，諡曰惠。」太平御覽四百

二引鄭注：「柳下惠，魯士師展禽也。其邑名柳下，諡曰惠。」文小異。左傳二十六年疏：「魯語展禽對臧文仲云『獲聞之』，

是其人氏展，名獲，字禽。」柳下爲邑名者，柳下若桑中、棘下之類，其地今不可考。閻氏若璩四書釋地說「國策顏斶言『秦

攻齊，令有敢去柳下季壟五十步而樵採者，死不赦』。古人多葬於邑，壟所在即邑所在。則柳下自當在齊南魯北二國接

壞處，昔爲魯地，後爲齊有也。」惠爲諡者，烈女傳：「柳下惠死，門人將諡之。妻曰：『夫子之諡，宜爲惠乎！』門人從以爲

諡。」是惠爲諡也。高誘淮南說林訓注：「柳下是其號。」以柳下爲號，與晉陶潛自稱五柳先生同，疑未必然。至惠之爲

諡，明見列女傳，而亦以爲生前之號，均與鄭異義，非也。又高誘謂柳下惠爲無駭之子，名獲，字禽。家有大柳樹，行惠德，因號柳下惠。一

曰柳下邑。」趙岐孟子公孫丑篇注亦云：「柳下惠，魯大夫，展無駭之子，名獲。」使書之以爲三筮，見外傳。柳下惠爲士師，見

下微子篇。「不與立」者，邢疏云：「不稱舉與立於朝廷也。」方氏觀旭偶記：「展喜犒齊師，使受命於展禽，正臧孫辰爲政之

時，見內傳。展禽譏文仲祀爰居。文仲曰：『是吾過也，季子之言不可不法也。』使書之以爲三筮，見外傳。並是文仲知柳

下惠之證。」李氏惇羣經識小：「案臧氏世爲司寇，文仲當已爲之，或爲司空而兼司寇也。柳下惠爲士師，正其屬官，無容

不知。此與文子同升事正作一反照。」○注「知賢而不舉，是爲竊位。」○正義曰「竊」如「盜竊」之竊。言竊居其位，不讓

進賢能也。

15 子曰：「躬自厚而薄責於人，則遠怨矣。」【注】孔曰：「責己厚，責人薄，所以遠怨咎。」　正義曰：春

秋繁露仁義法篇：「以仁治人，義治我，『躬自厚而薄責於外』，此之謂也。且論己見之而人不察，曰：君子攻其惡，不攻人之

惡，非仁之寬與？自攻其惡，非義之全與？此之謂仁造人，義造我，何以異乎？故自稱其惡謂之情，稱人之惡謂之賊，求

諸己謂之厚，求諸人謂之薄；自責以備謂之明，責人以備謂之惑。」呂氏春秋舉難篇：「故君子責人則以人，自責則以義。

責人以人則易足，易足則得人；自責以義則難爲非，難爲非則行飾，故任天地而有餘。不肖者則不然，責人則以義，自責

則以人。責人以義責難瞻，難瞻則失親，自責以人則易爲，易爲則行苟，故天下之大而不容也。身取危，國取亡焉，此桀、

紂、幽、厲之行也。」中論脩本篇：「孔子之制春秋也，詳內而略外，急己而寬人。故於魯也，小惡必書；於衆人也，大惡始

筆。夫見人而不自見者謂之矇，聞人而不自聞者謂之聵，慮人而不自慮者謂之瞀。故明莫大乎自見，聰莫大乎自聞，睿

莫大乎自慮。」

16 子曰：「不曰『如之何』、【注】孔曰：「不曰如之何者，猶言不曰奈是何。」『如之何』者，吾末如之何

也已矣。」【注】孔曰：「如之何者，言禍難已成，吾亦無如之何。」　正義曰：春秋繁露執贄篇：「子曰：『人而不曰如之

何、如之何者，吾莫如之何也矣。』故匿病者不得良醫，羞問者聖人去之，以爲遠功而近有災。」此以「如之何」爲問人之辭，

凡稱「何如」是也。　朱子集注云：「如之何、如之何者，熟思而審處之辭也。不如是而妄行，雖聖人亦無如之何矣。」此以

「如之何爲心自審度，亦通。　荀子大畧篇：「天子即位，上卿進曰『如之何憂之長也！』」「憂長」即審度之義。○注「如之何

者，禍難已成。」○正義曰：陸賈新語慎微篇：[一]故孔子遭君暗臣亂，衆邪在位，政道隔於王家，仁義閉於公門，故作公陵之歌，傷無權力於世。大化絕而不通，道德私而不用，故曰『無如之何者，吾末如之何也已矣』。夫言道因權而立，德因勢而行。不在其位者，則無以齊其政；不操其柄者，則無以制其剛。」[二]此論語家舊説，指世亂言之。偽孔所云「禍難已成」，似即竊取此義。然曰「無如之何」者，亦統兩「如之何」爲一句，非如偽孔橫分兩句也。

17 子曰：「羣居終日，言不及義，好行小慧，難矣哉！」【注】鄭曰：「小慧，謂小小之才知。難矣哉，言終無成。」 正義曰：此章是夫子家塾之戒。説文云：「羣，輩也。」「羣居」謂同來學共居者也。夫子言人羣居當以善道相切磋，不可以非義小慧相誘引也。釋文：「慧，音惠。」注同。皇本作「惠」，注同。此依魯論改，不知鄭君定讀已作「慧」也。考文引古本作「惠」，即指皇本。文選陳琳檄吳將校部曲文注、太平御覽人事部引並作「慧」。○注「小慧，謂小小之才知。」○正義曰：説文：「慧，儇也。」史記索隱：「慧，智也。」左成十八年傳：「周子有兄而無慧。」杜注：「蓋世所謂白癡。」則慧爲有才知之稱。戴氏望注云：「小慧，爲小辨慧也。哀公欲學小辨，以觀於政。孔子曰：『不可，社稷之主愛日。』」案：戴説即鄭義。釋文引注更云：「魯讀『慧』爲『惠』，今從古。」則作「慧」者古論，魯論用假借字作「惠」也。後漢孔融傳：『將不早惠乎？』注『惠』作『慧』。列子穆王篇：『秦人逢氏有子少而惠。』馮氏登府異文考證：陸機弔魏武文『巧文辯惠則賢』、『知惠不能去其惡』並與『慧』同。」

〔一〕「慎微」原誤作「辨惑」，據新語改。

〔二〕「制其剛」，新語作「正其時」。

18 子曰：「君子義以為質，禮以行之，孫以出之，信以成之。君子哉！」【注】鄭曰：「義以為質謂

操行，孫以出之謂言語。」

正義曰：「釋文云：『義以為質』，一本作『君子義以為質』。鄭本畧同。」翟氏灝考異：「孝經三

才章疏引此文，無『君子』二字。」臧氏琳經義雜記以有者為衍是也。「義以為質」者，義者，宜也，人行事所宜也。禮運云：

「何謂人義？父慈子孝，兄良弟弟，夫義婦聽，長惠幼順，君仁臣忠，十者謂之人義。講信修睦謂之人利，爭奪相殺謂之人

患。故聖人之所以治人七情，修十義。講信修睦，尚辭讓，去爭奪，舍禮何以治之？」又云：「其居人也曰養，其行之以貨

力、辭讓、飲食、冠昏、喪祭、射御、朝聘。」注：「養當為義，字之誤也。」是凡禮皆以行義也。禮尚辭讓，去爭奪，故「孫以出

之」。「信」者，申也。言以相申束，使不相違背，故「信以成之」。稱「君子」者，言其人有士大夫之行，可為法則也。○注

「義以」至「言語」。○正義曰：禮器注：「質猶性也。」荀子臣道注：「質，體也。」「操」者，持也，守也。義本於心之裁度，而要

以制事，故注以「操行」言之。「出」謂出諸口。鄭以行禮已是孫讓，故解「孫以出之」為言語也。詩云：「慎爾出話，無不

柔嘉。」

19 子曰：「君子病無能焉，不病人之不己知也。」【注】包曰：「君子之人，但病無聖人之道，不病人之不

己知。」

正義曰：憲問篇：「子曰『不患人之不己知，患其不能也。』」義同。

20 子曰：「君子疾沒世而名不稱焉。」【注】疾，猶病也。

正義曰：「沒世」猶沒身也。史記孔子世家…

「子曰『弗乎弗乎,君子病没世而名不稱焉。吾道不行矣,吾何以自見於後世哉?』以此爲孔子作春秋時語,亦安國舊說。中論考僞篇:「貴名乃所以貴實也。」張栻論語解:「有是實則有是名。名者,所以命其實也。終其身而無實之可名,君子疾諸,非謂求名於人也。」錢氏大昕養新録:「孔子贊易曰『善不積,不足以成名。』孝經曰:『立身行道,揚名於後世。』於論語曰『君子去仁,惡乎成名。』又曰『君子疾没世而名不稱焉。』聖人以名立教,未嘗惡人之好名也。」孟子曰『令聞廣譽施於身。』令聞廣譽,非名而何? 唯聲聞過情,斯君子恥之耳。道家以無爲宗,故曰『聖人無名』。又曰『無智名,無勇功』,又以伯夷死名與盗跖死利並言。此悖道傷教之言,儒者所弗道。」○注:「疾,猶病也。」○正義曰:法言問神篇:「君子病没世而無名。」

21 子曰:「君子求諸己,小人求諸人。」【注】君子責己,小人責人。 正義曰:禮中庸云:「君子素其位而行,不願乎其外。」又云:「正己而不求於人,則無怨。上不怨天,下不尤人。」鄭注引此文説之。中論貴驗篇:「子思曰:『事自名也,聲自呼也,貌自眩也,物自處也,人自官也,無非自己者。故怨人之謂壅,怨己之謂通。通也知所悔,壅也遂所誤。』」○注:「君子責己,小人責人。」○正義曰:「求」訓「責」,亦引申之義。禮大學云:「君子有諸己而後求諸人。」謂先責諸己也。 若小人則藏身不恕,而卽欲喻諸人,故但責人。 孟子所謂「令以其昏昏使人昭昭」者也。

22 子曰:「君子矜而不争,【注】包曰:「矜,矜莊也。」羣而不黨。」【注】孔曰:「黨,助也。君子雖衆,不相

私助，義之與比。」

物矣。羣者，油油與人。不黨，則非徇物矣。此君子持世之準也。」○正義曰：「矜」訓助者，引申之義。「義之與比」，言與人以義相親比也。
也。」「嚴」、「莊」義同。○注「黨助」至「與比」。○正義曰：「黨」訓助者，引申之義。「義之與比」，言與人以義相親比也。

正義曰：矜易於爭，羣易於黨，故君子絕之。劉氏宗周論語學案「矜者，斬斬自持。不爭，則非絕物矣。羣者，油油與人。不黨，則非徇物矣。此君子持世之準也。」○注「矜，矜莊也。」○正義曰：呂覽重言注「矜，嚴

23

子曰：「君子不以言舉人，【注】包曰「有言者不必有德，故不可以言舉人也。」不以人廢言。」【注

王曰：「不可以無德而廢善言。」

正義曰：禮文王世子云「凡語于郊者，必取賢斂才焉，或以德進，或以事舉，或以言揚。」「揚」如「揚于王廷」之揚。蓋先揚之，而後考其德事，乃進用之也。書舜典云「敷奏以言，明試以功，車服以庸」彼是考績之法，亦在試以功效，不專尚言。故管子明法解云「明主之擇賢人也，言勇者試之以軍，言智者試之以官。試於軍而有功者則舉之，試於官而事治者則用之。故以戰功之專定勇怯，以官職之治功定愚智，如白黑之分。亂主則不然，聽言而不試，故妄言者得用。」觀此，是古舉人之術，皆不以言可知。

24

子貢問曰：「有一言而可以終身行之者乎」？子曰：「其恕乎！己所不欲，勿施於人。」

【注】言己之所惡，勿加施於人。

正義曰：「一言」謂一字。春秋左氏疏引易云：「伏羲作十言之教，曰乾、坤、震、巽、坎、離、艮、兌、消息。」韓非子說林下「齊人曰『臣請三言而已。』曰『海大魚。』」又古人稱所箸書若數萬言、數十萬言，及詩體四言、五言、七言，並以一字爲一言也。皇本「行」下無「之」字，「人」下有「也」字。○注「言己之所惡，勿加施於人。」

○正義曰：皇本無此注。

25 子曰：「吾之於人也，誰毀誰譽？如有所譽者，其有所試矣。【注】馬曰：「三代，夏、殷、周。用民如此，無所阿私，所以云『直道而行』。」斯民也，三代之所以直道而行也。」【注】包曰：「所譽者，輒試以事，不虛譽而已。」

正義曰：集注云：「毀者，稱人之惡而損其真；譽者，揚人之善而過其實。」包氏慎言溫故錄：「『斯民』兩語，正申明上文『所試』句。『如』與『而』同。『以』，用也。言我之於人，無毀無譽。而或有所譽，稱揚稍過者，以斯人皆可獎進而入於善之人，往古之成效可覩也。蓋『斯民』即三代之民。三代用此民直道而行，而人皆競勸於善，安在今之不可與爲善哉？『其有所試』，謂三代已嘗試之，非謂身試之也。」漢書藝文志儒家敘晏云：『孔子曰：「如有所譽，其有所試。」』『國以簡賢爲務，賢以孝行爲先。』韋懷唐、虞之隆，殷、周之盛，仲尼之業，已試之效也。」後漢書韋彪傳彪上議曰〔一〕：「國以簡賢爲務，賢以孝行爲先。」孔子曰：「事親孝，故忠可移於君。」忠孝之人，持心近厚；鍛鍊之人，持心近薄。三代之所以直道而行者，在所以磨之故也。」孔子注云：『彪引之者，言三代選賢，皆磨礪選錄，然後用之。』合此二文，校其語意，則上文所云『如有所譽』，是即直道也。直者，無私曲之謂。如有所譽，似偏於厚，而究其磨礪誘掖之意，非爲私曲，故曰直道，所謂善善宜從長也。班固景帝贊曰：『孔子稱「斯民，三代之所以直道而行」，信哉！』周、秦之敝，網密文峻，而奸軌不勝。漢興，掃除煩苛，與民休息。至於孝文，加之以恭儉，孝景遵業，五六十載之間，移風易俗。至於黎民醇厚，周言成、康，漢言文、景，美矣。』此贊以孔子之言證

〔一〕『韋彪』原誤作『班彪』，據後漢書改。

漢事，言秦人以刻薄馭民，而民俗益散。至漢文、景務率民於寬厚，能容人過，而治迹蒸蒸日上，是直道本厚意而行之者

也。」案：論衡率性篇「傳曰：『堯、舜之民，可比屋而封；桀、紂之民，可比屋而誅。』斯民也，三代所以直道而行也。」聖主

之民如彼，惡主之民如此，竟在化不在性也。」此亦謂堯、舜以德化民，即是直道而行，異於桀、紂之暴虐。此與君所引

證若合符也。○皇本「人」下無「也」字「所」作「可」。○注：「所譽者，輒試以事，不虛譽而已。」○正義曰：漢書薛宣傳谷永

薦宣疏，以「宜爲御史中丞，舉錯皆當。『如有所用，必有所試。』」謂譽而用之也。以試爲夫子身試，與包注同，亦可通。

○注「用民」至「而行」。○正義曰：「無所阿私」，謂無所阿比，以私意毀譽人也。劉氏逢祿述何篇：「春秋不虛美，不隱惡，

褒貶予奪，悉本三代之法，無虛加之辭也。」

26 子曰：「吾猶及史之闕文也。有馬者借人乘之，今亡矣夫！」【注】包曰：「古之良史，於書字有

疑則闕之，以待知者。有馬不能調良，則借人乘習之。孔子自謂及見其人如此，至今無有矣。言此者，以俗多穿鑿。」

正義曰：毛詩抑傳：「借，假也。」亦常訓。唐石經「史」下無「之」字，皇本「今」下有「則」字，朱子集注本「矣」誤「已」。○注

「古之」至「穿鑿」。○正義曰：宋氏翔鳳發微云：「周禮保氏『教之六藝』『四曰五馭，五曰六書。』御與書同在六藝，皆國子

之所當教，故孔子言『執御』。又言『正名』，所以教門弟子者，與天子諸侯之設官無以異也。史籀爲周宣王時

太史，作大篆十五篇。周禮外史『掌達書名于四方』〔一〕，亦太史之屬。漢律『太史試學童能諷書九千字以上，乃得爲

〔一〕「外」原誤作「內」，據周禮改。

史。又以六體試之，課最者以爲尚書、御史、史書、令史。吏民上書，字或不正，輒舉劾。史書、令史者，爲掌史書之令史，專以正書字爲職，故曰史書，曰史篇，皆謂書字掌於太史，而保氏以敎故老。至於衰世，是非無正，人用其私。故孔子曰「吾猶及史之闕文也，今亡矣夫」蓋傷其寖不正。班氏藝文志云：『古制書必同文，不知則闕，問諸文」，即上子路篇『不知蓋闕』同義。志又言『史籀篇，周官敎學童者也。』見論語之史，若漢代史書、史篇之類，而不必爲紀言、紀事之成書也。許氏說文解字敍云：『詭更正文，鄉壁虛造不可知之書，以燿於世。』與班氏言衰世之弊同。孔子之所歉，許氏又云：『書曰「予欲觀古人之象」』言必遵修舊文而不穿鑿。孔子曰：『吾猶及史之闕文，今亡矣夫』！蓋非其不知而不問，人用己私，是非無正，巧說衰辭，使天下學者疑。蓋文字者，經藝之本，王政之始，前人所以垂後，後人所以識古，故曰「本立而道生」。知天下之至賾而不可亂也。』班、許兩家之言，若出一涂。故論語包注云：『凡有馬而借人乘習，期於善御，亦六藝之一，弟子之事，而保氏之所敎也。五馭之目爲鳴和鑾，逐水曲，過君表，舞交衢，逐禽左。乘之者，習此者也，有一定之法，非可人用其私，故車能同軌。六書之目爲指事，象形，諧聲，會意，轉注，叚借。闕文者，所不知者也。有一定之法，非可詭更正文，故書能同文。』案：宋翔『史闕文』之義，至爲詳確。其謂有馬借人乘之，爲五馭之法，尤補注義。荀子禮論篇：『故大路之馬，必倍至敎順，然後乘之，所以養安也。』注『倍至，謂倍加精至也。』則有馬須借人乘之，乃得敎順，此學御之事。夫子時，六藝之學將廢，故俗多穿鑿，不免自以爲是也。

27　子曰：「巧言亂德。小不忍，則亂大謀。」【注】孔曰：「巧言利口，則亂德義。小不忍，則亂大謀。」

正義曰：吳氏嘉賓論語說：「先王有不忍人之政，然非小不忍之謂也。故曰『惟仁者能愛人，能惡人』。苟不忍於惡一

人，則將宥亂大謀者矣。聖人之所惡，常在於似之而非者。巧言亂德，所謂惡佞足以亂義也。小不忍則亂仁，或曰：必有忍，

其乃有濟，若後世所謂能有所忍以就大事者，不知此狙詐之術，雖於聖人之辭若可通，竊以為非也。」案：漢書李尋傳：「執

乾剛之德，勉彊大誼，絕小不忍。」外戚傳：「夫小不忍則亂大謀，恩之所不能已，義之所割也。」二傳文皆如吳說。

28　子曰：「衆惡之，必察焉；衆好之，必察焉。」【注】王曰：「或衆阿黨比周，或其人特立不羣，故好惡

不可不察也。」

正義曰：潛夫論潛歎篇云：「孔子曰：『衆好之，必察焉；衆惡之，必察焉。』故聖人之施舍也，不必任衆，亦

不必專己。必察彼己之所為，而度之以義，或舍人取己，故舉無遺失而政無廢滅也。或君則不然，己有所愛，則因以斷正，

不稽於衆，不謀於心，苟眩於愛，惟言是從，此政之所以敗亂，而士之所以放佚者也。」又管子明法解：「亂主不察臣之功

勞，譽衆者則賞之，不審其罪過，毀衆者則罰之如此者，則邪臣無功而得賞，忠臣無罪而有罰。」又云：「如此則慇懃之人失

其譽，而廉潔之吏失其治。故明法曰：『官之失其治也，是主以譽為賞，而以毀為罰也。』」案：潛夫論引「衆好」句，在「衆

惡」前。宋葛洪涉史隨筆、王氏論語辨惑、司馬溫公論選舉狀議貢舉狀、王臨川答段縫書，亦先「好」後「惡」。風俗通義正

失篇、羣隱兩同書真偽章「好」均作「善」，亦「衆善」句在前，即王注疑亦如此。俞氏樾平議以為傳寫誤倒，或有然也。○

注「或衆」至「察也」。○正義曰：「或衆阿黨比周」，所以衆好；「或其人特立不羣」，所以衆惡。梁書劉孝綽傳：「孤特則積

毀所歸，比周則積譽斯信。」即本王注，故亦引論語說之。

29　子曰：「人能弘道，非道弘人。」【注】王曰：「才大者，道隨大；才小者，道隨小，故不能弘人。」

義曰：皇本「弘人」下有「也」字。○注「王曰」至「弘人」。○正義曰：皇本不言「王肅曰」，則何晏等義也。道隨才爲大小，

故人能自大其道，即可極仁聖之韻，而非道可以弘人。故行之不著，習矣不察，終身由之，而不知其道，則仍不免爲衆。中

庸記所云「苟不至德，至道不凝焉」，即此意也。漢書董仲舒傳：「夫周道衰於幽、厲，非道亡也，幽、厲不繇也。至於宣王，

思昔先王之德，興滯補弊，明文、武之功業，周道粲然復興。」下引此文。又禮樂志載平當說衰微之學，興廢在人，亦引此

文，義皆可證。

正義曰：皇本「弘人」下有「也」字。（右欄）

30　子曰：「過而不改，是謂過矣。」

正義曰：韓詩外傳三：「孔子曰：『過而改之，是不過也。』」當本此文

而反言之。穀梁僖二十二年傳：[一]「過而不改，又之，是謂之過。」

31　子曰：「吾嘗終日不食，終夜不寢，以思，無益，不如學也。」

正義曰：「思」者，思其所學也。大戴禮勸學篇：「孔子曰：『吾嘗終日而思矣，不如須臾之所學

也。』」賈子新書修政語上：「湯曰：『學聖王之道者，譬其如日；靜思而獨居，譬其若火。』夫舍學聖之道而靜居

獨思，譬其若去日之明於庭，而就火之光於室也。然可以小見，而不可以大知。是故明君而君子貴尚學道，而賤下獨

然思之不達，而一於思，反爲無益，故曰「思而不學則殆」。

[一]「二十二」，原誤作「二十」，據穀梁傳改。

思也。」

32 子曰：「君子謀道不謀食。耕也，餒在其中矣；學也，祿在其中矣。君子憂道不憂貧。」【注】鄭曰：「餒，餓也。言人雖念耕而不學，故飢餓。學則得祿，雖不耕而不餒。此勸人學。」正義曰：潛夫論讚學篇引「耕也餒在其中」三句，連上「吾嘗終日不食」爲一章，當時簡編相聯，未分別也。「耕」者，說文云「犂也」。謂以牛犂田也。○注「餒餓」至「人學」。○正義曰：段本說文：「餒，飢也。」此常訓。「念耕」者，念猶思也，本非所習而思爲之，故曰「念耕」。古者四民各習其業，自非有秀異者，不升於學。春秋時，士之爲學者，多不得祿，故趨於異業。而習耕者衆，觀於樊遲以學稼、學圃爲請，而長沮、桀溺、荷蓧丈人之類，雖隱於耕，而皆不謀食之意。則知當時學者以謀食爲惡，而謀道之心或不專矣。夫子示人以君子當謀之道，學當得祿之理，而耕或不免餒，學則可以得祿，所以誘掖人於學，而凡爲君子者，當自勉矣。鄭謂「念耕而不學」，謂士之爲農者，但務農而不爲學也。既不學不可得祿，故或遇凶歉而不免於餒，是兩失之矣。若夫農務於耕，自習其業，安得概以「謀食」責之？潛夫論釋難篇釋此文云：「君子勞心，小人勞力，故孔子所稱，謂君子爾。」誼與鄭同。夫耕原於謀食，謀食即不得不憂貧。君子志其大者、遠者，但憂謀道之無得於己，而豈口腹身家之圖所能易其志哉？

33 子曰：「知及之，仁不能守之，雖得之，必失之。【注】包曰：「知能及治其官，而仁不能守，雖得之，

必失之。』知及之，仁能守之，不莊以涖之，則民不敬。【注】包曰：『不嚴以涖之，則民不敬從其上。』知及之』，仁能守之，莊以涖之，動之不以禮，未善也。【注】王曰：『動必以禮，然後善。』

正義曰：此章十一『之』字，包注指位言，但於『動』句不可通。毛氏奇齡賸言補指民言，知足以及民，即知臨為大君之宜。案『知及之』，謂政令條教足以及民也。『仁不能守之』，謂不能以仁守之。『仁』字置句首，與『知及之』配儷成文耳。大戴禮武王踐阼篇：『師尚父曰：「且臣聞之，以仁得之，以仁守之，其量百世；以不仁得之，以不仁守之，必及其世。」』是言凡得民者，皆當以仁守之也。孟子離婁篇：『桀、紂之失天下也，失其民也。失其民者，失其心也。得天下有道，得其民，斯得天下矣。得其民有道，得其心，斯得民矣。」此文得之、失之，即謂得民、失民也。『莊以涖之』，謂威儀也。『莊以涖之』者，涖，臨也。見毛詩采芑傳。説文：『〓，臨也。』即『涖』本字。皇本作『莅』，『涖』或體。左氏傳：『北宮文子曰：「有威而可畏謂之威，有儀而可象謂之儀。君有君之威儀，其臣畏而愛之，則而象之，故能有其國家，令聞長世。臣有臣之威儀，其下畏而愛之，故能守其官職，保族宜家。」又曰：「故君子在位可畏，施舍可愛，進退可度，周旋可則，容止可觀，作事可法，德行可象，聲氣可樂，動作有文，言語有章，以臨其下，謂之有威儀也。」皆言臨民當莊之義。『動之以禮』，謂以禮感動於民，使行之也。荀子王霸篇：『上莫不致愛其下，而制之以禮。上之於下，如保赤子。政令制度，所以接下之人，百姓有不理者如豪末，則雖孤獨鰥寡必不加焉。故下之親上，歡如父母，可殺而不可使不順。君臣上下，貴賤長幼，至于庶人，莫不以是為隆正。然後皆内自省，以謹於分。』此動之以禮為治之善也。○注『知能』至『失之』。○正義曰：後漢書劉梁傳：『孔子曰：「智之難也！有臧武仲之智，而不容於魯國。抑有由也，作而不順，施而不恕

矣。』蓋善其知義，議其違道也。」下文又云，「患之所在，非徒在智之不及，又在及而違之者矣。故曰『智及之』仁不能守

之，『雖得之，必失之』也。」此引論語以證武仲之失位，由於不順不恕。不順不恕，即是不仁，與包義正合。易繫辭傳：「何

以守位？曰仁。」

34 子曰：「君子不可小知，而可大受也；小人不可大受，而可小知也。」【注】王曰：「君子之道深

遠，不可以小了知而可大受，小人之道淺近，可以小了知而不可大受也。」 正義曰：集注云「知，我知之也」；受，彼所

受也。」淮南子主術訓：「是故有大暑者，不可責以捷巧；有小智者，不可任以大功。人有其才，物有其形，有任一而太重，

或任百而尚輕。是故審豪釐之計者，必遺天下之大數；不失小物之選者，惑於大數之舉，譬猶狸之不可使搏牛，虎之不可

使搏鼠也。」○注「王曰」至「受也」。○正義曰：皇本無「王肅曰」，則何晏等義也。「了」者，無餘之辭。君子所知，皆深遠

之道，不可以小了之也。小人祇知淺近，故可以小了知。

35 子曰：「民之於仁也，甚於水火。【注】馬曰：「水火及仁，皆民所仰而生者，仁最爲甚。」水火，吾見

蹈而死者矣，未見蹈仁而死者也。」【注】馬曰：「蹈水火，或時殺人；蹈仁，未嘗殺人。」 正義曰：說文云：

「蹈，踐也。」惠氏棟周易述：「仁乃乾之初生之道，故未見蹈仁而死，極其變，如求仁得仁，殺身成仁，乃全而歸之之義，不

可言死。」○注「水火」至「爲甚」。○正義曰：孟子告子篇：「民非水火不生活。」是水火爲民所仰而生也。仰者，望也。鄭

注云：「甚於水火，於仁最急也。」同馬義。

36 子曰：「當仁，不讓於師。」【注】孔曰：「當行仁之事，不復讓於師，言行仁急。」 正義曰：此章是夫子示門人語。蓋事師之禮，必請命而後行，獨當仁則宜急行，故告以不讓於師之道，恐以展轉誤人生死也。○注「當行」至「仁急」。○正義曰：說文「當，田相值也。」人於事，值有當行仁者，不復讓於師，所謂「聞斯行之」也。春秋繁露竹林篇論楚子反許宋平事云：「今子反往視|宋，聞人相食，大驚而哀之，不意之至於此也，是以心駭目動而違常禮。禮者，庶於仁文質而成體者也。今使人相食，大失其仁，安著其禮？方救其質，奚恤其文？故曰『當仁不讓』，此之謂也。」彼言子反不讓於君，與此義畧同，故引文說之。

37 子曰：「君子貞而不諒。」【注】孔曰：「貞，正。諒，信也。君子之人，正其道耳。言不必小信。」 注「貞正」至「小信」。○正義曰：易彖傳「貞，正也。」此常訓。君子以義制事，咸合正道，而不必爲小信之行。何異孫十一經問對「孟子曰：『君子不亮，惡乎執？』『亮』與『諒』同。孔子曰：『豈若匹夫、匹婦之爲諒也？』又曰：『君子貞而不諒。』諒者，信而不通之謂。君子所以不亮者，非惡乎信，惡乎執也。故孟子又曰：『所惡執一者，爲其賊道也。』」焦氏循孟子正義：「論語云『好信不好學，其蔽也賊』，蓋好信不好學，則執一而不知變通，遂至於賊道。『君子貞而不諒』，正恐其執一而蔽於賊也。友諒兼友多聞，多聞由於好學，則不至於賊。」案：上篇夫子答子貢曰：「言必信，行必果，硜硜然小人哉！」孟子離

婁下：「大人者，言不必信，行不必果，唯義所在。」「言必信」，卽此注所云「小信」也，亦卽「諒」也。漢書王貢等傳贊：「貞而不諒，薛方近之。」顏注云：「薛方志避亂朝，詭引巢、許爲喻，近此義也。」亦言不必信之證。

38 子曰：「事君，敬其事而後其食。」【注】孔曰：「先盡力而後食祿。」　正義曰：「敬」者，自急敕也。禮表記云：「子曰：『事君，軍旅不辟難，朝廷不辭賤。處其位而不履其事，則亂也。故君使其臣，得志則慎慮而從之，否則孰慮而從之，終事而退，臣之厚也。』」是言事君當敬其事也。檀弓云：「仕而未有祿者。」[一]可見當時人臣居位，有不得祿。然祗去位則可，若在位而但計及食祿，不復敬君之事，則大不可。朱子集注云：「後，與『後獲』之後同。」儒行曰：「先勞而後祿。」亦此意。　郡齋讀書志載蜀石經作「敬其事而後食其祿」，是依注文妄增。

39 子曰：「有教無類。」【注】馬曰：「言人所在見教，無有種類。」　注：「言人所在見教，無有種類。」○正義曰：說文云：「類，種類相似，唯犬爲甚，故其字從犬。」皇疏云：「人乃有貴賤，同宜資教，不可以其種類庶鄙而不教之也。」呂氏春秋勸學篇：「故師之教也，不爭輕重、尊卑、貧富，而爭於道，其人苟可，其事無不可。」

40 子曰：「道不同，不相爲謀。」　正義曰：吳氏嘉賓說：「孟子曰：『伯夷、伊尹、柳下惠，三子者不同

〔一〕「者」原誤作「去」，據禮記改。

道。』道者，志之所趨舍，如出處語默之類。雖同於爲善，而有不同，其是非得失，皆自知之，不能相爲謀也。」案：孟子又言「之行不同也，或遠或近，或去或不去，歸潔其身而已矣。」歸潔其身，道也，而遠近、去不去、行各不同，則不能相爲謀也。史記伯夷列傳引此文云：「亦各從其志也。」卽孟子不同道之說。顏注以天道、人道爲言，失其旨矣。老莊申韓列傳：「世之學老子者，則絀儒學，儒學亦絀老子。」『道不同不相爲謀』，豈謂是耶？亦以老子之學與儒不同，未可厚非也。若夫「與時偕行」「無可無不可」，夫子之謂「集大成」，安有所謂「不相謀」哉？不相謀者，道之本能；相爲謀者，聖人之用。後世儒者，舉一廢百，始有異同之見，而自以爲是，互相攻擊，旣非聖人覆燾持載之量，亦大昧乎「不相爲謀」之旨。

41 子曰：「辭達而已矣。」【注】孔曰：「凡事莫過於實，辭達則足矣，不煩文豔之辭。」

○正義曰：辭皆言事，而事自有實，不煩文豔以過於實，故但貴辭達則足也。辭苟足以達，義之至也。」是辭不貴多，亦不貴少，皆取達意而止。錢氏大昕潛研堂文集：「據聘記解此文，以爲論語亦是聘辭，則不若此注言『凡事』得兼舉也。」

儀禮聘禮記：「辭無常，孫而說，辭多則史，少則不達。」注「凡事」至「之辭」。

42 師冕見，【注】孔曰：「師，樂人，盲者，名冕。」及階，子曰：「階也。」及席，子曰：「席也。」皆坐，子告之曰：「某在斯，某在斯。」【注】孔曰：「歷告以坐中人姓字所在處。」師冕出。子張問曰：「與師言之道與？」子曰：「然。固相師之道也。」【注】馬曰：「相，導也。」

正義曰：趙氏佑溫故錄：「禮，迎客於門，每門

必讓;降等之客,則於門內。此師冕見,當先有坐客,則第俟諸階,故紀從階始。」案:趙說是也。但師冕來見,必亦有扶工者,入門之後,當立堂下,故此及階、及席,夫子若爲扶工者,一一詔告之。又告以某某在斯者,令師冕知之,得與爲禮也。

禮少儀云:「其未有燭而有後至者,則以在者告。道瞽亦然。」注:「爲其不見,意欲知之也。」師冕見。正瞽無目,恒如日闇,故道示之,亦如無燭時也。○注「歷告以坐中人姓字所在處。」○正義曰:廣雅釋詁:「某,名也。」言以某名其人也。此歷舉姓字亦云「某」者,坐中非止一人,夫子本以姓字告之,記者不能盡述,故重言「某」以括之。「姓字」釋「某」,「所在處」釋「在斯」。○注「相,導也。」○正義曰:「相,導」,爾雅釋詁文。鄭注云:「相,扶也。」「扶」「導」義同。周官眂瞭「凡樂事相瞽。」注「相,扶工。」

論語正義卷十九

季氏第十六　集解

凡十四章

1　季氏將伐顓臾。冉有、季路見於孔子曰：「季氏將有事於顓臾。」【注】孔曰：「顓臾，伏羲之後，風姓之國，本魯之附庸。當時臣屬魯，季氏貪其土地，欲滅而取之。冉有與季路爲季氏臣，來告孔子。」孔子曰：「求！無乃爾是過與？【注】孔曰：「冉求爲季氏宰，相其室，爲之聚斂，故孔子獨疑求，教之。」夫顓臾，昔者先王以爲東蒙主，【注】孔曰：「使主祭蒙山。」且在邦域之中矣，【注】孔曰：「魯七百里之封，顓臾爲附庸，在其域中。」是社稷之臣也。何以伐爲？」【注】孔曰：「已屬魯，爲社稷之臣，何用滅之爲？」

正義曰：季氏，謂康子。說文云：「伐，擊也。從人持戈。」左莊二十九年傳：「凡師有鍾鼓曰伐。」季氏欲伐顓臾，二子知其謀，因見孔子告之。皇疏引蔡謨曰：「冉有、季路並以王佐之姿，處彼相之任，豈有不諫季孫以成其惡？所以同其謀者，將有以也。量己揆勢，不能制其悖心於外，順其意以告夫子，實欲致大聖之言以救斯斃。是以夫子發明大義，以酬來感，宏舉治體，自救時難，斯乃聖賢同符，相爲表裏者也。」集注引洪氏曰：「二子仕於季氏。」凡季氏所欲爲，必以告於夫子，則因夫子之言而救止者，宜亦多矣。

伐顓臾之事，不見於經傳，其以夫子之言而止也與？「無乃爾是過與」，是猶寇止

宰注：「邦，疆國之境。」釋名釋州國：「邦，封也。封有功於是也。」釋文云：「邦或作封。」

中」，即邦域也。惠氏棟謂依孔注「邦」當作「封」，然孔云「七百里之封」，乃釋「邦」爲封，非孔本作「封」，惠氏誤也。陳氏鱣

又謂下文「邦内」，鄭作「封内」，明此「邦域」亦當爲「封域」。然釋文於此但云「或作封」，邦、域義通，不必舍正本用或本矣。

説文云：「或，邦也。从口，从戈。以守一，一，地也。域，或又从土。」漢書賈誼傳注「域，界局也。」是域即所封之界

也。「何以伐爲」，與「何以文爲」同一句法。皇本作「何以爲伐也」。○注「顓臾」至「取之」。○正義曰：左僖二十一年傳「任、

宿、須句、顓臾，風姓也，實司大皥與有濟之祀。」杜注：「大皥，伏羲。四國，伏羲之後，故主其祀。」「附庸」者，鄭注王制云：

「小城曰附庸。附庸者，以國事附於大國，未能以其名通也。」詩「以作爾庸」，謂以作爾城也。顓臾爲

魯附庸，故得稱臣。詩閟宮箋云：「附庸，則不得專臣也。」是謂附庸得自立國，繼世雖稱臣，不得專之矣。趙氏佑温故録：

「詩云『錫之山川，土田附庸』。魯屬國之在邦域者多矣，自向爲莒入，宿被宋遷，邾與魯世相仇殺，魯又滅項，取須句，取

邿，取鄆，取鄟，皆附庸而不克保，魯之不字小亦甚矣。獨顓臾爲幸存，非其事大謹職，何能至于今不貳？故曰社稷

之臣。」○注：「使主祭蒙山。」○正義曰：左傳言「顓臾司有濟之祀」，司者，主也。濟與東蒙，顓臾並主其祀，左傳、論語各

蒙山祠，顓臾國在山下。」後魏志：「新泰縣有蒙山。」劉芳徐州記：「蒙山在今蒙陰縣南四十里，西南接費縣界。漢志：「蒙陰縣有

舉其一耳。蒙山即東蒙山，在魯東，故云。胡氏渭禹貢錐指「蒙山高四十里，長六十九里，西北接新泰縣界。」元和

志：「蒙山在新泰縣東八十八里，費縣西北八十里。東蒙山在費縣西北七十五里。」是謂蒙與東蒙爲二山也。齊乘曰：「魯

山在今費縣西北七十里，蒙山在龜山東，二山連屬，長八十里。『禹貢之蒙』，論語之東蒙，正此蒙山也。後人惑於東蒙之說，遂誤以龜山當蒙山，蒙山爲東蒙，而隱沒龜山之本名，故今定正之。邑人公鼐論曰：『蒙山高峯數處，俗以在東者爲東蒙，中央者爲雲蒙，在西北爲龜蒙，其實一山。』龜山自在新泰，亦非卽龜蒙峯也。』蔣氏廷錫尚書地理今釋：『蒙山在今山東青州府蒙陰縣南八里，西南接兗州費縣界，延表一百餘里。』今案：蔣說以蒙陰縣南八里諸山爲卽蒙山，蓋統山之羣阜言之，與胡氏『蒙陰縣南四十里』說異，而實同也。蒙陰今屬沂州府。○注『魯七百里之封』。顓臾爲附庸，在其域中。』○正義曰：孟子云：『公侯百里，伯七十里，子男五十里。不能五十里，不達於天子，附於諸侯，曰附庸。』解者謂此周初之制，其後成王用周公之法制，廣大邦國之竟，故周官大司徒言『公方五百里，侯四百里，伯三百里，子二百里，男百里』先鄭注以爲附庸在內，後鄭則以附庸不在其中。明堂位云：『成王以周公爲有勳勞於天下，是以封周公於曲阜，地方七百里。』是魯云：『上公之封，地方五百里，加魯以四等之附庸，方百里者二十四，并五五二十五，積四十九，開方之，得七百里。』注七百里，包有附庸，偶孔此注用後鄭義也。大司徒注又云：『凡諸侯爲牧正帥長及有德者，乃有附庸，爲有祿者當取焉。公無附庸，侯附庸九同，伯附庸七同，子附庸五同，男附庸三同，進則取焉，退則歸焉。魯於周法不得有附庸，故言錫之也。地方七百里者，包附庸，以大言之也。地方五百里，附庸二十四，言得兼此四等矣。』賈疏云：『凡有功進地，侯受公地，附庸九同，伯受侯地，附庸七同，子受伯地，附庸五同；男受子地，附庸三同。』魯本五百里，四面各加百里，四五二十，卽二十同。四角又各百里，爲四同，故附庸二十四。』魯兼侯、伯、子、男四等之附庸，以開方知之也。

冉有曰：『夫子欲之，吾二臣者，皆不欲也。』【注】孔曰：『歸咎於季氏。』孔子曰：『求！周任有言曰：「陳力就列，不能者止。」危而不

持，顛而不扶，則將焉用彼相矣？【注】馬曰：「周任，古之良史。言當陳其才力，度己所任，以就其位，不能則當止。」包曰：「言輔相人者，當能持危扶顛，若不能，何用相爲？」且爾言過矣，虎兕出於柙，龜玉毀於櫝中，是誰之過與？【注】馬曰：「柙，檻也；櫝，匱也。失虎毀玉，豈非典守之過邪？」冉有曰：「今夫顓臾，固而近於費。【注】馬曰：「固謂城郭完堅，兵甲利也。費，季氏邑。」今不取，後世必爲子孫憂。」

正義曰：「陳力」二句，是周任語。「危而不持」云云，則夫子設譬以曉之。「止」謂去位也。「危」者，行傾側也。「顚」者，失隊也。說文：「持，握也。」是扶，佐也。」集注云：「相，瞽者之相也。」此言瞽者將有危顚，則須相者扶持之。漢書陳球傳：「傾危不持」，正本此文。「矣」與「邪」同。王氏經傳釋詞謂此「矣」字與「乎」同義，是也。「虎兕」皆獸名。爾雅釋獸：「兕，似牛。」郭注：「一角，青色，重千斤。」說文：「兕，如野牛而青。」周官圉人職「掌圉游之獸禁」，牧百獸。」注：「養獸以宴樂視之。禁者，其蕃衞也。」案：「蕃」與「藩」同。「藩衞」即此所云「柙」也。「龜」謂守龜，龜人掌之。「玉」謂命圭，典瑞掌之。皇本「出」下「毀」下無「於」字。釋文：「匣，戶甲反，本今作柙。」漢書文三王傳引亦作「匣」。顓臾與費相近，閻氏釋地又續謂相距僅七十里，樊廷枚釋地補引兗州府志：「故顓臾城，距古費城六十五里。」是顓臾近費也。「後世必爲子孫憂」，釋文本無「後世」字，引或本有之。馮氏考證謂後漢減宮傳注引亦無「後世」字。○注：「周任，古之良史。」○正義曰：左隱六年、昭五年皆引周任說，不言爲史官。馬此注當別有所本。杜預云「周大夫」。路史注「商太史」。江氏永羣經補義疑卽書盤庚遲任，不知然否？○注：「柙，檻也。」○正義曰：說文：「柙，檻也，減虎兕也。從木，甲聲。」義本論語。○注：「固謂城郭完堅，兵甲利也。」○正義曰：周官掌固云：「掌脩城、郭、溝、池、樹、渠之固。」序官注云：「固，國所依阻者也。國曰固，野曰險。」

此注兼兵甲言者，引申之義。

孔子曰：「求！君子疾夫【注】孔曰：「疾如女之言。」舍曰欲之而必爲之辭。

【注】孔曰：「舍其貪利之説，而更作他辭，是所疾也。」

丘也聞有國有家者，不患寡而患不均，不患貧而患

不安。【注】孔曰：「國，諸侯；家，卿大夫，不患土地人民之寡少，患政理之不均平。憂不能安民耳，民安則國富。」蓋均

無貧，和無寡，安無傾。【注】包曰：「政教均平，則不貧矣；上下和同，不患寡矣；小大安寧，不傾危矣。」夫如

是，故遠人不服，則脩文德以來之。既來之，則安之。

正義曰：皇本「而必」下有「更」字。「寡」者，民多

流亡也。「均」者，言班爵祿、制田里皆均平也。左傳子產言「天子之地一圻，列國一同，自是以衰」。春秋繁露度制篇：「孔子

曰：『君子不盡利以遺民。』故君子仕則不稼，田則不漁，食時不力珍，大夫不坐羊，士不坐犬。」又云：「孔子曰『不患貧而

患不均。』故有所積重，則有所空虛矣。大富則驕，大貧則憂。憂則爲盜，驕則爲暴，此衆人之情也。聖者則于衆人之情，

見亂之所從生，故其制人道而差上下也，使富者足以示貴而不至于驕，貧者足以養生而不至于憂。以此爲度，而調均之，

是以財不匱而上下相安，故易治也。」案：繁露引「不患貧而患不均」，魏書張普惠傳同。蓋貧由於不均，故下文言「均無

貧」。論語本錯綜其文，而繁露則依義引之，故不同也。「和無寡」者，言既均平，則上下和協，民皆思歸也。「脩文德」者，脩

謂加治之，文德謂文治之德，所以別征伐爲武事也。周語云：「有不祭則脩意，有不祀則脩言，有不享則脩文，有不貢則脩

名，有不王則脩德，序成而有不至則脩刑。於是乎有刑不祭，伐不祀，征不享，讓不貢，告不王。於是乎有刑罰之辟，有攻

伐之兵，有征討之備，有威讓之令，有文告之辭。布令陳辭而又不至，則又增於德，無勤民於遠，是以近無不聽，遠無不

服。」周語此文，即謂遠人不服，宜脩文德之事。「來」謂召來之也。趙岐孟子章指引作「懷之」，「懷」亦來也。「安之」者，施

以養教之術，使之各遂其生也。今由與求也，相夫子，遠人不服，而不能守也。【注】孔曰：「民有異心曰分，欲去曰崩，不可會聚曰離析。」而謀動干戈於邦内。【注】孔曰：「干，楯也；戈，戟也。」吾恐季孫之憂，不在顓臾，而在蕭牆之內也。【注】鄭曰：「蕭之言肅也。牆謂屏也。君臣相見之禮，至屏而加肅敬焉，是以謂之蕭牆。後季氏家臣陽虎，果囚季桓子。」

正義曰：「閻氏釋地又續：『徐文長謂顓臾在邦域中，非遠人，當以淮夷、徐戎當之。余亦不謂然。淮夷、徐戎竝興，乃伯禽之時，非哀公也。考哀公元年冬伐邾，二年春伐邾，三年冬圍邾，六年冬伐邾，七年秋伐邾，遂入之以邾子益來。八年夏，以吳將伐我，乃歸邾子益。敵國則遠人矣。』『遠人』似卽謂邾。或曰：魯擊柝聞於邾，相距僅七十六里，何以為遠？曰：敵國則遠人矣。『邦分崩離析』，謂四分公室，季氏取二，孟孫、叔孫各一。此時賦用益繁，誅求無藝，上下相猜，將不能守其邦也。」釋文「邦內，鄭本作封內。『不在顓臾』，或作『不在於顓臾』。」馮氏考證：「唐石經亦有於字。」阮氏校勘記曰：「隸釋載漢石經殘字，『而在』下有『於』字，云『益毛、包、周無於』。」宋本『而在』下亦有『於』字。陳氏鱣曰：「高麗本上句有『於』字，與釋文合。下句無『於』字，從『包』、『周本也』。」「牆」，漢石經作「藩」。下篇「辟諸宮牆」，亦作「藩」。脩華嶽碑「藩屋傾亞」，皆叚「藩」為「牆」。方氏觀旭偶記：「俗解以蕭牆之內為季氏之家，不知禮天子外屏，諸侯內屏，大夫以簾，士以帷，則蕭牆惟人君有耳。卿大夫以下，但得設帷簿。管仲僭禮旅樹，禮記家語不言自管仲始，可見管仲之後，諸國卿大夫無有效之僭者，季氏之家安得有此？竊謂斯時哀公欲去三桓，季氏實為隱憂。又以出甲隳都之後，雖有費邑，難為滅紇之防，孫林父之戚，可藉以逆命。君臣既已有隙，一旦難作，即效意如之謀，請囚於費而無可逃。又畏顓臾世為魯臣，與魯犄角以逼己，惟有謀伐顓臾，克之，則如武子之取卞，以為己有而益其彊；

不克，則魯師實已勞憊於外，勢不能使有司討己以干戈。憂在內者攻彊，乃田常伐吳之故智。此後所爲正不可知，所謂

內變將作者也。然則蕭牆之內何人？魯哀公乎，不敢斥君，故婉言之。若曰季孫非憂顓臾而伐顓臾，實憂魯君疑己而將爲

不臣，所以伐顓臾耳。此夫子誅奸人之心，而抑其邪逆之謀也。」案：方說是也。漢書五行志：「成帝建始三年，未央殿中

地震。谷永曰：『地震蕭牆之內。』」是「蕭牆」當指人君。○注「干，楯也」，戈，戟也。」○正義曰：「爾雅釋言：『干，扞也。』孫

炎注：「干盾自蔽扞。」方言：「盾，自關而東，或謂之瞂，或謂之干，關西謂之盾。」廣雅釋器：『干、瞂、櫓、盾也。』「楯」與「盾」

同。干、盾、瞂、櫓，皆一物異名。方言又云：『戟，楚謂之釨，凡戟而無刃，秦、晉之閒謂之釨，或謂之鏔。吳、揚之閒謂之戈，

東齊、秦、晉之閒謂其大者曰鏝胡，其曲者謂之鉤釨鏝胡。』郭注：「釨，取名於鉤釨也。鉤釨鏝胡，即今雞鳴鉤釨戟也。』説

文：「戟，有枝兵也。戈，平頭戟也。」據方言，是戈爲戟之異稱。故此注以「戟」訓「戈」。○注「蕭之

至「桓子」。○正義曰：説文云：「蕭，艾蒿也。」蕭牆義無取此，故鄭訓「蕭」爲「肅」。釋名釋宮室「蕭牆在門內。蕭，肅也。臣

將入於此，自蕭敬之處也。」亦同鄭義。 説文：「牆，垣蔽也。」屏亦短垣，所以障蔽內外，故亦稱牆。 陽虎囚季桓子，在定公

八年，而二子事季，則在哀公十一年後，鄭氏此言，未得其實，宜乎方氏之易其義。

2 孔子曰：「天下有道，則禮樂征伐自天子出；天下無道，則禮樂征伐自諸侯出。 **正義**

曰：禮記中庸云：「非天子不議禮，不制度，雖有其德，苟無其位，不敢作禮樂焉。」孟子盡心下云：「征者，上伐下也，敵國不

相征也。」則禮樂征伐，皆宜自天子出。 白虎通考黜篇：「禮說九錫，車馬、衣服、樂則、朱戶、納陛、虎賁、鈇鉞、弓矢、秬鬯，

皆隨其德可行而賜。能安民者賜車馬,能富民者賜衣服,能和民者賜樂則,民衆多者賜朱戶,能進善者賜納陛,能退惡者賜虎賁,能誅有罪者賜鈇鉞,能征不義者賜弓矢,孝道備者賜秬鬯。故王制曰:『賜之弓矢,然後專殺。』又曰:『賜圭瓚,然後爲鬯。 未賜者,資暢於天子。』禮『天子賜侯氏車服,路先設,路下四亞之。』又曰:『諸公奉篋服。』王制曰:『天子賜諸侯樂,則以柷將之。』詩曰:『君子來朝,何錫予之? 雖無予之,路車乘馬。又何予之? 玄袞及黼。』書曰:『明試以功,車服以庸。』故曰「九命作伯」。其諸侯自有之禮樂,及尋常刑賞,施之國中,亦由天子制定爲法,故曰「禮樂征伐自天子出」。白虎通誅伐篇:「諸侯之義,非天子之命,不得動衆起兵。誅不義者,所以彊幹弱枝,尊天子,卑諸侯也。」是諸侯雖有征伐,亦須天子之命。蓋禮樂征伐,皆黜陟之大權,不待天子賜命,而諸侯輒擅行之。或更國有異政,僭上無等,雖極霸彊,要爲無道之時,上替者必下陵,禮樂征伐,天子之所獨操之者也。此惟治世則然,故曰「天下有道」。及無道矣。

自諸侯出,蓋十世希不失矣;【注】孔曰:「希,少也。周幽王爲犬戎所殺,平王東遷,周始微弱。諸侯自作禮樂,專行征伐,始於隱公。至昭公十世失政,死於乾侯矣。」自大夫出,五世希不失矣;【注】孔曰:「季文子初得政,至桓子五世,爲家臣陽虎所囚。」陪臣執國命,三世希不失矣。【注】馬曰:「陪,重也。」謂家臣陽虎爲季氏家臣,至虎三世而出奔齊。」

正義曰:云「蓋十世」者,「蓋」是大略之辭。劉氏逢祿述何篇:「自諸侯出,蓋十世希不失,何也? 曰:齊自僖公小霸,桓公合諸侯,歷孝、昭、懿、惠、頃、靈、莊、景,凡十世:而陳氏專國,晉自獻公啟疆,歷惠、懷、文而代齊霸,襄、靈、成、景、厲、悼、平、昭、頃,而公族復爲彊臣所滅,凡十

魯自隱公僭禮樂，滅極，至昭公出奔，凡十世。曰：自大夫出，五世希不失，獨驗於三桓，而齊三家終於竊國，何

也？曰：陳氏、三家，皆異姓公侯之後，其本國亡，故復其始也。曰：陪臣執國命，若南蒯、公山弗擾、陽虎，皆及身失之。而

云三世始失，何也？曰：計其同惡相連，匪惟人事，抑天道矣。案：十世、五世、三世，皆約略言之。故有及世而未失者，亦有未及

世而失者，運有遲速，終於失之。當其初，會盟征伐皆國君主之。馮氏驂春秋三變說：「隱、桓以下，政在諸侯；僖、文以下，政在

大夫；定、哀以下，政在陪臣。當其初，會盟征伐皆國君主之。」隱十年，翬帥師會四國伐宋，則貶而去族。桓十一年，

柔會宋公、陳侯、蔡叔盟，折也，亦貶而去族。權猶不遽下移也。僖十九年，大夫為翟泉之盟以伐鄭，則諱不書公。文二年

垂隴盟，書士穀。十五年，以上軍下軍入蔡，書郤缺，而大夫始專矣。浸淫至成二年，鞌之戰，魯以四卿帥師，而三家之勢

張。襄十六年，溴梁之會，晉直以大夫主盟，而無君之勢成。于是物極必反，上行下效，諸侯專天子，大夫專諸侯，家臣專

大夫。宋樂祁有陳寅，鄭罕達有許瑕，齊陳恆有陳豹，衛孔悝有渾良夫，晉趙鞅有董安于，魯仲孫有公斂處父。而莫敖且

疆于季孫之陽虎，以公伐鄭，而實意在惡季孟于鄰國，盟公周社，而實意在詛三桓于國人。夫子于定八年，特書盜竊

寶玉大弓，所以治陪臣也。春秋上治諸侯，中治大夫，下治陪臣，至目之曰盜，充其類以盡其義，諸侯大夫，一言以蔽之

耳。」顧氏棟高春秋大事表：「春秋之中葉，討伐無書公者，政自大夫出也。定公之初伐齊，反書公者，陪臣執國命，而

欲叚公以與大夫抗也。哀公之世，征伐盟會無書公者，大夫復張，已專其利，而以危難之事陷其君也。」馮氏景解春

集：「孔子不言『禮樂征伐自陪臣出』，而曰『執國命』，其辭信，其義精。蔡氏蒙引仍以禮樂征伐為國命者，非也。家臣雖

專政，無行禮樂征伐之事。禮樂征伐，必交乎四鄰，而國命不出境。陪臣執之云者，猶彊奴抗屏主，第相闞於門之內而已

矣。○注「周幽」至「侯矣」。○正義曰：鄭注云「亦謂幽王之後也。平王東遷，政始微弱，諸侯始專征伐。」此偽孔所襲。周本紀「幽王嬖褒姒，生伯服，幽王欲廢太子。太子母，申侯女，而爲后。幽王得褒姒，欲廢申后，并去太子，以其子伯服爲太子。申侯怒，乃與繒、西夷犬戎共攻幽王，遂殺幽王驪山下。於是諸侯乃卽申侯，而共立故幽王太子宜臼，是爲平王也。」漢書地理志「平王東居洛邑。」於是王室之尊，與諸侯無異。是平王東遷，周始微弱也。隱公名息姑，惠公之子。魯世家「魯孝公二十五年，犬戎殺幽王。二十七年，孝公卒，子弗湟立，是爲惠公。」惠公立於平王之世，而春秋託始隱公，可知平王東遷之始，諸侯猶守王命，至隱公時，禮樂征伐乃出自諸侯也。偽孔以十世失政，專據魯事言之。自隱公後，歷桓、莊、閔、僖、文、宣、成、襄、昭爲十世也。「乾侯」晉地。昭二十五年，伐季氏，不克，孫於齊，後如晉，居乾侯。三十二年，卒於乾侯。○注「季文」至「所凶」。○正義曰：定五年左傳「九月乙亥，陽虎囚季桓子及公父文伯。」由桓逆推至五世，知魯文子始專政也。○注「陪重」至「奔齊」。○正義曰：說文「陪，重土也。」引申爲凡加益之義。廣雅釋詁「陪，臣也。」韋昭楚語注「臣之臣爲陪。」曲禮「列國之大夫，入天子之國，自稱曰陪臣某。」是諸侯大夫於天子爲陪臣，則諸侯大夫家臣亦於諸侯爲陪臣矣。陽虎之先，爲季氏臣，未有所證，或馬據論語，以意言之。但注「陽虎」「虎」字疑誤，當謂「陽虎之先」別一人也。

天下有道，則政不在大夫。

【注】孔曰「制之由君」。

天下有道，則庶人不議。

【注】孔曰「無所非議」。

正義曰：說文「議，語也。」廣雅釋詁「議，謀也。」詩北山「或出入風議。」是謀論政事爲議也。方氏觀旭偶記云「議者，圖議國政。倘云私議君上之得失，則庶人傳語，正是先王之制，王者斟酌焉。而事行不悖，豈得謂非有道？蓋庶人有凡民，有府史胥徒之屬，凡民可以傳語，府史胥徒不當與謀國政，況有道之時，野無遺賢，俊傑在

位，王公論道經邦，自不下資於庶人之微。春秋傳齊定姜曰：『舍大臣而與小臣謀，一罪也。』鄭子國曰：『國有大命，而有正卿，童子言焉，將爲戮矣。』再有曰：『君子有遠慮，小人何知？』並言古之正法。若曹劌論戰事，足見魯卿大夫之已鄙；重人告伯宗，足見晉卿大夫之無學。陽虎有言而魯國亂〔一〕鄙人論政而曹國亡。俱是無道之時，庶人之議得聞於世者也。』○注：「制之由君。」○正義曰：「君」統天子諸侯言之。政制自上，臣下奉而行之，所謂「君令臣共」者也。若夫桓、文啟霸，政柄未移，雖禮樂征伐出自諸侯，而考其世運，猶可稱有道矣。

3 孔子曰：「祿之去公室五世矣，【注】鄭曰：「言此之時，魯定公之初，魯自東門襄仲殺文公之子赤而立宣公，於是政在大夫，爵祿不從君出，至定公爲五世矣。」政逮於大夫四世矣，【注】孔曰：「文子、武子、悼子、平子。」故夫三桓之子孫微矣。」【注】孔曰：「三桓謂仲孫、叔孫、季孫，三卿皆出桓公，故曰三桓也。仲孫氏改其氏稱孟氏。至哀公皆衰。」 正義曰：爾雅釋訓：「逮，及也。」說文同。又云：「逮，及也。隸，及也。」音義並同。○注「言此」至「世矣」○正義曰：鄭知夫子此言在定公初者，以下文「政逮大夫四世」，又言「三桓子孫微」，是在定公五年陽虎作難之時，故知爲定公初也。毛氏奇齡稽求篇：「按春秋昭二十五年，叔孫婼如宋。〔二〕宋樂祁曰：『魯君必出，政在季氏，三世矣。』魯君喪政，四公矣。」至三十二年，公薨乾侯。史墨對趙簡子曰：『季友有大功於魯，受費，以爲上卿。至于文子、武子，世增其業。魯文公薨，而東門襄仲殺適立庶，魯君於是失國政，政在季氏，於此君也四公矣。』兩人所言四公，上自文薨以後，下及

〔一〕「陽虎有言而魯國亂」八字原係闕文，據論語偶記補。

〔二〕「婼」原誤作「舍」，據春秋經傳改。

昭終之年，宣、成、襄、昭，紬指四世。其不云五世者，樂祁與史墨言此在昭公時，子所言在定公時，多一世也。故史記魯世家云：『文公卒，襄仲立宣公。』魯由此公室卑，『三桓彊』。而漢食貨志云：『魯自文公以後，祿去公室，政在大夫。』則是文公以後爲宣、成、襄、昭、定五世。』案：毛氏此言，足以證明鄭義。春秋繁露玉杯篇：[一]『文公不能服喪，不時奉祭，以不三年，[二]又以喪取，取于大夫以卑宗廟，亂其緒祖以逆先公。小善無一，而大惡四五，故諸侯弗予盟，命大夫弗爲使。是惡惡之徵，不臣之效也。出侮于外，人奪于內，無位之君也。』孔子曰：『政逮于大夫四世矣。』蓋自文公以來之謂也。』案：董氏以季文子始仕在文公時，文公出侮入奪，固已自啟其釁，故至宣公，祿去公室。繁露此言，與鄭意似異而實同也。左文十八年傳：『文公二妃。敬嬴生宣公。敬嬴嬖，而私事襄仲。宣公長，而屬諸襄仲。襄仲欲立之，叔仲不可。仲見于齊侯而請之，齊侯許之。冬十月，仲殺惡及視，而立宣公。』公羊傳作『子赤』，是『惡』卽『赤』』，此其事也。『祿』謂百官之俸。注『爵祿』連言者，謂有爵而後有祿也。○祭統云：『古者明君爵有德而祿有功，必賜爵祿于太廟，示不敢專也。故祭之日，一獻，君降立於阼階之南，南鄉，所命北面，史由君右執策命之。再拜稽首，受書以歸，而舍奠于其廟。此爵賞之施也。』今魯政在大夫，爵祿人皆不由君出，則用舍之權，俱是大夫主之可知。○注『孔曰『文子、武子、悼子、平子。』○正義曰：皇本此注作『鄭曰』。左氏傳言：『魯文公薨，而政在季氏。季氏者，文子也。』宣十八年傳：『欲去三桓，以張公室。』成十六年傳：『魯之有季、孟，猶晉之有欒、范也，政令于是乎成。』並指文子。江氏永羣經補義：『專政者，東門遂，輔之者，季孫行父襄仲死，遂子家者，文子也。觀傳所載廢嫡姑成婦等事，行父亦專橫矣。行父專政當自文子始。昭二十五年，宋樂祁曰：『政在

〔一〕『玉杯』原誤作『玉林』，據春秋繁露改。

〔二〕『奉祭』下原衍『倒序』二字，據春秋繁露刪。

「季氏三世矣。」杜注：「三世：文子、武子、平子。」孔疏云：「不數悼子者，悼子未爲卿而卒，不執魯政，故不數也。十二年傳曰：『季悼子之卒也』，叔孫昭子以再命爲卿。」卿必再命，乃得經書名氏。七年三月，經書「叔孫婼如齊涖盟」，其年十月「季孫宿卒」，是悼子先武子而卒，平子以孫繼祖也。」此疏甚確。當以文子、武子、平子、桓子爲四世。」案：江氏是也。閻氏若璩、毛氏奇齡、馮氏景、李氏惇，方氏觀旭說並同。閻氏又引孔子世家言：「季武子卒，平子代立。」亦一證。○注「三桓」至「皆衰」。○正義曰：禮郊特牲注云「三桓，魯桓公之子，莊公之弟公子慶父、公子牙、公子友。」此注所云「仲孫」，即慶父之後，又稱爲孟氏也。叔孫卽公子牙之後，季孫卽公子友之後。方氏觀旭偶記曰：「四世，是季至桓。惟是宣公時，孟、叔二家與季文子共事。孟則慶父之曾孫獻子蔑，蔑生莊子速，速生孝伯羯，羯生僖子貜，貜生懿子何忌，與季桓子同時。叔則牙之孫莊叔得臣，得臣生宣伯僑如，穆叔豹，豹生昭子婼，婼生成子不敢，不敢生武叔州仇，與季桓子同時。孟與叔竝已五世柄政，此經論三桓之子孫而統云『四世』者，蓋惟就季氏之世爲言。季氏，孟、叔二家所宗也。是以傳言三家氏爲冢卿，二子爲介卿。叔孫穆子指楹曰：『雖惡之，其可去乎？』觀庚曰：『凡有季氏與無，於我孰利？』皆曰：『無季氏，是無叔孫氏也。』然則二家視季氏爲盛衰，舉季氏之世，而三桓可知矣。」案：方氏是也。此注謂「至哀公皆衰」，則統三家言之。三家微於定、哀之時，至後益衰，不復自振矣。漢書楚元王傳向上封事曰：『祿去公室，政逮大夫』，危亡之兆。」

4　孔子曰：「益者三友，損者三友。友直，友諒，友多聞，益矣。友便辟，【注】馬曰：「便辟，巧辟人之所忌，以求容媚。」友善柔，【注】馬曰：「面柔也。」友便佞，損矣。」【注】鄭曰：「便，辟也，謂佞而辯。」

正

義曰：公羊定四年傳「朋友相衞」何休解詁「君臣言朋友者，闔廬本以朋友之道爲子胥復讎。孔子曰『益者三友』云

云。據何注，則「三友」「三樂」皆指人君言。直者能正言極諫，諒者能忠信不欺，多聞者能識政治之要。人君友此三者，

皆有益也。「便辟」者，集注云「謂習於威儀」此但能爲容媚，與直相反；「善柔」能爲面柔，與諒相反；「便佞」但能口

辯，非有學問，與多聞相反。人君友此三者，皆有損也。蓋「便辟」是體柔，即所謂「足恭」也。「善柔」是面柔，即所謂「令

色」也。「便佞」是口柔，即所謂「巧言」也。說文「諞，便巧言也。從言，扁聲。周書曰『戳戳善諞言。』論語曰『友諞

佞。』此當出古論。○注「便辟，巧辟人之所忌，以求容媚」。○正義曰「巧辟」者，「辟」與「避」同，謂君忌直言，則諱避不

諫也。此義迂曲，於經旨不相應。釋文音「辟」爲「婢亦反」，謂「注亦同」。○正義曰「巧辟」爲便僻者，非鄭氏之意，通人所不取矣。盧氏文弨考避曰：

「公羊定四年傳疏云：『便辟謂巧爲譬喩。』又云：『今世間有一論語，音便辟爲便僻者，非鄭氏之意，通人所不取矣。』據此，

則讀「辟」爲「譬」，本鄭注。馬融則讀爲「避」，與鄭義異，故皇本注中作「避」。惠氏云：『馬、鄭皆讀辟爲避，誤。』」案：盧校

是也。巧爲譬喩，已是便佞，鄭君此義，未爲得也。考文載一本、高麗本經注皆作「便僻」。後漢爰延傳注、太平御覽交友

部引論語亦作「僻」，與公羊疏所稱世間之音合，而徑寫經注字作「僻」，此直以義妄改。夫善柔、便佞，皆邪僻之行，則作

「便僻」便是渾言無所指稱，宜爲通人所不取也。後漢書佞幸傳贊「咨在親便嬖，所任非仁賢，且若輩亦非盡無良，以釋

讀「便辟」爲「便嬖」。孟子梁惠王篇「爲便嬖不足使令于前與。」「便嬖」是近倖小臣，不得稱友，故仲尼箴損者三友。」此又

此文，未能允也。○注「面柔也」。○正義曰：爾雅釋訓「戚施，面柔也。」鄭箋詩新臺云「戚施面柔，下人以色」是其義

也。鄭此注云「善柔，夸毗也。」案，爾雅「夸毗，體柔也。」毛詩板云「無爲夸毗，以體柔人也。」傳云「夸毗，以體柔人也。」鄭此訓與

馬異，馬氏是也。公羊定四年疏云：「善柔，謂口柔、面柔、體柔之屬。」與馬、鄭各別。陳氏鱣古訓疑爲鄭義，非也。○注：

「便，辯也，謂侫而辯」○正義曰：爾雅釋訓「諸諸、便便、辨也。」「辯」「辯」字同。何休公羊解詁引此文，釋文云「辯侫如

字，本亦作便侫」疏云「辯侫，辯爲媚矣。」是陸、徐所見本均用鄭義。宋氏翔鳳輯鄭注校云：「御覽四百六引此注『便侫如

也」，文異義同。」

5　孔子曰：「益者三樂，損者三樂。樂節禮樂，【注】動得禮樂之節。樂道人之善，樂多賢友，

益矣。樂驕樂，【注】孔曰：「恃尊貴以自恣。」樂佚遊，【注】王曰：「佚遊，出入不節。」樂宴樂，損矣。」【注】孔

曰：「宴樂，沈荒淫瀆。三者自損之道。」　正義曰「道人之善」者，道猶說也，若舜隱惡揚善也。「賢友」卽直諒多聞是

也。「佚遊」者，佚猶放也。　釋文云「佚，本亦作逸。」二字古通用。○注「動得禮樂之節。」○正義曰：禮得其體，樂得其

和，動必由之，有制節也。　禮記玉藻云「古之君子必佩玉，右徵角，左宮羽，趨以采薺，行以肆夏，周還中規，折旋中矩，進

則揖之，退則揚之，然後玉鏘鳴也。」鄭注：「君子，士已上。」大戴記保傅云「行中鸞和，步中采茨，趨以肆夏，

也。」又云「天子處位不端，受業不敬，言語不序，聲音不中律，進退節度無禮，升降揖攘無容，周旋俯仰視瞻無儀，安顏咳

唾趨行不得，色不比順，隱琴瑟，凡此其屬太保之任也。」是言在位者有禮樂之節也。○注「佚遊，出入不節。」○正義

曰：「出入」猶言往反。　書皋陶謨云：「無若丹朱傲，惟慢遊是好。」孟子梁惠王下載晏子對景公云「從流下而忘反謂之

流，從流上而忘反謂之連，從獸無厭謂之荒」是「佚遊」爲非義也。　無逸言「文王不敢盤于遊田」其戒嗣王，無淫于、觀

于、逸于、遊于田，胥是意也。○注「宴樂」沈荒淫瀆。○正義曰：説文云「宴，安也。」飲食所以安體，故亦曰宴。「漢書成

帝紀」「帝爲太子，其後幸酒樂燕。」「樂宴」作「燕」者，叚借字。易象傳「君子以飲食宴樂。」彼是以禮

飲食，與此「宴樂」爲沈荒淫瀆不同。書微子云「沈酗于酒」大雅抑詩云「荒湛于酒」「湛」與「沈」同。

于飲食爲饕餮，而晏子亦以飲食若流戒齊景公。古人燕飲，非時不舉，非有故不特殺，不欲以口腹之欲敗乃度也。「淫

瀆」謂淫於女色」，注是推廣言之。史記樂書「宋音燕女溺志。」集解引王肅曰「燕，歡悦也。」

6
孔子曰：「侍於君子有三愆：【注】孔曰「愆，過也。」言未及之而言謂之躁，【注】鄭曰「躁，不安

静。」言及之而不言謂之隱，【注】孔曰「隱匿不盡情實。」未見顏色而言謂之瞽。」【注】周曰「未見君子顏

色所趣向，而便逆先意語者，猶瞽也。」 正義曰「言及之而不言」，皇本無「而」字。韓詩外傳曰「未可與言而言者，

謷，可與之言而不與之言謂之隱。君子不瞽言，謹慎其序。」略本論語此文。集注引尹氏焞曰「時然後言，則無三者之

過。」○注「愆，過也。」○正義曰：爾雅釋言「愆，過也。」説文「愆，過也。」愆，籀文。○注「躁，不安」○正義曰：説

文「趮，疾也。」「趮」即「躁」字。考工記「羽豐則遟，殺則趮。」「趮」與「遟」對文，亦訓疾。人性疾則不安静。釋名釋言語

云「趮，燥也。物燥乃動而飛揚也。」此則魯義，與古不同。 釋文引注更云「魯讀躁爲傲，今從古。」盧氏考澄曰「未及言而言謂之傲，不自言之，是

以己所知者，傲人之不知也。」此則魯義，與古不同。 荀子勸學篇「未可與言而言謂之傲，可與言而不言謂之隱，不觀顏

色而言謂之瞽。」君子不傲，不隱，不瞽，謹順其身。」鹽鐵論孝養篇「言不及而言者，傲也」並用魯論作「傲」。陳氏鱣曰

「繫辭傳云『躁人之辭多』，故鄭從古作躁。」

7 孔子曰：「君子有三戒：少之時，血氣未定，戒之在色；及其壯也，血氣方剛，戒之在鬥；及其老也，血氣既衰，戒之在得。」【注】孔曰：「得，貪得。」

正義曰：説文云「鬥，兩士相對，兵杖在後，象鬥之形。鬥，不虞。」又云：「壯，大也。」爾雅釋詁同。曲禮云「三十日壯。」「鬥」猶爭也。説文：「鬥，遇也。從鬥，斷聲。」二字義微別，今經典通作「鬥」。釋文：「得，或作德，非。」翟氏灝考異：「淮南詮言訓『凡人之性，少則猖狂，壯則彊暴，老則好利。』本此章。」張栻論語解：「人有血氣，則役於血氣，血氣有始終盛衰之不同，則其所役亦隨而異。夫血氣未定，則動而好色；血氣方剛，則鋭而好鬥；血氣既衰，則歉而志得。凡民皆然，爲其所役者也。於此而知戒，則義理存；義理存，則不爲其所役矣。」

8 孔子曰：「君子有三畏：畏天命，畏大人，【注】順吉逆凶，天之命也。大人即聖人，與天地合其德。畏聖人之言。【注】深遠不可易知測，聖人之言也。小人不知天命而不畏也，狎大人，侮聖人之言。」

【注】恢疏，故不知。直而不肆，故狎之。不可小知，故侮之。

正義曰：「天命」兼德命、祿命言。知己之命原於天，則修其德命，而仁義之道無或失。安於祿命，而吉凶順逆必脩身以俟之，妄爲希冀者非，委心任運者亦非也。且得位，則行義以達其道，不得位，亦必隱居以求其志。此方是天地生人，降厥德于我躬之意。故惟君子能知天命而畏之也。其畏之

者，恐己之德有未至，無以成己成物，有負於天耳。[鄭注：「大人，謂天子諸侯爲政敎者。」言天子諸侯能爲政敎，是爲賢德]之君。[程氏廷祚說]：「大人，謂當時之天子諸侯也。天子有天下，建立諸侯，與之分而治之。君子之畏之者，豈爲其崇高富貴哉？]位曰天位，事曰天職，則皆天命之所在也。故進退必以禮，匡諫必以正，所謂『我非堯、舜之道，不敢以陳於王前』也。小人之於大人，效奔走走之恭，極逢迎之巧，而曰導之以非，所謂『是何足與言仁義，則狎之甚』也。」程氏此說，指當時天子諸侯，不必是賢德之君，與鄭微異，均得通也。朱氏彬經傳考證：「大人，以位言。」引「禮運『大人世及以爲禮』，鄭注『大人謂諸侯』，可證鄭說。」又引「士相見禮『與大人言，言事君』，鄭注：『大人，卿大夫也。』昭十八年左傳：『閔子馬曰：「夫必多有是說，而後及其大人。大人患失而惑。」』杜注：『大人，在位者。』此解『大人』兼及卿大夫，亦鄭義之引伸也。是故「畏天命」，則戒謹恐懼，必致其修己安人，安百姓之學。「畏大人」，則秉禮懷刑，必無有干犯其長上者。「畏聖人之言」，則古訓是式，必無有敢蔑棄先王之典者。鄭注云『狎，慣忽也。』孔穎達書疏謂慣見而忽之，是謂小人狎侮其君上，不加敬也。廣雅釋詁：「侮，輕也。」漢書外戚中山衛姬傳：「不畏天命，侮聖人言。」師古曰：「侮，古侮字。」案：說文「侮」下云：「侮，古文從母。」外戚傳所引，當出古論。○注「順吉」至「其德」。○正義曰：易文言傳：「積善之家，必有餘慶；積不善之家，必有餘殃。」尸子曰：「從道必吉，反道必凶，如影如響。」卽此注義。春秋繁露郊語篇引此文解之云：「以此見天之不可不畏敬，猶主上之不可不謹事。不謹事主，其禍來至顯，不畏敬天，其殃來至闇。闇者不見，其端若自然也。由是觀之，天殃與上罰所以別者，闇與顯耳。至於祭天不享，其卜不從，使其牛口傷，鼷鼠食其角，文云：「其祭社稷、宗廟、山川、鬼神，不以其道，無災無害。」又順命篇說此

或言食牛，或言食而死，或不食而自死，或卜而牛死，或卜而食其角。過有深淺厚薄，〔二〕而災有簡甚，不可不察也。畏者，其唯天命大人乎？以此見其可畏。亡國五十有餘，皆不事畏者也，況不畏大人，專誅之君之滅者，〔三〕何日之有哉？」案：董氏言天命，專主禍福，必論語家舊說，故此注同之。又董氏解「大人」爲君上，與鄭注同。此注以「大人」爲即聖人者，孟子云：「有大人者，正己而物正者也。」是「大人」即聖人。易文言傳：「夫大人者，與天地合其德。」此注所本。中庸云：「仲尼上律天時，下襲水土。辟如天地之無不持載，無不覆幬。辟如四時之錯行，如日月之代明。」是聖人與天地合德也。陳氏鱣古訓：「何解『大人』即聖人，則與下『聖人之言』相複，是二畏矣。」故今不從之也。○注「深遠不可易知測，聖人之言也。」○正義曰：繁露郊語篇云：「天地神明之心，與人事成敗之真，固莫之能見也，惟聖人能見之。聖人者，見人之所不見者也，故聖人之言亦可畏也。」又順命篇云：「魯宣違聖人之言，變古易常，而災立至。聖人之言可不慎？」董氏之旨，亦主禍福。此注則以聖言深遠，難可知測，或慮德闇，易獲罪聖言也。與繁露旨意當同。○注「恢疎」至「侮之」。○正義曰：邢疏云：「案老子德經云：『天網恢恢，疎而不失。』言天之網羅，恢恢疎遠，刑淫賞善，不失毫分也。」案：天道難測，故於報施有遲速顯闇之異，小人不明此理，故不畏也。「肆」，倨肆也。言大人正直，而無所肆傲於人，故小人狎之。左襄二十九年傳：「直而不倨。」杜注：「倨，傲。」意略同。「小知」者，小有所知也。小人不知聖言，故曰「不可小知」。

〔二〕「過」原誤作「遇」，據春秋繁露改。

〔三〕「專」上原重「大人」二字，據春秋繁露刪。

9 孔子曰：「生而知之者上也，學而知之者次也。困而學之，又其次也。困而不學，民斯為下矣。」【注】孔曰：「困謂有所不通。」

正義曰：上、次、又次，皆言人資質之殊，非謂其知有淺深也。中庸云：「或生而知之，或學而知之，或困而知之，及其知之，一也。」鄭注：「困而知之，謂長而見禮義之事，己臨之而有不足，乃始學而知之。」中庸又云：「有弗學，學之弗能，弗措也。有弗問，問之弗知，弗措也。有弗思，思之弗得，弗措也。有弗辨，辨之弗明，弗措也。人一能之，己百之；人十能之，己千之。果能此道矣，雖愚必明，雖柔必強。」此言困學之事，當百致其功也。若使困而不學，則蠢然冥頑，斯為材質之最下者，不得為士類矣。○注「困謂有所不通」。○正義曰：不通者，言心有所隔塞也。廣雅釋詁：「困，窮也。」

10 孔子曰：「君子有九思：視思明，聽思聰，色思溫，貌思恭，言思忠，事思敬，疑思問，忿思難，見得思義。」

正義曰：孫氏奇逢近指：「九思，皆思誠者之事。」案：孟子云「心之官則思，思則得之」，不思則不得也。君子嚴於所思，而約之有此九端。蓋凡言行，莫能外是矣。說文「聰，察也。」色謂顏色，貌謂禮容。尚書洪範：「貌曰恭，言曰從，視曰明，聽曰聰。」從謂順乎理。此文言「忠」，忠者誠實之謂，誠實則順理可知。釋文：「難，乃旦反。」皇疏云：「一朝之忿，忘其身以及其親，是謂難也。」案：後漢吳祐傳「孝子忿必思難，動不累親。」與皇疏合。大戴禮曾子立事云：「忿怒思患。」「患」「難」義同。

孔子曰：「見善如不及，見不善如探湯。吾見其人矣，吾聞其語矣。【注】孔曰：「探湯，喻去惡疾。」隱居以求其志，行義以達其道。吾聞其語矣，未見其人也。」

正義曰：「如不及」，如己所不及也。文子上德篇：「文王見善如不及。」孟子云：「文王望道而未之見。」言文王如未之見也，亦如不及之意。「探湯」者，以手探熱，易致傷害也。爾雅釋詁：「探，取也。」郭注：「探者，摸取也。」說文：「湯，熱水也。」孟子：「冬日則飲湯。」列子湯問篇：「日初出，則滄滄涼涼；及日中，如探湯。」亦以「探湯」喻熱。大戴禮曾子立事云：「見善恐不得與焉。見不善者，恐其及己也。」盧辯注引此文，明「探湯」即「恐其及己」之意。「聞其語」皆謂古語。隱居求志，行義達道，若伊尹耕莘，而樂堯、舜之道，及湯三聘而行其君臣之義，以達其所守之道者也。春秋之末，賢人多隱，故長沮、桀溺、接輿、丈人，皆潔己自高，不復求其志。夫子「未見」之歎，正緣於此。然夫子處無道之世，周遊諸侯，栖栖不已。而又言「天下有道則見，無道則隱」，隱者，即此隱居求志之謂，非如隱而果於忘世也。孟子云：「故士窮不失義，達不離道。窮不失義，故士得己焉；達不離道，故民不失望焉。」與此語義正同。程氏瑤田論學小記：「隱居以求其志，求其所達之道也。當其求時，猶未及行，故謂之志。行義以達其道，行其所求之志也。及其行時，不止於求，故謂之道。志與道，通一無二，故曰：「士何事？曰尚志。」案：後漢書逸民列傳序引此文，李賢注云：「求志謂長沮、桀溺」如其說，則夫子固見其人矣。○注：「探湯，喻去惡疾。」○正義曰：毛氏奇齡賸言：「案扁鵲傳『湯液醴灑』，所以治病者，故以探湯，去疾爲卻惡之喻。」今案：漢書楚元王傳向上封事曰：『見不善如探湯。』今二府奏佞諂不當在位，歷年而不去。」顏師古注：「探湯，言其除難無所避也。」與去疾義同。　　或論語舊說如此，偪孔襲其義也。

12 齊景公有馬千駟，死之日，民無德而稱焉。【注】孔曰：「千駟，四千匹。」伯夷、叔齊餓于首陽之下，【注】馬曰：「首陽山在河東蒲坂縣，華山之北，河曲之中。」民到于今稱之。其斯之謂與？【注】王曰：【此所謂以德爲稱。】

正義曰：此章亦孔子語。陳祥道禮書云：「諸侯六閑，衛文公之騋牝三千，齊景公之有馬千駟。三千則近於天子十二閑之數，而千駟又過之，是皆僭侈而違禮者也。」閻氏若璩釋地又續引郝敬說，並申之云：「千駟，蓋指公馬之畜於官者，非國馬之散在民間者也。周禮校人：『天子十有二閑。』良馬十閑，二千一百六十四，駑馬二閑，千二百九十六匹，共三千四百五十六匹。降而諸侯六閑，猶千二百九十六匹。皆所以給公用，備賜予也。齊景公時，地大於王畿，性又惟狗馬是好，故畜多如是。至出自民間，則說苑所稱『良毅三千乘』，是非此數也。」樊氏廷枚釋地補云：「漢書梅福傳。『雖有景公之位，伏櫪千駟，臣不貪也。』伏櫪，正與韋昭國語注『繫馬，良馬在閑，非放牧者』同義。」包氏慎言溫故錄：『後漢書濟南王康傳：『康多殖貨財大修宮室，廄馬千二百匹』，奢侈恣欲，游觀無度。何敞上疏諫曰：『諸侯之義，節謹制度，然後能保其社稷，和其民人。』楚作章華以凶，吳與姑蘇而滅。景公千駟，民無得稱焉。」依何敞疏，則『千駟』當指公廄之馬。蓋僭侈之事，民無德而稱者，言民無所知其德稱說之也。」皇本作「民無得稱焉」。阮氏元校勘記云：「德、得雖通，此處自當作德。王注、邢疏皆以斯字卽指德言，若改爲得，頗乖文義。」今案：皇疏云：「生時無德而多馬。」又云：「言多馬而無德。」是皇本亦作「德」。今字作「得」，當出異域所改。說文云：「餓，飢也。」淮南說山訓注：「餓，困乏也。」史記伯夷列傳：『伯夷、叔齊聞西伯昌善養老，盍往歸焉。及至，西伯卒。武王東伐紂，伯夷、叔齊叩馬而諫曰：『父死不葬，爰及干戈，可謂孝乎？以臣弒君，可謂仁乎？』左右欲兵之。太公曰：『此義人也。』扶而去之。武王已平殷亂，天下宗周，而伯夷、

叔齊恥之，義不食周粟，隱於首陽山，采薇而食之。及餓且死，作歌曰云云，遂餓死於首陽山。」此其事也。　錢氏可選補闕

疑：「夷、齊不食周粟，非絕粒不食也。古人祿皆以粟，如原思辭粟是也。餓而食薇者，粟或不足，有時采薇以充之，未必止

食薇也。」秦記謂其「食薇三年，顏色不改」，誕矣。」案．漢書王貢兩龔鮑傳「昔武王伐紂，遷九鼎於雒邑。伯夷、叔齊薄

之，餓于首陽，不食其祿。」亦謂因不仕周食祿，故致餓也。「其斯之謂與」句，上當有脫文。注以「斯」指「德」亦是因文解

之。　蔡節論語集說牽合上章，而謂「見善矣，又若不及見之也」，見不善矣，猶未免於嘗試之」，此指齊景公。「隱居」二句為

指夷、齊，殊為穿鑿。　張栻論語解、孔廣森經學巵言並以「隱居求志，行義達道」證合夷、齊，而於「見善」、「見不善」二句

略而不言，則亦集說之傅會矣。○注「首陽」至「之中」。○正義曰：漢地理志「河東郡蒲反有堯山、首山祠、雷首山在南。」

司馬彪郡國志：「河東郡蒲坂有雷首山。」劉昭注補引論語此文並注說之。　首山、首陽、雷首，三名實一地。「反」與「坂」

同。　華山卽太華，在蒲坂西南，大河之南。蓋河由壼口之西循山麓南行，至太華，乃折而東，雷首山適當其北，故曰「華山

之北，河曲之中」也。　太平寰宇記引論語鄭康成注「首陽山在河中蒲坂城南，今陽區山，俗號為首陽山。」知鄭此文亦有

注，與馬義同。　唐詩采苓云「采苓采苓，首陽之巔。」首陽之名，確見此詩。　其序言「刺晉獻公好聽讒言。」讒言卽指驪

姬。當時太子申生被譖以死，驪姬復譖公子重耳，夷吾，曰：「二公子皆知之。」於是重耳奔蒲，夷吾奔屈。獻公復命寺人

披伐蒲，故其詩言「舍旃舍旃」，勸公勿信讒言，致伐之也。重言「舍旃」者，非一之辭。晉語「重耳處蒲城。」韋昭解「蒲，

今蒲坂。」是首陽在蒲坂，卽是雷首，有明徵矣。　金氏鶚求古錄亦據詩「首陽」以為卽夷、齊之所居，其說誠是。而以首陽

〔一〕「義」原誤作「異」，據史記改。

爲在晉都平陽之西，則全無所據。揆其意，徒以采冬是晉詩，首陽應在晉都左右，不知獻公時疆域甚廣，所謂「河外列城五」者，其地即在蒲坂大河之西？蒲是晉邑，得舉其境內之山，豈必斤斤於晉都左右求首陽之所在邪？莊子讓王云：「夷、齊北至于首陽之山，遂餓而死。」所謂北至者，蓋夷、齊自孟津諫武王伐紂後，遂由孟津西北至首陽也。莊子大略言之，故祇稱「北至」矣。大戴記曾子制言中：「昔者伯夷、叔齊死於溝、澮之間。」又云：「夫二子者，居河、濟之間」孔氏廣森補注：「首陽山在蒲坂、河曲中，其南王屋，濟水所出，故云河濟之間。」孔氏釋首陽，即本馬、鄭也。金氏亦知平陽不在河、濟之間，因謂「二子先居河、濟間，後乃隱首陽，河、濟間即孟津。夷、齊諫武王時居此。」此則彊文成義，不可爲典要矣。至許慎說文謂首陽在遼西，曹大家注幽通賦謂在隴西，高誘注呂氏春秋有始覽謂在洛陽東北，司馬貞史記索隱謂在岐山之西，皆非是。

13 陳亢問於伯魚曰：「子亦有異聞乎？」【注】馬曰：「以爲伯魚，孔子之子，所聞當有異。」對曰：「未也。嘗獨立，【注】孔曰：「獨立謂孔子。」鯉趨而過庭。曰：『學詩乎？』對曰：『未也。』『不學詩，無以言。』鯉退而學詩。他日，又獨立，鯉趨而過庭。曰：『學禮乎？』對曰：『未也。』『不學禮，無以立。』鯉退而學禮。聞斯二者。」陳亢退而喜曰：「問一得三，聞詩，聞禮，又聞君子之遠其子也。」

正義曰：「異聞」者，謂有異教獨聞之也。稱「鯉」者，將述對父之語，若當父前，子自稱名也。「趨而過庭」者，禮，臣行過君前，子行過父前，皆當徐趨，所以爲敬也。過庭謂東西徑過也。王通中說立命篇引姚義曰：「夫教之以詩，則

出辭氣斯遠暴慢矣。約之以禮,則動容貌斯立威嚴矣。」義與此章相發。說苑建本篇「孔子曰」、「鯉君子不可以不學,見

人不可以不飾。不飾則無根,無根則失理,失理則不忠,不忠則失禮,失禮則不立。」說苑所述,疑即過庭學禮之訓,而文

較詳。「聞斯二者」,伯魚自明所聞如此,未有異也。「遠其子」者,司馬光家範引此文說云:「遠者,非疏遠之謂也,謂其進

見有時,接遇有禮,不朝夕嘻嘻相褻狎也。」案:古者命士以上,父子皆異宮,所以別嫌疑,厚尊敬也。一過庭須臾之頃,而

學詩學禮,教以義方,所謂「家人有嚴君」者,是之謂遠。白虎通五行篇云:「君子遠子近孫。」此其義也。皇本「不學詩無

以言」「不」上有「曰」字,「言」下有「也」字「二者」下有「矣」字。

14 邦君之妻,君稱之曰夫人,夫人自稱曰小童。邦人稱之曰君夫人,稱諸異邦曰寡小

君。異邦人稱之亦曰君夫人。

【注】孔曰:「小君,君夫人之稱。對異邦謙,故曰寡小君。當此之時,諸侯嫡妾

不正,稱號不審,故孔子正言其禮也。」　正義曰:曲禮「天子之妃曰后,諸侯曰夫人。」公羊隱二年傳「女在其國稱女,

在塗稱婦,入國稱夫人。」明夫人為君所稱也。　白虎通嫁娶篇:「國君之妻,稱之曰夫人何?明當扶進夫人,謂非妾也,國

人尊之,故稱君夫人也。自稱小童者,謙也,言己智能寡少,如童蒙也。」曲禮「夫人自稱於其君曰小童,若

云未成人也。」唐石經「稱諸異邦」、「諸」誤「謂」。皇本「亦曰君夫人」下有「也」字。○注「小君」至「禮也」。○正義曰:「小

君」者,比於君為小也。　春秋書「葬我小君」,是小君即君夫人之稱,於本國稱「小君」。猶稱其君於本

國曰「君」,於異邦曰「寡君」也。　白虎通云:「論語曰:『國君之妻,國人稱之曰君夫人,稱諸異邦曰寡小君。』謂聘問兄弟之

國,及臣於他國稱之,謙之辭也。

邦人謙稱也。曲禮:「夫人自稱於諸侯曰寡小君。」注云:「謂饗來朝諸侯之時。」彼文以「寡小君」爲夫人自稱於異邦諸侯,與論語言寡小君爲邦人所稱異。孫氏奇逢近指引郝敬說:「稱諸異邦,如大夫士出使他邦致辭之類,非夫人自稱也。夫人無越國,亦無有自稱爲君者。曲禮謂『夫人自稱於諸侯曰寡小君』,誤也。」此說足正從來傳注之誤。李氏光地劄記:「下兩句皆以邦人之稱言。君尊之,則邦人尊之,故稱於本國者稱君,以重君命也。夫人自小,則邦人小之,故稱於異邦者不敢夷君,以順夫人意也。」胡氏培翬研六室雜箸:「此節惟『小童』句係夫人自稱,餘皆他人稱謂之辭。『稱諸異邦』亦是邦人稱之。雜記:『夫人薨,赴於他國曰寡小君。』此其確證也。聘禮:『夫人使下大夫韋弁歸禮。』注云:『致辭當稱寡小君。』又聘禮記:『君以社稷故,在寡小君。』注云:『此贊拜夫人聘享辭。』明『寡小君』是臣下對他邦人釋辭之稱,非夫人自稱審矣。」俗解因曲禮有『自稱於諸侯曰寡小君』之文,遂指爲夫人自稱。考之禮,饗食,主賓皆有擯贊傳辭,亦無夫人對他國君自稱之禮。内宰:『凡賓客之裸、獻、瑤爵皆贊。』禮當屬記者之誤。孔疏謂『古者諸侯相饗,夫人亦出,故得自稱。』是其證。況論語無『自』字,與記文本異,非,不當因曲禮而滋論語之誤。」案:孫氏諸說皆精審,足以證明此注矣。云「嫡妾不正」者,詩江有汜釋文:「嫡,正夫人也。」白虎通嫁娶篇:『妾者,接也,以時接見也。』嫡尊得稱夫人,妾卽娣媵之屬,卑不得稱夫人。春秋時,嫡妾之禮不正,多以妾爲夫人。故左傳言魯文公有二妃,齊桓公有三夫人,鄭文公有夫人芈氏、江氏,宋平公納其御,步馬者稱「君夫人。」及左師受饋,亦改命曰「君夫人」。是當時妾稱夫人也。劉氏逢祿述何篇曰:「春秋正適妾之名,仲子、成風以天王、太

廟、異邦正之，不得稱夫人也。則妾子爲君，皆繫於子，君稱之曰母，自稱曰先君之妾，邦人稱之曰君母，稱諸異邦曰寡君之母；異邦人稱之亦曰君之母而已。『母以子貴』，公羊氏之敓言也，以穀梁爲正。」

陽貨第十七　集解

凡二十四章　正義曰：漢石經：『凡廿六章。』洪氏頤煊讀書叢錄謂『漢石經分『子曰唯上知與下愚不移』、『子謂伯魚曰』各自爲一章，故云廿六』。邢本『古者民有三疾』章下有『子曰：『巧言令色，鮮矣仁。』』注王曰：『巧言無實，令色無質。』』唐石經亦有此章，係旁注。御覽三百八十八引論語『陽貨曰：『巧言令色』，鮮矣仁。』』疑古傳本有二：有者非後人所增，無者亦非後人所刪也。皇本、考文引古本、足利本、高麗本皆無此章，則從集解所據本也。王注亦見學而篇皇疏。

1　陽貨欲見孔子，孔子不見，【注】孔曰：『陽貨，陽虎也，季氏家臣，而專魯國之政。欲見孔子，使仕。』歸孔子豚。孔子時其亡也，而往拜之。遇諸塗。【注】孔曰：『欲使往謝，故遺孔子豚。欲見孔子而惡無禮，『惡無禮』者，謂孔子不往見，嫌己無禮以致之也。』

正義曰：孟子滕文公篇載此事云：『陽貨欲見孔子而惡無禮。』『惡無禮』者，謂孔子不往見，嫌己無禮以致之也。陽貨矙孔子之亡也，而饋孔子蒸豚。孔子亦矙其亡也，而往拜之。』趙岐注：『陽貨，魯大夫也。矙，視也。陽貨視孔子亡而饋之者，欲使孔子來答，恐孔子不來，故遺孔子豚。又云：『大夫有賜於士，不得受於其家，則往拜其門。陽貨矙孔子亡而饋之者，欲使孔子來答，恐是時，陽貨先，豈得不見？』趙岐注：『陽貨先，孔子，士也。

其便答拜使人也。豚非大牲，故用熟饋也。孔子矙其亡者，心不欲見陽貨也。」據孟子，則歸豚本由矙亡，故孔子亦受而矙亡拜之。 彼文作「饋」，此作「歸」，二字通用。釋文載「鄭本作饋」，云：「魯讀饋爲歸，今從古。」則作「饋」者古論，作「歸」者魯論也。 廣雅釋詁：「親，視也。」王氏念孫疏證引此文謂「時」與「親」同。釋言篇：「時，伺也。」此與孟子作「矙」義合。陽貨稱大夫者，毛氏奇齡四書賸言：「季氏是司徒，下有大夫二人，一曰小宰，一曰小司徒，故邑宰、家臣通稱大夫也。」周氏柄中典故辨正說：「禮玉藻云：『酒肉之賜，弗再拜。』又云：『大夫親賜於士，士拜受，又拜於其室。』孔疏：『此非酒肉之賜，故再拜。』顧氏棟高春秋大事表：『陽虎欲以己更孟氏。』疑與孟孫同族。〇注：『陽貨，陽虎也。』〇正義云：「貨」、「虎」一聲之轉，疑貨是名，虎是字也。 顏氏棟高春秋大事表：「陽虎欲以己更孟氏。」疑與孟孫同族。〇注：「陽貨，陽虎也。」〇正義云：「貨」、「虎」一聲之轉，疑貨是名，虎是字也。 『陽貨饋孔子蒸豚，正是酒肉之賜，弗再拜者，故必矙亡而來。』〇注：「陽貨，陽虎也。」〇正義曰：廣雅釋詁：「歸，遺也。」孟子疏引此注：「豚，豕之小者。」今此文脫。說文：「豚，小豕也。從彖省，象形。豚，篆文從肉豕。」方言：「豬，其子或謂之豚，或謂之貕。」吳、揚之間謂之豬子。是豚爲豕之小者也。此注「塗」訓「道」，又「道路」連言，皆渾舉不分別也。爾雅釋宮：「路，旅塗也。」釋名釋道云：「涂，度也。人所由得通度也。」周官司險注：「五涂、徑、畛、涂、道、路也。」此注「塗」訓「道」，又「道路」連言，皆渾舉不分別也。穀梁傳：「不期而會曰遇。」謂孔子曰：「來！予與爾言。」曰：「懷其寶而迷其邦，可謂仁乎？」曰：「不可。」【注】馬曰：「言孔子不仕，是懷其寶也。知國不治而不爲政，是迷邦也。」好從事而亟失時，可謂知乎？」曰：「不可。【注】孔曰：「言孔子棲棲，好從事而數不遇，失時，不得爲有知。」日月逝矣，歲不我與。」孔子曰：「諾。吾將仕矣。」【注】孔曰：「以順辭免。」 逢」者，訓「遇」爲逢也。爾雅釋詁：「遘、逢、遇也。遘、逢、遇、遻、見也。」正義曰：毛氏奇齡稽求篇引明郝敬云：「前兩曰不可，皆是貨自爲問答，以斷爲必然

之理。此如史記留侯世家張良阻立六國後八不可語，有云『今陛下能制項籍之死命乎？』曰：『未能也。』『能得項籍頭

平？』曰：『未能也。』『能封聖人墓，表賢者閭，式智者門乎？』曰：『未能也。』皆張良自爲問答。至『漢王輟食吐哺』以下，

纔是高祖語。此章至『孔子曰』以下，纔是孔子語。孔子答語秖此，故記者特加『孔子曰』三字以別之。』閻氏若璩釋地又

續同。樊氏廷枚釋地補云：『孔子世家『楚令尹子西曰：孔子答語秖此，故記者特加「孔子曰」三字以別之。」閻氏若璩釋地又

者乎？』曰：『無有。』『王之將率有如子路者乎？』曰：『無有。』『王之使使諸侯有如子貢者乎？』曰：『無有。』『王之輔相有如顏回

也』是也。」「懷其寶」者，懷，藏也。皇疏：「寶猶道也。」義見廣雅釋詁。胡氏紹勳拾義：「或謂身爲寶，如老子：『輕敵幾喪

王氏引之經傳釋詞：「有一人之言而自爲問答者，則加曰字以別之。論語云云。孟子告子篇『爲是其智弗若與？曰非然

吾寶。』注云『寶，身也。』呂覽先己篇『蕾其大寶。』注云『大寶，身也。』懷其寶，謂藏其身。」兩義並通。爾雅釋詁：「迷，

惑也。」說文同。○注『古者始仕，必先書其名於策，委死之邦，不使致治也。「吾將仕」者，言己當就仕也。左傳二十三年傳『策名委質。』服

虔解詁：『古者始仕，必先書其名於策，委死之君。』然則夫子言『將仕』，意亦策名委質，如今時投選報吏部矣。○注

「言孔」至「有知」。○正義曰：孔子初適周反魯，既又適齊反魯，是栖栖也。少儀『亟見曰朝夕。』注『亟，數也。』是『亟』有

數訓。○注『年老，歲月已往。』○正義曰：陽虎於定八年冬叛魯，孔子年五十一。此語在未叛魯前，時孔子年亦近五十，

始衰，得稱老也。○注『以順辭免。』○正義曰：皇疏引郭象曰：「聖人無心仕與不仕，隨世耳。陽虎勸仕，理無不諾，不能

用我，則無自用，此直道而應者也。然免讒之理，亦在其中也。」

2 子曰：「性相近也，習相遠也。」【注】孔曰：「君子慎所習。」　正義曰：戴氏震孟子字義疏證：「性者，分

於陰陽五行，以爲血氣、心知、品物，區以別焉。舉凡既生以後，所有之事，所具之能，所全之德，咸以是爲其本，故易曰『成

之者性也』。氣化生人、生物以後，各以類滋生久矣。然類之區別，千古如是也，循其故而已矣。在氣化曰陰陽，曰五行，

而陰陽五行之成化也，雜糅萬變，是以其流形，不特品物不同，雖一類之中又復不同。凡分形氣於父母，即爲分於陰陽

五行，人物以類滋生，皆氣化之自然。中庸曰：『天命之謂性。』以生而限於天，故曰天命。大戴禮記曰：『分於道之謂命，

形於一之謂性。』分於道者，分於陰陽五行也。一言乎分[一]，則其限之於始，有偏全、厚薄、清濁、昏明之不齊，各隨所分

而形於一，各成其性也。然性雖不同，大致以類爲之區別，故論語曰『性相近也』，此就人與人近言之也。孟子曰：『凡同類

者舉相似也，何獨至於人而疑之？聖人與我同類者。』言同類之相似，則異類之不相似以明矣。故告子諸人近言之也。孟子曰：『凡同類

則犬之性猶牛之性，牛之性猶人之性與？』明乎其不可混同言之也。」又曰：「問：孟子之時，因告子諸人紛紛各立異說，故

直以性善斷之。孔子但言善相近，意在於警人慎習，非因論性而發，故不必直斷以善與！曰：然。古今常語，凡指斥下愚

者，矢口言之，每曰『此無人性』，稍舉其善端，則曰『此猶有人性』。以人性爲善稱，無人性即所謂『人見其禽獸也』。有

人性即相近也，善也。論語言『性相近』，正見人無有不善。若不善，與善相反，其遠已縣絶，何近之有？分別性與習，然

後有不善，而不可以不善歸性。凡得養失養及陷溺梏亡，咸屬於習也。」李氏光地論語箚記：「案夫子此言，惟孟子能暢其

說。其曰『性善』，即『相近』之說也。其曰『或相倍蓰而無算，其所以陷溺其心者然也』，則『習相遠』之說也。先儒謂孔子

────────

〔一〕「一」字原脱，據孟子字義疏證補。

所言者，氣質之性，非言性之本。孟子所言，乃極本窮源之性。愚謂惟其相近，是以謂之善，惟其善，是以相近，似未可言性，則不可言與人相近。蓋孔、孟所言者，皆人性耳。若以天地之理言，則乾道變化，各正性命，禽獸草木，無非是者。然禽獸之性，不可言善。所謂善者，以其同類而相近也，故曰『人皆可以為堯、舜』。是孟子之說又無異於孔子也。焦氏循『性善』解：『性

孔、孟之指殊也。所謂善者，以其同類而相近也，故曰『人皆可以為堯、舜』。是孟子之說又無異於孔子也。

無他，食色而已。飲食男女，人與物同之。當其先民知有母，不知有父，則男女無別也。茹毛飲血，不知火化，則飲食無節也。有聖人出，示之以嫁娶之禮，而民知有人倫矣。示之以耕耨之法，而民知自食其力矣。以此示禽獸，禽獸不知，則禽獸之性不能善。人之性可以敵虎，而不可使之咥人，所知所能不可移也。惟人能移，則可以為善矣。是故惟習相遠，乃知其性相近，若禽獸則習不能相遠也。亦不能惡；人之性可引為善，亦可引為惡。人知之，則人之性善矣。以飲食男女言性，而人性善不待煩言自解也。』案：諸說皆精審，足以發明孔、孟言性之旨。其他家言性，若荀子性惡，是就當時之人性皆不善，此有激之論，不為典要。至世碩言性有善有惡，與公都子所言性有善有不善同。又告子言性無善無不善，乃知性相近，若禽獸則習不能相遠也。

漢書宣元六王傳：『詔曰：「夫人之性，皆有五常，及其少長，耳目牽於耆欲，故五常消而邪心作，情亂其性，利勝其義。」』由是言之，性不外乎耆欲，即生於耆欲。善者能制其耆欲，而習而為善；不善者不能制其耆欲，而習而為不善。善惡殊途，所以云「相遠也」。○注：「君子慎所習。」○正義曰：後漢書班彪傳：「時東宮初建，諸王國並開，而官屬未備，師保多缺。彪上言曰：『孔子稱「性相近，習相遠」。』賈誼以為「習與善人居，不能無善，猶習與惡人居，不能無惡」。是以聖人慎所與居，

而戒慎所習。』即此注之義。　漢書刑法志:「風俗移人,人性相近,而習相遠,信矣。」亦謂人習於俗也。

子曰:「惟上知與下愚不移。」

【注】孔曰:「上知不可使爲惡,下愚不可使彊賢。」

正義曰:阮氏元論性篇:「性中雖有秉彝,而才性必有智愚之別。　然愚者,非惡也,智者善,愚者亦善也。　古人每言才性,即孟子所謂『非才之罪也』。韓文公原性因此孔子之言,爲『三品』之說,雖不似李習之之悖於諸經,然以下愚爲惡,誤矣。　或者更欲以性爲至靜、至明,幾疑孔子『下愚』之言爲有礙,則更誤矣。　尚書召誥曰:『今天其命哲。』哲與愚相對,哲即智也。　有吉必有凶,有智必有愚。　召公曰『既命哲者』,[一]言所命非愚。　又案:韓文公原性篇謂『孔子性善之說,得上而遺下』,蓋文公以子魚、楊食我等爲性惡也。　然此正是孔子所謂不移之下愚也,非惡也。」今案:阮說是也。　漢書古今人表:「傳曰:譬如堯、舜、禹、稷、卨與之爲善則行,鯀、讙兜欲與爲惡則誅。　可與爲善,不可與爲惡,是謂上智。　桀、紂、龍逄、比干欲與之爲善則誅,崇侯與之爲惡則行。　可與爲惡,不可與爲善,是謂下愚。　齊桓公、管仲相之則霸,豎貂輔之則亂。　可與爲善,可與爲惡,是謂中人。」此文畧本賈誼新書連語篇,以上智爲善,下愚爲惡。　論衡本性篇亦云:「孔子曰:『惟上智與下愚不移。』性有善不善,聖化賢教,不能復移易也。」是以上智、下愚爲善、惡之分,又以上章及此章爲三品,漢人早有此說,而文公因之。　故孔子曰『惟上智與下愚不移。』夫中人之性,在所習焉。　習善而爲善,習惡而爲惡也。　至於極善極惡,非復在習。　然有性善,有性不善,性可以爲善,可以爲不善。　孟子已辟而闢之,而斷爲性善,則知三品之言非矣。　夫子言「生而知之」爲上,即此上智;「困而學之」爲又

〔一〕據召誥及上文「既」當作「其」。

次，困即是愚；而爲又次，無不可移也。至「困而不學」乃云「民斯爲下」，下即此所云「下愚」。戴氏震孟子字義疏證：「生而下愚，其人難與言禮義，由自絕於學，是以不移。然苟畏威懷惠，一旦觸於所畏所懷之人，啟其心而憬然覺悟，往往有之。苟悔而從善，則非下愚矣；加之以學，則日進於智矣。以不移定爲下愚，又往往在知善而不爲，知不善而爲之者，故曰不移，不曰不可移。雖古今不乏下愚，而其精爽幾與物等者，亦究異於物，無不可移也。」程氏瑤田論學小記：「人之氣有清濁，故有智愚。然人之智，固不同於犬牛之智，人之愚亦不同於犬牛之愚。犬牛之愚，無仁、義、禮、智之端，人之愚，未嘗無仁、義、禮、智之端。是故智者知正其衣冠矣，愚者亦未嘗不欲正其衣冠也。其有不然者，則野人之習於鄉俗者也。然野人亦自有智愚。其智者亦知當正其衣冠，而習而安焉，此習於善則善之事也。其愚者見君子之正其衣冠也，亦有所不安於心，及欲往見君子，必將正正其衣冠焉，此習於惡則惡之事也。」案：如程說，是愚亦可爲善。如戴說，即下愚亦可移。蓋均本孟子「性善」之旨，以發明夫子言外之意。

3 子之武城，聞弦歌之聲。【注】孔曰：「子游爲武城宰。」夫子莞爾而笑，【注】莞爾，小笑貌。曰：「割雞焉用牛刀？」【注】孔曰：「言治小何須用大道。」正義曰：鄭注云：「武城，魯之下邑。」與前篇包注畧同。御覽卷一百六十引此文注云：「武城今在費縣。」此注不知爲誰。宋氏翔鳳樸學齋札記謂「亦鄭注」，不知然否？「弦歌」者，說文：「弦，弓弦也。」從弓，象絲軫之形。曹憲廣雅音：「凡弓、弩、琴、瑟，弦皆從弓。」皇本此文作「絃」，是別體。文王世子「春誦夏弦」注「弦謂以絲播詩。」周官小師「弦歌」注：「弦謂琴瑟也，歌依詠詩也。」依詠詩者，謂以琴瑟之弦依詩詠之也。

毛詩子衿傳：「古人教以詩樂，誦之歌之，弦之舞之。」夫子於武城得聞之者，樂記云「古之教者，家有塾，黨有庠。」春秋時，庠塾之教廢，故禮樂崩壞，雅頌之音不作。子游爲武城宰，乃始復庠塾之教，於時受學者衆，故夫子得聞弦歌之聲也。

「莞爾」釋文作「莧，華版反」，本今作莞。〔莞讀若丸。〕與「莧」字從艸從見，形最相似。「莞」訓山羊細角，羊有善義，故引申爲和睦之訓。論語正字作「莧」，叚借作「莧」。集解云「小笑貌」，與虞氏「莧睦」之訓亦合。釋文所見本作「莧」，遂音「華版反」，非也。此說蓋本之劉氏毓崧，見其所箸通義堂集。唐石經作「莞」，皇、邢本同。列子天瑞篇「老韭之爲莧也。」殷敬順釋文「莧，一作莧。」亦二字混而不別。廣雅釋詁：「莧，笑也。」疑「莧」字小變。唐貞觀孔子廟碑：「莧爾微笑。」微，小義同。易夬九五：「莧陸夬夬。」虞翻注：「莧，悅也。讀如『夫子莧爾而笑』之莧。」此後出俗字。「割雞」謂分割肉節也。爾雅釋言：「割，裂也。」說文：「雞，知時畜也。」鷄，籀文雞從鳥。「牛刀」謂割牛刀也，「不言割」者，蒙上省文。○注「莧爾，小笑貌。」○正義曰：唐貞觀碑「莧爾微笑。」楚辭漁父云「漁父莧爾而笑。」王逸注「笑，離斷也。」文選張衡東京賦注「莧爾，舒張面目之貌也。」○注「言治小何須用大道。」○正義曰：此戲言也。皇疏引繆播曰「惜其不得導千乘之國，如牛刀割雞，不盡其才。」此深得夫子之意。

子游對曰：「昔者偃也聞諸夫子曰：『君子學道則愛人，小人學道則易使也。』」【注】道謂禮樂也。樂以和人，人和易使。子曰：「二三子！【注】孔曰：「從行者。」偃之言是也，前言戲之耳。」【注】孔曰：「戲以治小而用大道。」

正義曰：「君子」者，謂王、公、士、大夫之子孫也。「小人」者，謂凡庶民之子孫也。尚書大傳：「『新穀已入，耰鉏已藏，祈樂已入，歲事既畢，餘子皆入學。』是小人亦入學習禮樂也。樂記云：「樂者爲同，禮者爲異。同則相親，異則相敬。合情飾貌者，禮樂之事也。」又云：「樂至則無怨，禮

至則不爭，揖讓而治天下者，禮樂之謂也。」則學禮樂，自知相親，相敬之道，故愛人也。」又云「禮義立，則貴賤等矣；樂文同，則上下和矣。民知事貴敬上之道，故易爲上所使也。」「戲」者，爾雅釋詁：「戲，謔也。」呂覽重言篇注：「戲，不誠也。」

4

公山弗擾以費畔，召，子欲往。【注】孔曰：「弗擾爲季氏宰，與陽虎共執季桓子，而召孔子。」子路不說，曰：「末之也已，何必公山氏之之也？」【注】孔曰：「之，適也。無可之則止，何必公山氏之適。」子曰：「夫召我者，而豈徒哉？如有用我者，吾其爲東周乎？」【注】興周道於東方，故曰東周。

正義曰：潛夫論志氏姓：「公山氏，魯公族，姬姓。」「弗擾」，皇本「弗」作「不」。左傳及史記孔子世家，漢書古今人表皆作「不狃」。王氏引之春秋名字解詁：「不，語詞」。不狃，狃也。論語作『弗擾』，叚借字也。古音『狃』與『擾』同。不狃字子洩，『洩』與『快』通，皆貫習之義。」金履祥通鑑前編：「公山不狃以費畔季氏，佛肸以中牟畔趙氏，皆家臣畔大夫也。而召孔子，孔子雖卒不往，而云『欲往』者，蓋大夫畔諸侯而陪臣以張公室爲名也。子韓晳云：「大夫而欲張公室，罪莫大焉。」此當時流俗之言也。抑大夫而欲張公室，亦名義也，故欲往以明其可也。然二人者，皆以己私爲之，非其可與有爲也，故卒不往，以知其不可也。」

案：金說是也。翟氏灝考異謂「召，是季氏召。下文『何必公山氏之之也』，『何必』下脫『因』字。上『之』謂往，下『之』謂季氏此」。不得其解，妄爲說之。「豈徒」者，言不徒召之而往也。「吾其爲」者，「其」與「豈」同，言不爲也。「東周」者，王城也。幽周自文王宅豐，武王宅鎬，及後伐紂有天下，遂都鎬，稱鎬京焉，天下謂之宗周。追周公復營東都於郟鄏，是爲王城。

王時，犬戎攻滅宗周，平王乃遷居東都，遂以東都爲東周，而稱鎬京爲西周也。史記孔子世家：「定公九年，陽虎奔于齊，是時孔子年五十。公山不狃以費畔季氏，使人召孔子。孔子循道彌久，溫溫無所試，莫能己用，曰：『蓋周文、武起豐、鎬，今費雖小，儻庶幾乎！』欲往。子路不說，止孔子。孔子曰：『夫召我豈徒哉？如用我，其爲東周乎！』然亦卒不行。」據世家之文，是孔子欲以費復西周文、武之治，此當出安國故也。鹽鐵論褒賢篇「孔子曰：『如有用我者，吾其爲東周乎！』庶幾成湯、文、武之功，爲百姓除殘去賊，豈貪祿樂位哉？」亦據文、武爲孔子欲復西周，而兼言成湯，此皆古論家說。其後夫子作春秋，據魯新周，即此意。必據魯者，周道幽、厲傷之，而猶在魯，故據魯春秋而一新以西周之治。新以西周，不得不紬東周，故此文亦言不爲東周也。鄭注此云：「東周，據時成周。」「爲」當訓助。然考其時，王室已定，不致有爲東周之疑也。　皇本「用」上有「復」字。○注「弗擾」至「孔子」。○正義曰：左定五年傳：「季桓子行東野，[一]及費，子洩爲費宰，逆勢於郊，桓子敬之。九月乙亥，陽虎囚季桓子。」又八年傳：「季寤、公鉏極、公山不狃皆不得志於季氏，叔孫輒無寵於叔孫氏，叔仲志不得志於魯，故五人因陽虎。欲去三桓，將享桓子於蒲圃而殺之。」桓子以計入於孟氏，孟氏之宰公斂處父率兵敗陽虎，陽虎遂逃於讙、陽關以叛，季寤亦逃而出。竊意不狃斯時正爲費宰。而陰觀成敗於其際，故畔形未露。直至九年，始據邑以叛，然猶曰「張公室」也，久之而並與魯爲敵。故定十二年：「仲由爲季氏宰，將墮費，而不狃及叔孫輒率

成周者，亦周公所營，以處殷頑民，在王城之東。胡氏渭禹貢錐指謂「二城東西相去四十里」是也。王子朝之亂，敬王出居成周，當時遂以王城爲西周，成周爲東周。鄭注此文亦言不爲東周也。鄭云「據時當指成周。」案公羊傳曰：「王城者何？西周也。成周者何？東周也。」

〔一〕「東」字原脫，據左傳補。

費人襲魯，夫子命申句須、樂頎伐之而後北，國人追之，敗諸姑蔑。不狃及輒遂奔齊。」此則不狃畔魯之事，而非此之以費畔也。史記孔子世家載以費畔召孔子在定九年，可補左氏之遺。趙氏翼陔餘叢考信左傳而反議史記，並疑論語，則過矣。若毛氏奇齡稽求篇據此注，謂陽虎囚季桓子，弗擾之畔卽在其時，則爲定五年，與世家不合。且不狃初以仲梁懷不敬己，而欲陽虎逐之，虎遂並囚桓子。桓子先亦甚敬不狃，斯時似尚無釁，其畔季氏，乃八年以後事。左傳文甚明顯，不得牽混。

〇注：「之，適也。無可之則止。」〇正義曰：武氏億經讀考異：「近讀從『已』字絕句。案孔曰云云，是當以『也』字爲句。『已』爲止，又作一讀。」今案：近讀義勝。〇注：「興周道於東方，故曰東周。」〇正義曰：費在周東，故曰東方。

5　子張問仁於孔子。孔子曰：「能行五者於天下，爲仁矣。」「請問之。」曰：「恭、寬、信、敏、惠。恭則不侮，【注】孔曰：「不見侮慢。」寬則得眾，信則人任焉，敏則有功，【注】孔曰：「應事疾，則多成功。」惠則足以使人。」

〇注：「應事疾。」〇正義曰：鄭注云：「不致人侮慢之言。」即偏孔所本。皇疏引江熙曰：「自敬者，人亦敬己也。」〇注：「任謂任事也。」國語晉語：「箕鄭曰：『信於令，則時無廢功；信於事，則民從事有業。』」即此義也。「惠」者，仁也，謂以仁心行仁政也。書皋陶謨云：「安民則惠，黎民懷之，民懷其上，故足使之也。」趙氏佑溫故錄：「惠，順也。此康誥『惠不惠之惠』，仁者待人，務順乎人情。凡有所使，皆量其長而不苟所短，予以佚而常體其勢，是之謂惠。」此義亦通。〇注：「不見侮慢。」〇正義曰：說文：「敏，疾也。」管子形勢云：「朝忘其事，夕失其功。」是言治事當敏疾也。焦氏循補疏：「僖四年公羊傳注：『生事有漸，故敏則有功。』徐彥疏云：『敏，審也。』言舉事敏審，則有成功矣。」

是敏之義爲審。僖二十三年左傳：『辟不敏也。』注云：『敏猶審也。』卅三年左傳『禮成而加之以敏。』注云：『敏，審當於事。』亦以敏爲審。周官師氏『二日敏德。』注云：『敏，仁義順時者也。』當其可之謂時，順時則審當之謂也。』案：焦從

何義，亦通。

6 佛肸召，子欲往。【注】孔曰：『晉大夫趙簡子之邑宰。』佛肸以中牟畔，子路曰：『昔者由也聞諸夫子曰：「親於

其身爲不善者，君子不入也。」佛肸以中牟畔，子之往也，如之何？』

正義

曰：『阮氏元校勘記「佛肸」，皇本作胇肸，唐石經作佛肸，古今人表作茀肸。佛、茀、胇三字音近通借。五經文字云「肸，肸，

上說文，下隸省。」』史記孔子世家：『佛肸爲中牟宰。趙簡子攻范、中行，伐中牟。佛肸畔，使人召孔子』云云。是中牟爲范、

中行邑。佛肸是范、中行之臣，於時爲中牟宰。而趙簡子伐之，故佛肸即據中牟以畔也。左哀五年傳：『夏，趙鞅伐衞，范

氏之故也，遂圍中牟。』此即簡子伐中牟之事。然則佛肸之召孔子，當在哀五年無疑矣。翟氏灝考異云：『簡子挾晉侯以

攻范、中行，佛肸爲范、中行家邑宰，因簡子致伐距之，于晉爲畔，于范、中行猶爲義也。子路見未及此，但知守其常

三分晉地之勢成。三分晉地之勢成，則大夫自爲諸侯之禍起，其爲不善，較佛肸孰大小哉？子路見未及此，但知守其常

訓，聖人雖有見焉，卻難以前知之幾爲門弟子語也。故但以堅白恒理答之』案：翟說太深，反失聖意。蓋聖人視斯人之

徒，莫非吾與，而思有以治之，故於公山、佛肸，皆有欲往之意。且其時天下失政久矣，諸侯畔天子，大夫畔諸侯，少加長，

下凌上，相沿成習，恬不爲怪。若必欲棄之而不與易，則滔滔皆是，天下安得復治？故曰「天下有道，丘不與易也」。明以

無道之故而始欲仕也。且以仲弓、子路、冉有皆仕季氏,夫季氏非所謂竊國者乎?而何以異於畔乎?子路身仕季氏,而

不欲夫子赴公山、佛肸之召,其蒿守師訓,則固以「親於其身爲不善,君子不入」二語而已,而豈知夫子用世之心與行道之

義固均未爲失哉?中牟者,邑名。王氏瑬四書地理考:「洪氏亮吉曰:『管子云「築五鹿、中牟、鄴者,三城相接也。」五鹿今

直隸大名府元城縣,鄴今河南彰德府安陽縣,是中牟在當時與五鹿、鄴相接矣。韓非子晉平公問趙武曰:「中牟,三國之

股肱,邯鄲之肩髀。」邯鄲,即今直隸廣平府邯鄲縣,是中牟又在邯鄲之東鄙,

圍中牟。」趙時已都邯鄲,是中牟又在邯鄲之東矣。戰國策:「昔者趙氏襲衛,魏王身披甲底劍,[一]挑趙索戰,邯鄲之中

驚,河、山之間亂。衛得是藉也,亦收餘甲而北面,殘剛平,墮中牟之郭。」是中牟又在衛之北境矣。太平寰宇記:「湯水在湯

陰縣北,源出縣西牟山。去縣三十五里。」元豐九域志亦云:「湯陰縣有牟山。」戰國策舊注云:「中牟在相州湯陰縣。」[二]

史記:「佛肸爲中牟宰。」索隱云:「此河北之中牟,蓋在漢陽西。」漢陽蓋濮陽之誤,今湯陰縣正在濮州西也。今湯陰去安陽不五十里,去

記正義亦云:「湯陰縣西五十八里有牟山,[三]蓋中牟邑在此山側。」則中牟在湯陰無疑也。春秋傳:「晉車千乘在中牟,中

邯鄲、元城,亦不出一、二百里,益信管子、韓非子所云「相接」云「肩髀」,無一字妄設也。

牟人欲伐之。」哀五年:「趙鞅伐衛,圍中牟。」杜預以滎陽中牟爲注,而疑其回遠。裴駰集解又以中牟非自衛適晉之次,不

知春秋傳之「中牟」,即今湯陰中牟也。晉在衛之西北,今湯陰縣正在滑縣等西北,爲衛入晉必由之道。若河南之中牟,

漢雖立爲縣,而其名實未嘗見於經傳。班固地理志于河南郡中牟縣注云:「趙獻侯自耿徙此。」則以鄭之中牟爲趙之中

〔一〕「王」原誤作「主」,據戰國策齊策改。　　　〔二〕〔三〕「湯」,戰國策注及史記正義並作「蕩」。

牟，雖偶有未檢，然殊非小失矣。左傳正義以爲中牟在河北，不復知其處，而又引臣瓚云：「中牟當在溫水之上。」史記集解

引瓚說，溫水又作「漯水」，則又未知何據也。」燮案：定九年『衛侯將如五氏，過中牟』，五氏在今邯鄲縣西南，蓋衛侯自今

開州至邯鄲，而路由湯陰。是時中牟屬晉，至哀五年『趙鞅伐衛，圍中牟』，則中牟屬衛矣，豈因佛肸之叛，地入于衛與？

若臣瓚之說，引作「溫水」，或引作「漯水」，疑當爲『湯水』之譌也。」案：洪說其核。全氏祖望經史問答、莊氏述祖別記畧同。

「如之何」者，之者，是也，謂佛肸也。言佛肸已畔，『已雖往，如彼不善何也？○注：『晉大夫趙簡子之邑宰。』○正義曰：『佛肸

是范、中行邑宰，見孔子世家。此當出安國舊義。今此孔注以爲趙簡子邑宰，與彼文不合，其僞顯然。子曰：「然。有

是言也。不曰堅乎，磨而不磷；不曰白乎，涅而不緇。【注】孔曰：「磷，薄也。涅可以染皂。言至堅者，磨之

而不薄；至白者，染之於涅而不黑。喻君子雖在濁亂，濁亂不能污。」吾豈匏瓜也哉？焉能繫而不食？【注】

匏，瓠也。言匏瓜得繫一處者，不食故也。吾自食物，當東西南北，不得如不食之物，繫滯一處。」

乎」句上，皇本有『曰』字。『緇』，史世家作「淄」。新語道基篇、論衡問孔篇，文選座右銘注亦作「淄」。阮氏元校勘記：「淄、

緇古字通。後漢后妃紀：『恩隆好合，遂忘淄蠧。』以淄爲緇。漢州輔碑所謂『摩而不粦，涅而不緇』者，「摩」與「磨」同，

『粦』當『磷』之叚借。校勘記及翟氏灝考異、桂氏馥羣經義證，馮氏登府異文攷證引漢費鳳別碑：『堅而不淬。』廷尉仲定

碑：『泥而不宰。』校尉熊君碑：『泥而不滓穢。』據史記屈賈列傳有云：『白沙在涅，與之俱黑。』大戴禮曾子制言篇『涅』作『泥』，是

『涅』、『泥』二字通用之證。鄭注云：『我非匏瓜，焉能繫而不食者，冀往仕而得祿也。』此非經旨。○注：『磷，薄也。涅可

染皁。』○正義曰：廣雅釋詁「磷，褫也。」王氏念孫疏證「考工記鮑人：『雖敝不甁。』鄭注云「

「鄰，讀爲磨而不磷之磷。」磷、甁、鄰並通。」「褫」經傳皆通作「薄」。方言「湼，化也。燕、朝鮮洌水之間曰湼」。說文「湼

黑土在水中也」是湼乃黑土，用以染物，故方言以「湼」訓「化」。漢書敍傳引此文，顏注「湼，污泥也。〔一〕可以染皁。」以

污泥當黑土，辭之誤也。焦氏循補疏「孔謂『可以染皁』者，淮南齊俗訓云『素之質白，染之以湼則黑。』郭注云『今以

湼染緇，則黑于湼。』高誘注云『西山經：「女牀之山，其陰多石湼。」郭注云『即礬石也。』楚人名爲湼石，秦

人名爲羽湼也。』神農本草經『礬石一名羽碣。』碣即湼也。其可以染皁，蓋指今之皁礬。』○正義

曰：詩兎有苦葉傳「匏謂之瓠。」說文「匏，瓠也。」一物二名。言「匏瓜」者，匏亦瓜類也。詩傳又云「瓠葉苦，不可食

也。」陸璣詩疏謂「匏葉先甘後苦」。〔二〕王氏念孫廣雅疏證謂「瓠有甘苦二種，瓠甘者葉亦甘，瓠苦者葉亦苦。甘者可食，

苦者不可食」。又引北方農人謂瓠之甘者，次年或變爲苦。以陸氏先甘後苦之說爲非。如王之言，是此云「不可食」者，謂

匏瓜之苦者也。魯語云「苦匏不材於人，共濟而已。」韋昭云「材讀若栽也，不栽於人，言不可食也。」是也。匏瓜以不

食，得繫滯一處。王粲登樓賦「懼匏瓜之空懸，畏井渫之不食。」「空懸」即謂懸繫也。韋昭解魯語「共濟」，謂「佩匏可以

渡水」，自是釋彼文宜然。或遂援以解論語，謂「繫即繫以渡水」，則已有用於人，於取譬之旨不合矣。皇疏又載一通云

「匏瓜，星名也。言人有材智，宜佐時理務，爲人所用，豈得如匏瓜繫天而不可食耶？」黃震日鈔云「臨川應抑之天文圖有

匏瓜星，其下注引論語正指星而言。蓋星有匏瓜之名，徒繫於天而不可食。正與『維南有箕，不可簸揚』，維北有斗，不可

〔一〕「也」原誤作「丸」，據漢書注改。

〔二〕「陸璣」原誤作「陸機」，據毛詩草木鳥獸蟲魚疏改。

把酒漿』同義。」今案:「匏瓜」星名,見史記天官書,此義亦通。「吾自食物」者,言吾當如可食之物,與匏瓜異也。「當東西南北」者,言人當志在四方也。 檀弓引夫子云:「今丘也,東西南北之人也。」

7 子曰:「由也!女聞六言六蔽矣乎?」【注】六言六蔽者,謂下六事:仁、知、信、直、勇、剛也。 對曰:

「未也。」「居!吾語女。【注】孔曰:「子路起對,故使還坐。」好仁不好學,其蔽也愚;好知不好學,其蔽

也蕩;【注】孔曰:「仁者愛物,不知所以裁之,則愚蕩無所適守。」好信不好學,其蔽也賊;【注】孔曰:「父子不知,

相為隱之輩。」好直不好學,其蔽也絞;好勇不好學,其蔽也亂;好剛不好學,其蔽也狂。」【注】孔

曰:「狂妄抵觸人。」 正義曰:「六言六蔽」,是古成語,夫子以其義問子路也。廣雅釋詁:「蔽,障也。」荀子解蔽注:「蔽言

不能通明,滯于一隅,如有物壅蔽之也。」戴氏震孟子字義疏證:「人之血氣心知,本乎陰陽五行者,性也。如血氣資飲食以

養,其化也即為我之血氣,非復所飲食之物矣。心知之資於問學,其自得之也亦然。以血氣言,昔者弱而今者彊,是血氣

之得其養也。以心知言,昔者狹小而今者廣大,昔者闇昧而今者明察,是心知之得其養也,故曰『雖愚必明』。」案:六言皆

心知之善,而不好學皆有所蔽。故荀子勸學云:「君子博學而參省乎己」,則知明而行無過矣。」即謂學能袪蔽也。 管氏同

紀聞:「大人之所以言不必信者,惟其為學而知義所在也。苟好信不好學,則惟知重然諾而不明事理之是非,謹厚者則硜

硜為小人。苟又挾以剛勇之氣,必如周、漢刺客游俠,輕身殉人,扞文網而犯公義,自聖賢觀之,非賊而何哉?」案:前篇云

「直而無禮則絞」,下章云「君子有勇而無義為亂」,與此言好直、好勇之蔽同,蓋禮義皆須學以成也。 皇本「由」下無「也」

字，「居」上有「曰」字。○注「子路起對，故使還坐。」○正義曰：「凡尊長問己，己將答之，皆起離席以申敬也。對畢就坐，若

未畢，尊長命之坐，則坐。○注「仁者」至「適守」。○正義曰：仁者不好學，則不知裁度，或至愛無差等也。知者不好學，多

妄自用，不能據德依仁，故無所適守。○注「狂妄抵觸人。」○正義曰：說文「抵，側擊也。觸，牴也。」「牴」與「抵」同。剛

者性獷直，其言行多抵觸人也。

8 子曰：「小子何莫學夫詩？【注】包曰：「小子，門人也。」詩，可以興，【注】孔曰：「興，引譬連類。」可

以觀，【注】鄭曰：「觀風俗之盛衰。」可以羣，【注】孔曰：「羣居相切磋。」可以怨。【注】孔曰：「怨刺上政。」邇之事

父，遠之事君，【注】孔曰：「邇，近也。」多識於鳥獸草木之名。」　正義曰：學詩可以事父事君者，荀子言「詩

故而不切，其依違諷諫，不指切事情，故言者無罪，聞者足戒」。詩序言：「正得失，動天地，感鬼神，莫近於詩。先王以是經

夫婦，成孝敬，厚人倫，美教化，移風俗。」明詩教有益，故學之可事父事君也。焦氏循毛詩補疏序：「夫詩溫柔敦厚者也。不

質直言之，而比興言之，不言理而言情，不務勝人而務感人。自理道之說起，人各挾其是非以逞其血氣，激濁揚清，本非謬

戾，而言不本於情性，則聽者厭倦。至於傾軋之不已，而忿毒之相尋，以同爲黨，即以比爲爭。甚而假官闈廟祀儲貳之

名，動輒千百人哭於朝門，自鳴忠孝，以激其君之怨，害及其身，禍於其國，全失乎所以事君父之道。余讀明史，每歎詩教

之亡，莫此爲甚。」案：焦說甚通。說文：「鳥，長尾禽總名也。」爾雅釋鳥云：「二足而羽謂之禽，四足而毛謂之獸。」

草、木，所以貴多識者，人飲食之宜，醫藥之備，必當識別，匪可妄施，故知其名，然後能知其形，知其性。爾雅於鳥、獸、

草、木，皆專篇釋之，而神農本草亦詳言其性之所宜用，可知博物之學，儒者所甚重矣。○注：「興，引譬連類。」○正義曰：

周官大師：「教六詩：曰風，曰賦，曰比，曰興，曰雅，曰頌。」注：「賦之言鋪，直鋪陳今之政教善惡；比，見今之失，不敢斥

言，取比類以言之。興，見今之美，嫌於媚諛，取善事以喻勸之。鄭司農云：『比者，比方於物也；興者，託事於物。』」案：先

鄭解「比」「興」就物言，後鄭就事言，互相足也。「賦」「比」之義皆包於「興」，故夫子止言「興」。毛詩傳言興百十有六，而

不及賦比，亦此意也。此注言「引譬」者，謂譬喻於物也。學記云：「不學博依，不能安詩。」注：「博依，廣譬喻也。」即此「引

譬」之義也。言「連類」者，意中兼有賦、比。○注：「觀風俗之盛衰。」○正義曰：謂學詩可論世也。詩序云：「治世之音

安以樂，其政和；亂世之音怨以怒，其政乖；亡國之音哀以思，其民困。」世治亂不同，音亦隨異，故學詩可以觀風俗而知

其盛衰。若吳季札觀樂，最箸也。○注：「羣居相切磋。」○正義曰：焦氏循補疏：「案詩之教，溫柔敦厚，學之則輕薄嫉忌

習消，故可以羣居相切磋。」○注：「怨刺上政。」○正義曰：鄭注云：「怨謂刺上政。」此偁孔所本。廣雅釋詁：「譏諫，怨也。」

「諫」、「刺」同。凡君親有過，諫之不從，不能無怨，孟子所謂「親親之義」也。然必知「比」、「興」之道，引譬連類而不傷於

逕直，故言易入而過可改也。 子謂伯魚曰：「女爲周南、召南矣乎？人而不爲周南、召南，其猶正

牆面而立也與？」【注】馬曰：周南、召南，國風之始，樂得淑女，以配君子，三綱之首，王教之端，故人而不爲，如向牆

而立。」 正義曰：皇本「召」作「邵」。 周南、召南者，謂周公、召公分邵所得南國之詩也。 不主一國，故總繫焉。 二南之

詩，用於鄉人，用於邦國，當時鄉樂未廢，故夫子令伯魚習之。 依其義說，以循行之，故稱爲也。 竊又意二南皆言夫婦之

道爲王化之始，故君子反身必先修諸己，而後可刑于寡妻，至于兄弟，以御于家邦。漢書匡衡傳謂「室家之道修，則天下之

理得」，即此義也。時或伯魚授室，故夫子特舉二南以訓之與？○注「周南」至「而立」。○正義曰：二南亦是國風，以列在前，故言「國風之始」。淑女謂大姒，君子謂文王也。關雎序云：「周南、召南，正始之道，王化之基，是以關雎樂得淑女以配君子。」注言此者，見二南多言德化之所及，其致治之本則在關雎，故舉「淑女配君子」以爲言也。「三綱」者，謂君臣、父子，夫婦也。後漢荀爽傳：「臣聞有夫婦然後有父子，有父子然後有君臣，有君臣然後有上下，有上下然後有禮義。禮義備，則人知所厝矣。夫婦，人倫之始，王化之端，故文王作易，上經首乾、坤，下經首咸、恆。」毛詩關雎傳亦云：「夫婦有別則父子親，父子親則君臣敬，君臣敬則朝廷正，朝廷正則王化成。」是夫婦爲三綱之首，王教之端也。「向牆而立」者，訓「正」爲「向」，與「正南面」之「正」同。向牆面之而立，言不可行也。孟子謂「身不行道，不行於妻子」。漢匡衡傳謂「福之興莫不本乎室家，道之衰莫不始乎梱內」。並此意。

9 子曰：「禮云禮云，玉帛云乎哉？【注】鄭曰：「玉，圭璋之屬；帛，束帛之屬。言禮非但崇此玉帛而已，所貴者，乃貴其安上治民。」樂云樂云，鐘鼓云乎哉？」【注】馬曰：「樂之所貴者，移風易俗，非謂鐘鼓而已。」

正義曰：說文：「鐘，樂鐘也，秋分之音，萬物種成。」〔一〕白虎通五行篇：「鐘者，動也。言陽氣於黃泉之下動養萬物也。」皇本「鐘」作「鍾」。鍾者，酒器。經傳二文多通用。荀子大略篇：「聘禮志曰『幣厚則傷德，財侈則殄禮。』禮云禮云，玉帛云乎哉？」是言禮不重玉帛也。漢書禮樂志：「樂以治內而爲同，禮以修外而爲異。同則和親，異則畏敬。畏敬之意難見，

〔一〕「萬」字原脱，據說文補。

則著之於享獻辭受，登降跪拜。和親之說難形，則發之於詩歌詠言，鐘石莞弦。蓋嘉其敬意而不及其財賄，美其歡心而不流其聲音。 故孔子曰『禮云禮云，玉帛云乎哉？樂云樂云，鐘鼓云乎哉？』此禮樂之本也。』案：此謂敬爲禮本，和爲樂本也。禮記仲尼燕居云：「師！爾以爲必鋪几筵，升降酌獻酬酢，然後謂之禮乎？爾以爲必行綴兆，興羽籥，作鐘鼓，然後謂之樂乎？言而履之，禮也；行而樂之，樂也。」亦與此章義相發。皇疏引繆播曰：「玉帛，禮之用，非禮之本。鐘鼓者，樂之器，非樂之主。假玉帛以達禮，禮達則玉帛可忘；借鐘鼓以顯樂，樂顯則鐘鼓可遺。以禮假玉帛於求禮，非深乎禮者也；以樂託鐘鼓於求樂，非通乎樂者也。」○注「玉圭」至「治民」。○正義曰：周官典瑞云：「瑑圭璋璧琮以頫聘。」圭以聘君，璋以聘夫人，璧琮以享，皆瑞玉也。注偏舉「圭璋」，故云「屬」以兼之。說文：「帛，繒也。」鄭注尚書云：「帛，所以薦玉也。」

聘禮：「釋幣制玄纁束。」注云：「凡物十日束。『玄纁之率，玄居三，纁居二。』」雜記云：「納幣一束，束五兩，兩五尋。」然則每卷二丈，若作制幣者，每卷丈八尺爲制，合卷爲匹也。」胡氏培翚正義謂「雜記是言昏禮納徵，束帛用二丈，取成數，其他禮幣皆以一丈八尺爲節也。」案：帛亦言「屬」者，據聘禮束帛之外，又有錦紡，鄭此注意兼有之也。孝經廣要道章「安上治民，莫善於禮」。此鄭所本。○注「樂之」至「而已」。○正義曰：孝經云：「移風易俗，莫善於樂。」亦馬所本。鄭注云：「言樂不但崇此鐘鼓而已，所貴者，貴其移風易俗也。」與馬畧同。

10 子曰：「色厲而內荏，【注】孔曰：「荏，柔也。謂外自矜厲而內柔佞。」譬諸小人，其猶穿窬之盜也與？」【注】孔曰：「爲人如此，猶小人之有盜心。穿，穿壁。窬，窬牆。」 正義曰：…說苑修文篇：「顏孫子莫曰：『去爾外

屬。』曾子曰：『外屬者必內折。』『內折』與『內荏』同義。

然也。先伯父五河君經義說畧：『儒行「篳門圭竇。」鄭注：「圭竇，門旁竇也，穿牆爲之。」釋文：「圭竇，說文云：「穿木戶也。」郭璞三蒼解詁云：「門旁小竇也。」此則鄭本作『竇』，陸本作『窬』。玉篇引禮記及左傳並作『圭窬』，今左傳亦作『圭竇』，是知『窬』與『竇』通。說文：『窬，空也。』窬曰：『一曰空中也。』窬是穿木戶，亦取空中之義。故凡物之取於空中者，皆得爲窬。淮南氾論訓：『古者爲窬木方版以爲舟航。』高誘曰：『窬，空也』是也。窬與廟同。孟康漢書注曰『東南謂甃木空中如曹曰廟』是也。此『穿窬』猶言穿戶，與『踰牆』之踰不同。孟子『穿窬』亦此解。謹案：臧氏庸拜經日記畧同。漢書翟方進傳引此文，應劭注：『荏，屈橈也。』詩巧言：『荏染柔木。』毛傳：『荏染，柔意也。』此在軍律尤嚴也。○注：『穿，穿壁；窬，窬牆。』廣雅釋詁：『恁，弱也。』○注：『穿，窬，通也。從牙在穴中。』壁即牆也。云『窬、窬牆』者，謂『窬』即踰之假借。○正義曰：說文：『穿，通也。從牙在穴中。』說文：『㮛，弱貌。』『㮛』與『荏』同。孔注本亦是『窬』字，不作『踰』也。或謂偽孔亦解『窬』爲空，則與穿壁義複，孔意不如是。

11　子曰：「鄉原，德之賊也。」【注】周曰：『所至之鄉，輒原其人情，而爲意以待之，是賊亂德也。一曰：鄉，向也，古字同。謂人不能剛毅，而見人輒原其趣嚮容媚而合之，言此所以賊德也。』

問：引『孔子曰「過我門而不入我室，我不憾焉者，其惟鄉原乎？鄉原，德之賊也。」』此孟子述所聞語較詳。『曰：「何如斯可謂之鄉原矣？」曰：「何以是嘐嘐也？言不顧行，行不顧言，則曰：古之人！古之人！行何爲踽踽涼涼？生斯世也，爲斯

世也，善斯可矣。 闇然媚於世也者，是鄉原也。此孟子言鄉原異於狂獧也。「萬子曰：『一鄉皆稱原人焉，無所往而不爲

原人，孔子以爲德之賊，何哉？』曰：『非之無舉也，刺之無刺也，同乎流俗，合乎汙世，居之似忠信，行之似廉潔，衆皆說

之，自以爲是，而不可與入堯、舜之道，故曰德之賊也。」孔子曰：「惡似而非者，惡莠，恐其亂苗也；惡佞，恐其亂義也；

惡利口，恐其亂信也；惡鄭聲，恐其亂樂也；惡紫，恐其亂朱也；惡鄉原，恐其亂德也。」」趙岐注：「萬章言人皆以爲原

善所至，亦謂之善人。」是趙訓「原」爲善。前篇「佀而不愿」，鄭注：「愿，善也。」「原」與「愿」同。〈中論考僞篇：「鄉愿無殺人

之罪，而仲尼深惡之。」字直作「愿」，與趙訓同矣。一鄉皆稱善，而其忠信廉潔皆是假託，故足以亂德，所謂色取仁而行違

者也。子貢問鄉人皆好，夫子以爲未可，亦是恐如鄉原者在其中也。〇注「所至」至「德也」。〇正義曰：注前讀「鄉」如

字，後讀「鄉」與「向」同。其解「原」字，並謂原人之情，與孟子不合，蓋未然也。

12　子曰：「道聽而塗說，德之棄也。」【注】馬曰：「聞之於道路，則傳而說之。」　正義曰：此爲闇於大

道，不知審擇者戒也。荀子大畧篇：「君子疑則不言，未問則不立，道遠日益矣。」楊倞注：「未嘗學問，不敢立爲論議，所謂

不知爲不知也。爲道久遠，自日有所益，不必道聽塗說也。」〇注：「聞之於道路，則傳而說之。」〇正義曰：皇疏云：「記問

之學，不足以爲人師。師人必當温故而知新，研精久習，然後乃可爲人傳也。若聽之於道路，道路乃卽爲人傳說，必多

謬妄，所以爲有德者所棄也，亦自棄其德也。」案：〈注「傳而說之」，卽「言說」之說。釋文於「塗說」無音，於注「說之」音悅，

此不可解。

子曰:「鄙夫,可與事君也與哉?【注】孔曰:「言不可與事君。」其未得之也,患得之。【注】患得之,患不能得之。【楚俗言。既得之,患失之。苟患失之,無所不至矣。【注】鄭曰:「無所不至者,言其邪媚無所不爲。」

正義曰:釋文「與哉,本或作無哉。」「得之」「失之」「之」者,是也,謂祿位也。鄙夫患不得祿位,則有貪緣干進之術。既得而又患失,則益思固其祿位,而不敢正言直諫,以取媚人主,招權納賄,以深病民。漢書朱雲傳「今朝廷大臣,上不能匡主,下亡以益民,皆尸位素餐,孔子所謂『鄙夫不可與事君,苟患失之,亡所不至』者也。」又後漢李法傳法上疏諫:「坐失旨,免爲庶人。還鄉里,人間其不合上意之由,法未嘗應對,固問之。法曰:『鄙夫可與事君乎哉?苟患失之,無所不至。』」正以已無患失之心,遂上疏諫,致罷免耳,是與鄙夫異也。若然,禮雜記云「既得之而又失之」,君子恥之。」與鄙夫所患同者,君子不患不稱其位而失之,與鄙夫思固其位之志殊也。先伯父五河君經義說略曰:「自『色厲而内荏』至『鄙夫』,凡四章,語意大畧相同。皆言中不足而外有餘,蓋貌爲有德則色厲,而陰實小人故内荏,貌爲好學則道聽,而中無所守故塗說。是故居則爲鄉愿,出則爲鄙夫,欺世盜名之徒,其害可勝言哉!」○注:「言不可與事君。」○正義曰:注以「與」爲我與之也。王氏引之經傳釋詞解此文云:「與猶以也。下文『患得』『患失』,皆言鄙夫所以不可事君之故,非謂不可與鄙夫事君也。顏師古匡謬正俗:『孔子曰:「鄙夫可以事君也與哉?」李善注文選東京賦曰:『論語曰:「鄙夫不可以事君。」』變『與』言『以』,正與經旨相合。」○注:「患得之者,患不能得之。」楚俗言。○正義曰:臧氏琳經義雜記:「古人之言,多氣急而文簡,如論語『其未得之也,患得之』,以得爲不得,猶尚書以可爲不可。」焦氏循補疏:「古人文法有急緩,不顯,顯也,此緩讀也。公羊傳『如勿與而已矣。』何休注云:『如即不如也,齊人語也。』此急讀也。以得爲不得,猶以如

為不如。何云「楚俗語」，孔子魯人，何為效楚言也』？今案：荀子子道篇：「孔子曰：『小人者，其未得也，則憂不得；既已得之，又恐失之。』是以有終身之憂，無一日之樂也。」潛夫論愛日篇：「孔子病夫未得之也，患不得之。」又毛氏奇齡賸言引家語：『患弗得之。』皆以訓詁增成其義。韓愈王承福傳：「其賢於患不得之，而患失之，以濟其生之欲者。」亦此意。沈作喆寓簡據王承福傳，謂「古本必如是」，此未達古人立文之法。○注「無所不至者，言其邪媚無所不為。」○正義曰：鹽鐵論論誹篇：〔一〕君子疾鄙夫之不可與事君，患其聽從而無所不至也。」聽從者無所匡正，但知保其祿位，故必至邪媚無所為也。後漢李法傳注引此注「邪媚」上多「諂佞」二字。

14 子曰：「古者民有三疾，今也或是之亡也。【注】包曰：「言古者民疾與今時異。」古之狂也肆，今之狂也蕩。【注】孔曰：「蕩無所據。」古之矜也廉，【注】馬曰：「有廉隅。」今之矜也忿戾。【注】孔曰：「惡理多怒。」古之愚也直，今之愚也詐而已矣。」【注】包曰：「肆，極意敢言。」○正義曰：朱子集注云：「氣失其平則為疾，故氣稟之偏者亦謂之疾。昔所謂疾，今亦亡之，傷俗之益衰也。」鄭注云：「魯讀廉為貶，今從古。」陳氏鱣古訓曰：「貶，自貶損也。」釋名云：「廉，自檢斂也。」貶、廉義同。」案：陳說固是，然「廉」字義勝，故鄭從古。宋氏翔鳳發微云：「狂也、矜也、愚也，皆氣質之偏，古所謂疾也。有肆以救狂，有廉以救矜，有直以救愚，是不失為古之疾也。蕩則失其所謂狂，忿戾則失其所謂矜，詐則失其所謂愚，此古但為人疾，而今遂至於死亡。人情日變，風俗日漓，聖人所為明禮樂以救之與」？○

〔一〕「論誹」原誤作「語誹」，據鹽鐵論改。

注「肆，極意敢言」。○正義曰：孟子盡心下言狂者云「其志嘐嘐然」曰「古之人，古之人」「夷考其行，而不掩焉者也」

趙岐注：「嘐嘐，志大言大者也。重言『古之人』，欲慕之也。」志大言大，即此注所云「極意敢言」也。○注「蕩無所據」。○

正義曰：「據」即「據於德」之據。無所據，則自放禮法之外，若原壞者也。○注「有廉隅」。○正義曰：說文「廉，仄也。」

「仄」與「側」同。漢書賈誼傳：「廉遠地則堂高。」注「廉，側隅也。」荀子不苟篇「廉而不劌。」注「廉，稜也。」義俱相近。

○注「惡理多怒」。○正義曰：注以「惡理」訓「戾」，「多怒」訓「忿」。說文「戾，曲也。」字林「戾，乖戾也。」乖戾則多違理，

故注云「惡理」。

15 子曰：「惡紫之奪朱也，【注】孔曰：「朱，正色。紫，間色之好者，惡其邪好而奪正色。」惡鄭聲之亂雅

樂也，【注】包曰：「鄭聲，淫聲之哀者，惡其奪雅樂。」惡利口之覆邦家者。」【注】孔曰：「利口之人，多言少實，苟能

說媚時君，傾覆國家。」 正義曰：皇本「者」作「也」。孟子盡心下引孔子此言「惡莠，恐其亂苗也」；「惡佞，恐其亂義也」；

惡利口，恐其亂信也」；「惡鄭聲，恐其亂樂也」；「惡紫，恐其亂朱也」；「惡鄉原，恐其亂德也。」較此文爲詳，而總之云「惡似而

非者」。趙岐注：「似真而非真者，孔子之所惡也。」○注「朱正」至「正色」。○正義曰：說文云「朱，赤心木。」趙岐孟子注亦

云：「朱，赤也。」儀禮士冠禮注：「凡染絳，一入謂之縓，再入謂之䞓，三入謂之纁，朱則四入與？」朱爲正色者，考工記「畫繢

之事」：「東方青，南方赤，西方白，北方黑，赤是朱，居南方之正，故爲正色也。」紫爲間色者，鄉黨皇疏引穎子嚴云：「北方

水，水色黑，水剋火，火色赤。以黑加赤，故爲紫，紫爲北方間也。」釋名釋采帛：「紫，疵也，非正色也，五色之疵瑕以惑人

者也。」是紫爲間色也，以黑加赤，稍有赤，故與朱亂也。云「間色之好者」以時尚紫，知色好也。困學紀聞：「周衰，諸侯服紫。玉藻云：『玄冠紫緌，自魯桓公始。』管子云：『齊桓公好服紫衣，齊人尚之，五素易一紫。』皆周衰之制也。」江氏永鄉黨圖考又引「渾良夫紫衣，僭君服」，是當時好服紫矣。夫子以紫奪朱，惡之，非謂其間色也，若他間色紅綠碧緇之類，皆得用之。○注「利口」至「國家」。○正義曰：鄭注云「疾時利口，多言少實也」。此偽孔所襲。「多言少實」，是其言不由中，但務爲說媚而已。中論覈辯篇：「且利口者，心足以見小數，言足以盡巧辭，給足以應切問，難足以斷俗疑。然而好說而不倦，諜諜如也。夫類族辨物之士者寡，而愚闇不達之人者多，孰知其非乎？此其所以無用而不見廢也，至賤而不見遺也。先王之法，析言破律，亂名改作者殺之。行僻而堅，言偽而辨，記醜而博，順非而澤者亦殺之。爲其疑衆惑民，而潰亂至道也。」

孔子曰『巧言亂德』『惡似而非者也』。」

16 子曰：「予欲無言。」【注】言之爲益少，故欲無言。 子貢曰：「子如不言，則小子何述焉？」子曰：「天何言哉？四時行焉，百物生焉，天何言哉？」

正義曰：皇疏引王弼曰：「子欲無言，蓋欲明本，舉本統末，而示物於極者也。夫立言垂教，將以通性，而弊至於湮；寄旨傳辭，將以正邪，而勢至於繁。既求道中，不可勝御，而豐其性，將以通物，而弊至於湮；寄旨傳辭，將以正邪，而勢至於繁。既求道中，不可勝御，本統末，而示物於極者也。是以修本廢言，則天而行化。」案：夫子本以身教，恐弟子徒以言求之，故欲無言，以發弟子之悟也。

鄭注云：「魯讀天爲夫，今從古。」鄭以四時行，百物生，皆說天，不當作「夫」，故定從古。毛傳：「述，循也。」言弟子無所遵行也。鄭注云：「魯讀天爲夫，今從古。」翟氏灝考異謂「兩句宜有別，上句從魯論爲勝」，誤也。四時行者，謂春、夏、秋、冬四時相運行也。春秋繁露四時之

詩曰月「報我不述」。

副篇：「天之道，春暖以生，夏暑以養，秋清以殺，冬寒以藏。暖暑清寒，異氣而同功，皆天之所以成歲也。」又《人副天數篇》

「春生夏長，百物以興；秋殺冬收，百物以藏。」是百物之生隨四時而興藏也。《詩文王》云：「上天之載，無聲無臭。」《荀子天論

也。天不言而事成，故無聲無臭。《禮哀公問篇》：「孔子云『無為而物成，是天道也』；『已成而明，是天道也。』」是

篇》：「列星隨旋，日月遞炤，四時代御，陰陽大化，風雨博施，萬物各得其和以生，各得其養以成，不見其事而見其功，夫是

之謂神。皆知其所以成，莫知其無形，夫是之謂天。」案：聖人法天，故大易咸取為象，夫子易傳特發明之，故曰「大人者，

與天地合其德，與日月合其明，與四時合其序，與鬼神合其吉凶。先天而天弗違，後天而奉天時。」其教人也，亦以身作

則，故有威可畏，有儀可象，亦如天道之自然循行，望之而可知，儀之而可得，固不必諄諄然有話言矣。○注「言之為益

少。」○正義曰：夫子欲訥於言而敏於行，故恐徒言之則為益少也。

17

孺悲欲見孔子，孔子辭以疾。將命者出戶，取瑟而歌，使之聞之。【注】孺悲，魯人也。孔

子不欲見，故辭之以疾。為其將命者不知己，故歌。令將命者悟，所以令孺悲思之。　正義曰：《釋文》「孺，字亦作孺。」

此俗體。《禮雜記》云：「恤由之喪，哀公使孺悲之孔子，學士喪禮，士喪禮於是乎書。」是孺悲實親學聖門，而孔子不見之者，

此「欲見」是始來見，尚未受學時也。《儀禮士相見禮疏》謂「孺悲不由紹介，故孔子辭以疾」，此義當出鄭注。《御覽四百二引

《韓詩外傳》云：「子路曰：『聞之於夫子，士不中間而見，女無媒而嫁者，非君子之行也。』」注云：「中間，謂介紹也。」《禮少儀

云：「聞，始見君子者，辭曰：『某固願聞名於將命者。』『不得階主。』」此少者見尊長之禮，當有介紹。《聘義所謂「君子於其所

尊，弗敢質，敬之至也」是也。鄭注又云「將命，傳辭者。」此指主人之介，傳主人辭者也。戶，室戶也。古人燕居在室中，即見賓亦然。「取瑟而歌」，謂取瑟鼓之，而復倚聲以歌也。皇本「辭」下有「之」字。○注「爲其」至「思之」。○正義曰：「不知己」，邢本脫「知」字「己」誤「已」，此從皇本補正。將命者悟，知其非疾，必亦告之孺悲，令孺悲自思其失禮而改之也。

18 宰我問：「三年之喪，期已久矣。君子三年不爲禮，禮必壞；三年不爲樂，樂必崩。舊穀既沒，新穀既升，鑽燧改火，期可已矣。」【注】馬曰：「周書月令有更火之文。『春取榆柳之火，夏取棗杏之火，季夏取桑柘之火，秋取柞楢之火，冬取槐檀之火。』一年之中，鑽火各異木，故曰改火也。」 正義曰：三年喪期，鄭君以爲二十七月，王肅以爲二十五月。 儀禮士虞禮云：「朞而小祥，又朞而大祥，中月而禫。是月也吉祭，猶未配。」注「中猶間也，與大祥間一月，自喪至此，凡二十七月。」胡氏培翬正義：「三年之喪，二十五月而大祥，二十七月而禫。猶期之喪十三月而大祥，十五月而禫。皆與大祥間隔一月也。 檀弓曰：『祥而縞，是月禫，徙月樂。』祥而縞，謂二十五月也；是月禫，二十七月也；徙月樂，二十八月也。 戴德喪服變除禮云：『二十五月大祥，二十七月而禫，通祭宗廟，去喪之殺也。』自王肅誤讀『祥而縞，是月禫』之文，以禫亦在二十五月，祥禫同月。又以士虞禮『中月而禫』爲月中而禫，謂在祥月之中。與鄭異說，非也。案：二十五月之說，見禮三年間及公羊閔二年傳。或彼文止據大祥爲再期，未數禫月也。 梁氏玉繩瞥記：「閔二年：『吉禘于莊公。』傳云：『譏始不三年也。』文二年：『公子遂如齊納幣。』傳云：『譏

喪娶也。』蓋『周衰禮廢，三年之喪久已不行。』『論語』「宰我問三年之喪」，疏引繆協謂：『宰我思啟憤於夫子，以戒將來，義在屈

己明道。』此解極確，與『齊宣王欲短喪』不同。案『詩素冠序』「刺不能三年也。」檜爲『鄭武公所滅，此詩當作於平王之世。又公

羊哀五年經「秋九月癸酉，齊侯處臼卒。」六年傳「秋七月，除景公之喪。」是三年之喪，當時久不行。故滕文公問 孟子：

「定爲三年之喪，而父兄百官皆不欲。」且云「吾宗國魯先君莫之行，吾先君亦莫之行。」魯先君，則文公以來之謂也。然

檀弓言子夏、閔子騫皆三年喪畢，見於夫子，是聖門之徒皆能行之。宰我親聞聖教，又善爲說辭，故擧時人欲定親喪爲期

之意，以待斥於夫子。其謂「君子三年不爲禮，禮必壞，三年不爲樂，樂必崩」，此亦古成語，謂人久不爲禮樂，則致崩

壞，非爲居喪者言。而當時短喪者或據爲口實，故宰我亦直述其語，不屬諱隱也。「期已久矣」「期」讀如其，『釋文云「期

音基，下同。一本作其。」其已久矣，謂三年太久。史記弟子列傳作「不已久乎」，可證也。下文「期可已矣」，

方讀如基，與「期已久矣」之「期」，文同義異。盧氏文弨『考證反疑「其」爲「朞」之誤，非也。 說文云「穀，續也。」百穀之總

名。』沒，盡也。鄭注云：『升，成也。』言舊穀已盡，新穀已成，明期是周歲，天道將復始也。『穀』者，『左文十年傳「命夙駕

載燧。」杜注：「燧，取火者。」禮內則事佩有「木燧」「金燧」。鄭注：「木燧，鑽火也。金燧，可取火於日。」考工記輈人「鑒燧

之齊。」鄭注：「鑒燧，取水火於日月之器也。」此卽金燧之制與木燧名同。世本云「造火者燧人也。」因以爲名也。周氏柄中

典，故辨正：『鑽燧之法，書傳不載。揭子宣璇璣遺述云：『如榆剛取心一段爲鑽，柳剛取心方尺爲盤，中鑒眼，鑽頭大，旁開

寸許，用繩力牽如車，鑽則火星飛爆出賽，薄煤成火矣。此卽莊子所謂「木與木相摩則燃」者，古人鑽燧之法，意亦如此。

今案揭說頗近理。若然，則『春取榆柳』者，正用兩木，一爲鑽，一爲燧也。其棗杏桑柘，意亦然矣。徐氏頤「改火」解「改

火之典,防於上古,行於三代,迄於漢,廢於魏,晉以後,復於隋而仍廢。尸子曰『燧人上觀星辰,察五木以爲火。』故曰昉於上古也。

周監二代,周禮有司爟行火之政令,故曰行於三代也。漢武帝時,別置火令、丞、中興省之,然續漢志曰『冬至鑽燧改火。』故曰迄於漢。隋王劭請改火之義近代廢絕,引東晉時有以雒陽火渡江者,世世事之,非見繼於魏、晉後乎?隋文從劭請而復之,然其後不見踵行者,蓋視爲具文而已,故曰復於隋而仍廢者也。』案,周官司爟云『四時變國火,以救時疾,故須改火以去茲毒,即是以救疾也。』管子禁藏篇『鑽燧易火,所以去茲毒也。』蓋四時之火,各有所宜,若春用榆柳,至夏仍用榆柳便有毒,人易以生疾,故須改火以去茲毒,即是以救疾也。○注『周書』至『火也』。○正義曰:周書月令篇今亡,漢書藝文志『周書七十一篇。』劉向云:『周時誥誓號令,蓋孔子所論百篇之餘。』周禮司爟疏引鄭此注『周書曰』云云,與馬注同。漢人皆見周書,則隋書經籍志繁之汲冢,謂『與竹書並出晉世』,誤也。先鄭司爟注引鄶子同,亦本周書。榆、柳、棗、杏、桑、柘、柞、楢,槐、檀,皆木名。說文『柘,桑也。』疑柘是桑之屬。又說文『楢』下云『木出發鳩山。』而北山經『發鳩之山』,其上多柘木。』則樵、柘通也。此木今不知所指。鄭詩箋云:『柞,櫟也。』樵,今之阜斗。陸璣引三蒼:『[一]『械即柞也。』兩雅釋木:『械,白桵。』郭注以爲『小木叢生。然高誘注淮南時則訓云:『木不出火,惟樵爲然。』則以『柞』爲『械』近之矣。說文『楢,柔木也。』工官以爲爽輪。』郭注中山經又云:『楢,剛木也。』皇疏云:『榆柳色青,春是木,木色青,故春用榆柳也。棗杏色赤,夏是火,火色赤,故夏用棗杏也。桑柘色黃,季夏是土,土色黃,故季夏用桑柘也。柞楢色白,秋是金,金色白,故秋用柞楢也。槐檀色黑,冬是水,水也。

〔一〕「陸璣」原誤作「陸機」,據毛詩草木鳥獸蟲魚疏改。

色黑，故冬用槐檀也。」案：淮南時則訓云:「春爨其燧火，夏秋爨柘燧火，冬爨松燧火。」此與周書不同。又天文訓云:「冬至甲子受制，木用事，火烟青，七十二日；戊子受制，土用事，火烟黄，七十二日；庚子受制，金用事，火烟白，七十二日；丙子受制，火用事，火烟赤，七十二日；壬子受制，水用事，火烟黑，七十二日。」其次土，先於金，金先於火。周氏柄中以董子繁露證之，木令後當次火，火令後當次土，今文錯誤。其說甚確。管子幼官篇又云:「春以羽獸之火爨，夏以毛獸之火爨，秋以介蟲之火爨，冬以鱗蟲之火爨，中央以倮蟲之火爨。」周氏柄中云:「月令:『春，其蟲鱗；夏，其蟲羽；秋，其蟲毛；冬，其蟲介。』蓋冬至後改春火，春其蟲鱗，而時則猶冬也，故曰冬以鱗蟲之火爨，其實木用事，乃春火也。由此推之，春改夏火，夏其蟲羽，故曰春以羽獸之火爨。夏改秋火，秋其蟲毛，故曰夏以毛獸之火爨。秋改冬火，其蟲介，故曰秋以介蟲之火爨。月令以四時之正言，管子以改火之始言，故異耳。」子曰:「食夫稻，衣夫錦，於女安乎?」曰:「安。」「女安，則爲之。夫君子之居喪，食旨不甘，聞樂不樂，居處不安，故不爲也。今女安，則爲之。」【注】孔曰:「旨，美也。責其無仁恩於親，故再言『女安則爲之』。」宰我出。子曰:「予之不仁也!子生三年，然後免於父母之懷。【注】馬曰:「子生未三歲，爲父母所懷抱。」夫三年之喪，天下之通喪也，【注】孔曰:「自天子達於庶人。」予也有三年之愛於其父母乎?」【注】孔曰:「言子之於父母，欲報之德，昊天罔極，而予也有三年之愛乎?」正義曰:說文:「稻，稌也。」別一名。北方以稻爲穀之貴者，故居喪不食之也。儀禮喪服傳言「居喪既虞，食疏食水飲」；既練，始食菜果，小祥之祭。練者，鄭彼注云:「疏猶麤也。素猶故也，謂復平生時食也。」程氏瑤田「疏食素食」說云:「疏食者，穀食也，飯素食也，不食稻粱黍也。素食，鄭云『復平生時食』，謂黍稷也。賤者食稷，

然豐年亦得食黍。若稻粱二者，據聘禮、公食大夫禮皆加饌，非平生常食，居喪更何忍食？故夫子斥宰我曰：『食夫稻，于女安乎？』是雖既練飯素食，亦必不食稻粱，宜止於黍稷也。檜詩「刺不能三年」，而云「庶見素冠」素冠、練冠也。禮檀弓云「練，練衣，黃裏縓緣。」間傳云「期而小祥，練冠縓緣」；又期而大祥，素縞麻衣。」注云「麻衣，十五升布深衣也。謂之麻者，純用布，無采飾也。」陳氏奐毛詩疏「小祥大祥，皆用麻衣。大祥之麻衣配縞冠，小祥之麻衣配練冠。」是未終喪皆服麻衣，無采飾，則不得衣錦可知。皇本「稻」下、「錦」下有「也」字，「汝安則爲之」句上有「曰」字。說文「甘，美也。」詩多言「旨酒」，此文「食旨」，兼凡飲食言之。喪大記云「祥而食肉」，謂大祥也。間傳云「期而大祥，有醯醬。」有醯醬者，明始得食肉也。又云「中月而禫，禫而飲醴酒。始飲酒者，先飲醴酒，先食乾肉。」則自小祥後但得食菜果，禫而內無哭者，樂醴醬食肉必待至大祥之後，飲醴酒必待至禫之後，則小祥後不得食旨明矣。喪大記「祥而外無哭者，禫而內無哭者，樂作矣故也。」喪服四制云「〔二〕「祥之日，鼓素琴。」則自大祥之前，不與於樂，故曲禮云「居喪不言樂」是也。「居處」謂居常時之處也。間傳云「父母之喪，居倚廬，寢苫枕塊，不說絰帶。既虞卒哭，柱楣翦屏，苄翦不納。期而小祥，居堊室，寢有席。又期而大祥，居復寢。中月而禫，禫而牀。」喪服傳言「既虞寢有席」，與間傳言「寢有席」在小祥之後稍異。期而小祥，居堊室，寢有席。又期而大祥，居復寢。間傳云「既練舍外寢」，注云「舍外寢於中門之外，所謂堊室也。」則鄭以喪服傳與間傳合也。又喪大記「既練居堊室，寢不說絰。又喪服傳言「既練舍外寢」，據禮記改。以理衡之，當以大記爲備也。禮間喪云「夫悲哀在勤聖，襢而從御，吉祭而復寢。」復寢在禫後，與間傳在大祥後又稍異。

〔一〕「喪服四制」原誤作「檀弓」，據禮記改。

中，故形變於外也」，痛疾在心，故口不甘味，身不安美也」孝經喪親章：「服美不安，聞樂不樂，食旨不甘，此哀慼之情也。」「不仁」者，言不愛父母，是不仁也。故又曰「予也有三年之愛於其父母乎？」言無有也。大戴禮盛德篇：「凡不孝，生於不仁愛也」，不仁愛，生於喪祭之禮不明。喪祭之禮，所以教仁愛也，致愛故能致喪祭。」即此義也。漢石經「於其父母」下無「乎」字，當誤脫。○注「旨，美也」。○正義曰：説文同。○注「子生未三歲，爲父母所懷抱。」○正義曰：説文「褢，袌也。袌，褱也。」今字作「懷」，作「抱」，皆叚借字。蓼莪詩云「父兮生我，母兮鞠我。拊我畜我，長我育我，顧我復我，出入腹我」。禮中庸云「父母之喪，無貴賤一也。」○注「欲報之德，昊天罔極」。○正義曰：詩蓼莪文。注引此者，見三年之喪亦是思報德也。○注「自天子達於庶人」。○正義曰：禮三年問引論語此文，「通喪」作「達喪」。注「達謂自天子至於庶人。」此孔所本。

19 子曰：「飽食終日，無所用心，難矣哉！【注】馬曰：「爲其無所據樂善，生淫欲。」不有博弈者乎？爲之，猶賢乎已。」　正義曰孟子告子篇：「心之官則思，思則得之，不思則不得也。」思者，思理義也。無所用心，則於理義皆不知思，其不説學可知。「難」者，言難以成德也。孟子告子篇：「今夫弈之爲數，小數也，不專心致志，則不得也。」是博弈皆用心也。「賢」者，勝也。「已」者，止也。博弈之人，知用其心，若作他事，當亦用心，故視無所用心者爲勝也。荀子脩身篇：「偷儒憚事，無廉恥而嗜乎飲食，則可謂惡少者矣。」偷儒憚事，即無所用心之人也。「博」者，説文：「簙，局戲也，六箸十二棊也。」方言：「簙謂之蔽，或謂之箘。秦、晉之間謂之簙，吳、楚之間或謂之蔽，或謂之箭裏，或謂之簙

蟲，或謂之朳專，或謂之匹璇，或謂之棊。」「簙」與「博」同。荀子大略篇「六貳之博。」楊倞注「六貳之博，即六博也。」王逸注楚辭云：「投六箸，行六棊，故曰六博。」今之博局，亦二六相對也。西京雜記「許博昌善陸博法，用六箸，以竹爲之，長六分，或用二箸。」列子説符篇釋文引六博經云：「博，二人相對坐向局。局分爲十二道，兩頭當中名爲水，用棊十二枚，法六白六黑，又用魚二枚，置於水中，其擲采以瓊爲之。二名牽魚，每一牽魚獲二籌，翻一魚獲三籌。若已牽兩魚而不勝者，名曰被翻雙魚，彼家獲六籌爲大勝也。」「弈」者，説文云：「弈，圍棋也。」文選博弈論注引邯鄲淳藝經曰：「棊局縱橫，各十七道，合二百八十九道，白黑棊子，各一百五十枚。」焦氏循孟子正義「博蓋即今之雙陸，弈爲圍棊。以其局同用板平承於下，則皆謂之棊，以其同行於枰，皆謂之棊。今雙陸枰上亦有水門，其法古今有不同。如弈，古用二百八十九道，今則用三百六十一道，亦其例也。上高而鋭如箭，亦如箸，今雙陸棊俗謂之錘，尚可考見其狀，故有箭箸之名。博以擲采而後行棊，後人不行棊而專擲采，遂稱擲采爲博，博與弈益遠矣。」○注：「爲其無所據樂善，生淫欲。」○正義曰：

魯語敬姜曰：「夫民勞則思，思則善心生；逸則淫，淫則忘善，忘善則惡心生。」

20　子路曰：「君子尚勇乎？」子曰：「君子義以爲上，君子有勇而無義爲亂，小人有勇而無義爲盜。」

正義曰：「尚」、「上」義同，故二文並用。「義以爲上」者，言以義勇爲上也。禮聘義云：「有行之謂有義，有義之謂勇敢。」故所貴於勇敢者，貴其能以立義也；所貴於立義者，貴其有行也；所貴於有行者，貴其行禮也。故所貴於勇

敢者，貴其敢行禮義也。故勇敢強有力者，天下無事則用之於禮義，天下有事則用之於戰勝。用之於戰勝則無敵，用之於禮義則順治。外無敵，內順治，此之謂盛德。故聖王之貴勇敢強有力如此也。勇敢強有力，而不用之於禮義戰勝，而用之於爭鬪，則謂之亂人。刑罰行於國，所誅者亂人也。」又荀子榮辱篇「爲事利，爭貨財，無辭讓，果敢而振，猛貪而戾，恈恈然惟利之見，是賈盜之勇。」二文並可證此章之義。

21

子貢曰：「君子亦有惡乎？」子曰：「有惡：惡稱人之惡者，【注】包曰：「好稱說人之惡，所以爲惡。」惡居下流而訕上者，【注】孔曰：「訕，謗毀。」惡勇而無禮者，惡果敢而窒者。」【注】馬曰：「窒，窒塞也。」

正義曰：皇本「子貢」下有「問」字。漢石經作「君子有惡乎？子曰：有」。案「亦」是承上之辭，此句上無所承，自不當有「亦」字。陳氏鱣古訓曰：「子曰『有』者，與檀弓曾子曰『有』句法同。」又漢石經「惡居下流而訕上者」無「流」字。惠氏棟九經古義云：「當因子張篇『惡居下流』，涉彼而誤。」鹽鐵論：『大夫曰文學居下而訕上。』漢書朱雲傳：『小臣居下訕上。』是漢以前無「流」字。」陳氏鱣古訓云：「四輩經、比丘尼經音義引亦無流字。」馮氏登府異文考證云：「白六帖兩引俱無流字。」案：皇疏云：「又憎惡爲人臣下，而毀謗其君上者也。」邢疏云：「謂人居下位，而謗毀在上。」並無「流」字，今經文有「流」字，後人據誤本加也。少儀疏引此文，雖有「流」字，亦後人所增。蔡邕楊賜碑：「惟我下流」二三小臣。」此自稱，爲謙辭，非本論語此文。周卯敦銘：「乎乎家窒。」韓勑碑：「廬城庫窒。」漢書功臣表有『清簡侯窒中同』，史記作『室』，皆其證也。馬氏鄭注云：「魯讀窒爲室，今從古。」馮氏登府異文考證：「說文：『室，實也。』集韻：『室，實也。』義本通，古二字亦相假。」

應劭曰：『室有窒義。』太玄經曰：『泠竹爲管，室灰爲候。』虞翻注：『室、窒也。』案：窒、室音義俱近，故魯論作「室」。鄭以

「室」義較顯，故從古。○注：「好稱説人之惡，所以爲惡

「室，謗毀。」○正義曰：説文：「訕，謗毀也。」一切經音義五引蒼頡：「訕，誹毀也。」禮少儀云：「爲人臣下者，有諫而無訕。」孔

疏謂「道説君之過惡」。○正義曰：注當云「室，實也」。衍一「室」字。説文：「室，塞也。塞，隔也。」戴氏

望注云：「不通恕道，室塞於事。」廣雅釋詁：「怪，很也。」王氏念孫疏證：「玉篇『怪，惡性也。』論語『惡果敢而窒者』，窒與怪

通，言很戾也。」馬融訓「室」爲塞，失之。下文云『痛，惡也』，義與怪相近。」案王説亦備一義，其斥馬注爲失，誤也。　曰：

「賜也亦有惡乎？」「惡儌以爲知者，【注】孔曰：「儌，抄也。抄人之意以爲己有。」惡不孫以爲勇者，惡

訐以爲直者。」【注】包曰：「訐謂攻發人之陰私。」

邢疏同。文選西征賦注引子貢曰：「賜也，亦有惡乎？」尤可證。　　正義曰：「曰賜也亦有惡乎」，皇本「乎」作「也」，以此語屬子貢。

人毀訾以爲辨，絞急以爲智，不遜以爲勇。』斯乃聖人所惡。」中論此文，誤以此節爲夫子語。「毀訾以爲辨」，即「訐以爲

直」之義。「絞急」與鄭本作「絞」字同。阮氏元校勘記曰：「敦煌、交、絞，古音同部，故得通借。」案左成十四年傳引詩「彼

釋文：「儌，鄭本作絞，古卯反。」中論襲辨篇：「孔子曰：『小

交匪傲。』漢書五行志引左傳「彼交」作「匪傲」，亦交、敦二聲旁通之證。「絞急」者，謂於事急迫，自炫其能以爲知也。中

論此文，可補鄭義。馮氏登府異文考證：「禮記隱義云：『齊以相絞訐爲掉磬，論語言「絞以爲知」』。又云「訐以爲直」。絞、

訐連文，正齊、魯之方言。鄭氏北海人，其注三禮多齊言，故於齊、古、魯參校之時，不從古而從魯也。」案：鄭作「絞」，不知

何論？必如隱義之説，亦是齊論，而馮君以爲從魯，殊屬臆測。「惡不遜以爲勇」者，言本無勇，叚不遜以爲勇也。　荀子脩

身篇「加惕悍而不順，險賊而不弟焉，則可謂不詳少者矣。」即此文之意。○注「徵，抄也。抄人之意以為己有。」○正義

曰「說文：『徵，循也。循，順行也。』」漢書言「中尉徵循京師」，引申為凡遮取之義，故注訓抄。說文「鈔，又取也。」無「抄」

字。一切經音義二引字書「抄，掠也。」又引通俗文「遮取謂之抄掠。」音義又云「古文抄剿二形。」案：曲禮「毋剿說」，注：

「剿猶擥也，謂取人之說以為己說。」與此注意同。○注「許謂攻發人之陰私。」○正義曰：釋文引說文云「許，面相斥。」

是許為攻發也。「陰私」，人所諱言，而面相攻發，以為己直也。

22　子曰：「唯女子與小人為難養也，近之則不孫，遠之則怨。」　正義曰：此為有家國者戒也。

養猶待也。左傳二十四年傳：「女德無極，婦怨無終。」杜注：「婦女之志，近之則不知止足，遠之則怨怨無已。」即此「難

養」之意。易家人九三云：「家人嗃嗃，悔厲，吉。婦子嘻嘻，終吝。」象傳：「家人嗃嗃，未失也。婦子嘻嘻，失家節也。」此即

不孫之象。故初九云：「閑有家。」言當教之於始也。六二云：「无攸遂，在中饋，貞吉。」言婦人惟酒食之議，故能順以異

也。師上六云：「開國承家，小人勿用。」「小人」即此篇上章所指「鄉原」「鄙夫」之屬。皇本「怨」上有「有」字。

23　子曰：「年四十而見惡焉，其終也已。」【注】鄭曰：「年在不惑，而為人所惡，終無善行。」○正義曰：皇疏云：「人

年未四十，則德行猶進，當時雖未能善，猶望可改。若年四十在不惑之時，猶為眾人共所見憎惡者，則當終其一生，無復

漢石經：「年卅見惡焉。」「卅」從兩廿，即「四十」字之併。漢碑多如此作。○正義曰：

有善理。」案：曾子立事篇：「三十、四十之間而無藝，卽無藝矣；五十而不以善聞，則無聞矣；七十而無德，雖有微過，亦可以勉矣。」孔氏廣森補注：「勉當爲免，言不足責。」並言人年至壯老，無所成德，譏論之也。

論語正義卷二十一

微子第十八　集解

凡十四章　正義曰：此篇實止十一章，疑「四」為「一」誤。

1　微子去之，箕子為之奴，比干諫而死。【注】馬曰：「微、箕，二國名。子，爵也。微子，紂之庶兄。箕子、比干，紂之諸父。微子見紂無道，早去之。箕子佯狂為奴，比干以諫見殺。」孔子曰：「殷有三仁焉。」【注】仁者愛人。三人行異而同稱仁，以其俱在憂亂寧民。

　正義曰：微、箕皆有封國，還仕王朝為卿士。至此諫紂，俱不聽，微子乃去其位，行遯於外，箕子以佯狂去位，為紂奴也。史記宋微子世家：「周武王克殷，微子乃持其祭器造於軍門，肉袒面縛，左牽羊，右把茅，膝行而前以告。於是武王乃釋微子，復其位如故。」復其位者，復其微子之位也。及武庚滅，乃改封國於宋，為宋公。又宋世家言：「武王封箕子於朝鮮而不臣。」是二子後皆別封。此仍言微、箕者，從故爵也。舊時說者謂微子去之，是去殷如周，與載籍無一合者，抑亦安矣。朱氏彬經傳考證：「此章止敍比干之諫，一似微、箕兩賢初無一言之悟主者，不知非也。微、箕之諫，已貫於比干之諫之中，特文勢蟬聯而下，使人不覺耳。宋世家言：『紂既立，不明，淫亂於政，微子數諫，紂不聽。及祖伊以西伯昌之修德，滅阢，懼禍至，以告紂。紂曰：「我生不有命在天乎？是何能為？」于是微

子度紂不可諫，欲死之，及去，未能自決，乃問于太師、少師。于是太師、少師乃勸微子去，遂行。又曰：『紂爲淫泆。』箕子諫，不聽。人或曰：「可以去矣。」箕子曰：「人臣諫不聽而去，是彰君之惡而自說于民，吾不忍爲也。」乃被髮佯狂而爲奴。

又曰：『王子比干見箕子諫不聽而爲奴，則曰：「君有過而不以死爭，則百姓何辜？」乃直言諫紂。』由此觀之，微、箕非不諫也，特比干被禍尤烈耳。」〇注「微箕」至「見殺」。〇正義曰：微、箕皆殷時封國，孔氏書疏引鄭玄說，以爲俱在圻內也。水經濟水注：「濟水又北逕微鄉東。」春秋莊公二十八年經書：「冬，築郿。」京相璠曰：「公羊傳謂之微，東平壽張縣西北三十里有故微鄉，魯邑也。」杜預曰：「有微子家，西北去朝歌，尚在圻內。」襄字記云：「博州聊城縣有微子城。」博州，今東昌府治，聊城爲附郭首邑，與壽張毗連，故兩邑皆言有微地，實則在圻內也。左僖三十三年經「晉人敗狄于箕。」注：「太原陽邑縣南有箕城。」閻氏釋地謂「在今山西遼州榆社縣東南三十里」，是榆社縣西，亦一邑兩載，皆在圻內，但未知孰是。又左傳：「秦入我河縣，[一]焚我箕、郜。」江氏永春秋地理考實謂「今山西隰州蒲縣東北有箕城，當卽其地」。閻氏釋地謂「今潞安府潞城縣東北十五里有微子城」，此據明一統志，不足信也。比干未有封國，孟子稱「王子比干」，謂「今山西隰州蒲縣東北有箕城，當卽其地」。然去朝歌甚遠，必非箕子所封邑也。

壽張是也。閻氏若璩釋地謂「今潞安府潞城縣東北十五里有微子城」，此據明一統志，不足信也。比干未有封國，孟子稱「王子比干」，路史謂「唐之比陽有比水，卽比干國」，其說不知何本？考比陽於漢地志屬南陽郡，非在圻內，路史誤也。白虎通爵篇：「子者，孳也，孳孳無已也。」殷爵三等，謂公、侯、伯也。此得有子者，鄭君王制注：「異畿內，謂之子。」是也。微子名啟，箕子名無考。莊子大宗師：「若狐不偕、務光、伯夷、叔齊、箕子、胥餘、紀他、申徒狄。」[二]司馬彪注

〔一〕「縣」原誤作「曲」，據左傳改。

〔二〕「狐」原誤作「孤」，據莊子改。

以胥餘爲箕子名。尸子亦云:「箕子胥餘,漆身爲厲,被髮佯狂。」胥餘並承箕子之下,則彪說亦可信也。左哀九年傳。[二]

「陽虎曰:『微子啟,帝乙之元子也。』」

史記殷本紀:「帝乙長子曰微子啟,啟母賤,不得嗣。少子辛,辛母正后,辛爲嗣。帝乙崩,子辛立,是爲帝辛,天下謂之紂。」

宋世家:「微子開者,殷帝乙之首子,而紂之庶兄也。」庶兄者,謂微子生時其母未爲后,則微子是帝乙庶子,即是紂之庶兄,此馬注意亦然也。孟子告子篇:「以紂爲兄之子,且以爲君,而有微子啟、王子比干。」翟氏灝考異引陸象山說,從孟子,則以箕子稱微子,曰王子,與比干稱謂同,或其行輩亦同。姚氏鼐經說:「牧誓言『播棄王父母弟不迪』,苟有庶兄,播棄不迪,其罪不甚于王父母弟乎?而武王乃不言者無異辭,而微子爲諸父則止孟子一言。吾是以知惟孟子之言信也。」宋世家又云:「箕子者,紂親戚也。」不言爲何行輩。服虔、杜預以爲紂庶兄,而王肅以爲紂諸父,與馬此注同。高誘注淮南主術爲紂庶兄,而注呂氏春秋必己、離謂、過理等篇,皆爲紂諸父。傳聞各異,未知孰是。殷本紀云:「紂愈淫亂不止,微子數諫不聽,乃與太師、少師謀,遂去。比干曰:『爲人臣者,不得不以死爭。』迺強諫紂。紂怒曰:『吾聞聖人心有七竅。』剖比干,觀其心。箕子懼,乃詳狂爲奴,紂又囚之。」此紀先敍微子,次比干,次箕子,馬此注本之,遂以微子爲早去也。宋世家云:「箕子諫不聽,乃被髮佯狂而爲奴。王子比干見箕子諫不聽而爲奴,乃直言諫紂。紂怒,乃遂殺王子比干。於是太師、少師乃勸微子去,遂行。」則又先箕子,次比干,次微子,與殷紀敍述不同。韓詩外傳:「紂作炮烙之刑。王子比干曰:『主暴不諫,非忠也;畏死不言,非勇也;見卽諫,不用卽死,忠之至也。』遂諫

〔二〕「哀」原誤作「定」,據左傳改。

三曰不去，紂囚殺之。」又云：「比干諫而死。

箕子曰：「知不用而言，愚也；殺身以彰君之惡，不忠也。」遂被髮佯狂而去。」

此傳先比干，次箕子，與殷紀同，與宋世家異，而不言微子去之在何時。竊以微子事當從宋世家，以宋人所載，必得實也。

若箕、比先後，宜闕疑焉。「佯狂」者，佯，偽也。廣雅釋詁：「狂，癡也。」後漢陳忠傳注：「狂易，謂狂而易性也。」「爲奴」者，周官司厲：「其奴男子入于罪隸，女子入于舂藁。凡有爵者，與七十者，與未齓者，皆不爲奴。」鄭注：「謂坐爲盜賊而爲奴者，故輸于罪隸。」此據漢法以況爲盜賊之罰，其實凡有罪皆得輸入，故甘誓言「奴戮汝」也。箕子是有爵，雖有罪，不得爲奴，故必佯狂而後得以没入。先鄭司厲注云：「箕子爲之奴，罪隸之奴也。」是也。御覽四百十九引鄭注云：「此三人，紂同姓大臣。微子知紂惡而去之，箕子、比干不忍去，比干諫而殺。」詩邶柏舟疏引鄭注又云：「箕子、比干不忍去，皆是同姓之臣，有親屬之恩，君雖無道，不忍去之也。然君臣義合，道終不行，雖同姓有去之理。故微子去之，與箕子、比干同稱三仁。」案：白虎通五行篇：「親屬臣諫不相去何法？法木枝葉不相離也。」何休公羊莊九年注：「禮，公子無去國道也。」是同姓之臣無去理。然微子實處不得不去之勢，故鄭君復言「同姓有去理」以明之也。中論智行篇：「微子介於石不終日，箕子内難而能正其志，比干諫而剖心。〇注「仁至」者「寧民」。〇正義曰：「憂亂」者，憂君亂也。「憂亂寧民」，皆是愛人，故爲仁也。子以微子爲上，箕子次之，比干爲下，故春秋大夫見殺，皆議其不能以智自免也。」案：微子之去，在箕、比事後，彼見二子及已諫已不行，故聽太師、少師之勸，然後去也。以智許之，必非微子所願，而比干以忠愛受奇禍，復從而奪之，亦太近刻。然則夫子之次三子，或如胡炳文四書通謂「先易者，後難者」也。以爲上下之次，殆未然矣。皇本此注作「馬曰」。

2 柳下惠為士師，【注】孔曰：「士師，典獄之官。」三黜。人曰：「子未可以去乎？」曰：「直道而事人，焉往而不三黜？【注】孔曰：「苟直道以事人，所至之國，俱當復三黜。」枉道而事人，何必去父母之邦？」

正義曰：鄭注云：「黜，退也。」案：說文：「黜，貶下也。」三黜仍為此官，故先言「為士師」，明非改官也。柳下被黜

戰國燕策燕王喜謝樂閒書

曰[一]「昔者柳下惠吏于魯，三黜而不去。或謂之曰『可以去』。柳下惠曰『苟與人之異，惡往而不黜乎，寧

于故國耳。」與此文略同。○注「士師，典獄之官。」○正義曰：鄭亦有此注，孔所襲也。周官：「士師，下大夫四人。」鄭注：

「士，察也。主察獄訟之事。」此官王朝得有下大夫，若侯國，不過以中下士為之，故孟子言「柳下惠不卑小官」也。

3 齊景公待孔子曰：「若季氏，則吾不能，以季、孟之閒待之。」【注】孔曰：「魯三卿，季氏為上卿，孟氏為下卿，不用事。言待之以二者之閒。」曰：「吾老矣，不能用也。」孔子行。【注】以聖道難成，故云吾老，不能用。

正義曰：「待孔子」，史記孔子世家作「止孔子」，謂商所以安止之也。世家云：「魯昭公奔於齊，頃之，魯亂。

孔子適齊，景公問政孔子，孔子曰：『君君，臣臣，父父，子子。』他日，又復問政於孔子，孔子曰：『政在節財。』景公說，欲以

尼谿田封孔子。晏嬰進云云。後景公敬見孔子，不問其禮。異日，景公止孔子曰：『奉子以季氏，吾不能。』以季、孟之閒

待之。齊大夫欲害孔子，孔子聞之。景公曰：『吾老矣，弗能用也。』孔子遂行，反乎魯。」其事在孔子三十五歲之後，四十

〔一〕「閒」原誤作「毅」，據戰國策改。

二歲之前。　景公欲以尼谿封孔子，晏嬰沮之，而公猶欲待之以季、孟之閒，是公意猶未忘也。邢疏云：「景公言我待孔

子以上卿之位，則不能，以其有田氏專政故也。又不可使其位卑若魯孟氏，故將待之以季、孟二者之閒。」案：左氏傳劉康

公曰：「叔孫之位，不若季、孟。」又叔孫僑如曰：「魯之有季、孟，猶晉之有欒、范。」二文皆言季、孟。全氏祖望問答：「謂以

權勢稱之，故四分公室。舍中軍則季氏將左師，孟氏將右師，而叔孫氏自爲軍。是三桓之勢，季一孟二不可墨守下卿之

說而輕之。」其說甚確。若然，則康公所言叔孫位不若孟者，亦是明其權重，假位說之，非其實也。此文「季、孟之閒」，專

是言位。周氏炳中典故辨正：「謂季孟之閒，明明在季之下，孟之上。即謂將以叔孫氏待孔子，亦無不可。」周氏之言，尤

洽經旨。景公雖欲待孔子，而終不果行，後又託於吾老而不能用，孔子所以去齊而反魯也。待孔子與「吾老」之言，非在

一時，故論語用兩「曰」字別之。○注「魯三」至「之閒」。○正義曰：昭四年左傳季孫爲司徒，叔孫爲司馬，孟孫爲司空。司

徒，上卿也。司空，下卿也。哀二年經書：「季孫斯、叔孫州仇、仲孫何忌帥師伐邾。」此正魯三卿之位次。但孟氏雖居下

卿，而權重於叔氏，故當時多言季、孟。此注謂「孟不用事」，誤。○注「以聖道難成，故云『吾老不能用』。」○正義曰：世家：

「晏嬰曰：『自大賢之息，周室既衰，禮樂缺有閒。今孔子盛容飾，繁登降之禮，趨詳之節，累世不能殫其學，當年不能究其

禮。若欲用之以移齊俗，非所以先細民也。』」是晏嬰以聖道難成，故景公聞而止尼谿之封，其後以「吾老不能用」辭孔子，

亦由晏嬰前言惑沮之也。左襄二十五年傳：「叔孫宣伯之在齊也，叔孫還納其女于靈公，嬖，生景公。」宣伯在齊當魯成十

六年，景公之生當在成十七、八年，計其即位時已二十七、八歲。至孔子因魯亂適齊，則在景公三十一年後。故閻氏若璩

釋地謂「孔子在齊，爲景公三十三年，時年已六十，故稱老」。

4 齊人歸女樂，季桓子受之，三日不朝，【注】桓子，季孫斯也。使定公受齊之女樂，君臣相與觀之，廢朝禮三日。孔子行。

正義曰：釋文：「歸如字，鄭作饋。」案：後漢蔡邕傳注、文選鄒陽上書注並引作「饋」，用鄭本也。江氏永鄉黨圖考：「按世家歸女樂，去魯適衛，皆敍於定公十四年，非也。定十三年夏，有築蛇淵囿，大蒐比蒲，皆非時勞民之事。使夫子在位，而聽其行之，則何以爲夫子？考十二諸侯年表及衛世家，皆於靈公三十八年書『孔子來，祿之如魯』。衛靈三十八當魯定十三。蓋女樂事在十二、十三冬春之閒。去魯實在十三年春。魯郊嘗在春，故經不書，當以衛世家爲正。」○注「桓子」至「三日」。○正義曰：孔子世家：「孔子由大司寇行攝相事，於是誅魯大夫亂政者少正卯。與聞國政三月，粥羔豚者弗飾賈，男女行者別於塗，塗不拾遺，四方之客至乎邑者，不求有司，皆予之以歸。齊人聞而懼曰：『孔子爲政必霸，霸則吾地近焉，我之爲先并矣。』犁鉏曰：『請先嘗沮之，沮之而不可則致地，庸遲乎？』於是選齊國中女子好者八十人，皆衣文衣而舞康樂，文馬三十駟，遺魯君。陳女樂文馬於魯城南高門外。季桓子微服往觀再三，將受，乃語魯君爲周道游，往觀終日，怠於政事。子路曰：『夫子可以行矣。』孔子曰：『魯今且郊，如致膰乎大夫，則吾猶可以止。』桓子卒受齊女樂，三日不聽政。郊又不致膰俎於大夫，孔子遂行，宿乎屯。而師己送曰：『夫子則非罪。』孔子曰：『吾歌可夫？』歌曰：『彼婦之口，可以出走；彼婦之謁，可以死敗。蓋優哉游哉，維以卒歲！』師己反，桓子曰：『孔子亦何言？』師己以實告。桓子喟然歎曰：『夫子罪我，以羣婢故也夫！』」此偏孔所本。韓非內儲說言：「齊景公以女樂六遺哀公。」此紀事之誤。又言：「仲尼諫，不聽，去而之楚。」謂孔子諫女樂，深合事情，足補世家之闕。案：孟子言「孔子於季桓子

有見行可之仕」,世家亦言行乎季孫,三月不違其任,孔子甚專。至將死,命康子必反孔子,此不得謂不知孔子矣。乃受齊

女樂,甘墮齊人術中,而迫孔子以不得不行,此當別有隱情。或卽惑於公伯繚之愬,以夫子爲彊公弱私,不利於己,故孔子

於女樂之受,雖諫亦不聽也。 世家言「孔子去魯適衞」,而韓非及檀弓皆言「適楚」,亦傳聞各異。

5 楚狂接輿歌而過孔子,【注】孔曰:「接輿,楚人。」佯狂而來歌,欲以感切孔子。」曰:「鳳兮鳳兮!何

德之衰?【注】孔曰:「比孔子於鳳鳥,鳳鳥待聖君乃見,非孔子周行求合,故曰衰。」往者不可諫,來者猶可追。

已而,已而,今之從政者殆而!」【注】孔曰:「已往所行,不可復諫止;自今已來,可追自止,辟亂隱居。已而已而

者,言世亂已甚,不可復治也。 再言之者,傷之深也。」孔子下,欲與之言。趨而辟之,不得與之言。【注】

包曰:「下,下車。」 正義曰:莊子人閒世云:「孔子適楚,楚狂接輿游其門曰:『鳳兮鳳兮!何如德之衰也?

待,往世不可追也。天下有道,聖人成焉;天下無道,聖人生焉。方今之時,僅免刑焉。福輕乎羽,莫之能載;禍重乎

地,莫之知避。已乎已乎!臨人以德;殆乎殆乎!畫地而趨。迷陽迷陽,無傷吾行!吾行卻曲,無傷吾足!』山木,自寇

也;膏火,自煎也。桂可食,故伐之;漆可用,故割之。人皆知有用之用,而莫知無用之用也。」此當似接輿歌原文,論語

節引之耳。 衰、追、已、殆皆韻。 戴氏望論語注:「據莊子解此文云:往,往世。殆,疑也。昭王欲以書社地封孔子,令尹子西沮之,故言

正之。 來,來世也。 言待來世之治,猶可追耶?明不可追。殆,疑也。」 孔子世家載子西說云:「且楚之祖封於周,號爲子男五十里。今孔丘述三、五之

今之從政者見疑也。」案: 戴說是也。

法，明周召之業，王若用之，則楚安得世世堂堂方數千里乎？夫文王在豐，武王在鎬，百里之君卒王天下〔一五〕。今孔丘得據土壤，賢弟子爲佐，非楚之福也。」是子西以夫子得志，不利於楚，故疑之也。莊子云「殆乎殆乎！畫地而趨。」「畫地」卽指封書社之事，明以此見殆，則「殆」訓疑，至確也。「何德之衰」，此據邢本，與世家同。漢石經作「何而德之衰也」，與莊子合。「如」「而」古字通。唐石經及皇本、高麗本作「何德之衰也」，與「諫」下、「追」下，漢石經及皇本、高麗本並有「也」字。鄭注云「魯讀『期斯已矣，今之從政者殆。』今從古。」陳氏鱣古訓曰「期，時也。言出處之道，惟其時而已矣。今之從政者殆，是可已之時也。」此或得魯義。鄭所以必從古者，正據世家作「已」而已也。又皇本「辟」作「避」，「不得與之言」下有「也」字。○注「接輿」至「孔子」。○正義曰：接輿，楚人，故稱楚狂。莊子逍遙游「肩吾問於連叔曰：『吾聞言於接輿。』」應帝王篇：「肩吾見狂接輿，狂接輿曰」云云。又「狂接輿」曰云云。此外若荀子堯問、秦策、楚辭、史記多稱接輿。故馮氏景解春集謂接是姓，輿是名，引齊稷下辨士接子作證。皇甫謐高士傳：「陸通，字接輿。」妄撰姓名，殊不足據。觀此，則接輿乃其未隱時所傳之姓字，後人因「孔子下」解爲「下車」，遂謂楚狂與夫子之輿相接而歌，誤也。韓詩外傳稱「楚狂接輿躬耕以食」。楚王使使者齎金百鎰，顧請治河南，接輿笑而不應，乃與其妻偕隱，變易姓字，莫知所之」。秦策范雎曰：「箕子、接輿，漆身而爲厲，被髮而陽狂，無益於殷、楚」。史記鄒陽傳上書曰：「箕子佯狂，接輿避世」也。楚辭涉江云：「接輿髠首。」「髠首」如仲雍之斷髮。漆身、髠首，皆佯狂之行，故此注言「接輿佯狂」也。「感切」猶感動。○注「已往」至「治也」。○正義曰：注以「往者」「來者」指孔子，與莊子不合。陳氏奐論語孔注辨僞

〔一五〕原誤作「王」，據史記改。

〔一〕猶感動。

序云:「已」,止也,止所止息也。此卽教孔子避亂隱居之意。訓解云云,與下句『今之從政殆』義重複,偶也。」案:陳說是也。

以魯讀證之益見。○注:「下,下車。」○正義曰:注以「下」爲下車。則前云「歌而過」當謂過夫子車前也。鄭注云:「下堂

出門也。」與包異者,鄭以莊子言孔子適楚,楚狂接輿游其門,是夫子在門內,非在車上,故以下爲下堂也。前篇「下而

飲」、「拜下」,皆不言堂,與此同。高士傳前用莊子「游其門」之文,及此復從包氏以爲下車,不免相矛盾。

6 長沮、桀溺耦而耕,孔子過之,[一]使子路問津焉。【注】鄭曰:「長沮、桀溺,隱者也。耜廣五寸,

二耜爲耦。津,濟渡處。」 正義曰:金履祥集注考證說:「長沮、桀溺名皆從水,子路問津,一時何自識其姓名? 諒以其

物色名之,如荷蕢、晨門、荷蓧丈人之類。盖二人耦耕於田,其一人長而沮洳,一人桀然高大而塗足,因以名之。」案:金說

亦甚有理。漢婁壽碑:「榮且、溺之耦耕。」「且」卽「沮」省。史記世家敘此事於孔子去葉反蔡之時,則爲哀公六年,孔子年六

十四也。水經漒水注:「方城山,水東流,注漒水。故地理志曰:『南陽葉,方城。』邑西有黃城山,是長沮、桀溺耦耕之所,有

東流水,則子路問津處。」寰宇記略同,未知其說所本。而近時山東通志又謂「魚臺縣桀溺里在縣北三十里,相傳爲子路問

津處。其地乃濟水經流之地,有問津亭。碑載夫子適陳、蔡,有渡,有橋,有巷,俱以問津名。」考魚臺爲魯棠邑,夫子時非

去魯,何緣於此問渡? 地理書多難徵信若此。世家云:「孔子以隱者,使子路問津焉。」論衡知實篇謂「孔子使子路問津,欲

觀隱者之操」,此或古論家說。然求意太深,反失事實。○注「耜廣」至「渡處」。○正義曰:「耜廣五寸,二耜爲耦」,考工匠人

〔一〕「孔子過之」四字原脱,據十三經注疏本補。

文。說文『耜』作『相』云『畚也』。畚者，來之別名。三蒼云『耜，來頭鐵也』。京房易繫辭傳注『耜，來下籾也』。訓義相同。匠人注『古者耜一金，兩人併發之。今之耜，岐頭兩金，象古之耦也』。鄭意古耜一金，一人發之。若兩人二耜併發，則謂之耦。說文『耦，來廣五寸爲伐，二伐爲耦』。『伐』與『發』同，許所稱亦古制也。匠人疏云『二人雖並發，一尺之地，未必並頭共發。知者，孔子使子路問津於長沮，長沮不對，又問桀溺，若並頭共發，不應別問桀溺，明前後不並可知。雖有前後，其畎自得一尺，不假要並也』。案：漢書食貨志『后稷始畎田，以二耜爲耦，廣尺深尺曰畎，長終畝。一畝三畎，一夫三百畎，而播種於畎中』。此文下云『耰』爲覆種，則『耦耕』爲播種於畎中矣。『津，濟渡處』者，說文『津，水渡也』。水經河水注『自黃河泛舟而渡者，皆爲津也』。

長沮曰：『夫執輿者爲誰？』子路曰：『爲孔丘。』曰：『是魯孔丘與？』曰：『是也。』曰：『是知津矣。』【注】馬曰『言數周流，自知津處。』問於桀溺。桀溺曰：『子爲誰？』曰：『爲仲由。』曰：『是魯孔丘之徒與？』對曰：『然。』曰：『滔滔者天下皆是也，而誰以易之？且而與其從辟人之士也，豈若從辟世之士哉？』【注】孔曰『滔滔，周流之貌。言當今天下治亂同，空舍此適彼，故曰誰以易之。』【注】士有辟人之法，有辟世之法。長沮、桀溺謂孔子爲士，從辟人之法，己之爲士，則從辟世之法。耰而不輟。【注】鄭曰『耰，覆種也。輟，止也。覆種不止，不以津告。』

正義曰：皇疏云『執輿，猶執轡也。子路初在車上，即爲御，御者執轡。今既下車而往問津渡，則轡與孔子也。』漢石經『徒』『輿』作『車』，『誰』下有『子』字，『「曰是」下無「也」字，「曰」下有「乎」字』。皇本『誰』下有『子』字。釋文云『孔子之徒，一本作「子是」，一本作「孔丘之與」』。世家作『子孔丘之徒與』。又『滔滔』，釋文引鄭本作『悠悠』，『世家載此文正作「悠悠」』，偽孔注本亦同。陳氏鱣古訓

曰：「後漢書朱穆傳：『悠悠者皆是，其可稱乎？』亦本此。」洪氏頤煊讀書叢録：「文選養生論：『夫悠悠者，既以未效求。』

李善引此文當作『悠悠』，今本作『滔滔』，後人所改。」案：鹽鐵論大論篇言孔子云：『悠悠者皆是。』皆同鄭本，當是古論。集

解從魯論作『滔滔』也。又漢書班固敍傳：『固作幽通賦曰：』『溺招路以從己兮，謂孔氏猶未可安，悁悁而不蕰兮，卒隕身乎

世既。』鄧展曰：『悁悁者，亂貌也。蕰，避也。』師古曰：『論語稱桀溺曰『悁悁者，天下皆是也。』此引論語作「悁」，亦由

所見本異。昬聲古音在蕭、幽部，故與「悠」通。「誰以易之」，誰，謂當時諸侯也。以，與也。易，治也。言當時諸侯皆無賢

者，孔子得誰與治之耶？「且而」之「而」，謂子路也。顏師古敍傳注云：『避人之士，謂孔子，避世之士，溺自謂也。』然而

不輟」，漢石經作「耰不輟」。説文引亦作「耰」。五經文字曰：『韻音憂，見論語。』集韻、「韻或從未。」然則作「耰」乃或體字。○注「滔滔」至「易之」。○正義曰：盧氏文弨釋文攷證：『史記世家集解引此注「滔滔」作「悠悠」。』又文選四十九千令升晉

紀總論『悠悠風塵』注所引孔注亦同。是古論作『悠悠』，鄭、孔皆同。何晏依魯論作『滔滔』，采孔注而改之，妄甚。今案：

「悠悠」訓周流，疑與詩「淇水滺滺」同，即「漵」之或體，水回旋、周流皆是。此水喻當世之亂同也。注云「治亂同」者，連言

耳。「空舍此適彼」，言彼此皆同，不必以此易彼也，説似可通，但與下句「丘不與易」義不協。○注「士有」至「之法」。○

正義曰：注以兩「從」字屬孔子及沮、溺所從，非謂子路從，於語意不合。○注「耰，覆種器」者，徐鍇説文繫傳云：『謂布種後以此器摩之，』今案：

「耰，摩田器。」〔一〕是「耰」本器名，用以摩田。而此云「覆種」者，然沮、溺耦耕時即耰，國語云『深耕而疾耰

合，以覆種也。」是也。　江氏永羣經補義：『或疑播種之後不可摩，摩則種不固。

〔一〕「耰」字，説文解字作「櫌」。

之」，孟子亦曰『斄麥播種而耰之』，是耰在播種之後。問諸北方農人曰：播種之後，以土覆是，摩而平之，使種入土，鳥不

能啄也。」案：齊民要術「耕荒畢，以鐵齒𨨲鑱再徧杷之，漫擲黍穄，勞亦再徧。」「勞」與「耰」一音之轉。「耰止」者，爾雅釋

詁「耰，已也。」「已」「止」同訓。子路行以告。夫人憮然，【注】爲其不達己意，而便非己也。曰：「鳥獸不可

與同羣，吾非斯人之徒與而誰與？【注】言凡天下有道者，丘皆不與易也，已大而人小故也。正義曰：「子路行以

居乎。」天下有道，丘不與易也。」【注】孔曰「隱於山林是同羣。吾自當與此天下人同羣，安能去人從鳥獸

經無「夫」字。又皇本「羣」下訓「也」字。○注「爲其不達己意，而便非己也。」○正義曰：三蒼云「憮，撫也。」廣雅釋

告」，漢石經及史記世家並無「行」字，今皇、邢本皆有「行」字。阮氏元校勘記謂「因上人章誤衍」是也。「夫子憮然」，漢石

滕文公上「夷子憮然。」趙注「憮然者，猶悵然也。」○注「爲其不達己意，而便非己也。」焦氏循正義：「說文『憮，一曰不滿。』爾雅釋言云『憮，撫也。』孟子

詁既訓「撫」爲安，又訓「撫」爲定，安定皆不動之義。蓋夫子閔子路述沮、溺之言，寂然不動，久而乃有『鳥獸不可同羣』之

言。此夷子閔徐述孟子之言，寂然不動，久而乃有『命之』之言。」案：焦說與三蒼義合。蓋人失意，每致寂然不動，如有

所失然也。沮、溺不達己意，而妄非己，故夫子有此容。○注「隱於」至「居乎」。○正義曰：山林是鳥獸所居，人隱居山

林，是與鳥獸同羣也。人與人同羣，故當相人偶也。言辟人辟世法皆非也。○注「言凡」至「故也」。○正義曰：皇本作

「孔注」。其申注云：「言凡我道雖不行於天下，天下有道者，而道皆不至與彼易之，是我道大、彼道小故也。」案：注意謂

天下卽有道，某亦不以治民之大道易彼隱避之小道也。於義殊曲，故不從之。

7　子路從而後，遇丈人，以杖荷蓧。【注】包曰：「丈人，老人也。蓧，竹器。」子路問曰：「子見夫子乎？」丈人曰：「四體不勤，五穀不分，孰爲夫子？」【注】包曰：「丈人云不勤勞四體，不分植五穀，誰爲夫子而索之耶？」植其杖而芸。【注】孔曰：「植，倚也。除草曰芸。」子路拱而立。【注】未知所以答。止子路宿，殺雞爲黍而食之，見其二子焉。明日，子路行以告。子曰：「隱者也。」使子路反見之。至，則行矣。【注】孔曰：「子路反至其家，丈人出行不在。」

正義曰：「從而後」者，謂從夫子行而在後也。釋文云：「蓧，本又作莜，又作蓧。」盧氏文弨考證：「說文：『莜，從條省聲。』論語曰：『以杖荷莜。』是莜爲正字，論語本與說文合。條乃『條枚』字，於六書爲叚借，今作蓧不省，誤。」皇本作蓧，誤。「四體」者，趙岐孟子注：「體者，四枝股肱也。」「五穀」者，禾、黍、稷、稻、麥也。

說五穀者多家，此從程氏瑤田說定之。鄭注云：「分猶理，謂理治之也。」宋氏翔鳳發微云：「王制『百畝之分』，鄭注：『分或爲糞。』此『五穀不分』，當讀如草人『糞種』之糞，必先糞種而後五穀可治。」俞氏樾平議略同，於義亦通。朱氏彬經傳考證：「宋呂本中紫薇雜說曰：『四體不勤二語，荷蓧丈人自謂。』其說得之。」平議又云：「兩不字，並語詞。不勤，勤也；不分，分也。」引詩「徒御不警，大庖不盈」「不戢不難，受福不那」諸傳爲據，亦是也。「植其杖」，漢石經「植」作「置」。惠氏棟九經古義：「案：商頌那詩『置我鞀鼓』，箋云：『置讀曰植。』正義云：『植』、『置』本二字，金縢云『植璧秉圭』鄭注云：『植，古置字。』」然則古者置、植字同。說文曰：「植或作橾，從置。」今案：依詩箋「植」、「置」『金縢云『植璧秉圭』鄭注云：『植，古置字。』此從漢石經作『置』爲訓，段說

段氏玉裁說文注云：「丈人行來至田，則置杖於地，用莜芸田。植杖者，置杖也。」竊以此文作「植」爲正，作「置」亦是叚字，段說如呂氏春秋異用篇所云「孔子置杖」之比。然用莜芸田，必挂杖而後可芸。

未能合也。「芸」本作「穮」，「穮」是或體，俱見說文。今作「芸」，漢石經作「耘」，俱隸省。「拱」者，說文「拱，斂手也。」新

書容經「固頤正視，平肩正背，臀如抱鼓，足閉二寸，端面攝纓，端股整足。

「拱」同。〇檀弓「孔子與門人立拱。」玉藻「臣侍於君垂拱」，垂即微磬之象。子路聞丈人言，知其賢者，禮異之也。「爲黍」

者，治黍爲飯也。黍，禾屬而黏者，其不黏者別名穈穄，用以作飯，蓋食之貴者，所以敬客也。〇注「丈人，老人也。」「爲黍」與

「竹器。」易師「丈人吉」，鄭注「丈之言長，能以法度長於人。」與此注合。至道應訓注以爲「老而杖於人，故稱丈人」。此說不免附

會。〇正義曰：淮南脩務訓注：「丈人，長老之稱。」與此注合。說文「芺，

田器。」其字從草，此注云「竹器」者，草、竹一類也。皇本經、注皆作「蓧」，即本此注誤改。說文「發，以足蹋夷草。從癶

從殳。春秋傳曰：『發夷蘊崇之。』」是可爲論語「以杖荷蓧，植杖而芸」及說文「莜」字、「發」字之證。〇注「丈人」至「之耶」。〇正義曰：

入泥中，名曰脚躍。」丁氏杰曰：「今南昌人耘田用一具，形如提梁，旁加索，納於足下。手持一杖，以足蹋草

宋氏翔鳳發微云：「詳包意，亦以『四體不勤，五穀不分』爲自述其不遑暇逸之義。故不能知執爲夫子，以答子路，非以責子

路也。」〇注「植，倚也。除草曰芸。」〇正義曰：植者，立也，故有倚訓，謂依倚之也。江氏永羣經補義：「今人耘田，必扶杖

乃能用足，則植杖正所以耘，猶云拄杖也。」說文「穮，除苗閒穢也。」段氏玉裁注：「小雅毛傳曰：『耘，除草也。』食貨志云：

『苗生三葉以上，稍耨隴草，因壝其土以附苗根，比成壝盡而根深，能風與旱。』此古者穮籽爲一事也，謂苗初生之始也。既

成以後，仍有莠及童蔕生乎其閒，則又樆薅之。薅者，披田草也，亦謂之穮。」今案：用莜芸草，亦在既成以後。吾鄉農

人云：「田宜多芸，不獨除草，且茂苗也。」〇注「子路反至其家，丈人出行不在。」〇正義曰：注以丈人偶出行不遇，非知子

路復來而避之也。子路曰：【注】【注】鄭曰「留言以語丈人之二子。」「不仕無義。長幼之節，不可廢也。君臣之義，如之何其廢之？子路曰：【注】孔曰「言女知父子相養不可廢，反可廢君臣之義邪？」欲潔其身，而亂大倫。【注】包曰「倫，道理也。」君子之仕也，行其義也。道之不行，已知之矣。【注】君臣之義，不必自己道得行。孔子道不見用，自己知之。」

正義曰：義者，宜也。君子成己所以成物，故士必宜仕。仕即是義，亦即是道。不仕則無君臣倫。亂之為言猶廢也。夫子棲棲不已，知其不可而猶為之，亦是冀行其道而已。道行，而君臣之倫以盡；道不行，而君臣之倫終未嘗一日敢廢。故孟子言「孔子三月無君，皇皇如也」，明雖知道不行，猶不敢忘仕也。「長幼之節」，謂前見二子有兄弟之節次也。注以「父子相養」言之，非矣。漢石經「君臣之禮，如之何其廢之也。」皇本作「如之何其可廢也」？「潔」，阮撰宋本作「絜」，皇本「行」下有「也」字。釋文「己音紀，一音以。」盧氏文弨考證曰「音以是。」○注「倫，道理也」，皇本「行」下有「也」字。凡「論」「侖」字皆訓理，其證也。○注「不必」至「知之」。○正義曰：注讀「己知」之己為紀，己道不行，則望人行之，故曰「不必自己道得行」。明人行之與己同也，此說稍曲。

8　逸民：【注】逸民者，節行超逸也。伯夷、叔齊、虞仲、夷逸、朱張、柳下惠、少連。【注】包曰「此七人皆逸民之賢者。」

正義曰：說文「佚，佚民也。從人，失聲。」段氏玉裁注謂「論語『逸民』，許作『佚民』，『佚』正字。『逸』叚借字。」孟子曰「遺佚而不怨。」案：下篇「舉逸民」，亦用叚字。顏師古漢書律曆志注「逸民，謂有德而隱處者。」

此虞仲後雖爲君，柳下惠亦爲士師，要自其初，皆爲民也。左僖五年傳：「宮之奇曰：『太伯、虞仲，太王之昭也。』」史記周本紀：「古公有長子曰太伯，次曰虞仲。」又云：「太伯、虞仲知古公欲立季歷以及昌，乃二人亡如荊蠻，文身斷髮，以讓季歷。」吳太伯世家：「太伯之奔荊蠻，荊蠻義之，立爲吳太伯。太伯卒，無子，弟仲雍立，是爲吳仲雍。武王克殷，求太伯、仲雍之後，得周章。周章已君吳，因而封之。乃封周章弟虞仲於周之北故夏墟，是爲虞仲，列爲諸侯。」案：本紀以虞仲爲太伯弟，世家以仲雍爲太伯弟，虞仲則仲雍曾孫周章之弟，說似不同。吳仁傑兩漢刊誤補遺謂「仲雍亦名虞仲」，是虞仲有兩人。漢書地理志：「周太王長子太伯，次曰仲雍，少曰公季。公季有聖子昌，欲傳國焉。太伯、仲雍辭行采藥，遂奔荊楚。故孔子美而稱曰：『太伯可謂至德也已矣。』謂『虞仲夷逸，隱居放言，身中清，廢中權。』」師古曰：「虞仲，即仲雍也。」志又云：「太伯卒，仲雍立，至曾孫周章，而武王克殷，封周章弟虞仲中于河北，是爲北吳，後世謂之虞。」師古曰：「中讀曰仲。」班志此文，亦以周有兩虞仲。「虞」「吳」通用，如「騶虞」亦作「騶吾」之比，仲雍稱吳仲雍，故或稱虞仲。志引論語「隱居放言」，即指逃竄荊蠻之事。兩虞仲本皆爲吳仲，故稱周章之弟爲北吳，對周章爲南吳也。後世稱北吳爲虞者，志亦以兩吳不能分別，故取同音異字而爲虞矣。仲雍亦稱虞者，此又因音同而假之，其本字則爲「吳」也。虞仲在夷、齊前，而先夷、齊者，重德也，若孟子稱伯夷在伊尹前矣。○正義曰：後漢書逸民傳敘「蓋錄其絕塵不及。」與此注義同。○注：「此七人皆逸民之賢者。」○正義曰：逸民者，節行超逸也。○正義曰：虞仲，注不知何指。○正義曰：夷逸、少連，注不知何指。尸子云：「夷逸者，夷詭諸之裔。或勸其仕，曰『吾譬則牛，寧服軛以耕於野，不忍被繡入廟而爲犧。』」禮雜記：「孔子曰：『少連、大連善居喪，三日不怠，三月不解，期悲哀，三年憂。東夷之子也。』」此夷逸、少連二人事可考者。朱張見漢書古今人表。論語釋文云：「朱張並如

字，衆家亦爲人姓名。王弼注：『朱張字子弓，荀卿以比孔子。』案：荀子非相篇、非十二子篇、儒效篇以仲尼、子弓並言，楊

倞注以子弓爲仲弓，則是夫子弟子，豈得厠於古賢之列而曰「我異於是」？且子弓之卽爲朱張，亦別無一據，則王說未可

信也。竊以朱張行事，當夫子時已失傳，故下文論列諸賢，不及朱張，而但存其姓名於逸民之列，蓋其愼也。又釋文引

『鄭作侏張，云音陟留反』。宋氏翔鳳過庭錄：『文選劉琨答盧諶書「自頃輈張」注曰「輈張，驚懼之貌也。」揚雄國三老

箴『負乘覆餗，姦宄侏張。』『輈』與『侏』古字通。此鄭本作『侏張』，知非人姓名矣。故鄭作者七人，注獨不舉夷逸、朱

張。郝氏敬曰：『朱張，朱當作譸。〔書「譸張爲幻」，即陽狂也。〕曰逸民，曰夷逸，曰朱張，三者品其目，夷、齊、仲、惠、連五

者舉其人也。』此說當得鄭義。臧氏庸拜經日記略同。今案：鄭義不著，或如宋、臧所測，然夷逸明見尸子，柳下豈與鄭

狂？於義求之，似爲非也。漢地志説仲雍之事，引謂虞仲、夷逸，本此文連言。師古以爲竄於蠻夷而遁逸，其義或與鄭

同，要未必得班本旨也。　七人爲逸民之賢者，是解逸民爲隱逸，不謂超逸也。此集解前後失檢處。　子曰：「不降其

志，不辱其身，伯夷、叔齊與！」【注】鄭曰：「言其直己之心，不入庸君之朝。」謂「柳下惠、少連」，降志辱身

矣，言中倫，行中慮，其斯而已矣」。【注】孔曰：「但能言應倫理，行應思慮，如此而已矣。」謂「虞仲、夷逸」，隱

居放言」，【注】包曰：「放，置也。不復言世務。」身中清，廢中權。【注】馬曰：「清，純潔也。遭世亂，自廢棄以免患，

合於權也。」　正義曰：孟子公孫丑篇：「孟子曰『伯夷非其君不事，非其友不友，不立於惡人之朝，不與惡人言。立於

惡人之朝，與惡人言，如以朝衣、朝冠坐於塗炭。是故諸侯雖有善其辭命而至者，不受也。不受也者，是亦不屑就已。』

是卽伯夷不降其志、不辱其身之事也。舉伯夷則叔齊可知。又云：「柳下惠不羞汙君，不卑小官，遺佚而不怨，阨窮而

不慍。故曰『爾爲爾，我爲我，雖袒裼裸裎於我側，爾焉能浼我哉』？故由由然與之偕而不自失焉，援而止之而止。援而

之而止者，是亦不屑去已。』是即柳下惠降志辱身之事也。論出處之節，自以不降、不辱爲優，而夷、齊亦失之過峻。韓詩

外傳謂夷、齊爲礙仁，又曰『仁礙則其德不厚』，又曰『礙仁雖下，然聖人不廢者，臣民隱括有在是中者也』。是知夷、齊雖聖

人所許，亦聖人所不爲也。○惠、連降志辱身，出處之際，似無足觀。然中倫中慮，言行如此，實非枉道以殉人，故夫子亦許

之也。虞仲、夷逸，亦是不降不辱，故能中清中權。而隱居放言，於世亦寡所合，但不及夷、齊之行，故述逸民之目，仲、逸

亞於夷、齊。論行事，則夷、齊與惠、連爲最異，故相次論之，而後及虞仲、夷逸也。「不辱其身」，皇本「身」下有「者」字，

「其斯而已矣」，漢石經作「其斯以乎」。「謂虞仲夷逸」，漢石經作「夷泆」。「身中清」，世家「身」作「行」。「行」與「廢」當是對

文，謂居位行道也。此安國舊義也。○注「廢中權」，鄭作發，云動貌。案「貌」疑「作」也。後漢隗囂傳：「方望曰：『動

有功、發中權。』此謂行事所發見也。皇疏引江熙曰：「晦明以遠害，發動中權也。」二文並作「發」，與鄭本同。當由齊、魯

文異。江熙所云，可補鄭義。○注「但能」至「已矣」。○正義曰「倫理」者，訓倫爲理也。「思慮」者，謂心所思慮於道也。

孟子以柳下惠爲和爲介，又大戴衛將軍文子篇：「孝子慈幼，允德秉義，約貨去怨，蓋柳下惠之行也。」是其言行有可稱也。

○注「放，置也。不復言世務。」○正義曰：「放置」，見廣雅釋詁。○注「遭世亂，自廢棄以免患，合於權也。」○正義中庸云：「國無道，其默足以容。」即此注義。後漢孔融

傳：「跌蕩放言。」李賢注：「放，縱也。」又荀韓鍾陳傳論：「漢自中世以下，閹豎擅恣，故俗遂以通身矯潔放言爲高。」李賢

注：「放肆其言，不拘節制也。」論語曰：「隱居放言。」』此解似勝包氏。○注：「遭世亂，自廢棄以免患，合於權也。」○正義

曰：注以虞仲、夷逸當亂世，則虞仲似非仲雍，疑指周章弟，當紂世也。

我則異於是，無可無不可」。【注】馬曰：

「亦不必進,亦不必退,惟義所在。」

注「亦不必進,亦不必退,惟義所在。」○正義曰:進者,可也;退者,不可也。逸民或治則進,亂則退,或雖治亦退,或雖亂亦退,行各不同,皆未適於大道。惟夫子本從心之矩,妙隱見之權,進退俱視乎義。義苟可進,雖亂亦進,義苟宜退,雖治亦退。孟子云:「孔子可以仕則仕,可以止則止,可以久則久,可以速則速。」久謂久居其國,義苟可進,速謂速去,此孔子之行也。孟子以孔子為「聖之時」,此注則以義衡之。義者,宜也,即時也。故易傳屢言時義也。鄭注此云:「不為夷,齊之清,不為惠,連之屈,故曰異於是也。」案:法言淵騫篇「或問:李仲元是夷、惠之徒與?曰:不夷不惠,可否之閒也。」後漢黃瓊傳李固引傳曰:「不夷不惠,可否之閒也。」可否即可與不可也。孟子云:「伯夷隘,柳下惠不恭。隘與不恭,君子不由也。」君子即孔子,是謂孔子不為夷、惠也。

9. 太師摯適齊,亞飯干適楚,【注】孔曰:「亞,次也。次飯,樂師也。摯、干皆名。」三飯繚適蔡,四飯缺適秦,【注】包曰:「三飯、四飯,樂章名,各異師。繚、缺皆名也。」鼓方叔入於河,【注】包曰:「鼓、擊鼓者。方叔,名也。入謂居其河內。」播鼗武入於漢,【注】孔曰:「播,搖也。武,名也。」少師陽、擊磬襄入於海。【注】孔曰:「陽、襄皆名。」

「魯哀公時,禮壞樂崩,樂人皆去。」 正義曰:太師摯等皆殷人,則太師、少師等官是殷制也。周官有太師、小師、鼓人、磬師。又大司樂、膳夫皆以樂侑食,瞽矇、眂瞭皆掌播鼗。與此諸職尊卑同異,未聞也。亞飯、三飯、四飯者,禮王制云:「天子日食舉樂。」公羊隱五年傳注:「魯詩傳曰『天子食日舉樂。』」白虎通禮樂篇「王者食樂食天下之太平,富積之饒也。明天子至尊,非功不食,非德不飽,故傳曰『天子食時舉樂。』王者所以日四食者何?明有

四方之物，食四時之功也。王者平居中央，制御四方。平旦食，少陽之始也；晝食，太陽之始也；餔食，少陰之始也；暮

食，太陰之始也。論語曰：『亞飯干適楚，三飯繚適蔡，四飯缺適秦。』諸侯三飯，卿大夫再飯，尊卑之差也。」案：此班氏所

說殷制，當爲論語舊義。周官膳夫云：「王齊日三舉。」則天子亦三飯。又鄭注鄉黨云：「不時，非朝、夕、日中時。」此通說

大夫士之禮，則周制自天子至士皆三飯，與殷異也。又禮器曰：「禮有以少爲貴者，天子一食，諸侯再，大夫士三。」注云：

「謂告飽也。」既告飽，則侑之，乃更食，凡三侑。儀禮特牲是士禮，有九飯，少牢是大夫禮，有十一飯，諸侯十三

飯，天子十五飯」皆因侑更食之數，與論語亞飯、三飯、四飯之義不同。而近之儒者，若黃氏式三後案，凌氏曙典故戴，皆

援之以釋論語，謂「初飯不侑，始侑爲亞飯，再侑爲三飯，三侑爲四飯」。案：亞飯諸義，白虎通言之最晰，舍可據之明文，而

別爲新義，未爲得理，且三侑不過須臾之頃，何得更人更爲樂也？漢書古今人表太師摯等同在「智人」之列，其次在殷末

周前。顏師古注：「自師摯已下八人，皆紂時奔走分散而去。」又禮樂志云：「書序『殷紂斷棄先祖之樂，迺作淫聲，用變亂

正聲，以說婦人。』樂官師瞽抱其器而奔散，或適諸侯、或入河海。」師古注：「論語云。」此志所云及古今人表所敍，皆謂

是也。云『諸侯』者，追繫其地，非爲當時已有國名。」又董仲舒傳：「對策曰：『至於殷紂，逆天暴物，殺戮賢知，殘賊百姓。

伯夷、太公皆當世賢者，隱處而不爲臣。守職之人，皆奔走逃亡，入于河海。』」師古注：「謂若鼓方叔、播鼗武、少師陽之屬

也。」然則以太師摯等爲殷人，董氏先有此義，而班氏承之。故其著白虎通義，於亞飯、三飯、四飯，即據殷禮說之矣。惟

齊、楚、蔡、秦，皆周時國名，世多以爲疑。毛氏奇齡稽求篇辨之云：「周成王封熊繹于楚蠻，孝王封非子爲附庸，而邑之

秦，皆先名其地，而後封之者。國語：『文王諏于蔡原。』注：『蔡公，殷臣。』樂記：『齊者，三代之遺聲也。』則齊在夏、殷已

有之。」案：如毛說，則齊、蔡、秦、楚皆舊時國名，周人因而名之，如今府、州、縣多沿先朝之稱之比。顏師古以爲「追繫其

地」，尚未然也。　毛氏又曰：「太師摯，摯字是疵字。　其又云「師摯之始，關雎之亂」，此師摯是魯人，與人表所記不同。考

周本紀『太師疵、少師彊抱其樂器而奔周』，疵與彊卽摯與陽，兩音相近之名。　殷本紀亦云：『剖比干，囚箕子，殷之太師、

少師乃持其祭樂器奔周』是也。」段氏玉裁尚書撰異「尚書微子篇『父師少師』，史記作『太師少師』。宋世家於比干死之後

云：『太師少師乃勸微子去。』則少師非比干，太師非箕子，甚明。殷本紀亦云：『微子與太師少師謀去，而比干剖心，箕子

爲奴』，殷之太師、少師乃持其祭樂器奔周。」周本紀又云云。是則太師適齊，少師爲殷之樂官，卽太師摯、少師陽也。摯卽疵，

陽卽彊，音皆相近，惟傳聞異辭，則載所如不一，而其事則一。此今文尚書說也。今案：毛、段說是也。　上章逸民有夷、

齊，爲殷末周初，下章八士亦周初人，則此章太師摯等自爲殷末人。竊以太師適齊，少師入海，皆在奔周之前。　案：史記

公避紂居海濱，後皆適周，而太公仕爲太師，亦其類也。　鄭此注以爲周平王時人，顏師古古今人表注卽不取之。　案：伯夷、太

十二諸侯年表：『太史公讀春秋曆譜諜，至周厲王，曰：師摯見之矣。』鄭或據此文，以爲目及見之，則在厲王後，歷宣、幽而

當平王矣。　不知年表所言師摯，卽泰伯篇之師摯，當是魯之樂官，與此太師摯爲殷人異也。且師摯與夫子同時，以

爲平王時，亦非入於河。　皇本作「于」，下同。　漢石經「入于海」，亦作「于」。　說文：「韶，韶遠也。從革，召聲。桃、韶或

從兆聲。　籥文韶，從殷召。」段氏玉裁注：「遼者，謂遼遠必閟其聲也。」案：此則今本作「鼗」，卽「鞀」

之移寫。　釋文：「鼗，亦作桃。」皇本作「鞀」，皆或體。　儀禮大射儀注：「鼗，如鼓而小，有柄。」周官小師注：「鼗，如鼓而小，

持其柄搖之，旁耳還自擊。」據爾雅釋樂「大鼗謂之麻，小者謂之料。」鼗有大小，鄭禮注據小者言之。論語「播鼗」，播爲

摇，亦小聲矣。○注「亞，次也。」○正義曰「爾雅釋言「亞，次也。」說文「亞，醜也。」賈侍中說以爲次第也。

飯、四飯，樂章名。」○注「亞」，次也。」○正義曰「包原注句首當有「亞飯」二字，集解刪之耳。「樂章名」者，謂舉食之樂，取於亞飯、三飯、四

飯爲章名也。鄭注此云「亞飯、三飯、四飯，皆舉食之樂。」與包義同。○注「播，摇也。」○正義曰「廣雅釋言「播，摇

也。」與此注同。說文「播，一曰布也。」周官瞽矇「掌播鼗、柷、敔、塤、簫、管、絃、歌。」注「播謂發揚其音。」義皆相近。○

注「魯哀公時，禮壞樂崩，樂人皆去。」○正義曰「孔此說無據，顏師古禮樂志注譏其未允是也。○史記禮書云「仲尼沒後，

受業之徒沈淪而不舉，或適齊、楚，或入河海。」說者以子語魯太師樂，亞飯諸職即其所屬之官，當時親聞樂於夫子，故皆

爲受業之徒，與孔氏「哀公時」之說相爲影響，不知禮書所云「齊楚」「河海」乃假論語以爲文，而非謂太師諸人皆於孔子

弟子也。史公作弟子列傳，詳載諸賢，而不及師摯諸人，此可證矣。又或據孔子世家「孔子學琴師襄子」，以爲即「擊磬

襄」。閻氏若璩釋地說：「夫子在衛，學琴師襄子，則襄子自爲衛人，與論語曰襄者自別。又且一琴一磬，各爲樂師，不得妄

有牽合。」

10 周公謂魯公曰：「君子不施其親，不使大臣怨乎不以。故舊無大故，則不棄也。無求

備於一人。」【注】孔曰：「魯公，周公之子伯禽封於魯。施，易也。不以他人之親易己之親。以，用也。怨不見聽用。

大故，謂惡逆之事。」　正義曰「不施」，漢石經同。釋文作「不弛」。「施」、「弛」二字古多通用。周官遂人注「施讀爲

弛」，可證也。此文「不施」，即「不弛」叚借。鄭注坊記云「弛，棄忘也。」以訓此文最當。泰伯篇「君子篤於親」，篤者，厚

也,卽不弛之義。禮中庸云:「仁者,人也,親親爲大。」又云:「親親則諸父昆弟不怨。」儀禮喪服傳:「始封之君,不臣諸父昆弟。」則諸父昆弟在始封國時,當加恩也。左昭十四年傳:「乃施邢侯。」晉語:「施邢侯氏。」此「施」亦當讀弛,訓廢,與鄭君「棄忘」之訓相近。惠氏棟九經古義援以解此文,謂不施當讀隱其罪。此似讀施如字,亦待公族之道,於義得通者也。服虔注左傳云:「施猶劾也。」謂劾其罪也。「大臣」,謂三卿也。「不以」,謂不用其言也。

「子曰『大臣不親,百姓不寧,則忠敬不足而富貴已過也』,大臣不治而邇臣比矣。故大臣不可不敬也,是民之表也。禮緇衣云:『君毋以小謀大,則大臣不怨。』蓋既用爲大臣,當非不賢之人,而以小臣間之,則大臣必以不用爲怨矣。」又云:「大臣不親,百姓不寧,則忠敬不足而富貴已過也」,此」王制言大學之制云:「王太子、王子、羣后之太子、卿大夫元士之適子、國之俊選,皆造焉。」此文「故舊」,卽謂魯公共學之人,苟非有大故,當存錄擇用之,不得遺棄,使失所也。「備」者,鄭注特牲禮云:「備,盡也。」人才各有所宜,小知者不可大受,大受者不必小知,因器而使,故無求備也。漢書東方朔傳顏師古注:「士有百行,功過相除,不可求備。」亦此義引「怨乎不以」,以意屬文,未足深據。包氏慎言溫故錄以爲所見本異,武氏億羣經義證更謂『何』與『呵』通,今本作『乎』,卽呼嗟之義」,皆未然也。「故舊」者,周官大宗伯:「以賓射之禮、親故舊朋友。」注云:「王之故舊朋友,爲世子時共在學者。」王制言大學之制云:「王太子、王子、羣后之太子、卿大夫元士之適子、國之俊選,皆造焉。」此文「故舊」,卽謂魯公共

也。大傳云:「聖人南面而聽天下,所且先者五,民不與焉。一曰治親,二曰報功,三曰舉賢,四曰使能,五曰存愛。」以此五者爲先,當是聖人初政之治。周公此訓,略與之同,故說者咸以此文爲伯禽就封,封周公旦於少昊之虛曲阜,是爲魯公。○注「魯公不就封,留佐武王。武王既崩,成王少,周公乃踐阼代成王攝行政當國。於是卒相成王,而使其子伯禽代就封於魯。」者。○正義曰:史記魯周公世家:「武王破殷,徧封功臣同姓戚者。封周公旦於少昊之虛曲阜,是爲魯公。周公不就封,留佐武王。」至「之事」。

又云：「周公卒，子伯禽固已前受封，是爲魯公。」據此文，是周公封魯，即爲魯公，祇以周公身仕王朝，未得就封，故猶以王官稱之而曰周公，至伯禽始得稱魯公耳。「施、易」亦常訓。此注似以「親」爲父母，於義最謬，無足爲之引申。鄭注云：「大故，爲惡逆之事。」此孔所襲。

11 周有八士：伯達、伯适、仲突、仲忽、叔夜、叔夏、季隨、季騧。【注】包曰：「周時四乳生八子，皆爲顯仕，故記之爾。」

正義曰：達、适、突、忽、夜、夏、隨、騧，皆依韻命名。漢書古今人表仲忽作「中智」，顏師古注：「智與忽同。」惠氏棟九經古義：「周有叔液鼎，即八士之叔夜也。古文液或省作夜。尚書大傳『時則有脂夜之妖。』鄭注云：『夜讀爲液。』是古液字作夜。」白虎通姓名篇：「稱號所以有四何？法四時用事先後，長幼、兄弟之象也。故以時長幼，號曰伯、仲、叔、季也。伯者，長也。伯者子最長，迫近父也。仲者，中也。叔者，少也。季者，幼也。質家所以積於仲何？質者親親，故積於仲；文家尊尊，故積於叔。即如是，論語曰『周有八士』云云。積於叔何？[一]蓋以兩兩俱生故也。不積於伯、季，明其無二也。」○注「周時」至「之爾」。○正義曰：乳猶生也。每生得二子，故四乳得生八子。盧氏文弨釋文考證云：「聖賢羣輔錄云：『周八士，見論語。劉向、馬融皆以爲宣王時。』晉語說：『文王即位，詢于八虞。』賈、唐云：『八虞，周八士，皆在虞官。』漢書古今人表載周八士在『中上』，列成叔武、霍叔處之前，二人皆文王子，則班固亦以爲文王時。」釋文引「鄭云『成王時』，見論語。賈逵以爲文王時。」則馬、鄭本有此章注義，集解佚之耳。孔氏廣森經學卮言：「逸周書和

〔一〕「積」上原衍「不」字，據白虎通刪。

竈篇曰：『王乃勱翼於尹氏八士。』武竈篇曰：『尹氏八士，太師三公。』是八士皆尹氏，爲武王時人，有明證也。或疑『十亂』之南宮适，即此伯适。又克殷篇曰：『乃命南宮忽振鹿臺之財，巨橋之粟。乃命南宮百達、史佚遷九鼎三巫。』古者命士以上，父子皆異宮，故禮曰『有東宮，有西宮』。蓋達、适、忽、尹氏之子，別居南宮者，猶南宮敬叔本孟氏子，而以所居稱之耳。國語：『文王詢于八虞。』賈侍中云：『周八士，皆在虞官。』君奭言文王之臣『有若南宮适』，然則八士且逮事文王矣。案

盧、孔説是也。江氏永羣經補義、翟氏灝四書考異略同。春秋繁露郊祭篇[一]『詩曰『唯此文王，小心翼翼。昭事上帝，允懷多福。』多福者，非謂人事也，事功也，謂天之所福也。傳曰：『周國子多賢，蕃殖至於駢孕男者四，四産而得八男，皆君子俊雄也。今此天之所以興周國也，非國之所能爲也。』董引傳説，以釋詩『多福』之文，則八士在文王時，董義亦然，此當無疑者也。包注雖不言八士在何時，然以八士皆爲顯仕，當據晉語仕爲虞官，則與董、賈説亦合也。

〔一〕『郊祭』原誤作『郊語』，據春秋繁露改。

子張第十九　集解

凡二十五章

1　子張曰：「士見危致命，見得思義，祭思敬，喪思哀，其可已矣。」【注】致命，不愛其身。正

義曰：真德秀四書集編：「義、敬、哀皆言『思』，致命獨不言『思』者，死生之際，惟義是徇，有不待思而決也。」

2　子張曰：「執德不弘，信道不篤，焉能為有？焉能為亡？」【注】孔曰：「言無所輕重。」　正義

曰：「執德」，猶言據德。「弘」者，大也。「執德不弘」，即子夏所言「小道」，不能致遠者也。「篤」者，厚也，固也。當時容有

安於小成，惑於異端，故子張譏之。〇注「言無所輕重」。〇正義曰：皇疏云：「世無此人，則不足為輕；世有此人，亦不足

為重。」

3　子夏之門人問交於子張。【注】孔曰：「問與人交接之道。」子張曰：「子夏云何？」對曰：「子

夏曰：『可者與之，其不可者距之。』子張曰：『異乎吾所聞：君子尊賢而容衆，嘉善而矜不能。我之大賢與，於人何所不容？我之不賢與，人將距我，如之何其距人也？』【注】包曰：『友交當如子夏，汎交當如子張。』

正義曰：『距』者，棄絕之意。荀子仲尼注：『拒，閉也。』『距』與『拒』同。論語釋文云：『距，本今作拒。』案：漢石經作『距』，邢疏本、集注本皆作『拒』。漢書趙廣漢傳注引晉灼曰：『距，閉也。』翟氏灝考異：『漢石經「可者」下「者距」上，凡闕四字，今此閒有五字，疑漢本無其字。』『嘉』者，（說文云『美也』。）『嘉善』猶尊賢，互辭。『矜』者，詩鴻雁傳『憐也』。○注：『友交當如子夏，汎交當如子張。』○正義曰：注以二子論交，各有所宜，非互當也。鄭注云：『子夏所云，倫黨之交也。子張所云，尊卑之交也。』尊卑亦是汎交，倫黨則與爲同類，是友交矣。蔡邕正交論：『子夏之門人問交於子張，而二子各有所聞乎夫子。然則其以交誨也，商也寬，故告之以距人；師也褊，故告之以容衆，各從其行而矯之。若夫仲尼之正道，則汎愛衆而親仁，故非善不喜，非仁不親，交游以方，會友以仁，可無貶也。』蔡邕此言，以二子所聞，各得一偏，其正道則汎愛衆即汎交，親仁即友交，義與包、鄭相發矣。世儒多徇子張之言，以子夏爲失。案：呂氏春秋觀世篇：『周公旦曰：「不如吾者，吾不與處，累我者也。與我齊者，吾不與處，無益我者也。惟賢者必與賢於己者處。」』又上篇子曰『毋友不如己者』，並子夏所聞論交之義。大戴禮衞將軍文子篇：『孔子曰「詩云『式夷式已』，無小人殆。」』而商也，其可謂不險也。』盧辯注：『言其鄰於德也。』子夏之行，抑由所聞而然，固無失矣。

4

子夏曰：『雖小道，【注】小道謂異端。必有可觀者焉；致遠恐泥，【注】包曰：『泥難不通。』是以君

子不爲也。」

正義曰：周官大司樂注：「道多才藝。」此「小道」亦謂才藝。鄭舉一端，故云「如」以例之。漢書宣元六王傳：「東平王宇上疏求諸子及太史公書，上以問大將軍王鳳，對曰『諸子書或反經術，非聖人，或明鬼神，信物怪。太史公書有戰國縱橫權譎之謀，不可予。不許之辭宜尔。五經，聖人所制，萬事靡不畢載。夫小辯破義，小道不通，致遠恐泥，皆不足以留意。』」藝文志：「小說家者流，蓋出於稗官。街談巷語，道聽塗說者之所造也。

孔子曰『雖小道，必有可觀者焉；致遠恐泥，是以君子弗爲也。』然亦弗滅也。閭里小知者之所及，亦使綴而不忘。如或一言可采，此亦芻蕘狂夫之議也。」後漢書蔡邕傳：「上封事曰：夫書畫辭賦，才之小者，匡國理政，未有其能。昔孝宣會諸儒於石渠，章帝集學士於白虎，通經釋義，其事優大，文、武之道，所宜從之。若乃小能小善，雖有可觀，孔子以爲致遠則泥，君子故當志其大者。」據此，則小道爲諸子書，本漢人舊義，故鄭注同之。江熙曰：「百家競說，非無其理。」用鄭義也。

○注「小道，謂異端」。○正義曰：焦氏循補疏：「聖人一貫，則其道大，異端執一，則其道小。孟子以爲大舜有大焉，善與人同，能通天下之志，故大。執己不與人同，其小可知，故小道爲異端也。」○注「泥難不通」。○正義曰：「泥難」二字連讀。鄭注云：「泥謂滯陷不通。」與包義同。漢書五行志中之上：「震遂泥。」注引李奇曰：「泥者，泥溺於水，不能自拔。」雅釋獸：「威夷，長脊而泥。」郭注：「泥，少才力。」亦滯難之義。

5 子夏曰：「日知其所亡，月無忘其所能，可謂好學也已矣。」【注】孔曰：「日知其所未聞。」

正義曰：皇疏云：「日知其所亡，是知新也」；「月無忘所能，是温故也。」劉氏宗周學案：「君子之於道也，日進而無疆，其所

亡者,既曰有知之,則拳拳服膺而弗失之,至積月之久而終不忘,所謂『學如不及,猶恐失之』者矣。

6 子夏曰:「博學而篤志,【注】孔曰:「廣學而厚識之。」切問而近思,仁在其中矣。」【注】切問者,切問於己所學未悟之事。近思者,近思己所能及之事。汎問所未學,遠思所未達,則於所學者不精,所思者不解。

正義曰:中庸言博學、審問、慎思、明辨、篤行爲執善固執之功,與此章義相發。擇善固執是誠之者,誠者,所以行仁也,故曰「仁在其中」。○注「廣學而厚識之」。○正義曰:注以志爲識,謂博學而識之也。集注讀志如字,謂篤志好學也。亦通。○注「近思己所能及之事」。○正義曰:此從皇本校改,邢本脫「近」字,「所」下衍「未」字。

7 子夏曰:「百工居肆以成其事,君子學以致其道。」【注】包曰:「言百工處其肆則事成,猶君子學以致其道。」

正義曰:說文云:「肆,極陳也。」凡陳物必有所居之處,故市廛爲貨物所居,亦通名肆。俞氏樾羣經平議:「周易說卦傳『巽爲工』,虞翻曰:『爲近利市三倍。』子夏曰『工居肆』,然則此肆字卽『市肆』之肆。市中百物俱集,工居於此,則物之良苦,民之好惡,無不知之,故能成其事。」案:「致」如「致知」「致曲」之致。致者,極也,盡也。禮記大學云:「大學之道,在明明德,在親民,在止於至善。」止至善則致其道之謂,故大學又言:「君子無所不用其極。」極、致義同。趙氏佑温故録:「此『學』以地言,乃『學校』之學,對『居肆』省一『居』字,卽國語稱『士羣萃而州處,少而習焉,其心安焉,不見異物而遷』者也。學記:『大學之教也,退息必有居學。』」此説亦通。

8 子夏曰：「小人之過也必文。」【注】孔曰：「文飾其過，不言情實。」 正義曰：皇本「必」下衍「則」字。

○注：「文飾其過，不言情實。」○正義曰：小人不欲改過，故於人之責之也。則爲文飾之言以自解說，若爲無過者然。史記孔子世家齊臣對景公曰：「君子有過，則謝以質，小人有過，則謝以文。」文謂文飾也。孟子云：「且古之君子，過則改之，今之君子，過則順之。」又云：「今之君子，豈徒順之，又從爲之辭。」「辭」即文也。

9 子夏曰：「君子有三變：望之儼然，即之也溫，聽其言也厲。」【注】鄭曰：「厲，嚴正。」 正義曰：望之，謂遠望之，觀其容也。即，就也。在近就見之，觀其色也。釋文：「儼，本或作嚴。」案：皇本作「嚴」，邢本作「儼」，二字通用。爾雅釋詁：「儼，敬也。」詩澤陂傳：「儼，矜莊貌。」下篇云：「君子正其衣冠，尊其瞻視，儼然人望而畏之。」

10 子夏曰：「君子信而後勞其民，未信，則以爲厲己也。信而後諫，未信，則以爲謗己也。」【注】王曰：「厲猶病也。」 正義曰：子夏此言，亦無欲速之意。鄭注云：「厲讀爲賴，恃賴也。」案：左昭四年「楚滅賴」，公羊作「厲」。又公羊僖十五年釋文：「厲，舊音賴。」是厲、賴字通，音亦同。然鄭注非全文，恃賴之義，亦頗難曉也。○注：「厲猶病也。」○正義曰：管子度地：「厲一害也。」注：「厲，疾病也。」言上勞己，使已病也。

11 子夏曰：「大德不踰閑，小德出入可也。」【注】孔曰：「閑猶法也。小德則不能不踰法，故曰出入可也。」

注「閑猶」至「入可」。○正義曰：說文：「閑，闌也。」此訓法者，引申之義。廣雅釋詁：「閑，灋也。」「灋」與「法」同。注以小德當行權，故云「不能不踰法」。書酒誥云：「越小大德，小子惟一。」此據常經，可不行權，雖小德不當出入。「孔子曰：『大節是也，小節是也，上君也。大節是也，小節一出焉，一人焉，中君也。大節非也，小節雖是也，吾無觀其餘矣。』」荀子言小節未可出入，即酒誥之意。若子夏所云「可」者，謂反經合權，有不得不出入者也。經，亦必在可以然之域。不在可以然之域，故雖死亡，終弗爲也。故諸侯在不可以然之域者，謂之大節，大德無踰閑者，謂正經。諸侯在可以然之域者，謂之小德，小子出入可也。權，謊也，尚歸之以奉鉅經耳。董解亦謂行權，與此注同。韓詩外傳云：「孔子遭齊程本子於郯之間，傾蓋而語終日，有間，顏路曰：『由！束帛十四，以贈先生。』子路曰：『昔者由也聞之於夫子，士不中道相見。女無媒而嫁者，君子不行也。』孔子曰：『大德不踰閑，小德出入可也。』」此相傳夫子佚事，於義得證者也。邢疏以「大德」「小德」指人言，方氏觀旭偶記亦同，非也。

12　子游曰：「子夏之門人小子，當洒掃、應對、進退，則可矣，抑末也。本之則無，如之何？」【注】包曰：「言子夏弟子，但當對賓客修威儀禮節之事則可，然此但是人之末事耳，不可無其本，故云『本之則無，如之何』。」

正義曰：子游，漢石經作「游」。稱小子者，子游呼而告之也。釋文：「洒掃，上色買反，又所綺反，經典及周禮肆僕、國語晉語皆作『洒掃』，是借用。」凡糞除，先以水潑地，使塵不揚而後掃之，故洒先於掃。曲禮云：「凡爲長者糞之禮，必加帚於箕上。」【注】盧氏文弨攷證：「說文：『灑，汛也。洒，滌也。古文以爲灑埽字。』經典中如毛詩、論語及周禮隸僕、國語晉語皆作『洒掃』，是借用。」下素報反，本今作掃。典相承作酒。

長者糞之禮，必加帚於箕上，以袂拘而退。其塵不及長者，以箕自鄉而扱之。」弟子職云：「凡拚之道，實水于槃，攘袂及肘，堂上則播灑，室中握手，執箕膺擖，厥中有帚，入戶而立，其儀不貸，執帚下箕，倚于戶側。凡拚之紀，必由奧始，俯仰磬折，拚毋有徹，拚前而退，聚于戶內，坐板排之，以葉適己，實帚于箕。」此洒掃之事也。「應」，說文作「牆」，云：「以言對也。」今通作「應」。散文「應對」無別，對文則「應」是唯諾，不必有言，與「對」專主答辭異也。內則云：〔一〕「在父母之所，立拱手，應唯敬對」。曲禮云：〔二〕「父召無諾，先生召無諾，唯而起。」子游習於禮樂，以學道為本，而以洒掃、應對、進退〔內則云：〔三〕「進退周旋慎齊」〕周旋為禮儀之末，故譏子夏為失教法。大戴禮曾子事父母篇：「曾子曰：『夫禮，大之由也，不與小之自也。』」又謂「趨翔周旋，俛仰從命」為「未成於弟」，亦此意。釋文云：「應，當也。」「末，本末之末，字或作未，非也。」〇注：「但當對賓客修威儀禮節之事。」〇正義曰：「當對」即「應對」。爾雅釋詁……

子夏聞之，曰：「噫！言游過矣！君子之道，孰先傳焉？孰後倦焉？【注】孔曰：「噫，心不平之聲也。」包曰：「言先傳業者，必先厭倦。故我門人先教以小事，後將教以大道。」譬諸草木，區以別矣。君子之道，焉可誣也？【注】馬曰：「言大道與小道殊異，譬如草木，異類區別。言學當以次，君子之道，焉可使誣，言我門人但能洒掃而已？」有始有卒者，其惟聖人乎？【注】孔曰：「終始如一，惟聖人耳。」

〇正義曰：君子之道，謂禮樂大道，即子游所謂本也。此當視人所能學，而後傳之，故曰：「孰先傳焉？孰後倦焉？」「倦」即「誨人不倦」之

〔一〕「內則」原誤作「曲禮」，據禮記改。

〔二〕「曲禮云」原作「又云」，據禮記改。

〔三〕「內則」原作「又」，

據禮記改。

「倦」。言誰當爲先而傳之？誰當爲後而倦教？皆因弟子學有淺深，故教之亦異。草木區別，卽淺深之喻。今子游所譏，則欲以君子之道概傳之門人，是誣之也。

毛氏奇齡稽求篇：『倦卽古券字。傳與券，皆古印契傳信之物。一如教者之與學者兩相印契，故借其名曰傳曰券。』如毛此說，則「倦」爲「券」誤，亦得備一義也。

漢書薛宣傳：「宣令薛恭、尹賞換縣，移書勞勉之曰：『昔孟公綽優于趙、魏，而不宜滕、薛，故或以德顯，或以功舉，君子之道，焉可憮也？』注：『蘇林曰：「憮，同也，兼也。」』晉灼曰：『憮音謨。』」師古曰：『謂行業不同，所守各異也。憮與同、兼之義，師古所說從蘇解也。訓大，故有同、兼之義，兼義近。』其說良然。

說文：『誣，加也。』加與同、兼義大也。晉灼音「憮」爲「誣」，正謂「憮」卽「誣」也。焦氏循補疏謂：「憮乃誣字叚借，後傳則後厭倦，非經旨。○注『言大』至『而已』。○正義曰：『草木區別』，喻人學有不同。故注云『大道』『小道』，則指本末言之，本爲大道，末爲小道也。華嚴經音義上引注云：『區，別也。』疑注有脫文。凡地域謂之區，區以分別，故區卽訓別。○注以『誣』爲欺誣，言教人以所不能，則爲誣也。於義亦通。○注『終始如一，惟聖人耳。』○正義曰：大學云：『物有本末，事有終始，知所先後，則近道矣。』此大學教人之法，雖聖人亦不外此。然聖道體備，學其本而末已賅，學其末而本不廢，故能終始如一。如一者，一貫之謂也。

13　子夏曰：「仕而優則學，【注】馬曰：『行有餘力，則以學文。』學而優則仕。」

正義曰：古者大夫士，年七十致事，則設教於其鄉，大夫爲大師，士爲少師，是仕而優則學也。學至大成乃仕，是學而優則仕也。○注『行有餘

力，則以學文。」○正義曰：說文：「優，饒也。饒，餘也。」言人從事於所當務而後及其餘，不泛騖也，故引學而文說之。此又一義。

14 子游曰：「喪致乎哀而止。」【注】孔曰：「毀不滅性。」 正義曰：朱子集注云：「致極其哀，不尚文飾也。」

楊氏之蓉喪說：「喪，與其易也寧戚，不若禮不足而哀有餘之意。」案：問喪云：「故哭泣辟踊，盡哀而止矣。」與此「而止」文法同。

夏氏之蓉喪說：「人未有自致者也，必也親喪乎？先王制禮，非由天降，非自地出，人情之所不能自已者而已矣。是故衰麻苴絰之數，哀之發於容服者也。擗踊哭泣之節，哀之發於聲音者也。斬衰唯而不對，齊衰對而不言，大功言而不議，哀之發於言語者也。父母之喪，朝一溢米，莫一溢米。齊衰之喪，不食菜果，大功不食醯醬，小功不飲酒醴，哀之發於飲食者也。父母之喪，居倚廬，寢苫枕塊。齊衰之喪，居堊室，哀之發於居處者也。凡此者無他，創鉅者其日久，痛深者其愈遲，凡有知者之所固然，稱情以立文焉而已矣。」○注：「毀不滅性。」○正義曰：注說非經意。「性」與「生」同。喪服四制云：「三日而食，三月而沐，期而練，毀不滅性，不以死傷生也。」

15 子游曰：「吾友張也爲難能也，然而未仁。」【注】包曰：「言子張容儀之難及。」 注：「言子張容儀之難及。」○正義曰：焦氏循補疏：「此文但言『難能』，未言所以難能者何在，故下連載曾子之言『堂堂』，知堂堂爲難能，卽知難能指堂堂。此自相發明之例。」案：焦說本此注。大戴禮衞將軍文子篇孔子言子張「不弊百姓」「以其仁爲大」。又言

其「不伐，不悔可悔，不佚可佚。」是子張誠仁，而子游譏其未仁者，以其容儀過盛，難與並爲仁，但能成己而不能偏成物，即是未仁。未仁者，未爲仁也。以此見仁道之至難也。

16 曾子曰：「堂堂乎張也，難與並爲仁矣。」【注】鄭曰：「言子張容儀盛，而於仁道薄也。」 正義曰：

弟子羣居，脩德講學，皆是爲仁。但必忠信篤敬，慮以下人，而後與人以能親，容人以可受，故可與並爲仁。若容儀過盛，則疑於矜己，或絕物矣，故難與並爲仁。列子仲尼篇「子曰：『師之莊，賢於丘也。』」又曰「『能莊而不能同。』」「莊」即謂堂堂。「不能同」即難與並之意。○注：「言子張容儀盛，而於仁道薄也。」○正義曰：御覽三百八十九引「仁道薄」下有「勉難進」三字。「容儀」謂容貌之儀。子張平居，容儀過盛，故云「師也辟」。辟者，盤辟也。知堂堂爲容儀盛者，廣雅釋詁「堂，明也。」釋訓「堂堂，容也。」後漢書伏湛傳「杜詩上疏曰『湛容貌堂堂，國之光暉。』」字通作「棠」。魯峻碑「棠棠忠惠。」

17 曾子曰：「吾聞諸夫子：人未有自致者也，必也親喪乎！」【注】馬曰：「言人雖未能自致盡於他事，至於親喪，必自致盡。」 正義曰：漢石經作「吾聞諸子」。「人未有自致也」者，孟子云「親喪，固所自盡也。」意同。

18 曾子曰：「吾聞諸夫子：孟莊子之孝也，其他可能也。其不改父之臣與父之政，是難

能也。【注】馬曰：「孟莊子，魯大夫仲孫速也。謂在諒陰之中，父臣及父政雖有不善者，不忍改也。」　正義曰：皇本

「難」下無「能」字。朱子集注云：「其父獻子，名蔑。獻子有賢德，而莊子能用其臣，守其政。故其他孝行雖有可稱，而皆

不若此事之為難。」○注「謂在」至「改也」。○正義曰：注意以三年不改為孝，故云「在諒陰之中」。諒陰，凶廬，上下通稱。

其實三年不改，亦謂其父善道，己能守之，便是至孝。若有不善，正當改易，何為云「不忍」哉？注說誤也。

19　孟氏使陽膚為士師，問於曾子。【注】包曰：「陽膚，曾子弟子。士師，典獄之官。」　正義曰：檀弓疏

引鄭注論語云：「慶父輒稱死，時人為之諱，故云孟氏。」偽王應麟集本繫於孟懿子問孝章，丁氏杰以為當在此下，臧氏庸

從之。○公羊僖元年傳：「慶父於是抗輈經而死。」此鄭所本。　公羊疏引鄭云：「慶父輒死。」當即論語注文。臧氏以此注

「稱」字為「經」之誤，陳氏鱣以「稱」字誤衍，二說均有理。考鄭以魯人諱慶父之事，故稱孟氏。此義未知所出。杜預謂

「慶父是莊公長庶兄」。庶長稱孟，於理為順。問於曾子者，陽膚問也。　曾子曰：「上失其道，民散久矣。如得

其情，則哀矜而勿喜。」【注】馬曰：「民之離散，為輕漂犯法，乃上之所為，非民之過。當哀矜之，勿自喜能得其情。」

正義曰：張栻解：「先王之於民，所以養之教之者，無所不用其極，故民心親附其上，服習而不違。如是而猶有不率焉，

而後刑罰加之，蓋未嘗不致哀矜惻怛也。若夫後世禮義衰微，所以養之教之者，皆蕩而不存矣。上之人未嘗心乎民也，故

民心亦渙散而不相屬，以陷於罪戾而蹈於刑戮，此所謂上失其道，民散久矣。」「情」者，實也，謂民所犯罪之實。周官小

宰：「以敘聽其情。」禮記大學：「無情者不得盡其辭。」「哀矜」者，哀其致刑，矜其無知，或有所不得已也。書呂刑云：「哀矜

折獄。」與此文同。論衡雷虛篇引論語作「哀憐」，或是以義代之。段氏玉裁遂疑「矜」當作「矝」，矝讀如憐，恐未是也。韓詩外傳：「昔之君子，道其百姓不使迷，是以威厲而刑措不用也。故形其仁義，謹其教道，使民目晰焉而見之，使民耳晰焉而聞之，使民心晰焉而知之，則道不迷而民志不惑矣。詩曰：『示我顯德行。』故道義不易，民不由也；禮樂不明，民不見也。詩曰：『周道如砥，其直如矢。』言其易也。『君子所履，小人所視。』言其明也。『睠言顧之，潸焉出涕。』哀其不聞禮教而就刑誅也。夫散其本教而待之刑辟，猶決其牢而發以毒矢也，不亦哀乎！」○注「民之」至「之過」。○正義曰：「離散」謂民心畔離，遠經犯道，不治，而伐己之能得奸，猶弋者視鳥獸挂罥羅而喜也。○注「民之」至「之過」。○正義曰：「離散」謂民心畔離，遠經犯道，故以「輕漂」形之。〈禮樂記〉云：「流辟邪散。」荀子勸學篇注：「散謂不自檢束。」

20　子貢曰：「紂之不善，不如是之甚也。是以君子惡居下流，天下之惡皆歸焉。」【注】孔曰：「紂爲不善以喪天下，後世憎甚之，皆以天下之惡歸之於紂。」　正義曰：紂者，殷王帝乙之子，名辛，字受，又字紂。高誘呂氏春秋功名注、蔡邕獨斷並以桀、紂爲謚。書撰黎疏謂「後人見其惡，爲作惡謚」是也。皇本「善」下有「也」。漢石經「之甚」作「其甚」。○注「紂爲」至「於紂」。○正義曰：列子楊朱篇：「天下之美，歸之舜、禹、周、孔；天下之惡，歸之桀、紂。」漢書敍傳：「班伯以侍中起眠事。時乘輿幄坐張畫屏風，畫紂醉踞妲己作長夜之樂。上因顧指畫而問伯：『紂爲無道，至於是虖！』伯對曰：『書云「迺用婦人之言」，何有踞肆於朝？所謂衆惡歸之，不如是之甚者也。』」楊敞傳：「憚書曰：『下流之人，衆毀所歸。』」後漢書竇憲傳論：「憲率羌胡邊雜之師，一舉而空朔庭，列其功庸，兼茂於前多矣，而後世莫稱

者，章末覽以降其實也。是以下流，君子所甚惡焉。諸文皆以「天下之惡」為惡名，此注與之同也。皇疏引蔡謨曰：「聖人

之化，由羣賢之輔；闇主之亂，由衆惡之黨。是以有君無臣，宋襄以敗；衞靈無道，夫奚其喪。言一紂之不善，其亂不得

如是之甚。身居下流，天下惡人皆歸之，是故亡也。」此以「天下之惡」為惡人，其說亦通。左昭七年傳楚芊尹無宇曰：

「昔武王數紂之罪，以告諸侯曰：『紂為天下逋逃主，萃淵藪。』」杜注：「天下逋逃，悉以紂為淵藪，集而歸之。」孟子滕

文公篇言紂臣有飛廉，墨子明鬼下有費中、惡來、崇侯虎、[一] 淮南覽冥訓有左彊，道應訓有屈商，是紂時惡人皆歸

之證。

21 子貢曰：「君子之過也，如日月之食焉：過也，人皆見之；更也，人皆仰之。」【注】孔曰：

「更，改也。」 正義曰：皇本「食焉」作「蝕也」。釋名釋天：「日月虧曰食。稍稍侵虧，如蟲食草木葉也。」凌氏曙典故覈：

「日月之行天上，日居上，月居下，日為月所掩，故日食。月在天上，日乃在地下，地球居中隔之，日光為地球所掩，不能耀

月，故月食。人皆仰之者，言人皆仰戴之也。孟子公孫丑篇有此文，當亦古語，而二賢述之。」〇注：「更，改也。」〇正義

曰：說文云：「更，改也。」此常訓。

22 衞公孫朝【注】馬曰：「公孫朝，衞大夫。」問於子貢曰：「仲尼焉學」？子貢曰：「文武之道，未墜

〔一〕「明鬼下」原誤作「非樂」，據墨子改。

於地，在人。賢者識其大者，不賢者識其小者。莫不有文武之道焉。夫子焉不學？而亦何

常師之有？」【注】孔曰：「文武之道，未墜落於地，賢與不賢，各有所識。夫子無所不從學，故無常師楊

正義曰：春秋時，魯有成大夫公孫朝，見昭廿六年傳；楚武城尹公孫朝，見哀十七年傳；鄭子產兄公孫朝，見列子。

朱篇。及此凡四人，故論語稱衛以別之。與公子荆書法同，此翟氏灝考異說。云「公孫」者，白虎通姓名篇「諸侯之子稱公

子，公子之子稱公孫。」史記弟子傳此章爲陳子禽問子貢，蓋涉下章而誤。「焉學」者，焉所從受學也？夫子學皆從周，中

唐云：「仲尼祖述堯舜，憲章文武。」憲者，法也。章者，明也。大道之傳由堯舜，遞至我周，制禮作樂，於是大備，故言文王

既没，其文在兹。及此子貢言「道」，亦稱文武也。漢石經「墜」作「隊」，「識」作「志」。馮氏登府考證：「荀子儒效篇『至共

頭而山隧。』漢西狹頌：『數有顚覆實隧之患。』前漢王莽傳：『不隧如髮。』並與墜同。周官保章氏注：『志，古文識。』漢書楚

元王傳劉歆引此文、孟子尹士章章指引並作『志』，或出古論。」賢與不賢謂孔子同時人，此與大受小知章「君子」、「小人」

皆以才器言也。賢者識其承天治人之大，不賢者識其名物制度之細。文武之道，所以常存，而夫子刪定贊修，皆爲有徵之

文獻可知。書傳言夫子問禮老耼，訪樂萇弘，問官郯子，學琴師襄，其人苟有善言善行足取，皆爲我師。此所以爲集大成

也與！

23　叔孫武叔語大夫於朝【注】馬曰：「魯大夫叔孫州仇，武謚。」曰：「子貢賢於仲尼。」子服景伯以

告子貢。子貢曰：「譬之宮牆，賜之牆也及肩，窺見室家之好。夫子之牆數仞，【注】包曰：「七尺

日切。」不得其門而入，不見宗廟之美，百官之富。得其門者或寡矣。夫子之云，不亦宜乎！」

【注】夫子謂武叔。

正義曰：夫子歿後，諸子切劘砥礪，以成其學。故當時以有若似聖人，子夏疑夫子，而叔孫武叔、陳子禽皆以子貢賢於仲尼，可見子貢晚年進德修業之功，幾幾乎超入聖。然孟子言子貢智足知聖人，又子貢、有若皆言夫子生民未有，故此及下兩章皆深致贊美。法言問明篇「仲尼，聖人也。或劣諸子貢，子貢辭而精之，然後廓如也。」

「宮牆」者，室四周有牆，凡寢廟皆居其中，牆南面有門，以通出入。此制上下當同，但高卑廣狹必有差別，今無文以明之。

金氏鶚禮說謂「士庶人垣牆不周」，未必然也。墨子辭過篇「故聖王作爲宮室，宮牆之高，足以辨男女之禮。」說文「窵，周垣也。」「窆」當爲宮牆之名。漢石經作「嘗諸宮牆」；下「賜之牆」同。皇本作「嘗諸」，句末多「也」字。「及肩」者，說文「窵，

「肩，髆也。肩，俗從戶。」言宮牆卑，與人肩齊也。「窺」，釋文作「闚」，皇、宋石經同。說文「窺，小視也。闚，閃也。」義別而音近，故二字通用。

錢氏坫後錄「王宮牆高五丈，爲六仞四分仞之一，故曰數仞。」錢氏據仞爲八尺之說推之，其義未審。所據釋文「仞，一作刃。」

魏李仲璇孔子廟碑，汲縣太公碑用此文並作「刃」，當時傳本用限字也。錢氏又曰「考工記『外有九室，九卿朝焉。』注『外，路門之表也。九室，如今朝堂諸曹治事處。』百官之富，即指此。」案：及肩之牆，是士庶人，故以室家爲言。數仞之牆，指天子諸侯，故有宗廟百官。此其美富，惟得其門而入者見之。門謂宮牆之門，及朝廟諸門也。

武叔未親聖教，本在門外，而但自宮牆窺之，故於士庶人室家之好能見之，於天子諸侯宗廟百官則不得見焉。

今但舉所見者稱之，則謂子貢賢於夫子，固其宜矣。○正義曰：邢疏云「案世本，州仇，公子叔牙六世孫叔孫，不敢子也。」

注「魯大夫叔孫州仇。」○正義曰：皇本作「夫夫子之牆」，又「人」下有「者」字，「夫子云」無「之」字。春秋定十年「秋，叔孫州

仇帥師圍郈。』左傳:『武叔懟子圍郈。』是知叔孫武叔卽州仇也。』○注:『七尺曰仞。』○正義曰:鄭此注與包同,高誘吕氏

春秋適威注亦同。趙岐注孟子、王逸注楚辭、樊光注爾雅及許氏說文並云:『八尺曰仞。』應劭注漢書食貨志云:『五尺六

寸曰仞。』考工記匠人疏引王肅說、莊子庚桑楚釋文引小爾雅廣度並云:『四尺曰仞。』諸家不同。程氏瑤田通藝錄以七尺

爲是。其說曰:『揚雄方言云:『度廣曰尋。』杜預左傳『仞溝洫』注:『度深曰仞。』二書皆言人伸兩手以度物之名。而尋爲

八尺,仞必七尺者,何也?同一伸手度物,而廣深用之,其勢自不得不異。人長八尺,伸兩手亦八尺,用以度廣,其勢全伸

而不屈,而用之以度深,則必上下其左右手而側其身焉。身側則身與所度之物,不能相摩,於是兩手不能全伸而成弧之

形。弧而求其弦以爲仞,必不能八尺,故七尺曰仞,亦其勢然也。』

24

叔孫武叔毀仲尼。子貢曰:『無以爲也,仲尼不可毀也。他人之賢者,丘陵也,猶可

踰也;仲尼,日月也,無得而踰焉。人雖欲自絕,其何傷於日月乎?多見其不知量也。』【注】

言人雖欲自絕棄於日月,其何能傷之乎?適足自見其不知量也。 正義曰:『毀』,謂非毀夫子,以爲他人得賢之也。

『無以爲』者,言無以爲日月,禁止之也。說文:『丘,土之高也,非人所爲也。陵,大阜也。』『猶可踰』者,言於丘陵可過之也。

『仲尼日月』者,日月至高,非人所得踰之也。 皇本『日月』上有『如』字。阮氏元校勘記:『後漢書孔融傳、列女傳二注引此

文,並有如字。』又皇本『絕』下有『也』字。○注『言人』至『量也』。○正義曰:『絕』,『如晉侯使吕相絕秦』之絕。『絕棄於日

月』者,絕棄卽謂毀也。云『適足』者,『多』與『祇』同,祇訓適也。左襄廿九年傳『多見疏也』,服本作『祇』。云『祇,適也』。

25 陳子禽謂子貢曰：「子爲恭也，仲尼豈賢於子乎？」子貢曰：「君子一言以爲知，一言以爲不知，言不可不慎也。夫子之不可及也，猶天之不可階而升也。

正義曰：「爲恭」者，言爲恭敬以尊崇其師也。公羊桓元年：「鄭伯以璧假許田，易之也。易之則其言假之何？爲恭也。」何休注：「爲恭遜之辭。」與此義同。釋文：「爲知，音智，下同。」智者知人，知人則無失言，故君子於人之一言，就其言之得失，識其人之智與不智，故言當極慎也。喪大記：「虞人設階。」注：「階，所乘以升屋者。」說文：「梯，木階也。」子貢以夫子道高若天，亦前章以日月爲喻之意。

夫子之得邦家者，【注】孔曰：「謂爲諸侯若卿大夫。」所謂立之斯立，道之斯行，綏之斯來，動之斯和。其生也榮，其死也哀，如之何其可及也？」【注】孔曰：「綏，安也。言孔子爲政，其立教則無不立，道之則莫不興行，安之則遠者來至，動之則莫不和穆。故能生則榮顯，死則哀痛。」

正義曰：「立」者，以禮立之也。「之」指人言，所謂「立人」也。「道」猶導也，所謂「達人」也。達者，通也，行也。「綏之」者，言有仁政安集之也。「動之」者，以禮樂興動之也。荀子儒效云：「造父者，天下之善御者也。無輿馬，則無所見其能。羿者，天下之善射者也。無弓矢，則無所見其巧。大儒者，善調一天下者也。無百里之地，則無所見其功。」夫子未得大用，故世人莫知其聖而或毀之。然至誠必能動物，存神過化，理有不忒。夫子仕魯未幾，政化大行，亦可識其略矣。○注「綏，安也。」○正義曰：爾雅釋詁文。

堯曰第二十

正義曰：漢書藝文志：「論語古二十一篇。出孔子壁中，兩子張。」何晏等序亦云：

「古論分堯曰下章子張問以爲一篇，有兩子張。」兩子張者，前第十九篇是子張，此子張問從政又爲子張，故云「兩」也。如淳注漢書，以此子張篇名從政。金氏履祥集注考證以此篇名子張問，金說似爲得之也。翟氏灝考異引毛奇齡說，未有一章可爲一篇者，是必別有子張一篇，未必是從政章，此說似非。蓋論語自微子篇說夫子之言已訖，故子張篇皆記弟子之言，至此更搜集夫子遺語，綴於冊末。而有兩篇者，以論語非一人所撰，兩篇皆更待裒錄而未有所得，故堯曰止一章，子張止二章也。此真孔壁之舊，其合併爲一篇，則齊、魯家學者爲之矣。翟氏灝考異以堯曰云爲論語後序，故專爲篇，而文今不全，歷引周易序卦及先秦、兩漢諸子史後序皆居簑尾。又以堯曰章及孟子由堯舜章皆爲一書後序，「子張問」以下古原別分爲篇，蓋於書成後續得附編，故又居後序之後。此說尤誤。論語之作，非出一人，此序果誰所作？且泰伯篇末，嘗論堯、舜、文、武、禹矣，亦將謂爲後序耶？必不然矣。篇內文有脫佚，自昔儒者曾言之。

集解

凡三章　正義曰：翟氏灝考異：「古論語分此一篇爲二，則堯曰凡一章，子張凡二章。魯論無不

知命章，則堯曰凡二章。

1

堯曰：「咨！爾舜，天之曆數在爾躬，【注】曆數謂列次也。允執其中。四海困窮，天祿永終。」舜亦以命禹。【注】孔

【注】包曰：「允，信也。困，極也，永，長也。言爲政信執其中，則能窮極四海，天祿所以長終。」

正義曰：爾雅釋詁：「嗟，咨蹉也。」詩文王：「咨女殷商。」毛傳：「咨，嗟也。」堯有所重誡

曰：「舜亦以堯命己之辭命禹。」

書堯典云：「乃命羲，和，欽若昊天，曆象日月星辰，敬授民時。」「曆象」「曆數」詞意並同。洪範：「五

於舜，故歎而後言也。

紀：一曰歲，二曰月，三曰日，四曰星辰，五曰曆數」。「曆數是歲、月、日、星辰運行之法。曾子天圓篇：「聖人慎守日月之

數，以察星辰之行，以序四時之順逆，謂之曆」中論曆數篇：「昔者聖王之造曆數也，察紀律之行，觀運機之動，原星辰之

迭中，寢暑景之長短，於是營儀以准之，立表以測之，下漏以考之，布算以追之，然後元首齊乎上，寒暑順序，

四時不忒。夫曆數者，先王以憲殺生之萌而詔作事之節也，使萬國不失其業者也。」此曆數之義也。史記曆書言：「黃帝考

定星曆，建立五行，起消息，正閏餘，於是有天地神祇物類之官。」又言：「堯復遂重黎之後，立羲和之官，明時正度。年耆禪

舜，申戒文祖云：『天之曆數在爾躬。』舜亦以命禹。」由是觀之，王者所重也。」據史記之文，則「咨舜」云云，乃堯禪位語。舜

不陟帝位，故當堯之世，但攝政也。王者，天之子，當法天而行，故堯以天之曆數責之於舜。春秋繁露郊語篇引此文釋之

云〔一〕：「言察身以知天也。」此董以「在」訓察「躬」訓身也。在之爲察，見爾雅釋詁。「察身」者，謂省察其身，當止至善以

〔一〕「郊語」原誤作「郊祭」，據春秋繁露改。

承天之事，受天之大福，故天垂象而人主法焉，天示異而人主懼焉。書洪範云：「王省惟歲。」詩大明云：「唯此文王，小心

翼翼。昭事上帝，聿懷多福。」「翼翼」者，敬也，並皆察身之義也。鄭此注云：「曆數在汝身，謂有圖籙之名。」「圖籙」者，帝

王受命，有符瑞之徵，可先知也。其書起於周末，漢世儒者用以說經，故康成據之，實則於義非也。「執中」者，

之。禮中庸云：「子曰：『舜其大知也與！執其兩端，用其中於民。』執而用中，舜所受堯之道也。用中即中庸，故庸訓用也。

中庸之義，自堯發之，其後賢聖論政治學術，咸本此矣。「四海困窮」者，孟子滕文公上：「當堯之時，天下猶未平，洪水橫

流，氾濫於天下，草木暢茂，禽獸繁殖，五穀不登，禽獸偪人，獸蹄鳥跡之道交於中國。堯獨憂之，舉舜而敷治焉。」又滕文

公下：「當堯之時，水逆行，氾濫於中國，蛇龍居之，民無所定。下者為巢，上者為營窟。書曰：『洚水警余。』洚水者，洪水

也。」是堯時四海困窮之徵。舜舉敷治之，故此咨告之言，當憂恤之也。其後舜命禹亦言此者，水土初平，民猶艱食鮮食

故也。「天祿」者，天子玉食萬方，有祿食自天予之，故言天也。毛氏奇齡稽求篇：「閻潛丘云：『四海困窮是僞辭，天祿永終

是勉辭。』蓋四海當念其困窮，天祿當期其永終也。」江氏聲尚書集注音疏疑此節為舜典佚文，東晉古文入之大禹謨。○

注：「曆數謂列次也。」○正義曰：「爾雅釋詁：『歷，數也。』歷即是數，故曆數連文。禮記郊特牲注：『簡歷謂算具陳列之也。』○

【次】亦數也。○注「允信」至「長終」。○正義曰：「允信」「永長」，皆爾雅釋詁文。段氏玉裁說文注云：『困之本義為止而

不過，引申之為極盡。論語『四海困窮』謂君德充塞宇宙，與橫被四海之義略同。』段說即包此注意，然非經旨。「天祿所以

長終」者，言享天祿能終竟之也。易歸妹象傳：「君子以永終知敝。」書金縢：「惟永終是圖。」漢、魏人用此經語。班彪王命論

云：「福祚流于子孫，天祿其永終矣。」雋不疑謂暴勝之曰：「樹功揚名，永終天祿。」韋賢傳：「匡衡曰：『其道應天，故天祿永

終。』」其他封策禪詔，若漢武帝立子齊王閎策，漢靈帝立皇后詔，吳大帝卽位告天文，漢禪位于魏册，魏使鄭沖奉册于晉，凡引此文，皆作永長解。惟魏明帝青龍二年，山陽公薨，魏志注引獻帝傳有「山陽公深識天禄永終之運，禪位文皇帝」。又曰：「惟山陽公昔知天命永終於己，深觀曆數，允合在聖躬，傳祚禪位。」是解「永終」爲永絶在魏末晉初，而嗣後宋、齊、梁、陳，其文一轍，皆曰：「敬禪神器，授帝位于爾躬，四海困窮，天禄永終。」王其允執厥中，儀刑前典，以副昊天之望。」于是皆以「天禄永終」繼「困窮」之後，爲却位絶天之辭，於古義絶不相應。此閻氏若璩、毛氏奇齡說。

曰：「予小子履，【注】孔曰：「履，殷湯名。」**敢用玄牡，敢昭告于皇皇后帝，**【注】孔曰：「皇，大。后，君也。大，大君。帝，謂天帝也。墨子引湯誓，其辭若此。此伐桀告天之文。殷家尚白，未變夏禮，故用玄牡。」**有罪不敢赦。**【注】包曰：「順天奉法，有罪者不敢擅赦。」**帝臣不蔽，簡在帝心。**【注】孔曰：「桀居帝臣之位，罪過不可隱蔽，以其簡在天心故。」**朕躬有罪，無以萬方，萬方有罪，罪在朕躬。」**【注】孔曰：「無以萬方，萬方不與也；萬方有罪，我身之過。」

正義曰：「曰予上帝，不敢有所隱飾也。用玄牡者爲舜命禹事，則舜本不名履，殊可疑。俞氏樾羣經平議謂「鄭本無『履』字」，或得之。「昭告」者，詩大明「昭事上帝」，箋云：「昭，明也。」言明告上帝。鄭注云：「皇皇后帝，並謂五帝，在天爲上帝，分主五方爲五帝。[一]用五帝亦如之。」周官司服：「祀昊天上帝，則服大裘而冕。祀五帝亦如之。」大宗伯「以蒼璧禮天，以黃琮禮地，以青圭禮東方，以赤璋禮南方，以白琥禮西方，以玄璜禮北方。皆有牲幣，各放其器之色。」注云：「時總告五方之神，莫適用，用皇天大帝之牲。」

〔一〕「主」原誤作「王」，據陳鱣論語古訓引鄭注並參詩閟宮正義改。

「此禮天以冬至,謂天皇大帝在北極者也;禮東方以立春,謂蒼精之帝;禮南方以立夏,謂赤精之帝;禮西方以立秋,謂白精之帝;禮北方以立冬,謂黑精之帝。」鄭不言中央之帝,以經文不見,故略之也。史記天官書:「南宮朱鳥,權、衡。衡,太微,三光之廷。」又言:「掖門內五星,五帝坐。」是五帝屬太微,故此注言太微五帝也。在天爲上帝,卽謂昊天上帝,亦卽大宗伯注所云「天皇大帝」也。舜命禹總祭五帝,卽是受終文祖也。五帝分祭牲幣,各有所尚,今此是總祭,故莫適用。而以昊天爲主,用玄牡,故禮亦尚玄也。說文:「牡,畜父也。」廣雅釋獸:「牡,雄也。」凡大祭,牲用牛,則此玄牡爲黑牛矣。如鄭之言「有罪」謂四凶「帝臣」卽謂禹。其注云「簡閱在天心」,言天簡閱其善惡也。周官小宰「二曰聽師田以簡稽」鄭司農注、遂大夫「簡稼器」爲證。「簡,閱也。」帝臣「簡」有閱訓。「帝臣」爲善,「有罪」爲惡,「帝心」承上二句,言所舉黜,皆本天心所簡閱也。周語王子晉言:「皇天嘉禹,胙以天下。」韋昭注引論語「帝臣不蔽」,而與白虎通及包、孔注以爲「湯伐桀告天」者異,當亦經師相傳,有此訓也。「無以萬方」,漢石經「無」作「毋」。又「萬方有罪」下不重「罪」字,皇本亦不重。爾雅釋詁:「朕,我也。」郭注:「古者貴賤皆自稱朕,至秦世始爲天子尊稱。」案:此告天亦稱朕,是朕未爲尊稱也。東晉古文采此節文入湯誥。○注「履殷」至「若此」。○正義曰:孫氏志祖讀書脞錄「據大戴禮少閒篇『商履代興』,白虎通姓名篇:『湯王後更名,爲子孫法,本名履也。』則湯名天乙,又名履,自無可疑。」案:志亦稱子履,是履爲湯名也。明堂位:『夏后氏牲尚黑,殷白牡。』是殷尚白。於時湯甫伐桀,仍用夏禮爲玄牡也。說文:『皇,大也。』詩楚茨『先祖是皇』傳亦云『大也』。爾雅釋詁:『后,君也。』說文:『后,繼體君也。象人之形。』天帝稱后者,尊之,故君之也。墨子兼愛下:『夫兼相愛,交相利,不惟禹誓爲然,雖湯說亦猶是也。湯曰:「惟予小子履,敢用玄牡,告于上天后

曰：「今天大旱，即當朕身履，未知得罪于上下，有善不敢蔽，有罪不敢赦，簡在帝心。萬方有罪，即當朕身；朕身有罪，無及

萬方。』」呂氏春秋順民篇亦云：「湯克夏而天大旱，湯以身禱于桑林曰：『余一人有罪，無及萬夫；萬夫有罪，在余一人。』」

然則此語爲因旱禱雨之辭。墨子謂之「說」者，周官大祝：「掌六祈以同鬼神示，曰類，曰造，曰禬，曰禜，曰攻，曰說。」又詛

祝亦「掌類、造、攻、說、禬、禜之祝號」。「說」謂以詞自解說也。孔注本墨子。而云湯誓爲伐桀告天之辭，與墨子不合，作僞

者之疎可知。白虎通三軍篇：「王者受命，質家先伐，文家先改正朔何？質家言天命已，使已誅無道，今誅得爲王，故先伐。

故論語曰云云。」此湯伐桀告天，用夏家之牲也。」與此包、孔注合。周語內史過引湯誓：「余一人有罪，無以萬夫，萬夫有

皋，在余一人。』」是湯誓亦有其文。疑伐桀告天及禱雨文略相同。然禱雨在克夏後，無爲仍用夏牲，故白虎諸儒不用墨子

爲說也。伐桀所以告天者，繁露四祭篇：「己受命而王，必先郊。」文王先郊，乃敢行事，而興師伐崇。文王之伐崇是也。」又郊祭篇：「是故天子每

將興師，必先郊祭以告天，乃敢征伐，行子道也。○注「言桀」至「心故」。○正義曰：墨子云：「有善不敢蔽。」是「帝臣」謂善臣。呂氏春秋簡選篇言「湯反桀之事」，遂其

賢良」是也。此注以帝臣爲桀，與墨子不合。又「簡在帝心」，承上有罪帝臣言之，故鄭注謂「簡閱其善惡也」。此注單承

桀言，亦誤。○注「無以萬方，萬方不與也」。○正義曰：以，與也；與，預也。世之治也，在位者皆自引過，以求盡乎

治民之道。世衰則君諉罪於臣，臣諉罪於民，於是以民皆不肖，而視之如仇讎。欲民之治，不可得已。**周有大賚，善人**

是富。【注】周，周家。賚，賜也。言周家受天大賜，富於善人，有亂臣十人是也。注「周周」至「是也」。○正義曰：

〔一〕「郊祭」原誤作「郊祀」，據春秋繁露改。

爾雅釋詁「賚，賜也。」說文「賜，予也。」詩周頌序云「賚，大封於廟也。賚，予也，言所以錫予善人也。」鄭注「大封，武王伐紂時，封諸臣有功者。」是大賚謂武王所賚。此注言「周家受天」者，當謂受天命，因大賜也。孔氏詩疏云「昔武王克商，光有天下，其兄弟之國者十有五人，姬姓之國四十人。」皆是武王大封之事。此注舉十亂者，以十亂中若周召、太公、畢公，皆封國爲諸侯，餘亦畿內諸侯也。亂臣「臣」字當衍，此後人所加，說見前疏。

雖有周親，不如仁人。

【注】孔曰「親而不賢不忠則誅之」，管、蔡是也。仁人謂箕子、微子，來則用之。

百姓有過，在予一人。

正義曰：墨子兼愛中「昔者武王將事泰山隧，傳曰『泰山有道，曾孫周王有事，大事既獲，仁人尚作，以祗商夏，蠻夷醜貉，雖有周親，不若仁人。萬方有過，維予一人。』」宋氏翔鳳說「『周親』四語，蓋封諸侯之辭也。武王封大公於齊，在泰山之陰，故將事泰山，而稱『仁人尚』，爲封大公之辭也。」今案：說苑貴德篇「武王克殷，問周公曰『將奈其士眾何？』周公曰『使各宅其宅，田其田，無變舊親。惟仁是親，百姓有過，在予一人。』」韓詩外傳作「舊新」。彼爲誓眾之辭，與此封諸侯略同。「周」者，至也。見逸周書諡法解。毛詩鹿鳴傳「親者，近也，密也。」「周親」兼舊新言之。「百姓有過，在予一人」，言凡諸國百姓有不虞，天性不迪率典者，皆我一人之責。所以然者，亦由所封諸侯未得其人，故引以自實也。白虎通號篇「王者自謂一人者，謙也，欲言己材能當一人耳。」曲禮云「君天下曰天子，朝諸侯，分職、授政、任功，曰予一人。」「分職」即謂封諸侯也。東晉古文采諸文入泰誓。

○注「親而」至「用之」。○正義曰：注不解「周」字，而以管、蔡當「周親」，是以「周」爲周家也。管、蔡作亂被誅，在成王時。注言此者，欲見管、蔡是周親，其封當亦在武王時，是不如仁人也。呂

氏春秋離謂篇:「周公、召公以此疑。」高誘注:「以管、蔡流言,故疑也。

蔡當「周親」,與此注意同。史記宋世家:「周武王克殷,微子乃造於軍門,肉袒面縛,左牽羊,右把茅,膝行而前以告。於

是武王乃釋微子,復其位如故。」又曰:「武王乃封箕子於朝鮮而不臣也。」是箕子、微子來則用之也。 謹權量,審法

度,修廢官,四方之政行焉。 【注】包曰:「權,秤也;量,斗斛。」 正義曰:漢書律曆志:「虞書『乃同律度量

衡』,所以齊遠近,立民信也。自伏羲畫八卦,由數起,至黃帝、堯、舜而大備。三代稽古,法度章焉。周衰官失,孔子陳後

王之法曰:『謹權量,審法度,修廢官,舉逸民,四方之政行矣。』據志此文,是謹權量云以下,皆孔子語。故何休公羊

昭三十二年注引此節文,冠以『孔子曰』。說文云:『窠,悉也,知窠諦也。審,篆文從番。』考工記弓人注:『審猶定也。』成氏

蓉鏡經史駢枝曰:『法度與權量,相對爲文,當爲二事。法謂十二律,度謂五度也。舜典『同律度量衡。』馬融注:『律,法

也。』量衡卽論語之『權量』,則律度亦卽論語之『法度』矣。漢書律曆志引虞書及論語此文,又云:『元始中,羲和劉歆等言

之最詳:一曰備數,二曰和聲,三曰審度,四曰嘉量,五曰權衡。聲者,宮、商、角、徵、羽也。五聲之本,生於黃鐘之律。』十

有二律〔一〕卽法也。」案:成說是也。律者,聲之所出。聲正而後數可明,數明而後萬物可正,故黃鐘爲萬物根本也。度

者,漢志云「分、寸、尺、丈、引也」。謹審之本,在於正律。故漢志引劉歆曰「五聲之本,生於黃鐘之律。九寸爲宮,或損或

益,以定商、角、徵、羽。六六相生,陰陽之應也。」又云:「度本起黃鐘之長。以子穀秬黍中者,一黍之廣,度之九十分,黃鐘

之長。一爲一分,十分爲寸,十寸爲尺,十尺爲丈,十丈爲引,而五度審矣。量本起于黃鐘之龠,用度數審其容,以子穀秬黍

〔一〕十,上原衍「二」字,據文義並參漢書律曆志刪。

中者千有二百實其龠，以井水準其概。十龠爲合，十合爲升，十升爲斗，十斗爲斛，而五量嘉矣。權本起于黃鐘之重。一龠

容千二百黍，重十二銖，兩之爲兩。二十四銖爲兩，十六兩爲斤，三十斤爲鈞，[一]四鈞爲石，而五權謹矣。包氏慎言溫故

錄：「漢志引此文云云，顏氏不解，『修廢官』者，意蓋以官卽職此權量法度者。志上云『周衰官失，孔子陳後王之法』下乃

引論語，明繼周而起者，惟修此數官爲急耳。志下又引劉歆鐘律篇，分絫權、量、法、度云『絫者，所以稱物平施，知輕重

也。職在大行人，鴻臚掌之。量者，所以量多少也。職在太倉，大司農掌之。度者，所以度長短也。職在內官，廷尉掌之。』以

修廢官爲修此數官，故劉氏每敍一事，而結云某職在某官，某官掌之。』案：包說是也。據成君義，法訓律，當據志補云

「聲所以作樂者，職在大樂，太常掌之。」昔舜一歲四巡守，皆同律度量衡。月令春秋分，皆『同度量，正權概』。周官太行人⋯

「十有一歲，同度量，同數器。」蓋奸民貿易，積久弊生，古帝王特設專官以審察之。其官歷代皆未廢，至周衰而或失耳。趙

氏佑溫故錄「或有職而無其官，或有官而不舉其職，皆曰廢」是也。「四方之政行焉」，謂凡所以治四方者，其政皆舉而行之

也。皇本「焉」作「矣」。○注「權，秤也；量，斗斛」。○正義曰：說文無「秤」字，「稱」下云「銓也」，謂銓量多少也。周易象

傳：「君子以稱物平施。」左傳：「地平天成，稱也。」稱所以平物，故俗作「秤」。廣韵「秤，昌孕切」，俗「稱」字是也。漢志

云：「權，重也，衡所以任權而均物平輕重也。」又云：「權者，銖、兩、斤、鈞、石也。」「權衡」皆統名「稱」，故此注以「秤」釋

「權」也。志又云：「量者，龠、合、升、斗、斛也，所以量多少也。」又云：「合者，合龠之量也；升者，登合之量也；斗者，聚升

之量也；斛者，角斗平多少之量也。」此注舉「斗」「斛」二者，以概其餘。

興滅國，繼絕世，舉逸民，天下之民

〔一〕「三」字原脫，據律曆志補。

歸心焉。　正義曰：爾雅釋詁「滅，絕也。」公羊僖五年傳：「滅者，亡國之善辭也。」許氏五經異義解此文云：「國謂諸侯，世謂卿大夫。」白虎通封公侯篇「王者受命而作，興滅國，繼絕世何？爲先王無道，妄殺無辜，及嗣子幼弱，爲彊臣所奪子孫皆無罪囚而絕，重其先人之功，故復立之。論語曰云云。」據此是「興滅國」爲無罪之國，若有罪當滅者，亦不興之也。尚書大傳：「古者諸侯始受封，則有采地，百里諸侯以三十里，七十里諸侯以二十里，五十里諸侯以十五里。其後子孫，雖有罪黜，其采地不黜，使其子孫賢者守之，世世以祠其始受封之人。此之謂『興滅國，繼絕世』。」書曰：『茲予大享于先王，爾祖其從與享之。』此之謂也。」韓詩外傳同。又曰：「夫善善及子孫，古今之通義也。」五經異義按「公羊、穀梁説云：卿大夫世，則權并一姓，防賢塞路，經譏尹氏、崔氏是也。古春秋左氏説：卿大夫得世祿，不世位，父爲大夫死，子得食其故采地，如有賢才，則復升父故位。」[一]許慎謹案：「易爻位三爲三公。食舊德謂食父故祿。尚書云：『世選爾勞，予不絕爾善。』論語『興滅國，繼絕世』。詩云『凡周之士，不顯亦世。』孟子云『文王之治岐也，仕者世祿』故周世祿也。」五經異義按：「公羊、穀梁義，鄭氏無駁，與許同。」　正義曰：東晉古文采此文入武成。○注「重民」至「致敬」。○正義曰：夏書曰『衆非元后何戴？后非衆無與守邦。』孟子盡心下『民爲貴。』周官大宰『以九兩繫邦國之民。』大司徒『掌人民從左氏義，鄭氏無駁，與許同。」　　所重：民、食、喪、祭。【注】孔曰：「重民，國之本也；重食，民之命也；重喪，所以盡哀；重祭，所以致敬。」

[一]升字原脱，據五經異義補。

之數。」司民「掌登萬民之數，自生齒以上，皆書于版，異其男女，歲登下其死生。及三年大比，以萬民之數詔司寇，司寇

獻其數于王，王拜受之，登于天府，內史、司會、冢宰貳之，以贊王治。」是民爲國之本也。書洪範「八政：一曰食。」伏生傳：「食者，萬物之始，人事之所本。」故八政先食。周官大宰：「以九職任萬民。一曰三農，生九穀；二曰園圃，毓草木。」書洪範「八政……一曰食。」伏生

大司徒：「辨十有二壤之物，而知其種，以教稼穡樹藝。」是食爲民命，當重之也。喪以哀爲主，祭以敬爲主。喪祭者，所以教民反本追孝也。禮記經解云：「喪祭之禮廢，則臣子之恩薄；臣子之恩薄，則背死亡生者眾矣。」**寬則得眾，信則民任焉，敏則有功，公則說。【注】**孔曰：

「言政教公平，則民說矣。凡此二帝、三王所以治也，故傳以示後世。」　正義曰：漢石經無「信則民任焉」句，皇本、足利本、高麗本亦無。翟氏灝考異，阮氏元校勘記並疑爲子張問仁章誤衍。又「公則說」，皇本「說」上有「民」字。考異又云：

「按四語與上文絕不蒙。與前論仁章文，惟『公說』二字，殊疑子張問仁一章原本古論子張篇首，而此爲脫亂不盡之文。古書簡盡則止，不以章節分篇，故雖大半脫去，猶得餘其少半連絡于下章也。下章子張問政，孔子約數以示，俟張請目，然後詳晰言之，與問仁章文勢畫一，顯見其錄自一手。又二十篇中，唯此二章以子答弟子之言，加用『孔』字。蓋古分堯曰

『子張問』以下別爲一篇，與前季氏篇爲別一記者所錄，稱『孔子』是其大例，故知命章首舊本亦有『孔』字。今以問仁章亂入陽貨之篇，既嫌其體例不符，而公山佛肸連類並載之間，橫隔以此，亦頗不倫。」又云：「恭實寬、信、敏、惠之本，獨舍此句，未足該歷代帝王爲治之體要也。」○注「言政教公平，則民說矣」○正義曰：呂氏春秋貴公篇：「昔先聖王之治天下也，必先公，公則天下平矣。平得於公。嘗試觀於上志，其得之以公，其失之必以偏。故洪範曰：『無偏無黨，王道蕩蕩。無偏無頗，遵王之義。無或作好，遵王之道。無或作惡，遵王之路。』天下非一人之天下也，天下之天下也。陰陽之和，不

長一類。甘露時雨，不私一物。萬民之主，不阿一人。」是言政教宜公平也。公平則舉措刑賞皆得其宜，民服於上，故說也。

2　子張問於孔子曰：「何如斯可以從政矣？」子曰：「尊五美，屏四惡，斯可以從政矣。」

【注】孔曰：「屏，除也。」子張曰：「何謂五美？」子曰：「君子惠而不費，勞而不怨，欲而不貪，泰而不驕，威而不猛。」

子張曰：「何謂惠而不費？」子曰：「因民之所利而利之，斯不亦惠而不費乎？

【注】王曰：「利民在政，無費於財。」擇可勞而勞之，又誰怨？欲仁而得仁，又焉貪？君子無眾寡，無

小大，無敢慢，斯不亦泰而不驕乎？【注】孔曰：「言君子不以寡小而慢也。」君子正其衣冠，尊其瞻視，

儼然人望而畏之，斯不亦威而不猛乎？」

正義曰：皇本「問」下有「政」字。「尊」者，崇尚之意，或作「遵」。漢平都相蔣君碑「遵五進四。」後漢祭遵傳「遵美屏惡。」洪适隸釋以「遵」、「進」為魯論異文。方言「遵，行也。」此義亦通。「貪」者，說文云：「欲物也。」呂覽慎大注「求無厭，是為貪。」阮氏元校勘記「益卦注，旅師疏及文選洞簫賦注引此文，並作『因民所利而利之』。皇疏兩述經文，皆無上『之』字，疑後人妄增」。又皇本「擇」下有「其」字。案「擇可勞而勞之」以下，皆因子張問而答之。不言「子張問」者，統於首句「何謂惠而不費」，凡諸問辭皆從略也。勞民，如治溝洫及耕斂之類。又農隙講武事，與土功，並是擇而勞之。荀子富國篇言「古人使民，夏不宛暍，冬不凍寒，急不傷力，緩不後時，事成功立，上下俱富。而百姓皆愛其上，人歸之如流水，親之歡如父母，為之出死斷亡而愉者，無它故焉，忠信調和均辨之至也。」是言勞民而民不怨也。「欲仁得仁」，謂欲施仁政於民，即可施行，故易得仁也。　皇疏云：「君子正其衣冠者，衣無撥，冠無免也。」是言

中論法象篇：「夫法象立，所以爲君子。法象者，莫先乎正容貌，慎威儀。是故先王之制禮也，爲冕服采章以旌之，爲佩玉鳴璜以聲之，欲其尊也，欲其莊也，焉可懈慢也？夫容貌者，人之符表也。符表正，故情性治，情性治，故仁義存，故盛德著，盛德著，故可以爲法象。斯謂之君子矣。故孔子曰：『君子威而不猛，泰而不驕。』詩云：『敬爾威儀，惟民之則。』」

○注「屛，除也。」○正義曰：穀梁宣九年傳「放猶屛也。」廣雅釋詁「摒，除也。」「摒」與「屛」同。

○注「利民在政，無費於財。」○正義曰：左氏傳云：「上思利民，忠也。」「利民在政」者，政在養民，故當順民之性，使之各遂其生。邢疏云：「民居五土，所利不同。山者利其禽獸，渚者利其魚鹽，中原利其五穀。人君因其所利，使各居其所安，不易其利，則是惠愛利民在政，且不費於財也。」○正義曰：説文「費，散財用也。」廣雅釋言「費，耗也。費，損也。」

○注「言君子不以寡小而慢也。」○正義曰：「寡小」，人所易慢。經意所主，故注別言之。書無逸「至于小大，無時或怨。」鄭注：「小大，謂萬民」，上及羣臣。詩泮水「無小無大，從公于邁。」皆與此稱「小大」同。皇疏引殷仲堪曰：「君子處心以虛，接物以敬，不以衆寡異情，大小改意，無所敢慢，斯不驕也。」即此注意。説文：「慢，惰也，一曰不畏也。」二義相近。

子張曰：「何謂四惡？」子曰：「不教而殺謂之虐，不戒視成謂之暴，【注】馬曰：「不宿戒而責目前成，爲視成。」慢令致期謂之賊，【注】孔曰：「與民無信，而虛刻期。」猶之與人也，出納之吝，謂之有司。」【注】孔曰：「謂財物俱當與人，而吝嗇於出納惜難之，此有司之任耳，非人君之道。」

正義曰：「不教而殺」，謂未以禮義教民，民犯於法，則以罪殺之，此爲虐也。説文「虐，殘也。」今從隸省作「虐」。京房易傳「不教而誅茲謂虐。」義本此。毛詩終風傳「暴，疾也。」高誘淮南天文訓注「暴，虐也。」「戒」者，説文「戒，警也。」儀禮士冠禮「主人戒賓。」注「戒，警也，告也。」言上於民當先告戒之，而後

責成功也。「慢令」者,新序雜事篇:「緩令急誅,暴也。」「緩令」即「慢令」。說文訓「慢」為惰,凡怠惰,則致緩也。王氏檢紹

闓編:「視成,如今官府之受成;致期,如今官府之立限。周公之營洛邑也,賦工命役,咸勤誥治,戒之如此其至也,然後

視其成焉,而不惌于素。若但曰『吾知責其成而已』,而無夙戒之道,則卒遽無漸,而人難於效功矣。費誓魯公之令衆也,

『甲戌,我惟征徐戎』,『甲戌,我惟築』,期會明審如此,芻糧之不備,則有某刑,其令之嚴又如此。孰致不依

期而集哉?今也慢其令於先,而刻期於後,以誤其民,而必刑之,則是賊之而已。」荀子宥坐篇:「魯有父子訟者,拘之三

月,其父請止,孔子舍之。季孫不說。孔子曰『嫚令謹誅,賊也。今生也有時,斂也無時,暴也。不教而責成功,虐也。已

此三者,然後刑可卽也。』」韓詩外傳:「孔子曰『不戒責成,害也;慢令致期,暴也;不教而誅,賊也。君子為政,避此三

者。』又子貢謂季孫曰:『託法而治謂之暴,不戒致期謂之虐,不教而誅謂之賊,以身勝人謂之責。責者失身,賊者失臣,虐

者失政,暴者失民。』此處皇本、釋文本皆作「內」,唯邢本作「納」。公羊桓二年傳「納者,入辭也。」上句言「與人」,此言「出」又言「納」

為「內」。此言略同。「出納」者,說文:「納,絲濕納納也。」別一義。「內,入也。從入而入也。」經傳多假「納」

者,俞氏樾平議:「因出納為人之恒言,故言出而並及納。史記刺客傳:『多人不能無生得失。』言失而並言得也。游俠傳:

『緩急人之所時有也。』言急而並言緩也。此言出納亦猶是矣。」案:俞說是也。胡氏紹勳拾義:「納亦主與人。凡財物出

於己,必入於人,亦謂之納。」引禹貢「納總」、「納銍」、「納秸」,昏禮「納采」、「納吉」、「納徵」,曲禮「納女於天子」諸文為據,

其說亦通。　夏小正「納卵蒜。」傳云「納者何也?人之君也。」亦一證。○注:「不宿戒而責目前成,為視成。」○正義曰:注謂令既出,

食大夫記「不宿戒。」注:「申戒為宿。」又鄉飲酒注:「再戒為宿戒。」○注:「與民無信,而虛刻期。」○正義曰:注

而行之有違，是虛刻期，爲無信也。此說雖通，究非經旨。〇注「俱當」至「之道」。〇正義曰：方言：「荊、汝、江、湘之郊，凡

貪而不施，或謂之惏。」虞翻易注：「坤爲吝嗇。」皇疏云：「有司，謂主典物者也，猶庫吏之屬也。庫吏雖有官物而不得自由，

故物應出人者，必有所諮問，不敢擅易。人君若物與人而吝，即與庫吏無異，故云『謂之有司』也。」案：夫子言從政之道，

而人君爲政亦不異此，故注廣言之。

3　孔子曰：「不知命，無以爲君子也；【注】孔曰：「命謂窮達之分。」不知禮，無以立也；不知言，無

以知人也。」【注】馬曰：「聽言而別其是非。」

正義曰：釋文本、皇、邢本、唐、宋石經並作「孔子」，唯集注本無「孔

字，當是誤脫。釋文云：「魯論無此章，今從古。」此亦出鄭注。韓詩外傳：「子曰：『不知命，無以爲君子。』」又曰：「大雅曰『天生蒸民』，皆

有仁、義、禮、智、順、善之心。不知天之所以命生，則無仁、義、禮、智、順、善之心，謂之小人。」言天之所生，皆

有物有則，民之秉彝，好是懿德。」言民之秉德以則天也。不知所以則天，又焉得爲君子乎？」漢書董仲舒對策曰：「天令

之謂命。人受命於天，固超然異於羣生，貴於物也。故曰『天地之性人爲貴。』明於天性，知自貴於物，然後知仁、義、禮、

智，安處善，樂循理，謂之君子。故孔子曰：『不知命，無以爲君子。』此之謂也。」二文皆言德命，其義極精。蓋言德命可兼

祿命也，說詳前疏。〇注「聽言而別其是非」。〇正義曰：言者心聲。言有是非，故聽而別之，則人之是非亦知也。易繫辭

傳：「將叛者其辭慙，中心疑者其辭枝，吉人之辭寡，躁人之辭多，誣善之人其辭游，失其守者其辭屈。」此孔子「知言」即知

人之學。孟子自許「知言」云：「詖辭知其所蔽，淫辭知其所陷，邪辭知其所離，遁辭知其所窮。」亦謂「知言」即可知人也。

論語正義卷二十四

論語序

正義曰：經典釋文、唐石經標題如此，必是何晏等原式。皇疏本作「論語集解敘」，邢疏本則

每篇首行題「論語註疏解經卷第幾」，此序首行題「論語註疏解經序」，次行題「序解疏」三字。案：

何晏等作序時，止有序，未有疏也。今竟稱「註疏序」，此自作疏時妄題，其後失檢，遂仍之也。

序曰：漢中壘校尉劉向言魯論語二十篇，皆孔子弟子記諸善言也。太子太傅夏侯勝、前

將軍蕭望之、丞相韋賢及子玄成等傳之。　正義曰：「序」，皇疏本作「敘」。爾雅釋詁「敘，緒也。」

「敘謂端緒也。」說文：「敘，次第也。」凡紀錄一篇訖，述其大義並傳授源流，令人識而知之，故謂之「序」。周易傳有序卦，此

稱「序」之始。序者，東西牆之名，蓋假借也。　漢者，水名。　高祖初爲漢王，王巴蜀、漢中，後因以爲有天下之號。「中壘校

尉」者，漢書百官公卿表：「中壘校尉掌北軍壘門內，外掌西域。」顏師古注：「掌北軍壘門之內，而又外掌西域。」案：「壘」

者，軍所立營壘以爲固也。「校尉」，官名。　若司隸、城門、屯騎、越騎、胡騎、射聲、虎賁、輕車，皆有校尉，秩皆二千石。　劉

向官終中壘校尉，故此舉爵稱之。　邢疏云：「劉向者，高祖少弟楚元王之後，辟彊之孫，德之子，字子政，本名更生，成帝卽

位，更名向。　數上疏言得失，以向爲中壘校尉。　向爲人簡易，專精思於經術。　成帝詔校經傳諸子詩賦，每一書已，向輒條

其篇目，撮其指意，錄而奏之。著別錄，新序。此言『魯論語二十篇，皆孔子弟子記諸善言也』，蓋出於彼，故何晏引之。案：此言出向別錄，邢氏連言新序耳。「魯論語二十篇」者，言魯人所傳論語有此篇。漢書藝文志：「漢興，有齊、魯之說。」明，齊人、魯人所傳論語始於漢興時也。釋名釋典藝：「論語，紀孔子與諸弟子所語之言也。論，倫也，有倫理也。語，敍也，敍己所欲說也。」案「論」、「倫」字皆從「侖」。說文侖部云「侖，理也。」倫理之訓，實爲至當。故皇侃序疏首列其義。其下二途，則經綸今古，輪轉無窮，均爲傅會，通人所不取也。藝文志云「論語者，孔子應答弟子時人及弟子相與言而接聞於夫子之語也。當時弟子各有所記，門人相與輯而論篹，故謂之論語。」何異孫十一經問。對：「論語有弟子記夫子之言者，有夫子答弟子問者，又有時人相言者，有臣對君問者，有師弟子對大夫之問者，皆所以討論文義，故謂之論語。」案：如孫說，是夫子與弟子時人各有討論之語，非謂夫子弟子之語門人始論之也。此則視漢志爲得也。藝文志又云「論語，魯二十篇，齊王駿說二十篇。」是二十篇爲魯論也。漢書武帝紀「著之于篇。」顏師古注：「篇謂竹簡也。」竹簡用以寫書，故說文訓「篇」爲書。實則書成，竹簡編連之，方名篇也。「皆孔子弟子記諸善言也」者，說文「皆，俱詞也。」言孔子弟子不止一人也。史記孔子世家云「孔子生魯昌平鄉陬邑。其先宋人也，曰孔防叔。防叔生伯夏，伯夏生叔梁紇。紇禱於尼丘，得孔子。生而首上圩頂，故因名曰丘，字仲尼，姓孔氏。」此言孔子者，弟子稱其師曰「子」，尊者之名，不敢斥言也。弟子是對兄與父之稱，當時弟子事夫子比於父兄，故自稱弟子，若公西華言「弟子不能學」是也。弟子亦稱門人者，言爲夫子門內受業之人也。釋名釋典藝：「記，紀也。紀識之也。」言恐有遺忘，故識於策也。「諸」者，不一之辭。廣雅釋言：「善，佳也。」漢書匡衡傳：「論語、孝經，聖人言行之要。」趙岐孟子題辭：

「論語者，五經之錧鎋，六藝之喉衿。」楊泉物理論「論語者，聖人之至論，王者之大化。」是論語所言爲善言也。漢書百官公卿表「太子太傅，古官，秩二千石。前後左右將軍，皆周末官，秦因之，位上卿。漢不常置，或有前後，或有左右，皆掌兵及四夷。相國、丞相，皆秦官，掌丞天子助理萬機，有左右。高帝卽位，置一丞相，十一年更名相國。孝惠、高后置左右丞相，文帝二年復置一丞相。」是「太子太傅」「前將軍」「丞相」皆漢官名也。邢疏引漢書傳云：「夏侯勝，字長公，東平人。少好學，爲學精熟，善說禮服，徵爲博士。宣帝立，太后省政，勝以尚書授太后，遷長信少府，坐議廟樂事下獄。繫再更冬，會赦，出爲諫大夫。上知勝素直，復爲長信少府，遷太子太傅。受詔撰尚書，論語說，賜黃金百斤。年九十卒官，賜冢塋，葬平陵。太后賜錢三百萬，爲勝素服五日，以報師傅之恩，儒者以爲榮。始，勝每講授，謂諸生曰：『士病不明經術。經術苟明，其取青紫如俛拾地芥耳。學經不明，不如親耕。』蕭望之，字長倩，東海蘭陵人也。好學齊詩，事同縣后倉，又從夏侯勝問論語、禮服。以射策甲科爲郎，累遷諫大夫，後代丙吉爲御史大夫，左遷爲太子太傅。及宣帝寢疾，選大臣可屬者，引至禁中，拜望之爲前將軍。元帝卽位，爲弘恭、石顯等所害，飲鴆自殺。天子聞之驚，拊手爲之御食，涕泣，哀動左右。長子伋嗣爲關內侯。韋賢，字長孺，魯國鄒人也。賢爲人質樸少欲，篤志於學，兼通禮、尚書，以詩教授，號稱鄒魯大儒。徵爲博士，給事中，進授昭帝詩，稍遷光祿大夫。及宣帝卽位，以先帝師，其見尊重。本始三年，代蔡義爲丞相，封扶陽侯。年七十餘，爲相五歲，地節三年以老病乞骸骨，賜黃金百斤，罷歸，加賜第一區。丞相致仕自賢始。年八十二薨，謚曰節侯。少子玄成字少翁，復以明經歷位至丞相，鄒、魯諺曰：『遺子黃金滿籯，不如一經。』玄成爲相七年。建昭三年薨，謚曰共侯。此四人皆傳魯論。」案：漢藝文志：「魯夏侯說二十一篇。」此當卽夏侯勝受詔所作說也。志載韋賢不及

玄成，然韋賢傳言「玄成復以明經位至丞相」，且遺子一經，著於時諺，是玄成固傳其父之學。

故此序及陸德明釋文敍録並載之。東平、蘭陵、鄒皆屬魯，故漢儒儒瑕丘江公傳言「韋賢、夏侯勝皆魯人也。」又漢志魯論

語家「傳十九篇」，當是魯論語者所作。翟氏灝考異謂「古人釋經，經與傳說俱各篇兩行，故經二十篇，而傳說之篇或十

九，或二十一也」。至漢志復有「常山都尉龔奮、魯扶卿」。又「王駿説二十篇」，師古曰「王吉子。」據王吉傳，吉子駿從梁

丘臨學易，〔一〕左曹陳咸薦駿賢父子，經明行修。是駿亦經生。然王吉本傳齊論，而駿傳魯論者，蓋父子異學。若孟卿

爲禮、春秋，而使子孟喜從田王孫受易，劉向受穀梁，而劉歆獨好左氏春秋也。

又敍録復有太子少傅夏侯建，亦序所遺。**齊論語二十二篇，其二十篇中章句，頗多於魯論。琅邪王卿**

及膠東庸生、昌邑中尉王吉，皆以教授。

正義曰：「齊論語」者，齊人所傳，與魯不同，故多二篇。「章句」

者，説文云「章，樂竟爲一章，從音從十。十，數之終也。」本言樂竟，故文字每節已終則謂之章。説文云「句，曲也。」

關雎疏云：「句者，局也，聯字分疆，所以局言者也。」東觀漢紀徐防上疏曰：「試論語本文章句，但通度，勿以射策。」趙岐

孟子敍言：「論四百八十六章。」漢石經、釋文敍録每篇亦載章數，自是漢經師所傳有之。惟不言句數，或久失傳，或但有

章，連言句耳。今惟毛詩有章句，舊題是也。漢書張禹傳「始魯扶卿及夏侯勝、王陽、蕭望之、韋玄成皆説論語，篇第或

異。」王陽是傳齊論，餘皆傳魯論。齊、魯篇既有或異，則齊論章句，容亦增多。馮椅論語解以「子張問仁於孔子」稱

「孔子」爲齊論。盧氏文弨鍾山札記以「陳成子弒簡公」不稱「齊」，亦爲齊論。洪興祖論語説引或説，以季氏篇爲齊論，

〔一〕據王吉傳作「梁丘賀」，梁丘賀傳則云：「吉乃使其子郎中駿上疏從臨受易。」臨乃賀子。二文説法不同。

或當是也。竊又疑此文所云「章句」，專指訓釋之詞，若下言「周氏、包氏章句」者也。「章句」聯綴於本文，故言「二十篇中

章句」也。漢志於「魯論載「傳十九篇」，而於「齊論載「說二十九篇」，則多魯論十篇。齊說即此序所言「章句」也。「二十九篇

之說爲齊論章句，則十九篇之傳亦爲魯論章句矣。魯傳、齊說不箸作者姓氏，明是諸儒相傳之義，非一人也。「琅邪」，郡

名。「膠東」，國名。「昌邑」屬山陽郡，武帝天漢四年，更山陽爲昌邑國，並見漢地理志。邢疏云：「王卿，天漢元年，由濟

南太守爲御史大夫。庸生名譚生，蓋古謂有德者也。」案：翟氏灝考異引七略曰：「論語家近有琅邪王卿，不審名，蓋卿非

王氏名。」據七略，此文不言王卿居何官。又漢志及釋文敘錄亦不詳庸生之名。邢疏云：「王卿」者，「百官

公卿表云：「中尉」秦官，掌徼循京師。」又云：「諸侯王掌治其國，有中尉掌武職。成帝綏和元年，令中尉如郡都尉。」此昌

邑中尉，即昌邑國所置之中尉也。漢書王吉傳：「王吉，字子陽，琅邪皋虞人也。少好學明經，以郡吏舉孝廉爲郎，補若盧

右丞，遷雲陽令。舉賢良爲昌邑中尉。」此三人皆傳齊論。其見於 王吉傳，若「臣聞高宗諒闇，三年不言」「天不言，四時

行焉，百物生焉」「舜、湯不用三公九卿之世，而舉皋陶、伊尹」，皆齊論也。王卿所教授，今無可考。王吉傳：「初，吉兼通

五經，能爲騶氏春秋，以詩、論語教授。」張禹傳：「高先事王陽，後從庸生。」王陽即王吉，是庸生、王吉皆以齊論教授於人

也。漢志云：「傳齊論者，昌邑中尉王吉、少府宋畸、御史大夫貢禹、尚書令五鹿充宗、膠東庸生，惟王陽名家。」釋文敘錄

同。此序不及宋畸、貢禹、五鹿充宗，亦所遺也。**故有魯論，有齊論。** 正義曰：論語亦單稱「論」，故有魯論、齊論

及古論之名。董仲舒春秋繁露、趙岐孟子章句凡引論語，多直稱論。史游急就章「宦學諷誦孝經、論」，張禹傳「欲爲論，念

張文」是也。亦有單稱「語」者，後漢書邳彤傳引「語曰：『一言可以興邦。』」橋玄傳引「語曰：『三軍可奪帥，匹夫不可奪

志。』崔駰傳引『語曰『不患無位,患所以立。』是也。又有稱「傳」者,漢書魯共王傳:「得古文經、傳。」「傳」謂論語,其他見於史者甚多,揚雄傳贊所謂「傳莫大於論語」是

也。又有稱「記」者,後漢書趙咨傳引「記曰:『喪,與其易也寧戚。』」是也。又有稱「說」者,前漢書郊祀志引「論語說曰:

『子不語怪神』」是也。 魯共王時,嘗欲以孔子宅爲宮,壞,得古文論語。 正義曰:邢疏云「魯共

王餘,景帝子,程姬所生。以孝景前二年立爲淮陽王,前三年徙王魯,二十八年薨。諡曰共王。初好治宮室,壞孔子舊宅以

廣其宮,聞鐘磬琴瑟之音,遂不敢復壞,於其壁中得古文經傳」即謂此論語及孝經爲傳也。 酈道元水經泗水注言「曲阜

武子臺南四里許,則孔廟,即夫子之故宅也。宅大一頃,所居之堂,後世以爲廟。」又云「孔廟東南五百步,有雙石闕,即

靈光之南闕。北百餘步,即靈光殿基,是魯恭王之所造也。」據此文,夫子宅東南三、四百步外,即近靈光,則共王所居之

宮,與夫子宅相毗連可知。 故欲壞孔子宅以廣其宮也。 其孔子壁中有經傳考,孔叢子獨治篇:「陳餘謂子魚曰:『秦將滅

先王之籍,而子書籍之主,其危矣乎?』子魚曰:『顧有可懼者,必或求天下之書焚之,書不出則有禍,吾將先藏之以待其

求,求至無患矣。』」孔叢雖僞書,然此言當得其真。 顔師古注漢書藝文志引「漢紀尹敏傳云:『孔鮒所藏。』」鮒即子魚也。

若家語以爲孔騰所藏,今文書序以爲孔惠所藏,則異說矣。 論衡佚文篇:「恭王壞孔子宅以爲宮,聞弦歌之聲,懼復封塗,

上言武帝。武帝遣吏發取古文經屬之共王者,本以共王始事故也。 武帝乃更毀壁發取古文,則古文非共王

所得,此序以壞宅得論語屬之共王。』然則恭王始壞孔宅而復封塗,未竟壞也。 漢藝文志言:「武帝末,魯恭王壞孔子宅。」案:恭王初封淮陽,

後封魯,在位二十八年薨,當元朔元年,其壞孔子宅事又在其前,則爲武帝初年,漢志以爲武帝末,未審也。 志又云:「得

古文尚書及禮記、論語、孝經凡數十篇，皆古字也。」魏書江式傳：「亡新居攝，使大司空甄豐校文字之部，時有六書：一曰

古文，孔子壁中書也。魯恭王壞孔子宅而得禮、尚書、春秋、論語、孝經也。」許慎說文自敍云：「倉頡之初作書，蓋依類象

形，故謂之文。其後形聲相益，即謂之字。及周宣王太史籀著大篆十五篇，與古文或異。至孔子書六經，左丘明述春秋

傳，皆以古文。」是古文爲倉頡所作。言古者，依後世今文別之也。晉書衞恒傳：「漢武時，魯恭王壞孔子宅，得尚書、春

秋、論語、孝經。時人以不復知有古文，謂之科斗文。漢世秘藏，希得見之。」段氏玉裁說文序注云：「古文出於壁中，故謂

之壁中書，晉人謂之科斗文。王隱曰：『科斗文者，周時古文也。其字頭麤尾細，似科斗之蟲，故俗名之焉。』」又說文自敍

稱論語亦爲古文，此古文據段說兼有大篆。今其著者惟荷戈字爲古文，其餘所引，則段氏謂『所說字形、字音、字義，皆合

倉頡、史籀』非謂皆用壁中古文也。翟氏灝四書考異云：「按魏正始中立三字石經，嘗倣效孔壁古文，備爲一書。又晉咸

寧時汲郡人發古冢，得竹冊十餘萬言，其間具有論語。」又云：「魏所立石，隋志僅錄其尚書、春秋，未定論語之曾刊否也。

汲冢所出羣書，隨復散棄，存於後者，惟周書、魏史、穆天子傳、瑣語數種，其論語自六朝皆絕口不稱，恐已旋滅之矣。」據

此，則論語古文久已無傳，而郭忠恕汗簡錄古論語字，如郁作㣜，糾作䌰，宿作㝛，昆作㞐，備作俻，奮作奞，羿作羿，訒作

訒，舉作㪯，虐作虐，勃作䝷，蒽作蒮，貌作皃，又作紲，綽作綽，筥作𥱼，庭作㢈。凡所載古文，疑皆後人依放鐘鼎及

作㣲，媚作㝇，虐作㾾，押作㧄，褻作䙝。

說文爲之，未必及見孔壁古文也。朱雲金石韻府續錄古論語如弟作㗊，發

知道，多於魯論二篇。古論亦無此二篇，分堯曰下章子張問以爲一篇，有兩子張，凡二十一

篇。篇次不與齊、魯論同。　正義曰：漢藝文志「齊二十二篇。多問王、知道。」如淳曰：「問王、知道，皆篇名也。」

齊論有問王、

晁公武郡齋讀書志:「詳其名,當是內聖之道,外王之業。」朱氏彝尊經義考斥晁說爲附會,謂「今逸論語見於說文。初學

記、文選注、太平御覽等書,其詮『玉』之屬特詳。竊疑齊論所逸二篇,其一乃問玉,非問王也。考之篆文,三畫正均者爲

『王』,中畫近上者爲『玉』,初無大異,因譌『玉』爲『王』耳。王伯厚亦云『問王疑卽問玉』,亶其然乎?」案:說文引逸論語:

『玉粲之璱兮,其璘猛也。如玉之瑩。』段氏玉裁注云:『張禹論所無,則謂之逸論語,如十七篇之外爲逸禮,二十九篇之

外爲逸尚書也。』其初學記所引『璠璵』,魯之寶玉也。孔子曰:『美哉璠璵,遠而望之,煥若也;近而視之,瑟若也。』一則

理勝,一則孚勝。』又初學記及御覽所引:『玉十謂之區,治玉謂之琢,又謂之雕。璲,玉色鮮白也。瑩,玉色也。瑛,玉光

也。瓊,赤玉也。璿瑾瑜,美玉也。璑,三采玉也。玲、瓏、瑲、瑝、玉聲也。璬,玉佩也。瑱,充耳也。璪,玉飾以水藻

也。』凡所詮『玉』之辭,與說文所引逸論文全不類。朱氏不當並數之,今家語亦有問玉篇,當是依用論語篇名。然則問

王之爲問玉,其說信不誣也。宋氏翔鳳師法表以問王爲春秋素王之事,備其問答。又合知道爲發揮堯曰篇之義蘊。此

曲說,不可從。漢石經論語碑末記諸家有無不同之說,有『蓋肆乎其肆也』句,不知何篇之文。則亦逸文之僅存也。漢志

云:『論語古二十一篇,出孔子壁中,有兩子張。』蓋古論分堯曰下章子張從政別爲一篇,而題以子張問,與第十九篇之

子張篇題略同,故有兩子張。如氏注以爲『篇名從政』,殆未然也。論衡正說篇:『漢興失亡,至武帝發取孔子壁中古文,

得二十一篇,共齊、魯、河間九篇。』又云:『今時稱論語二十篇,又失齊、魯、河間九篇,本三十篇。至昭帝女讀二十一篇,

宣帝下太常博士。時尚稱書難曉,後更隸寫傳誦。』

又云:『今時稱論語二十篇,分布亡失,或二十一篇,目或多或少,文讚或是或誤。』案:

齊、魯、河間九篇,不知何篇。本三十篇,分布亡失,或二十一篇,目或多或少,文讚或是或誤。』案:

齊、魯、河間九篇,不知何篇。翟氏灝考異以藝文志論語十二家,有燕傳說三篇,河間趙地,偪近於燕,燕傳疑卽論衡所云

河間者也。案：　瞿說亦是存疑，不足爲據。　魯論、齊論已見前志，不得別有齊、魯合河間爲九篇，出於漢志之外，又合古論爲三十篇也。　史記孔子世家「時魯共王壞孔子宅，壁中得古文虞、夏、商、周之書，及傳論語、孝經」，悉還孔氏。」〔二〕漢藝文志亦言「武帝末，魯共王壞孔子宅，得古文尚書及禮記、論語、孝經，凡數十篇。孔安國者，孔子後也，悉得其書。」則古文論語久入孔氏，昭帝女何由得讀？既帝女能讀，而宣帝時博士轉難曉耶？此皆無稽之說，不足與深辨也。皇侃義疏敍曰：「古論篇次，以鄉黨爲第二篇，雍也爲第三篇，內倒錯，不可具說」是古論篇次不與齊、魯論同。然皇本多異域人所改，此等說他處未見，恐難據也。隋書經籍志：「古論語章句煩省，與魯論不異。」然學而篇「未若貧而樂」，古論「樂」下有「道」字。鄉黨篇「車中內顧」，古論作「不內顧」。衛靈公篇「子曰：『父在觀其志，父没觀其行。』」鄭云「古皆無此章」。堯曰篇「知命」章，鄭云「魯論無此章」，則謂古、齊有此章也。古、齊、魯章句本有不同，而隋志謂其煩省不異，亦大略言之耳。經典敍錄引桓譚新論說古論云：「文異者四百餘字。」今略見史記，說文並鄭注中。　　安昌侯張禹本受魯論，兼講齊說，善者從之，號曰張侯論，爲世所貴。　　正義曰：「安昌」，據漢地理志屬汝南郡。漢書傳云：「張禹字子文，河內軹人也。從沛郡施讐受易，琅邪王陽、膠東庸生問論語，既皆明習，有徒衆，舉爲郡文學。甘露中，諸儒薦禹，有詔太子太傅蕭望之問。禹對易及論語大義，望之善焉，奏禹經學精習，有師法，可試事。奏寢，罷歸故官。久之，試爲博士。初元中，立皇太子，而博士鄭寬中以尚書授太子，薦言禹善論語。詔令禹授太子論語，由是遷光禄大夫。數歲，出爲東平內史。成帝即位，徵禹、寬中，皆以師賜爵關內侯，給事中，領尚書事。河平四年，代王商爲丞相，封安昌侯。爲相六歲，鴻

〔一〕史記孔子世家無此文，引書當有誤。下文又引此，誤同。

嘉元年以老病乞骸骨，就第。建平二年薨，諡曰節侯。始魯扶卿及夏侯勝、王陽、蕭望之、韋玄成皆說論語，篇第或異。禹

先事王陽，後從庸生，采獲所安，最後出而尊貴。諸儒爲之語曰：『欲爲論，念張文。』由是學者多從張氏，餘家寖微。』釋文

敍錄云：『安昌侯張禹受魯論於夏侯建，又從庸生，王吉受齊論，擇善而從，號曰張侯論。』據敍錄，是禹受魯論於夏侯建，

而禹傳不及建，蓋所遺也。宋氏翔鳳師法表云：『張論合齊、魯兩家之學，特其篇章與魯論同，故多以張論爲魯論。後漢熹

平石經即用張論。』是張禹論語章句獻之』意，此即二十一篇說也。隋書經籍志：『張氏晚講齊論，後遂合而考之，刪其繁惑，除去問王、知道二篇，從

論語章句爲定』。案：藝文志：『魯安昌侯說二十一篇』師古曰：『張禹也。』考禹傳云「初」禹爲師，以上難數對己問經，爲

魯論二十篇爲定。』是張禹論本二十篇。而漢志言禹有二十一篇，說者疑「一」字誤衍，或是經二十篇，說一篇。志連經言

之，得有二十一篇也。又禹傳云：『禹成就弟子尤著書，淮陽彭宣至大司空，沛郡戴崇至少府九卿。』當亦傳論語之學者，此

序未之及也。**包氏、周氏章句出焉。**　正義曰：後漢儒林傳：『包咸字子良，會稽曲阿人也。少爲諸生，受業長安，

師事博士右師細君，習魯詩、論語。王莽末，去歸鄉里。光武即位，舉孝廉，除郎中。建武中，入授皇太子論語，又爲其章

句。拜諫議大夫。永平五年，遷大鴻臚。經傳有疑，輒遣小黃門就舍即問。年七十二卒於官。[一]子福拜郎中，亦以論

語入授和帝。』邢疏云：『周氏，不詳何人。不言名而言氏者，蓋爲章句之時，義在謙退，不欲題其名，故

直云氏而已。或曰以何氏諱咸，故沒其名，但言包氏，連言周氏耳。』釋文敍錄云：『後漢包咸、周氏並爲章句，但欲傳之私族，故

宋氏翔鳳師法表云：『謂立石大學，非張論曾立博士也。』案：宋說似誤。趙岐孟子題辭：『孝文欲廣遊學之路，論語、孝經、

[一]二字原脫，據漢書改。

孟子、爾雅，皆置博士。』劉歆移讓太常書：『孝文時，尚書初出屋壁，詩始萌芽。天下衆書往往頗出，皆諸子傳説，猶立於

學官，爲置博士。』唐書薛放傳：『漢時論語首立於學官。』則論語西漢時已立。至後漢百官

志太常博士凡十四人，不及論語，然後漢徐防傳云：『防疏謂「博士及甲乙試策，宜從其家章句，開五十難以試之。五經各

取上第六人。」論語不宜射策。雖所失或久，差可矯革。』詔書下公卿，皆從防言。』翟氏灝考異云：『擬通典載漢小郡都尉博

士督郵板狀曰：『通易、尚書、詩、禮、春秋、孝經、論語，兼綜載籍，窮微闡奧。』都尉博士猶講授論語，太常博士詎轉不講授

與？此正可與徐防事互爲發明。蓋其時諸經皆兼論語，故不復設專官耳。』案：論語惟立博士，故得立石大

學。 洪适隸釋載殘字石經堯曰篇，末云『而在於蕭牆之內，盍、毛、包』周無於此』，以諸家校魯論之異同。 宋氏翔鳳師法

表云：『盍氏、毛氏，不知與包』周孰爲先後，又不知爲齊爲魯。』古論唯博士孔安國爲之訓解，而世不傳。至

順帝時，南郡太守馬融亦爲之訓説。 正義曰：『古論』者，古字論語也。 史記孔子世家：『安國，孔子十一世

孫，爲武帝博士。』漢書孔光傳言：『安國爲武帝博士，至臨淮太守。』世家但言『博士』者，當是史公就目見時言之。此序

本世家，故亦祇言『博士』，未詳其後所居之官耳。 世家又云：『時魯共王壞孔子宅，而得古文虞、夏、商、周之書，及

傳論語、孝經，悉還孔氏。』漢書藝文志云：『魯共王壞孔子宅，壁中得古文』凡數十篇，皆古字也。』孔

安國者，孔子後也』悉得其書。』是古文論語爲安國所得也。 然漢志不言安國注論語，而此序謂安國爲古論訓解者，王肅

家語後序云：『魯恭王得壁中書，以歸夫子十一世孫子國。子國乃考論古今文字，撰衆師之義，爲古文論語訓二十一篇，

尚書傳五十八卷。 其後孝成帝詔劉向校定衆書，都記錄，名古文尚書、論語別錄。 子國孫衍爲博士，上書辨之，略曰：『古

文尚書、論語，世人莫有能言者，臣祖安國爲之今文讀而訓傳。其義既畢，會值巫蠱事起，遂各廢，不行於時，然其典雅正

實，與世所傳者不同日而語也。光禄大夫向以爲其時所未施行之故，尚書則不記于別録，論語則不使名家也。臣竊惜

之，臣愚以爲宜皆記録別見。』奏上。天子許之，未卽論定，而遇帝崩，向又病亡，遂不果立。』案…漢藝文志列論語十二家，

於齊、魯論傳，説皆備載之。而於古論不言有孔氏説，劉向雅博，爲世通儒，倘及見典雅正實之安國古文訓，豈有廢置之

不使名家乎？安國以今文讀古文，而司馬遷正從安國問故，其孔子世家、弟子列傳所載論語文，必是安國之學。今校之

孔注，如在陳絶糧，敍孔子去衛如曹，又之宋之陳，佛肸爲趙簡子邑宰，顯與史記不合。其他差謬，遠失經旨者甚多，是此

注必非安國所作。今所傳尚書傳、孝經傳，往時儒者皆知其僞，而論語因爲集解所采，無敢異議。近陳氏鱣箸論語古訓，

自序疑其不類。蓋王肅好與鄭難，故論語注辨僞，自序譏其詮義膚淺，徵典舛誤，疑皆平叔所作。丁氏晏箸論語孔注證僞，以爲

王肅所作。沈氏濤箸論語注辨僞，則此論語注必亦出肅之手，而特於家語序互證成之。丁氏此説，

較沈氏爲得。論衡正説篇謂『安國以授魯人扶卿，官至荆州刺史，始曰論語』案…扶卿爲魯論之學，見漢藝文志，不傳古

論，且漢志及張禹傳、經典敍録皆言魯扶卿，是魯爲其姓。論衡獨言魯人扶卿，與漢志諸文不同。又荆州刺史似謂扶卿

所居之官，論衡此言，未知所本。至論語之名，早見坊記，豈至安國及扶卿時始有其名？王充於經術頗疎，此等説終是不

可據也。邢疏云：『案後漢紀『孝順皇帝諱保，安帝之子也。』地理志云：『南郡，秦置，高帝元年更爲臨江郡，五年復故。景

帝二年復爲臨江郡，中二年復故，屬荆州。』表云：『郡守，秦官，掌治其郡，秩二千石。景帝中二年，更名太守。』後漢書傳

云：『馬融字季長，扶風茂陵人也，有俊才。初，京兆摯恂以儒術教授，隱於南山，融從其遊學，博通經籍。永初四年，拜爲

校書郎中，詣東觀典校秘書。陽嘉二年，拜議郎。大將軍梁商表爲從事中郎，轉武都太守。三遷，桓帝時爲南郡太守。融

才高博洽，爲世通儒，註孝經、論語、詩、易、三禮、尚書。　年八十八，延熹九年卒於家。」據融傳，但言「註論語」，而此序以

爲古論者，以融注他經多爲古文，故意所注論語亦是古論。其後康成取古論校正魯論，當亦受之融者也。皇侃疏，隋經籍

志謂馬融亦注魯論，似未然。

漢末，大司農鄭玄就魯論篇章，考之齊、古，爲之註。　　正義曰：康成當

靈、獻時，故曰「漢末」。「大司農」者，漢書百官公卿表云：「治粟內史，秦官，掌穀貨，有兩丞。景帝後元年更名大農令，武

帝太初元年更名大司農。」司馬彪百官志：「大司農卿一人，中二千石。」後漢書傳云：「鄭玄字康成，北海高密人也。受業

師事京兆第五元先，始通京氏易，公羊春秋，三統曆，九章算術。　又從東郡張恭祖受周官、禮記、左氏春秋、韓詩、古文尚

書。以山東無足問者，乃西入關，因涿郡盧植，事扶風馬融。融素驕貴，玄在門下，三年不得見，乃使高業弟子傳受於玄。

玄日夜尋誦，未嘗怠倦。會融集諸生考論圖緯，聞玄善算，乃召見於樓上，玄因從質諸疑義，問畢辭歸。融喟然謂門人

曰：『鄭生今去，吾道東矣。』玄自遊學，十餘年乃歸鄉里。家貧，客耕東萊，學徒相隨已數百千人。及黨事起，乃與同郡孫

嵩等四十餘人俱被禁錮，遂隱修經業，杜門不出。　建安元年，自徐州還高密。玄後嘗疾篤，自慮，以書戒子益恩云云。時

大將軍袁紹總兵冀州，遣使邀玄，舉玄茂才，表爲左中郎將，皆不就。公車徵爲大司農，給安車一乘，所過長吏送迎。

以病自乞還家。　卒年七十四。自郡守以下嘗受業者，縗絰赴會千餘人。凡玄所注周易、尚書、毛詩、儀禮、禮記、論語、孝

經、尚書大傳、中候、乾象曆，又箸天文七政篇、魯禮禘祫議、六藝論、毛詩譜、駁許慎五經異義、答臨孝存周禮難，凡百餘

萬言。　玄質於詞訓，通人頗譏其繁。至於經傳洽孰，稱爲純儒，齊、魯間宗之。」「就魯論篇章」云云者，隋書經籍志：「鄭以

張侯論爲本,參校齊、古而爲注。」張論卽魯論。陸氏音義云:「鄭校周之本,以齊、古讀正,凡五十事。」宋氏翔鳳師法表云:「周之本,卽周氏之出於張侯者,蓋張論出而三家遂微,鄭學興而齊、古差見,是康成雖就魯侯,實兼通齊、古,而於古論尤多徵信。故注中從古讀正魯論者不一而足。其從齊讀已不可考,然尋兩家之文,可以得其一二。」案:音義謂「鄭以齊、古校正周本,凡五十事」,今以鄭氏佚注校之,祇得二十四事,皆明箸魯讀之文。其「哀公問主」解爲「社主」,雖從周本作「主」,仍是從古論義爲「社主」也。至如「有酒食、先生饌」,鄭作「餕」。「子貢方人」,「方」,鄭作「謗」。「撰」,鄭作「譔」云「譔讀曰詮」也。「朱張」,鄭作「侏張」。「無適也」,「適」,鄭作「敵」。異乎三子者之撰,疑此卽據齊論校正者也。又衛靈公篇「子曰『廢中權』」,「廢」,鄭作「發」。皆與集解本異,疑此卽據齊論校正者也。又堯曰篇知命章,鄭云「魯論無此章。」此又從齊、古校補周本者也。宋氏謂「鄭及齊論無此章。鄭仍從周本有此章也。」謂古論從齊讀已不可考」,是大略言之,未細檢耳。宋氏師法表又云:「隋經籍志:『論語注十卷,鄭玄注。』經典敍錄同。隋志又言:『梁有古文論語,鄭玄注。』蓋阮孝緒所箸錄,鄭無別注古文,其所注論,卽用古文,故別題古文論語。」案:舊唐書經籍志:「論語十卷,鄭玄注。」新唐書藝文志:「論語鄭玄注十卷,又注論語釋義籍志:「論語十卷,鄭玄注。」論語釋義十卷,鄭玄注。」一卷。」分注與釋義爲二,疑釋義卽鄭君論語敍。故新志作「一卷」,其舊志云「十卷」者,字之誤也。又二志有鄭君「論語篇目弟子一卷」,今略見史記集解中。宋氏翔鳳師法表云:「隋志言『梁、陳之時,惟鄭玄、何晏立於國學,而鄭氏甚微。周、齊、鄭學獨立。至隋,何、鄭並行,鄭氏盛於人間。』考箸錄家說論語者,康成以前,俱已久佚,至鄭氏,大抵佚於五季之亂,略存於何解、陸音。」

近故司空陳羣、太常王肅、博士周生烈,皆爲義說。

正義曰:邢疏云:「年世未遠,人已殂故,是近故

也。」晉書職官志:「太尉、司徒、司空、並古官也。自漢歷魏、置以爲三公。」漢書百官公卿表:「奉常,秦官,掌宗廟禮儀。景帝中六年,更名太常。」司馬彪百官志:「太常卿一人,中二千石。」本注曰:「掌禮儀祭祀。」百官公卿表:「博士,秦官,掌通古今。」是司空、太尉、博士皆官名也。魏志陳羣傳:「陳羣字長文,潁川許昌人也。太祖辟羣爲司空西曹掾屬。文帝卽位,遷尚書僕射。」明帝卽位,進封潁陰侯,頃之爲司空。青龍四年薨,謚曰靖侯。」王朗傳:「王朗,東海郯陵人。子肅,字子雍,年十八,從宋忠讀太玄,而更爲之解。黃初中,爲散騎黃門侍郎。太和三年,拜散騎常侍。正始元年,出爲廣平太守。公事徵還,拜議郎。頃之,爲侍中,遷太常。時大將軍曹爽專權,任用何晏、鄧颺等。肅曰:「此輩卽弘恭、石顯之屬。」後爲光祿勳,徙爲河南尹,後遷中領軍,加散騎常侍。甘露元年薨。初,肅好賈、馬之學,而不好鄭氏,采會同異,爲尚書、詩、論語、三禮、左氏解,皆列於學官。」經典敍錄有王肅論語注十卷。後漢馮衍傳:「尚書周生豐」李賢注:「風俗通曰:『周生,姓也。』」王朗傳:「自魏初徵士燉煌周生烈,明帝時董遇等,亦歷注經傳,頗傳於世。」裴松之注:「臣按此人姓周生,名烈。」何晏論語集解有烈義例,餘所著述,見晉武帝中經簿。」經典敍錄「周生烈」注引「七錄:字文逸。」邢疏引七錄云:「字文逸,本姓唐,魏博士侍中。」案「逸」、「逸」二字形相近,未知孰是。隋志:「周生子要論一卷,魏侍中周生烈撰。」新唐志:「儒家有周生烈子五卷。」是周生後官侍中,其說論語,卽裴氏所云「義例」也。今邢疏、集解但有周氏,無周生烈氏,至皇疏又但有周生義也。蓋二家之注,久爲後人混併,莫可識別矣。惟「冉有退朝」注云:「君之朝。」見於釋文所引,此則確爲周生義也。

前世傳受師說,雖有異同,不爲訓解,中間爲之訓解,至于今多矣。所見不同,互有得失。

正義曰:邢疏云:「據今而道往古,謂之前世;上教下曰傳,下承上曰受。中間爲之訓解,謂自古

至今，中間包氏、周氏等爲此論語訓解，有二十餘家，故曰『至于今多矣』以其趣舍各異，故得失互有也。」案：「前世」當指

前漢。藝文志載有魯、齊之說，即偏孔此注，亦見采錄，則非不爲訓解矣。序之此言，舉其大略，未爲篤論也。後漢儒林傳言

何休「註訓論語」不爲集解所采，是當時已佚不傳矣。北堂書鈔六十六引論語：「女爲君子儒，無爲小人儒。」何休注云：

「君子爲儒，將以明道。」小人爲儒，則矜其名。」劉氏逢祿據書鈔所引，爲何休佚注，推演其義，爲論語述何篇一卷。然集

解載此注爲孔安國注，史記弟子傳集解引作「何曰」，何者，何晏，非何休也。足利本不載姓名，則亦以爲「何曰」矣。且小

人儒不必是矜名，其義淺狹，決非邵公語可知。今集諸家之善，記其姓名，有不安者，頗爲改易，名曰論

語集解。

正義曰：爾雅釋言：「集，會也。」通作「輯」若劉歆有輯略也。邢疏云：「註但記其姓，而此連言名者，以筆其

姓，所以名其人，非謂『名字』之名也。顏爲改易者，註首不言『包曰』『馬曰』，及諸家說下『一曰』者，皆是何氏自下己意，

改易先儒者也。惟「記其姓名」下有「因從其義」四字。集解姓名並舉，以皇疏本證之自見。邢

氏亦本皇疏，而此疏云云，或所見別本實不稱名也。「集解」者，集諸家解論語之義。杜預注春秋左傳，合經傳諸文，比其

義類，亦名「集解」，與此言同旨異。經典敍錄、隋志、唐志俱云「何晏集解十卷。」光禄大夫關内侯臣孫邕、光禄

大夫臣鄭沖、散騎常侍中領軍安鄉亭侯臣曹羲、侍中臣荀顗、尚書駙馬都尉關内侯臣何晏

等上。

正義曰：漢百官公卿表：「大夫掌論議，有太中大夫、中大夫、諫大夫，皆無員，多至數十人。太初元年，更名中

大夫爲光禄大夫，秩比二千石，無印綬」晉書職官志：「光禄大夫加金章紫綬者，品秩第二，禄賜、班位、冠幘、車服、佩玉，

其以爲加官者，惟假章綬，禄賜、班位而已，不別給車服、吏卒也。光禄大夫假銀章青綬者，品秩第三，位在

置吏卒羽林。其以爲加官者，惟假章綬，禄賜、班位而已，不別給車服、吏卒也。光禄大夫假銀章青綬者，品秩第三，位在

金紫將軍下，諸卿上。漢時所置無定員，多以爲拜假贈賻之使，及監護喪事。魏氏已來，轉復優重，不復以爲使命之官。

其諸公告老者，皆家拜此位，及在朝顯職，復用加之。又云：「光祿大夫與卿同秩中二千石。」據晉志，則魏時貴重之臣方

拜此職，而孫邕以關内侯得爲光祿大夫者，大約如諸公告老家拜此位也。

內侯，無土，寄食在所縣，民租多少各有户數爲限。」劉昭注：「關内侯者，依古畿内子男之義也。秦都山西，以關内爲王

畿，故曰關内侯。」邢疏云：「孫邕字宗儒，樂安青州人也。」案：魏志齊王紀注引魏書廢齊王表有「光祿大夫關内侯

邕」，即孫邕也。 晉任城太守夫人孫氏碑云：「夫人，濟南孫氏之中女也。父列卿光祿大夫建德亭侯。」又歷述其父於

魏文帝時爲侍郎，又爲勃海太守十餘年，其後爲吏部尚書，又爲侍中。 武氏億跋尾據盧毓傳，孫邕代毓爲吏部尚書，

與碑言「吏部尚書」合。而關内侯特名號侯之一，至其後，乃獲實封，有建德亭侯爵矣。 桂氏馥跋尾據管寧傳，侍中

孫邕薦寧，與碑言「侍中」合。 魏文帝典論：「光和中北海王和平，亦好道術，自以當仙，濟南孫邕少事之。」則邕爲濟

南人。 邢疏云：「樂安」者，樂安與濟南同隸青州，地最相近，故兩地並稱。 案：王和平事，亦見後漢方術傳。典論言王

和平爲光和時人，而邕少事之，則邕亦爲靈帝或獻帝時人。計終邕世，必已殁矣。 晉書鄭沖傳：「鄭沖字文和，滎陽開

封人也。起自寒微，卓爾立操，耽玩經史，遂博究儒術及百家之言，及魏文帝爲太子，命沖爲文學，累

遷尚書郎，〔一〕出補陳留太守。大將軍曹爽引爲從事中郎，轉散騎常侍、光祿勳。嘉平三年，拜司空。及高貴鄉公講

尚書，沖執經親授，與侍中鄭小同俱被賞賜。俄轉司徒。常道鄉公即位，拜太保，封壽光侯。時文帝輔政，平蜀之

〔一〕「郎」字原脱，據晉書補。

後、命賈充、羊祜等分定禮儀、律令、皆先諮于沖、然後施行。」按：曹爽輔政、在正始之際、沖由從事中郎轉至光祿勳、在曹爽輔政時。惟傳言爲「光祿勳」、與此敍「光祿大夫」不同、疑光祿勳是其實官、光祿大夫則加官也。作此序時、未爲光祿勳、故但言光祿大夫；及陳壽作傳〔一〕詳其實官、亦不及加官矣。

晉職官志：「散騎常侍、本秦官也。」秦置散騎、又置中常侍、散騎騎從乘輿車後、中常侍得入禁中、皆無員、亦以爲加官。漢東京初、省散騎、而中常侍用宦者。魏文帝黃初初、置散騎、合之于中、同掌規諫、不典事。」「合之于中」者、晉灼漢表注云：「魏文帝合散騎、中常侍爲散騎常侍也。」晉志又云：「中領軍將軍、魏官也。」漢建安四年、魏武丞相府自置、及拔漢中、以曹休爲中領軍。文帝踐阼、始置領軍將軍、以曹休爲之。主五校、中壘、武衛等三營。」據志此文、則「中領軍」即中領軍將軍也。不言「將軍」者、辭之省。

曹爽傳：「爽弟羲爲中領軍。」與武衛將軍訓、散騎常侍彥並列、且稱其「貴寵莫盛」。其後司馬懿奏誅曹爽、亦言其「破壞諸營、盡據禁兵、羣宮要職、皆置所親。殿中宿衛、歷世舊人皆復斥出」。即指曹羲等言。齊王紀：「正始三年、秋七月乙酉、以領軍將軍蔣濟爲太尉。」則曹羲之官中領軍必在三年秋後矣。「安鄉亭侯」者、安鄉不知所在。說文：「亭、民所安定也。亭有樓、從高省、丁聲。」漢書百官公卿表云：「大率十里一亭、十亭一鄉、皆秦制也。」此安鄉亭即是十亭之鄉、故舉鄉名以表之。

司馬彪百官志：「列侯、所食縣爲侯國。」然則安鄉亭侯、即列侯食於安鄉者也。邢疏云：「曹羲、沛國譙人。魏宗室曹爽之弟。金印紫綬、以賞有功。功大者食縣、小者食鄉亭、得臣其所食吏民。」

晉志又云：「秦置侍中、漢因之、俱無定員。魏、晉以來置四人、掌儐贊威儀。」漢表注引應劭曰：「入侍天子、故曰侍中。」荀顗傳：「字景倩、

〔三〕晉書非陳壽作、「陳壽」二字疑誤。

潁川人，魏太尉彧之第六子也。博學洽聞，理思周密。魏時以父勳除中郎，擢拜散騎侍郎，累遷侍中。爲魏少帝執經，拜

騎都尉，賜爵關內侯。難鍾會易互體，又與扶風王駿論仁孝孰先，見稱於世。」案：顗爲魏少帝執經，指高貴鄉公，見三

國志注。其侍中在其前，則當齊王時，故廢齊王表亦有「侍中臣顗」，即荀顗也。晉志又曰「列曹尚書，本漢承秦置。至

成帝，又置尚書五人，一人爲僕射，而四人分爲四曹，通掌圖書記奏之事，各有其任。其一曰掌侍曹，主丞相御史公

卿事。其二曰二千石曹，主刺史郡國事。其三曰民曹，主吏民上書事。其四曰主客曹，主外國夷狄事。後成帝又置三公

曹，主斷獄，是爲五曹。後漢光武改常侍曹尚書爲吏部曹，主選舉祠祀事。」又云「六曹並令僕二人」，謂之八座。尚書雖有曹

名，不以爲號。靈帝以侍中梁鵠爲選部尚書，於此始見曹名。及魏改選部爲吏部，主選事。凡五曹尚書，二僕射，一令

爲八座。」此何晏所官尚書，即是吏部。魏志傅嘏傳「時曹爽秉政，何晏爲吏部尚書。」經典敍錄亦言「吏部尚書何晏」也。又

文選景福殿賦注引典略云「平叔遷尚書，主選。」裴松之曹爽傳注「晏爲尚書，主選舉，其宿與之有舊者，多被拔擢。」言

晏主選舉，則爲吏部無疑。此序但言「尚書」者，當時不列曹名。齊王紀正始八年，有「尚書何晏奏」，亦是祇言「尚書」也。

漢表云「奉車都尉，駙馬都尉，皆武帝初置，秩比二千石。」師古曰「駙，副馬也。非正駕車，皆爲駙馬。」司馬彪志本注曰：

「無員，掌駙馬。」魏制無考。曹真傳「晏，何進孫也。母尹氏，爲太祖夫人。」晏長於宮省，又尚公主，少以才秀知名，好老、

莊言，作道德論及諸文賦箸述凡數十篇。」裴松之注「晏字平叔。尚主，又好色，故黃初時無所事任。及明帝立，頗爲冗

官。至正始初，曲合於曹爽，亦以才能，故爽用爲散騎侍郎，遷侍中、尚書。晏前以尚主，得賜爵爲列侯。」案：此序晏爲關

內侯，而裴注言「爲列侯」者，蓋晏初封列侯，繼封關內侯耳。宋氏翔鳳師法表云「鄭沖傳『初，沖與孫邕、荀顗、何晏共

集論語諸家訓註之善者，記其姓名，因從其義，有不安者，輒改易之，名曰『論語集解』。成，奏之『魏朝，于今傳焉。』魏志言何

晏『作道德論及諸文賦箸述凡數十篇』，不言『注論語』。而沖在高貴鄉公時，講尚書，執經親授，與侍中鄭小同俱被賞賜，

是沖本經生，論語集解之成，當定自沖手。今使平叔專其姓氏者，蓋上論語集解，奏列邕、沖等名，而晏最在後，箸錄家見

奏末稱『臣何晏等上』，遂以集解爲晏一人所撰，相沿至今也。』劉氏毓崧通義堂筆記曰：『唐、宋時，臣下上表，結銜皆尊者

居後。此序未列銜，亦是由下逆數，蓋平叔官最顯要，故最居後，專集解之名也。考通典二十二言〔一〕：『尚書，至後漢則

爲優重，出納王命，敷奏萬幾。蓋政事之所由宣，選舉之所由定，罪賞之所由正，斯乃文昌天府，衆務淵藪，內外所折衷，

遠近所稟仰。故李固云：『陛下之有尚書，猶天之有北斗。斗爲天之喉舌，尚書亦爲陛下之喉舌。斗斟酌元氣，運平四

時，尚書出納王命，賦政四海。』據此，則尚書之權甚重，吏部專掌選舉。又晏以國戚尚書主，貴莫與比，故晏居首。漢表

言「侍中得入禁中」。通典二十一云：『侍中，漢代爲親近之職，魏、晉選用，稍增華重，而大意不異。』自注：『晉任愷爲侍中，同於

萬機大小，多管綜之。』是侍中職亦甚重，故荀顗居次。中領軍則掌三營兵，故曹羲又居次。其光祿大夫皆是加官，同於

閑散，故鄭沖、孫邕又居次。何晏、曹羲，孫邕沒於魏世，惟荀顗、鄭沖皆仕晉，故晉書有傳。沖傳居前，故詳言與孫邕等

共爲集解之事。荀顗傳居後，自不複述。今宋氏據沖傳所言，以爲集解定自沖手，恐非。』案：劉說是也。經典釋文載論

語舊題止『集解』二字，在『學而第一』之下。自注：『一本作何晏集解。』可見陸氏所見正本未嘗以集解專屬何晏，其兼載

『一本』，自是後人改題之誤。故釋文云『何晏集孔安國』云云，其文兩見，則皆爲後人改題所惑矣。然裴松之注曹真傳，

〔一〕『二十二』原誤作『二十一』，據通典改。

即稱「何晏論語集解」。裴爲此注,在宋文帝時,是其誤久矣。蔡邕獨斷:「凡羣臣上書于天子者,有四名:一曰章,二曰奏,

三曰表,四曰駁議。」此文稱「上」,則奏類也。經典敍錄:「正始中上之,盛行于世。」正始卽齊王芳。曹羲、何晏以齊王嘉

平元年爲司馬宣王所殺,上此集解則在正始三年後也。晉書禮志:「魏齊王正始二年,帝講論語通,使太子釋奠。」則意當

時諸臣亦以帝通論語,故撰集訓說以獻之爾。羣臣上書不書姓,而此稱姓者,箸述之體,所以紀實也。結銜當別爲一行,

獨斷所云「左方下附曰『某官臣某甲上』」也。今連綴序末,亦後人所合倂。

附録　鄭玄論語序逸文　正義曰：略本宋氏翔鳳所輯。

仲弓、子游、子夏等撰。　正義曰：此引見論語音義，至敍録則云「仲弓、子游、子夏等所撰定」，不及子游。邢疏與

音義同，兩處引文不言鄭序。陳氏鱣古訓、宋氏翔鳳輯鄭注並采入敍，雖由意測，當得之也。仲弓、子游、子夏皆孔子弟

子。論語崇爵讖曰：「子夏六十四人，共撰仲尼微言，以當素王。」明標子夏之名。傅休奕傅子：「昔仲尼既没，仲弓之徒追

論夫子之言，謂之論語。」此當本鄭序，故數仲弓也。但作論語者，雖有三子之名，實非止三子所作，故鄭言「等」以明之。

漢書藝文志：「論語者，孔子應答弟子時人及弟子相與言而接聞於夫子之語也。當時弟子各有所記。夫子既卒，門人相

與輯而論篡，故謂之論語。」趙岐孟子題辭：「七十子之疇，會集夫子所言，以爲論語。」二文所言，皆以論語爲聖門羣弟子

所作，故鄭君既箸其姓名，復言「等」以總括之也。　鄭樵通志藝文略有論語撰人名一卷，不知誰作。　翟氏灝四書考異曰：

「通志所録撰人名，恐即源本崇爵讖，今其書不傅，莫可詳矣。」　陸九淵象山語録曰：『鄭康成、王肅謂「論語爲子游、子夏

所編」，亦有可考者。如學而篇「子曰」次章便載有若一章，又「子曰」而下載曾子一章，皆不名而以「子」稱之。蓋子夏輩

平昔所尊者，此二人耳。』案：陸以王肅説與鄭同，不知何本。其以有子、曾子爲子夏輩所尊，故稱「子」，其説良是。柳宗

元文集論語辨以論語稱「曾子」子壽爲師稱，因以論語爲出自曾子弟子樂正子春、子思之徒。程子、朱子則以爲曾子、

有子之門人。　其説與象山異，雖亦得通。但不當取後遺前，而反没羣賢箸録之功也。又考論語弟子之稱子者，自有子、

曾子外，閔子騫皆書字，而先進篇一稱閔子。冉伯牛、冉仲弓、冉有皆書字，而雍也篇、子路篇各一稱冉子。則意書字者

爲弟子所記，書字者爲三子之弟子所記也。胡寅論語詳解，趙順孫四書纂疏謂「憲問篇不書姓，且直稱名，疑通篇皆憲所

記」，其說亦頗得理。要之，論語之作，不出一人，故語多重見，而編輯成書，則由仲弓、子游、子夏首爲商定，故傳論語者

能知三子之名。鄭君習聞其說，故於序標明之也。「撰定」者，禮記內則注：「撰，治擇之名也。」廣雅釋詁：「撰，具也，定

也。」凡有所作述，必具衆義，擇善從之。故此三訓義皆通也。漢書揚雄傳：「譔以爲十三卷。」顏師古注：「譔與撰同。」說

文：「定，安也。」荀子王制：「夫是之謂定論。」楊倞注：「定論謂不易之論。」仲弓等彙輯諸弟子所記，勒爲此編，故以爲撰

定也。既經撰定，不得無名以稱之，此「論語」二字必亦仲弓等所題。漢志云：「門人相與輯而論纂，故謂之論語。」「謂之

者，門人謂之也。經典敍録亦云：「夫子既終，微言已絶，弟子恐離居以後，各生異見，[一]而聖言永滅，故相與論撰，因輯

時賢及古明王之語，合成一法，謂之論語。」亦以論語爲弟子所題也。論衡正說篇：「初孔子孫安國以教魯人扶卿，官至荊

州刺史，始曰論語。」似論語之名爲安國所題，此誤說也。翟氏灝攷異曰：「按論語名見禮坊記及今家語弟子解，今家語不

可信，坊記可信也。蓋自孔氏門人相論纂畢，隨題之爲論語矣。」　書以八寸策。　鉤命決云：「春秋二尺四寸

書之，孝經一尺二寸書之。」故知六經之策，皆長二尺四寸。易、書、詩、禮、樂、春秋皆尺二

寸，孝經謙，半之。論語八寸策者，三分居一，又謙焉。　正義曰：「書以八寸策」見北史徐遵明傳，彼文

作「八十宗」，乃傳寫之誤，徐氏就而通之，非也。　說文云：「𥰡，箸也。」又序云：「箸於竹帛謂之書也。」「八寸」者，策之度。

〔一〕「異」原誤作「意」，據釋文改。

「策」者，「册」之叚借。〈說文〉：「策，馬箠也。」別一義。「册，符命也，諸侯進受於王也。象其札一長一短，中有二編之形。

箠，古文册從竹。」符命，卽天子賜諸侯之册書，故凡書簡編連之，亦曰策。〈魯語〉云：「遂書以爲三筴。」「筴」卽俗「策」字。〈鄭

注〉〈中庸〉云：「策，簡也。」〈聘禮記注〉同。〈爾雅釋器〉：「簡謂之畢。」郭注：「今簡札也。」〈說文〉：「簡，牒也。」〈釋名釋書契〉〔一〕：「札

櫝也，編之如櫛齒相比也。」凡皆異名同物。〈杜預春秋左傳序〉云：「大事書之于策，小事簡牘而已。」孔疏申之，以單執一札

爲簡，連編諸簡爲策，分策、簡爲二，非也。〈聘禮記〉云：「百名以上書于策，不及百名書于方。」鄭注：「名，書文也，今謂之

字。方，版也。」用策用方，以字之多少有異，不以事之大小有異，則杜預以策與簡牘分大事小事，亦非也。「鈎命決」者，

緯篇名。鈎命決止言春秋、孝經之策，鄭君據之得以推測他經，故總言「知六經之策」也。〈易〉、〈書〉、〈詩〉、〈禮〉、〈樂〉、〈春秋〉者，六

經之名。〈說文〉：「經，織也。」織有文理，故羣經取以爲名。〈釋名釋典藝〉：「經，徑也，常典也。如徑路無所不通，可常用也。」

此說「經」爲叚借，未必然也。〈管子戒篇〉「澤其四經」，尹注：「四經謂詩、書、禮、樂。」是孔子前已稱經，故〈禮記經解〉亦舉六

藝也。〈孝經者，孔子爲弟子曾參說孝道，因亦稱經。〈孔子世家〉云：「孔子晚好讀易，韋編三絕。」易既得編成策，則他經可

知。〈晉書束晳傳〉：「太康二年，汲縣人盜發魏襄王家，得竹書數十車。」皆簡編科斗文字，褾寫經史，可見羣經皆有策矣。

六經之策，二尺四寸，說見〈左傳序疏〉。若〈儀禮聘禮疏〉引作「尺二寸」，字之誤也。後漢書周磐傳：「編二尺四寸簡，寫堯典

一篇。」又〈曹褒傳〉言箸新禮成，「寫以二尺四寸簡」，亦以新禮比於經也。〈獨斷〉云：「策者，簡也。其制長二尺，短者半之。

二尺下疑脫「四寸」二字。〈南史王僧虔傳〉〔二〕：「文惠太子鎮雍州，有盜發楚王家，獲竹簡書、青絲編。簡廣數分，長二尺。

〔一〕「釋書契」原誤作「釋典藝」，據〈釋名〉改。

〔二〕「南史」原誤作「齊書」，據〈南史〉改。

有得十餘簡，以示王僧虔，僧虔曰：『是科斗書考工記，周官所闕文也。』所言策「長二尺」者，則以齊尺大於古尺也。鹽鐵論詔聖篇云：『二尺四寸之律，古今一也。』是漢時律尺與經策同。若漢書杜周傳所言「不循三尺法」，則金氏鶚求古錄以爲舉成數是也。　鄭君據鉤命決之文，以推知六經之策，又據所見論語之策八寸，以六經之策較之，是爲三分居一矣。論衡正說篇：『說論者皆知說文解語而已，不知論語本幾何篇，但周以八寸爲尺，不知論語所以獨一尺之意。夫論語者，弟子共紀孔子之言行，敕己之時甚多，數十百篇，以八寸爲尺，紀之約省，[一]懷持之便也。以其遺非經傳文，紀識恐忘，故但以八寸尺，不二尺四寸也。』仲任所見論語之策，與鄭君同。彼謂論語以周尺度之爲一尺，於漢尺則爲八寸，然則六經之策二尺四寸，孝經之策一尺二寸，亦是據漢尺。若在周尺，六經策爲三尺，孝經策爲一尺五寸矣。　宋氏翔鳳師法表以八寸之策爲壁中古文，然若論衡所言「八寸」爲據漢尺，則安知非魯、齊論尺度也？　鄭注尚書云：「三十字、一簡之文。」漢書藝文志：『劉向以中古文校歐陽、大、小夏侯三家經文，率簡二十五字者，脫亦二十五字，簡二十二字者，脫亦二十二字。』是一簡容字有多寡之殊。　服虔左傳注謂「古文篆書，一簡八字」。此或服氏所見適然，非謂羣經之策皆是一簡八字也。金氏鶚求古錄云：「論語策八寸，六經二尺四寸者容二十餘字至三十字，大約一寸容一字。古用科斗大篆，其字體不宜小。又一簡止容一行，則字體更不宜小，故每一寸容一字也。古人書策，每行亦不拘字體，故或有二十五字，或有二十二字，推之或二十三字，或二十四字，皆未可定。此由字體有繁簡，繁者宜疏，簡者宜密，總欲其點畫之明析而已。」「謙」者，史記樂書王肅注「謙，自謙損也。」陳氏鱣古訓曰：「謙讀爲減。樂記『禮主其減』，樂書減作謙。」陳氏此說亦

〔一〕「省」原誤作「者」，據論衡改。

是也。孝經策一尺二寸，比之六經之策，爲損去其半。論語策八寸，比之六經之策，爲三分居一。孝經已爲謙半，論語則又謙矣。段氏玉裁說文「册」字注考正此文，謂「論語策八寸，尺二寸者三分居二，又謙焉。」語殊不憭。

魯扶先。

正義曰：此引見經典敍錄。宋氏翔鳳師法表以爲鄭序文也。案：漢書張禹傳言「魯扶卿說論語」，漢志敍魯論家有魯扶卿，經典敍錄同。此稱「扶先」者，「先」是「先生」之省。史記鼂錯傳「學申、商刑名於軹張恢先所。」徐廣曰：「先即先生。」漢書梅福傳：「叔孫先非不忠也。」顏師古注：「先猶言先生也。」是也。論衡正說篇：「安國以教魯人扶卿，官至荆州刺史，始曰論語。」案：論衡以扶卿爲人姓名，而魯則所居之地。又以扶卿爲安國弟子，是傳古論之學，與漢志諸文不合。至以論語爲安國等所題，尤不可信。

後敍

班生有言：「仲尼没而微言絕，七十子喪而大義乖。」聖人之言，中正和易，而天下萬世莫易其理，故曰「微言」，非祇謂性與天道也。「大義」者，微言之義，七十子之所述者也。今其箸者，咸見論語。竊以先聖存時，諸賢親承指授，當已屬稿，或經先聖筆削，故言特精善。迨後追録言行，勒爲此編，作之者非一人，成之者非一時。先儒謂孔子没後，弟子始共撰述，未盡然也。曾子、子思、孟子、荀子皆有箸書，於先聖之道多所發明，而注家未之能及。

漢人注者，惟康成最善言禮，又其就魯論，兼考齊、古而爲之注，知其所擇善矣。魏人集解，於鄭注多所刪佚，而偏孔、王肅之説，反藉以存，此其失也。梁皇侃依集解爲疏，所載魏、晉諸儒講義，多涉清玄，於宮室、衣服諸禮闕而不言。宋邢昺又本皇氏，別爲之疏，依文衍義，益無足取。我朝崇尚實學，經術昌明，諸家説論語者彬彬可觀，而於疏義之作，尚未遑也。

先君子少受學於從叔端臨公，研精羣籍，繼而授館郡城，多識方聞綴學之士，時於毛氏詩、鄭氏禮注思有所述録。初箸毛詩詳注、鄭氏釋經例，後皆輟業。及道光戊子，先君子應省試，與儀徵劉先生文淇、江都梅先生植之、涇包先生慎言、丹徒柳先生興恩、句容陳丈立始爲約，各治一經，加以疏證。先君子發策

得論語，自是屏棄他務，專精致思，依焦氏作孟子正義之法，先爲長編，得數十巨册，次乃薈萃而折衷之，不爲專己之學，亦不欲分漢、宋門户之見，凡以發揮聖道，證明典禮，期於實事求是而已。既而作宰畿輔，簿書繁瑣，精力亦少就衰，後所闕卷，舉畀恭冕，使續成之。恭冕承命惶悚，謹事編纂，及咸豐乙卯秋，將卒業，而先君子病足瘇，遂以不起，蓋知此書之將成而不及見矣。傷哉！

丙辰後，邑中時有兵警，恭冕兢兢慎持，懼有遺失，暇日亟將此稿重復審校，手自繕錄，蓋又十年，及乙丑之秋而後寫定，述其義例，列於卷首。繼自今但求精校，或更得未見書讀之，冀少有裨益。是則先君子之所以爲學，而恭冕之所受於先君子者，不敢違也。世有鴻博碩儒，幸不吝言，補其罅漏，正其迷誤，跂予望之。

同治五年歲次丙寅春三月，恭冕謹識。

清史稿劉寶楠傳 附劉恭冕傳

劉寶楠,字楚楨,寶應人。父履恂,字迪九,乾隆五十一年舉人,國子監典簿,著有秋槎札記。

寶楠生五歲而孤,母氏喬教育以成。始寶楠從父台拱漢學精深,寶楠請業於台拱,以學行聞鄉里。

爲諸生時,與儀徵劉文淇齊名,人稱揚州二劉。道光二十年成進士,授直隸文安縣知縣。文安地稱窪下,隄堰不修,遇伏、秋水盛漲,輒爲民害。寶楠周履隄防,詢知疾苦,爰檢舊冊,依例督旗屯及民同修,而旗屯恆怙勢相觀望,寶楠執法不阿,功遂濟。再補元氏,會歲旱,縣西北境蝗,袤延二十餘里。寶楠禱東郊蜡祠,蝗争投阬井,或抱禾死,歲則大熟。咸豐元年,調三河,值東省兵過境。故事,兵車皆出里下。寶楠謂兵多差重,非民所堪,雇車應差,給以民價,民得不擾。

寶楠在官十六年,衣冠樸素如諸生時。勤於聽訟,官文安日,審結積案千四百餘事。雞初鳴,坐堂皇,兩造具備,當時研鞫,事無鉅細,均如其意結案,悖者照例治罪。凡涉親故族屬訟者,諭以睦婣,概令解釋。訟獄既簡,吏多去籍歸耕,遠近翕然,著循良稱。咸豐五年卒,年六十五。

寶楠於經,初治毛氏詩、鄭氏禮,後與劉文淇及江都梅植之、涇包慎言、丹徒柳興恩、句容陳立約各治一經。寶楠發策得論語,病皇、邢疏蕪陋,乃蒐輯漢儒舊說,益以宋人長義,及近世諸家,仿焦循孟子

正義例，先爲長編，次乃薈萃而折衷之，著論語正義二十四卷。因官事繁，未卒業，命子恭冕續成之。他著有釋穀四卷，於豆、麥、麻三種多補正程氏九穀考之說；漢石例六卷，於碑志體例考證詳博，寶應圖經六卷、勝朝殉揚錄三卷、文安隄工錄六卷。

恭冕，字叔俛。光緒五年舉人。守家學，通經訓，入安徽學政朱蘭幕，爲校李貽德春秋賈服注輯述，移補百數十事。後主講湖北經心書院，敦品飭行，崇尚樸學。幼習毛詩，晚年治公羊春秋，發明「新周」之義，關何邵公之謬說，同時通儒皆韙之。卒年六十。著有論語正義補、何休論語注訓述、廣經室文鈔。

（錄自清史稿卷四百八十二儒林二）

中華書局

初版責編　陳金生